观景·溯源

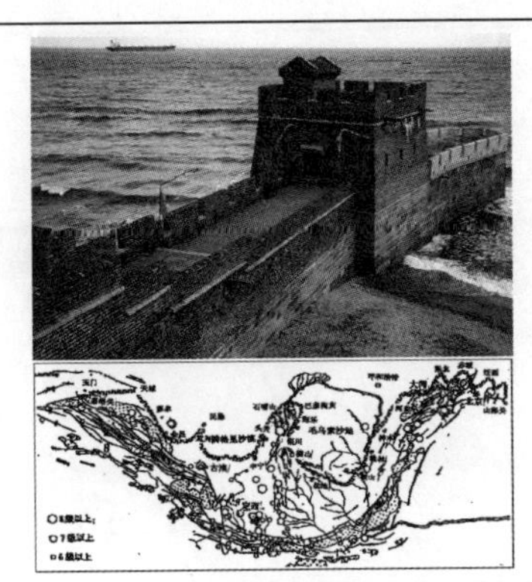

旅游胜地秦皇岛

上　册

孙士超　编著

燕山大学出版社

·秦皇岛·

图书在版编目（CIP）数据
旅游胜地秦皇岛 / 孙士超编著. —秦皇岛：燕山大学出版社，2021.6
ISBN 978-7-5761-0162-1
Ⅰ. ①旅… Ⅱ. ①孙… Ⅲ. ①旅游指南—秦皇岛 Ⅳ. ①K928.922.3
中国版本图书馆CIP数据核字（2021）第045498号

旅游胜地秦皇岛

孙士超　编著

出 版 人：陈　玉
责任编辑：王　宁
封面设计：李　萍　方志强
出版发行：燕山大学出版社 YANSHAN UNIVERSITY PRESS
地　　址：河北省秦皇岛市河北大街西段438号
邮政编码：066004
电　　话：0335-8387555
印　　刷：秦皇岛市银城印刷有限公司
经　　销：全国新华书店

开　　本：889mm×1194mm　1/32　**印　　张**：16.5　**字　　数**：610千字
版　　次：2021年6月第1版　**印　　次**：2021年6月第1次印刷
书　　号：ISBN 978-7-5761-0162-1
定　　价：59.80元（全2册）

前　言

秦皇岛是一座因秦始皇东巡至碣石而得名的旅游城市，历史文化积淀深厚景色美：山海关历史文化名城被誉为“天下第一关”，避暑胜地北戴河海滨驰名中外，还有2003年被《国家地理》杂志评为中国最美八大海岸之一的昌黎黄金海岸……如今“阳光海滩”风靡全球。海洋、阳光、沙滩、空气、绿色是当代旅游的新概念，是人类祈盼到大海里找回回家感觉的一种新的时尚。秦皇岛海岸是中国大陆与渤海两大自然体系的衔接地带，是海洋旅游最有魅力的景观，受到国内外游客的青睐。秦皇岛是个有山、有海、有长城的旅游城市，北戴河海滨是1898年被清政府批准的中国第一个向国内外游人开放的度假休闲地。1919年朱启钤先生成立北戴河海滨公益会，兴建莲花石公园，规划北戴河海滨街道。1953年秋，中共中央决定夏季在北戴河海滨办公，北戴河海滨成了人们心目中的“夏都”。1979年，中共中央、国务院决定把北戴河海滨疗养区拨给旅游部门接待外宾使用，北戴河海滨开始了旅游业发展的新时期。同年10月，全国第一次旅游工作会议在北戴河海滨召开。1984年夏，中共中央、国务院决定恢复夏季在北戴河海滨的办公制度，北戴河海滨的“夏都”地位又一次得到确认，党和国家领导人多次在北戴河海滨商讨国家大事，接见外国元首、政府首脑、外交使团，给北戴河海滨旅游业发展指明了方向。因此在人们心目中，北戴河海滨是一个很有政治意义的地方。

在旅游教育方面，秦皇岛市已有三所高等院校创办了旅游专业，一批反映秦皇岛地域文化的旅游文献相继问世：秦皇岛市原市长陈来立作序、原副市长吴昌荣任主编、秦皇岛市人民政府编写的《秦皇岛旅游丛书》，全面涵盖秦皇岛旅游资源和旅游服务各个方面。秦皇岛市旅游局编写的《导游秦皇岛》是秦皇岛旅游导游词的代表作。吉羊撰著的《神聊秦皇岛》是一部材料翔实、内容丰富、全面认识秦皇岛旅游资源的旅游指导用书。

1983年始，我在东北大学秦皇岛分校地矿系担任普通地质学教学工作。地质学是一门探索性很强的学科，野外地质实习又是普地教学中的实践环节。“学者必有师”，柳江地质认识实习野外教学有幸受教于张宗祥、吴水忠二位老师，受益匪浅。在野外实习过程中，我每到一个地质观察点，总要琢磨讲什么，怎么讲。随后的几年里，我积累了一些地质资料和讲什么，怎么讲，并与吴水忠、姜耀俭、郝素琴、孙富疆编写了《石门寨地质概况及地质教学实习指南》，1992年由地震出版社出版。到了2008年，吉羊老师的《神聊秦皇岛》一书问世，邀我做一些点校工作，趁机通读全书，向旅游、旅游地质迈了一步，2013年我和信规箴老师编写了《泽达校园景文化》，由东北大学出版社出版。

本书材料积累始于吉羊教授撰写的《神聊秦皇岛》，以及编者多年现场搜集的第一手资料。部分材料取自沈朝阳、董宝瑞、李利峰、孙志强、孔繁德、吴水忠、姜耀俭、郝素琴、杨静、张素梅、李亚忠等著述先行者的资料。此外，还采用了一些景区自编的导游词和图片，使本书内容更加丰富，在此一并表示感谢。本书还引用了一些网上资料，未能一一注明出处，在致以谢意的同时，也表示一份歉意。

本书初稿完成后，邀请张宗祥老师不吝赐教，给予斧正。老先生心忺应诺，阅时深入碎部指点迷津，而后留下总体评语：谈天论地实幻交融妙趣横生，说陆道海论证地壳变迁，天人合一共造景观璀璨斑斓，后人修缮古迹再添精彩。观景溯本求源，得知其所以言。博采百家诠释之长贵有独见。论述详略知度，详者刨根问底，理清来龙去脉。略者用词精练片言明百意。文中导游用语，立意新颖。概言，此书聚科学性、知识性、趣味性于一体，交融渗透，读时引思入胜，读后回味无穷。

在本书编写过程中，曾得到东北大学秦皇岛分校历届领导，特别是孙正林、刘建昌、张宗祥几位领导，以及曹洪刚、武涛、程艳威、王建等同志的鼓励和关怀。在此一并表示感谢。

孙士超

2021年06月

目 录

第一篇 概 说

第二篇 原生景

第一篇　概说

第一章　秦皇岛因秦始皇东巡至碣石而得名

§1. 秦皇岛地名的由来

海港区东山是秦皇岛的根，是秦皇岛地名的取名地。东山因在海港区之南端，过去叫“南山”。清光绪二十四年(1898年)秦皇岛港建成后，又因它在秦皇岛港之东而逐渐被称为“东山”了。如果你来过这里，东山是指从有灯塔的陡崖处开始，经“秦皇求仙入海处”，一直到新开河码头这一片临海高地。这一片临海高地是古元古界绥中花岗岩大“岩基”，经过长期风化剥蚀形成的剥蚀残丘，海拔仅31.7米，方圆不足1平方千米。据《史记·秦始皇本纪第六》载：“三十二年，始皇之碣石，使燕人卢生求羡门、高誓，刻碣石门，坏城郭，决通堤防……因使韩终、石生求仙人不死药。”[①] 公元前215年，秦始皇东巡至碣石[②] 观海，派燕人卢生访求羡门子高入海求仙，寻长生不死药，曾驻跸于此。那么，秦皇岛因秦始皇东巡至碣石而得名是否有历史依据呢？如果说东山是秦皇岛地名的取名地，那么东山过去是个岛吗？

东山被称为“秦皇岛”，起因于秦始皇东巡至碣石送方士入海求仙，寻长生不死药。有文字记载始于明天顺五年(1461年)，山海关兵部分司主事杨琚的《秦皇岛》诗：“岁施神山峙海边，始皇曾此驻求仙。羽轮飙驾今何在？方丈瀛洲亦杳然。”明成化十三年(1477年)，东山竖起一座石碑，上书“秦皇求仙入海处”七个大字，作为秦始皇派方士入海求仙，寻长生不死药的标志。秦皇岛作为地名最先载入地方志是明弘

①〔西汉〕司马迁著. 李楠译. 史记. 北京：中国三峡出版社，2006：147.

② 碣石，山名，在今河北昌黎北。司马贞《索隐》注：“秦始皇求羡门子高是也。”根据《索隐》所引，可知“羡门、高誓”是一人，即羡门子高。

治十四年(1501年)版《抚宁县志》载：“秦皇岛：在抚宁县东七十里，有山在海中，世传秦始皇求仙驻跸于此。”明嘉靖十四年(1535年)，由山海卫兵部分司主事葛守礼修、兵部左侍郎詹荣编纂的《山海关志》载：“秦皇岛：城西南二十五里，又入海一里。或传始皇帝求仙驻跸于此。”明万历年间蒋一葵在《长安客话》中也记述了秦始皇从这里派方士入海求仙，寻长生不死药和拜荆的传说：“关(山海关)南六里(原文有误，应为关西南二十五里)有孤山，屹然独立于海上，四面皆水，俗呼秦皇岛……俗传秦皇至此山见荆，愕然曰：‘此里师授吾句读时所用扑也’。[①] 下马拜，荆皆垂首向地，如顿伏状，至今犹然。石上有秦皇下马迹，因名秦皇山。”清光绪四年(1878年)重修的《临榆县志》载，岛上有“李斯碑”。这些都说明“秦皇岛”的“秦皇”是指秦始皇。然而在清初，秦皇岛又有秦王岛之说。秦王岛之名最早见于清康熙八年(1669年)版《抚宁县志》，其中载：“秦王岛：误秦皇岛，在县东七十里，四面皆水，唯岛居中，唐太宗东征高句丽[②] 驻跸于此，岛上荆条伏生。相传秦王下拜，伏。”清康熙十八年(1679年)版《抚宁县志》主笔、抚宁贡生王运恒在他的《秦王石岛》诗中注“误秦皇，今改正”。在“黄荆岛上茎眠伏”诗句下注“相传秦王下拜，故伏”。康熙二十一年(1682年)，知县赵端重修的《抚宁县志》载：“秦王岛：误秦皇岛，在县东七十里。四面皆水，唯岛居中。唐太宗东征高句丽驻跸于此，岛上荆条伏生，相传秦王下拜，故伏。”以及清乾隆二十一年(1756年)、光绪四年、民国十八年(1929年)编修的《临榆县志》都采纳了这种说法。传说秦王岛与秦王李世民东征高句丽回师途经此地有关。唐贞观十九年(645年)，唐太宗亲征高句丽，四月丁巳(20日)至平州(卢龙)，

①〔明〕蒋一葵. 长安客话. 北京：北京古籍出版社，1982：149.
看到前面一片荆条，秦始皇就连忙磕头跪拜：“弟子嬴政诚惶诚恐，敬吾师在天之灵，恩师督责激励终生，大恩大德，永世不忘。”礼毕，秦始皇又说：“我小时候恩师常用这荆条做的教鞭抽打我，叫我努力学习，以后才知上进，今见荆条如见恩师，怎能不拜。”这说明秦始皇是一个尊师重教之人。尽管如此，山上能做教鞭的荆条，还是不敢直起腰来，而是垂首向地，表示受不起如此大礼。

②高句丽是由少数民族扶余人在东北建立的政权。存在时间为前37—669年，隋唐时期对中原地区构成威胁，与后来的高丽国没有关系。

经秦皇岛一带东行，曾驻跸观海，留下《春日望海》这首诗。然而，史实是唐武德元年(618年)李渊登基，封李世民为秦王，唐贞观元年(627年)，李世民登基做了皇帝，贞观十九年(645年)李世民亲征高句丽时，李世民已经是唐太宗了。显然，秦王岛之说不符合历史实际情况。那么，秦皇岛因秦始皇东巡碣石而得名还有其他依据吗？

1984年以来，辽宁省、河北省考古人员和地方史志工作者先后在辽宁省绥中县万家镇墙子李村及北戴河海滨金山嘴发现并挖掘出秦始皇及秦二世规模宏大的行宫遗址，考古学会理事长苏秉琦教授和著名考古学家俞伟超教授亲临北戴河海滨金山嘴现场鉴定，认为此次考古发现是秦始皇东巡时的行宫，名为碣石宫。①随后，1990年又在海港区东山公园南侧港监局导航灯塔东海岸发现秦代建筑遗址，这些建筑遗址的发现证实秦始皇统一六国后，为稳定东部统一局面，东巡至渤海亲临秦皇岛，在滨海高丘上修建规模宏大的宫殿建筑群，这与《史记》的记载比较吻合，为传说“秦皇岛因秦始皇东巡此地而得名”提供了出土文物依据。这样，秦皇岛因秦始皇东巡此地而得名，不但有史料记载，还有出土文物依据，秦皇岛这个地名几经周折，终于回到原来的出处。

“东山”现在不是岛屿，而是伸入海中500多米的半岛。从史料上看，清乾隆二十一年(1756年)版《临榆县志・卷二・山川》载：“秦皇岛，距城(山海关)西南二十五里，又入海一里。四面皆水，唯岛居中。”说明东山过去是个岛屿，与陆地相距500多米；前些年在海浪花市场、秦皇岛商城等地建筑施工时，挖掘出大量海沙，并有大量海相贝壳，说明海浪花市场、秦皇岛商城等地过去曾被海水覆盖过。距今1000多年前，恰是地史上距今5500年前起始的那次海退程序中的停顿期之末（889—904年)。停顿期后地壳抬升，海水退出。这样看来，无论从史料上，还是从挖掘物上，都说明秦皇岛即海港区东山过去是个名副其实的岛屿。那么，秦皇岛由“孩提时期”的岛屿是怎样演变成半岛的呢？

据清光绪四年(1878年)版《临榆县志》载：“秦王岛，距城西南二十五里，山脉由东转西插入海中，横压水面，远望形如卧蚕，海阳

①秦皇岛得名有了确凿依据，北戴河发掘出秦始皇父子行宫遗址. 人民日报，1986-09-25（01）.

镇之水口山也，上有观音寺。”此时海港区东山已经与陆地连接形成半岛了。由岛屿演化成半岛的时间是1756—1878年，仅122年。据科学家考察，距今200多年前，秦皇岛一带海面并无明显的下降，这个岛屿距陆地只有500多米，岛屿背海一面波影区受到岛屿的遮掩，海浪冲刷作用减弱，泥沙淤积，海水变浅，年深日久，这个受岛屿保护的“波影区”便淤积形成了连接岛屿与陆地的连岛沙坝，这种由连岛沙坝把岛屿与陆地连接形成的半岛，地貌学上叫陆连岛，现在海港区东山就是一个陆连岛。另外，清光绪二十四年修建秦皇岛港大码头对连岛沙坝进行了部分人工增筑，也是秦皇岛形成陆连岛的因素之一。

秦皇岛，明朝时属北平行省永平府，清朝时属直隶省通永道永平府，卢龙县城设府治。秦皇岛即海港区东山，行政区划归山海卫管辖。山海卫，古称榆关，清乾隆二年(1737年)改榆关为临榆县，民国三年(1914年)，撤销永平府，恢复卢龙县，民国十七年(1928年)直隶省改为河北省，境内卢龙、昌黎、抚宁、临榆四县归河北省管辖。次年(1929年)在青龙双山子镇设都山设治局，筹建青龙县。民国二十二年(1933年)，在大杖子镇(今青龙镇)正式成立青龙满族自治县。1948年11月27日，秦皇岛全境解放，中共冀东区委决定在秦皇岛—山海关地区建秦榆市。秦，指秦皇岛(小岛名字升级了，1925年以前小岛虽然叫秦皇岛，但只是临榆县下设的“区公所”)。榆，指榆关，即山海关。秦榆市辖山海关区、秦皇岛区(海港区)、海滨区(北戴河区)和上庄坨区，昌黎县改建昌黎市，青龙县归热河省，其他属河北省唐山地区行政专员公署，专署驻在昌黎县。1949年3月11日，山海关划归辽西省，建山海关市，秦榆市改为秦皇岛市，为河北省管辖。6月，撤销昌黎市并入昌黎县。7月，青平县并入青龙县，属热河省。1952年11月，山海关市被撤销，翌年3月划归秦皇岛市。秦皇岛市辖山海关区、海港区和北戴河区。1956年1月，热河省建制撤销，青龙县归河北省承德地区。1958年4月，秦皇岛市由省辖市改为地区辖市，归唐山地区管辖。同年11月，抚宁县并入秦皇岛市，设抚宁区、石门寨区。同年，唐山专署由昌黎县城迁至唐山市。1961年6月，恢复抚宁县、昌黎县原建制。秦皇岛市辖山海关区、海港区、北戴河区，市、县均属河北省唐山专署。1983年5月15日，唐山地区被撤销，实行市管县体制，秦皇岛市升为地级市，辖三区四县，三区是山海关区、海港区和北戴河区，四县是抚宁县、昌黎县、卢龙县、青龙满族自治县。2015年年底撤销抚宁县，恢复抚宁区，抚宁区政府驻抚宁镇金山大街2号。将原抚宁县石门寨镇、驻操营镇、杜庄镇划入海港区；原抚宁县牛头崖镇划入北戴河区。至此，秦皇岛市由原来的三区四县改为现今的四区三县，市区面积由原来的512.56平方千米增加到2131.51平方千米，市区户籍人口由原来的89.56万人增加到2019年年末的143.93万人。全市总面积为7812.4平方千米，2019年年末全市户籍人口数为301.36万人。

图 1-1　秦皇岛市区县位置图

综观历史，从秦始皇兴帝制始(前221年)，到清末溥仪帝制终(1912年)，时间跨度为2133年，中国兴帝制共有422位皇帝；截至2004年统计，中国有283个地级市，有这么多皇帝，有这么多地级市，唯有秦皇岛是以帝王尊号直接命名的地级市。纪念秦始皇来此求仙，“小岛”本应叫“求仙岛”，直呼秦皇岛的缘由是后人为了纪念这位开创中国帝制社会的“千古一帝”。

§2. 秦皇岛地理

位置与交通。秦皇岛地处河北省东北部，西接京津唐，东接辽宁，南濒渤海，北依燕山，是华北行政区与东北行政区的衔接地带，人称“蓟辽咽喉”。秦皇岛西距北京288千米、距天津243千米，东北距沈阳461千米，万里长城横贯全境，交通方便，京沈、沈山、京秦、大秦四条铁路干线，以及京沈高速公路、102国道、205国道横贯全境。秦承(秦皇岛—承德)公路、抚昌(抚宁—昌黎)公路纵穿南北。秦皇岛港是世界级百年大港，山海关机场已经开通了飞往上海、大连、成都的航班。

秦皇岛市辖四区三县。四区是山海关区、海港区、北戴河区、抚宁区。三县是卢龙县、昌黎县和青龙满族自治县。三县具有悠久的历史：卢龙县殷商时期属孤竹国，春秋时期属肥子国，西汉时期设肥如县，隋文帝开皇十八年(598年)改为卢龙县。抚宁县是唐武德二年(619年)从卢龙县分出来的，辽初置新安镇，属平州。金大定二十九年升新安镇为抚宁县，即“抚我黎庶，宁我子妇”，1958年11月，抚宁县并入秦皇岛市，设抚宁区、石门寨区。1961年6月，恢复抚宁县建制。2015年抚宁县又恢复抚宁区建制。昌黎县也是金大定二十九年，金世宗完颜雍以广宁县与今辽宁省北宁市城区(原北镇县城)的广宁府重名为由，又因营州城曾为北魏至隋初的昌黎郡所辖，启用“黎庶昌盛”之意的古昌黎之名，改广宁县为昌黎县。青龙县，1928年在双山子镇建都山设治局，筹建设县，县名因青龙河而得名。四区三县，总面积为7812.4平方千米，市区面积为2131.51平方千米。2019年年末，秦皇岛全市户籍人口数为301.36万人，市区户籍人口数为143.93万人。海港区为市政府所在地。据2006年统计，全市有42个民族，除汉族外还有满、回、朝鲜、壮、蒙古、苗等少数民族。少数民族总人口数为429749人，占全市总人口数的15.42%。

气候。秦皇岛市气候属暖温带、半湿润、季风型大陆性气候。受海洋气候影响冬季较长，春、夏、秋季较短。年平均气温为11.3℃，最冷的1月份，月平均气温为-2.9℃(1959年1月1日为该年最低气温，达-21.5℃)；最热的7、8月份，月平均气温为24.8℃(1961年6月10日为该年最高气温，达39.9℃)，暑期6—9月份气温高于30℃的天数仅为15天。

降水量。秦皇岛平均年降水量为695.5毫米，其中1988年、1982年、1979年和1969年，分别为607.6毫米、415.9毫米、320.1毫米和1086.6毫米。降水多集中在夏季，降水量过于集中，且多以暴雨形式出现，易导致旱涝灾害。

蒸发量。秦皇岛年平均蒸发量为1646.8毫米，为多年平均降水量的2.3倍，全年蒸发量最多的5月份，一般为234毫米，占全年蒸发量的14%。

日照时间。据唐山资料显示：秦皇岛年平均日照量为2902.3小时，

5月份日照量多达292.9小时，12月份仅为199小时。6月份夏至那一天，太阳出没时间为晨4：30′出，晚19：20′没，日照时长约15个小时；12月大雪那一天，太阳出没时间为晨7：05′出，下午16：34′没，日照时长约为9.5小时，属长日照区。

湿度。秦皇岛年均相对湿度为61.7%，最大月份为87%，与气温和降水量呈正相关。6—9月相对湿度大，多在70%以上。干燥度在1.3左右。

风向与风速。秦皇岛因距蒙古高气压中心较近，主要风向受季风影响，夏季多西南风，冬春季多东北风，平均风速在3米/秒左右。强风向为东北风及东风，平均风速在6米/秒左右，最大风速为20.8米/秒。

潮汐与海流。秦皇岛地区的潮汐受渤海湾地形影响，潮汐类型属正规全日潮，即 1 个太阴日出现 1 次涨潮和 1 次落潮。潮差较小，涨潮幅度由北向南逐渐增大。据多年观测资料显示：平均潮差为0.72米，最大潮差为2.45米。潮流：涨潮时向西南流，落潮时向东北流，流速为0.6—0.9米/秒。据交通运输部一航院在油港附近观测显示：涨潮流速大于落潮流速。沿岸流发生在沿岸浅水地带，水不深，水层薄，流向易受风向影响，冬季盛行东北风，自北而南沿岸流最强，扩展范围最大；夏季盛行西南风，流向与冬季相反，且强度减小。

海浪。秦皇岛沿海以风浪为主，受季风影响。3—5月份波浪大，7—9月份波浪小。涌浪(失去支持力的风波浪，波形接近于正弦波)近岸浪高较小，一般为1.0—1.5米，波长平均为20—30米，而外海的风波浪浪高可达3—4米。

黑潮暖流。黑潮暖流从山东半岛与辽东半岛的入口进来，在渤海湾遨游一圈，把温暖留给了这片海。冬不冷，夏不热。冬天寒气来袭，黑潮暖流是第一道防护线。夏季热风来袭，又被海水吸收。海水是气温的调节器，受黑潮影响的海水(高温、高盐)调节得更为充分。

表层海水的含盐度与温度。据多年观测，秦皇岛海水平均含盐度为2.983%，最高年份是1972年，为3.055%，最低年份是1977年，为2.886%。1—6月份皆在3%以上，7—12月份皆在3%以下，多雨的8月份含盐度为2.877%，4月份最高，为3.048%。表层海水最高含盐度出现在冬季，不利于结冰。据多年观测显示：表层海水平均温度为12℃，最高温度为31.3℃(1967年)，最低温度为-2.3℃。

海岸线。秦皇岛海岸线长162.7千米，除北戴河海滨、海港区东山、山海关三处岬角部位为基岩裸露的剥蚀岸，其余均为海湾部位的砂质堆积岸。水下15米等深线，海域面积为1000平方千米。这个数字相当于秦皇岛滨海潮下带，滨海潮间带的水域面积仅为31.1平方千米。

候鸟迁徙的驿站。据有关资料统计显示，中国可观察到的鸟类有1186种，秦皇岛有412种。北戴河海滨鸟类资源成为世界观鸟爱好者的朝圣地。

矿产资源。秦皇岛矿产资源金属类有金和铁两大类，青龙满族自治县是中国“年产黄金万两县”之一。非金属类有煤和建筑石材(水泥原材料和建筑石材）。此外，秦皇岛山区属燕山山脉东段，阳光充足，植被茂盛，有广阔的林区。成材林有油松、落叶松、白桦、栎树、山杨等15种。昌黎、抚宁、青龙三县曾荣获全国经济林建设先进县。果树有苹果、梨、板栗、核桃、葡萄、山楂、水蜜桃等，年产水果3.5亿千克。昌黎、青龙及山海关分别荣获“中国葡萄之乡”“中国苹果之乡”和“中国大核桃之乡”称号。

历史人物简介

秦始皇(秦国第三十一任侯，秦朝第一任皇帝，前246—前210年在位)，父嬴姓，母赵氏，名政。秦庄襄王嬴楚之子，祖籍甘肃礼县，生于赵国都城邯郸，汉族。嬴姓传说是颛顼的后裔伯益(柏翳)因佐理大禹治水有功，舜帝赐嬴姓。嬴非子“好马好畜，善养息之”，周孝王封采邑在秦(天水之清水上游秦水)。周幽王戏诸侯，诸侯反叛，秦襄公率兵救周，护送周平王迁都洛邑(河南洛阳)有功，被周平王封为诸侯，赐地(陕西陇县)建国。嬴楚驾崩，13岁的嬴政继承侯位，因年幼朝政由太后赵姬、丞相文信侯吕不韦和嫪毐掌管。

嬴政22岁亲理朝政，平定嫪毐叛乱。免除吕不韦相职，任李斯为相。重用王翦父子和蒙武、蒙恬父子等将领，实行“远交近攻”战略。从秦政[①]十七年(前230年)至秦政二十六年(前221年)，先后灭韩、赵、魏、楚、燕、齐六国，完成了统一中国大业，建立了中国历史上第一个以汉族为主体的中央集权帝制王朝，定都咸阳。嬴政统一华夏后，采取了一系列稳定政权、巩固统一局面的措施：“势说”乍起，神化皇位。以“皇帝”为国君尊号，皇帝自称为“朕”，登泰山封禅。建立以皇帝为中心的帝制体系，实行郡县制，中央集

---

①秦政元年为公元前246年，包括秦王政（前246—前222年）和始皇（前221—前210年）两个连续年号。

权，“三公九卿”，丞相、太尉、御史大夫与诸卿议论政务，皇帝做裁决，凸显皇权的特殊地位。地方机构采用郡县制，分郡、县两级管理。车同轨，修驰道供帝王出行用，修直道供军事用。书同文，统一文字，秦始皇令李斯等人进行文字改革，整理出来的小篆体作为官方语言的书写体。小篆体易于书写，易于辨认，此次文字改革对中国文化建设起到了重要作用。行同伦，建立统一的伦理道德和行为规范。男女礼顺，慎遵职事，昭隔内外，靡不清静，施于后嗣。统一货币，统一度量衡。在秦、赵、燕三国长城基础上，修筑西起临洮(甘肃岷县)、东至辽东郡(辽宁丹东)的万里长城，史称秦长城(见图1-2)。秦修长城是一把双刃剑，一方面抵御了北方游牧民族的南侵，保护了边塞人民的生命财产安全，另一方面给当时的劳苦大众带来了难以承受的负担。

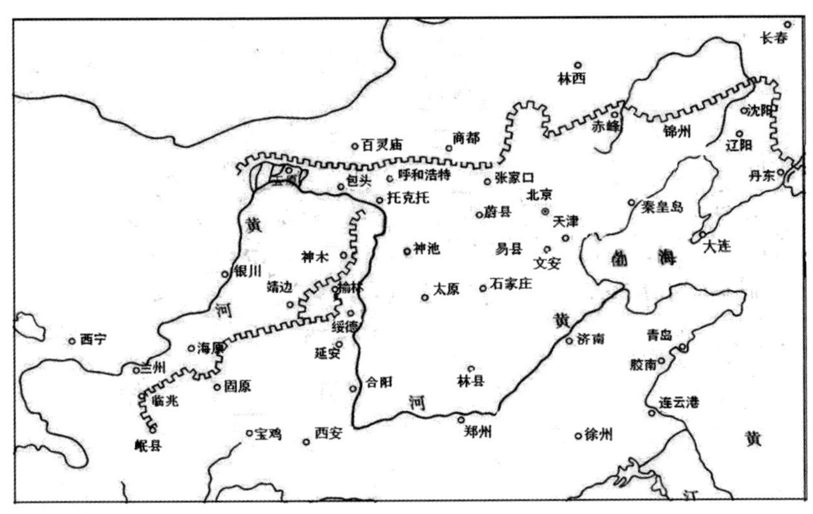

图1-2　秦长城地理位置图

这些政要举措无疑对秦王朝政权稳定，社会经济发展都起到了促进作用，是国家强盛的保障。秦始皇是中国历史上首位使用“皇帝”尊号的君主，中国兴帝制延续了2133年，郡县制、车同轨、书同文、统一货币、统一度量衡延续至今，秦始皇的这些举措无疑对中国历史发展乃至世界历史发展都产生了深远影响，他被明代思想家李贽誉为“千古一帝”，史称“祖龙”。

第二章　上下两千年，纵横十万里

万里长城气势雄伟，工程浩大，是中国古代建筑史上少有的军事防御工程，2008年被评为世界七大奇迹之一。有人用“上下两千年，纵横十万里”来概括中国修长城的悠久历史和长城的宏伟规模。那么，长城文化对现代人有何启示呢？它的地理位置展布有什么规律可循吗？

§1. 渴望和平是长城的永久呼唤

中国古建筑学家、长城专家罗哲文(1924—2012，四川宜宾人)先生写了一副题为《长城赞》的长对联，诠释了中国万里长城的文化内涵。

上联：起春秋，历秦汉，及魏隋，迄金明，上下两千年。数不清将帅吏卒，百工黔首，费尽移山心力，修筑起伟大工程。坚强毅力，聪明智慧，血汗辛勤，为中华留下巍峨丰碑。

下联：跨峻岭，穿荒原，经瀚海，攀绝壁，纵横十万里。望不断长龙烽垛，雄关隘口，犹如玉带明珠，点缀成江山锦绣。起伏奔腾，飞舞盘旋，太空遥见，给世界增添壮丽奇观。

起春秋。回溯中国长城的建筑史，早在春秋后期，楚、齐二诸侯国就用筑高墙这种形式来抵御敌国的侵扰。2010年4月27日，《郑州日报》（数字版）公布消息说，2008年10月至今，两个考古队徒步行走763千米，经过一年多的调查，已经基本掌握了河南境内楚长城的分布情况。楚长城当年称

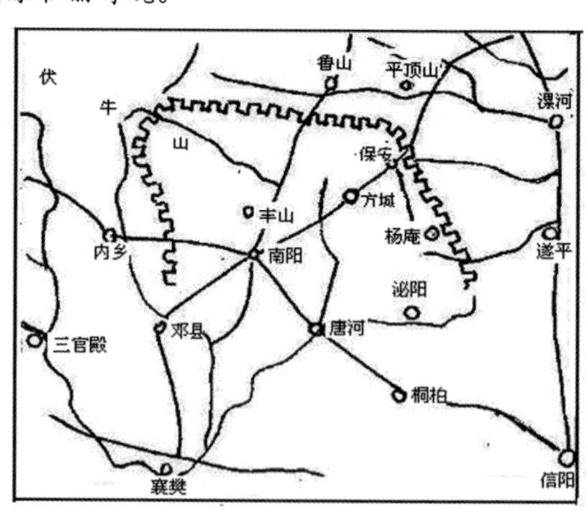

图2-1　楚长城分布图

“方城”，周围不封闭，呈一向东南敞口的U字形，总长137.22千米。主要分布在豫南的平顶山、南阳、驻马店、信阳4个地级市的25个县区内。史书记载，周庄王九年(前688年)冬，楚文王伐申，过邓，将申、缯等古国封地据为己有，为实现控南土、争霸中原的宏伟志向，遂在申、缯古国北部与东部修筑了中国历史上最早的高墙，周惠王二十一年(前656年），楚成王还用这种高墙做防御工事。显然，修筑这种高墙还没有发展成秦以后的万里长城。所以，中国长城专家董耀会曾为其题词：“长城之父”。

历秦汉，及魏隋，迄金明，上下两千年。从时间上说，虽然秦汉、北魏、北齐、北周、隋、辽、金、明各个朝代都大规模地修筑长城，但因秦统一六国疆域扩大，修筑高墙在万里以上，并在险要处屯兵把守，设置关隘，修建城堡，所以秦以后称这种高墙为“长城”，并在中国历史上形成了秦、汉、明三个修长城的高峰期和唐、元两个修长城的低谷期。

三个高峰期。秦修长城是中国修长城的第一个高峰期，秦嬴政三十二年(前215年)，……燕人卢生使入海还，以鬼神事，因奏录图书，曰“亡秦者胡也”。秦始皇审视这个“胡”字：亡秦者，北方匈奴也。于是他先派大将军蒙恬率30万大军北击匈奴，把匈奴逐出河套，赶到阴山以北；为防患于未然，随后又征调民夫50万修筑长城。历经5年多的艰苦施工，在秦、赵、燕三个诸侯国遗留下来的北部高墙的基础上，连接和修筑起西起临洮(甘肃岷县)东至辽东郡(辽宁丹东)，绵延5000多千米的长城，以绝胡人亡秦之患(见图1-2)。

汉修长城是中国修长城的第二个高峰期。汉武帝(汉第五任皇帝，前141－前87年在位)为了加强战略防御，“不教胡马度阴山”，同时也是为了保卫新开发的丝绸之路，下令修筑长城。由于汉时疆域向北扩展了许多，所以汉长城是秦长城前沿的一道防线。汉长城西起新疆罗布泊，东到辽东，中间经过蒙古、内蒙古，全长10000多千米。汉代称长城为“塞”。

明修长城是中国修长城的第三个高峰期。为防范元朝残余势力反扑和后期北方女真族崛起对明朝的威胁，早在朱元璋(明第一任皇帝，安徽凤阳人，1368—1398年在位)打江山时就接受了朱升的“高筑墙，广积粮，缓称王”的九字国策，到明思宗朱由检(明第十七任皇帝，1627—1644年在位)吊死在煤山，先后18次大修长城，时间跨越长达276年。明长城西起甘肃嘉峪关，东至辽宁丹东虎山南麓，总长度为8851.8千米，途经甘肃、宁夏、内蒙古、陕西、山西、北京、天津、河北，止于辽宁丹东虎山。现存明长城西起甘肃嘉峪关，东至河北秦皇岛山海关，长6330千米。明长城在中国长城史上以修筑最坚固、修筑时间和使用时间最长为特点，是一道集城镇、路城、关城、卫城、堡城和高墙、烟墩于一体的军事防御工程，明代称长城为“边”。

两个低谷期，一个是以经济实力辐射周边国家的唐朝，一个是以军事实力征服世界的元朝。

中国修长城的历史从春秋周庄王九年(前688年)始，到明崇祯十七年(1644年)明朝灭亡止，有2333年的修长城历史，可谓“上下两千年”。

跨峻岭、穿荒原、经瀚海、攀绝壁，纵横十万里。从规模上说，长城势若长龙，在中华大地蜿蜒伸展，跨越崇山峻岭，穿过莽莽荒原、沙漠瀚海(明以后专指戈壁沙漠)，攀登绝壁险山，修筑工程之浩大，纵横10万里。把我国北部、东北和中南的长城加起来，总长度超过10万里。

数不清将帅吏卒，百工黔首，费尽移山心力，修筑此伟大工程。坚强毅力，聪明智慧，血汗辛勤，为中华留下巍峨丰碑。修长城有三类人，首先是守长城的官兵，将帅吏卒。秦始皇遣蒙恬率军士50万修筑长城。其次是民夫，百工黔首(“黔首”一词在秦朝首次被使用，为黑巾裹头的平民，黔，指黎民百姓。但又特指被俘的黎民百姓)。第三类是罪犯，据《史记•秦始皇本纪》载：“三十四年，是适治狱吏不直者，筑长城及南越地。”判案不公正的官员被罚去修长城或去戍守南方越地(南方五岭一带)。之后汉、明等朝代也都有用罪犯修筑长城的记载。但总体来说，修长城的主力是军队。他们以坚强的毅力、聪明才智、辛勤汗水，费尽移山之心力，修筑工程浩大的军事防御工程，为中华民族留下不朽的丰碑国宝。“巍峨”指建筑物高大壮观，雄伟矗立的样子。

望不断长龙烽垛、雄关隘口，犹如玉带明珠，点缀成江山锦绣。起伏奔腾，飞舞盘旋，太空遥见，给世界增添壮丽奇观。近视长城，烽垛(城墙顶端呈锯齿状的垛墙)、雄关隘口(雄关、关隘是长城上的屯兵据点，口是长城的开口)、亭障墩堠(亭、墩是长城两侧的烽火台，瞭望有敌情时放烟火发送信号。障与烽火台配合使用。障是边塞要地内驻扎军队的小城。堠是用于军事瞭望的建筑。）长城规格：明长城墙外包砖，与关城交接处高14米，厚7米，顶宽15米，可“十人同行，五马并骑”。

远视长城，宛若长龙，盘旋伸展，连绵不断，好似明珠玉带，点缀着祖国的锦绣山河；在大地上起伏奔腾，像一条巨龙飞舞盘旋；太空遥见，给世界增添壮丽奇观。月球到地球的平均距离大约是38万千米，2003年，中国宇航员杨利伟返回地球时，央视记者白岩松问他：“在太空有没有看到长城？”杨利伟肯定地回答：“看到地球景色非常美丽，但没有看到我们的长城。”遥感图像解译专家戴昌达、光学物理专家聂玉昕等人认为：人类用肉眼无法从太空看到长城，但依靠遥感技术能“看”到长城。长城像一根头发丝。“月宫遥见”是词作者用了夸张手法，但是在地面上看宏伟的万里长城，确实是给世界增添壮丽奇观。

长城像一道屏障，挡住了北方游牧民族对中原农耕地区汉民族的侵扰，不仅使北疆的老百姓能安居乐业，还促进了那里的土地开发和经济发展。明代军屯已发展到了“养兵百万不费百姓一粒米”。到了清顺治元年（1644年），吴三桂引清兵入关，多尔衮带着他的“嫁妆”——506万平方千米的土地（乌苏里江以东150万平方千米，蒙古158万平方千米、东三省80万平方千米、内蒙古118万平方千米）入主中原。虽然，后来乌苏里江以东和蒙古两地308万平方千米的土地又失去了，[①] 但是已经形成的长城不再是“边墙”的格局没有变。清王朝变换了统治思想，“罢修长城”，“固国不以山川之险”，重视民族关系协调。

康熙三十年（1691年）五月，古北口总兵官蔡元上疏请求整修古北口一带的残破长城，康熙帝明确指出：“帝王治天下，自有本原，不专恃险阻。秦筑长城以来，汉、宋、明亦常修理，其时岂无边患？明末我太祖统大兵长驱直入，诸路瓦解，皆莫敢当。可见守国之道，唯在修德安民。民心悦服，则邦本得，而边境自固，所谓众志成城者是也。古北口、喜峰口一带，朕皆巡阅，概多损坏，今欲修之，兴工劳役，其能无

---

①吉羊. 神聊秦皇岛. 石家庄：河北人民出版社，2008：1.

害百姓，且长城延袤千里，养兵几何，方能分守！昔秦兴土石之工修筑长城，我朝施恩于喀尔喀，使之防备朔方，较长城更坚固。”(引自《清圣祖实录》卷一五一)

清乾隆帝的《望长城作》是以一个胜利者的身份诠释了清王朝“固国不以山川之险”，而以修“关系”保家卫国的理念。“千秋形胜因循览，万古兴亡取次觇。自是天心无定向，从来违顺卜黧黔。”“觇”，窥视，观测。“黧黔”，指用黑围巾裹头的平民。意思是说，长城处于形胜之地，领略着千古不变的山川，见证着古今兴亡、成败盛衰，主人在不断更替。然而，天道幽远，唯独眷顾有盛德的王朝。古今以百姓为念，天赐福音；不以百姓为根本，违天致祸。清朝的一些大臣也说：“毕竟成城需众志，皇图巩固在于斯。”清王朝统治者认为，固国不能仅凭“形胜”来维护统治政权，而要重视德化及人心向背。

康熙帝把修德安民、各个民族民心悦服作为国家之本和边境安定的重要基础，并视为治国之道极力加以贯彻。他认为：“昔兴土石之工，修长城。我朝施恩于喀尔喀(漠北蒙古族诸部总称)，使之防备朔方(北方)，较长城更为坚固。”用人而不是用砖石固边御敌的思想充分说明了清王朝统治者在制定和实施民族政策方面实现了历史性的飞跃。也正是在这种理念的指引下，清王朝在民族事务管理和巩固边疆方面实践着“固国不以山川之险”的治国方略。

在协调满、汉民族关系方面，康熙帝做得卓有成效。据《清朝野史大观·笼络汉族之政策》载，康熙在位的61年里，虽外讨内绥，兵威甚盛，然亦知汉族不可以武治也，乃用儒术以束缚之。满汉文武，皆为一体，有效地缓解了满汉的民族矛盾，使民族关系更加协调，国家政权更加巩固。在协调满、藏等少数民族关系方面，康熙帝继承和发扬了由努尔哈赤、皇太极创建，多尔衮和顺治帝发展的蒙、藏等少数民族的宗教政策，用宗教思想统治的方法代替修筑长城防患于未然。历史上“明修长城，清修庙”讲的就是这一史实。首先，清政府在北京城修建了雍和宫(1694年)，乾隆帝诞生于此，后亲自前去受戒，又在热河修建了行宫——承德避暑山庄(1703年)。在山庄之外，仿西藏的三摩耶庙，修了普宁寺(1755年)；仿新疆伊犁河畔的伊犁庙，修了安远庙(1764年)；仿拉萨布达拉宫，修了普陀宗乘之庙(1767年)；仿日喀则的扎什伦布寺，修了须弥福寿之庙(1780年)，为蒙、藏等少数民族的上层人士提供了宗教活动场所。对于北方边疆的少数民族首领来说，他们不进京城也有与清廷交流的机会与场所，清政府以此达到巩固统治、安定边疆的目的。历史上出现的“吴三桂现象”让用筑高墙作防御工事的最初构想者陷入沉思：明朝花费那么多的人力物力，把秦、汉以来遗留下来的长城重新翻修了一遍，形成了完善的防御体系，可是仍然被来自北方的蒙古族和满族先后突破了长城防线，使明朝遭到了灭顶之灾。先是明正统十四年(1449年)，蒙古族瓦剌部落首领也先台吉率兵突破了长城防线(土木堡之战)，生擒御驾亲征的明英宗朱祁镇，后是辽东总兵吴三桂引清兵入关。而在中国历史上最兴盛的唐朝和元朝，竟是少数没有修长城的王朝，唐朝是以经济实力辐射周边的小国，以交流代替交战；元朝是以军事实力征服世界。以上两方面的史实让关注未来战争的战略家更加清醒地认识到：冷兵器时代的战争，武器（包括防御工程）虽然出现了层出不穷的变化，但是人的因素仍然是战争取胜的决定因素，武器（包括防御工程）是战争取胜的重要因素，而为了获取未来战争的胜利，必须有高度统一的思想和意志。

到了20世纪30年代，中华民族由“居危思安”到了“居危思存”的时刻，中华民族的优秀儿女用血肉之躯筑起一道新的长城。“起来！不愿意做奴隶的人们，把我们的血肉筑成我们新的长城！中华民族到了最危险的时候，每个人被迫着发出最后的吼声。起来！起来！起来！我们万众一心，冒着敌人的炮火，前进！冒着敌人的炮火，前进！前进！前进！进！”中国人民在中国共产党的领导下，又一次完成了由“居危思存”到“居安思危”的转变。历史走到了今天，长城发出了永久地呼唤——“居安思危”，并有了关于“再铸长城魂”的话题，呼唤在国人心中铸起一道新的长城。在国人心中浇铸一种特殊的符号“我的中国心”。长城是中华民族凝聚力的象征，渴望和平成了长城的永久呼唤。中国万里长城“三部曲”就是由砖石砌就的长城，到血肉之躯筑就的长城，再到浇铸在国人心中的长城魂(长城文化力)。大家常说，人民军队是军事防卫的钢铁长城，而高度统一的思想和意志则是钢铁长城的灵魂。

1972年，联合国教科文组织在法国巴黎通过了《保护世界文化和自然遗产公约》，1987年中国万里长城被列入“世界遗产名录”。

历史人物简介

朱升（1299—1370，安徽休宁人）在军事、政治上辅佐朱元璋打江山，晚年又窥见朱元璋猜疑心大，主动提出隐退，躲过一劫，但是让他始料不及的是，他的独子朱同(1336—1385)，虽然握有朱升为之求得的免死金牌，但仍改变不了其悲惨的命运，最终还是坐事被赐死。朱升前半生仕途坎坷，幼年师从新安学派著名学者陈栎(1253—1334，安徽黄山休宁滕溪人)，因对蒙古贵族入主中原，因而不乐仕进。46岁才登乡贡进士(经乡试、府试考试合格者参加礼部贡院进士科考而未中者)。50岁被授为池州路学正(官名，正八品，相当于今教师)，但他拖至52岁才去赴任，3年后，便“秩满南归”，隐居于家乡石门山。元末农民战争爆发后，朱升避兵奔窜，闭门著述。

遇见朱元璋。龙凤三年(1357年)，朱元璋亲率大军出征浙东，路过徽州时经邓愈推荐，亲至石门向朱升请教夺取天下的计策。朱元璋亲顾茅庐、礼贤下士，朱升便决定出山，辅佐朱元璋。他针对当时的斗争形势和朱元璋“地狭粮少”的实际情况，进献了“高筑墙、广积粮、缓称王”三策，“三策”成了朱元璋营建江南根据地的指导方针。在指挥打仗方面，朱升奉劝朱元璋亲临指挥，杀降不祥，唯不嗜杀人者，天下无敌。朱升在战术上善用口袋战术。协助朱元璋夺取江山。

“高筑墙、广积粮、缓称王”三策为朱元璋夺取政权奠定了思想根基。善于在历史文献中捕捉灵感的一代伟人毛泽东称赞其为“九字国策定江山”，并在20世纪60年代末中国面临中苏关系紧张局面时，提出了“深挖洞，广积粮，不称霸”口号。1972年12月10日，中共中央转发国务院11月24日《关于粮食问题的报告》时，传达了毛泽东关于“深挖洞，广积粮，不称霸”的指示。

§2. 明长城地理位置展布与祁吕贺兰山字型构造

长城穿越了2333年的时空，带给人们一个上下求索的主题，这条巨龙的“天之元气”在哪里？

如果想了解古人修长城的选址秘诀，首先应根据其所处的大地构造环境及其衍生出来的地貌格局来探寻长城地理位置的展布规律。

祁吕贺兰山字型构造及其衍生出来的地貌格局。在用地质力学观点编制的中国主要构造体系图上，祁吕贺兰山字型构造夹在天山—阴山东西向复杂构造带和秦岭—昆仑东西向复杂构造带之间，构造形体展布像汉字“山”字。在地质历史时期，由于地球自转速率的变更，北半球地应力指向赤道，地应力积累到一定程度，像李四光先生所说的，就要“大陆车阀”了，形成东西向构造带，这就是天山—阴山东西向复杂构造带(40°—43°)、秦岭—昆仑东西向复杂构造带(33°—36°)。但是在两个东西向复杂构造带之间又发生了新的情况：当地球表层物质向南挤压时，遇到两个砥柱阻挡，两个砥柱间就出现一个向南凸出的弧形，叫前弧。前弧后面形成一个南北向的压性结构面(褶皱、压性断裂和片理化带)，叫脊柱。这个脊柱和汉字“山”字中间那一竖不同，它没有抵达前弧。两个砥柱后面形成两个反射弧。山字型构造体系在地质图上是用线条来表示的，这些线条叫主压性结构面。所谓主压性结构面包括三种构造形迹，一是向斜的轴线，二是背斜的轴线，三是挤压片理化带，或逆冲断裂带。其中向下凹陷的，叫向斜，在图上用一条线段及两个垂直于这条线段向里指向的小箭头表示。而向上凸起的，叫背斜，在图上用一条线段及两个垂直于这条线段向外指向的小箭头表示。一个向斜和一个背斜组合在一起，叫褶皱。褶皱是水平岩层受水平地应力挤压产生的向斜和背斜的组合形式。

地壳表层物质长期、持续地在自北向南的水平挤压地应力的作用下，岩石就会出现一些小裂隙，构造地质学将这些小裂隙叫“片理化现象”。有时还发展到一部分地层仰冲到另一部分地层之上，叫“逆冲断层”。这些“逆冲断层”在地质图上用线条来表示：如果是实测断层，用实线表示；如果是推测断层，用断线来表示。有了这些基本概念之后，就可以分析图上的东西向复杂构造带了。东西向复杂构造带活动的时间很长，可能在太古代已具雏形，元古代进入重要发展时期，古生代末隆起形成褶皱带，中生代、新生代都有强烈的构造运动和岩浆活动。这些东西向山脉控制了中生代、新生代的断陷盆地，隆起为山脉，拗陷为盆地，东西向构造带还是大型水系的分水岭。譬如，天山山脉把新疆分成南疆和北疆，南疆有塔里木盆地，北疆有准噶尔盆地。秦皇岛柳江盆地较为明显的一次东西向构造运动是发生在距今2.28亿年的印支运动。

祁吕贺兰山字型构造是李四光1929年提出来的，是一个规模巨大的山字型构造(见图2-2)。前弧这些线条是表示主压性结构面。弧顶在六盘山南端宝鸡以西。前弧西翼从同仁、循化往西北延伸，即祁连山，是由一系列平行的、呈北西—南东走向的褶皱山脉，延至阿尔金山构成西翼反射弧，弧顶在嘉峪关、玉门一线，与东西向构造重叠。西翼反射弧的西翼是阿尔金山山脉，呈北东—南西走向。前弧东翼循汾渭谷地向北东方向延伸，以吕梁山—恒山褶皱带为主体，出现一系列平行的褶皱山脉，在华北平原北面的燕山地区形成东翼反射弧，弧顶在北京西山。东翼反射弧的东翼，呈北西—南东走向，强度不是很大。前弧后面的脊柱，贺兰山、六盘山属正向地貌单元。贺兰复式褶皱带是山字型构造脊柱的主要成分，所以叫“祁吕贺兰山字型构造”，祁是祁连山，是前弧的西翼；吕是吕梁山，是前弧的东翼，贺兰是贺兰山，是山字型构造的脊柱。脊柱与前弧之间的凹地叫马蹄形盾地。在脊柱两侧有两块醒目的沙地，西面的，叫腾格里沙漠；东面的，叫毛乌素沙地。

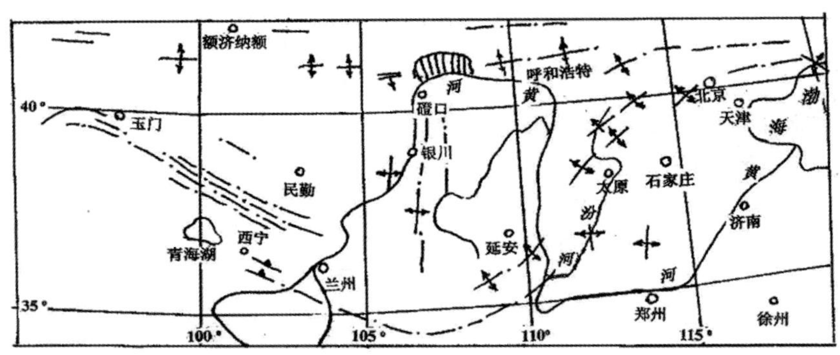

图2-2 祁吕贺兰山字型构造

祁吕贺兰山字型构造是从古生代末到中生代晚期(白垩纪定型)发展起来的，活动时间比东西向构造要晚得多。

再来了解明长城地理位置展布与祁吕贺兰山字型构造衍生出来的地貌相吻合情况。明长城的龙尾在甘肃嘉峪关，嘉峪关以西是龙尾的须须，这些须须向北跨越了北纬40°线，在瓜州、疏勒河一带断续出现，呈东西向，所在的构造部位恰是东西向构造带。

嘉峪关向东，经临水、天城，长城为东西走向，既与东西向构造带一致，也与山字型构造西翼反射弧弧顶一致。长城在祁连山北东坡底部河西走廊向南东方向延伸。河西走廊是夹在祁连山与龙首山之间的平缓地带，因位于黄河以西而得名。河西走廊东南端在乌鞘岭，西北至甘肃，与新疆交界上的星星峡，是古时候通往西域的必经之路，称为丝绸之路。长城经蓼泉、山丹，呈北西—南东走向，与山字型构造前弧西翼相吻合，把河西走廊留在长城内侧。由山丹、丰城堡、河西堡、重兴、民勤，长城呈一向南凸出的弧形，弧顶在金昌南，叫金昌弧。金州峡水库和红崖山水库都在长城里侧。从民勤、重兴、土门子、大靖、白墩子、干塘、中卫、中宁，沿腾格里沙漠南缘前行，但没有继续向东前行，而是在中宁北上，沿腾格里沙漠东缘—内蒙古与宁夏的省界线北上，在山字型构造脊柱贺兰山西坡上北行至头关，这又是一个向南凸出的弧形，叫腾格里弧。在新华网宁夏频道(2006年9月5日，责编黄宝宁)推出的一幅宁夏长城分布图上，长城过头关继续北上经大口子、苏峪口、大水沟口、汝箕沟、石嘴山，绕过脊柱顶，然后沿巴音陶亥向南回落，经陶乐、头道墩、月牙湖，在横山转向南东，这段长城是向北凸出的弧形，叫脊柱弧。《再铸长城魂》的作者于越曾去过宁夏，有机会直面贺兰山，感慨良多：“贺兰山是块好地方，依山扎营面向黄河，千里草原好不雄阔，难怪西夏王朝的雄风在这里撼天动地，难怪成吉思汗的大军几次在这里受阻。”这样的好脊柱必须留在长城内侧。没有脊柱弧，明长城的“山字型”就不存在了。

在兴武营，长城分为两支，由兴武营到柳杨堡、苟池为东北支，为明二道边墙；由兴武营过安定堡、盐池、定边为明头道边墙。长城过定边、安边、靖边是毛乌素沙地弧弧底，靖边、横山、榆林、神木是毛乌素沙地弧的东翼。由银川至神木这段长城是沿毛乌素沙地边缘向南凸出的弧形，叫毛乌素沙地弧。由榆林、神木、河曲、偏关，沿内蒙古与

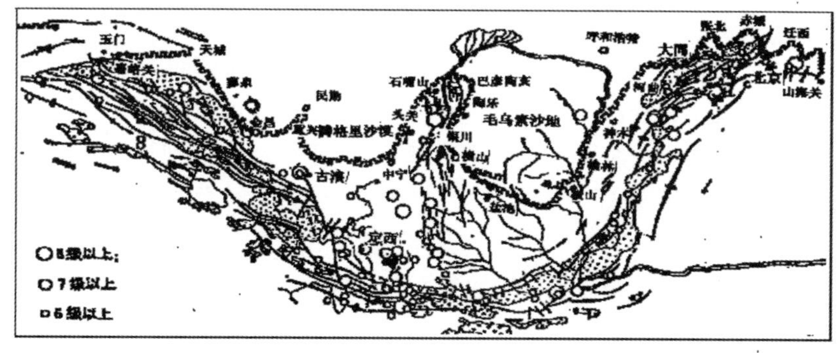

图2-3　明长城与祁吕贺兰山字型构造地理位置契合图

山西交界线前行，经老营、杀虎口，这一段长城是北东—南西走向，为山字型构造前弧东翼，即长城在吕梁山的西北坡上延伸。由杀虎口、威鲁、得胜堡、官屯堡、罗文皂、永嘉堡、新平堡，这段长城是北东东向。长城在老营分出向东南支线，由老营、南堡子、利民、阳方口，属长城内墙。北东支线到大同北，长城进入燕山地区，在大同、北京一线，既与山字型构造东翼反射弧弧顶相一致，是赤城向北凸出的弧，然后向南回落到怀柔，穿过北京平谷，向东到遵化，又有一个向南微凸的弧形，过遵化又有一个向北凸出的弧形，弧顶在迁西北，再向东，长城又向南回落，呈一向南微凸的弧形，在董家口长城向东行至小河口，沿河北与辽宁省界线向南回落至长城起点山海关。北京至山海关这段长城总体走向是东西向的，坐落在东西向造山带上。

明朝称长城为“边”，设九边重镇。总兵将领驻守在镇城，管辖1000—2000里地段的边城防务。秦皇岛归蓟镇管辖，总兵府设在河北迁安三屯营，蓟镇的管辖范围西起北京怀柔区慕田峪，东至山海关。

在标有明长城的中国省份地图册上，明长城的地理位置分为三段：西段，嘉峪关以西，长城在瓜州、疏勒河一带断续出现，是龙尾的须须；嘉峪关以东，至天城为龙尾，这段长城呈东西向，与天山—阴山东西向褶皱带相吻合。中段，由天城到大同，中间最突出的是脊柱弧，脊柱弧西侧长城是向南凸出的弧形，包括金昌弧、腾格里沙漠弧。脊柱弧东侧是向南凸出的毛乌素沙地弧，长城地理位置展布与山字型构造脊柱及脊柱两侧的沙地相吻合。东段，大同—北京—山海关，长城呈向北凸出的小弧形，这些向北凸出的小弧形与山字型构造东翼反射弧的弧顶地形条件有关，因为东翼反射弧是叠加在东西向构造之上，使长城呈向北微微凸出的弧形。龙首、龙尾大致落在天山—阴山东西向构造带上，龙身向南逶迤，在脊柱处呈向北凸出的弧形。龙首在老龙头掀浪入海戏水(明长城的地理位置是根据1988年第6版中国省份地图册和近几年有关长城勘察的报道确定)。

我国北纬40°—43°之间的东西向褶皱山脉自古以来就是一道天然屏障，只有少数几个口子可以通行，选中这样的地形条件做防御工程，口子建关，穿山脊修长城，把北方游牧民族拒于长城之外，保护边疆领土完整，让边疆人民过上安稳的日子，这是修长城的初衷。长城又修在国境线上，明长城南移的原因就是国境线南移了。朱元璋推翻了元朝政权建立了大明王朝，但无力彻底消灭元朝的残余势力，明成祖朱棣(明第三任皇帝，1403—1424年在位)曾五次亲征漠北，但也没有从根本上消除北方游牧民族对中原农耕地区汉民族的侵扰。于是，他下决心加强防御，放弃沙漠，抢占绿洲，长城成了北方游牧经济与中原农业经济的分界线。汉朝时有绿洲的地方就有长城，长城修到了北部的额济纳旗，后来由于沙漠化的原因，长城南移。长城大部分是修在绿洲的北缘、沙漠的南缘，把绿洲留给自己，使“逐水草而居”的游牧民族，失去了水草而无立足之地，只好西迁另谋出路。这样做不但很好地防御了游牧民族对汉民族的侵扰，还改防御为进攻，扩大了疆界。

长城作为一道防线外坡要陡，以有利于在长城上观察敌情，随时准备消灭来犯之敌，内坡要缓，以有利于人力增援和物质增援。明修长城的原则是“因地形，用险制塞”“因山为塞，利用险山”，遇到沙漠戈壁多是直穿的，遇到山地和丘陵多是沿山坡修筑。长城防御体系是把军事重镇、关城、隘口、敌台、烽火台有机地结合起来，沿线设障、堡、台、墩，互为犄角，即使一地失守，也能滞缓敌军的行动，迅速集结兵力，重新组织防御力量，让敌人在登城尚未站稳脚跟就遭到毁灭性的打击。秦始皇修长城初衷：“去匈奴七百余里，胡人不敢南下而牧马。”当年采用高筑墙这种形式也是考虑北方游牧民族长于骑射，横亘在彪悍骑兵面前突兀而立的长城，迫使他们弃长就短，顿失优势。长城内侧有时还设有第二道防线。第二道防线有的是天然屏障，有的是人工修筑的所谓内墙。在中国历史上有很长一段时间北方游牧民族对中原汉民族进行侵扰，我国劳动人民发挥聪明才智，用修长城这种方法来抵御北方游牧民族的侵扰，起到了相当大的抵御作用。但由于祁吕贺兰山字型构造的干扰，削弱了东西向隆起山脉的阻挡作用，这样看来，长城南移，沿腾格里沙漠和毛乌素沙地南缘修筑长城是必然的。腾格里沙漠和毛乌素沙地像两只大眼睛，随时注视着来犯之敌，给行走在沙漠上的来犯之敌带来不便，中间的山字型脊柱像个鼻梁顶起半边天，不能把脊柱这块高地留给敌人，而是将两块沙地留给敌人符合内高外低的原则，配布之奇妙，为后人所折服。十分耐人寻味的是，在那个科学不发达的年代，古人不知道这些山脉(脊柱贺兰山—六盘山、前弧西翼祁连山、西翼反射弧西翼阿尔金山、前弧东翼吕梁山—恒山、东翼反射弧弧顶或东西向燕山山脉)是怎样从地里“长”出来的，却知道把长城摆在山的什么位置，到了晚生李四光生活的那个年代，人们才认识到这山是怎样从地里“长”出来的(泰勒-李四光学说，地球表面隆起成山是地球表层物质受到水平挤压地应力作用的结果)。李四光接通了“山”形成的“天元之气”，揭示了古人用“山”的灵气。

中国徒步考察长城第一人

董耀会，1957年1月5日生于河北秦皇岛市抚宁区。1984年5月4日至1985年9月24日，他与吴德玉、张元华一起，从山海关出发，翻山越岭，穿越戈壁沙漠，风餐露宿，历尽千辛万苦，历时508天，终于胜利地到达了长城的终点——嘉峪关，完成了首次徒步考察长城这一英雄壮举。中国人在长城上留下了人类第一行完整的足迹。此后他到北京大学师从著名历史地理学家侯仁之(1911—2013，河北枣强人)先生。1998年6月28日美国总统克林顿(美第42任总统，1993—2001年在任)、2002年2月21日美国总统布什(美第43任总统，2001—2009年在任)访华期间，董耀会都作为国家指定专家陪同参观长城。2008年，长城被评为世界七大奇迹之一，董耀会在八达岭长城参加了开幕仪式。

§3. 秦皇岛境内的长城

秦皇岛境内的长城始建于南北朝，但现在仅见有明长城和北朝的北齐长城。

一、秦皇岛境内的明长城

秦皇岛境内的明长城蜿蜒在燕山山脉东麓，濒渤海的低山-丘陵区，有巨龙掀浪入海的老龙头，驰名中外的天下第一关，还有长城倒挂的三道关、水上长城九门口、董家口、义院口、界岭口、桃林口，这些险关要隘给秦皇岛境内的长城文化添色增辉，吸引国内外游客纷纷沓至，就是游过北京八达岭长城的游客也仍然要来老龙头观赏长城入海的磅礴气势，以便全面地认识宏伟壮观的万里长城。以长城为界，长城以北是秦皇岛市青龙满族自治县，以东是辽宁省绥中县。长城以南分别是唐山市迁安市，秦皇岛市卢龙县，抚宁区，海港区驻操营镇、石门寨镇和山海关区。西起青龙县小马坪乡青河沿村杏树岭，向东经擦崖子、红口、小关、白羊峪、龙王庙、冷口、河流口、刘家口，这是明长城的青龙县段；由刘家口向东，经水峪村、桃林口、重峪口到河口，这是明长城卢龙县段；由河口向东，经竭家沟、青山口、罗汉洞、界岭口、箭杆岭、梁家湾、背牛顶、草原楼到双楼，这是明长城抚宁区段；由双楼向东，经苇子峪、花厂峪、拿子峪、义院口、板厂峪、平顶峪、董家口、小河口转向南，经金家沟、锥山沟、娄家沟到九门口，这是明长城的海港区段；由九门口(海拔368米)向南，经三道关、角山关(海拔518米)、山海关(海拔47.13米)到老龙头(海拔15.6米)，这是明长城山海关区段。秦皇岛境内明长城总长度为376千米。其中，青龙县段184千米，卢龙县段23.5千米，原抚宁县段(现今的抚宁区段和海港区段)142.5千米，山海关区段26千米。[①]

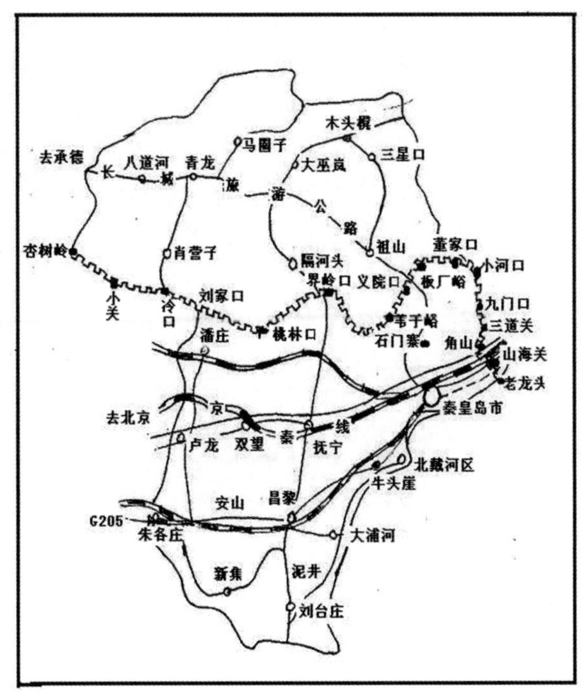

图2-4　秦皇岛境内的明长城

二、秦皇岛境内的北齐长城

高洋(529—559，渤海蓨县今河北景县人)于天保元年(550年)逼迫东魏孝静帝(元善见，534—550年在位)禅位，登基称帝，改国号为齐，史称北齐，年号为天保，建都在邺(今河北临漳)，北齐共有6任皇帝，在位28年(550—577年)，虽时间不长，但十分重视修筑长城。北齐长城北部主要防御突厥、契丹等外族侵扰，西部是防御北周东进。据《齐本记》载：“齐显祖文宣帝，天保六年(555年)三月，发寡妇以配军士，

①李兴春，苏西坡．长城从这里入海．北京：地质出版社，1994：39-49.

筑长城。”“是岁，诏发夫一百八十万人筑长城，自幽州北夏口，西至恒州，九百余里。”夏口即北京昌平居庸关南口，恒州即山西大同。这段长城西起山西大同，经天镇、赤城至居庸关南口。天保七年(556年)又大规模修筑长城，“自西河总秦戍筑长城，东至海，前后所筑，东西凡三千余里，六十里一戍，其要害置州镇，凡二十五所”。“东至海”延至山海关，这才是秦皇岛境内的北齐长城。

北齐长城东起辽宁省绥中县万家镇墙子李村，西至海港区石门寨镇车厂村西南，全长47.7千米。按照当地人的习惯叫法，东段叫墙子李长城，中段叫红墙子李长城，西段叫铁阙关长城。①

墙子李长城。墙子李长城已毁坏，无迹可寻，只能根据地方志及当地村民提供的线索，来了解墙子李(“李”是“里”的谐音)长城的走向。清光绪四年(1878年)版《临榆县志》方舆图记录，长城东边的入海口在大石山以东石碑地，近年来在此地挖掘出秦始皇行宫遗址(见图2-5左②)，长城在墙子李村西，向西北过大石山，经杨庄进入山海关区的小毛山村，向西北经望夫石村与边墙子城墙相接。在万家镇境内，长约7千米，属辽宁绥中。地表未见明显的长城建筑遗迹。

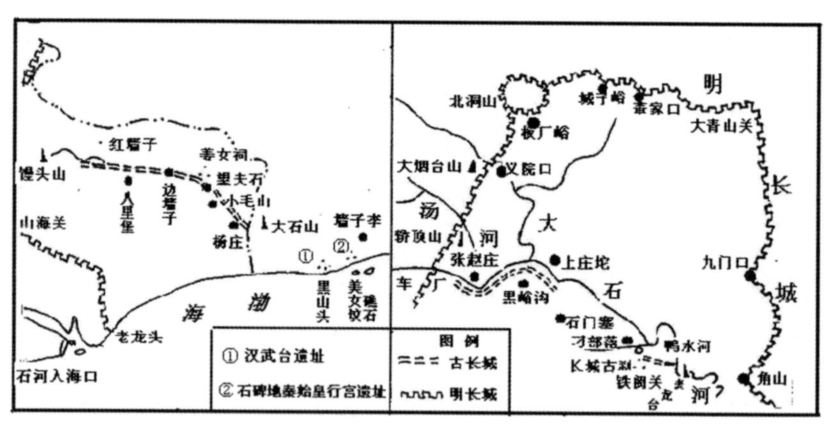

图2-5　左为红墙子长城走向图，右为铁阙关长城走向图　（沈朝阳）

红墙子李长城。红墙子李长城由边墙子起，经八里堡村北，进入馒头山后消失，上角山后与明长城重叠(见图2-5左)，断续出现。过燕塞

① 沈朝阳. 秦皇岛长城. 北京：方志出版社，2002.

湖与抚宁区老龙台长城相接，在山海关区内长21.5千米。此段长城大部分有迹可循，小毛山至馒头山段长城踪迹清晰可见，进入角山后，长城踪迹虽然有些模糊但依然可见。部分地段与明长城重叠，坡上仍能见到长城遗迹。入燕塞湖后，山坡上仍能见到长城遗迹。

铁阙关长城。铁阙关之名，因路东山形如鸟，出露地层为寒武纪紫色页岩，色泽如铁而有“铁雀关”之称，“阙”是“雀”的谐音，故又有铁阙关之称。

此段长城东起鸭水河村东南的老龙台(海拔355米)，向西下山经鸭水河南的铁阙关，再向西北至南、北刁部落的庙山，至此残墙消失，但遗址犹在。从上庄坨南黑峪沟北长城再现，延山西行，下山经过张赵庄石河支流及河西平地再上山，至张赵庄南。在车厂，残墙再度消失。在石门寨镇尚可见一残的破长城卷门洞，全长19.2千米。其中，鸭水河、铁阙关附近及黑峪沟北地表出露最明显，长10.8千米(见图2-5右)。

与明长城相关的知识点

长城军事防御工程体系，由长墙、城堡及防御传令设施三部分构成。长城一词是长墙和城堡的组合，即在长墙险要处屯兵把守，设置关隘，修建城堡。汉语的意思表达得非常准确。英文“The Great Wall”，只表示长墙的宏伟，没有把城堡加进去。应为“At the critical point of pass they built the castle called the long castle”。长城最早叫方城，如春秋时期的楚长城，是一种向东南开口的U字形长墙(见图2-1)。汉修长城叫塞，所以长城以外，叫塞外，也可指局部险关要隘。明修长城叫边，《明史·兵志》载：“请修宣，大边墙千余里。”

A.明长城设九镇

明长城西起甘肃嘉峪关，东至辽宁凤凰城，设九个防御区段，派总兵镇守，负责长城修筑和防务。九镇是修长城和守长城的组织形式。

甘肃镇。总兵府设在张掖，所辖长城西起嘉峪关，东至兰州黄河北岸，长800千米。甘肃镇长城虽经风沙掩埋，但仍保持连贯的墙体，山丹境内还保存着一段两条10余米间距的平行的墙体。

固原镇。总兵府设在宁夏固原，所辖长城西起皋兰，东至靖边，长500千米。固原镇长城除景泰“松山新边”保存较完整外，其余地段城墙坍塌。

宁夏镇。总兵府设在兴庆府(今银川)，所辖长城西起兰州，东至盐池，长1000千米。宁夏镇长城大部分埋于流沙之中，仅贺兰山段石砌城墙断续残存，并保存一处因地震活动而长城错位的地段。

延绥镇。总兵府设在陕西绥德，明成化以后移至陕西榆林。所辖长城西起盐池，东至黄甫川堡(今陕西府谷)，长885千米。榆林镇长城多被黄沙掩埋，局部地段被推掉做了公路，仅夯土墩台尚存。

山西镇。也称太原镇，总兵府设在山西偏关，所辖长城西起河曲黄河东岸，东至鸭嘴山，长800千米。长城遗迹经过修复，尚连贯。

大同镇。总兵府设在山西大同，所辖长城西起鸭角山与山西镇接界，东至天镇东北，长335千米。大同镇长城砖石已被拆毁，夯土城墙保存尚完整。

宣府镇。总兵府设在宣化，辖长城西起怀安，东至慕田峪，长518千米。

蓟镇。总兵府设在河北迁西三屯营镇，所辖长城西起慕田峪，东至山海关老龙头，长880千米。蓟镇长城又分蓟州镇、昌平镇、保定镇三个地段。

辽东镇。总兵府设在广宁(辽宁北镇)，明隆庆以后，冬季移在东宁(辽宁辽阳)。所辖长城西起山海关，东至凤凰城，长975千米。现存遗迹较少。

B. **长墙、战墙、障墙、挡马墙**

长墙。长墙是长城防御体系的主体建筑，把关隘、敌楼、城堡连成一体。

战墙。在长墙上有垛口和射口的外墙，并有雉堞作为掩体，也称女儿墙。

障墙。在城墙上横断面设置的防卫墙。可作为掩体，以便在敌军攻上墙头时，能防能打继续战斗。

挡马墙。在城池外挖掘出3—6米高的台阶，用以阻挡敌军的骑兵。

C. **镇城、路城、卫城、关城**

镇城。总兵府驻地修筑的城堡，如蓟镇总兵府驻地在河北迁西三屯营。

路城。在长城的重要交通要口，由统率一路兵马的将领镇守，如山海关路城。

卫城。卫是部队一种编制，大致有5000—6000名士兵。如天津卫、威海卫、山海卫。卫下设所，1000—2000人为千户所。100—200人为百户所。卫相当于现今部队旅的编制；千户所相当于现今部队团的编制；百户所相当于现今部队连的编制。

关城。在长城沿线的重要口子驻兵把守，由中央派大将镇守，如山海关、居庸关。

D. **城楼、战台、敌楼、烽火台**

城楼。在城墙上再建高楼，有的在城门上方，有射孔，居高临下，指挥作战，如山海关的镇东楼、牧营楼。

战台。城墙向外凸出的平台，平时用于巡逻放哨，战时在战台上反击敌人。

敌楼。在城墙上建的墩台，两三层不等，顶层有女儿墙，守城士兵既可放哨瞭望，又能居高作战，平时还可以居住，并储备武器、粮草等。

烽火台。烽火台汉代称亭、亭燧或烽堠，唐宋称烽台、烽火台，明代称烟墩、墩台，是利用烽火、烟气传递军事信息的设备。遇有敌情，白天燃烟或悬旗、敲梆、放炮，夜间燃火或点灯笼。烽火台通常设置在长城内外最易瞭望的山顶上，相距5到10里，向敌方向用土筑或石砌成一个独立的高台，台上有人守望。

城堡障堠、关塞隘口。城堡障堠、关塞隘口在长城防御体系中，是供士兵居住和防卫性质不同的处所。

城，不是州府、郡府和县城，而是与长城有关联的建筑，面积不大，城与城之间相距数十里不等，是只住军队，不住居民的小城。

堡，有城墙围绕，有些堡内还有烽火台，也住居民，长城沿线五里一墩，十里一堡。山海关外有威远城，距威远城五里处有八里堡。堡内住军队，也住军人家属。董家口长城和大毛山长城都保存有堡。

障，是在长城经过的要塞附近建的一种小城。障只住官兵，不住居民，障的大小和形式比较统一。

堠，即候，又称作“斥候”，是用于守望的建筑，构造较简单，常与烽火台配合使用，与“亭候”并称。明朝的“堡”与汉代的“城障”相似，也是用来驻防的。

西夏王朝(1038—1227年）简介

贺兰山及其两侧的腾格里沙漠和毛乌素沙地、贺兰山西侧的河西走廊、陕西境内的横山，是中世纪与北宋、辽三足鼎立的西夏王朝，首都设在兴庆府(银川)。西夏王朝虽然只存在190年，却也有繁荣昌盛的过去。西夏是羌族下属党项族建立的国家，始于景宗李元昊，终于夏末帝李晛，共有10任皇帝。

党项族按姓氏分为很多部落，其中拓跋氏势力最强，部落首领叫拓跋思恭。拓跋思恭因帮助唐朝镇压“黄巢起义”有功，受封定难军节度使，夏国公，赐李姓。传到第七代，叫李继迁(963—1004)，自称夏国王。经过李继迁、李德明两代人的艰苦努力，实施依辽宋、用兵吐蕃与回鹘的战略，控制了河西走廊。李元昊于北宋宝元元年(1038年)称帝，即景宗武烈皇帝，建立西夏王国。疆域包括宁夏及陕西北部、甘肃西北部、青海东北部及内蒙古部分地区。西夏政治制度受宋朝影响，官制设置基本上模仿北宋。军事制度是在党项族原部落兵制基础上吸取北宋的军事制度发展起来的。至仁宗李仁孝(西夏第五任皇帝，1139—1193年在位)，确立封建土地所有制，兴科举，尊崇儒学，发展生产，使西夏王朝发展进入鼎盛时期。随后渐入衰落，神宗李遵顼(西夏第八任皇帝，1211—1223年在位)，与蒙古、北宋作战，屡战屡败。献宗李德旺(西夏第九任皇帝，1223—1226年在位)有治国之才，拟趁成吉思汗西征抗拒蒙古，不料机密泄露，1224年蒙古攻克银川，李德旺投降，做人质才免灭国。献宗病死，夏末帝李晛出降，西夏王国灭亡。

第三章　从山海关古陆大背景说起

§1. 山海关古陆

秦皇岛地区所处的大地构造单元，叫山海关隆起，或山海关古陆。“隆起”是说秦皇岛地区在古元古代末发生吕梁运动，使地壳抬升成隆起状态；“古陆”是说隆起之后，其上覆岩石剥蚀殆尽，绥中花岗岩大“岩基”出露地表没有再接受沉积，是古老的陆地。绥中花岗岩大“岩基”的形成是经历了一次区域变质作用、一次混合岩化作用。区域变质作用以前的原岩可能是一些沉积岩，夹有火山沉积岩，随着沉积厚度加大，增温增压，原岩中的矿物重结晶或有化学成分的带出带入形成了新的矿物，改造了原岩的结构、构造，形成一种新的岩石，叫区域变质岩。当变质作用进一步发展，温度上升到700℃左右，一些结晶温度较低的矿物组分，变成了半熔融状态，充填在变质岩的剪切裂隙中形成条带，成分相当于长石和石英熔融组分，这是变质作用期后的地质作用，叫混合岩化作用。绥中花岗岩是混合岩化作用形成的，所以叫混合花岗岩。据区域地质资料介绍，本区混合岩化作用有两期：第一期为区域性注入式的钾质交代混合岩化期，同位素年龄为距今18.6亿—21.4亿年；第二期为注入式硅质交代花岗岩化期。沿片麻理注入的石英脉，切穿前期混合岩化期长英质条带，同位素年龄为距今17.5亿—18.2亿年。绥中花岗岩属地壳重熔型花岗岩。混合岩化中心为混合花岗岩或少量的斑状花岗岩；中带是分布最广的均质混合岩。柳江盆地张岩子、海港区的东山码头、北戴河海滨金山嘴、鸽子窝、中海滩老虎石，以及联峰山公园莲花石都是中带均质混合岩，现在大家都叫它绥中花岗岩；外带是混合杂岩。在联峰山公园绥中花岗岩中还能找到变质岩残留体，这些残留体应属新太古代区域变质岩，生成年龄在距今25亿年前，混合花岗岩是变质岩的再生岩石，应属古元古代晚期，生成年龄在距今18亿年前。绥中花岗岩受东西向构造控制，因在辽宁绥中明水塘、河北秦皇岛九门口等地最先被认识，所以叫绥中花岗岩。①

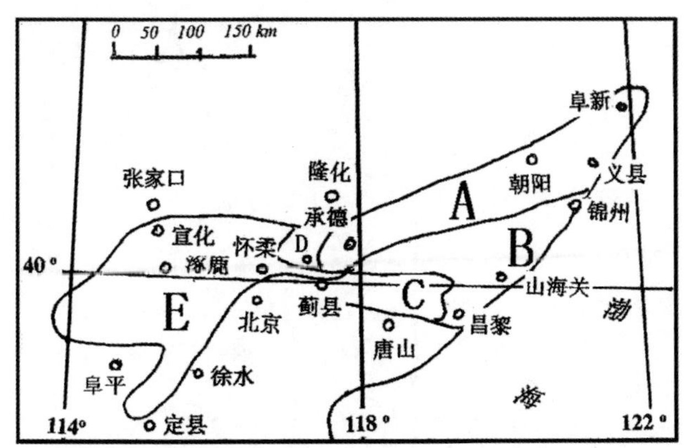

图3-1　燕山沉降带内部单元划分图

A—兴隆朝阳凹陷；B—山海关隆起；C—蓟县凹陷；

D—密云隆起；E—西山凹陷

旅游专业应开一门“旅游地质讲座课”，从旅游资源方面归纳出相关的地质问题。如前述依据海拔和造型尺度，将秦皇岛旅游地区花岗岩地貌分为三种特色迥异的自然景观，对某些自然景观进行地质成因分析。自然景观的美感是表象，观赏、理解自然景观的美，根在旅游地质学。

山海关隆起是遵化、锦州、昌黎构成的三角地带(见图3-1)。锦州、山海关、昌黎一线为辽西走廊东段。说到这里，那辽西走廊又是怎么回事呢？

§2. 辽西走廊

辽西走廊因位于辽宁省辽河以西而得名，是辽西山地与渤海西北岸之间的一条狭长的滨海平原。西北依松山山脉，东南濒临渤海，地势由西北向东南缓倾，海拔由500米降到50米以下，偶有丘陵，或剥蚀残丘

①河北省地质矿产局，1974，中华人民共和国区域地质报告。1:20万 山海关幅、秦皇岛幅。

地貌。由锦州、葫芦岛、兴城、绥中、山海关、秦皇岛、昌黎是辽西走廊东段，为一条北东—南西走向，长约185千米，宽约8—15千米的狭长地带，是华北行政区通过燕山山脉到达东北行政区的三条主要通道之一，古称傍海大道东段。辽西走廊西段是由天津蓟州区、卢龙，经抚宁榆关到山海关。辽西走廊的地质成因是海水运动、河水运动和地壳运动综合因素形成的，且海蚀地形、海积地形和河口地形彼此联结起来，构成沿海岸线分布的狭长滨海平原。辽西走廊光热资源丰富，土质肥沃。背山面海，形势险要，锦州是辽西走廊上的交通枢纽和军事重镇，自古为兵家必争之地，明清宁锦(兴城—锦州)之战、松山(锦州南)之战，以及解放战争中辽沈战役，一些具有战略意义的战役都是在这里进行的。

图3-2　辽西走廊分布位置图

与山海关遥相呼应的嘉峪关，长城的那一头，中国西部也有一条走廊，叫河西走廊。河西走廊因位于黄河以西而得名。祁连山以北，合黎山、龙首山以南，两山对峙的中间狭长高地，西至甘肃与新疆交界处的星星峡，东至乌鞘岭以西。东西长约1000千米，南北宽数10千米，海拔在1500米左右。大部分为山前倾斜平原，古称“丝绸之路”。嘉峪关坐落在南有祁连山，北有黑山峪，两山之间的峡谷地带，宽不足15千米，其地势如瓶颈，是通往西域的主要交通枢纽。明洪武五年(1372年)，宋国公、讨虏大将军冯胜考察河西走廊防务时，发现这里是河西走廊咽喉要塞，于是建关设镇。167年后，即明嘉靖十八年(1539年)开始修筑长城。

§3. 全新世，秦皇岛地区海岸线的变迁

有位地质学家根据海拔高度把柳江盆地的岩溶洞穴分为四层，叫岩溶洞穴“四层楼结构”，是秦皇岛地区(中更新世Q_2—晚更新世Q_3)地壳间歇性抬升的历史记录。秦皇岛地区进入新生代第四纪全新世Q_4(距今1.17万年—现今)，地壳间歇性抬升了3次。所谓“地壳间歇性抬升”就是在地壳抬升的过程中有停顿。停顿期海岸线相对静止，地壳抬升期海岸线向海洋方向迁移，叫外移。那么如何确定古海岸线的位置呢？

确定古海岸线的位置就是寻找凹岸高潮线附近堆积的“贝壳堤”。

1953年，安志敏(1924—2005，山东烟台人)等人在河北宁河小杨庄战国文化遗址中发现标识古海岸线的贝壳堤，做出宁河地区“先秦时期海岸线在宁河镇附近，经过2000多年，海岸线向外推移了50多里，才延伸到今天的位置”的推论。文中还提及丁骕先生推定的河北省秦朝时期渤海湾西海岸线位置图(见图3-3)，图中标出公元前220年的海岸线：在天津西北40千米，在宁河西北15千米，在唐山北不足10千米。

1965年，天津市文化局考古队在天津市东南20千米处发现三道古海岸线贝壳堤：Ⅰ(白沙岭—板桥—岐口)、Ⅱ(小王庄—巨葛庄—沙井子)、Ⅲ(育婴堂—四屯)。

1977年，贵阳地球化学研究所第四纪孢粉组、C^{14}组对三道贝壳堤作出了解释：大理冰期(距今7万—1.17万年)，海平面下降，台湾岛与大陆呈连接状态；进入冰后期，气候转暖，开始海侵；到距今8000年前，海岸线位置与现今海岸位置相当，气候相当于现代西辽河—围场一带的气候；到距今5500年前，海侵渐入高潮，海平面抬升到15米左右，稍后转入海退阶段。地壳抬升有三个间歇期，分别是距今4270±120年，海面降到9米，与天津Ⅲ(育婴堂—四屯)堤相当；距今3400±115年，海平面降到4—5米，与天津Ⅱ(小王庄—巨葛庄—沙井子)堤相当；距今2020±100年，与天津Ⅰ(白沙岭—板桥—岐口)堤沉积下限相当，至距今1080±90年，与天津Ⅰ(白沙岭—板桥—岐口)堤沉积上限相当。堤下层高出海平面2—3米，这两组同位素年龄差是地壳抬升的停顿期。停顿期的时间段相当于西汉末年至唐朝末年。这一历史时段是地壳抬升停顿

期，卢龙平州碣石港是海岸线上的一个点，昌黎碣石山没有成为“孤岛”，只是离海岸线近了一些。依据天津市考古队发现的贝壳堤推测，当时海岸线在现今海岸线内侧50多里。

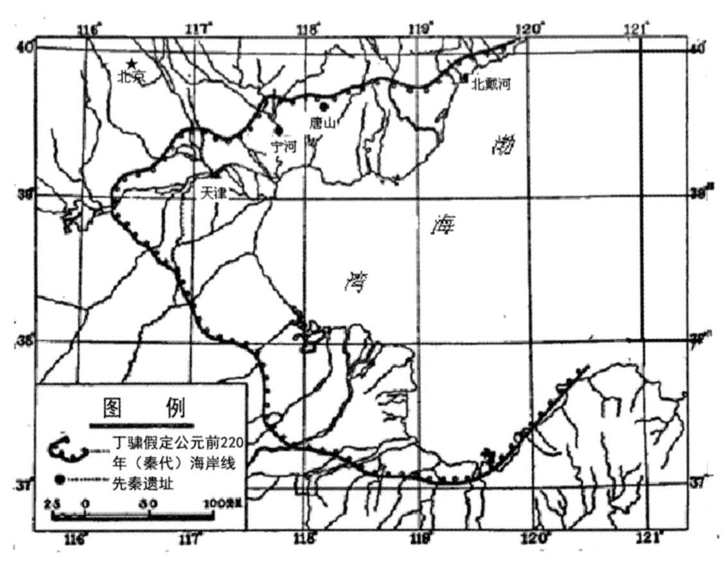

图3-3　丁骕假定的秦代渤海湾西海岸线位置图

§4. 有景有史，相得益彰，浑然天成

景与史是旅游资源的两大要素，景是旅游资源的物质型要素，史是旅游资源的非物质型要素，但史的载体仍然是物质型的。如纸张型载体，现时流行的电子型载体，古人用的竹简型载体，摩刻在石崖上的石质型载体，以及用非文字形式表述历史信息的出土文物，也是物质型载体。

说到景，供人观赏的景是物质的形态特征。物质的形态特征可以是静态的，也可以是动态的。景的物质属性还表现在物质的三态特征上，绝大多数景为固态景。液态景，最吸引人的是海洋景，包括海浪运动、潮汐运动的动态美感，以及湖水的湖波、地表流水产生的川流奔泻和跌水等。瀑布的跌水现象对游人也有很大的吸引力。气态景包括雾、雨后的虹、海市、佛光。鸟语花香，奇特的动物或植物对旅游者也有很大吸引力。从景的成因上可分为原生景和次生景两大部类。原生景是没有经过人类加工改造的自然景观，是大自然的原生态。如山海关古陆、绥中花岗岩大“岩基”形成的剥蚀残丘。次生景是叠加在原生景之上的人造景。如长江三峡在没有筑坝截水之前是原生景，“高峡出平湖”只能出现在毛泽东诗词的意境之中，而在筑坝截水之后，“高峡出平湖”就从毛泽东诗词的意境中走了出来，出现了“高峡出平湖”的人造景。再如，修长城是为了保家卫国，“止干戈”是解决民族矛盾的一种方式，属于人造景。说到底，原生景是大自然依靠地质营力造出来的，次生景是依靠人类自己的创造力造出来的，这两类景观只有具有观赏性(对旅游者有吸引力)、历史性(反映一定历史时期的人文、历史和文化内涵)，才能构成旅游资源。说到史，同样要具有欣赏性、历史性，除了名人使景观添色增辉外，还有典故、传说、神话和想象，能够给人在精神上提供想象空间，憧憬未来，带来新的思维空间和精神享受。山不在高，有仙则名，水不在深，有龙则灵。屋虽简陋，主人品德高尚，谈笑有鸿儒，往来无白丁，又何谈简陋呢？山水自然景揉进了人文典故、名人轶事，景文化就有了人文内涵。这些虽然属于神话或传说，但是也能给自然景观添色增辉。如秦皇岛这座城市是因秦始皇东巡至碣石而得名，昌黎碣石山是因其微地貌似碣石而得名，还因历史上有许多名人及九位帝王登临，使碣石山成为古今中外的历史名山。

秦皇岛地区旅游资源的原生景，有天上的气象景(海市、佛光和雨后的虹)、地上的地貌景和海上的海水运动动态景。

那么，这些具有观赏价值原生景的形态特征是怎样形成的呢？因为这要借助于地质学的知识来揭示原生景形态特征的地质成因，并从中发现可供观赏、休闲、愉悦、猎奇、探险的自然景观，便形成了旅游学与地质学之间的横向学科，即旅游地质学和地质旅游学。旅游地质学和地质旅游学是两个既有区别又有联系的学科。前者是地质学大家族中的一员，和矿产地质学、构造地质学、水文地质学一样，其观察单位是地质观察点，是从旅游角度来认识、研究、发现对游客有吸引力的那部分地质体的形态特征。其观察形式是游览，不是做野外地质调查。观赏物是对游客有吸引力的那部分自然景观。如三叶虫化石观察点、蓟县(今天津市蓟州区）中新元古代地层剖面观察路线、柳江盆地亮甲山地层剖面观察路线、龙山组异岩不整合地质观察点。后者是旅游学大家族中的一员，和古建筑旅游学、工业旅游学、农业生态旅游学一样。其观察单位是地质旅游景点，是从地质角度去认识、研究、发现那些有观赏性的地质地貌。其观察形式是游览原生景的形态特征。如根据海拔、造型尺度将本地区出露的花岗岩地貌分为三种特色迥异的地貌类型：一类是褶皱山地“侵蚀回春”，地壳间歇性抬升，抬升速度和河流下切速度都比较大，形成的温泉堡花岗岩体中山山地貌。两组剪切裂隙发育，一经抬升便形成高大、雄伟、挺拔、险峻，主峰突出，群峰簇拥，峰谷相间，蔚为壮观的花岗岩山地地貌，给人以开阔心胸之感。而绥中花岗岩是本地区老字号花岗岩，早期构造运动形成的断块山地，晚期球状风化形成轮廓浑圆的剥蚀残丘地貌。地壳抬升速度缓慢，“山体”矮小，地形起伏和缓，形成的象形奇石，给人带来无限的想象空间和美感。还有一种介于上述两者之间的花岗岩低山-丘陵地貌。原生景形态特征的观赏性，是旅游地质学、地质旅游学的共性。是两者向纵深发展的驱动力。庄寿强教授曾指出，目前地质旅游学仍处在零启动状态，即旅游景点(指原生景)与地质无关，地质观察点与旅游无关和导游人员地质知识无所知之的三无状态。柳江盆地的观察点仍属于地质性质，但已经向旅游地质学延伸。柳江盆地由地学上的盆地(地貌和地质构造上的盆地)到地学博览园，再到柳江地质文化园，初具自身发展的三部曲。祖山的石景已经带有地质旅游性质了，如秀才观榜、伯牙弹琴、刘伶醉卧。还有北戴河中海滩老虎石，这些石景的命名及相应的故事，本身就是创造性联想思维的成果，对各种象形石(微地貌)的地质成因也做了探求。所以庄寿强教授进一步指出，旅游地质学、地质旅游学是旅游学加地质学，中间还有一个创造学作催化剂。地质旅游景点和地质观察点是有区别的，本书所涉及的原生景仍属于旅游地质学，但已向地质旅游学方向延伸，这也是本书区别于其他旅游书籍的一个显著特点。地质学、旅游学就其性质而言都具有地域性，如有中国地质学，也应有中国旅游学，确切地说还应有秦皇岛旅游学，以及秦皇岛旅游地质学、秦皇岛地质旅游学等。

本书是提升旅游活动质量的一次尝试，引导游客观景溯源，进而上升到以自然科学和社会科学的视角去游览，获取景观的文化内涵。

第二篇　原生景

原生景是没有经过人类加工改造的自然景观，是大自然的原生态。但作为旅游资源的原生景，既要有观赏性(对旅游者有吸引力)，又要与史相结合，有景无史是平淡的，有史无景是枯燥的，有景有史，相得益彰，浑然天成。这里的史也包括神话传说、民俗风情。为叙述方便，与原生景有密切联系的次生景也在此一起陈述。

第四章　温泉堡花岗岩地貌原生景

祖山位于青龙满族自治县东南部，燕山山脉东端，是温泉堡花岗岩大岩基经过多次抬升，风化剥蚀形成的中低山山地地貌。温泉堡花岗岩体出露在平市庄至响山一带，长轴呈北北东向延伸，长25千米，出露面积达217平方千米。地质学家把这种出露面积超过100平方千米的巨型岩体叫“岩基”，是从上地幔侵入到地壳深部的岩浆，在距今1.0亿—1.01亿年前冷凝形成的岩体，即燕山三期侵入的岩体。经过新构造运动几次抬升，上覆岩层剥蚀殆尽，露出“庐山真面目”：岩石的颜色比较新鲜，呈青灰色、肉红色，中心相是灰白色中粗粒碱性花岗岩，边缘相是肉红色斑状花岗岩。柱状节理发育，如利剑直插青天，孤峰云举，在山峰中有大裂隙和幽深的洞穴。海拔超过1000米的山峰有20多座，主峰天女峰海拔1424米，略逊于泰山(1545米)。登上天女峰，东观日出，南追帆影，西望长城，北俯群山，美景尽收眼底，这些都是泰山所没有的。游过祖山的人曾感慨地说祖山有奇险的山景和明秀的水景，然而，祖山却名不见经传，或许它的美正在被人们发现，正在被人们认识。祖山，因渤海以北的诸山皆属于它的支脉而得名，也叫老岭，山势跌宕，峰峦陡峻，以山、水、石、洞、花五奇著称，是一处具有一定历史文化内涵的山地型原生景。

§1. 祖山有五奇：山、水、石、洞、花

先说这山。祖山少数主峰海拔在1000米以上，大部分山体在1000米以下，所以祖山属中低山山地。切割深度在200—500米，属中浅切割。祖山是喜马拉雅运动隆起的山脉，形成时间比较晚，特别是喜马拉雅运动抬升第三幕，高低错落群峰林立，海拔在1000米以上的高峰有20多座。主峰天女峰，因山尖黑状如戟，所以又叫黑尖顶，海拔1424米，是秦皇岛港显著的航标。奇乐峰，海拔1360米，山势如覆钟，阴雨刮风天气常发出一种古典庙堂的音乐响声，所以又叫响山。奇乐峰四周悬崖峭壁，山体裂隙纵横，山风掠过如管弦，奏出悦耳的乐章。香瓜峰，又叫香瓜顶，海拔1370米，山顶异常平坦，上面是绿荫草坪和茫茫云海，东坡是天然次生林带，南坡是百亩天然草甸。此山坡缓顶圆，状如香瓜，所以叫香瓜顶。平顶，很可能是古侵蚀基准面的标志。背牛顶，海拔965米，四周绝壁，高不可攀。八仙峰，又叫八仙顶，悬崖怪石环绕，云雾天气状如林海中的蓬莱。

再说这水。溪水绕流，瀑布成群。祖山地处燕山多雨地带，年降水量平均在1000毫米左右，水资源丰富。较典型的瀑布有9处，除南面的“箭坑瀑布”和西面的“白蛇吐布”外，其余均分布在北龙潭附近。

“龙潭飞瀑”藏身幽谷，落差60多米，由于峰峦跌宕，林木丛深，不到瀑布前，只闻瀑布声，在潭边仰望，最为壮观，颇有“飞流直下三千尺，疑是银河落九天”的感觉。登上危崖俯瞰，峭壁千仞，瀑水飞泻，响声如一曲高山流水；绝壁青苔满布，龙口喷玉珠，景色十分壮观；其他诸如“姐妹潭”“三跳潭”“黄龙潭”“黑龙潭”等瀑布姿态各异。“白蛇吐布”为瀑布中的一大奇观，落差80米，坐落在花果山景区内盾、箭二峰之间。每到冬天龙口往往结成冰坝，瀑布停流，当积水加深、压力增大，瀑水又冲破冰坝喷涌而出，状如“白蛇吐布”。

瀑布是一种跌水现象，瀑布和海水运动(海浪和潮汐)都是观赏水的动态美，但两者的运动形式并不同。

三说这石。祖山奇景异石，千姿百态，是游人观赏的兴趣使然。花岗岩山体经过长期风化剥蚀，形成许多象形奇石和绝壁幽谷。

象形石是山体的局部形貌特征，看它像什么样就叫什么石，与物质成分没有关系。如夹扁石、莲花石、避雨石、八戒石、万佛石等。而尖刀山、天柱山、莲蓬山、碣石山是用山体的形貌特征，或者用山体的微地貌特征命名的，所以名尾是山而不是石。这里的“石”既不是岩石的名字，也不是矿物的名字。在矿物学上有不少矿物是用“石”字做名尾的，如蓝晶石、重晶石、阳起石、金红石，前面的修饰词是矿物的物理性质或功能。陨石，是天上陨落下来的石头，是矿物的集合体，是岩石，命名的着意点是坠落。这些和我们所说的象形石都不是一个概念。象形石多是经过后天长期风化剥蚀形成的，是次生的。如莲花石、老虎石是绥中花岗岩球状风化形成的，因是山体的局部形态，所以是微地貌。

绝壁幽谷。“画廊谷”，北岸奇险，崖顶怪石林立；南岸郁郁葱葱，藤蔓似锦；沟底巨石叠卧，溪水绕流，游人步行其上如鸟越石，俗称“3600跳”。3600跳是见方的巨石，是在发洪水时冲下来的，这种块状的磙石，是沿着两组剪切节理剥落形成的，人在其上行走只能是一跳一跳的。悬崖峭壁的形成和这种块状磙石的形成是一样的道理，都是在两组剪切地应力长期作用下，沿两组剪切裂隙分离形成的。

大自然的鬼斧神工在祖山的峰巅沟壑中雕塑了很多拟人似兽形貌奇异的象形石，现已被命名的有60余处。如在北龙潭飞瀑两岸对峙的“伯牙弹琴”“子期听琴”“神龟探海”“仙女云床”等惟妙惟肖；“五人岭”耸立路旁；“鹰嘴岩”昂首云头；“金孔雀”雾中飞舞；还有“灵芝石”“秀才观榜”“龟兔赛跑”随处可见。

四说这洞。仙人洞外洞如客厅，内洞如卧室，洞口常年滴落雨珠，入冬滴成冰花、冰树、冰鸟、冰兽，洞如天仙阁，故名“仙人洞”。水帘洞，深不可测，洞口上方，原铺有万道山泉，像撒银珠似的形成千条水线，现在山泉虽已干涸，但是水线犹在，远望仍像水帘在飘动，洞内平展如席炕，可躺卧而息。

五说这花。祖山花香林郁，气候宜人。祖山植被茂盛，覆盖率在96%以上，植物种类多达260种。杜鹃、锦带、紫丁香、绣球等山花5月份含苞欲放，6月份盛开；稀有花卉“天女木兰”生长在海拔近千米的阴坡，以乱石为伴，6月中旬吐蕊，香气清淡，高洁素雅。天女木兰为国家一级保护植物，每朵花期为一周，整个花期为一个月。这种花冰清玉洁，超凡脱俗，花蕾乳白色，像尚未泡开的大毛笔头，白瓣红心，幽香宜人。祖山东南面临渤海，夏季受海风影响，7月份平均气温低于23℃，无蚊虫叮咬，是避暑度假的理想之选。

1998年7月，祖山首次发现佛光，后又多次见到佛光，为祖山增添了新的灵气。祖山古迹虽不多，但别具特色。明长城随山就势蜿蜒相连，高高屹立于陡崖之顶。花厂峪、苇子峪、义院口和箭杆岭四道关口的长城各有雄奇之处。四周绝壁的背牛顶，原只有柏木悬梯组成的登山路，梯顶有山门。传说为试僧人心诚，需做“鹞子翻身”才能上去，上有宏量寺、金光洞等寺庙。苇子峪南沟是辽代铁瓦乌龙殿的遗址，殿东有佛塔四座，1980年被拆毁；殿东北1000米处路旁有一巨大卧牛石，上刻有“南无阿弥陀佛”六个大字，“南无”是梵文“Namas”音译，意为致敬、归敬、归命，常在佛祖、菩萨或经典题名前作修饰语，表示对佛、法的尊重和虔诚。“阿弥陀佛”是梵文“Amitābhā”音译。意为无量寿佛或无量光佛，他是西方极乐世界的教主。《阿弥陀经》称，信徒只要一心念诵阿弥陀佛名号并深信不疑，死后才能往生“西方极乐净土”。因他能接引念佛人往生“西方净土”，所以也叫接引佛。

由此可知：祖山这里曾是佛教徒频繁活动的场所。

祖山，好一派北国风光，但又具江南韵味，素有“北国小黄山”之美誉；诗人臧克家以“画境诗天”赞之；国务院前副总理钱其琛视察祖山后，欣然留下“祖山老峪，山清水秀，石奇林密，气清云飞”的题词；更有游人赋诗：“华夏多奇峰，神州数山景。青龙识老岭，何必拜黄山。”祖山是观光旅游、避暑度假、科普考察不能不去的地方。

§2. 祖山的四季景色

祖山的春媚。山外春归百花阑，山中四月春始度。四月的祖山，山麓(山脚)已是芳草萋萋，野花艳艳，秧苗茁壮，桃花落尽；山腰却涧草犹短，杜鹃始华，桃花初开；山顶气候尚寒，春意姗姗来迟，青草才抽芽，花卉才含蕊。这是海拔不同，进而造成的气象差异。5、6月的祖山，杜鹃花开，有时一个枝头能开十几朵，几十颗成片分布，形成花的海洋，或大红，或粉红，灿若朝霞，称为“杜霞”。杜鹃花开春光后，

图4-1　祖山的春媚——花满山野(左)和祖山的夏翠——情人谷之夏(右)

烧遍山野万树红。除杜鹃花外，山顶上还有从古生代一直繁衍至今，花中的佼佼者——“天女木兰”。天女木兰花开时，冰清玉洁，超凡脱俗的芳姿，成片绽放在木兰园中或玉女峰的路边。四月始如春，一年竟无夏。

祖山的夏翠。夏日的祖山，峰峦苍翠欲滴，幽谷浓荫覆盖，林间百鸟争噪。山顶平均温度18.3℃。白天凉爽宜人，晚间须盖被入睡。盛夏的祖山，更有看不完的飞瀑、流泉，泉水叮咚，淙淙作响，瀑布飞流直下，声若雷鸣。池潭水涨满，溢澄碧清凉。6月祖山不知暑，终日响潮音。

祖山的秋色。秋天的祖山别有一派盛景，8月份渐入秋季：蓝天白云，秋高气爽，丹风似火，草深果黄。壑远潭清秋亦香，祖山缥缈惹仙藏。

图4-2　祖山的秋色——万山红遍(左)和祖山的冬韵——雪压青松(右)

微丹落叶飘飘舞，碧幢晴空万里长。可以说，祖山的秋天是色彩最为斑斓的季节，如同一幅重彩的油画。晴空少雨，空气爽净，能见度高，无雨雾之忧，是旅游逛景的好季节。此时正值秋收季节，山棒子、野核桃、怪味梨、猕猴桃，香味扑鼻，不要说是尝上两个，就是看上一眼也会令人垂涎欲滴。

祖山的冬韵。雪后的祖山进入银装素裹的晶莹世界，一夜经天绘，丰姿多样式。黑狗身上白，白狗身上肿，井是黑窟窿，苍松不可辨，银装天上降，天桥成玉龙。这里不仅有皑皑的白雪，莹莹的冰封，还有雨凇、雾凇等奇观，时有云海、佛光气象景观出现。一年之中，大多数云海、日出和佛光就出现在这冰雪消融的自然景观中。

§3. 祖山大景区

祖山大景区包括北龙潭、望海寺、响山、花果山和背牛顶5个景区，自然微景113处。①

A.北龙潭景区

北龙潭景区位于祖山大景区北部。风光秀美、景色宜人，有绝壁、怪石、奇松、飞瀑，以奇险的山景和秀美的水景为主题，集祖山雄、奇、险、秀、幽五大特色于一体，也是祖山五大峡谷之一。著名微景有北

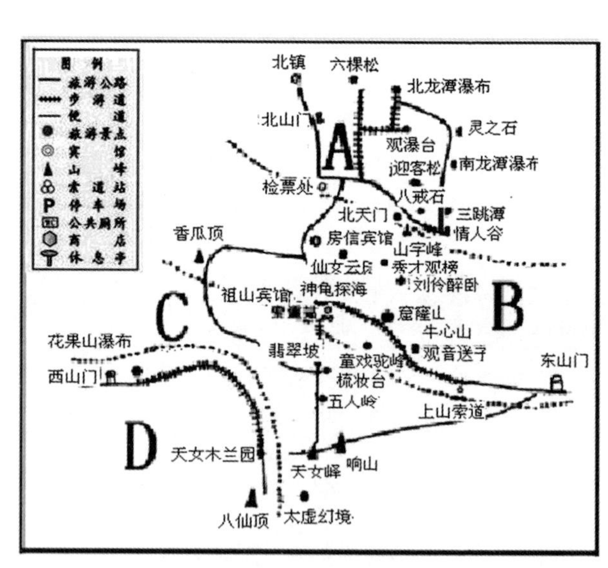

图4-3　祖山景区导游图(据祖山在线)

①祖山的四季景色及祖山石景资料取自网络“祖山在线”和吉羊所著的《神聊秦皇岛》。

龙潭瀑布、六棵幻松、灵芝石、伯牙弹琴、北天门、绝壁生松、曲径通幽、万寿山等。

龙潭瀑布。祖山是大石河发源地之一，溪流、瀑布水资源丰富，站在观瀑台上：北有北龙潭瀑布，落差68米，颇有“飞流直下三千尺，疑是银河落九天”的感觉。东南有南龙潭瀑布，溪水从一线天流出，在情人谷的尽头，天涯共此时断崖处呈瀑布状奔泻而出。还有黄龙潭、黑龙潭、葫芦潭、姐妹潭、三跳潭等瀑布景观。

瀑布是一种跌水现象，是河流或溪流经陡坡或悬崖处，呈垂直或近乎垂直倾泻而下的水流。

温泉堡花岗岩经过新构造运动差异性抬升，长期受风化剥蚀，形成悬崖峭壁，暗流或溪流遇到陡崖处便飞落直下，轰然作响，如蛟龙跃入深潭，十分壮观，飞龙瀑布常年有水，落差60多米。

六棵幻松(在景区北端)。祖山不仅有茫茫林海，还有奇妙的幻松。在北龙潭峭壁上，有六棵古松扎根在岩石缝隙里，山谷里的行人由于观看的角度不同，产生相互遮挡，顺着眼前这条路步行往下走，在人的视野里便是6棵、5棵、4棵、3棵地变化着。这一奇妙的自然景观叫六棵幻松。这六棵古松并不是古人有意栽培的，而是自然生长的，生长的位置十分蹊跷。如果观者由山脚往上走，从不同的角度取景，便会出现3棵、4棵、5棵、6棵的变化。

图4-4　六棵幻松

灵芝石。北龙潭谷底，仰头东望，可见一石柱上方，托顶一个直径4米左右的圆形石盖，像一个长在山崖旁的巨型灵芝，故起名灵芝石。

伯牙弹琴(站在看六棵松处)。这是一个用音乐旋律来表达心声的故事。战国时期有一位琴师，叫俞瑞或俞伯牙。伯牙是其真实名字，俞瑞是明代小说家冯梦龙杜撰出来的，楚国郢都(今湖北荆州)人，曾担任过晋国的外交官。伯牙从小就酷爱音乐，领略大自然的壮美神韵，并从中悟出了音乐的真谛。《荀子·劝学篇》中有“伯牙鼓琴而六马仰斜”，可见他琴艺之高。他弹奏的琴声优美动听，犹如高山流水，虽然有许多人赞美他的琴艺，却始终没有人能听懂他弹奏的曲子。为此，他四处游荡寻觅知音。一天，伯牙的老师成连带他到东海蓬莱山听海水的波涛声、群鸟的悲鸣声，路过祖山。他忽见这里的景色幽美，顿生演奏之兴，拿出随身携带的瑶琴弹了起来，正当他沉醉于优美的琴韵时，猛然看到一个人站在他面前一动不动，伯牙吃了一惊，手下一用力，“啪”的一声，琴弦被拨断了一根，那人大声地说：“先生，您不要疑心，我是个打柴的，回家晚了，走到这里听到您的琴声，不由自主地站在这儿听了起来。”打柴人回答得一点不错，伯牙和成连老师不禁大喜，忙请他坐下细谈。那打柴人看看伯牙的琴，便说：“这是瑶琴！相传是伏羲氏造的。”接着他又把瑶琴的来历说了出来。听了打柴人的这番讲述，伯牙心中不由得暗暗佩服。接着伯牙又为打柴人弹了几曲，请他辨认其中的意思，当他弹奏的琴声雄壮高亢时，打柴人说：“巍巍乎若高山兮，这琴声表达了高山的雄伟气势。”当琴声变得清新流畅时，打柴人又说：“洋洋乎若流水兮，这琴声表达的是无尽的流水。”伯牙听后为自己终能寻到知音而激动万分，用琴声来表达自己的心声，过去没人听懂他弹奏的曲子，也就不知道他的心声，而眼前的这位樵夫，竟然能听得明明白白。没想到在这高山之下，竟遇到了自己久久寻觅的知音，于是他问明打柴人名字，打柴人自报姓名，叫钟子期。两人喝起酒来，越谈越投机，实感相见恨晚，结拜为兄弟，约定来年中秋再相会。可是没过多久，钟子期就因病去世了。第二年中秋，伯牙一个人携琴来探望钟子期，途中遇到一位老者，伯牙便问：“老人家可曾认识钟子期？”老人没有搭言，却落下了两行泪水。伯牙感到有些不对劲，继续追问才知道老者是钟子期的父亲，伯牙听钟父说“黄叶不落青叶

图4–5　伯牙弹琴

落”，钟子期已经去世，伯牙听后悲痛万分，并让老者带他到钟子期墓前跪拜，凄楚地弹起了古曲《高山流水》，他知道这世上除了他的老师成连以外再没有人能听懂他弹奏的曲子了，便告别老者后又回到他为钟子期弹琴的地方，摔琴于崖下(指瀑布下)，琴弦变成六棵松树，琴韵化为这山间瀑布。这就是“伯牙摔琴祭知音”的故事。两位“知音”的友谊深深地感动了后人，所以后人用“知音”来形容朋友之间的情谊，用诗词来赞美伯牙与钟子期的这段纯洁友谊。

这正是：

摔碎瑶琴凤尾寒，子期不在与谁弹？
春风满面皆朋友，欲觅知音难上难！

电视连续剧《杨贵妃秘史》，唐玄宗李隆基初识杨玉环，就是先听到杨玉环用琵琶演奏晚唐大诗人李白的《忆秦娥》，唐玄宗感觉找到知音了，然后用笛子和声，这情节正是“唐皇微服出游，两女舞逢知音”，剧中人谢阿蛮说：“高山流水知音难觅，琴声笛声严实合缝，不是知音还是什么？”后人概括为“乐为心声”“知音定情”。唐明皇在宫中嫔妃三千之外找到了知音。杨玉环之母乐奴，原是一名宫女，结识杨玉环之父(实为叔父)、大唐“乐圣”杨玄珪，结缘也是音乐搭的桥。乐舞寿宴那天晚上，通过“李三郎”的帮助，杨玉环、谢阿蛮才穿上胡服进了寿王府，跳胡璇舞，用胡曲演奏李白的《忆秦娥》。杨玉环出众的容貌，高超的音乐舞蹈艺术修养令唐玄宗神魂颠倒，刮目相看。具有极高音乐造诣的唐玄宗，将杨玉环视为自己的艺术知音和精神伴侣。这一点，从他“朕得杨贵妃，如得至宝也”的欣喜语气里便可知一二。

伯牙，士为知己者奏。杨玉环，女为知己者容。

北天门。站在观瀑台上向南看，这个微景，叫北天门。它是人工开通的一个石洞，洞前屹立着一株迎宾松，迎风招展，破石而生，据有关专家考证树龄已有328岁，代表着勤劳朴实的祖山人在欢迎外地游客。在迎宾松背后还有一根突兀的石柱，叫无字碑。千百年来风吹雨打，饱经风霜，但它却初衷不改，操守如一，守候在北天门，默默地镂刻着人间的功过是非。现代诗人刘章游过此景感慨咏叹道：

祖山雄奇而著名，山花野草唤文宗。
高碑无字云间立，留着诗家写不平。

历史翻到了新的一页，和平发展是当今时代的主题，从“写不平”到构建和谐社会，全民奔小康，实现中国梦。一位叫秦柳的老者说：“和”拆开就是“禾”和“口”，禾是栽种的禾苗，意指粮食。口是每人都有一张嘴，意指人人都有饭吃。“谐”拆开是“言”和“皆”，意指人人皆能畅所欲言。读过此诗，秦柳老先生反其意而咏道：

图4-6　迎宾松

祖山雄奇已著名，山花野草迎太宗。
高碑有字云间立，和谐家居有亲朋。

天桥山。古时候这里没有路，山民进山打柴、采药都是用石块插进石缝里形成悬空的石栈道，石栈道极高、极险，形似天桥，因而人们把这座山叫天桥山。1966年，林场为了运送木料开了一条隧道，隧道洞口就是“北天门”。

绝壁生松。这块平坦的绝壁上生长着许多松树，有的像孔雀开屏，有的似蛟龙出海，这就是祖山奇景绝壁生松，最妙的是那株似枯非枯的干树，据说只有在盛夏季节才会长出一层新绿，真是绝处逢生，在整个祖山的美景中，素有“锦上添花”之美誉。

曲径通幽。这里的象形石有些像古典小说《西游记》里的人物，所以就以《西游记》里的人物命名，如“唐僧盼徒”“悟空戏八戒”“八戒寻兄”“万卷经书”等。唐僧师徒西天取经途经此地，饥渴难挨，唐僧便派大徒弟孙悟空前去化斋，悟空许久未归，又派二徒弟猪八戒前去打探，八戒走到这里，忽听有兵器相击之声，误以为师兄又和哪路妖怪厮杀起来，吓得八戒不敢前行，你看他那愁眉苦脸、憨态可掬的样子。其实，传来的声音是谷底惊涛拍石的瀑布声。悟空也未走远，正在拿老猪开涮呢！诗人刘章观后诗云：

天桥石板长青苔，鹤唳风声老猪哀。
一个跟头十万里，猴哥何故不归来。

八戒看经书。此石景因酷似古典小说《西游记》中的猪八戒而得名。温泉堡花岗岩长期在两组剪切地应力作用下，经过风化剥蚀周围岩石坍塌形成这种柱状象形石，叫八戒石。对面岩石水平节理发育，层岩叠嶂似万卷经书，这组石景就被戏称为“八戒看经书”。景区最南端是情人谷(见图4-1右)，谷深林密，情人幽会，吮花香酌清泉，听高山流水，拥草木缠绵，是享受幸福人生的佳境。在气势磅礴的瀑布旁，千余级陡峭栈道直通涧底，可谓“枯藤老树不见天日，密道探奇方见神秘幽谷”。

万寿山。山上有许多象形石，像是老寿星。传说这些老寿星都是前来寻找万年灵芝的，以求长生不老。山顶上有一株大石柱，上面有一株百年松酷似万年灵芝，它破石而出，抱崖而立，如画龙点睛神来之笔。

B.望海寺景区

望海寺景区位于祖山大景区的中心部位，下山可观瀑布，上山可登主峰，西去可游花果山，东行可观画廊谷。这是温泉堡花岗岩大岩基后期抬升，沿两组剪切裂隙产生高低错落的断面，经物理差异风化形成各种象形石。象形石是一种人性化的思维产物，感觉它像什么就是什么，如果得到大家的认可，就流传下来，其故事情节带有神话色彩。微景有山字峰、仙女云床、秀才观榜、神龟探海、刘伶醉卧、窟窿山、龟兔赛跑、童戏驼峰等。辽代曾在此建古刹崇福寺，明代重修时更名为望海寺，现在复建中。

山字峰。站在神龟背上，向东北看有这样一组山峰，两边的山峰稍低，中间的山峰略高，峰底相连，有人根据这个地表形态把它叫作“山字峰”。中间那座山峰是汉字“山”字中间那一竖，两边的山峰，恰是“山”字两端的转折处。中间高两端低的三座连体山峰矗立在画廊谷西侧。传说玉皇大帝见祖山雄奇、险秀，不愧为群山之祖，遂以笋峰为笔，蓝天为纸，海水为墨，运足气力，一气呵成，在祖山上空写出了一个巨大的“山”字。写完之后就把这支笔插入大地，化作一座又细又高的山峰，直插青天，堪称“神笔书天”。

仙女云床。仙女云床是两个连体的冰臼，形似美女睡卧之迹。相传王母娘娘身边有一个贴身侍女名叫玉儿，深得王母娘娘喜欢，然而玉儿却非常向往人间生活。一天她趁着王母娘娘参加蟠桃宴会就溜出天宫到凡间游玩。她一边走一边玩，高兴极了。她来到祖山的龙潭瀑布前洗浴，浴后出来晒太阳，这里山清水秀，鸟语花香，令她陶醉，流连忘返。王母娘娘知道了此事，派人叫她回天宫受罚，玉儿不肯离去，王母娘娘大怒，收回她的仙衣，并要摧毁这座山，玉儿想是自己连累了众生灵，心中万分悲痛，又不想回天宫过清苦的日子，就决定以死与此山此水共守。她登上最高峰玉女峰(玉女峰由此得名)，毫不犹豫地跳了下去，她的衣裳变成了云朵，托着她飘落在云台山上，她的身体在云台上留下了深深的两个印痕，而肌肤则化成了水在印痕中微漾，这就是天女云床的传说。如果用地质科学理论去解释，碑文是这样说的：

图4-7　仙女云床

冰臼是古冰川作用留下的遗迹，冰川融水沿冰裂隙向下流动，裂隙渐小而水压增大，类似于“圆柱状高压水钻”，对下覆基岩或冰川漂砾进行冲击、反旋和研磨，在岩石上形成臼状凹槽，即为冰臼。祖山这种连体冰臼，十分罕见。此类臼状凹槽，亦可能是由风和冰川共同作用形成的。这种连体冰臼是200万年前的一次冰川运动形成的，冰积层厚2000余米，冰川融化沿着裂隙向下蠕动，在上覆冰层的巨大压力下，似“圆柱体高压水钻”，向下冲击、游动和研磨形成冰臼。现代诗人郑道远题诗一首：

敛意迷山水，掬情恋祖山。
神州留此卧，谁与伴千年？

秀才观榜。古人云，人生有四大喜事：“久旱逢甘霖，他乡遇故知，洞房花烛夜，金榜题名时。”一旦金榜题名便有高官厚禄，荣华富贵；一旦名落孙山，就失魂落魄。金榜题名时不知牵动着多少人的心。那一块方形石壁，是张贴皇榜的地方，在石壁前面，还有一个细小的石柱相向而立，像是一个人背着手，仰着头，在石壁上寻找什么。这组石景叫“秀才观榜”。此时，这位秀才正在皇榜上寻找自己的名字，其贪图名利之心跃然“石”上。

图4-8 秀才观榜

现代诗人刘章观过此景咏道：

君观皇榜我观君，一样神情两样心。

君视功名山岳重，我怜山水有诗魂。

从科学发展观，到共圆中国梦，在这个历史进程中，培养高学历、高素质人才是我国教育工作中的一项重要任务，追求高学历已成为当今社会的一种时尚，再现生产力决定生产关系这一哲学命题，如今招生、录取是一件极其平常的工作，并在互联网上进行。此情此景秦柳老先生反其意而咏道：

君观互联我观君，一样神情一样心。

君视学业山岳重，我做园丁铸人魂。

神龟探海。由黑尖顶北麓砖庙(望海寺)向南望去，只见山顶突起处有一块长约10米的巨石，如神龟静卧。这里正对着“3600跳”(画廊谷)山口，夏秋之际，弥漫的云雾从山口涌进，渐渐笼罩了神龟石下面的山谷，下有林海，上有飘动的云海，神龟石浮于林海和雾海之上，如乌龟引颈而游，形象生动，惟妙惟肖。因此，这组石景叫“神龟探海”。

刘伶醉卧。历史上有两个人的名字与酒文化有密切联系，一个是造酒师杜康，一个是饮酒狂刘伶。刘伶是一位酒仙，他喝醉酒后游遍了祖国的名山大川，最后来到了青龙祖山。他发现一位秀才正

图4-9 神龟探海

在观榜，想上山劝说让他放弃功名，于是他醉醺醺地爬上了悬崖，爬着爬着，他被这里的山色泉声所陶醉，躺在悬崖上睡着了，变成这组惟妙惟肖的石景。

大家看，那悬崖上，有一个人正在沉睡静卧，仔细看头与枕之间还有个空隙，这就是“刘伶醉卧”。此时刘伶一醉就是三年，以悬崖为床，白云为被，朝听泉水叮咚响，暮观月明林幽酣，看他那不问世间沧桑、超凡脱俗、与世无争的神态，与“秀才观榜”形成鲜明的对照。现代诗人刘章又咏诗道：

杜酒刘伶饮，千秋醉尚沉。

几回天变色，不醒卧云心。

传说造酒师杜康在陕西省白水县大杨乡康家卫村开了一家酒馆。西晋时“竹林七贤”之一的名士刘伶，是以饮酒闻名于天下的饮酒狂。

一天，刘伶路过这里，看见酒馆门上贴着一副对联：“猛虎一杯山中醉，蛟龙两盅海底眠”。横批：“不醉三年不要钱”。刘伶看了，不禁哈哈大笑，心想：“我这赫赫有名的海量酒仙，哪里的酒没喝过，从未见过这样大夸海口，让我把你的酒统统喝干，看你还敢不敢口出狂言？”接着，刘伶进了酒馆，杜康迎了过来。敬送三杯酒，谁知三杯下肚，刘伶自觉天旋地转，果然醉倒了，刘伶酒醉跌跌撞撞地回到了家，一醉三年。三年后，杜康到刘伶家要酒钱来了。家丁说，刘伶已死去三年了。刘伶的妻子听到杜康来讨酒钱，又气又恨，上前一把揪住杜康的脖领子，哭闹着要和杜康打人命官司。杜康笑道：“刘伶未死，是醉过去了。”他们来到刘伶墓前，打开棺材一看，刘伶醉意已消，慢慢苏醒过来。他睁开睡眼，伸展双臂，打了一个大呵欠，吹出一股扑鼻的酒香，得意地说：“好酒，真香啊！”这就是民间流传至今“杜康造酒醉刘伶”的故事。至今，在白水县大杨乡康家卫村杜康墓对

图4-10　刘伶醉卧

岸，一溪之隔，便是刘伶墓，石砌而就。古代流传下来的《杜康造酒醉刘伶》一书中写道：

天下好酒数杜康，酒量最大数刘伶。

饮了杜康酒三盅，醉了刘伶三年整。

当然，这是夸张的民间传说。这又何止是夸张呢？还是穿越时空的“关公战秦琼”。杜康即少康，夏朝人，奴隶制社会相帝之子，因相被逼自杀，那时相妻后缗氏已怀有身孕，逃到娘家“虞”这个地方，生下了儿子，因希望他能像爷爷仲康一样有所作为，便取名少康。少年少康以放牧为生，他带的饭食挂在树上，常常忘了吃，时间长了少康发现，挂在树上的剩饭变了味，产生的汁水竟甘美异常，引起了他的兴趣，就反复思索，终于发现了自然发酵法原理，并形成了一套酿酒工艺，从而奠定了杜康在中国酿酒业的开山鼻祖地位，其所造之酒也被命名为“杜康酒”。杜康酒有“开坛香十里，隔壁醉三家”的美誉。“刘伶醉烧锅”，即现在的长天集团河北刘伶醉酒厂，2005年被国家文物局、国家食品协会定为“中国食品文化遗产”，2006年被列为“全国重点文物保护单位”。该厂精酿的美酒，据此典故命名为“刘伶醉酒”，现已名扬华夏，誉满五洲。有了好酒，还得有擅长品酒和饮酒的醉酒狂，这个醉酒狂直到西晋时才出世，这就是“竹林七贤”之一的刘伶。七贤政治取向各不相同，常聚集在竹林下饮酒这是共同的，饮酒以刘伶为最。刘伶，字伯伦，沛国(安徽淮北)人，与晋武帝司马炎(西晋开国皇帝，265—290年在位)是同一时代人，但不与司马集团合作，所以，他曾有一官职建威参军，不久被罢免。罢官后的刘伶更以酒为伴。刘伶身体矮小，身高6尺，相当于现代公制1.4米，相貌丑陋，但性格开朗，胸襟豁达，不拘小节，纵酒放达，脱衣裸形于屋中。客人进屋找他。并讥笑他，刘伶却大言不惭地说：“天地是我的房屋，房屋是我的衣裤，你们怎么钻进我的裤裆里来呀！”刘伶生来诙谐幽默，有《酒德颂》留世。

窟窿山(在神龟背上)。窟窿山位于老岭最高峰黑尖顶北侧，山势陡峭险峻，不可攀登。山的顶部有一个巨大的透天孔，远看好似一轮明月挂在山中，如在浓云密雾中，“月光”时有时无；又似明月在云海中忽行忽止，这就是窟窿山。窟窿山的窟窿，传说是当年二郎神杨戬担山追赶太阳时，用扁担穿的孔。当年有10个太阳，被二郎神压住9个。杨戬见还有一个太阳要逃走，一气之下把半截铁扁担插进谷坡，累得他气喘吁吁，他说：“这窟窿，就叫杨戬长叹石吧。”说这话时，那边的“哮天犬”又闹春了，杨戬又说：“干脆就叫天犬闹春石吧。”地质学家认为，窟窿山的窟窿可能是冰臼，是冰川作用形成的，是北方罕见的卧体冰臼。

童戏驼峰。顺着这山谷往前看，山谷之间，离我们最近的那道山有一组神奇的石景，它由一组黑色片状岩石叠合而成，形似一头骆驼，背上还有几个小顽童在上面玩耍，所以把这组石景叫“童戏驼峰”。

传说在很久以前，北方草原上有一位叫德玛的漂亮姑娘。一天，德玛像往常一样骑着骆驼在草原上放牧。忽然有一只金钱豹冲了过来，扑向羊群。正在这危急时刻，前来打猎的契丹王子一箭射中了金钱豹，拯救了羊群。从此契丹王子获得了德玛的爱，他们互相倾慕，德玛常骑着骆驼和王子约会。后来，王子把这桩心事告诉了契丹国王，国王答应了他们的婚事。婚后他们有了三个可爱的孩子。唐朝时，这里的契丹人发动了三次叛乱，契丹族和奚族虽然是同源的两个少数民族，但奚族暗地倾向朝廷，一次王子率兵去攻打奚族国，虽然仗打赢了，但王子却身负重伤，不得不暂时留在祖山。德玛得知此事心急如焚，带着孩子骑着骆驼来看王子，她不忍心让孩子看见王子那痛苦的样子，便一个人走进帐篷。王子见到德玛，脸上露出了幸福的微笑，躺在德玛怀里咽下了最后一口气。德玛喝下了毒酒，随王子而去。三个孩子不知道帐篷里发生的事情，仍然骑在骆驼上玩耍，孩子不愿意离开爸爸妈妈，骑在骆驼上与爸爸妈妈相守，时间长了，骑在骆驼上的三个孩子就变成了这组石景。

图4-11　童戏驼峰

香瓜顶。香瓜顶位于望海寺景区西部，是祖山第三高峰，海拔

1370米。这座山峰与其他山峰极不相同，它的峰顶异常平坦，大约有700亩。

绿茵草坪。一望无际的碧草野花随风飘摇，呈现出“天苍苍，野茫茫，风吹草低见牛羊”的草原风貌。古人见香瓜顶顶平铺以草地像个厚大的玉盘，所以把它叫作“茶盘山”，平顶可能是残留下来的古侵蚀基准面。到了冬天，“茶盘”里白雪皑皑，玉树琼花，阳光一照，晶莹闪烁。这种胜景一直延续到阳春三月，人称“茶盘积雪”。如果你能登临峰顶，定会令您心旷神怡，乐而忘返。

棋盘山。棋盘山坐落于黑尖顶的东北面，与窟窿山遥遥相对。这里树木葱茏，花草茂密，巨石罗列，如亭如榭。中间有一奇特巨石，顶平似棋盘，棋盘上的小石头，恰如棋子，横竖有道，而小棋子只能在固定的石槽中来回挪动，却无法移开，妙趣横生。据《临榆县志》记载：“山有一石棋坪，列子宛然，唯可推移，不可执去，传为仙人棋迹，今子犹存十数。”老人们也讲，这个棋盘是刻在一块很平的石头上的，棋盘是大肚小口的石渠，棋子是底大顶小的石块。刻渠时顺便把棋子刻在里面，因而只可在石渠里推来推去却无法拿下。棋盘内是由十几枚棋子构成的一副残局，由于山高谷深，林密草茂，到现在还没有找到这个棋盘。

传说，仙人留下的这盘残局，传到八仙铁拐李和吕洞宾那里，他俩棋瘾大发，于是又邀上汉钟离，一同来到祖山，接过仙人的残局对弈起来，从日初到日落，下了三天三夜，也未分胜负，便坐在一旁开始讨论起棋艺了。至此这盘残局就下落不明了。

C. 响山景区

响山景区在祖山大景区的南部，站在梳妆台的西坡上向南看，远处的主峰海拔1424米，因其山脚下有天女木兰花，被称为天女峰。主峰左侧的山峰就是响山，海拔1360米。响山花岗岩，即温泉堡花岗岩。据《永平府志》载：“响山高数百仞，峭壁滑石，不生草木，山半石洞南向，相传有比丘(梵语bhiksu的音译，意指和尚)往焉，常听山响如崩裂。”响山花岗岩体风化剥蚀形成的中低山山地地貌，陡壁、奇峰，每逢阴雨多风天气，强风吹来，在山谷中回荡，能发出笙箫笛管百乐齐鸣之声，响山的山奇排在祖山诸峰的首位，站在天女峰上，可俯视举世罕见的会奏乐的响山。极目远眺观山览海，抒发“无限风光在险峰”的豪情壮志。

主要石景有王母娘娘梳妆台、五人岭、太虚幻境、万佛石。当代诗人刘章有感于响山作诗咏道：

如箫如瑟又如钟，红有山花绿有松，
俏丽难逢苏子面，自家颜色自家声。

王母娘娘梳妆台。对面山顶上有一组石景，叫王母娘娘的梳妆台，是王母娘娘梳洗打扮的地方，梳洗打扮后到前面开蟠桃盛会。

五人守岭。由祖山宾馆去天女峰途中，有四个天然的石人，或高或低依次站成一列，原来有五人在这里服役，所以叫“五人岭”。后一人服役期满，改邪从良，现在只有四个石人了。

“五人岭”三个大字是著名书画家钟长生先生所题。相传在很久以前，有一伙强盗在林海出没，终日打家劫舍，无恶不作。有一天，他们聚在一起谋划抢劫岭下一个村庄，被正在山坡上吃草的小牛听见，小牛把这件事告诉给庄主。于是庄主备酒以待，席间，盗首问庄主：“你何以得知此消息？”庄主以实相告，盗首不信，牵牛而问。小牛便说：“我前生原本是一个恶人，欺侮这家人老实，时常借多还少或借物不还，因此触犯天条，玉帝降旨，罚我变成小牛来还债，算来已有300多年了，我的刑期已满。尔等听我相劝，早日放下屠刀，免得他日报应。”众强盗听后大惊失色，其中有十八人悔悟，背起小牛到险峰出家，祖山的背牛顶，因此而得名。有五个人执迷不悟，继续行凶作恶，一日来到岭上察看地形，被正在巡视的太上老君发现，上报玉帝，玉帝命雷公电母将其击成石人。它们在此站立已逾千年。二郎神受玉帝指派来检查五人服刑

图4-12　五人岭　（据祖山在线）

情况，其中一人刑满释放，所以，现在只有四人守岭了。另有传说，王母娘娘在太虚幻境开蟠桃会，命五位天将在此守候，他们留恋祖山的美景，乐而忘返，变成石人，常留此地。

太虚幻境(主峰脚下)。站在天女峰脚下观赏对面的群峰，组成山峰的几排山石如林似墙，拟人状物，自成奇景。每当天阴云聚雾浓时，云雾穿行于山石之间，雾时浓时淡，似滔滔云海，朵朵棉团，薄薄轻纱，云移景动，人在薄雾中走来，恰似天女下凡，变幻多端，所以把这组石景叫太虚幻境。

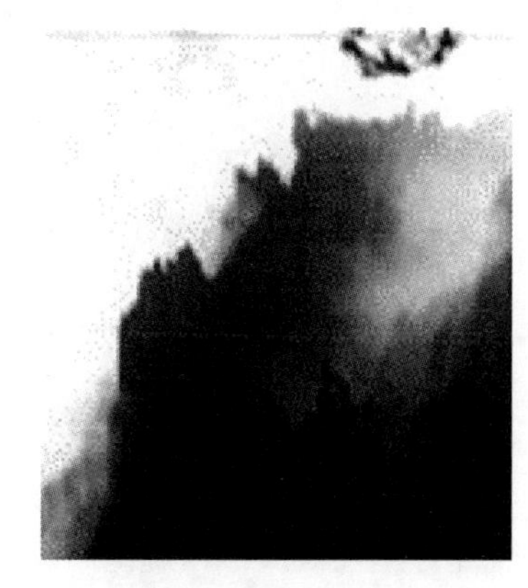

图 4-13　太虚幻境

1985年7月28日，诗人峻青来到这里，留下这样一首诗：

闻到老岭塞外秀，今见果不负盛名。
层林茫茫呈野趣，怪石嶙嶙夺天工。
云开九霄现丹阙，雾锁千嶂隐翠峰。
劝君休夸五岳游，不登此山是虚生。

万佛石。在五人岭对面的山坡上，万木葱茏，簇拥着呈柱状的巨石群，好像群佛，面向西方，顶礼膜拜，故把这组石景叫“万佛石”。

这些柱状石群是花岗岩长期在两组剪切地应力作用下，地壳抬升产生差异性风化剥蚀形成的，由柱状节理发育成彼此孤立的石柱群体。

D.花果山景区

花果山景区位于祖山大景区的西南角，是秦皇岛乡土气息最浓的自然景观，素有“京东胜地”之美誉。进入景区后，不仅可以欣赏到白蛇吐布、鲤鱼跳龙门、水帘洞、晴天雨露、卧佛山、笔架山、绝顶天灯等自然景观，还可领略到气势雄伟的长城，清澈流淌的小溪，村舍的袅袅炊烟，层层叠叠的农田和原始纯朴的民宅，当然还可以尽情享受城里稀缺的空气、阳光、璀璨的星空和农家的绿色美食。景区内久负盛名的“白蛇吐布”瀑水从84米高崖处飞流直下，轰鸣之声响彻山谷；“水帘洞”似水帘悬于洞口，洞内当年美猴王食果木，饮清泉的“仙人池水”

依然犹存；“卧佛山”“笔架山”“绝顶天灯”等自然景观，观后使人感叹大自然的鬼斧神工。花果山之奇，曾惊动过古代地方官吏，他们曾在“水帘洞口”立一块石碑，上镌“京东胜地”题诗记胜：

花果山中飞瀑布，阴建暂结玉屏高。
待看三春风和暖，石壁还腾千尺涛。

花果山景区的餐饮又新增了虹鳟鱼，秦皇岛的朋友再也不用远涉北京怀柔了。不管蒸的，烤的，生吃的，那里均能满足。

E.背牛顶景区

背牛顶景区在抚宁区渤海林场森林公园内，距抚宁镇东北26千米。

万里长城从山顶蜿蜒而过，奇松、怪石、陡壁，颇有登华山之险，登黄山之奇，登庐山之清幽。邻近大海，登上背牛顶观云深林密，长城内外群山起伏，浩瀚的大海，白帆点点，一派北国风光。从山下仰望，山顶高耸入云，山后有石，形如背牛，而得名“背牛顶”，海拔965米，名列冀东五顶(背牛顶、黄牛顶、香瓜顶、黑尖顶、娘娘顶)之首。早在辽天庆年间，背牛顶即有修建，到明正德十四年(1519年)，僧人佛海凿井建庙，带徒重修背牛顶。清同治四年(1865年)，海阳镇袁国任施工二铁链附于木梯旁，为攀登背牛顶的游人提供了方便。1985年，秦皇岛市政府拨款整修背牛顶，铺砌上山石阶路1600米，2056个台阶；架设铁制“通天梯”70米，105磴；置木雕观音三尊安装于无梁殿佛座上；重修金光洞面墙和门窗，嵌青石匾额于洞门上方。1993年，抚宁区渤海林场森林公园被河北省定为省级森林公园，主要景点有猩猩峪、龙潭、宏量寺和背牛顶。

猩猩峪村在抚宁区大新寨镇，三面环山，村西北、村东北分别为水峪沟和鹰峪沟。水峪寺与鹰窝洞分别位于两沟之中。据说这里曾有猩猩出没，还有人说这里曾有陨石陨落，状如猩猩，得名猩猩峪。猩猩峪村原有一座明代戍边城堡。《抚宁县志》载：“本名宣府营，明设指地挥二名，兼烽把总三名，信管四名。”如今站在猩猩峪村远望，尚能看见群山之上的长城楼。

水峪寺。水峪沟之名来自溪流与路沟互相缠绕，有时溪流还从路沟中间流过。路沟的尽头转向山间，穿过一人高的杂草丛，来到一处玉米地，见一块石碑连同赑屃侧卧于玉米地中。石碑正面刻《茶盆山水峪寺碑记》，为“乾隆十八年岁次癸酉季夏上浣之吉立”。旁边有清晰的佛像图案碑额。距此二三米远处，还横七竖八地堆放着许多石灰岩条石。石碑北面是个小山坡，分作两层，看似是当年水峪寺的遗址。山坡上有数块石碑散落于灌木丛中，碑文已无法辨认。有一块保存十分完好的石碑背面朝上，清晰可见“碑阴”两字，却大而沉，三四个人徒手根本无法将它掀起。南面树丛中，立有一根2米高的四方石柱，旁边还倾倒着一根，这应该是当年庙前的钟架。沿水峪寺向东北走，顺着溪流走不远处，可见一处泉眼，就是这条溪水的发源地。通过地下管道，泉水被送到猩猩峪村家家户户，如今村里人喝的就是这泉眼水。

鹰窝洞。从水峪寺折回村中，再向东，继续寻访鹰窝洞。沿着坑坑洼洼的山路，转过几个山湾，沿山谷向上攀爬就会见到青山绿树中一山门与石阶。石阶是由一根根条石堆叠起来的，沿十余级石阶而上，就到了不太高的山门。山门也是由条石堆砌而成的，两侧门柱正面雕有龙虎式样的纹饰，内侧刻有一副对联：

虎伏关门不敢咆哮惊缕穴，

龙蟠爬顶只将嘘吸过重楼。

过山门，见有一个天然洞，这便是“鹰窝洞”。洞口宽约 5 米，高约 3 米，洞口外右侧石壁上的刻字。因年代久远，字迹模糊难辨。经查“抚宁县地方志”《文物志》得知，此为记事石刻，上刻有：“今住持道士王道玄于嘉靖六年间重修造洞口院墙完毕镌刻洞记，大明嘉靖十六年纪春日之石”。记事石刻北侧尚有“□□洞 正德□年”字样。

沿洞口向里望去，洞内漆黑一片，距洞口不远处，堆放着许多碎石，这些都是当年庙宇中的遗留物。在这些碎石中，有一尊佛像底座和佛像上半部分，将它们拼接在一起基本吻合。碎石中不难发现有带雕花的石头，有图像的门楣，有的像是石柱。再往里走，有一个三四米长的石台，下面用三层条石垫起，上面由磨制成椭圆形的长条石围成长方形，这是上香用的石台。石台旁边，有块半圆的井口石台，向下望居然还有水。这口洞深约20余米，向里洞壁渐高，高处约有10米。沿洞进入，越发觉得阴暗潮湿，洞内十分安静，头顶偶尔有黑影闪过，原来洞顶有许多蝙蝠寄居。出鹰窝洞下山，回望山谷，巨大的山石形态各异卧于绿树之间。这些象形石有的叫石人，有的叫石马，还有的叫石狗、石鱼……李成性在《游背牛顶记》中曾经栩栩如生地描述过这些象形石："如象如马，如豕(猪)如龟，咸如孟光，肥而色黑。山石磊磊，危者似坠，峭者似升，眠者似卧，立者似行。赏心悦目，应接不暇。"

李成性，河北迁安人。明天启七年(1627年)举人，清顺治三年(1646年)丙戌科三甲进士第227名，曾任山东新城县知县，不久辞归，潜心研究学问。李成性游览背牛顶后，于明崇祯四年(1631年)撰写了一篇脍炙人口的《游背牛顶记》，后被收录在清康熙二十一年(1682年)版《抚宁县志》中。

龙潭。从猩猩峪前行，紧傍背牛顶路畔，群山怀抱中有一奇景，这就是龙潭。潭壁平直犹如刀切斧劈一般，潭水清澈，水深莫测，寒气袭人。如在夏季，瀑布从峡谷间跌落，气势磅礴，如虎啸龙吟。潭东峭壁上镌刻"龙泉"两楷书大字。每逢雨过天晴，潭上就腾空架起一道彩虹桥，通向"望雨亭"。顺路上山，右侧有"乱刀峪"，又叫燕塞石林。

路北是石砌龙王庙，1985年复建。庙内有龙王塑像，墙壁上有"秃尾巴老李"传说。这故事说，抚宁官庄有一位李姓妇女，生子竟是一条小蛇，又不忍心丢弃，就放在水中养起来，逐渐长出了鳞片。遇雷雨天气就逃走，每逢阴雨之夜就潜回吃奶。每次吃奶，这妇女就痛得死去活来，痛苦难忍，无奈在小蛇吃奶时藏一把刀吓唬它，结果误伤了蛇尾，小蛇逃走后就不再回来了。后来，小蛇托梦告诉这位母亲："我已经有住处了，住在北龙潭里，叫秃尾巴老李。"秃尾巴老李天性善良，村民们旱天祈雨，甚为灵验。

从龙潭东行4000米就到了护林点，是宏量寺下院遗址，也是登山拜佛者、旅游观光者的休息之地，至今尚留有少量寺院残存构建。再前行约1000米便到了背牛顶山脚下。从山下往上望去，山顶高耸入云。背牛顶属于祖山支脉，主峰海拔965米。组成背牛顶的岩石是燕山期花岗岩。

绿色长廊。由背牛顶山脚沿石阶向上攀登，山渐陡，景亦幽。这里常年森林覆盖，奇花异草、古树参天，桃藤、野葡萄藤从路两侧向路中央上空延伸，勾连在一起，形成一条浓阴蔽日的绿色长廊，巧夺天工之美，别有情趣。

从绿色长廊上行，前面是高高的峭壁，上有6段柏木长梯，梯旁高悬。此木梯是登山必经之路，如今又架设铁制“通天梯”70米，105磴，外有护栏。虽然可以安全攀登，但攀登过后，仍然令人胆战心惊，心有余悸。到了山门，惊魂略定，反身四望，飘飘然好似升天，才感觉到风景这边独好，没有白来一趟。如果赶上阴雨天，脚下铺满乌云，如苍雪，如堆絮，上晴下雨，人称“兜锦世界”或称“牛顶云海”，论气势不亚于黄山云海。林木葱郁，绿水长流，近瞰群山，远眺大海，令人赏心悦目，开阔胸怀，为一方胜境。山门南侧内壁嵌有一块卧碑，上镌“背牛顶”三个大字，为台头营参将林桐所书。清末在其上又补刻“太清观”三个小字，估计为钟至秀(本姓爱新觉罗)道长所书。山门附近，有一石崖上镌刻有“今生不把弥陀念，枉在人间走一回”，给人一种超凡脱俗之感觉。此时，顿感轻松愉快，登山的疲惫一扫而光。背牛顶上是宏量寺上院，包括金光洞、无梁殿。宏量寺，原名弘亮寺。到清乾隆年间，为避讳清高宗爱新觉罗·弘历名字而改为宏量寺。那么，为什么要修建宏量寺呢？

图4-14　天梯全景图　（孙志强）

明正德十四年(1519年)五月，北元蒙古铁骑入侵抚宁地区，大肆掠夺，附近村民逃到险峻的背牛顶上，得以平安。顺天巡抚都御史刘达得知后，命僧佛海在背牛顶上凿石为洞，高寻广丈；凿石为井，深广以丈。僧丈。

僧佛海诛茅(结庐安居)其上，聚徒居焉。复凿井四，其泉入夏愈清而澈。明隆庆三年至隆庆五年(1569—1571年)，参将谷永修建无梁殿。明崇祯五年(1632年)，僧人慧息拓建金光洞。清咸丰九年(1860年)，英法联军攻占北京，清宗室、满洲都统钟至秀因妻子被洋人奸害，愤然弃官来到此地，遁入佛门，改宏量寺上院为太清观。清光绪八年(1882年)六月，钟至秀被皇帝封为“护国长寿灵峰普济真人”。太清观现存石结构山门、拱门，原为佛教道场，后来又容佛、道两教，历代香火极盛。据悉，宏量寺于2009年12月被河北省秦皇岛市民族宗教部门列为佛教活动场所，准备重建。无梁殿为宏量寺上院寺庙之一，因殿顶无梁而得名。参将谷永主持修建，称之望海观音殿，原供奉观音三尊，1966年失落。1985年，抚宁县人民政府重新开发背牛顶旅游景区，对其进行了部分修复，置木雕观音三尊安在无梁殿佛座上，1995年再次维修。开一门，侧壁开二孔，殿内唯有正面须弥座尚存，殿前有云松两株，殿东南40米的石壁上有吕祖背剑阴刻，接引佛在殿西北岩壁上。殿西南石岩后，一片树林中有七眼瓮形井，凿石而成，错落排开，井水浅的不足1米，深3米有余。妙在此处虽在山顶，却常年有水。井东壁下有一个方池，称“莲花池”，就是在石头上凿成一长方形的水池，深为2米，古称“放生池”，终年外溢，附近必有更高的水源供给。池前有一“望海楼”遗址，楼去而平台依存，长有几棵500年以上树龄的古松，枝繁叶茂。现在山顶上唯一幸存的建筑物是无梁殿，供奉的是望海观音。无梁殿北金光洞，相传有一高僧所住。洞内石壁上有一副对联：“洞内无灯金光照，山门不锁有云封。”此石屋隐蔽于深山云海秘处，仿佛进入仙境，是僧人修身养性的地方。明崇祯五年，僧人慧息将金光洞拓宽，设有墙壁、门窗，内有佛座、炕、灶。还有清宣统元年(1909年)，抚宁、临榆、滦县、丰润等县合赠青石匾额一块，上书“金光洞”三个大字，周围雕以龙纹花边。金光洞东侧有一具碾盘，是当年僧侣的生活用具。

洞西侧石壁上有“海阔天空”四个大字，题“参将林桐书”。金光洞东峭壁上刻着佛像和游人留下的诗句。而洞前的平台，正好作为游人野餐聚饮之地。山门北面有一处碑林，立清代功德碑十余块，大都写着捐修庙宇人的名字。这些碑，一般高60—80厘米，宽30—40厘米，青石质(石灰岩)，每块重约1300斤。此地是花岗岩分布区，很难想象，陡峭的柏木梯，沉重的大碑，古人是怎么把它们搬上来的。从金光洞再向上攀登，便到了顶峰，海拔965米。“会当凌绝顶，一览众山小。”极目四望，风景如画。北望燕山重峦叠嶂，长城雄踞山顶，老岭诸峰历历在目，东望角山长城，山海关关城尽收眼底，如用10倍望远镜就能清楚地看到海港区的高楼大厦。南望苍茫大海，北戴河、南戴河、黄金海岸是傍海的明珠，也只有登上背牛顶才能领略到：秦皇岛人生活在绿色的山海之间，环境优美的天地里。古时候，背牛顶可留宿，“隔窗可摘星，卧床观日出，饭香鸟同吃，果熟猿共收，宁间万物安，犹在梦幻中”。背牛顶上一片难得的人间仙境，令人倍加流连忘返。

奚族、奚国与祖山。奚族是我国北方古时的一个少数民族，“奚”是“库莫奚”的简称，今蒙语沙、沙粒、沙漠之意。奚族源出东胡鲜卑宇文部，与同样说蒙语的室韦、契丹是同族异种。因居住地境内多沙漠而称奚族。

从4世纪北朝北魏至13世纪元代，近千年的发展史，记录了奚族人艰难曲折的形成、发展、衰落及与它族融合的过程。

4世纪中叶至7世纪初是奚族的形成时期。初与契丹分离，各自发展。由于对外防范的需要，五个部落结盟，阿会氏为联盟酋长。这一时期他们过着“善射猎”“随逐水草”狩猎的游牧生活。生活在内蒙古西拉木伦河以南，辽宁省朝阳市以北的老哈河流域，在北魏后期已构成了北魏边境之患。

7世纪初至9世纪中叶是奚族人发展的鼎盛时期。军事实力与契丹旗鼓相当，有时还稍有过之，被唐朝并称为东北“两善”。虽然畜牧和狩猎业仍是社会生产力的主要部门，但农业种植已经在河谷地带出现。到唐朝时王权悄悄产生，氏族社会解体，人口迅速增长。地域已不限于老哈河流域，已经东接契丹，在今辽宁阜新附近；西至突厥，今内蒙古克什克腾旗以南一带；南抵大凌河；北过西拉木伦河。

9世纪中叶以后，是奚族由鼎盛转入衰落，与它族融合的时期。衰落的转折点是外交上的两次失误。原来好与契丹争战的奚族人，在反唐事件中受到严重打击，而契丹却因在842年由臣附回鹘汗国(维吾尔族的祖先)转归唐朝，走向强盛。契丹人此时便对奚族多次出兵征讨和掠夺。阿保机为可汗(辽朝首任皇帝)后，又亲率大军对奚族进行大规模镇压，从此奚族人族体失去独立地位，成为契丹贵族统治下的一个部族。到了12世纪初，曾经归附于辽朝的女真人在首领阿骨打(金朝首任皇帝)的带领下起兵反辽，奚族人又错误地站在契丹人一边维护辽朝的统治。当女真人入居庸关后，北辽向西迁移到今新疆、中亚一带，史称的“西辽”，后为蒙古所灭。回离保则退守奚人的世代居住地箭笴山(祖山)，收集奚、渤海、汉三族丁壮为兵，于辽保大三年(1123年)，建国称帝，改元“天阜”，自称奚国神圣皇帝。将原奚王府大堂改为铁瓦乌龙殿，铸造了“天阜通宝”钱。但奚族政权只存在8个月，就被金朝所灭。在祖山发现铁瓦乌龙殿三个大殿遗址以及灬质和写有符号的方砖等文物是这段历史的见证。在金兵围剿下溃败，回离保被下属杀害。女真贵族在灭辽的过程中，对奚人先是把攻克地区的奚人降为奴隶，编入猛安(部落)谋克(氏族)；猛安奚军被“徙于山西，后分迁河东”。接着在金太宗、熙宗两朝期间(1123—1148年)将大批女真人南迁时，不少奚人被迁居中原地区，奚人分散各地。到了金世宗大定年间(1161—1189年)，奚族的五个部落名变成了五个姓氏，即遥里氏、伯德氏、奥里氏、梅知氏、揣氏。奚族作为一个少数民族体制消失了，但是奚族的传统牧业、狩猎业、农业和手工业相结合的经济，被流传下来。奚族人的马上功夫，驯马和养马技术高超；享有盛名的奚车，不能任重却能山行，不仅把奚车制造技术传给了契丹族，甚至辽代皇帝还经常乘坐奚车。唐宋时的奚琴演变成马头琴、马尾琴，是现代二胡、四胡和京胡的前身。奚人能歌善舞，不仅骁勇善战，而且还出现一些文人和政治家，如大名鼎鼎的萧太后、建立大奚帝国的回离保。

第五章　火山熔结凝灰岩地貌原生景

火山熔岩是火山爆发喷射出来的熔浆冷凝形成的岩石，如塑性熔浆团抛向空中旋转冷凝形成的火山弹、火山块、火山渣、火山灰。火山通道被炸裂，崩下来的碎块包裹在熔浆中冷凝形成的火山砾岩等。其物质来源是上地幔熔浆、火山通道壁被崩碎的碎块和熔结火山口附近的物质。火山熔岩地貌有呈圆形或椭圆形的破火山口(凹地)，中心式喷发形成的圆锥状火山穹丘，以及火山熔岩经后期风化、剥蚀形成的各种微地貌。

板厂峪景区位于海港区驻操营镇北部，原生景有火山熔结凝灰岩、瀑布、溶洞、生物化石群，次生景有板厂峪长城、板厂峪长城砖窑群。

§1.　板厂峪火山熔结凝灰岩地貌原生景及中生代火山口

石简峡。板厂峪景区位于海港区驻操营镇北部。此处是火山岩地貌原生景。石简峡一侧是雄伟壮观，高耸入云的石壁，岩石见棱见方，如刀砍斧剁一般。这种火山熔岩地貌是熔结凝灰岩的原生柱状节理，呈聚片状排列，像古代的一片片竹简。据说是一位地理学家给这条沟起了“石简峡”名字。“石简”是熔结凝灰岩的原生柱状节理。

2005年4月13日，东北大学吉羊教授和东北石油大学姜耀俭教授到板厂峪景区考察旅游资源，沿途发现一些具有火山喷发遗迹的岩石特征和地貌特征。呈“之”字形的谷地，一侧是熔结凝灰岩。他们认为这种火山熔岩是岩浆没有喷出地表在火山喉管内就冷凝成固体岩石了。在附近一张人工打造的石桌上有一石碾，有人说这就是离火山口最近的火山熔结凝灰岩，是一种非常黏稠的岩浆，温度不是很高，喷不动了，在喉

图 5-1　石简峡火山熔岩柱状节理

管内冷凝了，火山口就在石简峡一带。板厂峪发现中生代火山口，消息一经传出，立刻引起了有关专家的关注。在随后的论证会上，地质专家们推断这次火山活动是燕山三期，比温泉堡花岗岩体侵位的时间略早。温泉堡花岗岩体用钾氩法测定长石的冷却年龄是距今1.0亿—1.01亿年前，此处火山喷发比温泉堡花岗岩体侵位时间略早，火山口的范围、规模，是否存在多个火山口，有待于进一步考察证实。这里发现中生代火山口在国内实属罕见。

一线天。从临榆县委办公楼遗址前行100米，便可以看到一处奇特的地质景观，在火山碎屑岩中有一道岩石大裂缝，高有30余米，长20多米，宽不足1米，有的地方要侧身才能通过。大家抬头往上看，两侧笔直的岩壁只给我们留下窄窄一条缝，极目仰望只见一线蓝天，“一线天”因而得名。是大自然的鬼斧神工吗？如果用科学的方法解释，火山碎屑岩长期在两组剪切地应力作用下，形成平直剪切裂隙，在原生节理面上有时还能见到水平擦痕。如果后期受到一些张力，裂缝就张开了，看到裂隙面不光滑了，出现凸凹不平，这是张性节理面，这是对“一线天”的地质解释，这种地质现象全国有很多处，成因雷同。

风动猿人头。在青龙寺北200米处，骆驼峰上方有一奇特的微地貌。有一块数10吨重的大石头多像类人猿的头，它头额宽阔，两眼凝视远方，嘴上还露着那颗门牙，惟妙惟肖，安如磐石，山风吹拂和人力去推，又让人感到它在微微晃动，真是让人心惊胆战。这个看似摇摇欲坠，实则稳如磐石的巨石就是风动猿人头，是火山熔结凝灰岩风化剥蚀形成的。

大拇哥。这块象形石像竖起的大拇指，叫大拇哥。那么，这大拇哥是怎么形成的呢？形成大拇哥的岩石材料是侏罗纪晚期的火山凝灰岩，一层层带沉积特征的火山凝灰岩软硬程度不同，每层疏松致密也不同。大拇哥周围的岩石崩塌了，偏偏留下大拇指，再加上大自然的“精雕细刻”，就成了今天我们所见到的这块惟妙惟肖的象形石。

伸出你的大拇哥，又是一种形体语言。在形体语言中，世界各个民族都有自己的形体语言，即使是同一动作却表达出不同的思想意思。可是，伸出你的大拇指不管世界哪个民族，表达的意思都是：“你行，你真行，你是好样的”。当你功成名就的时候，就想想板厂峪的这块大拇哥，它已经提前为你竖起大拇指了，提前为你点赞祝贺了。

擎天柱。相传，盘古开天，女娲抟土成人，造就了这个万物生灵共存的世界。后来女娲继承皇位，水神共工大为不满，就兴风作浪，女娲令火神祝融迎战，共工大败，恼羞成怒，一头向擎天柱撞去。擎天柱毁了，天漏成了一个大窟窿，祸及生灵。女娲陷入危机，于是就炼石补天。天补好后，女娲怕天再塌下来。这时有一海龟游来，献出自己一条腿。女娲感到过意不去，将自己的衣服扯下来送给它，从此龟在水里游不用脚而用鳍了。我们现在所见的擎天柱当然并不是巨龟腿变的，但因其形神俱像，就把它称为擎天柱了。

§2. 灵仙洞内的新生代古脊椎动物化石群

板厂峪中奥陶世亮甲山组石灰岩中有一个尘封多年的溶洞，洞名叫灵仙洞。2006年年底到2007年8月，灵仙洞出土了23具几乎完好，已在亚欧大陆灭绝了的斑鬣狗头骨化石。这些化石经中国科学院古脊椎动物与古人类研究所邱占祥等人鉴定，属肉食动物目猫亚目斑鬣科。这一发现引起了人们的广泛关注。

2003年修路时，一只獾从树丛中窜出，迅速钻进了路边的古溶洞里，因溶洞口窄小，又常年被淤泥封堵，村里几代人都没有听说有谁进去过。为了捉住这只獾，修路工人点燃了柴草在洞口熏，没料到烟从这边进去又从老远的山那边半山腰冒出来，于是人们便产生了挖洞看个究竟的想法，挖掘了几十米，在淤泥中发现一个木牌，写着三个繁体字“灵仙洞”。

2006年12月下旬的一天，板厂峪景区负责人许国华等人发现了4具动物头骨化石，这些化石牙齿粗大，光洁雪亮，有的齿长四五厘米，随后每天都有新发现，共挖出23具头骨化石，这些化石经邱占祥等人鉴定为斑鬣狗头骨化石。此次斑鬣狗头骨化石的发现填补了国内空白，这种仅次于强大狮群的肉食动物，大约在1000年以前，就与猛犸象等哺乳动物一起在亚欧大陆灭绝了。因此它们的化石对于研究这次动物大灭绝是很有意义的。据说北京周口店天顶洞发现北京猿人头盖骨化石时，也发现有斑鬣狗化石，因斑鬣狗经常与人类抢夺食物和住所，于是科研人员就联想到：这里是否能够发现古人类化石，成为第二个周口店呢？有多少专家和痴迷者在等待着这一天的到来。

相关知识

斑鬣狗(Crocuta crocuta)。鬣，意为兽类颈上长的长毛。斑鬣狗因颈上长鬣毛，身上长满斑块而得名。属猫亚目鬣狗科，外形像狗，在血缘上更接近猫。其貌不扬，形体比狼要大得多。前臂长，后臂短。北京周口店天顶洞发现北京猿人头盖骨化石时，也发现斑鬣狗化石，因斑鬣狗经常与人类争夺食物和住所，考察者常认为发现了斑鬣狗头骨化石，也可能发现古人类化石。第四纪冰期来临，斑鬣狗遭遇毁灭之灾，因此，现代斑鬣狗仅分布于非洲撒哈拉沙漠以南较为开阔地区。斑鬣狗身长95—160厘米，尾长25—36厘米，重40—86千克，雌性个体明显大于雄性。毛色棕黄色，带有褐色斑块。上额犬齿不发达，但下颌强大，能将9千克重的猎物拖走100米。斑鬣狗体形大，仅次于非洲大象，可以成群结队捕捉较大猎物，每群约80只左右。雌性个体在群体中占优势，性凶猛，可以捕食斑马、角马和斑羚等大中型草食动物。

图 5-2　斑鬣狗

灵仙洞发现的斑鬣狗头骨化石绝大多数是下颌骨缺失，唯一完整的斑鬣狗头骨化石却上下颌骨咬紧，牙齿粗大光洁，一颗不缺。许多发现古人类化石的洞穴，也常常发现斑鬣狗化石，如果在灵仙洞能够揭示人类活动信息，将具有更大的科研价值。

老虎洞。传说老虎洞也与道人翟尚儒有关。当地老年人讲，翟真人在清龙寺修炼道术时，有一只猛虎在山中时常伤人，于是便将它降服收为坐骑，有事招之即来，或化缘或采药，驮着翟真人上山下岭，无事就回到这个洞里修炼。后来也同翟真人一起得道成仙，翟真人死后就再也没人见过它的踪迹。

关于这个洞里有没有老虎现在已无从考证。但是半个世纪前，这一带山地还是古树参天，遮天蔽日，时有虎豹豺狼出没。1958年曾报道过一位民兵和两只豹子搏斗。后来森林遭到了砍伐，现在看到的这些森林是近些年封山育林逐渐恢复的，大自然对人类的要求其实很低，它要的仅仅是我们的一点点宽容和忍耐。然而，就这么一点要求，我们人类却往往为了自己的一点利益，无视它的虚弱呻吟。如果人类再无视它的呻吟，人类最终会走上一条自我毁灭的道路。现在人类终于意识到了这些，时刻关注着人与自然环境的可持续发展。从我做起，从现在做起，让我们大家共同保护自然环境，共同保护我们的家园。

九道缸瀑布。板厂峪在几平方千米范围内分布有九道缸瀑布、八道缸瀑布、七道缸瀑布、六道缸瀑布、大龙潭瀑布和小龙潭瀑布，还有数不清的急流跌水。

九道缸瀑布在景区西北角，和石简峡南北相望，近在咫尺。从景区东门附近的峡谷沟口北行，就能听到潺潺的流水发出悦耳的响声。从头道缸到九道缸总落差为126米。而九道缸瀑布落差竟为69米，瀑布底下潭水清澈见底，碧绿如玉。瀑布在丰水期有巨大的水流响声隆隆，形成二三米宽的水帘，当人站在潭边向上仰望时，就会感到“疑似银河落九天”，它那惊天动地的气势。瀑底潭水清澈见底，它那洁白无瑕的情怀，给人以极大的震撼力与感染力。

板厂峪明长城。板厂峪境内的明长城是明代大将戚继光主持修筑的。长城一般宽5米，高4.8米(其中垛口高约1.8米)，用石头和青砖砌成，绵延长约15千米，地势险要，建筑雄伟，敌楼星罗棋布，最高敌楼修建在海拔800多米的山顶上。其中，孤山敌楼、倒挂长城、六眼敌楼和敌楼前的挡马墙是中国万里长城的精品之作。

板厂峪长城每个地段都是以地名命名，比如老虎沟、盘道沟、蛇窑沟、杨来楼长城等。敌楼则以姓氏命名，如陈家楼、耿家楼等，因明修长城、守长城士兵可以带家属，一个敌楼就是一家人，一个家庭守卫、耕田两不误。原有50多座敌楼，现在保存较完好的有30多座，还有十几处长城界碑，这是现存明长城十分罕见的。烽火烟墩与敌楼战台遥相呼应，全方位、多层次地展示了明长城军事防御工程的独特风貌。长城在高高的山脊上一字排开，每个高峻挺拔的山尖上都有敌楼。杨来楼是东西长城的分界线，东侧通向董家口、大毛山方向，西侧通向义院口方向。

杨来楼敌楼是一座空心敌楼，分上下两层，其间以阶梯相通。下层可以遮风避雨，上层可瞭望射击，铺房可以储备武器与粮食。空心敌楼四面设有箭窗，称四眼楼。此敌楼虽已残垣断壁，但其雄姿依然如故。

长城穿越峡谷时有两种形式，一种是跨越式，如九门口长城，一种是匍匐式。长城通过“V”字形峡谷，匍匐在陡峭的谷壁上，在谷底仰视，似长城倒挂于天际，故称倒挂长城。

§3. 板厂峪村明长城砖窑群

在板厂峪村北山梁上横亘着3500米保存完好的明长城。2002年在这里发现长城砖窑群遗址，随后，秦皇岛市文化局报请河北省考古队进行挖掘，共发现长城砖窑66座，长城灰窑、长城瓦窑和长城铁窑20多座，每座砖窑都存放着约5000块砖，摆放得整整齐齐。可以断定板厂峪村是明代修长城时的原材料供应基地。据史料记载，明长城于洪武十四年(1381年)修筑，隆庆五年(1571年)戚继光任蓟镇总兵时，派中军门谭纶(1520—1577，江西宜黄人，在蓟县与戚继光守长城10年，病故在任上)重修，在石筑长城基础上加砖修复，并增修砖砌敌楼50座。这次初步探明的66座长城砖窑，就在板厂峪村西沟和板厂峪东沟两片面积达2200多亩的玉米地地下。砖窑顶距地面25厘米，顶部由胶土、碎砖等分层筑成，窑顶被揭开，见有青砖筑成的窑壁。砖窑内湿气很浓，一层层长城砖码放如初。窑口直径3.5米至6.0米，窑深3.5米，长城砖有多种规格。考古队对每座砖窑都进行了编号、测量、拍照、录像，然后按原样封存起来，其中2号窑和4号窑是专供科考人员和游人参观的。4号窑窑口直径4.5米，深4.2米。砖的规格：长36厘米，宽17厘米，厚9厘米，重10.5千克。这一规格的长城砖与长城上见到的长城砖形状大小完全吻合。在板厂峪村发现的66座砖窑中，有24座砖窑码满了砖。每座砖窑码砖20层砖，存砖5000余块。这些长城砖又根据功能分为砌墙砖、地墁砖、滚水砖。专家分析，这些砖是备用的长城砖，是我国迄今为止发现的规模最大的长城砖窑群。据当地人讲，砖窑的类型与形制有龙窑、马蹄窑和牛角尖窑，类型有长形砖、方形砖、异型砖，24座砖窑里保存着至少有十几万块砖。

图5-3　板厂峪发现的明长城砖窑群

毋庸置疑，这些长城砖是明朝修长城的备用砖，平时就应该是封存的。在明末清初那场战争，明军惨败，清军直奔中原，长城不再是边墙，清政府采用“怀柔”政策，修长城之事就变成了“莫提起”。

2003年6月16日，板厂峪明长城砖窑群被确定为国家级重点文物保护单位。

长城博物馆。在砖窑群西侧，长城工作站院内建了一座小型长城博物馆，供游客补充长城知识。占地面积1500平方米，展馆面积300多平方米，分东、西两个展室。陈列品有石雷、石炮，长城防御性兵器，建筑工具和明、清年代民间用品等。另外，还有大量兽骨化石。至今为止已有不少物品被国家确定为文物，具有很高的收藏价值。

菩萨寺。此寺初建于明弘治十三年(1500年)，2003年由板厂峪旅游有限公司复建，大殿供着纯铜观世音菩萨像。在海拔400多米的悬崖之下，陡坡之上，寺门横匾为“菩萨寺”。寺门两旁有一副对联古朴苍劲。上联：“真容容真真容真”，是说观音菩萨在这里显露过真容。下联：“灵鹫鹫灵灵鹫灵”，是说佛祖释迦牟尼修炼在灵鹫峰。横着读就是“真灵”。寺前有108级台阶，代表了佛教108个烦恼。踏过了108级台阶，就到达了无忧无虑的理想境界。

每过一道门槛，游客都要双手合十一拜，口中念叨“阿弥佛陀”。爬到一半，台阶两边分别有钟楼和鼓楼。钟声幽远，烦恼清除；鼓声雷动，胸怀广阔。

此寺系板厂峪旅游有限公司成立后复修的一座寺庙，是景区活动中心。俗话说：“山不在高，有仙则名；水不在深，有龙则灵。”关于菩萨寺的传说在当地传得活灵活现、神乎其神，所以至今香火旺盛。

§4. 傍水崖古战场

傍水之崖(阴坡)，防守之助也，进攻之障碍也，缓坡(阳坡)近崖处逃跑之绝路也。那么，大石河一侧的傍水崖是怎样形成的呢？

崖壁是怎样形成的，这要从曲流河侧蚀作用与下蚀作用多次反复说起，大石河从北东方向流入柳江盆地，至杨山后转入南北向曲流(河流在早期的向斜谷地里，坡降小)，在上庄坨转入向东南方向直流(流出向斜核部，坡降大，呈直流河段)，在蟠桃峪流出盆地，进入燕塞湖。大石河由杨山—上庄坨为曲流河段，水质点运动轨迹是表层河水斜冲向凹岸，凹岸水位壅高，横断面出现水位差，底部水质点由凹岸向凸岸流动，将凹岸侵蚀下来的碎屑物质带到凸岩堆积。因此，单向环流形成凹岸侵蚀，凸岸堆积。本地区新生代地壳运动的特点是间歇性抬升，凸岸形成堆积阶地，凹岸底部的岩石碎屑被掏蚀殆尽，形成悬崖峭壁和深深的水潭。小傍水崖阴坡是悬崖，阳坡是平缓的斜坡，在阳坡上伏击敌军，傍水崖是天然的屏障。

明朝时，冀东地区经常受到北方蒙古部落的骚扰和抢掠，他们一般从花厂峪、界岭口进来，抢劫后从义院口退出。明隆庆元年(1567年)九月二十一日，影克勾结蒙古族土蛮部落酋长黄台吉率兵数万人，从界岭口突入，抢掠永平(卢龙)，攻战昌黎、滦县一带，来势凶猛，蓟镇总兵李世忠等人畏敌如虎，不敢迎战，劫后土蛮骑兵准备从花厂峪和义院口逃走。10月，古北口游击将军张臣(陕西榆林人)奉命率部3000人，3昼夜走行700里，利用有利地形在义院口、花厂峪、上庄坨埋伏重兵，设下口袋阵。敌军沿大石河河谷向北逃窜，原打算从义院口出长城，没料到走到傍水崖，钻进了口袋阵。伏兵四起，喊杀声惊天动地，老将军张臣身先士卒，勇猛冲杀，手下的士兵踊跃争先。在傍水崖阳坡松树林中，当时是大雾天气，后有追兵，土蛮士兵不熟悉地形，坠崖死者无数。影克在出义院口时被官军火枪打伤，回巢即死。张臣指挥的这次战斗，以少胜多，全歼入侵之敌。从此，北方边境日趋安定。

张臣立了头功，但蓟镇、辽东官兵却心存嫉妒。而石门寨当地乡民多年遭受蒙古铁骑之蹂躏，对张臣却心存敬意，想在傍水崖林中建一座纪念性标志。张臣怕同僚们嫉妒，谢绝了乡亲的好意。但是父老乡亲说是要建一座关帝庙，祭祀关公君，连带祭祀他。张臣勉强同意了这种折中的办法。明万历三十八年(1610年)，张臣长子张承胤由陕西榆林总兵官职调往蓟镇，未等赴任就又调镇辽东，防御后金努尔哈赤对中原的威胁。其部下巡防来到此地，听父老讲起张臣的故事，在土蛮士兵往西北逃跑的林间小路东侧竖起了一块“隆庆丁卯岁榆林张大将军建功处”石碑，重修了关帝庙。

据《临榆县志》记载，张臣与土蛮骑兵在傍水崖相遇时，正赶上崖畔云雾迷漫，土蛮骑兵看见张臣在阵地上，像是红脸长髯的关云长，手挥偃月刀，胯下赤兔马，左关平，右周仓，从云端朝土蛮阵地冲来。土蛮骑兵认为神灵助战，潮水般沿傍水崖阳坡败走。结果，数万骑兵几乎都摔死在悬崖下，以致石河水都断流了。如今这里遗迹犹存，关帝庙始建于明隆庆元年(1567年)，明万历三十八年重修，明崇祯十年(1637年)、康熙十年(1671年)再次重修，新中国成立后成为当地六大会馆会址，毁于1968年。

小傍水崖阴坡是悬崖，阳坡是平缓的斜坡。在阳坡上，小傍水崖北、石河北岸有个魏庄村(1:5万地形图上，叫魏庄)，是明崇祯年间山海关总兵朱梅次子、永平兵备道朱国梓的隐居处。魏庄村党支部书记兼村委员会主任朱开利就是朱国梓的后代，他的弟弟至今仍然保存着清道光年间的一份朱梅世系谱。民间传说，朱国梓是朱元璋的后代，曾参与吴三桂降清，抗击李自成。满清入关后，仍然受到尊重，但“当事屡荐不出”。因惧怕清朝政府的迫害，他携母隐居于此，将“朱”字去掉一撇，改称“未庄”，“未”与“魏”同音，又因地在石河以北，所以叫北魏庄。但在朱国梓的简历中，并没有朱梅是朱元璋后代的记载。而且清乾隆二十一年(1756年)、光绪四年(1878年)和1929年《临榆县志》均记载该村始终都叫“魏家庄”，魏家庄已经看不到与朱梅的家庭有任何联系。另一方面，因朱国梓与吴三桂有“同僚之谊”，也不愿与“流寇”李自成为伍。明崇祯十七年(1644年)四月二十一日，李自成率兵攻打山海关时，与山海关缙绅吕鸣章、佘一元、刘克礼等帮助吴三桂抗击李自成。清康熙十八年(1679年）版《抚宁县志》载有山海卫人李集凤撰写的《朱邓林先生传》：“以明经入仕籍，累官永平兵备道。甲申崇祯十七年，流寇(李自成)陷京师。先生志不屈，奉母太夫人诸氏归山海，誓以必死。后乱平，奉母居石门。当事者屡荐于朝，皆以陈情故辞不就。”由此可见，朱国梓曾参与吴三桂抗击李自成起义军，四月二十二日，李自成兵败石河，朱国梓隐居魏家庄。虽“当事者屡荐不出”，但朱国梓是明代大将军朱梅之后。为了保持汉人的晚节，不愿意为满族人服务，故隐居于石河北岸的魏家庄。傍水崖北、石河南岸有一块巨石，据说是朱国梓垂钓处，因朱国梓号邓林，人称邓林钓鱼台，成为古石门八景之一。

第六章　后石湖山花岗岩体地貌原生景

后石湖山花岗岩体呈岩株状侵入于晚侏罗世孙家梁组中心式火山喷发的破火山口之中，属燕山三期侵入的花岗岩体。出露范围：北起九门口，南至燕塞湖，西起蟠桃峪，东至三道关。岩体呈椭圆形北东—南西向延伸，长轴长13千米，短轴长9.5千米，出露面积约为85平方千米。主峰大峪顶海拔926米，东南部角山主峰大平顶海拔519米。属低山-丘陵区。

长寿山景区是结合后石湖山花岗岩体地貌奇峰异石的特征，运用雕刻、书法、建筑、园林等中国的传统艺术手法而建造的一处人文景观。整个景区以长寿河河谷自然景观为基础，集山、石、洞、窟、溪及中草药于一身，以长寿延年为主题，弘扬中国的传统医学。先说这山，奇峰耸峙，除因峰顶酷似鹦鹉而得名的鹦鹉顶海拔657米属低山地貌外，其余“诸峰”皆属花岗岩剥蚀残丘地貌，有五佛山、药王岭、神医山、黄牛山、后角山、萧山、石门山等诸峰竞秀；再说这石，怪石频露，妙趣横生，寿字碑林、雄狮昂首、擎天掌、骆驼石、莲花石、子母龟石等；三说这洞、窟，古洞藏幽，天然古洞悬阳洞、鱼眼洞、仙人洞、葫芦洞、杏仙洞、仙人洞，以及神医石窟、张仲景石窟、李时珍石窟；四说这水，溪水涓涓，谷间清澈蜿蜒的长寿河，系大石河一条支流，是大石河出燕塞湖后的曲流河。长寿山，长寿河，山水相映，奇峰异石，水趣洞幽，饱览大自然之美，寻觅人长寿的古老神奇，感悟中华民族的文化魅力，回归自然，实践人长寿。

明清时此处称“山海第一胜景”，1986年，山海关区文物保管所聘请天津美术学院重塑悬阳洞内的释迦牟尼像和十八罗汉像。1987年，在原悬阳洞景点基础上，又进行了重新扩建，规划后叫“长寿山景区”，属4A级景区。东起黄牛山，沿长寿河，西到后角山(围春山)、鹰窝山、萧山至燕塞湖东岸，长6.5千米，可游览面积3.45平方千米。走进山门，正面石壁上有“长寿山”摩崖石刻，是当代书法家孙墨佛(1883—1987，山东莱阳人，孙中山总统府参军)老先生的封笔之作。笔力苍劲，气势夺人，神态如生，仙意似动，又饱墨浓意，力透石碑。

§1. 洞穴、石窟、山石

悬阳洞。在黄牛山山脚下，有一座大型花岗岩洞穴，人称“长城石窟”。站在洞口，远看怪石挺立，北有“人石”，如踞如坐；南有“钟石”，似闻其声；旁有“南天门”双石对立，斧劈刀削，造物天成。人石之下，悬阳洞旁，有一巨石，向前伸出，人称“碾棚”。

悬阳洞是一个穿透式洞穴，洞口敞亮，高13米，宽14米，进深37米，洞长117米，呈纺锤形，前后宽阔，中间狭细，所在的后石湖山花岗岩体是燕山三期侵入的，而洞的形成时间应为新生代第四纪中更世。

走进前洞，悬阳洞的“内装修”始于明洪武年间，四川峨眉山僧人曾到此建庙塑像，留下汉隶“蜀人创修”。随后(1381年)，徐达在山海关建关设卫，边臣游子聚会，僧人、道士云集。清末甚至有来华洋人涉足。民国年间，三道关有位道人叫董有灵，主持前洞建万仙楼，后洞建孔庙和地藏王菩萨，使这里成了儒、释、道三教并立，融融相生，可谓悬阳洞宗教文化的一大盛世。

1949年后，当地人民政府多次重修，现貌为1990年重修扩建的。建有山门、悬阳洞、观音洞。原有的三块碑刻分别是《悬阳洞诗碑》《观音洞诗碑》和《悬阳洞造钟碑》。洞内有三层阁楼，龛内原供神像，洞后壁塑有释

图 6-1　悬阳洞

迦牟尼像，旁壁塑有十八罗汉像。十八罗汉像1966年被毁坏，1985年又重塑。罗汉大小不一，形态逼真，或坐或站或卧，憨态可掬。两壁平滑，绿苔遍布，摩崖石刻多为明清两代文人墨客所题，以悬阳洞、万古流芳、紫塞桃源、通了幻景等为显著者，但都没有标出题字者姓名，有些只标出了年代，如“一窍通灵”，上款“大清雍正七年”；“地海天视”，落款“乾隆五十四年康戌”；“清虚灵空”，落款“崇祯”；“洞天福地”，题“崇祯戊寅年孟夏吉旦”；“别有洞天”，落款“光绪丁酉二十三年”；年代较远的要数《悬阳洞诗》碑碣，系明万历二十三年(1602年)三月，参将朱洪范(朱熹之重孙)题。

穿过前洞，狭长幽暗，摸黑前行，忽见一片光亮，如日高悬，仰面而视，洞顶有双孔，日光悬照，此即悬阳窥天，悬阳洞由此得名，又名玄阳洞。往前走，再现一洞，洞口上刻有“胜境”两个大字；洞内“天井”滴水，下落“地盆”，滴滴作响，清脆悦耳。这种滴水现象与石灰岩中的石钟乳现象很相近，文献上称“乳水”。“地盆”是不是“滴水石穿”现象尚不可知，如果是从石灰岩地区渗流的碱性水，乳水便好解释。据《临榆县志》载：“悬阳洞，在角山东，距城(山海关)20里，洞顶有穴，日光悬照。然从山上迹之，终莫得其穿漏之处。穴中乳水涓滴不绝，下有石如盆盎，积水其中，俗呼穴为‘天井’，石为‘地盆’”。1990年，经悬阳洞工作人员探察得知，隐秘的悬阳入口直径约2米，当“子午窥天”时，观测者、洞顶小孔、太阳或月亮在一条直线上，悬阳窥天，这就解开了“终莫得其穿漏之处”之迹。

顺石阶继续前行，达后洞口，山门内额书有“紫阳宫”，外书“黄牛山”。过山门可见“子午洞天”碑刻。

悬阳洞的地质成因，有人说是地表流水或者海水水平循环侵蚀形成的洞穴，然后地壳抬升使溶洞处在半山腰。也有人说悬阳洞是岩浆侵位时形成的析离体，后来析离体被风化掉了，留下洞穴。析离体与周围岩石可能是渐变的，在悬阳洞石壁上或者在其附近应找到没有被剥离掉的析离体成分，析离体的底界不一定是水平的。人工开凿是一个很重要的因素，可能原生洞很小，因有奇山异石，人工填彩。人工填彩对原生洞的成因调查带来困扰。如果是地表水水平循环侵蚀形成的，也应有构造裂隙作先决条件。洞内石壁平滑，有变宽变窄现象(呈纺锤形，前后宽阔，中间狭细），就想到悬阳洞可能是构造“挤压透镜体”被风化剥离掉了所剩下的空间。

调查原生景的地质成因是旅游地质学面临的一个新课题，提高旅游活动层次和品位，这方面的工作应引起有关部门的重视。

神医石窟。在药王岭山腰峭壁之上，为弘扬祖国传统中医中药，尊贤祭祖建造了以华佗、张仲景、李时珍、宋慈等古代名医雕像为主体的摩崖石窟群。名医雕像以立体圆雕，平面摩雕形式出现，雕像高大壮伟，工艺精细，神态自如，栩栩如生。窟壁上还刻有名医的生平事迹、名药方及名人题词等。另有“刮骨疗伤”“五禽戏”等典故的石刻。

石窟雕像由中国著名雕塑大师刘开渠和雕刻家傅天仇、曾竹韶设计创作，“神医石窟”摩崖石刻为著名画家吴作人题写，此外还有国际友人的摩崖碑题。此景是集中医、书法、雕刻艺术于一体，依山就势而建造的人文景观，立意新颖，别具一格，让游人领略到祖国传统医学的博大精深和炎黄子孙的聪明才智，也感受到石窟巍峨挺拔、气势雄伟的独特风貌。

双松挺峙。走出后洞，紫阳宫外西侧，可见两棵白皮巨松拔地而起，对峙而立，直插云天，树高30多米，围阔近3米，树龄在300年以上。据《临榆县志》载：“双松挺峙，如旗杆，数百年物也。”左边一棵松树上有明显的印痕，传说是唐僧离去时，有一巨蛇锁在洞里，树上的印痕是锁巨蛇留下的。双松前视野开阔，远处青山如黛，云霞缭绕；近处怪石凌空，有象形石“天女坠梨”，栩栩如生。石下深谷幽静，花木繁盛。溪水潺潺，溪水中又见象形石“群鹅赶会”，热闹非凡。

层峦叠嶂。在黄牛山后，山脚下长寿河潺潺流过，河中卵石洁白如玉，在流动的溪水中远视如“群鹅赶会”。东侧山峰巨石重叠，天工偶成，酷似雄狮威视，故名“雄狮昂首”。西侧山峰巨石挺立，因山凿碑，上镌刻“层峦叠嶂”四个大字，上款书“明崇祯庚辰”（1640年），下款书“山石道范志完（宋范仲淹后裔）题”。在此放眼四望，险山峻岭，层层叠叠，起伏相间，百态千姿，山形树影，近壮远秀，一并入目，“层峦叠嶂”是对周围环境的真实写照。

莲花石。由“层峦叠嶂”沿溪西行600米，溪北岸陡立数块巨石，如莲瓣簇拥，得名“莲花石”。崖壁陡立，西面右上镌有“范墨流香”四个大字，是明崇祯十四年(1641年)北山左营副总兵王进科命人镌刻的，是对范志完题词的溢美之词。赞范志完意随笔到，笔随势生的动感，与巨石和水痕浑然一体。

寿字碑林。寿山在“神医石窟”和“世外桃源”之间，山首高昂耸立，山脚异石叠垒，在大小不一、方圆各异的怪石上镌刻着不同朝代、不同字体、阴阳字形式各异的“寿”字，集中国历代书法名家之“寿”字书艺大全，组成“寿”字碑林。有唐、周、宋三朝，李世民、武则天、赵构的御笔，有东晋王羲之、王献之，唐代颜真卿、欧阳询、褚遂良、柳公权，宋代苏轼、黄庭坚、米芾、范成大，元代赵孟頫，明代董其昌、张弼、祝允明百家书风，以及当代黄绮(黄庭坚三十二世孙)的墨迹。这些不同风格的“寿”字书艺，点缀在长寿山奇峰异石之上，构成一幅引人入胜的自然景观与人文景观的融合画卷。

世外桃源。这里是一个小型的山间盆地，四周有山峦环绕，原名叫“桃园”。艺术大师李可染先生观后认为其地四周景色妩媚，虬枝峥嵘，游人至此，仿入仙境，遂改名为“世外桃源”，在其后山腰岩壁上，镌有他题写的“世外桃源”四个大字。

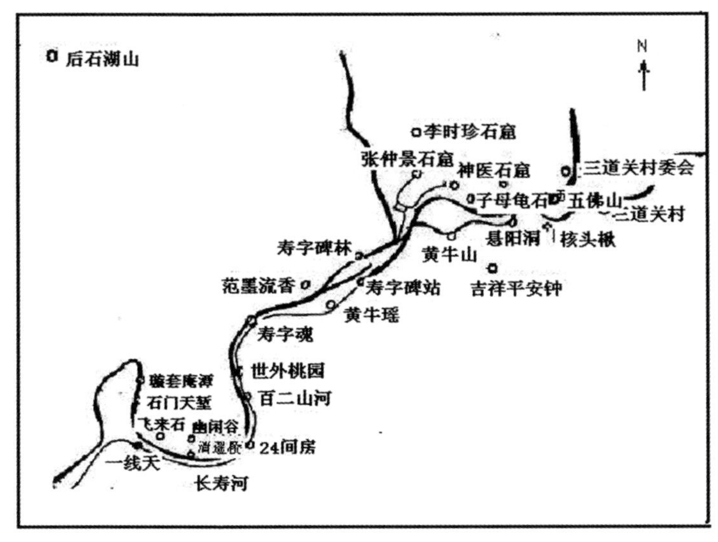

图6-2　长寿山景区微景位置分布图

园内种植了上千棵桃、李、樱桃、梨、山楂等果树，以及名贵的中草药材。每逢花季，这里繁花似锦，蝴蝶翩翩，虫鸟鸣啾，置身其中，宛如来到了陶渊明笔下的“桃花源”。此外，园内“柳荫听涛”“四月映山红”，以及长城砖窑遗址等，也令人赏心悦目，流连忘返。

走出世外桃源，就来到了独具北国山川特色的“石门胜景”。巍峨对峙的石门山上，明代“百二山河”镌刻古朴雄深，山形如刀削斧劈，气势磅礴，蔚为壮观。

衣架石、飞来石、海豹石。人工开凿的一线天，系石门要塞，身临其中，两崖之间，仿佛天系一线，令人毛骨悚然，上有飞来石，犹如远方飞来，下踞长寿河，左依古堡，后依高句丽营盘遗址，大有“一夫当关，万夫莫开”之势。据传，薛礼征东时，曾与高句丽兵激战于此，高句丽兵败，弃营而退，现仅存遗址作为历史见证。经石门一线天向右环行，即可见花鸟翠树中，有一奇石碧潭，游鱼戏水，微荡涟漪。相传何仙姑出游至此，见水清澈映影，便宽衣而浴，撩水洗面，忽觉脸上麻子皆无，复掬轻抚，则现一对迷人酒窝，故称“璇靥潭”，其放衣处被称为“衣架石”。因形似河马，又是游客露餐之佳选。

有一孤石立于“一线天”北侧陡崖上，犹如远方飞来，故名“飞来石”。飞来石系后石湖山花岗岩体在两组剪切地应力长期作用下，地壳抬升，周围岩石脱落残留下来的柱状地质体。大画家范曾来此观后题写“飞来石”。在药王岭上有一巨石如海豹，昂首怒吼，神态逼真，似有惊雷滚滚而来，令人胆战心惊。相传，远古时有一次造陆运动，海豹正在酣睡中，海水撤走，海豹一觉醒来，身边突变，一声怒吼，直震青天，遂化成海豹石。

§2. 五佛山

在东南西北中五个方位上有五座山峰，又在五座山峰上雕刻五尊大佛，这便是五佛山。创意是根据当年明朝大将军徐达建山海关城池时流传的“五佛镇关，太平万年”的传说。在五个方位自然山体上开凿出五佛，五佛管五方。雕刻艺术工艺集中体现了中国民间传统工匠、学院派雕刻大师和佛教界高僧三方面的智慧。共有40多位世界级、国家级的雕刻大师参加了设计施工。2004年8月动工，2008年五尊大佛雕像全部完工。五尊大佛身高81米，比四川乐山大佛高10米，加上莲花座，依山开凿的大佛高达99米，构成与其周围九重天、五方佛舍利、滴水观音、五佛寺、望海观音、十里经廊等具有浓郁宗教文化气息的人文景观。根据唐不空所译的《菩提心论》载，大日如来为教化众生，将其自身具备的五智转化为五方五佛，五佛是管理五方的神。中央为毗卢遮那佛(大日如来)，代表法界体性智。“大日”之意胜于太阳，如来日光遍照法界，亦能开发众生之善根，乃至世间事业由之成办。东方为阿閦佛(不动如来)，代表大圆镜智。閦(chù)，属于佛教用语，一般只用在“阿閦佛”这个词组中。阿閦佛有无嗔恚的意思。嗔(chēn)：怒，生气；恚(huì)：恨，怒。说菩萨修行有坚定的信念，心情不为外界环境所干扰。这一佛刹中没有三恶道，大地平整柔软，人都行善事，环境极其殊胜。阿閦佛能使人生活快乐，身体清净，内心祥和安静。南方为宝生佛，代表平等性智。是大日如来平等性智品格的体现，是密教的重要膜拜对象。西方为阿弥陀佛，代表妙观察智。阿弥陀佛是西方极乐世界的教主，与观音菩萨、大势至菩萨统称为西方三圣。大乘佛教各宗多以阿弥陀佛的净土为归，但是净土宗则以信愿专念阿弥陀佛为其主要特色。阿弥陀佛也被尊称为“南无阿弥陀佛”，南无(namas)，梵文意为对佛的尊敬、皈依、归敬、归命。阿弥陀佛也是“法藏”修学圆满后的称号，所有修学圆满、归真复原，在印度都尊称为“佛、佛陀、如来、人天师等”。北方为不空成就佛，代表成所作智，诸行圆满，一切想做之事皆可轻易做成。

五尊大佛对面悬崖之上，修建了山中楼阁“九重天”。九重天是九座古典楼阁建筑，由石磴、飞桥相连。九重亭台如同天外飞来的楼阁，悬在半空中，这种建筑模式融合了南、北方的古建筑风格，雄浑壮观且又陡峭。在九重天瞻仰五佛的庄严妙相，仿佛走进了净心净土、静思静为的禅林境界。九重亭台名称都有其特殊的含意，如静心亭、怡心亭、往生亭等。每个亭台上都设有文房四宝供游人挥毫泼墨，是五佛文化的艺术长廊。在五重天处建有观佛台，是远观五佛的最佳选地。

第七章　昌黎花岗岩体地貌原生景

昌黎花岗岩体分布在昌黎城关北5千米处，呈岩基状产出，南北长24千米，东西宽20千米，出露面积130平方千米。主峰仙台顶海拔695.1米，属低山-丘陵地貌，是侏罗纪末白垩纪初，即燕山三期侵入的花岗岩体，同位素年龄测定为距今1.4亿年前，由细粒花岗岩、斑状花岗岩和花岗斑岩组成。岩体中次生节理发育，裂隙中蓄有丰富的地下水资源，龙潭洞、范公洞常年井水满盈。

§1. 因史而出名的昌黎碣石山

昌黎碣石山是因微地貌仙台顶似碣石而得名，是因史而出名的观海胜地，是历史上颇负盛名的“神岳”。上百座颠连起伏的山峦，群峰逶迤，绵延达数10千米，主峰仙台顶位于昌黎城关北一字排开的群峰正中，因传说有仙人遗踪而得名。这时的“仙人”已经不是战国时期被误传为“神仙”的羡门子高，而是民间传说的张果老、韩湘子等八仙。因张果老、韩湘子等八仙的传说始于唐朝，故仙台顶之称谓也应在唐或唐之后。碧云峰前的碧霞元君祠，传说在《封神演义》中怒摆黄河阵的三霄(云霄、碧霄、琼霄)娘娘曾在此修行，故仙台顶又有“娘娘顶”之称谓。娘娘庙的始建年代失考，估计也在唐之后。汉武帝刘彻在汉元封元年(前110年)东巡碣石观海，留有汉武帝旅游遗踪，故仙台顶又有“汉武台”之称谓。仙台顶顶尖突起犹如刀削斧劈一般“长”在碣石山山胸上，状如圆柱，远视如美丽的妇女乳房，这种圆柱状的微地貌，与碣石形体相似，故又有碣石之称谓。早在《尚书•禹贡》中就有“碣石”这一称谓。《禹贡》是中国上古史书《尚书》中的一篇。把大禹治水的传说发展成一篇珍贵的古代地理名篇。因此，碣石之称谓最早，距今已有

3000多年。山坡上镌刻的“碣石山”三个大字，是1928年东北军将领杨宇霆主持镌刻的。至于改“碣石山”为“乐游山”，是在碣石山主峰叫“汉武台”之后，或叫“仙台顶”之前。因是北魏文成帝拓跋濬于太安四年(458年)二月，登碣石山时乘兴所改，只见史册，未在当地流传。碣石山主峰微地貌除专称“碣石”之外，还有汉武台、仙台顶、娘娘顶，这些别称都是先人在这里活动留下来的。主峰仙台顶海拔695.1米，是渤海近岸的最高点，环山抱水奇峰挺立，山势巍峨，林木满坡。正因为碣石山有着如此独特的形貌，从远古时起，这座山峰就成了北方沿海航行醒目的地理坐标，被古人选入《山海经》和《尚书·禹贡》等地理名篇。《尚书·禹贡》把中国全境分为九州，第一章冀州的最后一句话：“鸟夷皮服，夹右碣石，入于河。”隋唐经学家颜师古(581—645，陕西西安人)在“鸟夷皮服”下注：“此东北之夷，搏取鸟兽，食其肉而衣其皮也。”是说居住在东北，祖先以鸟为图腾标志的少数民族载着珍奇兽皮的船只，沿着辽东湾西海岸，向南航行，见到碣石山(李楠译的《史记》，碣石山指昌黎碣石山)这座航海坐标，航行至当时尚处在海滨的乐亭城关东南(见图7-5)，便右拐西行转入河道。夹，挟也。

图7-1　昌黎碣石山

《尚书•禹贡》现今版本又有的“岛夷皮服”，“岛夷”指居住在海岛上的少数民族。

欲登碣石山，先进碣石门。迎面扑来东西两座馒头形小山对峙，其状如门，去碣石山主峰仙台顶则必须从这两座山峰中间穿过，两山峰间的谷地宽300多米，是碣石山自然天成的门户，称碣石门。古代称之为“绳水”的急流由此冲出群山环抱的盆地。《山海经》载：“碣石之山，绳水出焉，而东流注于河。”①

图7-2 在仙台顶半山腰远眺碣石门 （郭守恭）

登上碣石山，碣石山的神韵引无数英雄竞折腰。据史书记载，自秦政三十二年(前215年)，秦始皇东巡至碣石求仙观海起，到唐贞观十九年(645年)唐太宗春日望海止，先后有9位帝王在这里留下旅游踪迹。其中，曹操、司马懿生前未能称帝，是死后加封的帝号。

A. 据《史记·秦始皇本纪第六》载：秦始皇于公元前215年，东巡至碣石，使燕人卢生访求羡门子高，刻碣石门辞，并使韩终、侯公、石生求仙人不死之药。始皇率随行众臣求仙观海，向碣石山顶礼膜拜，令丞相李斯在山崖峭壁上刻下著名的《碣石门辞》。内有“堕坏城郭，决通堤防，夷去险阻”，记载秦始皇拆毁郡县城郭、关塞险阻的功业；又有“男乐其畴，女修其业，事各有序”，讴歌刚刚统一天下的秦王朝歌舞升平的理想景象。祖龙这一年45岁，5年后，祖龙驾崩于沙丘(河北广宗西北)。

B. 据《史记·秦始皇本纪第六》载：秦二世元年(前209年)初，秦

①〔西汉〕司马迁著. 李楠译. 史记. 北京：三峡出版社，2006：25，125.

二世胡亥效法秦始皇巡游天下。“春，二世东行郡县，李斯从。到碣石，并海，南至会稽(并海，沿着海岸线行驶，会稽今苏州)，而尽刻始皇所立刻石，旁著大臣从者名。以彰先帝成功盛德焉。”最后从辽东(辽阳)返回咸阳。胡亥这一年22岁，两年后，在赵高(赵国宗室远亲)及其女婿咸阳令阎乐的威逼下自杀于望夷宫(陕西泾阳县内，瞭望北方胡人入侵的宫殿)。①

胡亥听信赵高的谗言，诛杀李斯，迫使右丞相冯去疾和其子秦御史大夫冯劫自杀。秦二世三年(前207年)七月，章邯、王离投降项羽，刘邦攻下武关，赵高惶恐。赵高与其女婿阎乐合谋，带吏卒斩卫令，闯入望夷宫，逼秦二世胡亥自杀，死前胡亥曾说只愿当个万户侯，阎乐不准，遂自杀，以平民之礼葬。墓地在今陕西西安雁塔区曲江乡曲江池村南缘台地上。

C.据《史记·孝武本第十二》载：汉元封元年(前110年)夏四月，汉武帝“上乃遂去，并海上，北至碣石，巡自辽西，历北边至九原。五月，返至甘泉。有司言宝鼎出为元鼎，以今年为元封元年”。汉武帝在泰山举行封禅大典后，从烟台芝罘出发，沿海岸线并行，北上至今昌黎碣石山，在山顶修建“汉武台”祈仙求神。② 北魏地理学家郦道元在《水经注·濡水》记“碣石山”时，云：“汉武帝亦尝登之，以望巨海，而勒其石于此。”汉武帝这一年47岁，23年后，汉武帝去世。汉武帝雄才大略、文治武功使汉朝成为当时世界上最强大的国家，汉武帝是中国历史上的伟大皇帝。

D.魏武帝曹操，一代枭雄，于东汉建安十二年(207年)，北征乌桓凯旋，班师途中东临碣石，观沧海，看日出，踌躇满志留下“东临碣石，以观沧海”的历史名篇。曹操这一年53岁，13年后，曹操于河南洛阳去世。曹操一生未称帝，他死后，曹丕继位后不久称魏文帝，追谥曹操为“武皇帝”，史称魏武帝。曹操的东临碣石，以观沧海，吟出了著名诗篇《碣石篇·观沧海》。

E.魏明帝(曹叡)景初二年(238年)正月，“晋宣帝”司马懿奉命讨伐割据在辽东的燕王公孙渊，率牛金、胡遵等步骑4万，从京师出发，

---

①〔西汉〕司马迁著. 李楠译. 史记. 北京：中国三峡出版社，2006：156.

②〔西汉〕司马迁著. 李楠译. 史记. 北京：中国三峡出版社，2006：301.

“经孤竹，越碣石，次于辽水”，求仙思秦皇。司马懿，多谋略，善权变，初为曹操属下主簿，后任太子中庶子，为曹丕所信用，曹丕称帝后，他被任命为大将军，多次率军南征北战。是辅佐魏国曹丕、曹叡、曹芳三代托孤辅政之重臣，专国政。他死后，其子司马师、司马昭继续专国政，最终由其孙司马炎代魏称帝，建立晋朝，司马懿被追尊为“宣帝”，因此才有《晋书·宣帝纪》中司马懿率大军奉命讨伐公孙渊“经孤竹，越碣石，次于辽水”的记载。孤竹指卢龙，越过古老的碣石山东行辽河之滨，走的是曹操回师之路线。因在行军途中，司马懿当时跨越碣石山时，是否登上碣石山观沧海、引吭高歌，史书没有记载。司马懿这一年60岁，13年后，司马懿去世。

F.北魏文成帝拓跋濬，13岁时其祖父太武帝拓跋焘被宦官宗爱暗杀，声称是奉赫连皇后之命，立拓跋焘幼子南安王拓跋余为帝，宗爱大权在握，自封为大司马、大将军、大师，南安王拓跋余想夺回皇权，又被宗爱弑之，殿中尚书长孙渴侯与尚书陆丽杀宗爱，拥立拓跋濬即位，改元兴安。太安四年（458年）二月丙子，文成帝拓跋濬“东巡平州”[①]时，于“仲春丙子，登碣石山，观大海，大飨群臣于山下，斑赏晋爵各有差，改碣石山为乐游山，筑坛记行于海滨”（《魏书·高宗文成帝纪》）。拓拨濬一行跟着先觉大师来到碣石山，住进水岩寺。当年18岁的文成帝拓跋濬兴致勃勃登上碣石山主峰汉武台，像魏武帝曹操一样俯瞰沧海，巡幸游玩，下山后不仅大摆宴席款待随行众臣，进行奖赏，还乘兴改碣石山为“乐游山”，令人筑坛记行于这美丽的渤海之滨。8年后，拓跋濬26岁崩于太华殿(在今山西大同城内)。拓跋濬16岁那年，立冀州姑娘冯氏为皇后，这是一位河北姑娘，史称“冯太后”。冯太后比拓跋濬在历史上有名。拓跋濬死后，她曾两度临朝听政，前后达25年。

G.北齐天保四年(553年)冬十月丁巳，文宣帝高洋在营州一带打辽族凯旋，顺道到平州“登碣石山，临沧海”（《北齐书·文宣帝纪》）。高洋这一年25岁，6年后高洋病死。说到高洋的死期还有一段故事。洋是一名测字谜，550年，高洋废弃东魏，建立北齐。高洋让大臣们议号，有人提议叫“天保”，意为老天保佑北齐万万年，众臣齐声叫好。

---

①北魏灭后燕(397年)后，将平州从今辽西朝阳迁至今河北肥如(卢龙北)。

高洋却说，好是好，可这“天保”两字拆开就是“一大人只十”呀，你们是笑我在位只有10年啊。高洋平时喜怒无常，荒淫残暴，常残杀大臣于宫廷之上。众臣听后吓得魂不附体，跪地求饶，然而，高洋却哈哈大笑，说：“没事，没事，这是天意，不怪你们。我有10年皇帝坐就不错了。”有一年，他带皇后李祖娥上泰山观光，在岱庙问老道他可坐几年天子？老道不假思索地说：“三十。”高洋面露喜色地对皇后说：“你看，老道也说我能坐十年皇帝。”皇后不解道：“老道不是说三十年吗？”高洋解释道：“这三十就是十年十月十日！三个十加起来不就是三十吗。”后来，高洋果然在天保十年(559年)十月得了暴病，食不能下咽，饿了三天，就在十日这一天病逝。

H.隋炀帝杨广，于大业八年(612年)正月辛巳亲自统兵东征高句丽，遣二十四军分道并出，其中“第九路军可碣石道”，路经碣石山一带。首领赵孝才经孤竹，出榆关到锦州，隋炀帝杨广随军驻跸于今抚宁榆关镇行宫临榆宫(据李利峰考证，在抚宁区榆关镇)，这一年他42岁，7年后隋炀帝杨广去世，留下《望海》诗一首。

I.唐太宗李世民，军事家、政治家、书法家和诗人，中国最有作为的皇帝。贞观十九年(645年)四月丁巳(20日)，东征高句丽时“摐金伐鼓下榆关，旌旆逶迤碣石间”，留下许多美丽的传说。碣石想秦皇，芝罘思汉武，踏着秦皇、汉武、魏武帝的足迹，写下《春日望海》这首名篇，以记功德。同年秋日，李世民由辽东班师归来，“冬十月丙辰”被“皇太子迎谒于临榆宫”，“戊午，次汉武台，刻石纪功”（《新唐书·太宗纪》）。唐太宗是最后一位在碣石山刻石记功的皇帝。这一年他48岁，4年后，吃了印度方士那罗迩娑婆寐为他配制的金石秘剂，李世民的生命走到了尽头，这一年他刚刚52岁。

历代许多名人也都在碣石山留有旅游踪迹，至今碣石山背后的天桥柱根部，还有金明昌元年(1190年)八月，燕山将军、定海节度使刘仲洙的石刻。革命先驱李大钊曾先后七次造访碣石山诸峰，在此他撰写了《再论问题与主义》《我的马克思主义观》等战斗檄文，点燃了革命烽火，并著有《游碣石山杂记》《山中即景》等诗文。如今在五峰山上雕塑一尊李大钊站立石像。历史上许多文人雅士及九位帝王登临碣石山，使碣石山因这段历史而出名，成为古今中外的历史名山。山不在高，有仙则名，几位帝王登临碣石山与碣石山的神仙文化不无关系。如今我们很难想象当年秦始皇、汉武帝是怎样被前呼后拥地在这里登临高大而险峻山峰的。

那么，秦始皇为何要到碣石山一带海滨求仙呢？

这是因为从春秋开始，碣石山就是同中国古代的神仙文化和中国古代海事中的蓬莱、方丈、瀛洲三座神山相联系的神岳。秦始皇是通过求仙活动来拜访这座神岳的，秦始皇以后的几代帝王登临这座神岳，大有“追寻祖龙之足迹，得仙气之灵，仿效祖龙祈盼在侥幸中偶遇仙人或仙气”的心理轨迹。而老骥伏枥，志在千里的曹孟德笃信“神龟虽寿，犹有终时”，他“东临碣石，以观沧海”已经不信拜神求仙那一套，而是为了领略大自然的风光，曹操是古碣石的真正知音。如果你登上千古神岳碣石山主峰仙台顶，领略曹孟德沉醉的“碣石观海”胜境，站在仙台顶上，极目远眺，“长城为带，渤海如勺，是城弹丸耳”。浩瀚的大海，雄伟的山峰，辽阔的原野，甚至苍茫的天空，在这里都浓缩了，缩小到可勺、可捧、可摸的地步。似有“会当凌绝顶，一览众山小”的感觉，这是碣石观海给人带来的一种精神享受。而后续追逐祖龙的几位帝王，是祈盼在侥幸中偶遇仙人，或偶遇仙气，然而，碣石观海是以给人带来一种精神享受为实，碣石求仙是以寻找渤海中蓬莱、方丈、瀛洲三神山给人以祈盼与遐想为虚。一实一虚，碣石山成了历代帝王追梦求长生的朝圣地。

§2. 碣石山周围的景点

碣石山大小山峰上百座，方圆数十里，除碣石观海胜景外，还有水岩春晓、东峰耸翠、西嶂排清、风翥祥峦、龙潭洞、瀑布泉等胜景。

水岩春晓。碣石山峰峦环绕，景色秀美，在碣石山南麓的宝峰台上，辽代保宁元年(969年)建有水岩寺古刹，现貌为1995年复建，其周围皆是果林。春季，这里就成了花的海洋，桃花粉，梨花白，香气袭人心肺，令人心旷神怡，是春游的盛景。据传，文成帝拓跋濬带领诸多随行王公大臣，就是跟随先觉大师来到碣石山，住进水岩寺的。水岩寺，三面环山，下临涧水，景色异常幽雅。文成帝一进山，身上的病就好了一大半，歇息了一两天，在先觉大师的陪同下，兴致勃勃地登上碣石山绝顶，站在高高的山顶上，俯首远望，只见“地尽忽惊天水合，怒涛千尺腾蛟龙”，一望无际像一面巨镜镶嵌在天边地角。文成帝高兴极了，忍不住放开喉咙，手舞足蹈地吟唱魏武帝曹操的《观沧海》。下碣石山，文成帝令人大摆宴席，庆贺自己得此胜游。宴席就摆在水岩寺后面的山林里。当地的官吏召集本地民间乐手轮流演奏乐曲，为酒席助兴。其中用石鼓伴奏的《高山流水》，那石鼓声，听得人如醉如痴，文成帝和诸位王公大臣齐声叫好。在乐声中文成帝开怀畅饮，喝了一杯又一杯用碣石山圣水酿造的美酒。王公大臣趁机恭维文成帝，好话也不知说了多少。文成帝越喝越高兴，乐陶陶地说：“碣石山既美丽又雄壮，还能调养身心，朕生平此游最乐也！从今以后，就把这座山改名为‘乐游山’吧！”众人齐声赞同：“万岁圣明！”紧接着，文成帝醉醺醺地给不少王公大臣晋了级，行了赏，把那些能敲击出好听乐曲的石块封为“石鼓”。第二天早上，文成帝一觉醒来，忽然想起，忘给先觉大师封官行赏了。起身后，他忙叫人去请先觉大师，可怎么也没有找到。文成帝正在着急，一个太监领着一个小和尚来了。那小和尚说，先觉大师见皇帝御体已经痊愈，出外云游去了。先觉大师让这小和尚转告文成帝，陛下肩负重任，时刻当以国事为重，民事为先。文成帝连连点头，感叹不已。文成帝又在碣石山中逗留了几天，几乎游遍了碣石山的名胜古迹。有一阵儿，他真想留在碣石山不走了，一想到先觉大师留下的话，才打消了这个念头。临行前，他让人筑坛记行于海滨(当时的海滨离碣石山要近一些)。他陶醉在碣石山的山光水色之中，还吟出一句上联：“神岳景卓越，众爱赏阅，越阅心神越悦。”当时，那些王公大臣谁也没有对出下联，是无词对答，还是

图7-3　千年古刹水岩寺

不敢枉言，这就谁也说不清楚了。

东峰耸翠。仙台顶东侧耸立五座山峰，这便是东五峰山。与西五峰山相连一脉，五座山峰相距不远，高低也相差无几。远视形如笔架，直插云天，端庄、秀美、整齐。周围长满苍松翠柏，昌黎花岗岩体球状风化形成的象形奇石令人目不暇接。山半腰有个神奇的天然洞，掩映在苍松翠柏之中。洞口呈长方形，上面清晰地镌刻着“柏源洞”三个苍劲有力的大字。洞有三间房大小，里面有一尊金黄色佛像，为近年秦皇岛三居士来此所立。洞前东西各有水井，常年清泉满盈。

从“柏源洞”西行不远便是“滴翠崖”，再向前行，右侧山崖有一洞穴，攀岩越过洞口，便来到平板石上，平板石北有陡直石壁，东有大墙般巨石，石壁上镌刻有“观澜石”三个字。无疑，这里是眺望沧海的地方。石壁右下角还镌刻有一幅人物画。画中人右手提一个花篮，左手擎根灵芝，并挟着一管玉笛，显然，画中人就是传说八仙中的韩湘子。据传，东五峰山山顶上曾发现有人居住的遗迹，地处深山老峪的大平石很早就是人们追求与向往之地。

西峰排青。西五峰山环列如椅，坐北面南。北峰名“平斗”，平斗峰山腰处建有韩文公祠。以北峰为对称基准，分为东北峰、西北峰和东峰、西峰。东北峰名“锦绣”，山峰秀美如画；西北峰名“飞来”，飞来峰海拔507米，为五峰之首；东峰名“望海”，满峰苍翠，上有望海台，若天气晴朗，东南方向，海边银色沙带，海中帆影均清晰可见；西峰名“挂月”，挂月峰有范公祠，祠上有片石悬空，形状如龟，名“龟石”。近视五峰如五指插天，远望五峰似五友挽臂，故名“五峰山”。

比肩并立的五峰山，历来是达官显贵、文人墨客临足游胜之地。革命先驱李大钊七次游览、避居五峰山。现在韩文公祠旁建了李大钊革命活动纪念馆，在韩文公祠对面的五峰岭上，重塑李大钊同志的大理石塑像。五峰山因有唐代大文学家韩愈公祠和李大钊革命活动遗迹，被确定为河北省爱国主义教育基地，2001年3月5日，又被列为河北省省级文物保护单位。

碣阳湖。昔日川行在碣石门后，被《山海经》称作“绳水”的季节性河流，每到汛期就如脱缰野马狂奔而下，汇入急流河，冲出碣石门，直扑昌黎县城西关一带，注入饮马河后奔向大海。20世纪50年代，昌黎县水利部门为截绳水，修了一条长342米、高15.3米的拦洪大坝，截绳水而成的“果乡水库”，使千年水患得以根治，水害变为水利，下游的农田得以灌溉。水库东西宽450余米，南北长1500多米，汇水面积达8.5平方千米，蓄水量440万立方米。1985年初夏，经过整修，嵌在碣石群峰之中的璀璨明珠果乡水库，被冠名“碣阳湖”，辟为旅游风景区。

大坝东端建有造型优雅的双顶凉亭，供游人休息，碣阳湖四周山坡上果树密布，湖西岸板石山前，有昌黎县烈士陵园。在这里，或驾舟泛游，或游泳消夏，或踏青赏花，或登山访古，都别有情趣。

§3. 千古之谜，古碣石今在何方?

自公元前215年秦始皇东巡碣石求仙寻药起，到公元645年唐太宗春日望海止，公元纪年前后的860年间，先后有7位帝王在此地留下旅游踪迹。如果加上途经此地去辽东征战高句丽的晋宣帝司马懿和统兵征战高句丽的隋炀帝杨广就有9位帝王之多。1954年夏天，一代伟人毛泽东来到秦皇岛北戴河海滨，他盛赞曹操的诗句“气魄雄伟，慷慨悲凉，是真男子，大手笔”，并写出千古绝唱《浪淘沙·北戴河》，留下“魏武挥鞭，东临碣石有遗篇”的佳句。如今哲人已去，伟人提到的“碣石”它在哪里呢?

欲寻古碣石今在何方，应准确地领会“碣石”一词的基本含义及其形成的来龙去脉。辞书上说，碣取楬之义。楬在春秋时专指做标志用的小木桩。在《周礼·蜡氏》中载：“若有死于道路者，则令埋而置楬焉。”在《封氏见闻记》中载“物有标榜皆谓之楬”。凡具有标榜作用的物件都为楬。东汉经学家郑玄引述郑司农之语注：“楬，欲令其帜取之，今时楬橥是也。”楬橥是拴牲口的小木桩，现多用“揭橥”。“碣”字之产生，乃取“楬”字义，出自曷字族，原意是指齐胸高，呈圆柱状的标识之石。古时“碣”又同“嵑”，嵑乃山旁之“碣”，山旁之标识物(微地貌)似碣石也。《汉书·地理志》在骊城(抚宁)下注云：“大揭石山在县西南，莽曰：揭石。”“碣以崇山”、大揭石山，都说碣石有耸峙貌。《尚书•禹贡》有“太行、恒山，至于碣石，入于海”。《史记·天官书》有“故中国山川东北流，其维，首在陇蜀，尾没于勃碣”。东北流是指太行山、恒山，即祁吕贺兰山字型构造的前弧东翼，北京西山是反射弧弧顶与东西向构造的复合部位。碣石山是燕山山脉向东延伸之尽头，众山入海之标识(尾没于勃碣，勃指渤海，碣指碣石山，碣石山是燕山山脉入渤海的标志)。追本溯源，不难获悉：楬，标志物是木质的；碣，标志物呈圆柱状是石质的。碣石是石，不是山。呈圆柱状，在海旁，耸峙貌，碣古同嵑，是山旁的微地貌。这些基本特征是寻找《禹贡》碣石今在何方的基本思路。那么，《禹贡》碣石今在何方？

碣石作为一种微地貌，可以是近海山体的微地貌，也可以是海蚀崖前波切台地上的海蚀柱。海蚀柱可以裸露在潮上带，也可以淹没、半淹没在潮间带或潮下带。

碣石沦海说。因海侵，或地壳下降符合碣石基本特征的古碣石淹没在浅海里了。查阅毛泽东诗词《浪淘沙·北戴河》注释，发现在20世纪六七十年代，碣石多注释成山名，原在北戴河附近渤海旁，北魏时沉入海中。对此，不少读者疑惑不解，据说毛泽东晚年对此也持怀疑态度。

碣石沦海说，源于清初名重一时的经学家、地理学家胡渭(1633—1714，浙江德清人)协助徐干学(顾炎武的外甥)修《大清一统志》时，对北魏地理学家郦道元(约468—527，河北涿县人)所著《水经注》中一段话的理解之误。从西汉末年到唐朝末年，这一历史时段是距今5500年(中全新世早期)前起始的那次海退程序的停顿期，海岸线在现今海岸线的内侧，在停顿期，碣石山的自然景观与现代碣石山的自然景观略有不同，郦道元正是生活在那次海退程序停顿期之前半期，所以他在《水经注》中有“昔在汉世，海水波襄，吞食地广，当同碣石苞沦于洪波也”的著述。而其中的“碣石苞沦于洪波也”，应释为：洪波似含苞花蕊的小叶片，碣石似为花蕊，是从海上回望碣石山的感观效应，仙台顶似被海水包围了，但是没有被海水淹没。唐末停顿期结束，恢复海退，陆地缓慢抬升，海岸线外移，滦河(濡水)口向渤海湾推进，难怪胡渭在近代海岸处没有找到碣石，便怀疑古碣石在北魏以后已沉没在昌黎南数十里处的海底了(见图7-4中△①)。清末近代历史地理学家杨守敬(1839—1915，湖北宜都陆城镇人)，在编《水经注疏》《水经注图》时，也因袭了胡渭的碣石沦海说。不过，他认为古碣石沦海的地点是在乐亭南偏西的旧滦河口外(见图7-4△②)。在《水经注疏》中，杨守敬在“昔在汉世，海水波襄，吞食地广，当同碣石苞沦于洪波也”注曰：“《河水注》，汉王横曰，往者天尝连雨，东北风，海水溢，西南出，侵数百里。故张晏云，碣石在海中盖沦于海水。”[①]

胡渭、杨守敬二人是著名的考据学家，影响很大。杨守敬曾是袁世凯的顾问，参政院参议，他的碣石沦海说在近现代学术界成了权威性说法，为学术界广泛采用。毛泽东的《浪淘沙·北戴河》诗词发表后，“碣石”的注释就采用了碣石沦海说。因袭此说的南开大学孙寿荫，又提出到昌黎东南七里海东海岸附近去寻找沉入海底的“碣石”。他的这种说法，被中国地图出版社修订《中国地图册》时所采用，在辽宁幅昌黎东南，刘庄以东海中标出碣石“∴”符号，并延续至今(见图7-4中△③)。[②] 郦道元在《水经注》中注“碣石苞沦于洪波也”，“碣石立于巨海之中”，并不是碣石沉没于巨海之中，如果唐末是海侵，海岸线内移，碣石很可能像胡渭、杨守敬推论的那样沉没于海底了。只是唐末以后，是海退，海岸线外移。即便是海侵，海平面抬升的幅度也不是很大，只有十几米，碣石也不会被淹没在海中。郦道元的观察没有错，是胡渭、杨守敬的理解有误。

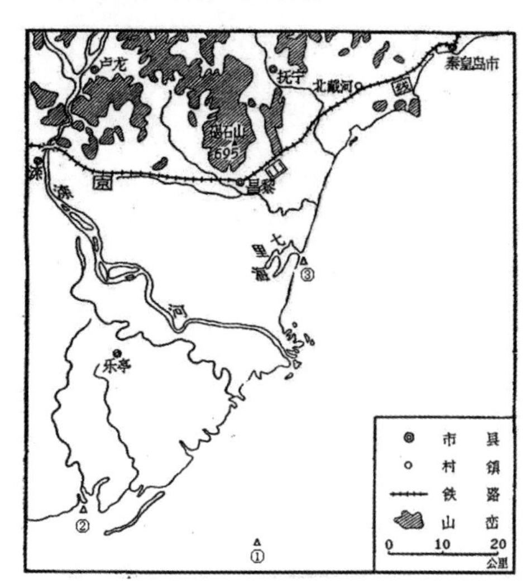

图7-4　不同学者推测的古碣石位置

碣石是渤海湾西海岸滨海带的海蚀柱。海蚀柱的自然地理位置应在海岸岬角部位，海蚀崖前的波切台地上，海蚀作用残留下来的柱状地质体。但是秦皇岛海蚀崖前波切台地上没有发现具

①〔北魏〕郦道元撰.〔清〕杨守静篡.熊会贞疏.水经注疏.北京：中国科学出版社，1957.

②中国地图出版社.中国地图册.6版.北京：中国地图出版社，1988.

有标识作用的海蚀柱，更没有发现像澳洲墨尔本(见图11-31)那样的海蚀柱。20世纪70年代后期，碣石沦海说被否定之后不少学者以碣石是石，不是山作为认识基础，主张到北戴河海滨去寻找“古碣石”，认为“碣石”在北戴河海滨金山嘴一带。进入20世纪80年代，秦代行宫遗址在辽宁省绥中县万家镇墙子李村和河北省秦皇岛北戴河海滨金山嘴一带相继被发现，继金山嘴说之后，又出现了以绥中万家镇附近海中“姜女碑”为碣石的说法。姜女碑是姜女坟的石质标志物，是碑碣的碣，不是《禹贡》碣石。

1978年，吉林师范大学冯君实提出“古碣石”在金山嘴的说法。这是他在认同谭其骧的“碣石沦海说根本靠不住”的说法之后，提出“古碣石”的一个地点。他认为秦皇、汉武、魏武等帝王登临的碣石，“既不是离海岸较远(尽管过去离海近，但也不是靠海边)的昌黎碣石山”，也不是谭其骧在《碣石考》中为解释《水经注》有关描述而推论的“被沉积平原所掩埋的昌黎碣石余脉”，而是在临榆县境内。他根据1924年美国考古学家毕孝浦在北戴河海滨金山嘴考古发现的古代文化遗址，推论“金山嘴的自然面貌与临榆碣石相符”。同时，他认为先有这海边的“碣石”，然后才有昌黎、抚宁一带碣石山之称谓。①

时过一年，中国科学院地理研究所黄盛璋也认为曹操所登临的“碣石”，汉朝时在临榆县境内，断定文颖所说的“着海旁，碣然而立的特立之石，只能在北戴河附近一带寻找”。他把《碣石考辨》载入他编著的《历史地理文集》，并附有金山嘴一带地图，认为“北戴河海滨南海角旁现在还有这类孤崖耸立的海石，例如鹰角岩和金山嘴的南天门，金山嘴西中海滩向南突出的老虎石，其中金山嘴半入海中，三面临海，近海一面就是高达数丈的海蚀崖，矗立于海中。南天门就在海蚀崖脚下，中为海水蚀穿，穹隆似门，可容数人穿行其中，登临崖顶，则海景全收眼底，一览无遗，所以一直是观海胜地”，并说“早就有人认为这就是碣石”。他提出“秦汉碣石应在金山嘴附近”的说法。②

吉林师大高尚志也有与冯君实、黄盛璋相近似说法，认为公元

①冯君实. 东临碣石的“碣石”在哪里？. 东北师大学报：哲学社会科学版，1978（3）：50-53.

②黄盛璋. 碣石考辨. 文史哲，1979（6）：34-35.

前215年，秦始皇东巡碣石时所刻“碣石门辞”那地方，即东汉学者文颖所说的“着海旁”之“碣石”，其遗迹“就在北戴河海滨金山嘴附近。”①

中国社会科学院历史研究所刘起釪先生则认为：要知最原始的《禹贡》碣石，且确实能够作为右折西行的航行标志，应该是正处在转角点乐亭城关附近海上的祥云、李家、桑坨三座海岛或者其一；古代几位帝王登临的碣石，则是今昌黎城关北的碣石山。他的这种说法被李楠所译的《史记》注释所接纳。“鸟夷皮服，夹右碣石，入于河。”鸟夷族载有珍禽异兽皮毛的船只进入贡道，沿辽东湾西海岸向南行驶，行至当年尚在海滨的乐亭城关南，便右转向西航行于渤海北岸，最后驶入黄河。刘起釪又说：“在贡道上航行的船只距昌黎碣石山毕竟有数十里，看不见碣石山这座航标。”② 然而依据谭其骧编制的战国时期古地理图，图上标出的海岸线就在乐亭城关附近(见图7-5)；李楠版《史记》注释：海岸线在“当时尚处在海滨的今河北乐亭城关南”③，说明战国时期海岸线就在乐亭县城关附近。《昌黎县志》在“碣石观海”中注云：“碣石山又名仙台顶，城北十五里，每当天日清朗之际，东观大海如在目前，波浪掀天，更觉奇绝。”而且，在西五峰山中的东峰，即在“望海”峰之望海台，若天气晴朗，东南方向，海边银色沙带，海中帆影均清晰可见。这样看来，战国时期，以碣石山东的海上碣石山作为航标不是问题。《禹贡》中两言碣石，一在冀州最后一句话：“鸟夷皮服，夹右碣石，入于

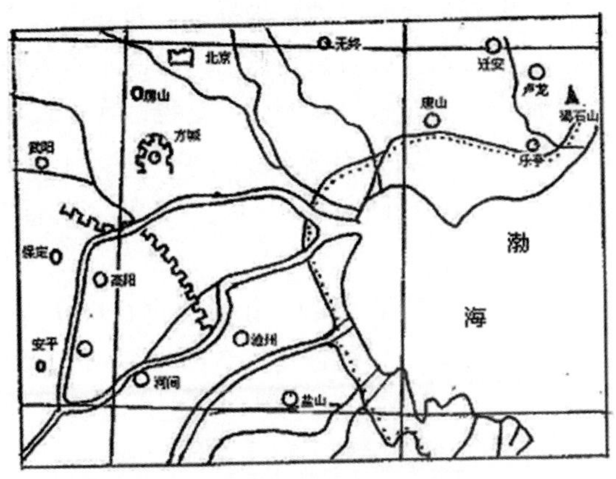

图7-5　谭其骧编《中国历史地理图集》

①高尚志．碣石辨 中国秦汉史研究会．秦汉史论丛（第二辑）．西安：陕西人民出版社，1983.

②刘起釪．碣石考．江泽学刊，1984（5）．

③〔西汉〕司马迁著．李楠译．史记．北京：中国三峡出版社，2006：25.

河。”碣石是航海的地理坐标。二在导山：“……太行、恒山，至于碣石，入于海。”碣石山是燕山山脉向东入海的标志。山脉至此入海，山必濒海，故文颖言“着海旁”是也。换言之，《禹贡》碣石是“长”在碣石山上，与古代几位帝王登临的碣石山都是指今昌黎县城北的碣石山。而刘起釪认同的可作导航标志的“碣石”是“海边之石”(祥云、李家、桑坨三座海岛或其一)，是沙岛，不具有碣石貌。

同年，辽宁省考古工作者根据在绥中万家镇渤海旁发现的两处秦汉建筑遗址，秦代行宫遗址在石碑地(见图2-5左)，汉代行宫遗址在黑山头，认为“碣石”就是山海关外海上“姜女坟”的天然墓碑(见图14-21)。“姜女坟”为那一带海中礁石，距孟姜女庙仅8千米，被民间传说为孟姜女的葬地。辽宁省一些考古工作者认为，这两处高台建筑遗址东西相向而对，配以“姜女坟”“龙门”(为另一处近岸礁石，与黑山头相对)，更增加了神秘色彩。据此，他们判断姜女坟墓碑就是碣石(姜女坟墓碑是海蚀柱，不符合“碣以崇山”句，不是《禹贡》碣石，应是碑碣)。之后，《沈阳日报》、上海《文汇报》、香港《文汇报》，中央电视台等媒体对这一信息做了报道，使“姜女坟”碣石说在较短时间内在国内外产生了较大的影响。①

不容否认，上述说法只有刘起釪的说法不认同碣石是石，不是山。而且这些说法都是在前人文献中去寻找碣石，不是经过实地考察去寻找碣石。如果到实地看一看，在这一带海岸岬角部位，只有孟姜女坟旁的姜女碑(距海岸500米，海拔23.7米)、龙门(海拔与黑头山相当)的两个柱状地质体和鹰角岩(海拔19.4米)是海蚀作用残留下来的，其形体与碣石是有差别的，且不符合“碣以崇山”句，很难称得上是航海的地理坐标。至于北戴河南海角旁这类孤崖耸立的海石(金山嘴南天门是海蚀洞发展起来的)，是岬角部位的海蚀崖，不是海蚀柱，更不是碣石。

为落实毛泽东诗词《浪淘沙·北戴河》英文版碣石注释，1975年，时任文化部副部长、著名诗人袁水拍率人进行实地考察，在秦皇岛乘坐海军提供的破冰船到昌黎、乐亭沿海一带作了探测，发现这一带海域均是沙底，沙层下面是厚厚的蚌壳层，根本测不到基岩在海底出露的数

①“东临碣石”的碣石在哪里？. 辽宁日报，1984-07-04.

据。考察结果：昌黎沿海没有岛屿，乐亭、滦南沿海有一些岛屿都是沙岛。这些沙岛和已经融入陆地的祥云、李家、桑坨一样，既不呈圆柱状，也不具有耸峙貌，只是与陆地融为一体的水下沙坝露出水面了。这样看来，秦皇岛海岸岬角部位没有发现可以作为航标的海蚀柱。

碣石是“长”在碣石山上的微地貌。碣石山因微地貌仙台顶似碣石而得名。大碣石仙台顶、小碣石天桥柱作为碣石山的微地貌，极符合“碣”字本义，碣取楬字义，碣、楬又都是有形体要求的，而嵑是长在山上的碣石。耸峙貌，具有标识作用的基本特征。郦道元在《水经•濡水注》中对碣石的形状有确切的描述：“今于此枕海有石，如甬道数十里，当山顶有大石如柱形，往往而见，立于巨海之中，潮水大至，及潮波退，不动不没，不知深浅，世名天桥柱也，状若人造，亦非人力所就。韦昭亦指此为碣石也。”郦道元所生活的那个时代，恰是距今5500年前那次海退程序停顿期(西汉末年—唐朝末年)之前半期，如果从乐亭城关南海上回望碣石山：东西向的碣石山数十里的奇峰险壑似枕海之甬道，貌似天桥，其上的柱状微地貌，呈四方形，高30米，石色青白，上半部分由三层巨石摞就，四壁斧砍刀劈一般，是昌黎花岗岩体经过物理风化形成的。说明天桥柱就是小碣石(见图7-6)，不是大碣石。小碣石藏在碣石山主峰仙台顶背后长长的坡岭上，位于昌黎城关西北六七千米处。碣石山因微地貌小碣石而得名是完全可能的。另外一层意思，碣石山上的碣石，海拔695.1米，属于低山山地地貌，但在滨海平原上又确实具有耸峙貌。

图7-6　天桥柱　（齐家璐）

“昔汉世，海水波襄，吞食地广，当同碣石苞沦于洪波也。”郦道元所生活的那个年代是那次海退程序停顿期之前半期，碣石山并没有被海水淹没。而胡渭所生活的那个年代是那次海退程序停顿期(西汉末年—唐朝末年)之后的1000多年，在渤海西岸、北岸找不到这座山，就认为碣石沉没于海底了。其实，早在唐朝时就有人认为《禹贡》

碣石就是当今碣石山上的仙台顶。唐初经学家孔颖达在注河北道之名山“碣石”时云：“碣石在平州东，离海三十里。远望其山，穹窿似冢，有石特出山顶，其形如柱，当即《禹贡》之碣石。”大碣石即《禹贡》碣石。明清时一些方志均有古今碣石为一山的说法，并从多方面进行了考证。所以20世纪70年代后期，一些有关毛泽东诗词《浪淘沙·北戴河》中的碣石注释也采用这一说法，谭其骧教授断然否定碣石沦海说，认定古今碣石为一山。他认为，“历史时期的碣石山一直屹立在渤海北岸，既没有脱离大陆，更没有沦于海底”，并指出“答案很简单：就是现今河北省昌黎县北偏西十里处那座碣石山”。因为只有这座碣石山，海拔六百九十五公尺，周围数十里，屹然特立渤海北岸近海平原中，既与碣石之称(《说文》：碣，特立之石也)相符，又高大得足以供帝王们率领众臣攀登，并且又位于东西交通大道的侧近，便于登临。谭其骧长期从事历史地理教学与研究工作，他否定碣石沦海说，认定古今为一山的说法，被《辞海》《辞源》等大型辞书修订者所接纳。秦皇、汉武、魏武等帝王所登临的碣石山即现今昌黎城关北的碣石山。①②

《禹贡》碣石呈圆柱状、着海旁，已为众多学者所共识。碣石是石，不是山，是微地貌也取得了一些共识。只有碣石是“长”在碣石山上的微地貌，因而才具有耸峙貌的说法，还有待于更多学者去认识，去理解。

碣石山是昌黎花岗岩体的一部分，大碣石仙台顶呈圆柱状，是岩浆沿着柱状空间侵位。冷却后回返到地表，围岩被剥蚀殆尽。柱状空间可能是一个古火山口。小碣石山天桥柱是昌黎花岗岩体沿两组剪切裂隙差异风化形成的。

自后汉以来，又有碑碣之说。方者为碑，圆者为碣。大者为碑，小者为碣。构成碑碣的材料虽然也是石质的，但要经过了人类加工、刻字。一般认为刻字碑碣形成晚于《禹贡》碣石。古有“秦始皇刻铭峄山之巅，此碑之所以从始也”。认为刻字碑碣出现在西汉晚期，“物有标榜皆谓之榻”。同是起标识作用，《禹贡》碣石是航标，是天然的。碑碣的标识物是坟冢，或其他地物标识。形貌特征是有差异的。碣石具有

①谭其骧．碣石考．学习与批判，1976（2）．

②董宝瑞．碣石纵横谈．河北学刊，1987（6）．

耸峙貌，碣以崇山。但自后汉以来，碑碣云起，应用地域十分广泛。

此外，近些年有人依据古人在考证“碣石”时产生的某些见解，认为山东省无棣县海边的马谷山为《禹贡》碣石，其代表人物有伏琛、刘文伟、顾炎武、张克嶷、杜堮、程大昌以及何幼琦、奚柳芳、安作璋，认为：“马谷山，合于《禹贡》碣石。海拔63.4米，方圆0.39平方千米，距海25千米，傍海突兀而立，是鲁北平原唯一一座山体。形成于距今73万年前的新生代第四纪中更新世早期，属岩浆中心式喷发形成的圆锥状火山穹丘，其喷发物为火山弹、火山灰、火山角砾岩及火山熔岩等。”

第八章　海湾部位海滩景

秦皇岛地处渤海湾西北岸，海岸线西起昌黎滦河口，东至山海关金丝河口，长162.7千米。海岬部位凸向海洋，绥中花岗岩基岩裸露，水深坡陡，波能聚合，海蚀作用盛行，形成各种海蚀地貌；海湾部位凹向陆地，波能辐散，沉积作用盛行，形成各种堆积地貌。沙质堆积的海湾部位，沙软潮平，坡缓水清，水面开阔，是天然的浴场，如北戴河游泳场、南戴河游泳场和昌黎黄金海岸游泳场。

北戴河游泳场是最先开发的老游泳场。南戴河游泳场和昌黎黄金海岸游泳场是20世纪80年代开发的游泳场。现以黄金海岸保护区为例做如下介绍。

昌黎黄金海岸自然保护区位于昌黎县东南沿海一带，面积约300平方千米，是1990年9月30日国务院批准的首批五个国家级海洋类型自然保护区。陆域部分，南起滦河口北岸，北至大蒲河口南岸，西起低潮线以西2—4千米，东至低潮线，面积为91.5平方千米。海域部分，南起北纬39°32′，北至北纬39°37′，西起低潮线，东至东经119°37′，面积为208.5平方千米。主要保护对象是沙丘、沙堤、潟湖、林带等沙质海岸自然景观和海洋生物。这里是研究海洋动力学和海陆变迁的典型岸段，具有重要的科研价值和观赏价值。

图8-1　海岸大沙丘

黄金海岸大漠风光。来到黄金海岸，见到一排排大沙丘，最高达44米，为全国海岸沙丘之最。它的西面是七里海潟湖，东面是浩瀚的大海。大海侧配有一道800米宽的人工防护林，构成黄金海岸的大800米宽的人工防护林，构成黄金海岸的大漠风光。

适宜的气候条件，奇特的沙丘地貌和广阔的沙质海滩是旅游和避暑的理想选择，那么，黄金海岸大沙丘是怎么样形成的呢？

昌黎黄金海岸大沙丘的沙源是滦河、洋河、饮马河等几条河流上游的岩石，在河流搬运过程中，物理风化使其破碎变成细小颗粒，化学风化使其颗粒中的不稳定矿物分解，剩下的浅色矿物主要是长石和石英，还有极少量暗色矿物云母类。大量沙子在河流三角洲入海，并不断地被海水进浪流和离岸流反复冲刷。在海岸平衡剖面的中立点以下，进浪流对砂质颗粒的冲力小于离岸流对砂质颗粒的冲力和沙质颗粒沿斜面自重下滑力之和，沙质颗粒被推向远离中立点，久而久之堆积成水下沙坝。在中立点以上，则情形相反，进浪流把沙质颗粒推向岸边，退潮时露出水面。经过风吹日晒，表层水分蒸发，稀疏的沙粒便会被风吹起，形成“风吹沙”。春季多东北风及东风，风向由海面吹向陆地，把“风吹沙”吹向内陆。本区滑沙场、障壁岛均为风成沙丘。这些金黄色沙丘有的好像高高的金字塔，有的恰似一轮新月，沙丘高20—40米，陡缓交错，起伏有序，线条流畅，造型优美，紧靠海岸，横成岭，侧成峰，宛如金龙横卧，形成独特的海洋沙漠风貌，景色极为壮观。站在岸边，往南一望就是浩瀚的大海，往北一望就是无边的大漠，海的蔚蓝与沙漠的金黄巧妙地调和在一起。沿海岸线走向的人工防护林，覆盖在沙丘之上或沙谷之间，构成一幅黄沙、绿林、碧海、蓝天的天然画卷。在黄金海岸南部，有一座由黄色细沙和绿色植被相间的半岛，岛的三面环海，这便是“翡翠岛”。翡翠岛西北东三面由七里海潟湖和渤海环绕，岛上沙丘连绵起伏，造型优美，陡缓交错，方圆有7平方千米，素有“京东大沙漠”之称谓。

七里海潟湖湖面开阔，风平浪静，它原来是渤海的一部分，后来翡翠岛把它与大海分隔，于是便形成与海隔绝或半隔绝的潟。岛上绿树葱茏，浓荫覆盖，恰似一块镶嵌在湖边的翡翠，“翡翠岛”因此而得名。由于独特的自然地理环境，成为国内独有世界罕见的海洋大漠风光。

借得江南绿叶装点半岛翡翠，

移来塞北黄沙成就大漠风光。

这是对翡翠岛风貌的精美概括。

刮风流水搬来黄沙装点半岛景色，

栽树育林得到翡翠造就大漠风光。

这是对翡翠岛形成原因的表述。黄沙是刮风、流水搬来的，翡翠是人工育林造就的。这里还是鸟类的王国，几乎全国1/3以上的鸟类都可能在这里看到它们的踪影，其中属于国家重点保护的鸟类有68种。是世界珍禽黑嘴鸥的主要栖息、繁殖地之一。

七里海潟湖。在距今5500年海退程序停顿期(唐末）之后，地壳抬升，又开始海退，水下沙坝露出海面，在滨后带截留海水形成潟湖。潟湖东岸、东南岸的沙丘，俗称沙坨峪，潟湖东北隅有一潮流通道，叫新开口。潟湖西南侧、西北侧有稻子沟、刘台沟、刘坨沟、泥井沟、赵家港沟季节性河流。潟湖形成初期北至大蒲河，南至大滩，东西宽1—3千米，面积达60平方千米。随着时间的推移，潟湖的总面积、咸水和淡水的注入比例发生了很大的变化。潟湖的发展规律是海水补给多向咸化潟湖发展。淡水(天然降水、河水)补给多向淡化潟湖发展。[①] 七里海潟湖的海水补给是通过潟湖东北隅的新开口，每到涨潮时，海水自新开口贯入，湖面增高，面积扩大，湖面碧波荡漾，渔船来往穿梭。据史料记载，清康熙年间(1662—1722年)七里海潟湖的面积与现在七里海潟湖面积相当，长约7华里，水咸可制盐，说明海水补给多，向咸化潟湖发展；七里海潟湖的

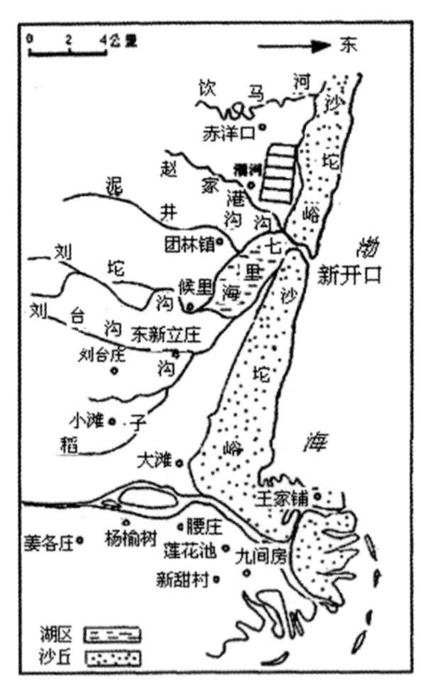

图8-2　七里海潟湖

①杨静，曾昭爽．昌黎黄金海岸七里海潟湖的历史演变和生态修复．海洋湖沼通报，2007（2）：35.

淡水补给除天然降水外，还有潟湖西南侧、西北侧的稻子沟、刘台沟、刘坨沟、泥井沟、赵家港沟五条季节性河流注入。清乾隆年间(1736—1795年)，饮马河注入七里海潟湖，使湖水淡化，七里海潟湖变成淡水湖。清咸丰年间(1851—1861年)，补给水水源断绝，湖泊干涸，当地居民在湖底种麦子，七里海潟湖变成潟湖平原。数年后七里海重新潴水成湖，至清光绪九年(1883年)滦河泛滥，北支注入七里海，又因发生风暴潮，在海水、河水的双重作用下，七里海又恢复了往日的辉煌。

近些年，随着围湖养殖范围的不断扩大，水域面积减少到不足3平方千米，七里海潟湖在一步步向沼泽化发展。

被誉为“活化石”的文昌鱼。距今4.58亿—4.16亿年前的奥陶纪，早期出现了陆生脊椎动物——淡水无颚鱼。中期出现了原始脊椎动物异甲鱼类——星甲鱼和显褶鱼。奥陶纪是地球生物界由无脊椎动物向脊椎动物的过渡时期，生物进化出现的脊椎动物包括鱼、两栖、爬行、鸟和哺乳类，他们以强大的阵容占据了生物界，那么无脊椎动物是怎样向脊椎动物过渡的呢？根据在地层中发现的化石，以及比较解剖学和胚胎学方面的研究成果，这个中间过渡的桥梁就是头索动物。由于头索动物没有坚硬的骨骼，不能在地层中形成化石，所以无法从地层中找到头索动物化石证据。

英国生物学家查斯·罗伯特·达尔文(1809—1882）认为，从文昌鱼身上，可以追索到4.58亿年前脊椎动物的始祖模样。文昌鱼是头索动物的代表，从生活习性、外部形态和内部结构来看，它既具有某些无脊椎动物的特征，又具有某些脊椎动物的特征。文昌鱼似鱼非鱼，似虫非虫，个体很小，还没有从躯干里分化出一个独立的头颅。没有脊柱，只有脊柱的雏形脊索。文昌鱼的中枢神经是一条细长的管状物，位于脊索下面，叫背神经管。背神经管的前端略微大些，是脑的雏形，而在脊椎动物身上，这条背神经管已经进化成大脑和脊髓了。与无脊椎动物相比，这种脊椎和脑的雏形，毕竟是生物进化的标志。

文昌鱼不善于游泳，栖息于浅海疏松的沙堆里，平时它把身体埋在沙粒之中，仅露出头部摄食硅藻类食物，“过着见不得人的生活”。只在夜幕降临时，才敢出来游到另一个地方，把身体再藏进沙堆里。文昌鱼没有心脏，这在文昌鱼身上是一种耐人寻味的现象。与无脊椎动物、脊椎动物相比，文昌鱼又娇养得很，要求海水透明度高，水质洁净，弱碱性环境和适当的含盐度，水深在5—10米，水温12—30.5℃。如果栖息地有大量淡水流入，文昌鱼就会因体内外压差的增加，躯体膨胀成新月形而死亡。文昌鱼需要在弱碱性环境下生活，如果酸碱度为7也会死亡(所以我们人类继承先祖的饮食习惯也要喝碱性水)。海底污泥的酸度高，因此没有文昌鱼。文昌鱼对沙质也很挑剔，在多粗沙、少细沙的地方才有文昌鱼。细沙多，带有淤泥，文昌鱼钻不进去。另外细沙拌有泥质还会阻塞它的呼吸器官。文昌鱼是研究生物进化史上不可缺少的“链条”。达尔文认为：“这是一个最伟大的发现，它是揭示脊椎动物起源的钥匙。”

本区在浅海10—12米等深线附近文昌鱼的栖息密度达到1035尾/平方米，是目前我国文昌鱼分布密度最大的地区之一，具有重要的保护价值。

风平浪静，度假、休闲、娱乐。自然保护区浴场沙滩宽度一般在50—100米，而且沙质细软，贝壳碎屑成分少，是海水浴、沙浴、日光浴的理想场地。人在海水中受波浪冲击，一会儿把你举起，一会儿又把你放下，仰望蓝天白云，受波浪有节奏的冲击，产生大量的负氧离子。负氧离子进入人体，促进血液循环，还能定神、镇痛、降血压，对肺结核、哮喘、神经衰弱均有辅助治疗作用。海水中的浮游生物吞噬细菌，能杀伤人体皮肤上的病菌。海水浴亲切、神奇、美妙。爬上岸，身上挂着水花，躺在沙滩上，热烘烘的。太阳光中的紫外线，特别是短波紫外线对细菌杀伤率达99%以上，因为细菌、病毒的DNA对波长0.254微米的紫外线吸收能力最强。太阳光中红外线，特别是6—14微米波长的远红外线的热效应，对皮肤不是穿透作用，而是与体内的蛋白质分子、水分子发生共振吸收。细胞中蛋白质、水分子和酶都处于“活化”状态，引起组织升温、血管扩张、血流加速、血管活性物质增多，代谢旺盛、酶活性升高，净化血液，清除血液中的自由基。沙浴与日光浴同时进行，在沙滩上打几个滚，或仰卧，或俯卧在细沙中，实质上是一种热浴，暑期沙体温度增高，一般可达到31℃，最高可达38℃，对治疗关节炎、皮肤病、神经衰弱有极好的效果。

黄金海岸适合游泳的海域宽广，海水洁净，透明度高，水下1.5米等深线距海岸约150—200米，加之近海的3至5条水下沙坝，受其摩擦，

图8-3　滑沙运动场一瞥

大大降低了海浪的冲击能量，使海浪波高变小。因而，黄金海岸浴场有水清、沙细、滩缓、潮平的特点，面积广阔，可容纳数万人海水浴，是中国著名的海水浴场。

国际滑沙娱乐中心。滑沙运动是昌黎县旅游局1985年独家开创的旅游项目。是一种类似于滑雪、滑冰或乘雪橇有惊无险的运动项目。现有两处滑沙运动场地。一处是由沙山滑向谷底，滑沙游客由索道缆车载至沙山顶上，然后坐在特制的滑沙板上，从几十米高的沙埂顶端顺坡滑下，顿时感到两耳生风，呼啸而下。当滑沙游客发出一声声惊叹声后，滑沙板已经稳稳当当地停在沙埂底部的草坪上。这种有惊无险的户外活动，给人带来冒险惊奇之感，但又有惊无险。另一处是由沙山高处滑沙冲入大海。后来南戴河国际娱乐中心也开展了滑沙运动，并开发了滑草运动。目前是以滑沙为龙头，相继推出了观光索道、卡丁赛车、高空速降、沙山滑道、跑马场、沙滩越野车、海上快艇、拖曳伞、鸟艺表演等多种刺激好玩并富有参与性的游乐项目。空中游览可乘直升机在空中翱翔，还有热气球升空、跳跃城堡等项目。

金沙湾沙雕大世界。金沙湾沙雕大世界位于黄金海岸旅游区的中段金沙湾，占地面积1000亩，是北京满恒利先生投资开发的一项旅游观光项目，于2002年正式开业。有利用高达37米的沙山雕刻而成的大肚弥勒佛沙雕；有占地3千多平方米，堪称世界之最的沙雕迷宫；有50米长的巨型沙雕阴阳鱼给人以巨大的视觉震撼；有在渤海边雕塑而成的观音菩萨像，宁静庄严。大明沙塔上的海风铃声如天籁。荡漾在群音岛之间的苇船，耳边回响着渔歌，沙海部落的首领大屋，广场图腾、文艺表演充满着浪漫情调和艺术气息的沙雕酒吧。沙雕艺术坊，让人在沙雕艺术的殿堂里体验到时空交错般的享受。金沙湾景区随着逐年扩建已发展成“集食住行游购娱”于一体的休闲度假品牌。2013年开发了金沙湾梦幻水乐园。2014年开发金沙湾极限岛以及SPA水疗、金沙湾森林漂流谷、金沙湾海天温泉度假村等旅游休闲项目。

图8-4　人物群沙雕

第九章　佛光与“海市”气象景

佛光和“海市”都是地球大气层的物理现象，是太阳光通过不同的大气层产生折射、衍射或全反射形成的光学现象。

§1. 佛光气象景

佛光是太阳光在大气云雾中产生反射、衍射形成的七色小光环，观察者的人影在光环的正中，人动光环里的人影随之而动，七色光环由里向外的顺序是红、橙、黄、绿、青、蓝、紫，光环的直径约有2米，有时阳光强烈，云雾浓且弥漫较宽时，则会在小佛光外面形成一个同心大半圆光环，直径达20—80米，虽然色彩不明显，但光环却分外显现。佛教徒把佛光解释成为佛祖释迦牟尼眉宇间放射出来的光芒，所以叫佛光，是一种吉祥之光。佛光与佛教传入中国有密切联系，早在汉明帝(东汉第二任皇帝，58—75年在位)永平六年(63年)，峨眉山舍身岩就发现了佛光，“佛光”这个称谓一直被沿用下来，到了19世纪初，科学界才把此处的这种气象景观命名为“峨眉宝光”。

峨眉宝光是佛光的地方名称。泰山岱顶碧霞祠出现的佛光，叫碧霞宝光。敦煌莫高窟建窟前曾出现的佛光，叫“金光”和“千佛”。“金光”和“千佛”即“忽见金光，状如千佛”之意。在五台山、黄山、庐山以及秦皇岛的角山、祖山也多次出现佛光。据说，甘肃敦煌莫高窟的建窟起因就是佛教徒乐僔和尚，在敦煌附近的一座沙山上偶见佛光。佛教徒认为只有与佛有缘的人，才能见到佛光。那是东晋太和元年(366年)的一天傍晚，在敦煌附近的一座沙山上，乐僔和尚看到佛光，当即跪下，并朗声发誓要把产生“佛光”的地方变成一个令人尊崇的圣洁宝地。受这一理念感召，经过1000多年的构筑，终于成就了这座举世闻名文化艺术瑰宝——敦煌莫高窟。乐僔和尚成为莫高窟创始人。李克让(?—881，沙陀族山西雁北人，后唐太祖李克用之弟)在敦煌莫高窟第

332窟(始建于武周圣历元年，即698年)重修莫高窟佛龛碑的碑文上记载了这一段莫高窟创建的原始动因。那么，乐僔和尚看见的“宝光”到底是什么呢？

图9-1 峨眉山舍身岩佛光

文献将“金光”解释为霞或因幻觉所见的“光像”，也有将它解释为“佛光”的，如余秋雨(1946—，浙江余姚人)在其《文化苦旅》中曾用白话文作的较为详细的阐释，对李克让《重修莫高窟佛龛碑》前半段，特别是对“乐僔……忽见金光，状有千佛”作了较为详细的阐述。

关于佛光的成因，国内外学者提出多种假说，有“复杂散射”说、“先反射，后衍射”说、“先衍射，后反射”说，学术界至今未取得共识。

最近，中国科学院大气地理研究所在读博士、中南林业科技大学风景气象研究中心主任籁比星(1963—，广西柳州人)在《敦煌研究》上发表文章，提出“衍射-反射”成像说，成功地解释了佛光的形成过程，这一研究成果得到了学术界相关专家的高度评价。

其实“佛光”的形成原理并不复杂，当观察者处于太阳和云雾之间时，就很有可能看到在云雾中呈现“佛光”的光环。佛光是一种非常特殊的气象景观，其本质是太阳光在观赏者的身后将人影投射到观赏者面前的云彩上，云彩中细小冰晶与水滴形成独特的圆圈形彩虹，人影正在其中。佛光的出现是阳光、地形和云海等众多自然因素的结合，只有少数具备以上条件的地方才能看到佛光。

峨眉山舍身岩是一个得天独厚观赏佛光的地方。早晨太阳从东方升起，佛光在西边出现；下午太阳移到西边，佛光在东边出现；中午太阳光直射，没有佛光出现。只有当太阳、人体与云雾处在同一条倾斜线上时，才会观看到佛光。佛光是太阳光与云雾中的水滴经过衍射作用产生的。如果看点是一个孤立制高点，那么，在相同的条件下，佛光出现的次数要多些。

祖山佛光。1998年7月28日清晨，雨后，辽宁省科学技术学会副主席于明才在祖山首次发现佛光，以后又多次发现佛光。为纪念这一历史性发现，2008年在这里修建了“佛光亭”。据网易2007年7月3日报道，2007年7月1日晚，秦皇岛市下了一场大雨，天空放晴后，秦皇岛祖山顶峰不仅出现了云海，还惊现佛光奇观。当日中午，秦皇岛市摄影爱好者

图9-2　2007年7月1日祖山风景区顶峰出现的佛光(左)
2008年7月15日祖山王母峰出现的佛光(右)

冒雨赶到祖山顶峰，准备在傍晚天空放晴时拍摄祖山云海，在云海中竟然出现一个人的影子，当这个影子逐渐清晰时，发现影子外面有一层七色光环，这种奇观一直持续了一个多小时才消失，这就是祖山佛光。外环不太清楚，里环向下有个小缺口。据北方网2008年7月17日报道，2008年7月15日18：30左右，在祖山王母峰上又拍到了祖山云海和佛光。15日凌晨，秦皇岛开始下起大雨，15时许开始放晴。秦皇岛市摄影爱好者赵福宏、左志平、王怀强、左志勇等，登上祖山并拍到了云海和佛光。

§2. “海市”气象景

在平静的海面、江面、湖面及沙漠、戈壁滩的上空，或“地下”偶尔出现的楼台、城郭、树木景象，称作“海市蜃楼”，简称“蜃景”。我国山东蓬莱海面上常出现这种蜃景，宋朝地理学家沈括(1031—1095，浙江杭州钱塘人)在《梦溪笔谈》中有这样记叙：“登州海中，

时有云气，如宫室、台观、城堞、人物、车马、冠盖，历历可见，谓之‘海市’。”“海市蜃楼”也是一句成语，比喻虚无缥缈实际不存在的事物。蜃景在西方神话中被描绘成是魔鬼的化身，是死亡和不幸的凶兆，而在中国古人眼里是海里的蛤蜊吐气在海面上形成的景象。秦始皇、汉武帝都曾梦想率人前往蓬莱，寻找的就是这种仙境，还屡次派人试图在这种仙境中寻找长生不死药。现代科学已经对大多数蜃景作出了科学解释，认为蜃景是远处的光线通过密度相差较大的大气层，就会发生折射，有时伴有全反射，把远处的景物显示在空中或地面上。这种气象景观常出现在海边或沙漠的上空。古人认为是蜃(蛤蜊)吐气而形成的，所以叫海市蜃楼，也叫蜃景。根据它与原物的相对方位，分为上蜃、下蜃和侧蜃；根据它与原物的对称关系，分为正蜃、侧蜃、顺蜃和反蜃；根据颜色分为彩蜃和黑白蜃。蜃景不仅在海上、沙漠上空出现，柏油马路上空偶尔也会看到蜃景。气温的反常分布是大多数蜃景形成的气象条件，是光线在铅直方向上穿过不同密度的大气层，经过折射造成的虚像。

图9-3　沙漠上的蜃景

蜃景出现的规律是在同一地点重复出现。出现的时间，在山东蓬莱是每年的5、6月份。在海面上，或在沙漠上下层空气升温快，形成下热的光疏层，上冷的光密层，空气的折射率是下层小上层大。当远处较高物体反射出来的光，从上面光密层进入到下面的光疏层，被不断折射，其入射角不断增大，增大到等于临界角时发生全反射。这时，人要是逆着反射光线看，就会看到下蜃。

自古以来，蜃景就为世人所关注。柏油马路路面颜色深，夏天在灼热的阳光照射下，同样会在路面上空形成上密下疏的分布特征，会形成下蜃。在湖面或江面上，有时也出现这“海市”景观。

北戴河海滨出现的“海市”。“海市”是秦皇岛旅游资源的又一奇妙景观。早在500多年前，明正德三年(1508年)，抚宁进士、宣大总督兵部尚书翟鹏被罢官还乡，曾多次游览莲蓬山和金山嘴，留下《望联峰山》和《联峰海市》等诗篇。对金山嘴海面上出现的“海市”奇观做了详细地记载。

百年之后，清代诗人王朴也有幸见到“海市”，留下了同名《联峰海市》诗作。1960年夏初和1969年在金山嘴一带海面上先后出现两次“海市”奇观。“海市”神秘莫测而又难得一见，令人心驰神往。

清代王朴的《观海市》诗已有摩崖石刻长期保存，描写了莲蓬海市气象景观：

清波淼淼息天吴，百丈虹桥蜃气粗。
海天万里双明镜，华严楼阁现虚无。
尘世人烟争变灭，城郭千家一画图。
回首风涛成幻化，空中云影尚模糊。

这首诗的大意是：

清清的海波，辽阔浩渺，一直延续到江浙以远，
海上出现“海市”奇观，百丈彩虹如彩桥。
蓝天、大海如同两个巨大的明镜，寺院楼阁，在虚无缥缈之间。
尘世人烟，忽隐忽现。城郭万家，绘成一幅图画，
回头一看，海风波涛变幻，海市云中模糊了，消失了。

《临榆县志》载，明万历年间，抚宁县教谕谢鹏南曾写一篇游记，记述他与同事在秦皇岛一带海边见到海市的情景。那天上午，“海碧连空，朝暾(tūn)散彩，赤光夺目”，海中“洪涛巨浪，浴日吞天”。谢鹏南与同事乘渔舟历甘帛，吊秦城，登岸东归时，忽听随从说：“金山海市矣！”得知金山嘴一带海面上空出现海市，他顺随从的“遥指而望之”，只见“隐隐然，伞盖三出，中颇高，又渐小渐高，顷之蔑如也”。午饭后，随从又报：“海市”。此时，只见“图若城郭，殿阁脊兽，异状百态，变幻无穷”，“俄兔耳峰前三山耸秀，层峦叠巘(yǎn)，宛如笔架形，即摩诘亦难绘也”。兔耳峰即为碣石山北部的高峰兔耳山，其“城郭”自然是在兔耳山之东抚宁城关了。这是把抚宁城关一带的山光水色折射到茫茫的渤海上空。

1969年春天出现“海市”。据目击者介绍，那年春季一天下午，正在金山嘴施工的民工突然发现西南方向海面上出现了海市。当时，海面

上空雾蒙蒙的，劈面闪现出一片黑黝黝的峰峦，山上苍松劲挺，巉岩峥嵘，众山之中隆起一峰，顶尖似覆钟，如瓮鼓；渐渐地，山下又幻出一座繁荣的闹市，房屋密布，街道井然，恍惚间有一座古塔巍然耸立。熟悉这一地理环境的人很快就辨认出，这是碣石山主峰仙台顶，还有碣石山的昌黎城关。只叹，那“海市”之景炫目一时，很快就消失在虚无缥缈的海空中，仅在当地留下一个美传。

北戴河海滨“海市”景观，受到许多文人和学者的青睐和赞叹，将其惟妙惟肖地描绘成美丽的画卷。古人曾经把“海市”幻景当成追求人老而不死的仙境，而如今，有机遇观“海市”，确实是一种美的享受。

金山海市　明·翟鹏

山头隐隐见楼台，万状知形顷刻开。
出入人踪凌汉远，淡浓树影倚云栽。
宫高星斗檐前挂，帘卷虹霓扃外堆。
闲去登临消半日，浑如身世上蓬莱。

这是抚宁城关人翟鹏(1481—1545)作的一首《金山海市》诗。明嘉靖七年(1528年)，翟鹏升右金都御史，巡抚宁夏。

翟鹏生性耿直，为官清廉，初至卫辉，就伤害了一些官员的利益。俺答大举入侵，边塞粮草不足，边民饥寒交迫，翟鹏据实请求朝廷赈济，朝廷不但不允，反停翟鹏俸禄。总兵官赵瑛不能竭力抵敌，致使百姓涂炭。翟鹏从此也走上了霉运，被撤职回秦探亲。途中他游览了故乡名胜古迹，写下《望联峰山》《联峰海市》等诗作。描写的海市十分入微，抒发了他热爱家乡的情怀。

明嘉靖二十三年(1544年)正月，皇帝命翟鹏根除边患，这在当时的条件下是根本不可能的，京师戒严，皇帝大怒。此时，御史杨本深、兵科戴梦桂又乘机禀奏翟鹏有意在秦逗留，致使敌震畿辅，皇帝遂遣官将翟鹏逮捕入狱。3个月后，翟鹏被判充军罪，众呼翟尚书冤枉。遂将其押解回京，明嘉靖二十四年(1545年)六月七日辰时，卒于狱中。

23年后，朝廷为翟鹏昭雪，追论前功，得官赐祭。遣永平府知府刘祥谕祭。

第十章 柳江盆地地质地貌原生景

1923年，北京大学地质系年轻教师孙云铸先生，带北大地质系学生杨仲健、张席禔、田奇㻪、赵亚曾、王恭睦五人，到山东炒米店、泰安、大汶口，直隶临榆柳江、唐山开平等地指导地质毕业实习，开柳江地质教学实习之先河。踏着六位地质大师的足迹走过来，又有多少地质英才从这里走出去。现在还有不到三年的时间，柳江地质教学实习基地就迎来了它的百年华诞。这是一件值得庆贺的事情。

地质实习是“以其昭昭，使人昭昭”的实践环节。教师的职责是传道、授业、解惑，以其昭昭，使人昭昭。这里的“昭昭”就是“弄明白、说清楚”。那么，如何获取前一个“昭昭”呢？

教师的“昭昭”，是选用合适的“普通地质学”教材，筛选前人在实习基地所做的地质研究成果，编写地质实习指导书，路线地质观察“讲什么？怎么讲？”要形成文字材料。并在实习前，到实地踏查、备课，“以其昭昭”。然后教师在路线地质教学中做出精准的讲解，“使人昭昭”。

普通地质学是一门引导学生了解地球，把学生引入地球科学殿堂的启蒙课。第一版中文版“普地”教材是1910年美国女博士麦美德(Miss Luella Miner，1861—1935)用典雅的古汉语编著、大中学适用的《地质学》教材。清末京师知名学者桐城吴芝瑛(1867—1933)女士为其作序。序称：“美国麦美德大女豪，夙究天人之学，而以地质尤深，特设协和女学在我国。”在英文扉页上还注明此书非翻译，乃系取材于英美地质学教材及李希霍芬、庞培勒、丹那、彭北莱、维理士等人在华的地质考察成果。书中有插图333幅，中国地质景观、地层剖面图、古生物化石素描图28幅。该书对研究中国地质学发展历程有很高的参考价值。与今日《普地》教材相比较，有关地质原理的阐述尚有很大的提升空间。选用《普地》教材应结合所设地质专业的性质整体考虑。

麦美德女士是中国地质学会首届会员。1923年，由燕京大学转到济南齐鲁大学(山东大学齐鲁医学院)任教，聘为女部主任兼宗教学院教授，在齐鲁大学一直工作到1935年逝世。麦美德女士终身未嫁，她把全部精力都献给了中国女子教育，献给了中国地质学启蒙教育，我们应该记住她。

“说清楚”是指对柳江盆地的地质认识，从地质资料积累到地质认识升华，综合前人李希霍芬(1869年)，洛伦兹(济南灰岩，1902年)，维理士、布莱克维尔(济南灰岩，1903年)，叶良辅、刘季辰(奥陶、云山、南山，1919年)，葛利普(奥陶、古生物，1922、1924年)，孙云铸(寒武、奥陶，1924、1935、1948年)，马底幼(含煤地层、亮甲山组，1922年)，赵亚曾、李四光(中上石炭，1926年)，卢衍豪(奥陶，1951年)，张文堂(奥陶，1962年)，王曰伦(大古油栉虫，1963年)，杨丙中、李良方(黑山窑、指导书，1984年)，吴水忠(石千峰，舌形贝，1990年)，郝素琴(火山构造，1990年)，孙士超(柳江构造—岩浆期次，1992年)等人的研究成果，走出奥陶纪、石炭纪两个误区，得出较为完整的地层资料。孙云铸先生数十年在山东张夏、崮山，河北临榆柳江和唐山开平做地质考察，对地层“昭昭”作出了突出贡献。经过1∶5万地质测量、局部地质调查，柳江向斜的构造轮廓基本清晰，对构造—岩浆旋回期次做了初步划分，摸清了柳江火山—构造盆地的基本特征，为地质实习提供了较为准确的地质资料。

编写地质实习指导书是获取“双昭”的实践环节。指导书既是教师备课、授课的依据，又是学生预习、复习的依据。我国第一本正式出版的地质实习指导书，是我国早期地质教育家章鸿钊、翁文灏合写的《地质研究所师弟修业纪》。书中对每一位学生的地质实习报告逐字逐句进行批改，当时地质名词刚从日文转译过来，对其深层次含义还没有在实践中充分理解。地层资料少，有些地区还处在地质拓荒阶段。书中还有一张记录当时地质研究所教员及学生实习区域图。此书1916年由农商部地质研究所出版，无疑是“十八罗汉”毕业时收到的一份厚礼。

如今编写的地质教学实习指导书多注重对实习区地质资料的准确把握，并以路线地质观察中“讲什么？怎么讲？”作为教师备课、讲课的依据，以其昭昭。地质教学实习指导书作为学生预习、复习的依据，通过教师在野外实地镜头式的精准演讲，使人昭昭。

§1. 地层

实习区地层属华北地台型，出露的地层有新元古界青白口系中上统、古生界寒武系、下中奥陶统、中上石炭统、二叠系和中生界侏罗系下统和新生界第四系。中生界侏罗系蓝旗组、孙家梁组属濒太平洋火山活动带。实习区普遍缺失中元古界、新元古界青白口系下统和震旦系、古生界上奥陶统、志留系、泥盆系、下石炭统、中生界三叠系、白垩系及第三系，地层剖面结构特征在华北地台具有一定的代表性。实习区地层生成顺序及其接触关系(见表10-1)。

一、新元古界(Pt_3)

青白口系(Pt_3q)[①]

青白口系最初命名地点在北京西山青白口村。实习区出露青白口系中统龙山组和上统景儿峪组。

1.龙山组(Pt_3ql)。龙山组为实习区出露的最古老的地层单元。主要分布在柳江向斜东翼，李庄、黄土营、沙河寨以东，西南角大平台—鸡冠山等地。张岩子村西龙山组地层剖面出露较全，厚度91米。

龙山组有两个沉积韵律。下韵律底部为灰白色厚层粗粒长石石英净砂岩，向上过渡为紫色、黄绿色、杂色页岩。底部含砾石，海成波痕和交错层理发育，含海绿石。上韵律底部砂岩稳定成分增加，上部为紫红色、褐黑色、黄绿色页岩夹蛋青色、紫红色泥岩，顶部为蛋青色泥灰岩，分选好，磨圆程度高。砂岩中斜层理、海成波痕及海绿石矿物屡见不鲜，沉积环境属典型滨海—浅海相。龙山组异岩不整合(沉积不整合)于古元古界绥中花岗岩(γ_2)块体岩石之上。

2.景儿峪组(Pt_3qj)。景儿峪组最初命名地点在天津蓟县（今蓟州区）城北景儿峪村，在本区分布与龙山组基本一致。在李庄村北景儿峪组地层出露较全，厚度38米。

景儿组岩性由碎屑岩、黏土岩过渡到碳酸盐岩，具有海侵沉积韵律特点。与下伏龙山组整合接触，分界标志是其底部黄褐色或带铁锈

---

①1975年，北京震旦纪地层研讨会将青白口群升格为青白口系，并以出露最全的蓟县城北骆驼岭至老鸹顶地层剖面为标准剖面。

色的中细粒铁质(含海绿石)石英净砂岩。底部中细粒长石石英净砂岩见有大型海成风暴波痕，海相特征明显。中部为紫红色、黄绿色薄层泥岩夹钙质泥岩，水平层理发育。上部为蛋青色中-薄层泥灰岩夹紫红色薄层泥岩。泥灰岩细腻性脆，易于辨认，是景儿峪组与上覆府君山组的分界标志。沉积环境属典型滨海-浅海相。

新元古界青白口系尚未找到古生物化石依据，郝诒纯(1954)将原下马岭组上部砂岩，单独称为龙山砂岩，下部页岩称为前坡页岩。1975年，华北前寒武纪地层会议建议二者单独建组。上部称龙山组，下部延用下马岭组。至此，青白口系按沉积相划分为下马岭组浅海页岩相、龙山组滨海砂岩相和景儿峪组浅海泥灰岩、灰岩相。1979年，全国第二次地层会议或中国地质科学院主编的《中国地层概述》，也将青白口系三分为下马岭组、骆驼岭组(龙山组)和景儿峪组。

实习区出露的龙山组实属原下马岭组上部砂岩，即1975年以后的龙山组。本次在野外观察和室内整理的基础上，认为在没有找到古生物化石依据的情况下应重视沉积韵律在地层划分中的作用。不同沉积环境下的沉积韵律应是划分地层的依据。因此，将原下马岭组顶部黄褐色中细粒见有大型风暴波痕的石英净砂岩置于景儿峪组底部，使景儿峪组构成一个完整的沉积旋回。该层之下是龙山组。

二、古生界(Pz)

寒武系(∈)

1.府君山组($\in_1$f)。河北省区测二队(1960年)把天津蓟县府君山附近的景儿峪组上部“豹皮灰岩”划归寒武系单独建组，名“府君山组”。其依据有二：一是在柳江东部落村石灰岩中采到了三叶虫化石莱德利基虫（Redlichia），王曰伦(1963年)在府君山附近的石灰岩中又采到了大古油栉虫化石（Palaeolenus），属莱德利基目下一属，说明这套石灰岩属显生宙。二是在区域上，这套石灰岩以假整合，覆盖在景儿峪组、下马岭组之上，与下伏沉积地层呈明显的嵌入假整合接触(见图10-1)。

本组地层主要分布在大刘庄—李庄、东部落—沙河寨以及西部上平山一带。东部落地层剖面出露较全，可作实习区府君山组标准剖面，厚度146米。

表10-1 柳江盆地地层表

界	系	统	组	年龄值（百万年）	构造运动名称	典型岩体
新生界	第四系	全新统 更新统	砂砾岩、黄土及含煤亚粘土建造	2.56	喜山三期 喜山二期 喜山一期	
	第三系		缺失	66.4		
中生界	白垩系		缺失	101 145	晚EW向构造 燕山三期(NNE)	碱性岩（$\varepsilon\pi_5^3$） 花岗斑岩体（$\gamma\pi_5^3$） 向山花岗岩体（γ_5^3）
	侏罗系	上统	孙家梁组（J_3s）	161	燕山二期 晚NS向	次火山岩
		中统	蓝旗组（J_2l） 缺失	175	燕册一期NS向	闪长岩、闪长玢岩充填
		下统	北票组（J_1b）	199		辉绿岩、辉绿玢岩充填
	三叠系		缺失	228 251	印支运动EW向 海西运动NS向构造	
上古生界	二叠系	上统	石千峰组（P_2sh）			
			上石盒子组（P_2s）	272		
		下统	下石盒子组（P_1x）			
			山西组（P_1s）	298		
	石炭系	上统	太原组（C_2t）	318		
		中统	本原组（C_2b）	330		
		下统	缺失	359		
	泥盆系		缺失	416	加里东运动	
下古生界	志留系		缺失	443		
	奥陶系	上统	缺失	458	太康运动（冶里隆起）	
		中统	马家沟组（O_2m）	470		
		下统	亮甲山组（O_1l）			
			冶里组（O_1y）	485		
	寒武系	上统	凤山组（O_1l）			
			长山组（$\in_3c$）			
			崮山组（$\in_3g$）	523		
		中统	张夏组（$\in_2z$）			
			徐庄组（$\in_2x$）			
		下统	毛庄组（$\in_1m$）	540		
			馒头组（$\in_1m$）			
			府君山组（$\in_1cf$）	570	接受沉积，再抬升 蓟县运动	
新元古界	震旦系		缺失	800	晋宁运动	
	青白口系	上统	景儿峪组（Pt_3qj）		接受沉积，再抬升	
		中统	龙山组（Pt_3ql）			
		下统	缺失			
中元古界	蓟县系		缺失	1000	铁岭运动	
	长城系		缺失	1400 1800	吕梁运动	
古元古界			绥中花岗岩（γ^2）	2500	五台运动	
新太古界				2800		

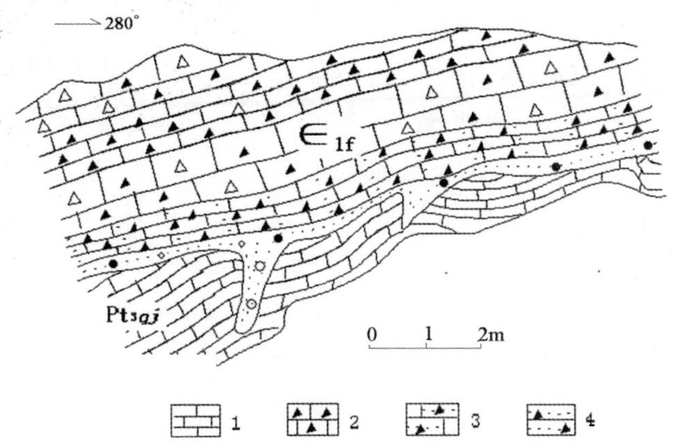

图10—1　凌原东五官营子府君山组与景儿峪组呈嵌入假整合接触关系素描图（据1：20万，山海关幅）

府君山组岩性标志明显，下部为暗灰色厚层状结晶灰岩，含三叶虫化石莱德利基虫（Redlichia），上部为灰白色豹皮状白云质灰岩夹暗灰色薄层灰岩，含核形石（Oncolite）。与下伏景儿峪组成假整合接触，分界标志是下部暗灰色厚层状结晶灰岩。底部薄层灰岩含石灰质角砾或石灰质砾石，是假整合接触标志。沉积环境属浅海相。

2.馒头组(∈1m)。馒头组最初命名在山东省长清县（今济南市长清区）张夏镇南馒头山。向北依次是毛庄组、徐庄组、张夏组和崮山组命名地点。1903年，美国地质学家维理士(B. willis）和布拉克维尔德（E. Blackwelder)创建馒头页岩，卢衍豪、董南庭(1953)将其改为馒头组。馒头组未发现可靠古生物化石依据，其层位是依据区域地层对比。

馒头组分布与府君山组一致，因泥质岩石易风化成零散出露。东部落村北出露得较好，厚度71米。岩性以鲜红色(俗称砖红色)泥岩为主，往上过渡为粉砂质页岩夹白云质灰岩透镜体。泥岩底部见有角砾或砾石。粉砂质页岩中含石盐假晶，与下伏府君山组呈假整合接触关系，分界标志是其底部含角砾薄层泥岩。沉积环境属干旱条件下滨海相或潟湖相。

3. **毛庄组**($\in_1$mo)。毛庄组与馒头组分布基本一致，沙河寨西山出露得较全，可作为实习区毛庄组标准地层剖面，厚度112米。

毛庄组岩性以紫红色粉砂岩、页岩为主，页岩中含有少量白云母片。其色调要比馒头组暗一些，俗称猪肝色。与上覆徐庄组比较，颜色新鲜一些(徐庄组为暗紫色)。底部以出现黄绿色钙质页岩与馒头组分界，与下伏馒头组整合接触。中部和上部夹两层白云质灰岩透镜体。灰岩透镜体中产三叶虫化石：辽西虫（Liaoxia）、幕府山虫（Mufushania）等。顶部页岩夹含核形石(葛万藻Girvanella)灰岩透镜体。沉积环境属滨海相潮上带。而白云质灰岩属滨海相潮上带潟湖相。

4.**徐庄组**($\in_2$ x)。徐庄组分布较毛庄组更为广泛，向斜两翼均有出露，东部落、揣庄、上、下花野等地出露较全，西翼区吴庄-秋子峪、上平山一带也有出露，厚度为101米。

徐庄组岩性以黄绿色含云母片粉砂岩、页岩及暗紫色粉砂岩夹少量鲕状灰岩透镜体为主。含三叶虫化石：毕雷氏虫（Bailiella）、辽阳虫（Liaoyangaspis）、原附节虫（Proasaphiscus）、孙氏盾壳虫（Sunaspis）及腕足类动物化石。与下伏毛庄组整合接触，分界标志是其底部出现的黄绿色页岩与紫色页岩互层，沉积环境属浅海相。

5.**张夏组**($\in_2$ z)。张夏组出露广泛，几乎盆地周边部位均有张夏组地层出露。主要分布在东部落、285高地、揣庄、张庄、赵家峪、上平山及吴庄等地。以285高地东山脊发育较全(浅野水泥厂占用)。可作为实习区张夏组标准地层剖面。厚度120—130米。张夏组岩性分为三段。下段为黄绿色灰岩与鲕状灰岩互层；中段为含叠层石灰岩、白云质灰岩和薄层鲕状灰岩互层；上段为泥质条带灰岩、页岩。灰岩中含大量三叶虫化石：德氏虫（Damesella）、双耳虫（Amphoton）、叉尾虫（Dorypyge）、沟颊虫（Solenoparia）。张夏组以底部厚层鲕状灰岩与下伏徐庄组整合接触。沉积环境属浅海相。

6.**崮山组**($\in_3$ g)。崮山组分布与张夏组一致，以王家峪南山(牛圈)—285高地出露较全，厚度102米。岩性以紫色色调为主，下部为紫色页岩、粉砂岩夹砾屑灰岩；中部为灰色灰岩(藻灰岩、鲕状灰岩、条带状灰岩)；上部为紫色砾屑灰岩与紫色粉砂岩互层。顶部为灰色厚层藻灰岩。含三叶虫化石：蝴蝶虫（Blackwelderia）、蝙蝠虫（Drepanura）、光壳虫（Liostracina）、圆劳伦斯虫（Cyclolorenzella）等。底部以紫色砾屑灰岩与下伏张夏组泥质条带灰岩整合接触，似有水下冲刷面存在。沉积环境属滨海-浅海相。

崮山组层位。山东省济南市长清区崮山镇的崮山地层剖面，沃尔斯考特、维理士、布莱克维尔德(1903年)主张归中寒武统；孟克（H.Monke）、孙云铸(1924、1935、1948年)、卢衍豪、董南庭(1951年)主张归上寒武统。1958年，郑南来在维理士、布莱克维尔德所做的东天山库鲁克塔格西山地层剖面中，在富含蝴蝶虫（Blackwelderia）、光壳虫（Liostracina）等三叶虫化石地层之下，找到了网纹雕球接子(Glyptagnostus Reticulates)三叶虫化石，这种三叶虫化石是在世界范围内分布最广泛的晚寒武世初期的标准化石，它的出现使崮山组时代得以确定。

7.长山组($\in_3$c)。长山组最初命名在河北唐山开平盆地赵各庄北约1千米的长山沟，凤山组、冶里组、马家沟组最初命名在冶里附近的马家沟，这几个地层“组”的创建都是1923年孙云铸带北大地质系学生到临榆柳江、唐山开平等地指导毕业实习，于1924年创建，1935年正式命名的。

长山组地层分布与崮山组相似，285高地东山脊出露得最好，厚度仅18米。岩性底部以生物碎屑灰岩为主，含海绿石，呈菊花状。往上为粉砂岩、砾屑灰岩、页岩互层，夹藻灰岩。顶部为厚层藻灰岩，产三叶虫化石：长山虫（Changshania）、庄氏虫（Chuangia）、蒿里山虫（Kaolishania），及腕足类动物化石。与下伏崮山组整合接触，沉积环境属滨海-浅海相。

8.凤山组($\in_3$ f)。凤山组分布除与崮山组、长山组一致外，在实习区北侧、西侧均有出露。285高地东侧出露得较好，厚度92米。

凤山组岩性底部为薄层泥质条带灰岩，往上为生物碎屑灰岩、钙质页岩、鲕状灰岩互层。含三叶虫化石：褶盾虫（Ptychaspis）、济南虫（Tsinania Canens）、方头虫（Quadraticephalus）、杂索克氏虫（Mictosaukis）。以底部青灰色砾屑灰岩与下伏长山组整合接触，沉积环境属滨海-浅海相。

奥陶系(O)

1.冶里组(O_1y)。冶里组分布与凤山组一致，分布在285高地一小王山及石门寨北亮甲山一带。285高地可作为实习区冶里组地层标准剖面。厚度125米。

冶里组下部岩性为质纯的泥晶灰岩夹砾屑灰岩、虫孔灰岩，常形成陡砬子地貌，中部以砾屑灰岩为主，上部为灰色砾屑灰岩夹黄绿色页岩。灰岩中含三叶虫化石：小栉虫（Asaphellus）、田师府虫（Tienhihfuia），页岩中含无羽笔石（Callograptus）以及古介形虫（Arcbaeostraca），还有正形贝（Orihis）和腹足类化石：蛇卷螺（Ophileta）。冶里组以底部灰色薄层砾屑灰岩与下伏凤山组分界，两者整合接触，沉积环境属浅海相较深水环境。

2.亮甲山组(O_1l)。亮甲山组最初命名在实习区石门寨北亮甲山。由刘季辰、叶良辅(1919年)首创“亮甲山石灰岩”。1922年，马底幼建亮甲山组，主要分布在亮甲山、小王山、潮水峪等地。亮甲山地层剖面是本地区亮甲山组标准地层剖面。厚度为118米。

亮甲山组下部以砾屑灰岩、豹皮状灰岩为主，是本区烧制石灰、水泥的主要原料。上部有少量白云质灰岩及含燧石结核、燧石条带灰岩。含头足类动物化石：满洲角石（Manchuroceras）、房角石（Camerocoras）。腹足类化石：蛇卷螺（Ophileta）以及海绵动物化石：古杯海绵（Archaeoscyphia）等。与冶里组整合接触，其分界标志是亮甲山组底部出现的中厚层豹皮灰岩。沉积环境属浅海相。

3.马家沟组(O_2m)。马家沟组分布与亮甲山组相同，以亮甲山及北部茶庄北山发育较好，厚度在亮甲山地层剖面为101米。

岩性主要为暗灰色白云质灰岩夹白云岩、含燧石结核豹皮白云质灰岩。底部以有微层理、含角砾、燧石结核的黄灰色白云质灰岩与亮甲山组分界，白云质灰岩风化后具“刀砍痕”，有时含砾屑、燧石条带。顶部泥质灰岩风化后呈黄色，俗称黄皮子灰岩，在华北其他地区也多见此层，标志明显。含头足类动物化石：阿门角石（Armenoceras）、链角石（Ormoceras）、灰角石（Stereoplasmoceras）、多泡角石（Polydesmia）。腹足类动物化石：马氏螺（Maclurites）。三叶虫化石：古等称虫（Eoisotelus）。与亮甲山组整合接触，沉积环境属浅海相较深水环境。晚期海退，逐渐上升为陆地，在马家沟组风化壳上残积有呈鸡窝状山西式铁矿第一层位。直到中石炭世才接受海陆交互相本溪组沉积。因而缺失了上奥陶统、志留系、泥盆系、下石炭统地层。沉积间断长达1.28(距今4.58亿—3.30亿)亿年。

石炭系(C)

1.本溪组(C_2b)。本溪组最初命名地点在辽宁省本溪市西6千米处新洞沟与蚂蚁沟村之间的牛毛岭，赵亚曾(1926年)创建。柳江向斜东翼191高地、小王山一带发育较好。小王山可作为实习区本溪组地层标准剖面。厚度在小王山剖面为82米，在石门寨西门至瓦家山剖面为75.2米。

本溪组岩性由底部的陆相砂岩、粉砂岩再到湖泊、沼泽相黏土岩或海相灰岩透镜体构成2—3个沉积韵律。韵律顶部分别为G、E、F层黏土。陆相粉砂岩中含植物化石：鳞木（Lepidendron）、科达（Cordaites）、芦木（Calamites）、轮叶（Annularia）、脉羊齿Neuropteris）；石灰岩中含蜓科化石：小纺锤蜓（Fusulinella）；腕足类动物化石：马丁贝（Artinia）、帅尔文贝（Schellwienella）；双壳类：古尼罗蛤（Paleoneilo）、小花蛤（Astarlella）、燕海扇（Aviculopecten）等。本溪组与下伏马家沟组呈假整合接触，其分界标志是本溪组底部黄褐色陆相铁质砂岩，见有底砾岩。沉积环境属海陆交互相。其底部为滨海沼泽相沉积，形成的一套富含铝铁质碎屑岩沉积(沉积铁矿为山西式铁矿第二层位)。地壳升降频繁，滨海沼泽中有大量植物繁衍，以蕨类为主，浅海相则以珊瑚、腕足类和双壳类动物最多。

2.太原组(C_3t)。太原组最初命名在山西太原西山月门沟。1927年，由翁文灏、美籍地质古生物学家葛利普(Grabau)创建。与实习区付水寨老柳江砂岩对比，即叶良辅、刘季辰所称的云山砂岩，统称太原组。在半壁店、小王山一带发育较好。厚度在小王山地层剖面为51米。石门寨西门至瓦家山地层剖面为47.5米。

太原组有两个沉积韵律。下韵律底部青灰色含铁质细粒长石石英净砂岩，风化后成黄褐色，见有大型球状风化。向上过渡为青灰色页岩夹D层黏土或泥灰岩透镜体。上韵律底部的薄层细粒砂岩、岩屑杂砂岩，见有小型球状风化。往上过渡为青灰色细粒砂岩夹泥灰岩透镜体及少量煤线。太原组产大量植物化石：脉羊齿（Neuropteris）、栉羊齿（Pecopteris）、楔叶（Sphenophyllum）、鳞木（Lepidendron）；腕足类动物化石：网络长身贝（Dictyoclostus）、戟贝（Chineter）；

双壳类动物化石：古尼罗蛤（Paleoneilo）、裂齿蛤（Schizodus）等。太原组与下伏本溪组整合接触，分界标志是太原组底部青灰色含铁质中粒长石岩屑杂砂岩，风化后具小孔，俗称“小孔砂岩”。层位稳定，沉积环境属海陆交互相。在辽宁太子河流域，则称黄旗砂岩。

二叠系(P)

1.山西组(P_1s)。山西组最初命名地点在山西太原一带，1907年，由维理士(B. willis）和布拉克维尔德(E. Blackwelder)创建。实习区主要分布在石门寨西门、小王山、黑山窑等地。以石门寨西门至瓦家山地层剖面出露得最好，是实习区重要含煤、黏土矿层位，厚度62.1米。

山西组岩性由灰色、灰黑色中细粒长石岩屑杂砂岩、粉砂岩、炭质页岩及黏土岩，构成两个沉积韵律。下韵律底部含长石多、含砾，单层厚度大，韵律顶部为黏土矿或煤层(可采煤层）。上韵律顶部为B层黏土层位，与下伏太原组整合接触。其分层标志是其底部灰色、灰白色长石岩屑杂砂岩。有时为含砾中粗粒或中细粒长石岩屑杂砂岩，层位稳定。本组含植物化石种类较多，如轮叶（Annularia）、楔叶（Sphenophyllum）、栉羊齿（Pecopteris）、鳞木（Lepidendron）、带羊齿（Tacniopteris）。沉积环境属大陆滨海沼泽相。

2.下石盒子组(P_1x)。石盒子组最初命名地点在山西太原东5千米处石盒子沟。1922年，由那琳(E. Norin)创建。实习区在黑山窑、石门寨西门、石岭等地较为发育，厚度115米。

本组岩性主要为灰色中粒长石岩屑杂砂岩、细粒岩屑杂砂岩、泥质粉砂岩、黏土质粉砂岩构成三个沉积韵律。第一韵律顶部为灰绿色含云母泥质粉砂岩，第二、三韵律顶部分别是A_2层和A_1层黏土，颜色为紫色、紫灰色。粉砂岩中含植物化石：带科达（Cordaites Principalis）、中芦木（Mesocalamites）、多脉带羊齿（Taeniopteris Multinervis）。本组与山西组分界清楚：山西组顶部为B层黏土矿；下石盒子组底部为黄褐色含砾粗粒岩屑长石杂砂岩(岩貌特殊，俗称小豆砂岩)。二者整合接触，沉积环境属大陆湖泊、沼泽相。

3.上石盒子组(P_2s)。上石盒子组出露局限性较大，以东翼区石门寨西门、欢喜岭、瓦家山一带出露得较好，厚度72米。岩性为灰色中厚层含砾粗粒长石净砂岩夹紫色细粒砂岩及粉砂岩。由1—2个沉积韵律构成。第一韵律底部是在A_1层黏土矿之上的灰白色含砾粗粒长石净砂岩，见有大型斜层理，与下石盒子组整合接触。此层厚度大，分布稳定，即叶良辅、刘季辰所称的“南山砂岩”。沉积环境属河流相。

4.石千峰组(P_2sh)。石千峰组最初命名地点在山西省太原市西25千米处石千峰，1922年由那琳(E.Norin)创建，为古生界最高层位。因上覆地层覆盖，出露十分局限，仅在欢喜岭、黑山窑一带出露较好，厚度150米。

本组是一套河流相紫色岩石，包括含砾砂岩和砾岩(胶结松散，风化后砾石脱落，布满山坡)往上过渡为细粒砂岩、粉砂岩及部分黄绿色泥岩。与下伏上石盒子组整合接触，分界标志是上石盒子组顶部黄白色含砾岩屑长石净砂岩，其上为石千峰组紫色含砾岩屑杂砂岩(结构松散)。粉砂岩中含栉羊齿（Pecopteris）、轮叶（Annularia）、楔叶（Sphenophyllum）、丁氏蕨（Tingia）及腹足类动物化石，多代表干旱条件下的陆相沉积。但在黄绿色页岩中，吴水忠教授(1990年)首次发现海生动物化石舌形贝（Linguja），说明晚二叠世晚期实习区曾一度海侵，气候转为温暖、潮湿。

三、中生界(Mz)

侏罗系(J)

1.北票组(J_1b^1)。北票组最初命名在辽宁省北票，由谭锡畴(1931年)创建。实习区为侏罗系底部层位，层序完整，分布广泛，在黑山窑后村至大岭一带出露得较好，可作为实习区北票组地层标准剖面。分下、中、上三个岩性段。

下段(J_1b^1)，岩性由黄色、灰白色含砾粗粒长石石英砂岩、黑色炭质页岩、粉砂岩、含煤线组成4个沉积韵律，厚度161.8米。沉积环境属大陆湖泊沼泽相。与下伏二叠系石千峰组呈角度不整合接触(见图11-25)，其底部有砾石层。含植物化石：新芦木（Neocalamites）、锥叶蕨（Coniopteris）、枝肢蕨（Cladophlebis）、尼尔桑（Nillssonia）、似银杏（Ginkgoites）、苏铁杉（Podozamites）、拟合蕨（Marattiopsis）、凤尾银杏（Phoenicopsis）、侧羽叶（Pterophyllum）、篦羽叶（Ctenis）、异羽叶（Anomozamites）、托弟蕨（Todites）、带羊齿（Taeniopsis）、拟木贼（Eguisetites）

等。上述植物化石与辽宁西部北票组标准剖面植物化石完全一致。尤其是锥叶蕨产于侏罗纪与白垩纪之间，而且在侏罗纪最繁盛。尼尔桑、似银杏、苏铁杉、篦羽叶、枝肢蕨等也都是早侏罗世常见的植物化石。米家榕(1930—2013，天津人)在《河北省抚宁县石门寨早侏罗世植物古生态研究》一文中，不但将上述化石列为早侏罗世北票组化石组合，还进一步指出：新芦木主要生长在盆地内近水体的边缘沼泽地或潮湿地带。拟合蕨、侧羽叶、枝肢蕨等植物生长在低洼地带。而似银杏、苏铁杉则生长在盆地周围山地或盆地内较高地带。故将此段地层置于早侏罗世北票组下段，与前侏罗系古生界不同时代地层呈角度不整合接触。

中段(J_1b^2)，岩性以砾岩和含砾粗粒长石石英杂砂岩为主，夹少量粉砂岩及页岩。厚度278米。属大陆河流、湖泊、沼泽相沉积。与下伏北票组下段(J_1b^1)整合接触。含植物化石：锥叶蕨（Coniopteris）、尼尔桑（Nillssonia）、苏铁杉（Podozamites）、凤尾银杏（Phoenicopsis）、枝肢蕨（Cladophlebis）、似银杏（Ginkgoites）、松型叶（Pityophyllum）及动物化石费尔干蚌（Fergamoconcha）等。

上段(J_1b^3)，岩性为灰黄色大砾岩夹黄色含砾粗粒长石杂砂岩、粉砂岩、黑色炭质页岩含煤线，厚度215米。以底部大砾岩与中段(J_1b^2)分界，与中段整合接触。根据岩性和古生物化石组合特征，属大陆河流、湖泊、沼泽相沉积。含植物化石：山西枝脉蕨（Cladophlebis Shansiensis）、披针苏铁杉（Podozamites Lanceolatus）、拜拉（Baiera）、松型叶（Pityophyllum）、茨康诺维司基叶（Czekanowskia）以及动物化石：费尔干蚌（Ferganoconcha）、图吐蚬（Tutuella）、西伯利亚蚌（Sibirieconicha）等。

北票组三个岩性段岩性特征明显，分界清楚，但是南北厚度变化大，在瓦家山、傍水崖、义院口等地北票组覆盖在古生界不同时代地层之上，并有超覆现象。在黑山窑后村北票组走向N22°E，覆盖在走向近东西向的石千峰组紫红色粉砂岩之上。走向相差64°(见图11-25)。北票组所含煤系仅在义院口、夏家峪可采。

2.蓝旗组(J_2l)。本组经区域层位对比相当于髫髫组(叶良辅，1919年)，1965年由凌源幅(1:20万)延入实习区使用。分布在盆地中部老君顶一大洼山一线(柳江向斜上构造层核部)。在上庄坨、傍水崖一带出露得较好，厚度在1000米以上。与北票组等老地层呈角度不整合接触。根据岩性和喷发旋回分为下、中、上三部分。

下部为偏酸性安山质火山角砾岩及集块岩、流纹质集块岩夹凝灰岩、火山熔岩，厚度在300米以上。中部以中性火山熔岩为主，灰绿色安山质、角闪安山质、粗安质火山熔岩与集块岩、火山角砾岩，厚度约400米。上部为中基性火山熔岩(主要为黑绿色、紫红色、青灰色碱性玄武岩、玄武安山质、辉石安山质火山熔岩)和熔结集块岩、集块岩互层，夹少量火山角砾岩及凝灰岩，厚度在600米以上。

3.孙家梁组(J_3s)。本组最初命名地点在辽宁省北票北面的孙家梁，由赵宗溥(1959年)创建。实习区仅分布在蟠桃峪一带，未见与其他地层直接接触。从区域资料上看，本组与蓝旗组呈角度不整合接触，厚度在350米以上，是一套灰色酸性、中碱性火山熔岩和火山碎屑岩。包括流纹质、粗面质和粗安质火山熔岩、凝灰岩、火山角砾岩与火山集块岩。

四、新生界(Kz)

第四系(Q)

实习区新生界仅有第四系零散分布，没有胶结成岩。主要为河流相冲积物、洪积物，其次为坡积物、残积物，以及少量洞穴堆积，分布在黄土营、山羊寨、李庄、茶庄等地石灰岩洞穴之中，为砂砾、黏土堆积物，已开始固结变硬。根据洞穴中动物化石：狼、熊、鹿、野猪等尸骨，鉴定其堆积物形成时代为第四纪中更新世偏晚的周口堆积期(距今20万年)。

§2. 岩浆作用及岩浆岩

实习区经过区域对比有以下几个构造——岩浆喷发、侵入旋回，即印支期东西向构造——辉绿岩、辉绿玢岩侵入、充填旋回；燕山一期北西向构造——安山岩喷发、闪长玢岩侵入、充填旋回；燕山二期晚南北向构造——流纹岩、石英斑岩喷发、花岗岩侵入旋回(实习区未见侵入体)；燕山三期北北东向构造——流纹质、粗面质和粗安质火山熔岩、凝灰岩、火山角砾岩与集块岩喷发、花岗闪长岩、花岗岩、正长斑岩侵入旋回，以及与上述岩浆活动有成因联系的脉岩和时代不明脉岩。

一、深成侵入岩体(γ_5^3)

深成侵入岩一处分布在实习区西侧花厂峪、车厂一带，属响山花岗岩体(γ_5^3)边缘相，柳江地质(1963年)将其称为温泉堡花岗岩体。一处分布在实习区东南隅蟠桃峪一带，为后石湖山花岗岩体(γ_5^3)一部分。

1.**响山花岗岩体**。该岩体分布在实习区以西平市庄至响山一带，长轴呈NNE向延伸，长达25千米，总面积217平方千米，呈岩基状产出。据前人资料，岩浆从NW向SE侵位，SE侧内倾角(NW倾)45°左右。侵入于府君山组—北票组地层之中，围岩蚀变主要为大理岩化，其次是断续分布的矽卡岩化，在接触带形成Fe、Cu矽卡岩矿点或矿化点，以及一些中低温热液Cu、Pb、Zn、重晶石、萤石矿点或矿化点。岩体内分中心相和边缘相，两者为渐变过渡关系。①

中心相灰白色中粗粒碱性花岗岩：镜下鉴定具有花岗文象结构(微纹长石和少量正长石与石英呈文象连生，个别为斑晶)。主要矿物有钾长石(60%—65%)、斜长石(微量)、石英(35%)、碱性角闪石(<5%)。副矿物有磁铁矿、磷灰石。

边缘相肉红色中细粒斑状花岗岩：镜下鉴定具斑状结构。斑晶为微斜长石、奥长石，基质为花岗结构。主要矿物有钾长石(45%)、钠-奥长石(15%)、石英(30%)、黑云母(<10%)。副矿物有磷灰石、磁铁矿、锆石。

1975年，地质力学研究所在响山岩体中心相碱性花岗岩中取样，用钾氩法测定长石的生成年龄为1.0亿—1.01亿年。岩体中心相冷凝年龄属白垩纪中期，而岩体侵位年龄为1.37亿年，属白垩纪早期，即燕山三期。

2.**后石湖山花岗岩体**。该岩体分布在山海关北4千米处。呈岩株状侵入于上侏罗统孙家梁组火山岩(中心式喷发火山口)中，出露面积为85平方千米。周围环形或半环形分布着上侏罗统孙家梁组粗安质-粗

---

①河北省地质矿产局，1974，中华人民共和国地质调查报告，1:20万 山海关幅、秦皇岛幅。

面质、流纹质火山碎屑岩、火山熔岩。岩体与火山岩为侵入接触关系(见图10-2)。围岩蚀变不明显，仅见有轻微硅化和局部黄铁矿化。岩浆分异不明显，仅在岩体南侧出现不足3平方千米的中心相。

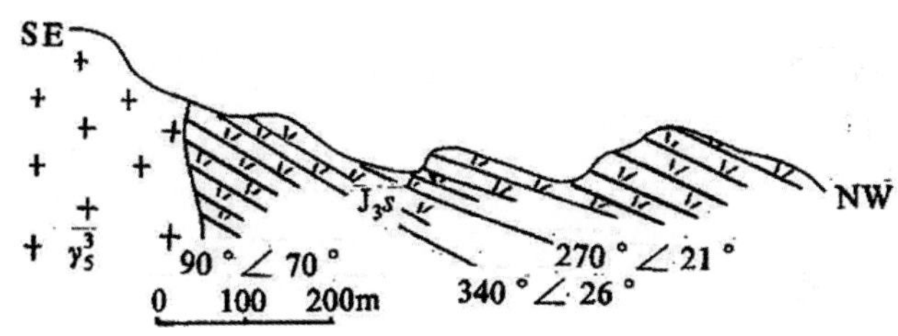

图10-2 蟠桃峪南沟东侧后石湖山岩体与上侏罗统孙家梁组火山岩呈侵入接触关系

中心相为肉红色碱性斑状花岗岩。似斑状结构，镜下鉴定特征同响山岩体边缘相。主要矿物有钾长石(57%—65%)、斜长石(微量)、石英(20%—25%)、碱性角闪石(28%)、碱性辉石(20%)。

边缘相为灰白色中粗粒碱性花岗岩：结晶粒度略有变细，时而出现斑晶，并见有安山岩捕虏体。花岗结构，镜下鉴定特征同响山花岗岩体中心相。主要矿物有钾长石(60%—65%)、斜长石(微量)、石英(20%—30%)、碱性角闪石(<60%)、碱性辉石(<40%)。依据后石湖山岩体与上侏罗统孙家梁组火山岩呈侵入接触关系，即可断定后石湖岩体侵位时间在晚侏罗世孙家梁组火山岩沉积之后。

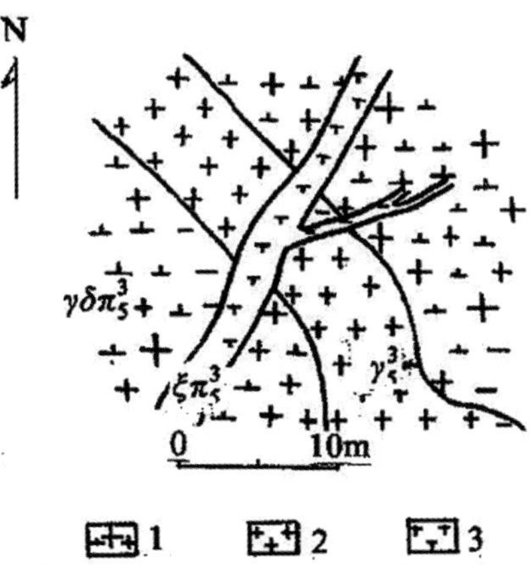

图10-3 青龙西卧龙岗燕山三期岩浆三阶段侵入体穿切关系图

1—花岗闪长岩；2—花岗岩；3—碱性岩

上述两岩体化学成分(见

表10-2)，经计算属钙碱性系 $K_2o+Na_2o<Al_2o_3$。从矿物成分和岩石化学特征来看，两岩体具有相似性，属同源同期岩浆活动产物。从区域构造、岩性、地层对比，以及岩体与围岩接触关系分析，两岩体应是燕山三期侵入的，即与燕山三期岩浆活动三阶段的第二阶段相吻合(见图10-3)。

表10-2　响山、后石湖山岩体化学成分表

岩体	响山岩体		后石湖山岩体	
岩相	中心相	边缘相	中心相	边缘相
成分(%)	碱性花岗岩(%)	碱性斑状花岗岩(%)	碱性斑状花岗岩(%)	碱性花岗岩(%)
SiO_2	94.24	74.62	74.90	73.99
TiO_2	0.18	0.14	0.51	0.17
Al_2O_3	12.06	11.76	11.52	11.28
Fe_2O_3	3.32	4.20	4.23	4.29
FeO	—	2.74	2.03	2.77
MnO	0.05	0.08	0.07	0.06
MgO	0.17	—	0.08	—
CaO	0.61	0.41	0.28	0.29
Na_2O	4.23	3.94	3.90	4.02
K_2O	4.95	4.71	4.73	4.60
P_2O_5	0.01	—	—	0.02
LO_3	0.18	0.03	0.07	0.46
总计	100	102.03	101.99	101.93

据1/20万 山海关幅区域地质测量报告。

二、浅成侵入岩体

实习区浅成侵入体规模不大，呈岩株、岩床、岩墙产出。岩性从基性到酸性均有，现择其主要岩体描述如下：

1.辉绿岩体或辉绿玢岩体

该类侵入体呈岩床、岩墙、岩脉产出，分布在潮水峪、石岭、亮甲

山、鸡冠山等地。充填在前中生代沉积岩或变质岩中。

A.辉绿岩：灰黑色、灰绿色或黑灰色，主要矿物成分为辉石和基性斜长石，基性斜长石较辉石自形，常构成辉绿结构。镜下鉴定为辉绿结构或隐晶结构。基性斜长石常蚀变为钠长石、绿帘石等矿物集合体及高岭土，辉石蚀变为绿泥石、角闪石、碳酸盐。个别具球粒结构，气孔构造。

B.辉绿玢岩：灰绿色，斑状结构，斑晶为辉石，多已绿帘石化或碳酸盐化，基质为隐晶质，镜下鉴定为斑状结构，基质具辉绿结构，块状构造。

辉绿岩体或辉绿玢岩体依据其赋岩断裂的力学性质分析：在亮甲山采石场，辉绿岩墙赋存在近NS向的追踪张断裂之中。辉绿岩床赋存在冶里组地层层理之虚脱空间之中。在潮水峪，辉绿岩脉赋存在NW向右行扭动断裂之中(见图11-18a)，综合岩墙、岩床和岩脉赋岩断裂力学性质分析，辉绿岩体或辉绿玢岩体侵入、充填应与印支期早EW向构造有成因联系。

2.闪长玢岩体

该类侵入体呈岩株、岩枝、岩脉产出，如东部落南老炼炉岩株，青龙山岩株、285高地岩脉或岩株。

①老炼炉闪长玢岩株(δu)。该岩株分布在东部落、上英武、下花野、浅水营。东西宽3千米，南北长5千米，侵入于下、中寒武统地层之中。围岩蚀变不明显。依据矿物成分、结构、构造可分为中心相和边缘相，两者为渐变过渡关系。

中心相闪长玢岩：灰绿色、斑状结构，斑晶为自形普通角闪石，少量中性斜长石(An=35—40)、辉石。基质为细粒-微晶结构。斜长石、角闪石及少量辉石、黑云母，块状构造。

边缘相石英黑云母闪长玢岩：绿灰色，风化后为灰黄色、灰褐色、灰白色。斑状结构，斑晶为普通角闪石和斜长石，角闪石已绿帘石化，岩体南部绿帘石化更为强烈。斜长石为中长石(An=35—40)，还有少量黑云母；岩体北部黑云母作斑晶增多，基质为细晶，而南部基质为微晶，构成南北两侧边缘相的不同特点。基质矿物成分主要为斜长石、半自形角闪石，以及少量黑云母、他形粒状石英。

②潮水峪闪长玢岩脉(δu)。潮水峪村有三条闪长玢岩脉沿NW向断裂充填。其中有一条闪长玢岩脉一壁平直，一壁舒缓波状，延伸较远。沿走向N50° W压性断裂充填，充填时间明显晚于辉绿岩或辉绿玢岩脉(见图11-18c)。赋岩断裂为燕山一期NW向构造主压性断裂。

闪长玢岩：灰白色，风化后灰黄色，斑状结构，角闪石斑晶少于斜长石斑晶。镜下鉴定斜长石为中长石(An=35)，基质为辉绿结构。

3.正长斑岩-闪长玢岩体或正长斑岩-二长斑岩体

该类岩体呈岩株状产出，分布在张岩子村西南、牛鼻子山、蟠桃峪、石门寨、上平山、赵家峪、潮水峪等地。

①牛鼻子山正长斑岩体($\zeta\pi_5^3$)。该岩体地表出露在安子岭—东塔东南侧，东西长3000米，南北宽700米，呈北东向。侵入于下寒武统地层中，岩体南侧致密块状隐晶质石灰岩受侵入体影响表现为微弱的绿色蚀变。岩体大致可分中心相和边缘相，二者成渐变过渡关系。

中心相二长斑岩：是中性深成岩的一种，呈肉红色，斑状结构，斑晶为酸性斜长石(An=35—25)和正长石，含量各占总体的20%左右，见有黑云母作斑晶。基质细粒-隐晶质结构，主要矿物有钾长石、斜长石，石英含量在10%以下，块状构造。

边缘相正长斑岩：黄色、灰黄色，斑状结构，斑晶为正长石和少量黑云母、角闪石以及斜长石。基质细粒-隐晶质正长石、石英，亦有少量黑云母、角闪石微晶，显流动构造及斑杂构造。

据表10-3岩石化学成分计算，牛鼻子山岩体属铝过饱和类型、过碱性至弱碱性岩石。

区域上与牛鼻子山岩体类型相同的立木沟岩体侵入于上侏罗统张家口组(孙家梁组)，据此推断牛鼻子山岩体形成时代略晚于响山岩体，属白垩纪中期。与燕山三期岩浆活动三阶段的第三阶段相吻合(见图10-3)。

②张岩子西正长斑岩体($\zeta\pi_5^3$)。该岩体出露南北长为1750米，东西宽500米。呈NNE向延伸，侵入于龙山组碎屑岩中。岩体北端被NW向张岩子断裂(F_{16})错断，西侧被安子岭—黄土营断裂(F_3)错断，切断张岩子岩体，F_3转为正断层，(F_{16})为右行扭动，说明是晚东西向构造。据张岩子实测剖面，由北东向南西岩相变比较明显，可分中心相和边

缘相。

中心相石英二长斑岩属花岗岩类岩石。二长是斜长石(An＝30—50)和碱性长石含量相近。灰白色，斑状结构，斑晶为斜长石和正长石，含少量石英。基质为细晶-微晶结构。主要为斜长石、正长石、石英及少量黑云母，局部见流动构造。

表10-3　牛鼻子山、张岩子村西南岩体化学成分表

岩体名称	牛鼻子山岩体				张岩子村西南岩体			
化学成分	石英正长斑岩（%）	角闪二长斑岩（%）	二长斑岩（%）	二长斑岩（%）	二长斑岩（%）	二长斑岩（%）	二长斑岩（%）	二长斑岩（%）
SiO_2	69.17	59.60	69.80	68.88	66.94	65.25	68.32	68.08
TiO_2	0.21	0.38	0.20	0.18	0.32	0.40	0.17	0.18
Al_2O_3	15.39	17.62	16.02	15.27	15.10	15.75	15.63	14.92
Fe_2O_3	1.82	5.08	1.97	1.81	4.15	4.41	1.13	1.82
FeO	0.82	1.53	0.42	0.65	0.95	1.22	0.64	1.28
MnO	0.07	0.09	0.06	0.10	0.05	0.07	0.08	0.07
MgO	0.85	2.58	0.63	0.77	1.10	1.28	0.46	0.97
CaO	0.83	1.09	0.96	1.64	0.96	0.70	2.95	2.01
Na_2O	5.29	4.13	5.28	4.67	4.11	2.79	2.18	3.37
K_2O	3.69	4.23	3.79	3.54	4.28	4.52	3.46	3.64
P_2O_5	0.12	0.26	0.14	0.05	0.12	0.20	0.10	0.12
H_2O	1.34	3.09	0.47	1.72	1.61	2.78	2.58	2.14
CO	0.04	0.02	—	0.12	0.10	0.10	0.18	0.12
总计	99.64	99.70	99.74	99.43	99.29	99.47	99.45	99.84

据长春地质学院《秦皇岛实习基地地质概要》。

边缘相二长斑岩：灰黄色-肉红色，斑状结构，斑晶为斜长石(An=30)和正长石，并有少量黑云母，斑晶占总体积的20%，富含玻基，为流动、气孔状构造，气孔内有方解石、石英充填物。

据表10-3岩石化学成分计算，属铝过包和类型、碱性至弱碱性岩石。SiO_2含量在60%左右，牛鼻子山岩体与张岩子岩体属同期产物，岩相略有不同。

4.花岗斑岩体($\gamma\pi_5^3$)

实习区花岗斑岩主要分布在驻操营—东王庄，温庄—东部落—北河构成的五角地带，大体呈北西向分布，呈岩墙、岩株或岩基状产出。岩性风化面为红褐色，新鲜面为灰黄色，斑状结构。肉红色钾长石、石英(等轴粒状)作斑晶，基质为细粒结构。镜下鉴定长石为微纹长石、微斜长石、石英(假象)被熔蚀，基质为显微隐晶质结构，块状构造。花岗斑岩侵入体是响山岩体同源同期或稍后充填的。沙锅店东山花岗斑岩呈岩墙状充填在NW向追踪张断裂带中(见图11-17)，赋岩断裂属新华夏系的配套构造NW向追踪张断裂。

5.石英正长斑岩或石英斑岩脉

①石英正长斑岩脉。该岩脉见于石门寨东门126高地北采坑，呈岩脉产出。斑状结构，斑晶中条纹长石多于石英。条纹长石呈半自形，石英呈他形，基质为微晶结构、微文象结构，块状构造。

②正长斑岩脉。该岩脉见于实习区东南隅，下花野至东塔东南侧。正长斑岩主要矿物成分为正长石、角闪石和黑云母。不含或少含石英。如石英含量达5%—20%，则为石英正长岩。

③石英斑岩体。该岩体见于沙锅店东山，侵入于下奥陶统石灰岩中。呈岩墙产出，走向N50°E，宽5—8米。岩石呈灰黄色，斑状结构，石英斑晶(15%—20%)普遍有熔蚀现象，钾长石(5%)风化为黏土矿物，基质为隐晶质结构，块状构造。

实习区石英正长斑岩体或石英斑岩体与浅成岩侵入体(285高地、石岭所见碱性岩脉、牛鼻子山岩体)属同期产物，为燕山三期岩浆活动三阶段的第三阶段侵入体(见图10-3)。

三、脉岩

脉岩，顾名思义岩体呈脉状充填在构造裂隙中，常与深成侵入体中某一构造裂隙有成因联系。实习区继承性脉岩已在浅成岩中叙述，现将二分性脉岩煌斑岩脉和伟晶岩脉概述如下：

1.煌斑岩脉。在吴庄中一细粒花岗岩体中见有一条黑云母闪斜煌斑岩脉，石门寨西门瓦家山村采煤坑口西坡也见有闪斜煌斑岩脉。岩石呈灰绿色，风化后为土黄色(小型球状风化)，斑状结构，斑晶含量少，主要为角闪石和少量黑云母。基质为自形角闪石、斜长石、黑云母以及极少量石英。黑云母闪斜煌斑岩中黑云母、角闪石占有相当比例，长石以斜长石为主。

2.伟晶岩脉。该类岩脉见于秦皇岛北戴河海滨绥中花岗岩(γ_2)中。鹰角岩便是孤立的伟晶岩脉，具有明显的伟晶结构和文象结构。主要为石英伟晶岩脉、微斜长石伟晶岩脉、花岗伟晶岩脉。在石英伟晶岩脉中见有大量呈伟晶状的白云母。

四、构造——岩浆喷出、侵入旋回①

（一）构造——岩浆喷出、侵入旋回的划分及划分依据

实习区岩浆喷发活动范围广，火山岩类型多，主要分布在柳江向斜核部老君顶—大洼山、拿子峪及东南隅蟠桃峪一带。构造——岩浆喷发旋回的划分依据是以区域角度不整合或大的沉积间断划分一级火山喷发旋回，以火山间歇性喷发划分二级火山喷发旋回。其活动顺序是河流相—爆发相—溢流相—侵出相—次火山相。各阶段火山岩相、岩性及分布位置如图10-4所示。

1. 印支期东西向构造——辉绿岩或辉绿玢岩侵入、充填旋回。辉绿玢岩呈岩脉(潮水峪)、岩墙(亮甲山采石场)、岩床(亮甲山)产出。

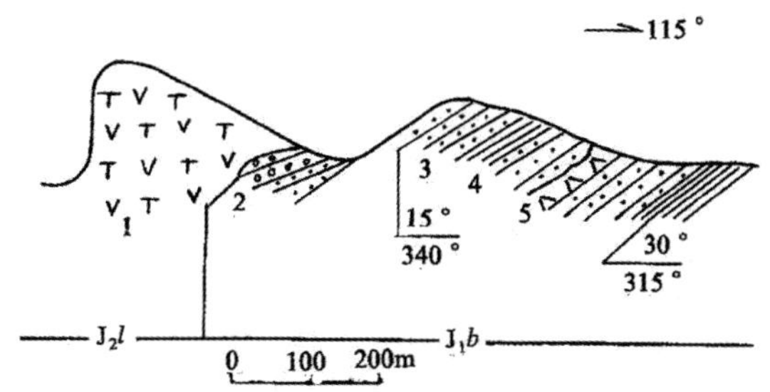

图10-4　崔家洼北票组地层中夹的火山岩

1—粗安岩；2—砾岩；3—砂岩；4—页岩；5—流纹岩

2. 燕山一期北西向构造——安山岩喷

①郝素琴. 《柳江火山—构造盆地基本特征》纪念东北工学院建校40周年科学报告论文集 秦皇岛分院分册，1990：70-75.

出、闪长玢岩侵入旋回。闪长玢岩脉在潮水峪充填在北西向主压性断裂之中(图11-18c)，在老炼炉、青龙山闪长玢岩体呈北西向分布，也可能与北西向构造有关。

3.燕山二期南北向构造——流纹岩、石英斑岩喷发—花岗岩侵入旋回(区内未见花岗岩侵入体)。火山岩主要分布在山羊寨、傍水崖、崔家洼等地，呈层状、似层状夹于侏罗系北票组地层中(见图10-4)，或呈岩枝状充填于构造裂隙之中，岩性主要为流纹岩、流纹斑岩、流纹质火山凝灰岩。

该旋回分为两个亚旋回，与区域上的中性至酸性火山岩相对应。以角度不整合覆于北票组之上。

①第一亚旋回

A.爆发相。呈层状、巨厚层状异岩不整合于侏罗系北票组之上，厚度约300米，岩性以安山质火山角砾岩和火山集块岩为主，全区均有出露。

B.溢流组。呈岩被覆盖在火山碎屑岩或基底岩系之上，主要分布在柳江向斜和拿子峪向斜核部。岩性为粗安岩。

C.侵出相。分布在义院口、大洼山、老君顶一带，呈岩筒状分布在中心式火山口附近，规模不大。岩性为碎斑粗安岩。

D.次火山岩相。分布在柳江向斜火山口外围或火山岩中。呈岩枝、岩墙充填在火山构造盆地之放射状裂隙中，如沿小王山放射状断裂充填的粗安斑岩岩枝，大石河抽水站旁的粗安斑岩岩枝。

②第二亚旋回。受岩浆主期形成的NE向断裂控制，呈带状分布，规模较小。

A.爆发相。分布在傍水崖至抽水站一带，呈岩墙、岩穹分布于第一亚旋回火山岩中。岩性为粗面质火山角砾岩、集块岩。崖至抽水站一带。

B.侵出相。在傍水崖至抽水站一带，呈岩穹、岩墙产于第一亚旋回火山岩顶部。岩性为玻基辉橄岩、碱性玄武岩。

4.燕山三期北北东向构造——流纹质、粗面质、粗安质火山熔岩、凝灰岩、火山角砾岩与集块岩喷发，花岗闪长岩、花岗岩、石英正长斑岩侵入旋回。该旋回喷出的火山岩仅分布在实习区东南隅蟠桃峪一带，喷发活动受NNE向压性或压扭性断裂控制。爆发相分布在蟠桃

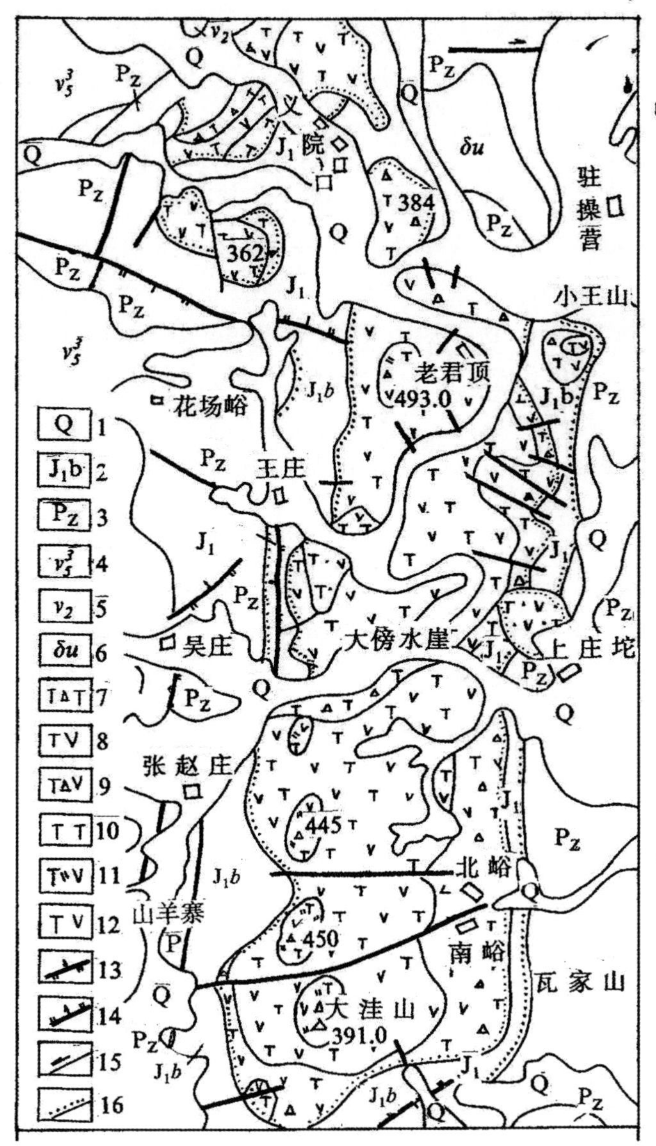

图10–5　柳江盆地火山岩相分布图　（郝素琴）

1—第四系；2—北票组；3—古生界；4—燕山期花岗岩；5—绥中花岗岩；6—闪长玢岩；7—粗面质火山碎屑岩；8—粗安岩；9—粗安质火山碎屑岩；10—粗面岩；11—碎斑粗安岩；12—粗安斑岩；13—逆断层；14正断层；15—二级火山喷发旋回；16—角度不整合

峪，溢流相分布在后石湖山岩体外围。呈层状以异岩不整合覆盖在前中生界地层之上，岩性为流纹质、粗面质、粗安质火山熔岩、火山凝灰岩、火山角砾岩和火山集块岩。

（二）火山构造

A.中心式火山口及中央侵出相岩穹

分布于柳江向斜轴线平行的裂隙——中心式火山喷发带中，有几个主要岩浆喷发中心，即呈中心式喷发的火山口，如老君顶、445高地、450高地、大洼山等。这些火山口呈椭圆形NNE向多字形斜列，直径一般长十几米，火山口呈岩穹、岩锥状侵出相熔岩充填。从火山口向外依次是侵出相—溢流相—爆发相(见图10-6)。

此外，还有位于中心式火山口附近的离心式火山口，如小王山亦有侵出相充填的离心式火山口。

B.裂隙式火山喷发带及带状火山锥

岩浆活动晚期残余岩浆以侵出式喷发。受岩浆活动主期形成的断裂构造控制，形成了位于火山锥旁侧的带状火山锥，或零星分布在主火山岩体顶部的火山锥，如位于老君顶南侧的偏碱性玻基辉橄岩岩墙或火山碎屑岩岩锥、抽水站附近蓝旗组顶部碱性玄武岩，以及义院口呈带状分布的粗面岩岩锥。

此外，后石湖山岩体也是沿着晚侏罗世孙家梁组中心式火山喷发通道侵入的岩体。火山岩呈环状或半环状分布在岩体外围。

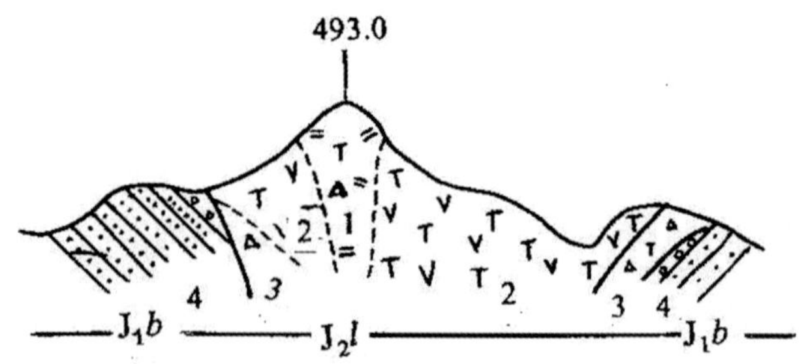

图10-6　老君顶火山构造剖面图　（据郝素琴）

1—侵出相碎斑粗安岩；2—溢流相粗安素岩；3—爆发相粗安质火山碎屑岩；4—河流、湖泊相砂砾

（三）火山岩类型

实习区火山岩类型比较多，按形成环境、喷发物形态可分为流体相火山熔岩、固体相火山碎屑岩以及喷出与侵位之间过渡相次火山岩。按矿物成分和化学成分可分为超基性玻基辉橄岩、基性碱性玄武岩、中性粗安岩以及酸性流纹岩。现择其主要类型描述如下：

1.**超基性岩**。该类岩石仅在石门寨西北北峪南约200米小路上发现，呈岩墙产于蓝旗组火山碎屑岩中，宽不到1米，岩石呈深灰色，致密块状。镜下具斑状结构，斑晶多为细粒辉石、橄榄石。其中橄榄石多已蚀变为蛇纹石或被碳酸盐交代。基质几乎无色、低突起。辉石、橄榄石呈自形粒状，橄榄石多已蛇纹石化或被碳酸盐交代，但仍保留其晶形。据火山岩化学成分特征表(见表10-3)，SiO_2含量<45%，属偏钙碱性玻基辉橄岩。

2.**基性岩**。基性火山熔岩主要分布在抽水站附近的蓝旗组顶部。岩石呈黑绿色，斑状结构。斑晶为辉石、斜长石(偏中性)。含不透明矿物，基质为隐晶质。据火山岩化学成分特征表(见表10-3)，SiO_2含量在45%—52%，之间，属正常类型钙碱性玄武岩。

3.**中性岩**。中性火山岩主要分布在中侏罗世蓝旗组火山岩系第一亚旋回。岩石类型为玄武粗安质-粗安质火山熔岩、火山碎屑岩及次火山岩。据火山岩化学成分特征表(见表10-4)，SiO_2含量在52%—65%之间，属正常类型钙碱性安山岩。此外，晚侏罗世蓝旗组火山岩系还有中性粗安质、粗面质火山熔岩及火山碎屑岩。

A.**火山熔岩**。中性火山熔岩有玄武粗安岩、粗安岩和粗面岩。玄武粗安岩按岩石特征分为辉石粗安岩、辉石角闪粗安岩和玄武粗安岩。现择其主要类型描述如下：

粗安岩：深灰色，斑状结构，斑晶占岩石总量的20%。斑晶由斜长石、钾长石和少量角闪石、辉石组成。斜长石占斑晶的80%，半自形-他形，钠长石具聚片双晶，奥长石(An=17—23)具环带结构。钾长石占斑晶总量的15%，半自形-他形，具卡氏双晶。普通角闪石、辉石占斑晶总量的5%左右，半自形-他形，基质由大量的斜长石、钾长石和平行排列的微晶组成。微粒辉石、角闪石、磁铁矿散布其间，构成交织结构。

玄武粗安岩：灰黑色，斑状结构，块状构造。斑晶占岩石总量的5%，有辉石、斜长石。辉石自形-他形，粒度在0.1—1毫米之间含量较多。斜长石为中-奥长石(An=27—32)，具有环带结构和卡纳复合双晶。钾长石少于斜长石，为半自形-他形，具卡氏双晶。局部见高岭土化，薄片中偶见伊丁石、蛇纹石化橄榄石。基质由大量斜长石、钾长石微晶组成。呈杂乱无序分布，粒间有辉石、磁铁矿微晶及少量玻璃质。呈间隙-间粒结构。

粗面岩：浅灰-灰白色，斑状结构，块状构造。斑晶占岩石总量的15%，粒径在0.5—2毫米之间，主要为钾长石、斜长石和少量石英。钾长石为半自形-他形，具卡氏双晶。斜长石自形-半自形者，属奥长石(An=15±)，具聚片双晶。石英为他形、粒状。基质为微晶钾长石、斜长石和少量石英、黑云母、不透明矿物。基质中微晶钾长石平行排列，构成粗面结构。

B.火山碎屑岩。中性火山碎屑岩主要为粗安质-玄武质的正常火山碎屑岩类，火山熔岩次之，沉积火山碎屑岩少见。正常火山碎屑岩以火山集

表10-4　实习区火山岩化学成分特征表

化学成分	钙碱性玻基辉橄岩（%）	钙碱性玄武岩（%）	玄武粗安岩（%）
SiO_2	39.06	51.90	57.59±2.31
TiO_2	2.20	0.85	0.58±0.14
Al_2O_3	10.60	16.64	16.8±0.79
Fe_2O_3	3.89	4.29	4.06±1.19
FeO	7.05	3.79	2.24±0.93
MnO	0.18	0.12	0.11±0.02
MgO	9.01	6.14	3.29±1.25
CaO	13.71	6.68	5.60±1.29
Na_2O	1.55	2.98	4.014±0.69
K_2O	1.23	2.58	2.74±0.60
总计	88.48	95.97	96.76

据原长春地质学院《秦皇岛实习基地地质概要》

块岩、火山角砾岩为主，次为火山凝灰岩，碎屑物质与胶结物成分一致。

粗安质火山角砾岩：灰绿色，火山角砾状结构。角砾占岩石总量的50%—90%，呈棱角状，粒径在2—64毫米之间的为50%以上。角砾成分为粗安岩，胶结物基本与角砾成分一致，但结晶粒度较细。

C.次火山岩。次火山岩呈岩枝、岩墙分布在柳江火山构造盆地火山岩中或其外围。岩性为粗安岩，呈灰绿色，斑状结构，块状构造。斑晶占岩石总量的10%—15%，由斜长石(An=30—35)、钾长石、普通角闪石组成。斜长石具卡纳复合双晶，普通辉石和普通角闪石含量较少，自形-半自形，已经帘石化。基质由细粒斜长石、钾长石和少量他形辉石、角闪石、黑云母组成，具二长结构。

4.酸性岩。中、晚侏罗世酸性火山岩有火山熔岩（流纹岩）、火山碎屑岩(主要为凝灰岩)及次火山岩(流纹斑岩)。

流纹岩：呈灰绿色，斑状结构，流纹构造。斑晶为石英、透长石及少量黑云母，占岩石总量的10%。石英呈熔蚀状或碎粉状，占斑晶的80%。透长石呈自形-半自形，占斑晶的10%—15%。黑云母呈自形-半自形，占斑晶的3%—5%。偶见少量角闪石呈半自形，具暗化边。基质为隐晶的长英质和少量不透明矿物，流动构造明显。亦有基质呈球粉结构（纤维状长英质雏晶呈放射状排列）。球粒粒度约为0.5毫米，球状周围被霏细状长英质充填。黑云母、角闪石被暗化。

流纹质凝灰岩，依据碎屑结晶程度分为流纹质玻屑凝灰岩、流纹质晶屑玻屑凝灰岩。

玻屑凝灰岩：呈灰白色，玻屑凝灰结构，层状构造，主要成分为玻屑，火山灰及少量晶屑、岩屑。玻屑占岩石总体积的30%—40%，粒度＜0.5毫米，多呈弧面多角形，有的玻屑因脱玻化而有氧化铁析出；晶屑占岩石总体积的5%—10%，粒度在0.3—0.5毫米之间，主要为石英、透长石，呈棱角状，石英具玻状消光；岩屑占岩石总体积的2%—3%，为一些岩石碎块；火山灰占总体积的50%—60%，呈灰点状，成分为玻璃质。

流纹斑岩：见于吴庄垭口，呈岩席状侵入于下寒武统凤山组地层中，呈灰白色，球粒结构，镜下见有粒度为0.03毫米的微晶斜长石，个别具有环带状和钠长石双晶。此外，见有钾长石雏晶，呈球粒状，石英充填于球粒之间。

综上所述，实习区岩浆活动属于弱造山环境，是华北地台处于长期稳定构造环境下再度活动的结果，构造运动的方式是以断裂为主，褶皱为辅；活动时间主要在海西—印支运动和燕山运动。因此，实习区岩浆活动的特点与中国东部中生代岩浆活动的特点和岩石组合是一致的。

§3. 变质作用及变质岩

实习区变质作用分接触变质作用、区域变质作用和区域混合岩化作用。

一、接触变质作用

接触变质作用是伴随岩浆侵入与围岩间发生的一种变质作用。围岩因受岩浆散发的热量和挥发影响发生重结晶或接触交代作用生成新矿物，改造原岩的结构、构造，形成一种新的岩石，叫热接触变质作用。如果在接触带上有成分带出、带入生成新的矿物，叫接触交代变质作用。

1.热接触变质作用。在刘家坊、花厂峪一带，响山花岗岩体（γ_5^3）与下寒武统毛庄组和中寒武统徐庄组、张夏组之页岩、泥灰岩和石灰岩的接触带上见有不同程度的热变质作用，有明显的重结晶，泥质岩石受热变黑、变硬，密度增大，变余层理清楚可见，绝大部分已经达到角岩化。如在刘家房见到泥质岩石变成了堇青石角岩，局部地段灰质泥岩变成了钙硅酸盐角岩，部分石灰岩重结晶变成了大理岩。在这个过程中，没有物质成分的带出、带入。

2.接触交代变质作用。主要见于杜庄至小王庄一带，响山花岗岩体（γ_5^3）与下、中寒武统碳酸盐岩的接触带上，以辉石柘榴矽卡岩为代表。此外，还有硅化灰岩、透闪石大理岩、阳起石大理岩、硅灰石大理岩。并有磁铁矿化、铜铅锌矿化以及接触带上以萤石矿化为特征。

透辉柘榴矽卡岩主要矿物有钙铁榴石、透辉石-钙铁辉石（亦有些石榴石、透辉石被绿帘石、透闪石-阳起石、绿泥石、方解石、石英交代）以及磁铁矿、黄铜矿等金属矿物。接触交代变质作用产生新的变质矿物是其主要特点。

二、区域变质作用

区域变质作用是在大范围内，随着沉积物沉积厚度和沉降深度的增加，受地热影响，增温增压以及岩浆热流作用，使岩石结构、构造和矿物成分发生变化的一种地质作用。因与岩浆作用、构造运动有一定联系，所以又称为造山变质作用。但区域性热流增高是发生区域变质作用的主要因素，其特点是原岩在温度、压力和化学活动性流体作用下，岩石中矿物普遍发生重结晶和重组合，并产生片理化和柔性变形，形成“结晶片岩”。

实习区区域变质岩是以绥中混合花岗岩体中的残留体形式出现，但仍具有老基底变质岩的特点，岩石类型相当丰富。例如，分布在吴家房—鸡冠山、北戴河海滨联峰山公园等地的黑云母斜长片麻岩、角闪斜长片麻岩、斜长角闪岩、浅粒岩、角闪岩以及各种片岩。现择其主要岩石类型描述如下:

1.斜长角闪岩。呈绿黑色，中—细粒粒状变晶结构，片麻状构造，主要矿物普通角闪石（＞40%）、绢云母化斜长石（＜60%）以及少量辉石、绿泥石化黑云母等。

2.角闪石岩。黑绿色，粒状变晶结构，块状构造，主要矿物有普通角闪石（＞80%），辉石（10%），以及少量黑云母、斜长石、磷灰石。

3.角闪斜长片麻岩。绿黑色，中粗粒变晶结构，片麻状构造。主要矿物有斜长石(钠-更长石，占岩石总量的45%—60%)、绿帘石-黝帘石化角闪石(含变余辉石，占岩石总量的15%)和少量分布在角闪石周围的黑云母、石英等。

三、区域性混合岩化作用

在区域变质作用期后，地壳内部热流温度升高，变质岩中低熔矿物组分产生重熔(溶)的流体相，并对已经形成的变质岩进行交代作用、交代结晶作用和贯入作用，形成一种介于变质岩与岩浆岩之间的岩石类型，这种转化作用叫区域性混合岩化作用。混合岩依据脉体混入成分的多少分为混合岩化变质岩、注入混合岩、混合片麻岩和混合花岗岩。

1.混合岩化变质岩。变质岩中出现轻微的混合岩化现象，脉体数量＜15%，是介于混合岩与正常结晶片岩之间的过渡类型，如混合岩化斜长角闪片麻岩、混合岩化斜长角闪岩。

2.注入混合岩。脉体数量在15%—50%之间，脉体与基体界线清楚。以注入作用为主，局部有交代作用，如角砾状混合岩、眼球状混合岩、条带状混合岩。

3.混合片麻岩。脉体数量＞50%，由于广泛的交代、交代结晶和交代重结晶一系列复杂变化，使花岗质脉体与变质岩残留体无明显区别和界线，暗色矿物可能也不代表原来变质岩中的矿物残余。残余的暗色矿物黑云母和少量角闪石等呈条带状排列，形成条带状混合片麻岩，如在张岩子见到的混合片麻岩。

4.混合花岗岩。董申保(1917—2010，江苏常州人)把花岗岩分为地壳重熔型花岗岩(S型)和地幔分异型花岗岩(I型)，而地壳重熔型花岗岩(S型)又分为混合岩化型花岗岩和岩浆型花岗岩两个亚类。结合前人的资料和野外观察，我们认为实习区张岩子、吴家房、鸡冠山等地的花岗岩属地壳重熔型花岗岩(S型)，且混合岩化型花岗岩和岩浆型花岗岩不仅共存，而且在时间上常常是岩浆型花岗岩叠加在混合岩化花岗岩之上。

实习区混合花岗岩大体经历了两个阶段。首先是区域变质作用期后出现的混合岩化作用，把原来的变质岩改造成混合质变质岩。其特点是混合岩化轻微，呈面型分布。既不存在一个混合岩化中心，也划分不出来不同级别的混合岩化带。岩石中条带与基体界线清楚，脉体成分为长英质，脉体总量少于岩石总量的50%，其岩石易于鉴定。第二阶段是在此基础上叠加花岗岩化所具有结晶结构，受构造控制明显。

实习区出露的混合花岗岩是绥中花岗岩（γ_2）的一部分。主要分布在绥中县明水塘、九门口附近，故有人称绥中花岗岩，受EW向构造控制。据前人资料介绍①，实习区有两期混合岩化作用：第一期为区域注入式钾质交代，即同位素年龄为距今21.4亿—18.6亿年的混合岩化期；第二期为注入式硅质交代，沿片理注入的石英脉体切穿前期长英质混合条带。即同位素年龄为距今18.2亿—17.5亿年的花岗岩化期。混合岩化中心为混合花岗岩或少量的斑状混合岩，中带是分布最广泛的均质混合岩，外带是混合杂岩。张岩子、秦皇岛东山码头、北

①河北省地质局 1974，中华人民共和国区域地质测量报告 1:20万 山海关幅 。

戴河海滨都是中带均质混合岩。

实习区混合花岗岩是以混合岩化作用为主，晚期花岗岩化具有明显的结晶结构，但因限于实习区的工作范围或研究程度未发现明显的花岗岩浆侵位现象。因此，我们把实习区内出露的绥中花岗岩暂定为以混合岩化作用为主，并带有岩浆作用的混合花岗岩。

§4. 沉积岩岩石类型及岩石特征

一、陆源碎屑岩类

陆源碎屑岩类是指成岩物质直接来源于古陆剥蚀区，经过机械搬运至沉积场所沉积固结形成的岩石。按颗粒大小分为砾岩、砂岩、粉砂岩和泥岩。

1.砾岩。实习区砾岩按所在的地层层位分为两种类型：一种是在大旋回底部，即在假整合或角度不整合界面上的底砾岩。如龙山组底部硅质砾底砾岩、府君山组底部泥灰质砾底砾岩、馒头组底部泥灰质砾底砾岩、本溪组底部白云质灰岩砾底砾岩以及北票组底部各种砂质砾底砾岩。这些砾岩的砾石来源是古陆剥蚀区。另一种是层间砾岩，如石千峰组中部层间砾岩(砂页岩沉积韵律的底部，但砾石的成分为砂质、泥质及燧石)、北票组层间砾岩(砾石成分为各种砂岩及燧石)，这些砾岩的砾石来源是水盆内部或滨海相潮上带。

此外，还见有一种溶洞塌落角砾岩，如在揣庄北亮甲山组厚层微晶石灰岩之溶洞中塌落的角砾岩。更有趣的是，在吴庄垭口见到一种滑塌角砾岩，角砾成分为张夏组鲕状灰岩、叠层石灰岩。这些角砾已经被角岩化的泥质岩石胶结，角砾滑落在吴庄背斜核部徐庄组的纵张断裂带中。可见断裂带向下延伸之深。

2.砂岩。按砂粒成分为石英砂岩、长石石英砂岩、长石砂岩、岩屑长石砂岩及长石岩屑砂岩。按基质成分，含杂基＞15％者，为杂砂岩，含杂基＜15％者，为净砂岩。

A.石英砂岩。单晶石英成分占90％以上，含少量燧石、硅质岩屑和重矿物。胶结物为硅质，次生胶结普遍。母岩通常是花岗岩、花岗片麻岩、变质石英岩。经过长期风化、剥蚀、搬运，抗风化能力强的石英被保留下来，沉积在地形起伏不大、温暖潮湿的滨海或浅海地带。石英砂岩按基质又分为净砂岩和杂砂岩两类。前者水动力簸选作用强，泥质杂基已经被冲走，结构属颗粒支撑类型；后者水动力簸选作用弱，杂基多，粉砂和泥质混积，结构属基质支撑类型。

石英砂岩因沉积环境不同，颗粒成熟度不同，在不同层位上表现为不同颜色。颜色与胶结物、杂质的颜色有关。如青白口系龙山组上部石英砂岩为白色，含海绿石带有浅绿色；石炭系石英净砂岩为深灰色；侏罗系北票组的石英净砂岩为深灰色。

B.**长石石英砂岩**。含长石在10%—25%之间，含石英在75%—90%之间。长石石英砂岩也可以根据基质分为长石石英净砂岩和长石石英杂砂岩。

长石石英净砂岩在不同层位上颜色也不同，如青白口系龙山组长石石英净砂岩为灰白色，风化后为黄白色，颗粒成熟度低；北票组长石石英净砂岩为灰色，风化后为灰黑带褐色；在剖面上长石石英净砂岩往往位于石英净砂岩之下。上层石英成熟度高，长石被分解。长石石英杂砂岩仅分布在北票组地层中，风化后为暗褐色，新鲜面为灰黑色，属大陆湖泊相沉积。水动力簸选作用弱，磨圆度低。

C.**长石砂岩**。含长石＞25%，长石成分为正长石、微斜长石和酸性斜长石，石英含量＜75%。母岩是花岗岩或花岗片麻岩，经过短期风化、剥蚀、搬运后，长石还未分解就迅速堆积下来，沉积在地形起伏大，构造运动强烈的地区。长石砂岩也可以根据基质分为长石净砂岩和长石杂砂岩。两者在颜色上、碎屑含量上、磨圆度上及分选等方面没有明显差异，只是支撑类型不同。长石杂砂岩，杂基含量＞15%，明显呈基质支撑结构。长石石英净砂岩属颗粒支撑结构。

D.**岩屑长石砂岩**。石英含量＜75%，岩屑和长石含量＞25%，且岩屑含量少于长石。按基质可分岩屑长石净砂岩和岩屑长石杂砂岩。

岩屑长石净砂岩，呈土黄色、黄褐色，新鲜面黄白色、灰白色带黄色。磨圆度低，分选也差，肉眼可见岩屑。岩屑长石杂砂岩，色深，为发绿的灰黑色。

E.**长石岩屑砂岩**。石英含量＜75%，岩屑和长石含量＞25%，且岩屑含量多于长石。按基质可以分为长石岩屑净砂岩和长石岩屑杂砂岩。颜色因岩屑含量增加普遍较深，呈灰绿色，风化后带铁锈色。

3.粉砂岩。由粉砂级碎屑组成的砂岩，称粉砂岩。颗粒以石英为主，长石、岩屑少见，有时有较多的白云母。填隙物为钙质、铁质和黏土质。颜色与混入物的颜色有关，如浅海相粉砂岩颗粒成分以石英、海绿石和白云母为主，颜色浅；大陆湖泊相因含有机质，虽然颗粒成分也以石英为主，但颜色较深，为深灰、灰黑色。而干燥炎热条件下沉积的粉砂岩，因含Fe^{3+}而呈现出紫红色。粉砂岩是经过长期风化、剥蚀、搬运，在相对比较平静的水体中沉积的。

4.泥岩。层理或页理均不明显的黏土质岩石，称为泥岩。主要由黏土矿物(水云母、高岭石、蒙脱石等)组成，其次为碎屑矿物(石英、长石、云母等)、后生矿物(绿帘石、绿泥石等），以及铁、锰和有机质。质地松软，固结程度较页岩弱，重结晶不明显。

不同沉积环境下形成的泥岩，在成分、颜色上也不同。如龙山组、景儿峪组的泥岩因含铁矿物，如赤铁矿、褐铁矿、针铁矿呈暗紫色、紫色。此种泥岩属滨海潮上带氧化条件下沉积；徐庄组、张夏组的泥岩因含适量碳酸钙而呈黄绿色、灰色，属滨海潮间带或滨海潮下带沉积。硅质泥岩，SiO_2含量较高，不含或极少含铁质矿物和碳酸盐矿物，常与铁质岩、硅质岩、锰质岩相伴生。泥岩具有吸水、黏结、耐火等性能，是砖瓦、陶瓷等建筑业的石材。

二、内源岩类

内源岩是指成岩物质直接来源于水体。沉积方式是机械沉积、化学沉积和生物化学沉积。按沉积方式分为内源碎屑沉积岩、内源化学沉积岩和内源生物化学沉积岩。

1.砾屑灰岩。砾石为薄饼状，是海盆中沉积物暴露水体外，晒干成半固结状态，被冲刷破碎，再次被碳酸盐胶结成岩，属同生沉积作用产物。按磨圆度和分选程度分为异地砾屑灰岩和原地砾屑灰岩。原地砾屑灰岩磨圆差，分选差。很可能是潮上带沉积物被晒干后，涨特大潮时被带到浅海沉积下来的，搬运距离短，磨圆差、分选差。时为海侵，潮上带变成潮下带，在原地被胶结沉积成岩。

A.灰色砾屑灰岩。砾石呈薄饼状，长轴几厘米至十几厘米，短轴1—2厘米，砾石扁平面与岩层层面基本一致。异地砾屑灰岩经过一段距离搬运，砾石磨圆度高，分选好；原地砾屑灰岩砾石仍保留碎屑棱角，分选差，是快速堆积的产物。灰色砾屑灰岩主要分布在张夏组、冶里组。

B.**紫色砾屑灰岩**。砾石表面带一层紫红色氧化圈。砾石在层内呈放射状、菊花状及不规则状杂乱堆积。砾径几厘米至十几厘米不等，分选性差，砾石形状为次棱角状、棱角状。砾石成分为泥晶灰岩、生物泥晶灰岩、泥质灰岩等岩屑。填隙物是泥晶、粉晶和砂屑。偶见鲕粒和生物碎片，由无亮晶方解石胶结。胶结类型既有基质支撑结构，也有颗粒支撑结构。砾石排列无序，其形成环境与风暴潮汐有关，能量巨大的风暴面波侵袭、冲刷海底沉积物，席卷未固结和弱固结的潮上带沉积物，沉积物破碎后形成砾屑，风暴过后堆积形成粒序层，见于上寒武统崮山组。

2.**生物碎屑灰岩**。含生物遗体碎屑量>50%，生物遗体被冲刷“解体”，按碎屑搬运、沉积的特点分选，如方头虫的活动颊、颊刺集中在一起，后被方解石胶结，主要见于上寒武统凤山组上部层位。

3.**鲕状灰岩及含砾屑鲕状灰岩**。鲕粒为钙质，同心圆状，分鲕核和同心层两部分。鲕核常以微晶灰岩粉屑为主，个别为生物粉屑。在搅动海水中形成以鲕核为中心的隐晶质同心层，鲕粒呈接触式胶结。鲕状灰岩主要分布在中上寒武统徐庄组、张夏组及崮山组。如徐庄组顶部暗紫色页岩夹鲕状灰岩透镜体(鲕状灰岩普遍硅化)。张夏组中部、底部为含砾屑鲕状灰岩。底部以含生物砾屑鲕状灰岩为主，中部多为含鲕状灰岩砾屑及生物鲕状砾屑。共生的三叶虫化石在不同层位上种属也不同，生物发育程度也略有不同。

鲕状灰岩形成于浅海搅动带，三叶虫死亡后的遗体被破碎、搬运与鲕粒一起沉积，沉积后，含鲕粒的沉积物(未固结或弱固结)也可以再次被破碎成角砾与正在沉积的鲕状灰岩一起再沉积。由纯鲕状灰岩到含生物砾屑鲕状灰岩，再到含鲕状灰岩砾屑的鲕状灰岩，形成的水动力条件是由海水搅动环境海水强搅动由弱到强，再到冲刷搅动环境。

4.**泥屑、砂屑、砾屑白云质灰岩**。岩石中具有碎屑沉积特点，如斜层理、水平层理，表面有粒度感，与化学沉积岩的特点不同。

5.**微晶灰岩**。新鲜面为青灰色，风化后呈浅灰色，结晶颗粒肉眼难以分辨。显微镜下呈不规则他形镶嵌结构，岩石内部构造均匀。常呈薄层、中层或厚层块状构造，属浅海相较深水环境下沉积。常见燧石结核或燧石条带。

6.**泥晶灰岩**。泥质含量在25%—50%，风化后有泥状物出现，呈土黄色，新鲜面为浅灰色，滴稀盐酸(15%)激烈起泡及泥状物浮起。实习区泥晶灰岩呈薄层状或条带状产出，位于海侵层位的上部，是浅海相较深水环境下形成的岩石，常见于寒武系、奥陶系下部。

7.**微晶白云质灰岩**。含白云石在25%—50%，白云石富集处为肉红色，有交代方解石特征。主要分布在马家沟组上部，属浅海相较深水环境下沉积，往往出现在海退层序的上部，其下是泥质灰岩或微晶灰岩。

8.**细晶白云岩**。肉黄色，中细粒结构，是交代方解石形成的岩石。常与白云质灰岩共生，含燧石结核或燧石条带，分布在马家沟组上部。

9.**虫孔状灰岩及豹皮状灰岩**。在灰泥质沉积物中出现底栖生物钻孔，孔道穿过细层并在成岩后得以保存，形成虫孔状灰岩，常见于亮甲山组底部。如果虫孔被白云质充填，风化后形成花斑状，称豹皮灰岩，与虫孔灰岩共生在一起，是浅海相较深水静水环境下形成的岩石。

10.**藻灰岩**。由钙藻堆积而形成的石灰岩，或者由藻类生命活动产生的石灰岩，称为藻灰岩。由藻体、藻体间填隙物和化学沉淀胶结物三部分组成。藻类在生命活动过程中分泌出一种含钙物质，促进海水中的钙质沉淀，构成坚硬的钙质鞘或钙质骨骼而直接形成岩石。根据岩石中所含藻类型不同划分出不同的岩石类型，如灰色隐藻灰岩、聚环柱状隐藻灰岩等。

11.**叠层石灰岩**。具有叠层构造的石灰岩，称为叠层石灰岩。叠层构造在剖面上呈向上凸起似倒置的一摞碗，内部由许多细纹层组成。形成于蓝绿藻丝状体分泌出来的胶状黏液，并捕获各种灰泥球粒形成富屑纹层，然后由于藻细胞生长、分布在富屑层表面，形成富藻纹层，如此往复形成叠加构造。此种岩石可用来鉴定地层是否倒转及层位对比。叠层石灰岩常见于张夏组上部、崮山组下部，形成于潮汐环境。

§5. 地质构造

地质构造是地壳运动在岩石中留下的变形记录。一个构造单元的构造特征有两层含意：一是构造单元内构造层的叠合数，二是每一个构造层所具有的构造形迹(结构面)特征。

所谓构造层是指在地质历史发展到一定阶段，在特定的大地构造环境中(地壳运动的性质、幅度)形成的一套沉积建造，以及伴随的岩浆活动、区域变质作用和构造形态的组合。在时间上，反映这类地壳运动出现的时代和时间范围；在空间上，反映这类地壳运动在延续的时间内所波及的范围(指平面范围)和影响深度。每一个构造单元都有自己代表性的构造层，而每一个构造层的发展都要继承它前身构造层的特征作为自己发展的基础。地壳演化的不同阶段，构造单元内包含构造层叠合数有多寡之分，构造层的构造形态有简单和复杂之分。通常采用具有代表性的构造层之间形成的角度不整合界面、构造层内的沉积建造、岩浆作用和变质作用来划分构造旋回与构造期次。依据构造层内展布的构造形迹来分析构造运动的力学性质，以及作用前的物质基础和构造背景。

根据上述构造层概念，结合本地区角度不整合界面及沉积建造、岩浆作用和变质作用特点，实习基地被划分为三个构造层，两个角度不整合界面。并以柳江向斜下构造层(Ⅱ)作为代表性构造层：

Ⅲ　中生界构造层(柳江向斜上构造层)；

Ⅱ　新元古界—古生界构造层(柳江向斜下构造层)；

Ⅰ　古元古界基底构造层(绥中花岗岩γ_2)。

一、基本构造特征

柳江向斜是一个近NS向延伸不对称的短轴向斜。其大地构造位置属燕山沉降带山海关古陆，山海关隆起南缘。山海关古陆由遵化、锦州、昌黎构成的三角地带(见图3-1B)。

（一）褶皱构造

1.古元古界基底构造层

古元古界基底构造层(Ⅰ)受区域变质作用、混合岩化作用、花岗岩化作用及构造变形之强烈改造，成为一种与花岗岩成分相当的岩石块体。原沉积岩层构造形迹已无法辨认，仅在绥中花岗岩体(γ_2)中见有新太古代界变质岩残留体。

2.柳江向斜下构造层

柳江向斜下构造层(Ⅱ)是实习区构造单元具有代表性的构造层，后期改造和增筑都是在这个基础构造上进行的。分布广泛，西至鸡冠山—花厂峪，北至板厂峪—东王庄，东至黄土营—蟠桃峪，南至拦马庄—鸡冠山一线。南北长16千米，东西宽11千米，面积为176平方千米。北、东、南三侧出露基底构造层绥中花岗岩体(γ_2)，西侧出露响山花岗岩体(γ_5^3)之边缘相。

柳江向斜下构造层(Ⅱ)，东翼区岩层西倾，平缓而稳定，倾角一般在10°—25°之间，局部达30°左右，属简单构造类型。西翼区出露面积窄，宽度仅是东翼区的1/3，岩层东倾，倾角在40°—50°之间，受南北向冲断层影响，个别地段倾角达86°，在秋子峪、山羊寨等地甚至出现岩层倒转，地层出露不全，属复杂构造类型。

向斜轴线在黑山窑—大洼山—老君顶一线，靠近西翼区，向斜轴面向西倾，倾角在60°—75°之间。向斜枢纽波状起伏，总趋势是向北扬起，南部转折端在付水寨、黑山窑一带，岩层走向有明显的转折。南部转折端，由北而南，岩层走向由NS向、NNE向、NE向、EW向、NW向、NNW向、NS向。在黑山窑后村，石千峰组岩层走向近EW向，向北倾，倾角45°(见图11-25)。北部转折端在拿子峪、板厂峪、东王庄一带，岩层走向由NS向、NE向、EW向，再转为NW向。因此，柳江向斜下构造层(Ⅱ)是一个不对称的NS向短轴向斜，向斜轴线是正南正北的。柳江向斜下构造层(Ⅱ)二级褶曲有近NS向、EW向，分别与NS向构造和EW向构造有关，因是短轴向斜，不管是EW向，还是NS向都是再次活动的产物。现将柳江向斜两翼二级褶曲构造描述如下：

① NS向褶皱

柳观峪—秋子峪背斜(Ⅱ-1)。该背斜分布在西翼区柳观峪以东，秋子峪以南，呈NNE向延伸，出露长度为1.8千米，宽度为0.3千米。核部出露府君山组石灰岩，延伸至汤河北岸，则出露毛庄组紫红色页岩、粉砂岩，并逐渐倾没。在柳观峪以东，两翼出露岩层分别为馒头组、毛庄组、徐庄组和张夏组。北部被柳观峪东断层(F_{12}，右行)切割，断层走向N45° E，是NS向构造再次活动的产物。西翼岩层产状改为333°∠25° 、335°∠40° ，东翼岩层产状为80°∠28° 、90°∠3° 。

汤河以北，两翼分别出露徐庄组、张夏组地层。西翼岩层产状278°∠40° 、290°∠26° ，北部转折端岩层产状342°∠15° ；东翼岩层产状84°∠34° 。由于受NS向压性断裂影响，产状变为73°∠80° 、141°∠66° 。

该背斜受NE向右行扭动断裂切割。北端褶皱紧密不对称，西翼西倾，倾角为15° —26° ；东翼东倾，倾角为66° —85° ；南端基本对称，倾角在25° —28° 之间，背斜比较开阔。

张赵庄—吴庄背斜(Ⅱ-2)。该背斜分布在西翼区张赵庄、吴庄、花厂峪一带，呈NS向延伸，南北长4.5千米，东西宽0.5千米(见图11-21)。

该背斜核部出露徐庄组页岩，枢纽向南倾没，为一系列强烈挤压地应力作用形成的小褶皱和逆冲断层。两翼出露张夏组鲕状灰岩和崮山组砾屑灰岩。西翼岩层产状为297°∠43° 、256°∠37°、280°∠28°、290°∠35°；东翼产状为69°∠30° 、70°∠15° 、5°∠47° 、100°∠30°。该背斜北端被花厂峪—王庄断裂(F7，左行)、南端被吴庄一车厂断裂(F13，右行)切割，此为NS向构造再次活动的证据。在花厂峪以北，背斜向北倾没。核部有酸性岩席充填。东翼受NS向压性断层影响，岩层倾角变陡，甚至出现直立或倒转。

东部落西山短轴向斜(Ⅱ-3)。该向斜分布在东翼区东部落西山，南北长1.75千米，东西宽1.0千米。核部出露凤山组，两翼依次是长山组、崮山组和张夏组。向斜被东部落断裂(F6，右行)切割。南段地层产状：东翼为299°∠25° 、西翼(倒转翼)为275°∠15° 。北段地层产状：东翼为336°∠10° 、西翼(倒转翼)为280°∠10° 。此断裂是否为NE向构造的配套成分有待于进一步研究。

② EW向褶皱

秋子峪西向斜(Ⅱ-4)。该向斜分布在西翼区秋子峪西山梁上，发育在张夏组鲕状灰岩中，规模不大，EW向断续长400米，NS宽100米。北翼岩层产状为215°∠34°∠、213°∠33° 。南翼岩层产状为25°∠4° 、

331°∠27°。轴面产状359°∠86°，枢纽产状271°∠14°（见图10-7）。

严格地说，枢纽呈EW向波状起伏。可能是EW向构造，受到晚NS向构造叠加。

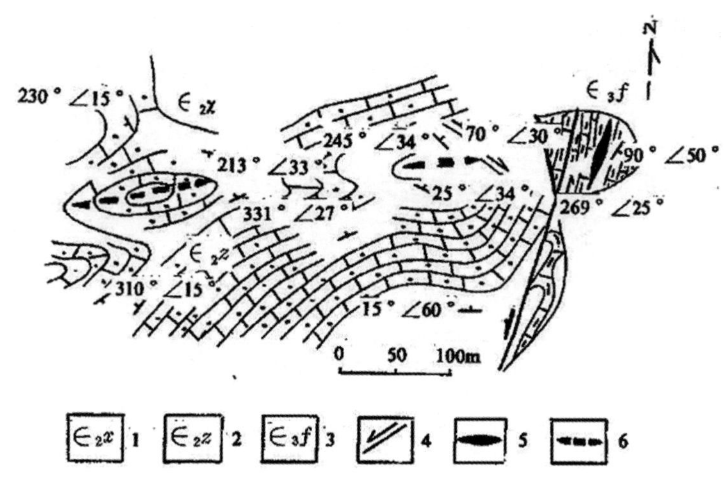

图10-7　秋子峪口北山向斜岩性平面图　（杨丙中）

1—徐庄组；2—张夏组；3—凤山组；

4—压扭性断裂；5—背斜轴；6—向斜轴

沙河寨东平缓褶曲(Ⅱ-5)。东翼区沙河寨东，河床西岸发育一组EW向平缓褶曲，出露地层为府君山组石灰岩和馒头组砖红色页岩。由北向南有两个背斜三个向斜，北端一向一背出露是府君山组石灰岩，背斜核部被酸性岩脉切穿。背斜南翼产状为185°∠18°，向南一背两向由馒头组砖红色页岩组成。背斜北翼产状为35°∠11°，背斜南翼产状为175°∠30°。向斜南翼岩层产状为320°∠20°，向斜轴面产状356°∠20°（见图10-8）。

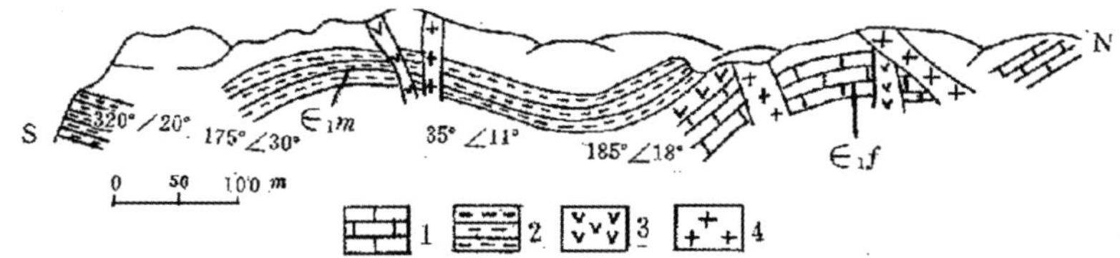

图10-8　沙河寨东河床西岸褶皱（Ⅱ-5）剖面图　（杨丙中）

1—府君山组石灰岩；2—馒头组页岩；3—中性岩脉；4—酸性岩脉

义院口背斜(Ⅱ-6)。该背斜分布在义院口公路旁，核部出露本溪组，两翼依次为太原组、山西组。核部被一条EW向压性断层切割。北翼岩层产状为340°∠44°，南翼岩层产状为193°∠25°，轴面产状为174°∠80°，枢纽产状为$L_1$265°∠10°。背斜向东延伸，核部被闪长斑岩占据(见图10-9)。

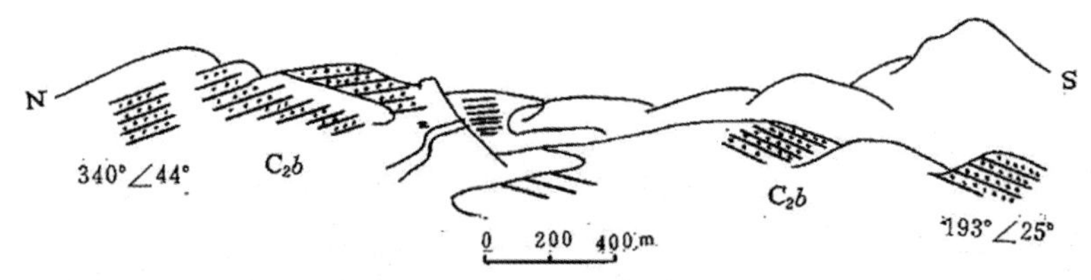

图10-9 义院口背斜构造剖面图 （杨丙中）

实习区二级褶皱，NS向褶皱与柳江向斜下构造层(Ⅱ)是同生的(海西运动)，也可能是NS向构造再次活动(燕山二期)的结果。规模小，延伸不长。EW向褶皱受NS向构造的抵制，规模也很小，延伸不长，与EW向构造是同生的(印支运动)。

3.柳江向斜上构造层

老君顶向斜(Ⅲ-1)。该向斜分布在大洼山—老君顶一线，呈NNE向延伸，长11千米，宽3千米。核部为蓝旗组火山岩系，倾角平缓，在10°—30°之间，两翼为北票组砂砾岩，西翼东倾，倾角在60°—70°之间。北杨庄一带岩层发生直立或倒转。东翼西倾，倾角平缓。小王庄以西岩层产状为275°∠23°，半壁店为297°∠20°，上庄坨为310°∠28°。

该向斜是在柳江向斜下构造层(Ⅱ)基础上发展起来的上叠构造，轴线呈NNE向延伸，轴面西倾，倾角80°以上，属燕山三期NNE向构造。

拿子峪向斜(Ⅲ-2)。该向斜分布在拿子峪、板厂峪一线，呈NE向延伸，长6千米，宽3—4千米。核部为蓝旗组火山岩，两翼为北票组砂砾岩。NW翼产状100°∠25°。SE翼产状346°∠44°、15°∠21°、10°∠32°，为一不对称向斜，地貌上为负地形。

（二）断裂构造

主压性结构面除了褶皱之外，还有逆冲断裂带或片理化带，实习区NS向、EW向、NW向主压性结构面，伴随有NE向、NW向和NS、EW向配套成分，但以NS向断裂最为醒目，其次是EW向断裂。断裂的活动强度和规模，均表现为西强东弱。断裂面力学性质，则表现为多期构造叠加。

1.NS向断裂

西翼区NS向逆冲断裂密集带（F_1）。该断裂带发育在西翼区柳观峪—秋子峪背斜（Ⅱ-1）东翼，张赵庄—吴庄背斜（Ⅱ-2）东翼，长达10千米。断裂带宽200—300米，断裂带附近岩层直立，甚至倒转，断裂带见有挤压透镜体，断层面呈舒缓波状，以及旁侧的牵引褶皱等压性断裂特征。其中有三条断裂从山羊寨向北延至大柳树一带。断层面向西倾斜，倾角大于66°，水平断距不大，在牌房砬子以西，仅断失山西组煤系地层，在张赵庄以南断失崮山组和长山组地层。这些断裂除切割了古生界岩层之外，在王庄以南，杨山、蒋山一带还切割了北票组砂砾岩层，致使北票组岩层产状紊乱，形成一系列NS向小褶皱。说明该组断层形成在北票组沉积之后，即燕山二期NS向构造再度活动，也可能被燕山三期NNE向构造改造、利用。

北林子—潮水峪断裂（F_2）。该断裂在北林子至浅水营一带呈近NS向延伸，在石门寨东门126高地，断层面向东倾斜，倾角为85°。西盘为张夏组鲕状灰岩、叠层石灰岩；东盘为亮甲山组石灰岩（含舌卷螺、满洲角石）。断裂带内为硅化角砾岩带，在平面上呈锯齿状，属正断层（见图10-10）。在126高地北采坑，断层面走向N25°E，倾向SE，倾角为60°。断裂带宽15米，由东向西依次是正长斑岩脉、硅化角砾岩带和石英脉，断裂带东侧见有10厘米宽的断层裂缝，内见断层泥、片理化带及断层面上竖直

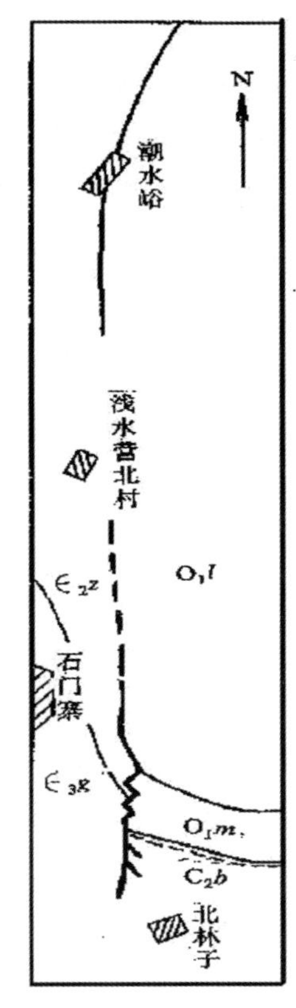

图10-10　北林子—潮水峪断层平面图

擦痕，表明该断裂在张性活动之前遭受过挤压。在潮水峪一带，断层走向N20°E，倾向SE，倾角85°(倾向实际上是EW向摆动)。上盘为凤山组泥质条带状灰岩，产状252°∠27°；下盘为冶里组厚层带状灰岩，断层面无论在走向上，还是在倾向上均表现为舒缓波状，断面上见有镜面等压性断裂特征(见图10-11)。说明该断层早期为MS向构造，后期为EW构造叠加，属先压后张的复合断裂。压是NS向构造，张是EW向构造。在断裂面上应该找到压和张两方面的断层证据。

安子岭—黄土营断裂（F_3）。该断裂由安子岭经英武山向北延伸至黄土营，长7千米，断层面向西倾，倾角70°—80°。西盘依次是府君山组、馒头组和毛庄组。府君山组直接与龙山组接触，断失景儿峪组，属正断层。但在东部落东山垭口处，该断层旁侧的府君山组岩层中发育一系列轴向NW的牵引褶皱，根据牵引褶皱轴向与断层面所夹的锐角判断为右行扭动。由此可知，该断层先期是NS向构造主压断裂，后期被EW向构造改造、复合。

实习区NS向冲断层与柳江向斜下构造层(Ⅱ)属同一地应力场形成的走向断层，与其伴生尚有NE向右行、NW向左行扭性断裂及EW向张性断裂，因受后期EW向、NW向及NNE向构造叠加，使其结构面力学性质更加复杂，EW向构造叠加在西翼区NS向冲断层上，使其NS向冲断层在地表断续出现，局部地段张性特征明显。因而NS向二级构造还具有等距性，每隔300—400米，便出现一条压性断裂带。据此推断，在黑山窑至小傍水崖中生界地层之下应有一条隐伏的NS向挤压断裂带。这种等距性现象是EW向构造叠加造成的。

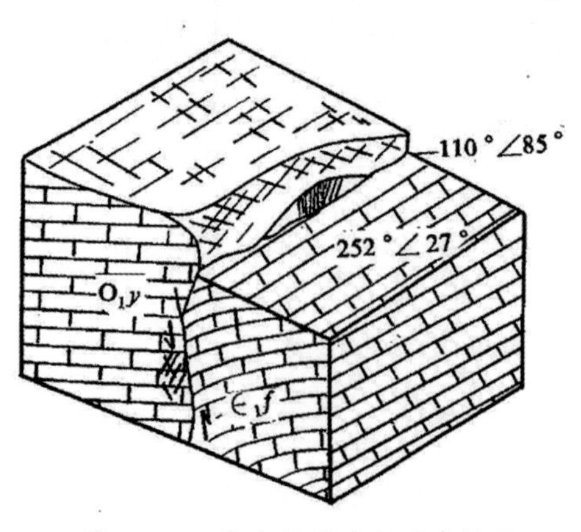

图10-11　潮水峪逆冲断层素描图

2.EW向断裂

上平山—南林子—南刁部落逆冲断层带(F_4)。该组断裂带由上平山经石龙山向东延伸至南林子、南刁部落，长达10千米。在石龙山断层断于上古生界地层之中，断失下石盒子组，属正断层。在南林子断层面向南倾，产状170°∠74°，上盘为绥中花岗岩(γ_2)，向北逆冲到龙山组之上。在南刁部落又见龙山组地层逆冲到馒头组、徐庄组、张夏组地层之上(见图10-12)。断层面舒缓波状、断裂带有片理化现象，属逆冲断层。先压后张，压是EW向构造，张是NS向构造再次活动。

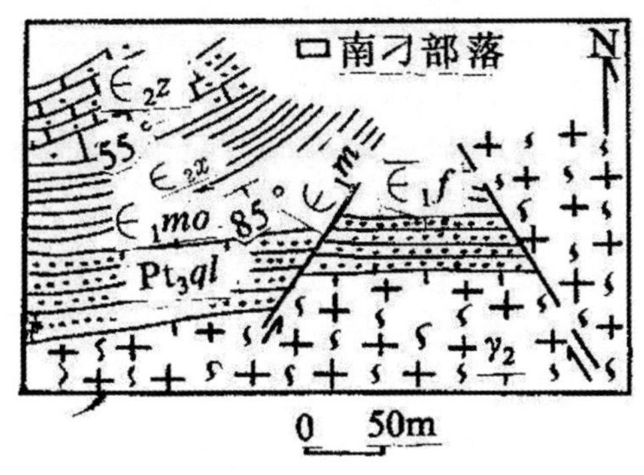

图10-12 南刁部落EW向断裂图 (杨丙中)

大峪口北—沙河寨—石嘴子断裂(F_5)。该断裂带EW长4千米，在大峪口北断层面向南倾，上盘为馒头组、毛庄组；下盘为徐庄组、张夏组，属逆冲断层。至沙河寨北断层面向南倾，倾角75°。上盘为府君山组，下盘为绥中花岗岩(γ_2)， 属正断层(见图10-13)。断层附近岩石破碎成角砾状，破碎带宽2米。在石嘴子，断层面向北倾，倾角60°，上盘为府君山组，下盘为龙山组，属正断层(见图10-14)。该断裂带向西断续至柳观峪—秋子峪背斜向北倾没端。今后野外观察应予注意。

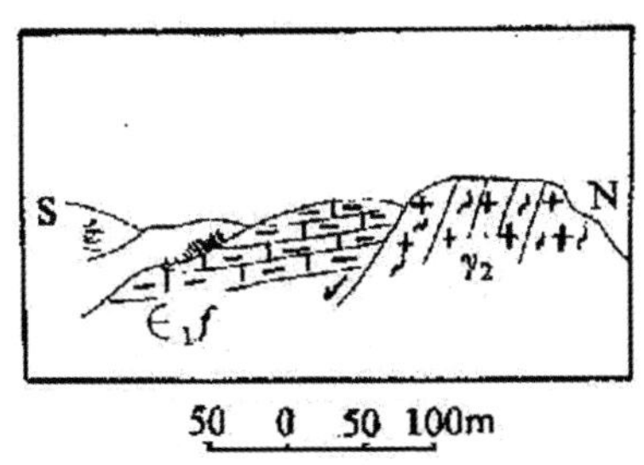

图10-13 下沙河寨北EW向正断层

(杨丙中)

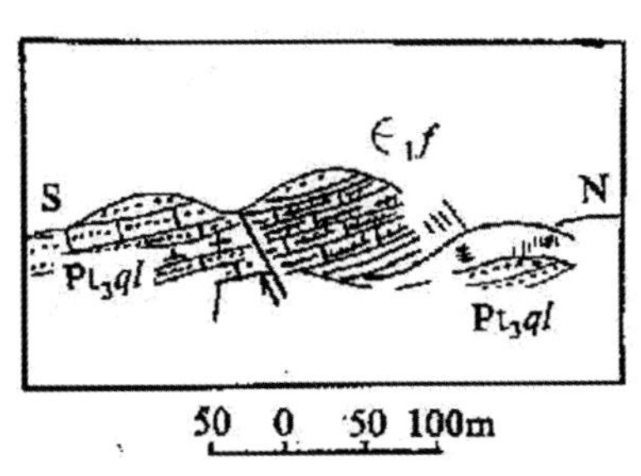

图10-14 石嘴山EW向正断层

(杨丙中)

东部落西山断裂（F_6）。该断层断于中、上寒武统地层之中，将东部落西山NS向向斜(Ⅱ-3)错断，断层面向北倾斜，倾角为85°，呈一右行扭动断层，长约800米。根据主压地应力恢复认为实习区可能存在NE向构造。此外，在义院口—驻操营一带还有一个EW向逆冲断裂(F_{15})。

实习区EW向断裂以挤压性断裂为主，切割了绥中花岗岩(γ_2)、新元古界青白口系以及古生界地层，但未能切割正长斑岩($\zeta\pi_5^3$)。因受后期NNE向构造(新华夏系)改造，多显正断层性质。

3.NW向断裂

实习区NW向构造力学性质比较复杂。大致分为两组：

一组是NW向构造。有主压性断裂和褶皱，因受NS向、EW构造制约，面貌不是很清楚。有三个NW向构造片断，值得在今后工作中注意：一是在潮水峪村溪谷中见有闪长玢岩脉充填在NW向压性断裂之中(见图11-18C)。二是鸡冠山西侧有一组NW向压性断裂。断层面走向321°，倾向NE，倾角为45°。断层面呈舒缓波状，旁侧有牵引褶皱(见图10-15)。三是在抽水站，由北票组砂砾岩层组成的向NW倾没的小背斜。枢纽线产状L318°∠24°，NE翼北票组地层产状48°∠37°，SW翼为倒转翼(见图11-20)。NW向构造是燕山一期形成的。

另一组NW向右行扭动断层，走向280°—290°，倾向NE，倾角为40°—60°，该组断裂早期呈NWW向张性或张扭性，属NNE向构造的配套成分，扭动方向为左行。EW向构造再次活动，转为右行扭动，如娃娃峪西沟—大刘庄断(F_{11})、温庄北—东王庄南断裂（F_{10}）、王家峪—潘庄断层（F_9）、张裂岩子断裂（F_{16}）等NW向右行扭动断裂，这些断裂因为切割了正长斑岩体($\zeta\pi_5^3$)，应和晚EW向构造有成因联系；花厂峪—王庄断裂(F_7)为左行扭动，应与晚NS向构造活动有成因

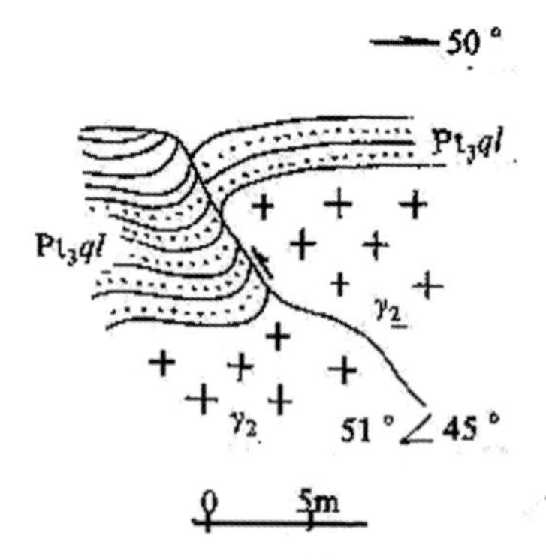

图10-15　鸡冠山西侧NW向断裂
(姜耀俭)

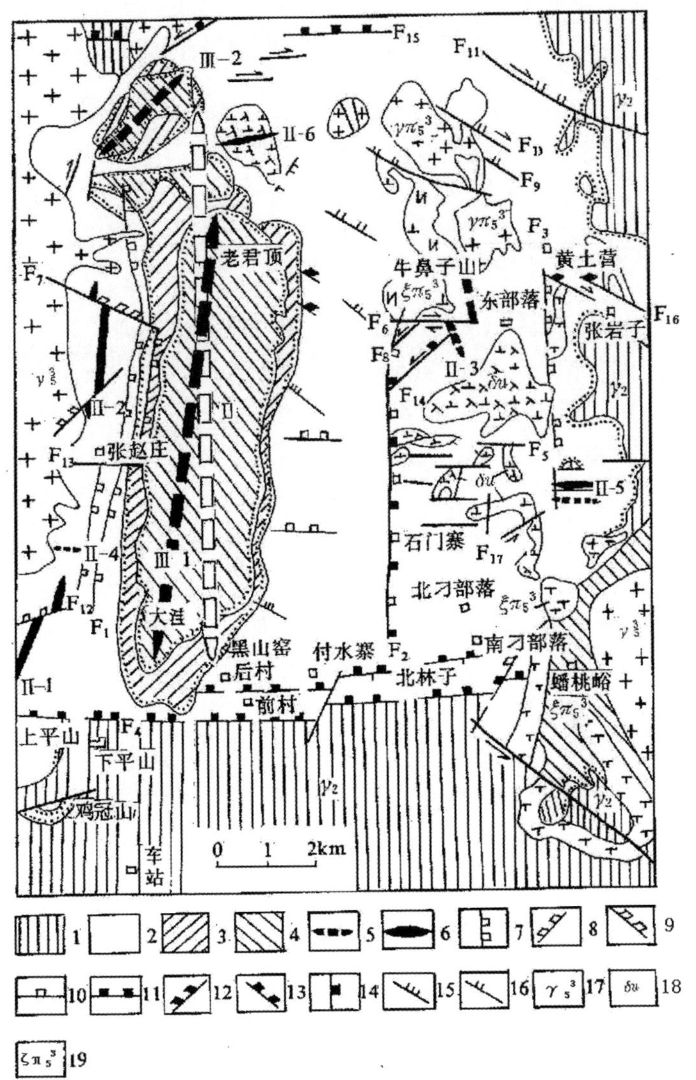

图10-16 柳江向斜构造纲要

1.基底构造层(Ⅰ)；2.柳江向斜下构造层(Ⅱ)；3.柳江向斜上构造层(Ⅲ-1)；4.柳江向斜上构造层(Ⅲ-2)；5.向斜构造；6.背斜构造；7.南北向压性断裂；8.北东向右行扭性断裂；9.北西向左行扭性断裂；10.东西向张性断裂；11. 东西向压性断裂；12.北东向左行扭性断裂；13.北西向右行扭性断裂；14.南北向张性裂；15.北西向压性断裂；16. 北西向张性断裂；17.花岗岩；18.闪长玢岩；19.正长斑岩

联系(见图10-16)。

4.NE向断裂

柳观峪东断裂(F_{12})。该断裂走向为N45° E，NW倾，倾角较大，切割了柳观峪—秋子峪背斜轴，上盘为张夏组、徐庄组，致使张夏组地层陡立，发育有一系列牵引褶皱；下盘为府君山组、馒头组、毛庄组，岩层产状为335°∠40°，属NS向构造的配套成分NE向右行扭动断裂。

吴庄—车厂断裂(F_{13})。由车厂经吴庄至牌坊砬子北端，长2000米，断层面走向N65° E，倾向NW，倾角为45°，与NS向断层相交。上盘为徐庄组，推覆在亮甲山组、凤山组之上，下盘岩层直立，发育有一系列牵引褶皱，依据与主断层关系判断，属NS向构造的配套成分NE向右行扭动断裂。

实习区NE向主压性断裂显示规模和强度都不大，柳观峪断裂(F_{12})、吴庄—车厂断裂(F_{13})应属NS向构造的配套成分。潮水峪断裂(F_8)、东部落西断裂(F_{14})，以及上花野断裂(F_{17}) 应属EW向构造的配套成分。实习区NE向构造、NW向构造可能同样受到强大的NS向构造的制约，显得十分微弱。

二、构造活动期次的讨论

确定构造活动期次主要依据区域性角度不整合界面、赋岩断裂力学性质分析以及不同方位、不同时间、不同力学性质构造成分等资料分析与综合。从其相互关系中梳理出构造事件发生的先后顺序。

1.区域性角度不整合界面

实习区有5个明显的区域性角度不整合界面，它们分别代表了5次强烈的地质构造事件。

A.新元古界青白口系龙山组以异岩不整合覆盖在古元古界绥中花岗岩(γ_2)块体岩石之上，标志着华北地台经历了剧烈的吕梁运动，结束了古元古代地槽发展时期，进入一个相对稳定的地台发展时期。这个异岩不整合界面沉积间断大约8亿多年，先后发生两次构造运动，即吕梁运动和铁岭运动。

B.中生界侏罗系北票组砂砾岩层以角度不整合沉积在古生界不同时

代地层之上，标志着华北地台转入一个崭新的地质发展时期，即地台活化时期。这个角度不整合界面沉积间断了大约5200万年，先后发生两次构造运动，即海西运动和印支运动。

C.中生界侏罗系蓝旗组以角度不整合覆盖在北票组等老地层之上，相对应的构造事件是燕山一期。

D.中生界侏罗系孙家梁组以角度不整合覆盖在(指区域上)蓝旗组等老地层之上，相对应的构造事件是燕山运动第二期。

E.白垩纪初响山花岗岩体、后石湖山岩体、石英正长斑岩和石英斑岩侵入，侵入时间明显晚于孙家梁组火山沉积岩(见图10-2)，相对应的构造事件是燕山三期。

2.赋岩断裂力学性质分析

岩浆活动通常是以构造变动为先导，两者既有同步性又有连续性。所谓同步性是指岩浆活动与构造变动处于同一个构造-岩浆期，岩浆活动是在一定的构造背景上发生的，称为一个构造-岩浆期。所谓连续性是构造变动与岩浆侵位是一个连续过程。赵寅震教授(1989年)有句名言："门开了，随后人就进来了。""门开"是断裂活动，"人进来"是岩浆侵位和充填活动。一般来说，赋岩断裂迁就、利用和改造前期的基础构造，岩浆占有前期基础构造，叫岩浆侵位，或者叫被动侵位。没有迁就、利用和改造前期的基础构造，岩浆侵入进来，叫主动侵入。侵位与侵入是有区别的。

赋岩断裂力学性质分析主要指脉壁上的擦痕、构造角砾岩、滑抹晶体，脉壁的形态特征，以及支脉的力学性质，组合脉体的空间分布规律等，进而确定赋岩断裂的构造体系归属和发生时代。现将实习区的赋岩断裂力学性质分析如下。

A.辉绿岩体或辉绿玢岩体赋岩断裂。实习区辉绿岩体或辉绿玢岩体赋岩断裂与早EW向构造有成因联系。如在亮甲山采石场，辉绿岩呈岩墙、岩床状产出。岩墙是沿走向N10° E，倾向西，倾角85°—88°之追踪张断裂充填。由于露天开采，岩墙形态暴露无遗，平面上呈锯齿状，岩壁上有一组竖直擦痕，说明岩墙是岩浆沿先压后张的复合断裂侵位的。压是NS向构造成分，张是EW向构造成分，岩墙与EW向构造-岩浆期有成因联系。在亮甲山161.1高地，辉绿岩沿冶里组石灰岩层间"虚脱”空间侵位。这个虚脱空间同样是EW向构造改造NS向构造的结果。另外在潮水峪溪谷中(见图11-18a)，辉绿玢岩脉脉壁平直，延伸较远，属EW向构造的配套成分，即NW向右行扭动断裂。这组断裂迁就、利用、改造了原NS向构造的配套成分-NW向左行扭动断裂。上述辉绿岩或辉绿玢岩岩墙、岩床、岩脉赋岩断裂的力学性质分析，说明实习区辉绿岩或辉绿玢岩充填与EW向构造有成因联系。

B.闪长玢岩赋岩断裂。实习区闪长玢岩脉与NW向构造有成因联系，如潮水峪(见图11-18c)。闪长玢岩脉赋存在先扭后压的复合断裂中，岩脉一壁平直是先扭的证据。一壁舒缓波状是后压的证据。另外两条延伸较远的闪长玢岩脉也可能沿同一性质的断裂充填，以及驻操营西青龙山闪长玢岩岩株也可能与实习区NW向构造有成因联系。

3.构造复合现象

A.NS向构造与EW向构造的关系。柳江向斜下构造层(Ⅱ)属NS向构造，其结构面力学性质有NS向压性结构面(褶皱和逆冲断层)，以及其配套成分NE、NW两组扭裂面和EW张裂面。其中NS向褶皱、逆冲断层规模宏大，是古生代以来的基础构造，被EW向构造叠加，形成横跨褶皱，因EW向构造发育受到基础构造的限制，其特征是以断裂为主，褶皱为辅，规模较小。黑山窑后村石千峰组岩层走向近EW，向北倾斜，是EW向构造成分叠加在NS向构造的证据(见图11-25)。

B.NS向构造与NNE向构造的关系。柳江向斜下构造层(Ⅱ)属南北向褶曲，柳江向斜上构造层(Ⅲ)属NNE向褶曲(新华夏系构造)，西翼区的几条逆冲断层不仅切割了古生界地层，还切割了中生界侏罗系北票组，说明有一期构造是与柳江向斜下构造层(Ⅱ)NS向褶曲同期形成的逆冲断层，还有一期与柳江向斜上构造层(Ⅲ)NNE向褶曲(燕山三期，新华夏系构造)同期形成的压扭性断层。NNE向构造改造、迁就、利用了NS向构造的NS向逆冲断层，还切割了侏罗系北票组地层。柳观峪—秋子峪背斜(Ⅱ-1)和张赵庄—吴庄背斜(Ⅱ-2)的方向有些偏转，也可能是受NNE向构造的改造、利用。

C.NW向和NS向、EW向构造的关系。实习区NW向构造不发育，仅在潮水峪村(见图11-18C)见到闪长玢岩脉赋岩断裂明显晚于辉绿岩脉赋岩断裂。另外，上庄坨抽水站北票组砂砾岩构成的NW向小背斜(见图

表10-5 柳江盆地构造岩浆旋回划分表

地质时期		岩浆活动及沉积建造	构造变动	典型岩体
第四纪		砂砾岩、黄土 及含煤亚黏土建造	间歇式抬升	
			喜马拉雅运动	
第三纪				
白垩纪		花岗岩—正长斑岩侵入	燕山运动第四期(EW)	碱性岩体($\xi\pi_5^3$) 花岗斑岩($\gamma\pi_5^3$) 响山岩体($\gamma\pi_5^3$)
侏罗纪			燕山运动第三期(NNE)	
	J_3s	流纹岩—石英斑岩喷出	平缓褶皱	
			燕山运动第二期(NS)	次火山岩
	J_2l	安山岩喷出	平缓褶皱，伴随断裂	
			燕山运动第一期（NW）	闪长玢岩侵入
	J_1b	流纹岩喷出 含煤砂砾岩建造	断裂为主、褶皱为辅	
			印支运动(EW)	辉绿岩
	T		褶皱为主、伴随断裂	辉绿玢岩侵入
			海西运动(NS)	
二叠系		沉积岩建造	褶皱为主，伴随断裂	

11-20)，表明NW向构造发生在北票组沉积之后，即燕山一期。NW向主压性断裂形成时间在鸡冠山地堑形成之后(见图10-16)，形成时间晚于早EW向构造。

NW向张性断裂，如在沙锅店东山花岗斑岩岩墙赋存在NW向追踪张断裂之中，岩墙是响山花岗岩(γ_5^3)同期稍后(白垩纪)的产物，赋存花岗斑岩墙的断裂应属新华夏系的NW向张性或张扭性断裂(见图11-17)。

通过区域性角度不整合界面、构造层内的构造形迹，以及赋岩断裂性质的综合分析，实习区构造—岩浆活动顺序如表10-5。

①海西期早NS向构造，即柳江向斜下构造层(Ⅱ)，是本构造单元具有代表性的构造层。西翼陡，东翼缓，规模宏大、醒目。

②印支期早EW向构造，伴有辉绿岩墙、辉绿岩床、辉绿岩脉充填。在亮甲山采石场辉绿岩墙沿N10° E的追踪张断裂充填，在附近的冶里组石灰岩地层“虚脱空间”中充填有辉绿岩床。“虚脱空间”是EW向构造叠加在NS向构造上形成的。从而可以断定，EW向构造形成在NS向构造之后。并伴随有辉绿岩墙、辉绿岩床、辉绿岩脉充填。

③燕山一期NW向构造，在北票组沉积之后，伴有闪长玢岩脉、岩株充填。

④燕山二期晚NS向构造再度活动(F_{13}右行、F_{12}, 右行、F_7左行)。

⑤燕山三期NNE向构造(新华夏系)活动。大洼山—老君顶向斜(Ⅲ-1)，酸性、中碱性火山熔岩和火山碎屑岩喷出，依次为花岗岩、花岗斑岩、石英正长斑岩和石英斑岩侵入。

⑥晚EW向构造活动。

§6. 地形地貌

实习区位于燕山山脉东麓，渤海之滨，三面环山，以石门寨镇为中心，成一盆状地形，通称柳江盆地。

实习区内地势西高东低，北高南低。西部响山花岗岩体分布区和蓝旗组火山岩分布区山势险峻，明显呈阶梯状排列。大平台(海拔635.2米)—704高地海拔在600—700米之间，属低山山地地形，为区内一级台阶；老君顶(海拔493.0米)—大洼山北450.4高地海拔在450—500米之间，属丘陵地形，为区内二级台阶；驻操营、石岭、石门寨镇、拦马庄一线海拔在100米左右，为区内低凹地带；东翼区坡缓谷宽，娃娃峪南山、502高地又上二级台阶。区内主要山脉走向近NS向，相对高差在200—300米之间，属低山-丘陵地形。

大石河由大刘庄流入本区，流至杨山转为NS向曲流，流至上庄坨转为向东南直流。在蟠桃峪流出盆地，注入燕塞湖。西南角有汤河流经实习区，谷宽且平。

褶皱型山地按褶皱变形的方式分为两类：一类是紧闭式褶皱形成的隆起山地(造山运动形成的协和山脉)地形；另一类是宽缓褶皱形成的隆起山地地(受基底断裂影响，等同造山运动，使盖层褶皱隆起形成的山脉)地形。实习区属后一种褶皱山地地形，即简单褶皱山地地形。

褶皱构造是实习区地貌的基础建筑。柳江向斜下构造层(Ⅱ)形成后，曾遭受断裂的切割破坏，岩浆活动的增筑。因此，实习区内动力地质地貌包括褶皱地貌、断层地貌、火山地貌及侵入体地貌。

柳江向斜下构造层(Ⅱ)经过外动力地质作用长期风化、剥蚀、夷平以及印支运动EW向构造的叠加、新构造运动的多次抬升，在柳江向斜下构造层(Ⅱ)正向地貌单元基础上雕刻、堆砌形成一些典型的外动力地质地貌，如重力地貌、岩溶地貌、流水地貌、海岸地貌。

一、褶皱地形地貌

褶皱山地在长期风化、剥蚀和夷平的进程中有三种地貌单元，即风化、剥蚀初期保留下来的正向地貌；风化、剥蚀晚期形成的夷平地貌；地壳抬升侵蚀回春形成的逆向地貌。

1.正向地形。水平岩层褶皱隆起后，背斜成山，向斜成谷，称为正向地貌或称褶皱初始地貌。如由下寒武统府君山组石灰岩组成的上平山背斜，核部仍为高地(背斜成山)。由中寒武统府徐庄组云母质粉砂岩组成的吴庄背斜，核部仍为高地(背斜成山)。大石河由杨山至傍水崖呈曲流河段，也保留了地表流水在向斜谷地流动的曲流河地貌。

2.夷平地形。褶皱山地经过外动力地质作用长期雕刻和堆砌，“削高填洼”达到了准平原化状态，形成夷平地貌。由于后期新构造运动多次抬升，形成多级夷平面。

第一级夷平面，分布在实习区西部轿顶山、大平台一带，海拔在600—700米，构成本区最高夷平面。该夷平面现今保留面积较小，形成时代为晚侏罗纪孙家梁组沉积之后，新构造运动早第三纪抬升之前。

第二级夷平面，分布在实习区中部老君顶、大洼山一带，以及东部娃娃峪南山、502高地一带。海拔在450—500米，现今保留面积较大，形成于新构造运动晚第三纪之前。

第三级夷平面，分布在柳江盆地内部的广大地区，海拔在300米左右，是第四纪中更新世之前形成的。

3.**逆向地形**。实习区新生代以来地壳运动以间歇式抬升为特点，抬升期褶皱山地风化、剥蚀作用继续进行，即出现所谓的“侵蚀回春”。“回春”之意是夷平后的地形再度成为山地。背斜核部因张性断裂密集，易被流水超前侵蚀至软岩层，或碳酸盐岩地层，形成溶洞，并塌落成谷地。向斜核部中侏罗统蓝旗组火山岩被保留下来，经过多次抬升形成山峰，即为向斜成山，背斜成谷的逆向地形。

实习区柳江向斜核部由中侏罗统蓝旗组火山岩组成的老君顶、大洼山NS向山脉，属柳江构造盆地的中心地带，这是地质构造上的柳江盆地。石门寨镇位于柳江向斜东翼低凹地带，是一个向南开口的簸箕状盆地，这是地貌上的柳江盆地。

二、断层地形

不同方向、不同力学性质的断裂构造切割破坏了柳江向斜完整性。由于断块差异运动，形成断块山、地堑地形。如大平山断块山、鸡冠山地堑。

断层崖是断层两盘产生差异性升降运动形成的陡崖。也是断层存在的地貌标志。原生断层崖经风化、剥蚀节节后退，形成次生断层崖或断层三角面。如潮水峪NNE向冲断层保留下来的原生断层崖，岩壁上有擦痕、阶步、镜面等断面特征。黑山窑后村NNE向扭性断层保留下来的原生断层崖，崖壁上有水平擦痕。东部落西山、鸡冠山、傍水崖的断层三角面，属次生断层崖，是原生断层崖经风化、剥蚀形成的。断层带被流水侵蚀成长条形凹地，称次生断层谷，如付水寨鸭嘴河河谷。断层谷是内动力地质作用的产物，然而，外动力地质作用河流的侵蚀、冲刷也能形成谷地，所以“逢沟必断”这句话值得商榷，应具体问题具体分析。

三、水平岩层地貌

实习区西南角上平山一带，由坚硬的龙山组长石石英砂岩组成宽缓的平台顶面，构成平顶山或方山地貌。

水平岩层受差异风化影响，坚硬的长石石英砂岩风化形成台阶状陡坎，易风化的软岩层杂色页岩形成陡坎下的缓坡，地貌上称为构造阶地。该阶地规模小，断续出现，岩层倾角平缓(＜8°)，阶地面上无冲积物，依次可见5—6级台阶。

四、单斜地貌

柳江向斜两翼可见一排排NS向的单面山和猪背岭地貌，宛如一排排重叠的海浪，此起彼伏。这些单面山由坚硬的石英砂岩或厚层石灰岩构成。一坡陡而短，称剥蚀坡或前坡，一坡缓而长，称层面坡或后坡。剥蚀坡的坡度取决于岩层节理、裂隙的角度，层面坡的坡度取决于岩层倾角。如果岩层倾角较大，前坡长度与后坡长度近似等长，这种单面山，叫猪背岭。

五、火山喷发地貌和侵入体地貌

岩浆活动在柳江向斜基础构造上增筑，形成一些特有的火山喷发物堆积地貌和侵入体地貌。

1.**火山喷发物堆积地貌**。实习区中侏罗统蓝旗组火山岩系是岩浆活动沿柳江向斜核部裂隙式喷发的火山物质，这些火山物质堆积成高地，经外动力雕刻后形成NS向的脊岭，纵贯NS，形成盆地内的最高峰。如老君顶、大洼山，火山口以侵出相充填的岩浆形成岩穹或锥状地质体，形成火山地貌中的微地貌。

2.**侵入体地貌**。岩浆侵入体出露地表后，保留侵入体的原始形态，称侵入体地貌。如西部响山花岗岩体形成雄伟壮观，嵯峨峻岭花岗岩岩基地貌；沙锅店花岗斑岩呈锯齿状的岩墙(NW向追踪张断裂)，亮甲山采石场辉绿岩岩墙(人工揭露见到的NS向追踪张断裂)、辉绿岩床；半壁店的岩枝和牛鼻子山的火山颈等侵入体原始形态暴露地表的地貌。

六、重力地貌

重力地貌是指在单面山前坡，由于重力作用形成的各种崩塌地貌。如张岩子村西的倒石堆、倒石裙，东部落西山的倒石裙。

七、岩溶地貌

实习区下古生界石灰岩地层分布面积广，在适当的条件下，发生岩溶作用形成一系列奇特的岩溶地貌景观。如沙锅店东山、东部落后山、石门寨东门等地岩溶地貌。特点是出露规模小，种类多，有溶沟、溶芽、落水洞、天生桥等。这些岩溶地貌主要发育在奥陶系石灰岩中。发育较好的地方是沙锅店东山、石门寨东门采石场。

实习区岩溶洞穴十分发育，据前人资料[①]至少可分为四层，称“四层楼结构”。

第一层溶洞位于现代河床之下，尚未出露地表，并已相互沟通形成暗河。大量的地表流水转入地下暗河，造成地表河谷干涸无水或仅在深槽中有少量溪流的水文特征。该层溶洞在石门寨、东部落等地均较发育。溶洞内堆积物属于新生代全新世(距今1.17万年)。

第二层溶洞高度大致相当于大石河及其支流的一级阶地上，其特点是数量多、规模小。洞内充填有冲积沙砾石，如东部落、驻操营和北刁部落等地皆发育有该层溶洞。

第三层溶洞位于海拔170—180米左右，如程庄、李庄、黄土营和山羊寨一带的溶洞，该层溶洞特点是高度大于宽度，形状不规则，分支少，大多数已被岩溶堆积物充填。山羊寨洞穴内发现大量哺乳动物化石，如熊、狼、豹等。一具完整的熊头骨化石，经黄万波鉴定属中更新世偏晚的周口堆积期，距今约20万年，可与周口店洞穴堆积的动物群对比。而洞穴的形成则是中更新世早期湟水侵蚀期(距今78万年)。

第四层溶洞位于海拔200米左右，如李庄北的天水洞、板厂峪的古塔旁溶洞等。该层溶洞特点是高度小，水平延伸长，分支多，洞口开阔宛如拱形大厅，分支狭长，形如长廊，根据洞内哺乳动物化石鉴定，形成时代应早于中更新世。

以上一、二层溶洞形成于第四纪全新世。

溶洞是地下水沿断裂带或断裂交汇部位开拓的空间，是岩溶地区地下水水平循环的产物。因此分布高度大致相同的一层溶洞标志着古潜水面的高度，多层溶洞的出现反映地壳运动是多次间歇式抬升。

沙河寨村北象鼻山溶洞。该溶洞所赋存的石灰岩地层属下寒武统府君山组，所赋存的构造部位为柳江向斜东翼，岩层西倾，倾角

---

①孙士超．石门寨地质概况及地质教学实习指南．北京：地震出版社，1992.

15°—21°。与该溶洞相伴随的水系是沙河。沙河是大石河的一条支流，在张岩子、东部落以北是两条季节性河流，在东部落南1000米处合为一条河流，流经上英武山与下英武山中间所夹的谷地，又流经沙河寨东、安子岭东，在安子岭南1000米处注入大石河。沙河是条曲流河，曲流河的侧蚀作用是形成溶洞的重要水文条件。与溶洞相伴随的安子岭—黄土营NS向断裂带(F_3)是与柳江向斜下构造层(Ⅱ)同期形成的。这条断裂带由安子岭经英武山向北延伸到黄土营，长达7000米，断面西倾，倾角在70°—80°，西盘下寒武统府君山组直接与新元古界龙山组接触，断掉了景儿峪组，属于正断层，更确切地说，是先压后张的复合断裂(压是NS向构造，张是EW向构造)。这“后张”使NS向断裂形成一些虚脱空间，为地表水渗入提供了空间。如裂隙水含有1%的二氧化碳，便会对石灰岩产生的溶蚀作用。象鼻山岩溶景观如“二象戏水”，由于河床抬高，其中一只象已经喝不到水了。海拔81米，属于第一层溶洞。

八、流水地貌

流水地貌包括面流地貌、洪流地貌、河流地貌。

1.面流地貌。在单面山后坡上部，片流作用使基岩裸露，形成片蚀带。在后坡下部面流片蚀，搬运的细粒物质(黄土、黏土、沙砾石)在坡脚形成坡积裙。北林子单面山的层面坡面流地貌颇为典型。

2.洪流地貌。新构造运动以来，地壳间歇式抬升增加了洪流作用的重力势。在侵蚀区常形成深切的沟谷，沟口常有洪积扇堆积地貌，尤其是大石河、汤河的支流河谷，两岸谷坡冲沟的沟口洪积扇、洪积堆比比皆是。如黄土营至东部落一带沙河两岸谷坡上，有许多规模不等的洪积扇。

3.河流地貌。大石河、汤河是实习区内的两条主要河流。汤河流域在实习区西南角，

图10-17　沙河寨村北象鼻山岩溶景

流经面积小，河谷地形比较简单，而具有许多支流的大石河是实习区最大的河流，流经面积较大，塑造了较复杂的河谷地貌。

两河以韩家岭、大岭、大洼山、450高地、秋子峪一线为分水岭。在分水岭两侧形成各自不同的水文系统。

汤河由柳观峪流入实习区，经山羊寨西南、上平山、鸡冠山向南奔流，在徐山口流出实习区。区内流程10千米。柳观峪北西上游河段，坡降大，谷窄且直，谷坡陡峭。河床内水量少，谷底堆积物是两岸崩塌下来的巨大石块。至柳观峪—山羊寨河段流速减慢，坡降变缓，河谷呈喇叭状展开，形成扇状流水地貌(冲积扇)，被后来的流水切割、破坏构成汤河二级堆积阶地。

山羊寨至山口子河段，谷底开阔，坡降变缓，河床宽浅平直，砂砾石河漫滩和一级堆积阶地发育良好。分布面积大。二级堆积阶地为冲积洪积阶地，三、四级阶地为侵蚀阶地，阶地表面被冲蚀形成冲沟。

山口子至徐山口河段，河水沿鸡冠山地堑顺流，北岸发育有5—6级剥蚀阶地。其中一、二级阶地零星分布在鸡冠山以南，河谷十分开阔。大石河及其支流河谷蜿蜒曲折，流向频繁变化，河谷较为复杂，明显可分为两段。

大石河自北东而来，在大刘庄流入盆地，杨山至上庄坨河段，呈曲流河段，但河谷呈V形，谷坡陡，在凸岸谷坡上没有或仅有不发育的阶地。河床中基岩裸露，河漫滩为基岩碎块。该河段坡降不大，地壳运动以间歇式抬升为主，侵蚀作用大于冲积作用，但侵蚀速度小于地壳抬升速度，属深切曲流河段。

上庄坨至蟠桃峪河段，呈近直流河段，河谷开阔，为梯坡谷，河床宽浅，沙砾石滨河床浅滩、心滩、牛轭湖及各种结构类型的阶地都有发育，河漫滩一般高出河床1—2米，一级阶地为堆积阶地，高出河漫滩2—3米，阶地面宽平而连续。二级阶地为基座阶地，陡坎高度5—10米，阶地前缘堆积物已经剥蚀殆尽，基岩裸露，后缘堆积物保留有一定的厚度。三、四级阶地为侵蚀阶地，阶地面被冲沟切割不连续，残留有零星坡积砾石层。三、四级阶地陡坎高度分别是20—25米和30—50米。

大石河及其支流的河谷类型和河谷中的各种地貌发育特征，反映了大石河流域的地质结构、新构造运动和水文特点，这些地貌特征是研究实习区地壳运动的依据。

九、海岸地形

秦皇岛海岸线长162.7千米，是由一部分凸向海洋，一部分凹向陆地组成的岬弯式海岸。山海关老龙头、海港区东山、北戴河金山嘴位于岬角部位，其间为海湾部位，海湾部位凹向陆地。

海岬地带海蚀地貌有海蚀穴、海蚀凹槽、海蚀崖、海蚀柱、海蚀台地及海蚀阶地等。海湾部位海积地貌有水下沙坝、沙堤、沙嘴、潟湖、滩涂、堆积阶地等。河口地带有三角洲地形，随着海岸不断抬升，或海面不断下降，河口不断向海洋方向延伸，河口三角洲也不断向海洋方向前进，并在三角洲上形成许多汊河。

§7. 第四纪地质

一、第四纪地层划分标志

1.**洞穴堆积物中生物标志**。在府君山组石灰岩洞穴中，发现丰富的哺乳动物化石，一具完整的熊头骨化石，经黄万波(1984)鉴定为中更新偏晚的周口堆积期(距今20万年)，而洞穴的形成时间则为中更新世初的湟水侵蚀期(距今78万年)。

1978年，孔繁德在柳观峪石灰岩洞穴(170—180米)中发现熊的牙齿化石，在山羊寨石灰岩洞穴(170—180米)中发现狼、豹等哺乳动物化石。经黄万波鉴定为中更新偏晚周口堆积期(距今20万年)。1983年10月18日，原长春地质学院地貌及第四纪地质教研室，在黄土营北的程庄府君山组石灰岩洞穴(170—180米)中发现完整的熊头骨、肢骨化石。10月19、20日，在李庄天水洞石灰岩洞穴(200米)中发现鹿、野猪、啮齿类和鸟类化石

2.**地貌与构造标志**。秦皇岛地区进入新生代早更新世Q_1(距今256—78万年)，地壳运动是以间歇式抬升为特点。侵蚀作用和堆积作用交替进行，溶洞是地下水水平循环的。当地壳运动处于平衡期，溶洞内堆积物与阶地台面上的堆积物是同时形成的。当地壳运动处于抬升期，溶洞的作用形成与曲流河凹岸侵蚀作用是同时进行的。因此，

实习区海拔170—180米石灰岩溶洞与大石河、汤河三级阶地陡坡有一种对应关系，时间为中更新世初湟水侵蚀期(下限距今78万年)。而洞穴内堆积物的堆积与大石河、汤河三级阶地缓坡的堆积，也有一种对应关系，时间为中更新世晚周口堆积期(距今20万年)。大石河、汤河二级阶地堆积物的堆积时间要晚于中更新世。

二、第四纪地层描述

据前生物、地貌、构造标志将实习区第四纪地层划分为中更新统(Q_2)、上中更新统(Q_3)中和全新统(Q_4)三个统。各统岩性描述如下：

1.中更新统(Q_2)。实习区中更新世(距今78—12.8万年)堆积物以洞穴堆积为主，溶洞海拔高程(170—180)米，堆积物形成时间为距今20万年周口堆积期。主要岩性：下部由流水作用形成的黄褐色砂砾岩层。中部为崩塌作用形成的砾石层，上部为淋蚀作用形成的黏土层。总厚度约10米左右。

A.浅黄褐色含砾黏土层。含棱角状砾石，粒径1—3毫米，含量为8%，成分为石灰岩、煌斑岩，黏土为半固结状态，干燥后变硬，未见底界。厚度为40厘米。

B.浅黄褐色沙砾石层。该层具有水平层理和斜层理。砾石磨圆度好，砾石成分为石英、石英砂岩及少量灰岩。粒径＜10毫米，含量约为20%，碳酸盐胶结，具成岩状态。厚度为1.05米。

C.红褐色含黏土砾石层。该层砾石具棱角状。一般粒径＜8厘米，最大粒径为60厘米。成分为石灰岩砾石与黏土混杂堆积，碳酸盐胶结，含熊头骨化石和肢骨化石。厚度为2.05米。

D.黄褐色砾石层。该层砾石粒径一般为1—5厘米，最大达40厘米。具棱角状，成分为石灰岩，含量8%左右，黏土呈半固结状态，厚2.5米。

E.棕红色黏土层。该层黏土为半固结状态，厚1.0米。该层与下伏黄褐色含砾黏土层之间接触面凸凹不平。

F.现代残积层。黏土、残积砾石。成分为石灰岩，次棱角状，最大粒径20厘米，厚度为0.5米。

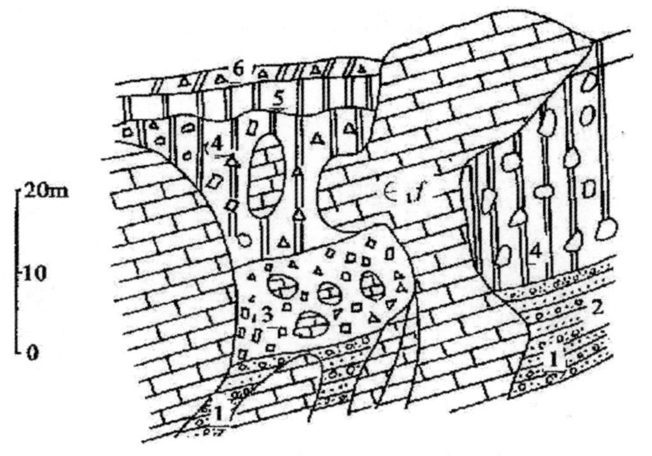

图10-18　程庄南石灰窑中更新统堆积剖面　（杨丙中）

1—含砾黏土层；2—沙砾石层；3—砾石层；

4—含角砾黏土层；5—黏土层；6—残积层

2.上更新统(Q_3)。实习区上更新世(距今12.8—1.17万年），即最后一次冰期开始，到冰川结束，堆积物主要堆积在大石河、汤河及其支流二级阶地上。在黄土营、上平山、义院口、下花野、东塔等地均有出露。主要岩性为沙砾石层和土状物质，现以黄土营剖面(见图10-19)和东塔剖面(见图10-20)为例，说明上更新统岩相和岩性特征。

在黄土营村南大石河二级基座阶地上大片出露上更新统下部层位，厚约25米。由一套橘红色砂砾石和黏土混积，没有层理和分选，砾石磨圆差，粒径为10—15厘米，最大粒径达40厘米。成分为花岗岩、石英砂岩。花岗岩砾石具有强烈风化特点；黏土、砂和砾石分布不均匀，半固结，具压实、不透水等特点。

东塔上更新统上部冲积洪积层剖面，自上而下分为四层。

A.黄褐色亚黏土夹薄层砾石层。半固结状态，干燥后质地坚硬，夹砾石透镜体(厚度0—0.2米)，断续出现，该层未见底界，出露厚度2.5米。

B.灰褐色沙砾石层夹薄层砂层。砾石有倾向上游的叠瓦状排列，砾石成分为粉砂岩、花岗岩、石英砂岩和火山岩。磨圆好，粒径5—10厘米，最大达25厘米，夹15厘米厚的透镜体砂层。该层总厚度为3米。

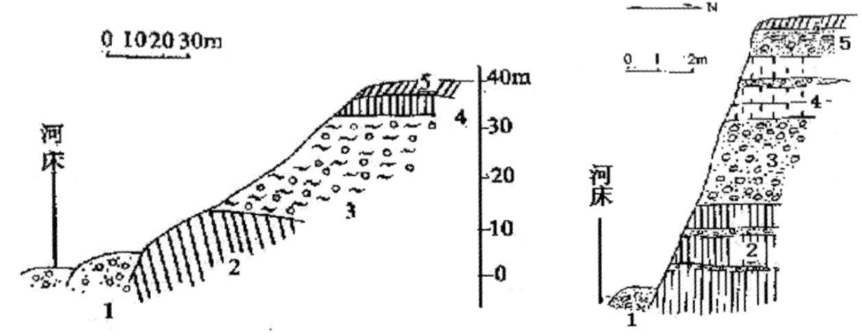

图10-19　黄土营上更新统下部剖面（杨丙中）

1—河漫滩沙砾石层；2—基岩；3—黏土沙砾石层；4—次生黄土；5—土壤层

图10-20　东塔上更新统上部剖面图（杨丙中）

1—河漫滩沙砾石层；2—黄土夹薄层砾石层；3—砾石层夹薄层砂岩；4—含砾石粉砂层夹透镜状沙砾石层；5—砾石层夹薄层；6—土壤层

C.**沙砾石层夹亚黏土层**。砾石成分为火山岩，粒径5—6厘米，最大达10厘米。砾石排列杂乱无序，无磨圆。该层与下伏棕黄色含砾粉砂岩接触面凸凹不平。该层厚为0.5—1.5米。

D.**含砾石粉沙层夹透镜状沙砾石层**。

E.**砾石层夹薄砂层**。

F.**土壤层**。

以上各层岩性变化明显，分界标志清楚。

3.**全新统**(Q_4)。全新世（距今1.17万年至今），地球上最后一次冰期结束，转入温暖期。主要为河流相沙砾石层堆积。广泛分布在大石河、汤河及其支流一级冲积阶地和河漫滩上。这些沙砾石层具有分选、磨圆和层理，并见有下部河床相和上部河漫滩相组成的二元结构。砾石ab面倾向上游，具有松散、透水等特点。厚度为3—5米。

§8. 地质发展简史

在前述几节讨论中，我们讨论了实习区沉积物的堆积类型及其演变特征，地层中古生物化石及古生物演化历程，岩浆活动及其演化特征，构造变动及其演化特征，分别得出了实习区地壳变迁史，古生物演化史和构造——岩浆喷发、侵入旋回的演变史。在此基础上，还可以归纳、总结出实习区在地质历史时期发生的几次大事件，然后将这些大事件按时间先后顺序有机地联系起来，进行形象思维和理论上的升华，一部地质发展简史便呈现出来。

应当指出的是，地壳发展演化到了现在是经历了漫长而极其复杂的“系统工程”才实现的。对于它的演化过程，不但我们没有经历过，而且任何人都没有经历过。认识它的演化过程是困难的，是不能完全符合实际情况的，甚至会出现许多错误，但问题的认识又十分必要，因为人们总是力求获得与地质实践活动相接近的认识，用以指导今后的地质实践活动。

实习区在地质历史发展进程中，曾经历过的主要构造运动有五台运动、吕梁运动、铁岭运动、晋宁运动、蓟县运动、太康运动、加里东运动，海西-印支运动、燕山运动以及喜山运动。

一、前中元古代地槽发展阶段(Ar-Pt_1)

从区域地质背景上看，实习区前中元古代处于泛地槽发展阶段，地壳大幅度下降，堆积了巨厚的沉积物，由于上覆岩层压力和地热增温，历经区域变质作用，混合岩化和花岗岩化作用。五台运动(距今25亿年)发生了漫长而复杂的褶皱运动；古元古代末吕梁运动(距今18亿年)，地槽回返，逐渐形成了一套巨厚的变质岩系，形成了华北地台结晶基底，结束了前中元古代地槽发展阶段。实习区位于华北地台东北部，虽未见到大面积的前中元古界变质岩系，但能见到古元古界绥中花岗岩(γ_2)中变质岩残留体。

二、中元古代地台发展阶段(Pt_2)

吕梁运动以后，华北地台进入了一个相对稳定时期，初期地台边缘部位仍带有活动性质，断裂活动比较强烈，断陷和隆起比较明显。地台北部出现了成北东向延伸的燕山海槽，其北西与内蒙古陆接壤，南东与山海关古陆相邻，沉积了巨厚的中元古界沉积物，沉降中心在河北蓟县（今蓟州区），堆积了蓟县剖面中的长城系、蓟县系。实习区位于山海关古陆东南侧，新元古代青白口早期仍是古陆剥蚀区。至青白口中期，边缘断陷作用减弱，结束了边缘活动的历史，燕山海槽转入陆表海。

三、新元古代地台发展阶段(Pt_3)

新元古代中期，华北地台由边缘拗陷转入整体下降。北部陆表海不断扩大，山海关古陆范围缩小，实习区已经成为陆表海的一部分，堆积了龙山组滨海相碎屑岩和浅海相泥灰岩，以及景儿峪组滨海相碎屑岩和浅海相泥灰岩。此时气候一度干燥炎热，海水时深时浅，生物界仅有藻类诞生。青白口期末，晋宁运动(距今8亿年)地壳抬升，造成了大面积海退，实习区新元古代震旦纪(距今8亿—5.7亿年)再度成为古陆剥蚀区。

四、古生代地台发展阶段(Pz)

古生代伊始，实习区再度下降，海水由北方侵入，接受沉积，使寒武系府君山组呈假整合直接覆盖在景儿峪组之上，局部地方形成含砾碳酸盐沉积。随后海侵扩大为广海环境，有大量碳酸盐沉积。从整体上看，这一时期气候温暖、潮湿，生物界无脊椎动物三叶虫开始出现，并发展起来。府君山晚期浅水活动区形成球形隐藻(核形石)灰岩。府君山组底部薄层灰岩中含角砾或砾岩(石灰质底砾岩)，标志着一套新的沉积开始，但在转入馒头期之前曾一度沉积间断。馒头期海水较浅，处于滨海潮上带或潟湖环境，气候干旱炎热，在其底部发育有含角砾状薄层泥岩。又因海水含盐度过高，以致达到了过饱和状态，沉积物以紫红色粉砂岩、页岩等细碎屑岩为主，页岩中含石盐假晶，石盐是从高盐度潟湖泥质沉积物中结晶出来的。上部有少量碳酸盐岩(白云质灰岩或层状石灰岩)沉积。毛庄期海水略有闭塞，形成紫红色粉砂岩和页岩泥坪相沉积，气候仍为干燥炎热，但湿度有所增加，甲壳动物三叶虫繁衍增加，腕足类动物无铰纲开始出现，顶部出现水体搅动的球形隐藻灰岩。

中寒武世海侵扩大，形成广海沉积环境，气候转为温暖，海水搅动，形成鲕滩堆积，鲕滩将潟湖与台地隔开，只有特大高潮时，海水才能漫过鲕滩。因此，在鲕状灰岩中才能发现生活在广海的三叶虫。张夏期达到了海侵高峰。由于环境适宜，广海中繁衍有大量三叶虫和藻类。

晚寒武世有明显的海退现象，崮山期处于滨海氧化环境，沉积物暴露在水体之上，遭受到风暴浪袭击，狂风恶浪的冲击使未固结和半固结的碳酸盐沉积物破碎成砾屑，在原地或半原地再胶结、沉积，形成砾屑灰岩；长山期以潟湖相聚环柱状藻灰岩为主，至中晚期出现浅海相或浅水冲刷相；凤山期再次出现台地较深水相和台地浅水冲刷相。海水时深时浅，但气候较湿润，三叶虫类发展达到了鼎盛时期，成为海洋中的主宰者，腕足类和头足类也开始兴盛起来。

早奥陶世冶里期，海侵再度扩大，沉积环境逐渐变为正常浅海相较深水环境，或与较浅水环境交替，以出现大量碳酸盐岩沉积为特征；亮甲山期为实习区历史上最大的海侵时期，形成很厚的质纯碳酸盐岩沉积；马家沟期环境有所改变，镁质增加，海水时深时浅，后期海水变浅。中奥陶世气候温暖湿润，适宜生物生长，以头足类鹦鹉螺的兴起，三叶虫的衰落为特征，称雄一时的腕足类、笔石及介形类也发育起来。头索动物文昌鱼的出现，预示脊椎动物将以强大的阵容占领生物界。中奥陶世末发生太康运动(冶里隆起)，华北地台大面积抬升，海水退出，华北地台转入长期风化、剥蚀时期(距今4.58亿—3.30亿年)。由于气候温暖、降水量大，在古风化壳上形成了残余式铁矿(山西式铁矿第一层位)。

中石炭世早期，地壳开始下降，海水侵入，实习区处于滨海沼泽相，形成一套富含铝铁质碎屑沉积物(沉积铁矿为山西式铁矿第二层位)。

地壳升降频繁，滨海沼泽中有大量植物繁衍，以蕨类为主，海洋中则以珊瑚、腕足和双壳类动物最多。晚石炭世地壳略趋稳定，海水时进时退，但以陆相沼泽为主，气候适宜大量蕨类植物生长，死后形成巨厚的堆积层，形成实习区含煤地层。

实习区二叠系以大陆河流相、湖泊相和沼泽相堆积为主，气候转为温暖湿润，植物生长繁茂，气候干旱时形成一些红色碎屑岩堆积，这个时期也曾有过短暂海侵，在石千峰组地层中曾发现海生动物化石舌形贝(Lingula)。在二叠系石千峰组地层沉积之后，曾发生过两次构造变动。大约在海西旋回晚期(距今2.51亿年)，实习区经历了一次自东而西的挤压地应力作用，形成了由新元古界青白口系龙山组—古生界二叠系石千峰组组成的NS向柳江向斜下构造(Ⅱ)，向斜西翼倾角陡，东翼倾角缓。在柳江向斜两侧还两个背斜，初期为正地形。

五、中生代地台活化阶段(Mz)

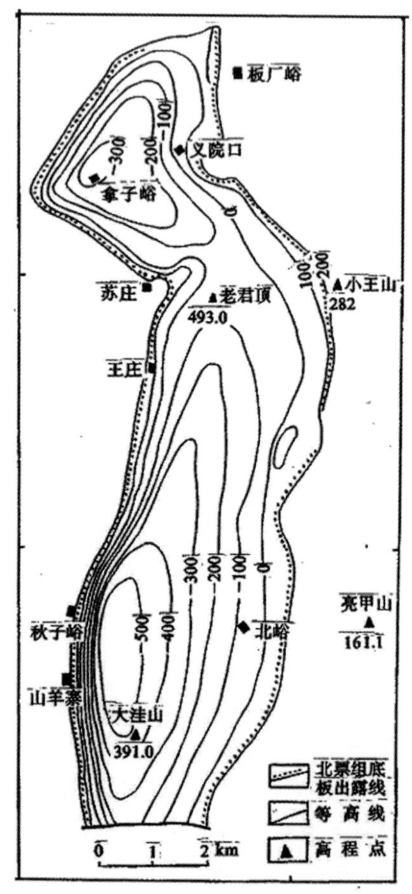

图10-21　柳江盆地北票组底板等高线图　(杨丙中)

在侏罗纪北票组沉积之前(距今1.99亿年)，晚三叠世之初曾发生印支运动，是一次EW向构造运动，挤压地应力是自北而南，使柳江向斜下构造层(Ⅱ)轴面，由压性结构面转为张性结构面，枢纽出现波组状起伏，形成短轴向斜。以北票组底板线为标志层，在老君顶至小王山有一个东西向平缓隆起，大洼山、拿子峪各有一个沉降盆地。地形北高南低，北端侵蚀层位较低，东翼区石岭以北侵蚀至二叠系下石盒子组，普遍不见下石盒子组顶界，向斜北西端侵蚀至中奥陶统马家沟组。总之，隆起部位侵蚀层位较低，沉降盆地则保留层位较高。这些情况在深部钻孔资料中均有所反映(见图10-21)。东西向断裂切割了绥中花岗岩(γ_2)，但未切割中生界侏罗纪北票组，未切割正长斑岩($\xi\pi_5^3$)及响山花岗岩体(γ_5^3)。说明印支运动发生在晚三叠世之初。与印支运动有成因联系的岩浆活动是辉绿岩或辉绿玢岩充填。黑山窑后村地质观察点，石千峰里组岩层向北倾斜，是柳江向斜下构造层(Ⅱ)形成构造盆地的证据之一(见图11-25)。

印支运动之后，侏罗纪北票组河流相砂砾岩层呈角度不整合覆盖在古生界不同时代地层之上，由于持续的拗陷及气候转为亚热带潮湿气候，盆地内湖水加深，沼泽广布，大量的裸子植物繁盛起来，取代了古生代兴起的蕨类植物。北票组沉积以后，发生燕山一期北西向构造运动，并伴随有闪长玢岩充填。

中、晚侏罗世是华北地台极不平静的时期。蓝旗组以角度不整合覆盖在北票组之上(燕山一期)，孙家梁组以角度不整合覆盖在蓝旗组之上(燕山二期，实习区未见两者接触关系)，频繁的地壳运动伴随而来的是阵发式的火山喷发和岩浆侵位。火山岩中无沉积岩夹层，火山喷发中心在柳江向斜核部大洼山—老君顶一线的断裂带中，火山沉积物分布在拿子峪和大洼山两个沉降中心，并几乎覆盖整个盆地。实习区蓝旗组火山岩系受新华夏系NNE向构造控制，西翼区NS向走向断裂被新华夏系压性或压扭性断裂迁就、利用，部分新生断裂切割了北票组。北票组地层形成的一个隆起，两个沉降盆地也受到NNE向构造影响。

实习区响山花岗岩体(γ_5^3)是沿新华夏系NNE向断裂再次活动时侵位的。花岗斑岩脉($\gamma\pi_5^3$)、石英二长斑岩体($\xi\pi_5^3$)侵位都可能与新华夏系再次活动有关。响山岩体(γ_5^3)侵位使柳江向斜下构造层(Ⅱ)西翼岩层倾角更陡了，甚至出现了倒转。在其外接触带形成一些金属或非金属矿化，如铁、铜、铅锌、萤石、重晶石等东西矿点或矿化点。

实习区晚东西向构造是以断块抬升为主，鸡冠山地堑应是这次断块运动的一个实例。实习区东北部，娃娃峪西沟—大刘庄断层(F_{11})、温庄北—东王庄南断裂(F_{10})、王家峪—潘庄断层(F_9)，张岩子断裂(F_{16})等NW向右行扭动断裂，都是晚东西向构造的配套成分，这些断裂切割了正长斑岩体($\zeta\pi_5^3$)，时间应在白垩纪中期，属晚EW向构造。

六、新生代地壳差异性升降阶段(Kz)

中生代过后，实习区已经成为高山峻岭(正向地貌)，未见到第三系沉积物，大约在早第三纪达到了准平原化状态(侵蚀基准面在海拔600—700米)。地表河流侵蚀由向斜核部转到翼部，到了晚第三纪时，形成了实习区第二级夷平面(海拔450—500米）。构造上的盆地与地貌上的盆地已经分离。到第四纪时，以石门寨为中心的地貌盆地已经形成。由于新构造运动以来，地壳运动是间歇式抬升，大致在中更新世湟水期(距今78万年)形成了实习区山羊寨、程庄(海拔170—180米)的石灰岩洞穴和大石河、汤河及其支流的三级阶地，中更新世晚期-周口期(距今20万年)形成三级阶地及溶洞内的堆积物。

由于地壳间歇性抬升，地下水溶蚀作用留下了多层溶洞，大量的哺乳动物，如狼、熊、鹿等在溶洞中栖身，给哺乳动物大发展创造了条件。哺乳动物大发展，终于导致了人类的出现。人类的出现是地球村生物界发展史上的一大奇迹。人类不但能够能动地认识自己组成的社会，认识人类出现以前地球上发生的地质大事件，还能够不断地改造大自然的面貌，使之为人类服务。

§9. 矿产地质概述

实习区矿产资源主要为沉积矿产，如煤、耐火黏土、烧制玻璃的石英砂岩、炼铁熔剂白云石和萤石，制造水泥和烧制石灰的石灰岩。其中，煤、耐火黏土及石灰岩开采历史悠久，具有相当的规模。金属矿产较为分散，仅在柳江盆地西部与响山花岗岩侵入体接触带发现铁、铜、铅、锌矿点或矿化点10余处，具工业价值者较少。

一、煤矿

柳江盆地主要含煤地层有上石炭统太原组、下二叠统山西组和下侏罗统北票组。东翼区岩层倾角平缓，煤层分布较西翼区广。北票组可采煤层仅分布在义院口一带。

当地开采部门习惯自上而下编号，太原组、山西组有6层煤，即煤1—煤6，其中煤1—煤4产于山西组，煤5—煤6产于太原组。北票组有10层煤，编为煤1—煤10，其中煤8、煤9、煤10和山西组煤2和煤3，太原组煤5具有工业价值。

二、耐火黏土

柳江向斜东翼石炭-二叠系地层中发育有多层耐火黏土，在层位和岩相等方面均能与唐山开平盆地、本溪太子河流域耐火黏土对比。

实习区耐火黏土受沉积时古地理影响，沿走向或倾向常发生相变，故可采层常为透镜体状、扁豆体状。主要采区分布在半壁店、石门寨、欢喜岭一带。由于矿层相变，规模沿走向或倾向变化较大，近几年国有矿山已经停止生产，目前仅有乡镇、村和个体企业进行小规模开采。

耐火黏土层位自上而下编为A、B、C、D、E、F、G七层。

G层黏土：位于本溪组底部，靠近马家沟组白云质灰岩顶部假整合界面上。G层黏土之下为一紫色含铁质黏土质页岩或菱铁矿黏土，厚度为2—3米。为本区可采层位，属滨海相潟湖沉积之海侵层序中。

F层黏土：位于本溪组下部层位，在G层之上3—12米左右，为青灰色半软质黏土岩，厚度0—3.8米。沉积环境属海侵层序。

D层黏土：位于太原组下部，底板为黏土质粉砂岩，为青灰色黏土岩，层位稳定。厚度0—4.23米，属大陆湖泊相沉积，夹于陆相地层之中。

B层黏土：位于山西组顶部，仅在半壁店约1000米地段为可采层位，厚度0—5米，沉积环境属大陆湖泊沼泽相。

三、金属矿产

柳江向斜西翼与响山花岗岩体(γ_5^3)接触带附近，发现接触交代型和热液型金属矿点，如铁、铜、铝、锌等10余处。在花厂峪、车厂、王庄、戴庄等地发现矽卡岩型磁铁矿点，上平山发现重晶石铅锌矿点以及朱清峪铜矿点。

四、其他矿产

1.**石英砂岩**。石英砂岩产于鸡冠山青白口系龙山组。呈厚层状、质纯，含SiO_2达90%以上，曾是秦皇岛玻璃厂制作玻璃的原料，现已停产。

2.**石灰岩**。寒武系府君山组厚层石灰岩，奥陶系亮甲山组厚层石灰岩是烧制石灰和水泥的原料，除浅野水泥厂外，多为民间开采。

第十一章　柳江盆地路线地质观察及在观察点上观景溯源

路线地质观察是野外地质工作的基础，各种地质专题研究都是在路线地质观察基础上进行的。其目的是从地层古生物、地层岩性段特征、地层接触关系建立地层层序与地壳变迁史；从地层产状的展布规律及构造形迹的观察确定构造形态的空间分布规律，建立构造发展史。认识的顺序是由点到面，点面结合，从时间到立体空间。由地质现象观察到地质规律性认识提升。因此，路线地质观察乃是地质调查，是地质科研的第一手资料。路线如同人体的“经络”，牵动着人体的五脏六腑，而地质观察点则是经络上的“穴位点”，是经络的具体化。

§1. 亮甲山，地质罗盘仪和地形图的使用

一、地质罗盘仪和地形图

地质罗盘仪主要用于测量方位和倾角。因为大比例尺地质图件是在直角坐标系统中操作的，坐标北(∨)是标准北方位，所以，到一个新区工作时，要对地质罗盘仪进行校正，使方位角的一个边是坐标北(∨)。而野外用罗盘仪测量的方位角，其中一个边是磁北(↑)，罗盘改正是要找出磁北(↑)与坐标北(∨)的夹角，即磁坐偏角是多少度（见图11-1）。

磁坐偏角(β)=磁偏角(δ)+收敛角(γ)

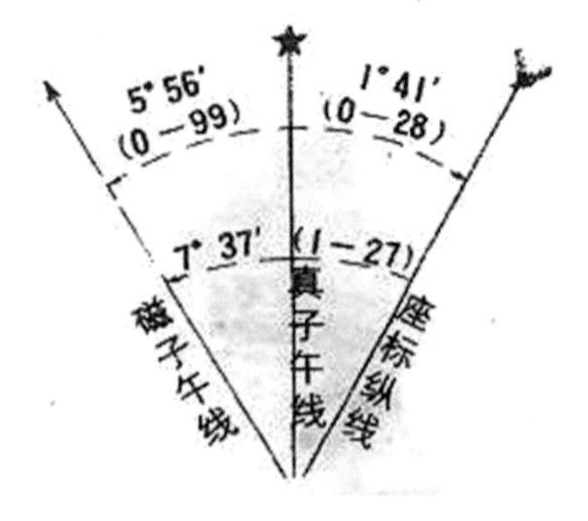

图11-1　三北方向图

$$\beta=5°56'+1°41'=7°37'$$

坐标北(∨)在度盘上的度数=360° - 7° 37′ = 352° 23′ 。

打开罗盘仪，用罗盘盒上的小螺丝刀扭动罗盘壁上的螺丝按钮，使其度盘352° 23′ 对准北画线。

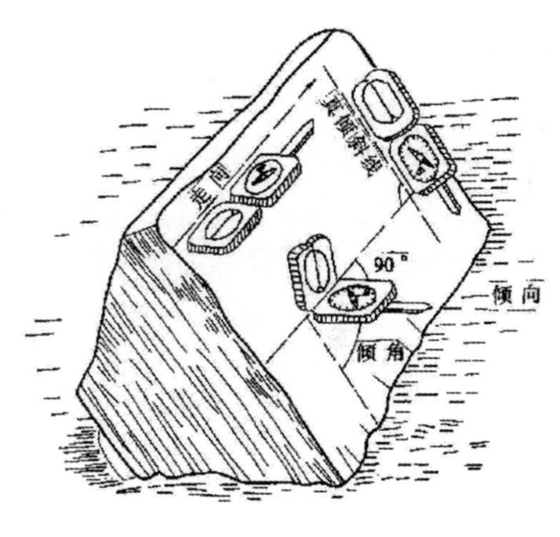

图11-2　岩层产状测量方法

地质体产状要素一个是面理，一个是线理。面理是地质体内所包含的几何平面，如岩层层面、断层断面、褶皱轴轴面等。面理产状要素通常用走向、倾向和倾角来表示(见图11-2)。

线理是地质体中所包含的几何射线或直线，如断层面上的擦痕、褶皱轴枢纽线、岩浆侵入体内的流线、柱状矿物平行排列的片麻理等。线理产状要素通常用倾伏向、倾伏角来表示(见图11-3)。

在一处倾斜岩层层面上，测量岩层产状。将罗盘仪的长边与岩层层面重合(见图11-2)。然后将罗盘置于水平，圆形水泡居中看磁北针在度盘上的度数。注意，岩层走向是岩层层面与水平面的交线，是一条直线，有两个方位。在倾斜面上与走向线垂直的那条射线，叫倾斜线。倾斜线在水平面上的投影线所在的方位，叫倾向。测量倾向的方法是将罗盘短边(水平度盘S端)与面状要素(岩层层面或其他结构面)重合，圆形水泡居中，此时磁北针在度盘上的读数便是岩层的倾斜方位。

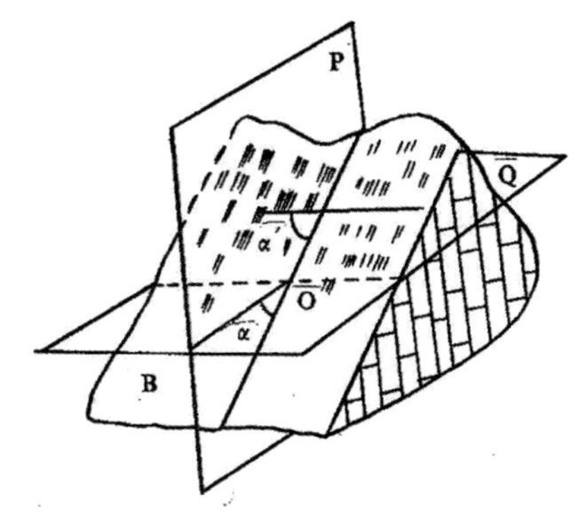

图11-3　线状要素立体图

倾角是倾斜线及其在水平面上投影线所夹的锐角。测量方法是将罗盘侧立，长边与面状要素(岩层层面或其他结构面)重合，并垂直于走向线，短柱状水泡居中，读取垂直度盘上的度数。

用地质罗盘仪测量岩层产状，然后在地面上测量某一目标物的方位和坡度角。

现在的地理位置是亮甲山161.1高地，把这个位置标注在1:5万地形图上有两种方法，一种方法是在1∶5万山海关幅地形图上找到161.1高地位置，这是地物、地形特征标注法。另一种方法是用后方交会法。在1∶5万地形图上和实地分别找出三个目标物(地物、高程点)，分别用罗盘仪测出三个目标到观察者所在位置的方位。在地形图上分别从目标物向观测者所在位置做射线。三条线交于一点，此点便是观测者所在位置。而第三条射线是检查交汇点正确与否。其海拔高程数可以查地形图上的等高线。

在地质体内常见有平行排列的线理构造，如断层面上的擦痕、褶皱轴枢纽线、岩浆侵入体内的流线、柱状矿物平行排列的片麻理等。这些线状构造的空间定位，通常是用倾伏向和倾伏角来表示。倾伏向是倾伏线在水平面上投影的射线方位。倾伏角是倾伏线与其所在水平面上的投影线两者所夹的锐角。

因线状要素在空间上无走向方位，所以其表示方法只表示倾伏向和倾伏角。如$L_1$60°∠45°，读作倾伏向北东60°，倾伏角45°。

一条射线与其所在水平面上的投影，这两条线所在的铅垂面在实际工作中很难准确测量，根据实际情况，先测线状构造所在平面的产状要素，以及射线在所其平面上的侧伏角。所谓侧伏角是指线理与其所在平面走向线所夹的锐角。得出走向线用量角器测量锐角的度数，记为35° NW，读作向北西侧伏，侧伏角35°。说明线理所在的出露面走向是北西一南东，线理向北西侧伏，侧伏角是35度。如欢嘉岭西坡石盒子组顶部灰白色含砾长石石英粗砂岩中，压性断裂的分支断裂面产状190°∠85°，断裂面上擦痕产状是向南东侧伏，侧伏角70°，读作断层面产状：倾向南西190°，倾角85°。擦痕在断层面上向南东侧伏，侧伏角为70°(见图11-15)。

野外用肉眼鉴定岩石时，常用的工具有放大镜、小刀和极简单的试剂(稀盐酸)。用放大镜观察岩性时，要保证左眼、放大镜和标本三者间距离很近，并适当调整三者之间的距离，使标本在视域中清楚可见。并逐渐养成不用闭右眼使用放大镜的习惯，以适应将来在显微镜下鉴定岩石、矿物时用左眼观察、右眼画图的需要。

1.沉积岩肉眼鉴定的方法和步骤

① 根据野外产状、构造、结构和矿物成分初步确定为沉积岩。

② 按岩石结构分出碎屑岩和化学岩。

③ 碎屑岩进一步鉴定和观察的内容：颗粒大小、形状、分选程度、颗粒成分、含量；胶结物成分、胶结方式。

④ 化学岩、生物化学岩进一步鉴定和观察的内容：颗粒大小、生物遗体种属、含量；包粒含量及性质、胶结物成分。

⑤ 观察岩石的颜色，新鲜面和风化面分开描述。岩石的颜色是矿物集合体的颜色，如黄绿色，绿是基本色，带有黄色色调，黄是修饰绿色的，绿是基础色。

沉积岩定名的原则：颜色+构造+结构+矿物成分。例如，灰白色中薄层粗粒长石石英净砂岩。灰白色是复色，以白色为主，中薄层指构造上单层厚度，分厚层、中层和薄层，此处以薄层为主。砂是结构，即砂粒级，分粗砂、中砂和细砂。矿物成分长石石英，长石是修饰石英的，以石英为主。某种矿物颗粒含量在25%—50%，是岩石基本名称的修饰语。某种矿物颗粒含量为10%—25%，称某矿物质，如云母质长石石英净砂岩；某种矿物含量为5%—10%，称含某矿物，如含云母粗粒长石石英净砂岩。按基质又分为净砂岩和杂砂岩。前者基质中的泥质已经被冲走，呈颗粒支撑结构，基质中没有杂质，叫净砂岩；后者基质中泥和粉砂混积，呈基质支撑结构，叫杂砂岩。

2.岩浆岩肉眼鉴定的方法和步骤

不同类型岩浆岩，矿物成分、结构、构造不同，所以鉴定时，首先按结构、构造区别出岩石的生成环境(深成岩、浅成岩、喷出岩)，然后根据主要矿物成分进一步分类。矿物颜色不同，反映在岩石上颜色也不同。因此，用色率分出酸性岩、中性岩、基性岩和超基性岩。最后根据主要矿物成分、岩石的结构、构造正确地予以定名。此外，在野外岩石定名时，还要结合岩石的产状。

图11-4　张岩子龙山组石英砂岩与绥中花岗岩异岩接触关系素描图
(赵永久)

3.沉积岩、岩浆岩野外肉眼鉴定岩性描述内容

①标本编号(产地、位置)

②颜色(新鲜面、风化面)

③结构、构造、矿物成分(岩浆岩分主要矿物、次要矿物、副矿物)

④岩石名称

⑤岩石产状

⑥主要用途

选择三处不同位置，用地质罗盘测量岩层产状，并将测量结果记录在野外记录本上，判断所测的岩层产状是柳江向斜的哪一翼？

分别采集两块沉积岩标本和一块岩浆岩标本进行描述，并记录在野外记录本上。

§2. 张岩子—东部落($Pt_3ql-\in_2x$)地层观察路线

现在我们来到张岩子村西约500米处陡砬子下(见图11-4)。地层剖面由这里开始向西，至东部落东山坡石灰窑采石场转北西，然后经东部落村至村北东山坡，最后到东部落村西山沟中。

观察点1　张岩子村西，绥中花岗岩(γ_2)陡砬子处

这里，我们要引进“时间隧道”这个概念。在时间隧道里能找到地壳演变的真实过程，因为隧道里的人、物原貌如初，他们过1天等于我们过20年。从区域地质背景来看，这里是处在前中元古代地槽发展阶段，地壳大幅度下降，堆积了巨厚的沉积物，距今25亿年前的五台运动，发生了区域变质作用，距今18亿年前的吕梁运动，地槽回返发生了漫长而复杂的褶皱运动，并伴有混合岩化和花岗岩化作用，逐渐形成了一套巨厚的变质岩、混合岩和混合花岗岩。构成了华北地台结晶基底，结束了前中元古代地槽发展阶段，实习区属华北地台东北部，太古界和古元古界区域变质岩虽然未曾出露地表，但尚可见到古元古界绥中花岗岩(γ_2)以及其中的变质岩残留体。

绥中花岗岩典型标本描述：新鲜面肉红色，风化面灰、灰黄色至褐黄色，等粒结构，局部显片麻状构造，主要矿物碱长石(自形-半自形，个别具卡氏双晶)含量达60%。斜长石(自形-半自形)少见。石英(他形)含量达20%；暗色矿物有角闪石(自形-半自形，长柱状-短柱状）和黑云母(片状)，占矿物总量5%—10%；次生矿物有绿帘石、绿泥石、绢云母；副矿物有锆石、磷灰石和榍石。显片麻状构造者，定为片麻状混合花岗岩。

董申保先生曾说，花岗岩根据生成环境可分为I型花岗岩和S型花岗岩。前者是上地幔的岩浆直接侵入到地壳冷凝形成的花岗岩侵入体，叫I型花岗岩。后者是地壳深处，很可能是岩石圈插入上地幔软流层那个部位，经过区域变质作用、混合岩化作用和花岗岩化作用逐步生成花岗岩浆，侵入到上部地壳。或者在原地经过花岗岩化作用，在半熔融状态下形成的混合花岗岩体，叫S型花岗岩。绥中花岗岩属S型花岗岩。

吕梁运动，地槽回返，华北地台进入一个相对稳定时期。山海关地区成为古陆剥蚀区，直到新元古代青白口中期，山海关古陆才有机会接纳它的第一批宾客，那它们是谁呢？

观察点2　龙山组底界

在距今9亿多年前的青白口期，山海关古陆迎来了它的第一批宾客，龙山组、景儿峪组在这里“安家落户”。

青白口第二小站，叫龙山站（小站也是时间段，其底界是时间起点，青白口第一小站是下马岭小站运货的沉积船在这里没有停留）。龙山组由两个沉积韵律构成，见有海成波痕、斜层理以及海生矿物海绿石，说明沉积环境属滨海相。第一韵律底部砂岩比第二韵律底部砂岩粒度粗，为灰白色含砾粗粒长石石英净砂岩。底部有5厘米厚的硅质砾底砾岩，向上过渡为细粒铁质砂岩、粉砂岩，青灰色或者紫红色杂色页岩（层$_1$—层$_3$）。第二韵律由黄褐色细粒石英净砂岩（层4）开始，向上过渡为蛋青色泥灰岩（层$_5$）。由第一韵律和第二韵律又构成一个大的海侵沉积旋回。龙山组厚度为91米，以异岩不整合接触覆于绥中花岗岩（γ_2）块体岩石之上（见图11-4）。

底砾岩。在龙山组底部有一层砾岩，叫硅质砾底砾岩，厚度只有5厘米。底砾岩，因位于某一套海侵层序之底部，并在一个侵蚀基准面之上而得名。一般代表经历长期沉积间断后一个新的沉积旋回开始。砾石成分来源于古陆剥蚀区。分选性好、磨圆度高、分布面广，厚度不大。向上逐渐为含砾粗粒砂岩所代替，与下伏岩层呈角度不整合接触或假整合接触。因此，底砾岩既是划分地层单位的标志，代表一次大的沉积间断后一个新的沉积旋回开始，又是某一地质历史时期发生的一次地质构造事件，是划分构造层的标志，是恢复古地理面貌、讨论区域地质发展阶段的重要标志。某些矿产，如金、铀、铜、金刚石、钼等往往和底砾岩沉积在一起。识别底砾岩的标志：①位置在某个侵蚀界基准面之上，砾石成分是下伏岩层不同时代的陆源碎屑物质。经过长期风化剥蚀，特别是化学风化作用，暗色矿物多被分解，砾石中的矿物成分比较单一，以石英质砾石为最多见。②砾石磨圆度好，分选好。同一层底砾岩砾石粒度向上变细，磨圆度向上增高。③厚度不大，分布范围广，层位稳定。

那“沉积韵律”又是怎么回事呢？沉积岩层由老到新，岩石粒度由粗到细，再由细到粗构成一个完整的沉积韵律。例如由砾岩、含砾粗粒砂岩、粗粒砂岩、细粒砂岩、粉砂岩、泥岩（页岩）到化学岩（泥灰岩或灰岩），再到粉砂岩、细粒砂岩构成一个完整的沉积韵律。但实际情况在滨海带沉积过程中韵律的上半部分往往没有被保留下来。沉积韵律是沉积物堆积速度、地壳下降速度或海平面抬升速度在地层剖面中的综合反映。

接着说“海绿石矿物”。在龙山组铁质石英砂岩中见有鲜绿色（新

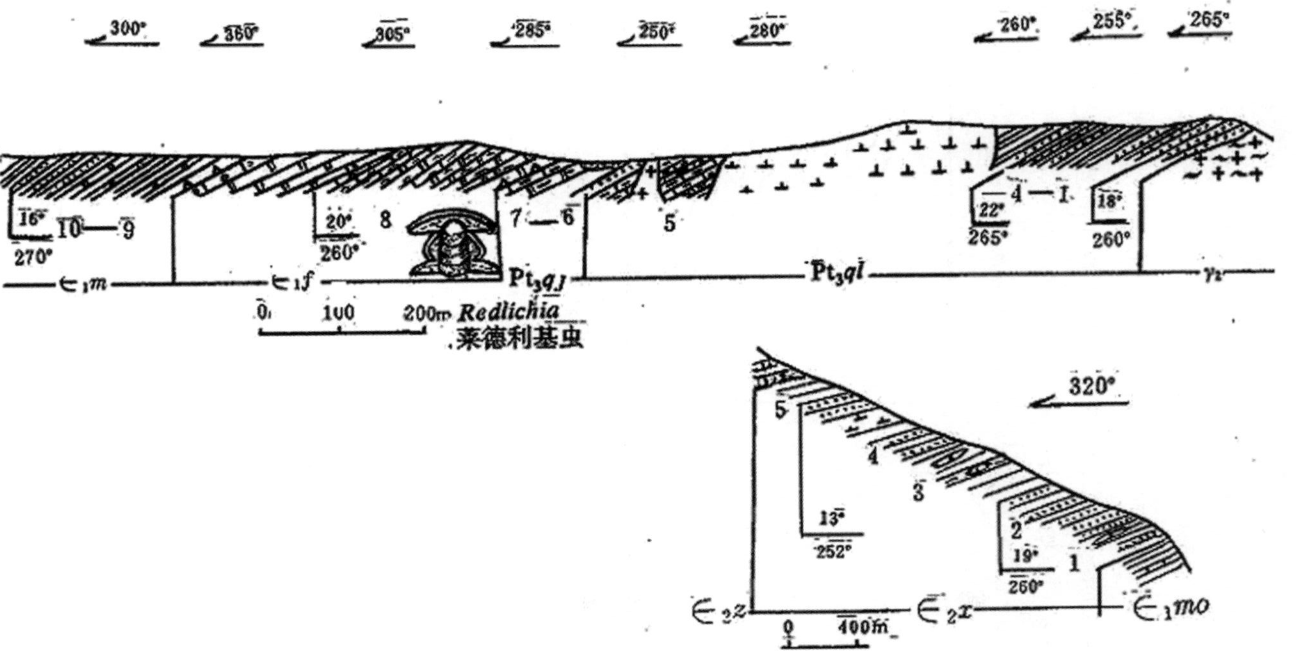

图11-5　张岩子—东部落($Pt_3ql-\in_2x$)地层路线剖面图

剖面图中古生物化石由吴水忠教授选编、绘制，下同

鲜面)，或浅绿色(风化面)海绿石矿物。因海绿石是黑云母、角闪石在浅海中分解或胶体溶液中呈胶体状态沉积的黏土矿物，含Fe^{2+}显绿色，如$Fe^{2+} \rightarrow Fe^{3+}$则呈红色，因海绿石是一种海生矿物，所以海绿石也叫指相矿物。可以用它划分地层或做层位对比。

最后说说“斜层理”。在暗红色砂岩(层$_2$)中见有斜层理。斜层理是由一系列的细层与顶层面相截，与底层面相切组成的层系。如果把顶板、底板恢复到原始沉积的水平状态，细层的倾斜方向是当时水流方向(见图11-6)。是判断地层是否倒转的鉴别标志。细层向一个方向倾斜，称为单向斜层理。如果受风、水流影响细层的倾斜方向是多变的，称为交错层理。斜层理是用来识别岩层顶、底板的，与层面相截是顶板。与层面交角较小或近于相切是底板。大型斜层理是滨海沙滩相沉积形成的。水平微细层理是潮下低能带环境下沉积形成的。

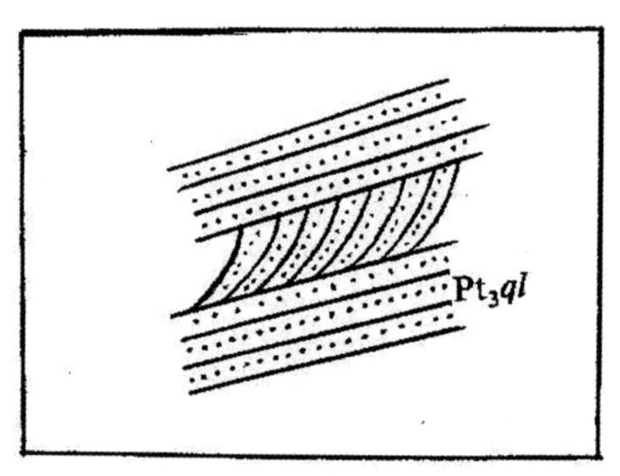

图11-6　龙山组细砂岩中的斜层理

观察点3　景儿峪组底部

青白口第三小站，叫景儿峪站。景儿峪组仅有一个沉积韵律，厚度38米。底部为黄褐色中厚层中细粒石英净砂岩。层面上见有大型风暴波

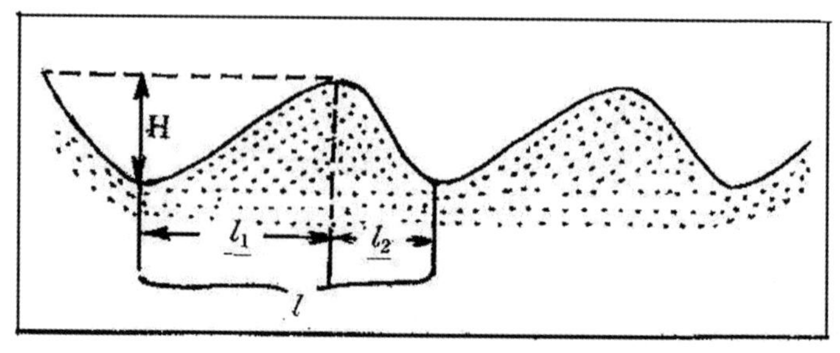

图11-7　波痕的波长与波高

痕，此层向上过渡为紫色、蛋青色页岩以及灰白色、浅粉红色隐晶质泥灰岩(层$_6$—层$_7$)。沉积环境属滨海—浅海相，与龙山组整合接触。

“大型风暴波痕”。波痕是一种层面构造。层面构造包括波痕、雨痕、泥裂、动物足迹等，这里主要讲波痕。波痕是由风、流水、波浪作用在沉积物表面所形成的一种波状起伏的层面构造。按成因可分为浪成波痕、流水波痕和风成波痕三种类型。其中，前两种为浅水波痕。风成波痕多出现在沙漠、湖泊和海滨的沙丘沉积物表面。波痕用波长(L)、波高(H)两个参数来描述(见图11-7)。其中波痕指数($R_I=L/H$)是用来判断波痕成因的，如R_I=3—10为流水波痕。流水波痕不对称，波谷与波峰均较圆滑，陡坡倾向与流水方向一致。R_I=20—50为风成波痕。风成波痕不对称，波谷宽阔，波峰圆滑，陡坡倾向与风向一致。R_I=15—100为浪成波痕。浪成波痕对称，波峰尖、波谷圆滑，不对称的浪成波痕同流水波痕相似。

波痕对称指数是用($R_{si}=L_1/L_2$)表示：不对称波痕，陡坡倾斜方向指向水流方向。其中L_1是缓坡(上游边)在水平面的投影，L_2是陡坡(下游边)在水平面的投影，L_1/L_2比值是反映波痕的对称情形。这两个指数是鉴别沉积环境水动力条件的定量指数。

泥裂、帐篷、鸟眼、鸡笼铁丝等面状构造都有一个暴露水体之外的时段，因此是潮上带，具体说是潮坪环境。只有特大潮汐才能被海水淹没。大型风暴波痕是特大风暴潮汐席卷潮上带沉积物时留下的面状构造。

关于地层“组”的概念。组是地层的基本单位。是以岩性特征为依据划分出来的地层单位。可以由单一岩性、单一沉积韵律构成，也可以由同一沉积环境下的几个沉积韵律构成。

“组”是地方性地层单位，受古地理环境控制，一般以研究最早的地层剖面来命名，并冠以所在剖面地名。如我国北方下奥陶统亮甲山组，即以实习区石门寨北亮甲山地层剖面为层型剖面(典型剖面)，由叶良辅、刘季辰于1919年首创“亮甲山石灰岩”，1922年由德国地质学家马底幼建“亮甲山组”。高一级地方地层单位叫群，如天津蓟县（今蓟州区）中元古界、新元古界地层剖面中的长城群、蓟县群、青白口群。每一个群可以包括几个组，如青白口群包括下马岭组、龙山组、景儿峪组。下马岭组、龙山组命名地点在北京西山。景儿峪组命名地点在蓟县（今蓟州区）景儿峪村。群作为比较大的地层单位，仍然是地方性地层单位。群与国际地层单位的系相当，只是研究程度低，最初命名为群，日后着研究程度的加深，可以升格为系，如1975年在北京震旦纪讨论会上将青白口群升格为青白口系。

观察点4　石灰窑旧址 府君山组底界

满载着沉积物的航船，在时间隧道中奔驰着，船主拿起手机与震旦站站长联系在震旦站停靠一事，结果因震旦站大修，海水早已退出，载有沉积物的航船驶向寒武站，到达距今5.7亿年的寒武站。

寒武第一个小站，叫府君山站。府君山组是古生界层位最低地层单位，岩性为深灰色厚层状豹皮白云质灰岩(层$_8$)。下部暗灰色厚层结晶灰岩，产莱德利基虫（Redlichia），上部为灰白色白云质灰岩夹暗灰色薄层灰岩，与下伏景儿峪组成假整合接触。其分界标志是下部暗灰色厚层豹皮状沥青质结晶灰岩，其底部薄层灰岩中含角砾(灰质砾底砾岩，层$_8$)。沉积环境属浅海相，厚度146米。

观察点5　东部落村北 小山坡上 馒头组底界

寒武第二小站，叫馒头站。

馒头组岩性是以鲜红色(通称砖红色)泥岩、页岩为主，泥岩底部具角砾和砾石(层9)，页岩中含石盐假晶，并夹有白云质灰岩透镜体(层$_{10}$)，与下伏府君山组呈假整合接触，其分界标志是馒头组(层$_9$)泥岩中底部具角砾和砾石，厚度71米。沉积环境属干旱条件下滨海相或潟湖相(见图11-5）。

那页岩中的石盐假晶又有哪些故事呢？

石盐是在高盐度湖盆或咸化潟湖泥质沉积物中结晶出来的(代表蒸发相)。由于成岩后压缩、失水，厚度变薄。盐类比黏土矿物收缩系数小，压入上覆沉积物中，在上、下岩层之间留下印痕，后被其他物质置换形成石盐晶体假象。它也是一种层面构造，代表一种干旱条件下滨海相或潟湖相沉积。因此，是一种鉴别沉积环境的标志。馒头组页岩是鲜红色，标识气候炎热，干旱，$Fe^{2+} \rightarrow Fe^{3+}$，似孙悟空到过的火焰山。

观察点6　东部落村东北山坡 毛庄组底界

寒武第三小站，叫毛庄站。

毛庄组出露得较好的地段是实习区南部沙河寨西，北山脊东北。东部落村东，北山坡能见到毛庄组底部层位，东部落村西小河对岸能见到毛庄组上部层位。因此，将沙河寨西毛庄组地层剖面插入这里，以此来弥补此处毛庄组出露不全。

毛庄组地层剖面层序如图11-8所示。

1. 黄绿色页岩，往上为灰黑色中层白云质灰岩。黄灰色薄层结晶白云质灰岩(波状层理)。　17m
2. 紫红色含云母页岩，往上夹灰色薄层细晶白云质灰岩透镜体。　16m
3. 紫红色云母质粉砂岩、粉砂质页岩、页岩。往上页岩中夹4层灰岩透镜体。灰岩透镜体中产三叶虫化石：辽西虫（Liaoxia）、幕府山虫（Mufushania）。　21m
4. 紫红色粉砂质页岩夹灰岩透镜体，上为黄绿色页岩夹灰岩透镜体。　23m
5. 青灰色页岩，往上为紫红色页岩夹少量紫色灰岩透镜体。顶部灰岩透镜体中产核形葛万藻（Girvanella）。　33m

毛庄组沉积环境属滨海相潮上带，其中白云质灰岩属潟湖相。由4—5个沉积韵律组成。与馒头组分界是其底部第一次出现的黄绿色钙质页岩(层$_1$)，厚度为110米。

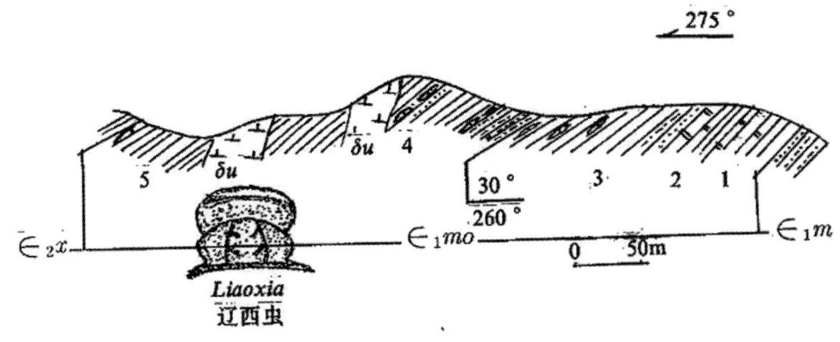

图 11-8　沙河寨西毛庄组地层剖面图　（据杨丙中剖面简化）

观察点7　东部落村西 小河对岸山沟口 徐庄组底界

寒武第四小站，叫徐庄站。

徐庄组地层剖面层序描述如图11-5所示。

1. 暗紫色、黄绿色页岩、紫色鲕状灰岩和暗紫色细砂岩。产三叶虫化石：井山虫（Inouyia）。 70m
2. 暗紫色云母质粉砂岩、黄绿色页岩，往上以黄绿色页岩为主。产三叶虫化石：孙氏盾壳虫（Sunasp）。 36m
3. 暗紫色页岩夹细砂岩、灰岩透镜体，产三叶虫毕雷氏虫（Bailiella）。 4m
4. 黄绿色页岩夹粉砂岩、细砂岩、灰色灰岩透镜体。 8m
5. 黄绿色云母质粉砂岩夹少量页岩，往上为粉砂岩与页岩互层。产三叶虫化石：原附栉虫（Proasphiscus）、辽阳虫（Liaoyangaspis）等。 46m

徐庄组底部以暗紫色页岩夹黄绿色云母质页岩(徐庄组层$_6$)与毛庄组分界。毛庄组顶部为含核形石灰岩（毛庄组层$_5$）。核形石葛万藻形如黄豆至指甲大小，为同心环纹状球体，易于辨认。沉积环境属滨海相潮上带至浅海相。厚度为164米。

观察点8　东部落村西 小河对岸山沟尽头 张夏组底界

寒武第五小站，叫张夏站。

张夏组底部是灰色厚层鲕状灰岩，徐庄组顶部是黄绿色页岩与粉砂岩互层(徐庄组层$_5$)。两者界线清楚，分层标志明显。

§3. 王家峪南山(牛圈)—285高地($\in_2 z$–$O_1 y$)地层观察路线

这里是285高地东山脊牛圈，顺山脊至285高地。地球时间隧道，这里是寒武第五小站，叫张夏站。地层剖面描述如(图11-9)。

观察点1　牛圈 张夏组底界

张夏组地层层序：

1. 灰色厚层鲕状灰岩。往上为黄绿色页岩夹灰色鲕状灰岩。产三虫化石：沟颊虫（Solenoparia）。 10m

2. 灰色含海绿石厚层鲕状灰岩夹少量紫色砾屑灰岩、灰色藻灰岩、紫色页岩。往上过渡为黄绿色页岩。产三叶虫化石：德氏虫（Damesel）。 51m

3. 深灰色厚层鲕状灰岩、灰色泥质灰岩。上部紫灰色中厚层状鲕状灰岩。产三叶虫化石：沟颊虫（Solenoparia）。 46m

4. 灰色微晶灰岩，顶部为灰色藻鲕状灰岩。产三叶虫化石：德氏虫（Damesella）。 20m

张夏组下部以页岩为主，夹灰岩，颜色浅，色调以黄绿、深灰色为主；中上部以藻灰岩为主，夹鲕状灰岩、泥质灰岩，颜色出现了紫色色调，页岩由多到少，到全为灰岩。本组厚度127米。沉积环境属浅海相。与下伏徐庄组整合接触，分层标志是其底部厚层状鲕状灰岩(层$_1$)。

据说孙云铸老先生曾在东部落村府君山组石灰岩中采到了三叶虫化石：莱德利基虫（Redlichia）。后来，老先生还把三叶虫化石出现的最低层位定为寒武系底界，即显生宙的开始。

古生物化石是保存在地层中的古生物遗体或遗迹。一般是硬体部分被石化固结在沉积岩层中。如动物的介壳、骨骼、牙齿、植物的纤维等。遗体被保存的条件是不易被氧化，掩埋迅速。石化作用通常是生物遗体被硅质、钙质和黄铁矿等物质置换或被充填，变得致密，坚如石质。如在山海关城楼展出的硅化木，是树干被硅质转换的结果。保留了树干的感观特征。另一种石化作用是生物遗体易挥发物质经升馏逸出，只保留炭质薄膜，形成炭化化石。如植物的叶、昆虫的翅膀等。

说到研究古生物化石的意义，首先根据生物界种属在地质历史时期的发展演化规律，可以确定地层的相对时代，然后根据生物界种属在地质历史时期的演化规律进行地层对比。确定某一种古生物种属在地史中的演化时段，如果这种古生物种属分布范围广，延续时间短，并是具有代表性的古生物种属，这就是“标准化石”。

利用古生物化石进行地层划分和地层对比是建立在生物进化不可逆性和生物发展演化的阶段性的规律。前寒武纪晚期只有低等生物，如藻类。早古生代是海生无脊椎动物与海生藻类植物繁盛时期，以三叶虫大油栉虫的出现作为寒武纪的开始。晚古生代是陆生脊椎动物、陆生孢子植物、原生裸子植物高度发展阶段。海生无脊椎动物的面貌也发生了明显的改观；中生代爬行类、菊石类与裸子类植物占据了生物界的统治地位；新生代哺乳动物，鸟类特别繁盛。这是生物界发展的阶段性和生物进化的不可逆性。在生物发展进化过程中有些生物免遭灭绝，但不是简单地重复过去，即生物的某些器官及其特征适应了新的生活环境，有的器官已经消失，不能再生。如大洋中的鲸，虽然从陆地上又回到了海洋，与其远祖鱼类有相似的生活环境，但内部构造已经进化成哺乳动物了，是用肺呼吸，而不是用鳃呼吸。因此，生物进化不可逆性导致不同时代沉积地层所含古生物化石种属不能重复出现。因而可以用古生物化石进行地层对比或划分地层的相对时代，要求这些古生物生存的时间短，分布面积广，特征明显，易于辨认，数量多，易于发现。具有上述特征的古生物化石种属，叫标准化石。

利用古生物化石进行地层对比时，还应考虑生物由发源地向外迁移滞后的特点。即在发源地同一种属的古生物群落形成时间要早，出现的层位要低；远离发源地同一种属的古生物群落形成时间要晚，出现的层位要高。这是用古生物化石做地层对比时要注意的一个问题。

观察点2　崮山组底界

寒武第六小站，叫崮山站。

崮山组层序如图11-9所示：

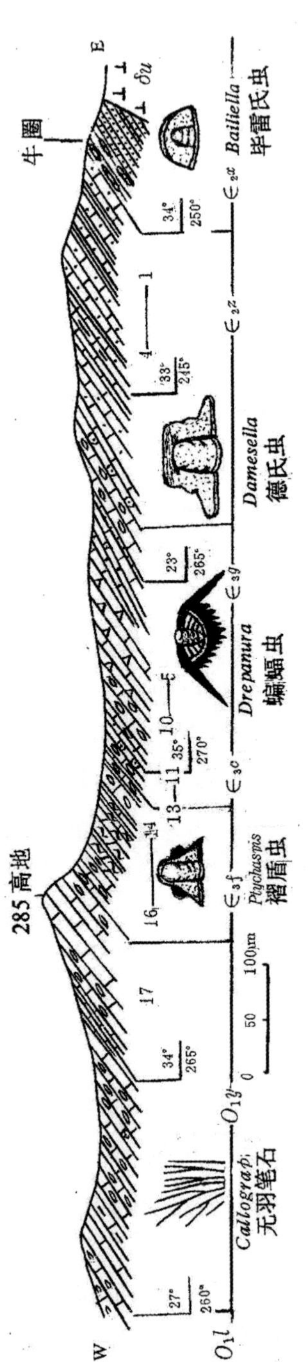

图11-9　王家峪南山—285高地($\in_2z$—O_1y)地层路线剖面图

5. 紫色页岩、粉砂岩、细砂岩夹紫色砾屑灰岩。底部紫色粗砂岩、砾屑灰岩。产三叶虫化石：蝴蝶虫（Blackwelderia）、 蝙蝠虫（Drepanura）。 9m

6. 灰色厚层鲕状灰岩夹砾屑灰岩、灰白色微晶泥灰岩、微晶白云质灰岩、顶部有1.0米厚的灰色藻灰岩。产三叶虫化石：蝴蝶虫（Blackweldreria）。 10m

7. 紫色砾屑灰岩、紫色粉砂岩互层。 25m

8. 灰色砾屑灰岩，灰色泥质条带灰岩夹砾屑灰岩。往上为泥质条带灰岩夹鲕状灰岩。三叶虫化石：王冠虫（Stephanocare）。39m

9. 紫色砾屑灰岩、紫色粉砂岩互层。产三叶虫化石：蝴蝶（Blackweldreria）、蝙蝠虫（Drepanura）。 18m

10. 灰白色厚层状藻灰岩。产三叶虫化石：蝴蝶虫（Blackweldreria）、蝙蝠虫（Drepanura）。 1m

崮山组下部为紫色粗砂岩、细砂岩、粉砂岩夹砾屑灰岩；中部为灰色灰岩(鲕状灰岩、条带状灰岩、藻灰岩)；上部为紫色砾屑灰岩、紫色粉砂岩互层。顶部为灰色厚层藻灰岩。与下伏张夏组整合接触。沉积环境属滨海—浅海相。厚度102米。

看完了崮山组，再回过头和张夏组比较一下。

首先，从颜色上看，张夏组岩石基本上是浅灰色、灰色、深灰色，而崮山组岩石基本上是紫色的。

其次，从层面上看，张夏组顶界面(层4)凸凹不平，类似波痕，又不是波痕。属浅水冲刷作用形成的。层$_4$与层$_5$呈嵌入整合接触关系，即在层$_4$的沟槽内有层$_5$的沉积物。

再次，层$_4$含三叶虫化石为德氏虫，层$_5$含三叶虫化石为蝴蝶虫，但具尾刺这是共同的。

最后，两组分界明显，层$_4$是含藻鲕灰岩，层$_5$是砾屑灰岩。

那层$_4$提到的“藻灰岩”是一种什么样的岩石呢？

藻灰岩是一种由钙藻堆积生成的石灰岩。或者说是由藻类生命活动产生的石灰岩。在藻类生命活动中常分泌出一种含钙物质，当钙含量达到一定浓度时就沉积下来，由钙质鞘或钙质骨骼直接形成石灰岩。按藻类种属分为红藻珊瑚藻科、绿藻科和毛藻科。而叠层石灰岩是群体蓝绿藻生命活动的产物。蓝绿藻分泌出一种胶体黏液捕获各种灰泥球粒，形成富鞘纹层(暗层)，然后藻类生长在富鞘纹层表面，形成富藻纹层(亮层)，如此反复重叠，形成叠层构造，在垂向上如同倒置的一摞碗。这是藻类生长需要阳光，这也是垂直阳光的中心部位发育较快的原因。张夏组大聚环柱状隐藻灰岩形成于潮上带潟湖相较深水环境，水底清澈，陆源碎屑物质少，阳光充足。叠层石灰岩形成于潮上带潮坪环境。

观察点3　山脊鞍部东侧 长山组底界

寒武第七小站，叫长山站。

长山组层序：

11.紫色含海绿石生物碎屑灰岩、含三叶虫化石：庄氏虫（Chuangia）和腕足类化石。 4m

12.紫色粉砂岩夹灰色藻灰岩、紫色砾屑灰岩。含三叶虫化石尖颊虫（Lioparia）、白家山虫（Peichiashania）。 5m

13.紫色粉砂岩夹紫色砾屑灰岩。含三叶虫化石：蒿里山虫（Kaolishania）。 9m

长山组底部以生物砾屑灰岩为主，砾屑长而大，呈放射状排列。含海绿石，向上过渡为粉砂岩夹砾屑灰岩，三叶虫化石由庄氏虫—尖颊虫—蒿里山虫。与下伏崮山组地层分界清楚，崮山组层$_{10}$为灰白色厚层状藻灰岩，含三叶虫化石为蝙蝠虫。长山组底部层$_{11}$为紫色含海绿石生物砾屑灰岩，含三叶虫化石为庄氏虫。长山组岩石颜色基本上是紫色的。构成一个完整的沉积韵律。厚度仅18米。沉积环境属滨海—浅海相。

观察点4　山脊鞍部西侧 凤山组底界

寒武第八小站，叫凤山站。

凤山组层序：

14.灰色砾屑灰岩夹黄绿钙质粉砂岩、页岩。含三叶虫化石：方头虫（Quadraticephalus）、济南虫（Tsinania）、褶盾虫（Ptychaspia）。 27m

15.灰色泥质条带灰岩夹砾屑灰岩。 18m

16.黄灰色泥灰岩夹少量砾屑灰岩、钙质页岩。 47m

凤山组与长山组分界是层$_{13}$和层$_{14}$，在鞍部西侧，由于沉积环境为台地相沉积，砾屑灰岩由紫色转为灰色。三叶虫化石：由蒿里山虫过渡到济南虫、褶盾虫。沉积环境属滨海—浅海相，厚度92米。

观察点5　陡砬子下 冶里组底界

奥陶第一小站，叫冶里站。

17.青灰色微晶灰岩夹少量砾屑灰岩。含无羽笔石（Callograptus），三叶虫化石：小栉虫（Asaphellus）。 47m

进入奥陶纪，就说说奥陶纪(Ordovician)的由来吧。那是1835年，苏格兰地质学家罗德里克·莫奇逊(1792—1871)在英国东南威尔士，一个名叫Silurian的地方，创建了志留纪；过了一年即1836年，英国剑桥大学地质学家亚当·塞治威克(1785—1873)，在北威尔士山(旧称寒武山)创建了寒武纪。经过对比，发现在地层剖面上寒武纪与志留纪之间有一段地层是重叠的。二位“牛人”相斥终生尽，到了1879年才出现转机。英国地质学家查尔斯·拉普沃思(1842—1920)在一篇论文中提出“关于下古生代三分的方案”，把寒武纪与志留纪之间地层重叠那部分另外取名叫“奥陶纪”，奥陶(Ordovician)是阿雷尼格山脉向东穿过北威尔士古奥陶部落的居住地。“奥陶”取自古奥陶部落名或地名。直到1960年在丹麦哥本哈根召开的第21届国际地质大会上，“奥陶纪”一名才得到国际地科联官方的认可，长达125年的悬案终于落下帷幕。说到这儿又想起陆游在《游山西村》诗里，写景寓含哲理的那句诗：“山重水复疑无路，柳暗花明又一村。”做学问，探讨问题，也会遇到思路往复回转、扑朔迷离，顿生茫茫之感，即“山穷水尽疑无路”之感。如果你锲而不舍，继续前行，忽然间在你往复的思绪中发现一个小亮点，再往前行，豁然开朗，进入“柳暗花明又一村”的新天地，问题得到解决。

中文“奥陶纪”一词早在1910年麦美德用古汉语编著的《地质学》、1916年章鸿剑、翁文灏编著的《地质研究所师弟修业纪》、京师大学堂《地质学》讲义都多次使用过。麦美德女士把这套石灰岩称为：英国名为下西路连石系(Lower Silurian)，属下志留统下，这是罗德里克·莫奇逊的观点。美国名为阿德危先(Ordovician)，音译“阿德危先”，后来采用的谐音“奥陶”，这是1879年以后的奥陶纪。中文名秦国石系(sinian)，是受李希霍芬在中国所称之震旦纪剖面影响。维理士、沃尔斯特考(1907年)改震旦纪剖面为寒武-奥陶纪剖面。其中济南灰岩归奥陶纪，奥陶纪是从英文直接翻译过来的，不是从日文转译过来的，具体译者不详。但在1910年以后，“奥陶纪”一词已在中文地质文献中使用，这是不争的事实。

§4. 285高地—小王山东坡采石场(O_1y– C_2b)地层观察路线

剖面起点是285高地南侧，终点在小王山采石场。从时间隧道来到了奥陶第一小站冶里站。

观察点1　冶里组底界

海侵进一步扩展，沉积环境逐渐转为正常浅海较深水环境。沉积物以大量出现碳酸盐沉积为特征。水草丰盛，生物界欢腾喜悦，喜迎新春。脊椎动物鱼类将在此站诞生，地层剖面简述如图11-10所示。

冶里组层序：

1. 灰色微晶灰岩夹灰色虫孔状灰岩、豹皮状灰岩、灰色砾屑灰岩。产三

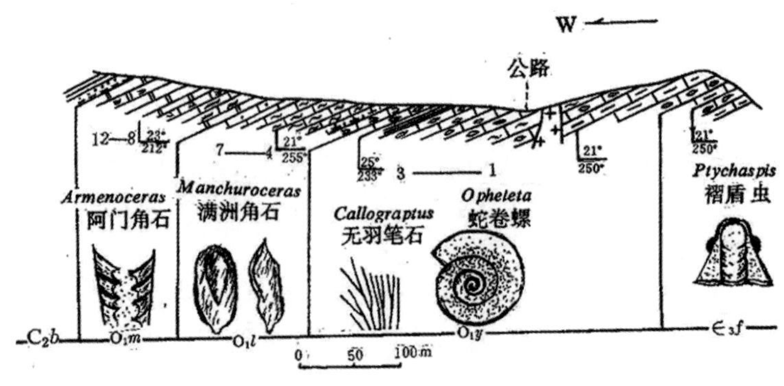

图11-10　285高地—小王山采石场（O_1y–C_2b）地层路线剖面图　（杨丙中）

叶虫化石：田师府虫（Tienshihfuia）、小栉虫（Asaphellus）、腹足类化石：蛇卷螺（Ophileia）。 60m

2. 灰色微晶灰岩夹灰色砾屑灰岩。 33m

3. 灰色砾屑灰岩夹黄绿色页岩，含无羽笔石（Callograptus）和介形虫（ostracoda）。 32m

冶里组中下部以灰岩为主(微晶灰岩、虫孔灰岩、砾屑灰岩)；上部砾屑灰岩夹黄绿色灰岩，与凤山组分界是以冶里组底部灰色砾屑灰岩(层$_1$)为标志层的。厚度为125米，沉积环境属浅海相较深水环境。

观察点2　亮甲山组底界

奥陶第二小站，叫亮甲山站。

这是华北地台地质历史时期出现的一次最大海侵，“一片汪洋都不见，知向谁边？”形成很厚的碳酸盐沉积，经过压结、成岩形成石灰岩地层。亮甲山组石灰岩为后来出现的人类提供了很好的建筑石材。

亮甲山组层序：

4. 灰色厚层豹皮状灰岩夹少量生物结晶灰岩。含头足类化石：房角石(Cameroceras)、腹足类、腕足类和三叶虫化石。 16m

5. 灰色泥质条带灰岩夹砾屑灰岩和少量黄绿色页岩，含腕足类化石。 14m

6. 灰色厚层豹皮灰岩夹少量砾屑灰岩。含头足类化石：满洲角石（Manchuroceras）、房角石（Cameroceras）。 36m

7. 青灰色中厚层质纯灰岩。含头足类化石：满洲角石（Manchuroceras）、古杯海绵（Archaeoscyphia）。 19m

亮甲山组下部以豹皮灰岩、生物结晶灰岩、条带状泥质灰岩为主；中部以砾屑灰岩为主；上部以青灰色质纯灰岩为主。与冶里组分界是其底部灰色中厚层豹皮状灰岩(层$_4$)，风化后出现泥质条带，局部含燧石结核；冶里组顶部为黄绿色页岩。沉积环境属浅海相，厚度85米。

观察点3　马家沟底界

奥陶第三小站，叫马家沟站。

马家沟站海水广布，后期地壳抬升，华北地台转入长期风化、剥蚀时期，地史上称为“南海北陆”，由于气候温暖、潮湿，使已成岩的石灰岩被地下水溶蚀，形成许多溶洞，古风化壳上形成残余式铁矿(山西式铁矿第一层位)。

马家沟组层序：

8. 灰白色含燧石结核白云质灰岩，局部为砾屑灰岩，水平微层理发育。 9m

9. 灰白色含燧石结核豹皮状微晶白云质灰岩。含头足类化石：阿门角石（Armenoceras）、链角石（Ormoceras）。腹足类化石：马氏螺（Machurites）和腕足类化石。 5m

10. 暗灰色细晶白云质灰岩夹灰色含燧石结核细晶白云质灰岩。 56m

11. 灰色含燧石结核白云质灰岩。 2m

12. 灰色细晶白云质灰岩、顶部为黄灰色细晶白云岩。 20m

马家沟组以白云质灰岩为主，并以含燧石结核为特征。层$_8$具水平微层理，灰白色、黄灰色，含燧石结核，是亮甲山组与马家沟的分界标志。沉积环境属浅海相，厚度92米。

观察点4　本溪组底界

石炭第二小站，叫本溪站。

本溪组底部为黄灰色粗砂岩、小砾岩。马家沟顶界面是一层古风化壳，岩石暗淡褪色，结构有些疏松，甚至成为土状。与上覆地层接触面凸凹不平，个别地方本溪组粉砂岩嵌入到马家沟组灰岩之中，甚至嵌入到亮甲山组灰岩古溶洞中沉积。如石门寨东门126高地采坑所见。这种嵌入沉积接触是古风化壳存在的依据，两者有沉积间断但产状一致，为嵌入假整合接触(见图11-24)。

本溪组底部有一层底砾岩。砾石成分为白云质灰岩，应属马家沟组成分，有棱角说明搬运不远，或者是原地沉积的，因此仍具有底砾岩性质。经过长期(1.28亿年)风化、剥蚀作用，在马家沟组顶界面上形成各种团块、鸡窝状铁矿，称山西式铁矿第一层位。据杨廷栋研究，第一层铁矿属风化残余式铁矿，铁质来源是马家沟组白云质灰岩长期风化、剥蚀残留下来的，矿体形态受古溶洞及侵蚀基准面控制。矿石矿物主要是赤铁矿、褐铁矿，构造以胶状、蜂窝状为主。在本溪组底部还有一层铁矿，属沉积型铁矿，是山西式铁矿第二层位。因此，山西式铁矿床属风化残余-沉积型铁矿床。

山西式铁矿第一层位，是古风化壳存在的依据。其上沉积环境属滨海相、潟湖相。

§5. 亮甲山—百印台构造、岩石、(O_1y– C_2b) 地层观察路线

地层剖面位置：石门寨北 亮甲山至百印台。

地层剖面描述如图11-11所示。

观察点1　亮甲山陡崖下 冶里组下部

奥陶第一小站，叫冶里站。

冶里组层序：

1. 灰色中厚层砾屑灰岩夹灰色薄层泥质条带状灰岩及黄绿色页岩。产无羽笔石（Callogroptus）。　8m
2. 薄层泥质灰岩。　3m
3. 浅灰色砾屑灰岩、泥质条带状灰岩与黄绿色页岩互层。　17m
4. 灰色砾屑灰岩夹黄绿色页岩。　12m

观察点2　亮甲山采石场

观察辉绿玢岩脉产状、岩性，以及赋存辉绿玢岩墙的断裂特征。

辉绿玢岩与围岩的接触关系有两种情况：一种是沿斜交层理的断裂或裂隙充填，称之为与围岩不和谐侵位接触关系。如岩墙、岩脉、岩枝等。另一类是沿围岩层理充填的，称之为与围岩和谐侵位接触关系。如岩床、岩盆等。在161.1高地冶里组下部有一处辉绿玢岩是沿层理充填的岩床，而在亮甲山采石场有一处沿斜交层理NNE向追踪张断裂充填的岩墙。后者在岩壁上见有一组竖直的擦痕，岩墙在平面上展布为锯齿状，由此可知该赋岩断裂曾经历过两次构造变动，一次是挤压形成竖直擦痕，属NS向构造。另一次是引张，形成锯齿状张断裂，属EW向构造的配套成分NS向追踪张断裂，而辉绿玢岩床是沿层间虚脱部位充填的，这是EW向构造叠加在NS向构造的结果。

观察点3　亮甲山组底界

奥陶第二小站，叫亮甲山站。100多年前，叶良辅、刘季辰二位先生在这里首创“亮甲山石灰岩”一名，稍后(1922年)德国地质学家马底幼建亮甲山组。此处亮甲山组地层厚度为118米。

亮甲山组层序：

5. 灰色细晶豹皮状灰岩夹砾屑灰岩及少量黄绿色页岩。含头足类化石：满洲角石（Manchuroceras）、房角石（Cameroceras）。　21m
6. 灰色豹皮状灰岩夹少量砾屑微晶灰岩。　58m
7. 灰色中厚层豹皮灰岩。　39m

观察点4　马家沟底界

奥陶第三小站，叫马家沟站。

马家沟组层序：

8. 黄灰色白云质灰岩夹浅灰色白云质灰岩。具明显微层理，局部含燧石结核、燧石条带和砾屑。含头足类化石：链角石（Ormoceras）。　14m
9. 黄灰色厚层细晶白云岩夹黄灰色豹皮状白云质灰岩。含头足类化石：阿门角石（Armenoceras）、链角石（Ormoceras）等。　38m
10. 黄灰色中厚层含燧结核白云岩。　29m
11. 黄灰色中薄层细晶白云质灰岩、白云岩。　5m

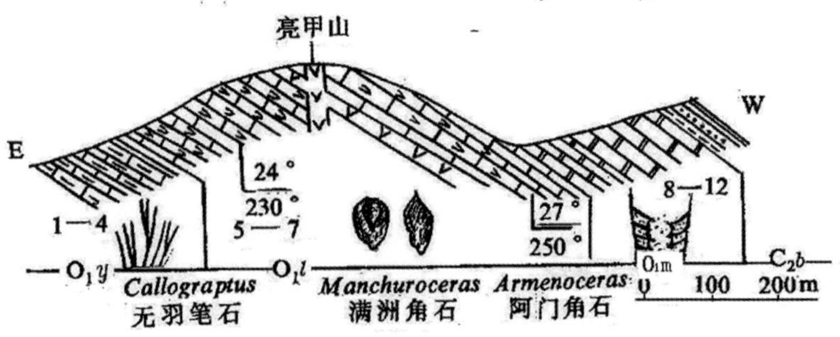

图11-11　亮甲山—百印台下、中奥陶统(O_1－O_2)地层路线剖面图

此处马家沟组厚86米。

观察点5　小平台上 本溪组底界

石炭第二小站，叫本溪站。

本溪组底部为黄褐色铁质砂岩，并有底砾岩。其下伏岩层为马家沟顶界古风化壳，其上见有山西式铁矿第一层位。

§6. 石门寨西门—瓦家山(C_2b–P_2sh)地层、构造观察路线

剖面位置：石门寨西门约100米处，经欢喜岭至瓦家山东坡沟中。

观察点1　石门寨西门约100米（路旁）

路旁有一处小断层，找出它的存在依据、运动方向、断层性质、形成时的应力状态(见图11-12)。

这个小断层发生在冶里组石灰岩中。以钙质页岩为标志层，确定是上盘下降，下盘上升，进一步观察发现：左侧张裂隙成雁行排列，与主断层面所夹锐角，指示本盘运动方向。张裂隙内壁方解石晶体生长线垂直断层壁，断层壁上没有擦痕，内有灰岩角砾，所有这些都说明断裂显张性，是正断层。小断层左侧有一小洞，说明该断层形成与重力塌落有成因联系。东南盘依此下降，运动方向是左行扭动。断距不足0.5米。

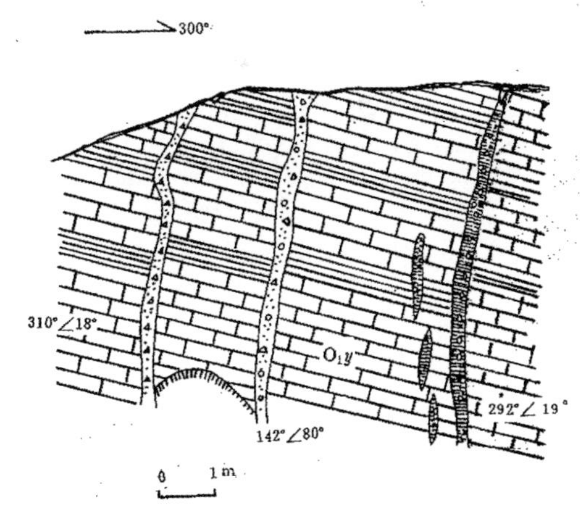

图11-12　石门寨西门正断层素描图

观察点2　石门寨西门外养鸡场后面 本溪组底界

石炭第二小站，叫本溪站，地层剖面描述如图11-13所示。

本溪组地层层序：

1. 灰色铝土质页岩(相当于G层铝土)，黄褐铁质细粒砂岩。　5m

2. 黑灰色炭质页岩、粉砂岩。含植物化石：科达（Cordaites）、脉羊齿（Newropteris）、丁氏蕨（Tingia）、栉羊齿（Pecopteria）、轮叶（Annularia）。 4.8m

3. 青灰色含铁质粉砂岩、细粒石英净砂岩。 10.4m

4. 深灰色薄层泥质粉砂岩(相当于F层黏土)。11.8m

5. 灰黑色、灰绿色薄层粉砂岩夹灰岩透镜体。 21.6m

6. 灰色黏土质粉砂岩、细砂岩。 4.4m

7. 灰色含铝石英粉砂岩(相当于E层黏土)夹三层泥灰岩透镜体(含海百合茎)。 17.2m

本溪组由2—3个沉积韵律构成，由陆相到滨海相或浅海相。韵律顶部分别为G、F、E三层黏土矿及泥灰岩透镜体，可与本溪牛毛岭剖面对比。韵律底部是细砂岩或粉砂岩、页岩，含植物化石。上部泥灰岩透镜体，含海相化石，属浅海相沉积。沉积环境属海陆交互相沉积。厚度75.2米。

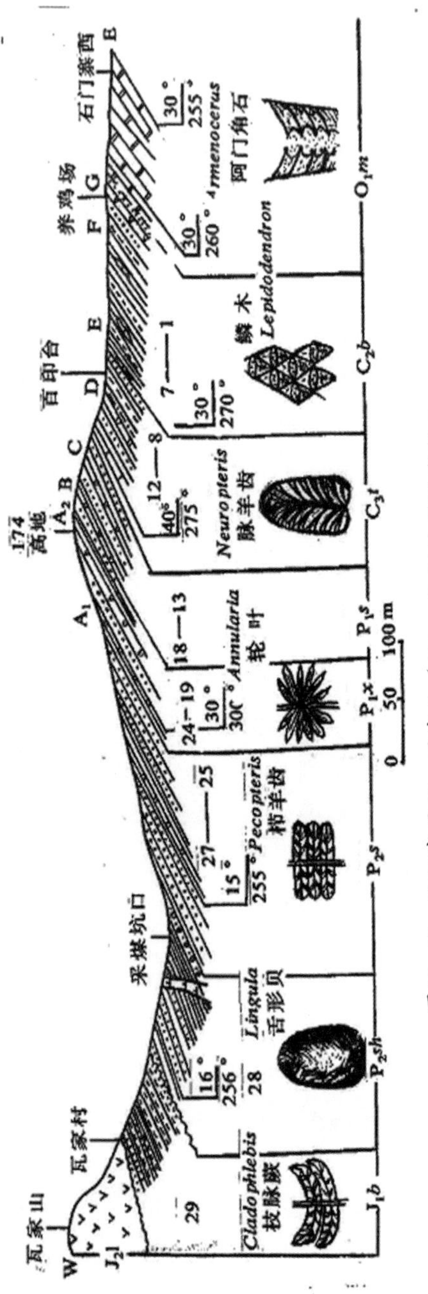

图11-13 石门寨西门—瓦家山（C_2b—P_2sh)地层路线剖面

观察点3 太原组底界

石炭第三小站，叫太原站。

太原组层序：

8. 灰绿色厚层中细粒岩屑杂砂岩，含铁质，风化后有铁质小孔(本溪剖面，叫小孔砂岩)。具有明显大型球状风化特征。 13.3m

9. 灰绿色厚层黏土质粉砂岩夹青灰色页岩及灰岩透镜体(相当于D层黏土)。 15.0m

10. 灰绿色薄层细粒岩屑杂砂岩、含砾，具小型球状风化特征。 3.0m

11. 青灰色薄层泥质粉砂岩夹泥灰岩透镜体，含铁质结核。 11.8m

12. 灰色粉砂岩、页岩与黄灰色细粒杂砂岩互层。 4.4m

太原组由两个沉积韵律构成，韵律底部是具有明显大型球状风化和小型球状风化特征的岩屑杂砂岩。韵律顶部是铝土矿、煤系或泥灰岩透镜体，厚度47.5米。属海陆交互相。

观察点4 山西组底界

二叠第一小站，叫山西站。

山西组地层层序：

13. 灰色中厚层中细粒长石岩屑杂砂岩(含砾、含铁质结核)。 13.3m

14. 青灰色泥质粉砂岩及页岩，含植物化石碎片(黏土质粉砂岩为C层黏土层位)。 6.6m

15. 黄绿色、灰色细粒长石岩屑杂砂岩夹煤线。 6.0m

16. 灰绿色含云母石英粉砂岩与薄层细粒长石岩屑杂砂岩、页岩互层，含植物化石碎片。 6.0m

17. 黑色炭质页岩夹深灰色、黄绿色中层细粒长石岩屑杂砂岩。 28.0m

18. 灰色黏土质粉砂岩(B层黏土)。 2.2m

山西组由两个沉积韵律构成。韵律底部是具有大型球状风化和小型球状风化的岩屑杂砂岩。韵律顶部为黏土矿和煤线，层$_{14}$是C层黏土，层$_{18}$是B层黏土，本组地层厚度62.1米。B层黏土产于陆相地层中，中上部出露煤层。沉积环境属大陆湖泊、沼泽相。

这里有两个问题与大家分享：一是“球状风化”，球状风化的汉语解释就是岩石风化成球状。从成因上说，砂岩、泥岩、花岗岩就其力学性质而言都是各向同性的。但是在地壳环境里，北半球要受到自北而南的地应力作用，并产生NE和NW两组剪切地应力。两组剪切地应力会产生两组剪切裂隙。经物理风化，白天热能向里传导，夜间又把热能放出来，天长日久就形成许多等温线或等温面，随之成层脱落成球状，称“球状风化”。中海滩的老虎石、联峰山公园的莲花石都是绥中花岗岩球状风化形成的微地貌。从形态上说，呈浑圆状。观察时应注意测量两组节理锐角等分线的方位，然后将其倾斜岩层恢复到水平状态，确定当时的主压地应力方位。但是在持续的地应力作用下，扭裂面发生偏转，变成钝角等分线成为主压应力方向。

二是“煤系”。夹有煤层的一套岩层，称煤系。煤系由灰、灰黑色粉砂岩、页岩、黏土岩夹煤层组成。煤系地层是大陆湖泊相或沼泽相沉积作用的产物。

观察点5　下石盒子组底界

二叠第二小站，叫下石盒子站。

下石盒子组地层层序：

19. 黄褐色、杂色含砾粗粒岩屑长石杂砂岩、细砾岩(小豆砂岩)。　4.3m

20. 青灰色、灰绿色含云母粉砂岩。含植物化石：带羊齿（Taeniopteris）、科达（Cordaites）、中芦木（Mesocalamites）。　3.3m

21. 黄褐色、黄绿色中薄层长石岩屑杂砂岩(具大型斜层理)。　45.6m

22. 紫色黏土粉砂岩(相当于A_2层黏土)。　1.5m

23. 灰绿色、灰色薄层长石岩屑杂砂岩。　21.1m

24. 紫色黏土质粉砂岩(相当于A_1层黏土)。　12.5m

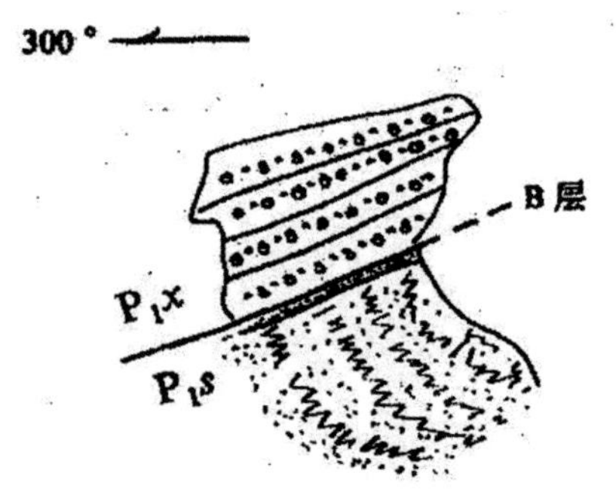

图11-14　山西组与下石盒子组组接触关系素描图

下石盒子组岩性主要为灰色中粒长石岩屑杂砂岩、细粒岩屑杂砂岩、泥质粉砂岩、黏土质粉砂岩构成3个沉积韵律。2、3韵律的顶部分别是A_2、层黏土和A_1层黏土。韵律底部的砂岩粒度随着韵律个数的增加，碎屑粒度依次出现含砾粗粒、中粒、细粒的变化。下石盒子底部含砾粗粒岩屑长石杂砂岩(层$_{19}$)，俗称“小豆砂岩”，特征明显，是该组与山西组的分界标志。“小豆砂岩”连续沉积在山西组顶部B层黏土之上（见图11-14），沉积环境属大陆湖泊相、沼泽相，厚度108.3米。

观察点6　欢喜岭　上石盒子组底界

二叠第三小站，叫上石盒子站。

上石盒子组层序：

25. 灰白色含砾粗粒岩屑长石净砂岩。　24.1m

26. 灰白色、黄绿色细粒岩屑净砂岩夹紫色黏土岩。　3.0m

27. 灰白色含砾粗粒岩屑长石净砂岩。　45.2m

上石盒子组岩性主要为灰白色中厚层含砾粗粒长石净砂岩夹紫色黏土岩，由1—2个沉积韵律构成。以具有大型斜层理的含砾粗粒长石净砂岩层(层$_{25}$)与下石盒子组为分界，沉积环境属大陆河流相，厚度72.3米。

在上石盒子组顶部，欢喜岭西坡上有一小型断层。上石盒子组含砾粗粒岩屑长石净砂岩产状为276°∠36°，断层面产状为160°∠85°。断层面形特征为舒缓波状，擦痕侧伏向SW250°，侧伏角55°。分支断裂产状为190°∠85°，断层面上的擦痕侧伏向SE100°，侧伏角为∠70°。该断层属逆冲断层。

现在把压性断裂的特征说得具体点。断裂面形态特征是舒缓波状，断裂面上常有擦痕、阶步，断裂带内有挤压透镜体，断裂带旁侧有旁侧构造。

①擦痕是断层两盘相对运动时岩屑刻画留下的痕迹。擦痕由粗、深向细、浅的方向变化，或者用手触摸感到光滑的方向指示对盘的运动方向。擦痕属于一种线理构造，称a线理。标定一

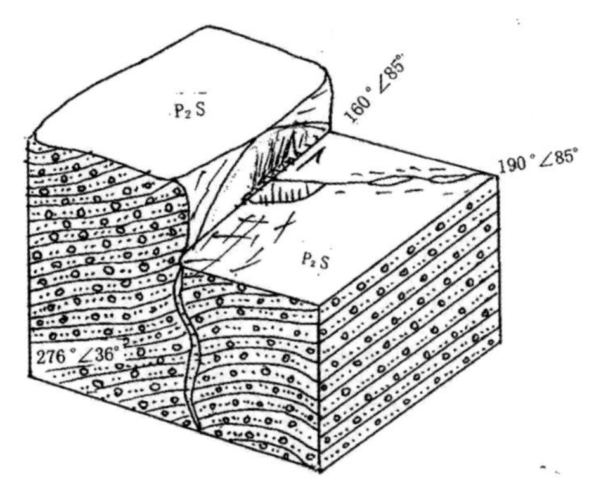

图11-15　欢喜岭西山坡复合断裂素描图

条射线的空间方位，用倾伏向和倾伏角表示。在断层面上出现的擦痕则用侧伏向、侧伏角表示。

一般情况下，压性断裂出现倾向擦痕，扭性断裂出现水平擦痕，张性断裂没有擦痕。如图11-15所示，主断裂面走向N70° E，倾向S20° E，倾角85° 。断层面上的擦痕侧伏向S70° W，侧伏角55° 。指示本盘是向上斜冲，属压扭性断层。分支断裂内有挤压透镜体，断裂面产状190° ∠85° ，断裂面上的擦痕侧伏向S100° E，侧伏角70° ，分支断裂属压性断裂，与主断裂相交的锐角指向对盘运动方向。主断裂面属压扭性(左行)，可能与东西向构造有关，后又受晚南北向构造复合，变成右行扭动断裂。

②阶步是断层两盘相对运动时受到阻力产生差异或者断层两盘产生间歇性顿挫形成垂直于擦痕的小台阶。其陡坡的倾斜方向是对盘运动方向，如图11-16（1）所示。在某种情况下，还出现反阶步，这是剪切裂隙。缓坡与主断裂夹角为11° —20° 。缓坡倾斜方向指示对盘运动方向，如图11-16（2)所示。或者是张裂隙与主断裂相交构成的陡坎，陡坎倾斜方向指示对盘运动方向，如图11-16（3）所示。

③旁侧构造或分支断裂。旁侧构造或分支断裂随着与主断裂距离的增加而消失，是主断裂活动时，局部应力场形成的。旁侧构造如果是呈雁行排列的张性断裂，与主断层所交的锐角指向本盘运动方向（见图11-18d）。断裂面走向N40° E，为右行扭动。旁侧构造如果呈压性，包括是褶皱轴、片理化带、挤压透镜体，与主断层所夹的锐角指向对盘运动方向。如图11-23所示，主断层产状为320° ∠20° ，断层下盘挤压透镜体呈雁行排列，与主断层所交锐角指向对盘运动方向。上盘小褶皱轴与主断层所交的锐角指向对盘运动方向。

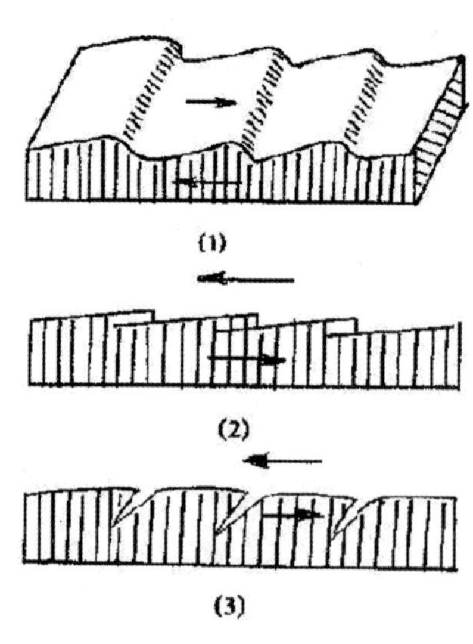

图11-16　阶步与反阶步

④挤压透镜体。是沿两组剪切节理发育而成的构造角砾岩。在断裂带附近呈雁行排列时，属压扭性断裂，与主断裂所交的锐角指向对盘运动方向(见图11-23)。如挤压透镜体在断裂带内呈尖灭再现，属压性断裂。

观察点7　石千峰组底界

二叠第四小站，叫石千峰站。

石千峰组是一套紫色岩石，由含砾砂岩、粗粒岩屑杂砂岩、细粒岩屑杂砂岩、岩屑粉砂岩、泥质岩组成。有3—5个沉积韵律，上、下部均以紫色岩石为主，中部夹灰白色、黄绿色岩屑净砂岩。产植物化石：栉羊齿（Pecopteris）、轮叶（Annularia）、楔叶（Sphenophyllum）及腹足类化石。黄绿色页岩产腕足类化石：舌形贝Lingula等。底部紫色含砾粗粒岩屑杂砂岩呈松散状(快速堆积)。此层与上石盒子组顶部黄白色含砾粗粒岩屑长石净砂岩分界，厚度7.9米。石千峰组与上石盒子组整合接触，多属大陆河流相松散堆积，时有短期海侵或非正常海沉积。厚度150米（该组地层不做详细划分）。

石千峰小站，多是干旱条件下形成的大陆湖泊相、河流相沉积。东北大学吴水忠教授曾在石千峰组黄绿色页岩中采到了腕足类化石舌形贝（Lingula），说明石千峰小站曾一度海侵，气候转为温暖、潮湿。

陈国达(1912—2004，广东新会人)教授曾预言：“稳定的地台就要活化了。”他曾于1979年来到秦皇岛冶金地质进修学院讲学，宣传他的地台活化说。他用唯物辩证法的基本规律“否定之否定”来揭示地壳运动和地壳演化的全过程和总趋势。

孙云铸教授从古生物角度说得更确切：生物界也要有大变化，我所钟爱三叶虫，从寒武纪诞生，到二叠纪末消亡。它的诞生是显生宙开始，它的消亡是古生代结束。

李四光教授从地球自转速率的变更说得更具体：地球运转到石千峰小站就要“大陆车阀”了。形成柳江向斜下构造层(Ⅱ)NS向构造，西翼陡，东翼缓。过了一阵子，地球转速还是没有稳定下来，又发生一次“大陆车阀”，这次是EW向构造叠加在NS向构造之上，使柳江向斜下构造层(Ⅱ)北端翘起要缓一些，南端翘起要陡一些。前边那次“大陆车阀”已经与国际接轨，叫海西运动。后边这次“大陆车阀”我们自力更生起了名字，叫印支运动。海西运动发生在古生代二叠纪末，印支运动发生在中生代三叠纪中期。

值得深思的是：大陆车阀形成的南北向构造，向斜东翼缓，西翼陡。大陆车阀形成的东西向构造，构造盆地北翼缓，南翼陡，这是否有普遍规律呢？

此处追思：　古生代末，大陆车阀，惊天动地。
海西运动，向西挤压，东缓西陡。
印支运动，向南挤压，北缓南陡。
辉绿岩浆，顺势充填，岩床岩墙。
燕山一期，北西主压，闪长充填。
黑山窑处，多向交汇，留下伟绩。
地壳抬升，露庐山目，奇观看尽。
下构造层，为盆南缘，岩层北倾。
上构造层，为盆东翼，岩层西倾。

观察点8　瓦家山东坡沟中 北票组底界

侏罗纪，北票小站。

北票组下段底部灰白色含砾粗粒岩屑杂砂岩，底部具角砾。有两层巨砾粗粒砂岩夹一层含砾砂岩。此层与下伏石千峰组呈角度不整合接触。北票组灰白色含砾粗粒岩屑杂砂岩产状310°∠24°，石千峰组紫色含砾岩屑杂砂岩产状270°∠30°，两组岩层走向交角40°，此观察点不仅是柳江向斜下构造层(Ⅱ)的东翼，而且也是柳江向斜上构造层(Ⅲ)的东翼。在北部，柳江向斜下构造层向北扬起端，北票组覆盖在古生界不同时代的地层之上。在黑山窑后村观察点1则是柳江向斜下构造层(Ⅱ)的南部转折端，又是柳江向斜上构造层(Ⅲ)的东翼，两者交角为64°，如图11-25所示。

这里再说说“不整合接触关系”。

上下两套地层沉积不连续，中间缺失了某些地层，叫不整合接触关系。所谓“缺”，是在沉积间断期间没有沉积物堆积，所谓“失”，是在沉积间断期间有些岩层被剥蚀掉了。如果上下两套地层沉积不连续，产状一致，叫平行不整合接触关系，或叫假整合接触关系。实习区景儿峪组与府君山组属于这种假整合接触关系(见图11-1)。假整合接触关系在沉积间断期间，地壳运动是平稳抬升的。如果不整合界面上下两套地层产状不一致，叫角度不整合接触关系。实习区北票组沉积以前，新元古界青白口系至古生界二叠系已经发生了褶皱运动，一次是NS向构造，一次是EW向构造，形成了柳江向斜下构造层(Ⅱ)—短轴向斜，然后北票组覆盖在古生界不同时代地层之上，叫角度不整合接触关系。现在北票组地层也倾向了，说明在北票组沉积之后至少发生过一次褶皱变形。角度不整合接触关系在沉积间断期间，地壳发生褶皱运动。如果不整合界面之下是区域变质岩，或者是混合花岗岩，这种接触关系叫异岩不整合接触关系，或叫沉积接触关系，如青白口系龙山组沉积不整合于古元古界绥中花岗岩块体之上。

§7. 沙锅店—潮水峪构造、地貌观察路线

路线位置：沙锅店东山坡、潮水峪村。

观察点1　沙锅店东山坡 花岗斑岩墙、岩溶地貌

先说花岗斑岩墙。这里的花岗斑岩墙是岩浆沿NWW向追踪张断裂充填的，断层走向N60° W，倾向NE，倾角85°—90°（见图11—17）。附近石灰岩中发现满洲角石（Manchuroceras）、蛇卷螺（Ophileta）、古杯海绵（Archaeoscyphia）等古生物化石，属亮甲山组。岩层产状260°∠20°，属柳江向斜下构造层(Ⅱ)东翼。花岗斑岩墙是响山花岗岩体(γ_5^3) 同源稍后充填的岩墙。充填时间很可能在响山花岗岩体(γ_5^3)

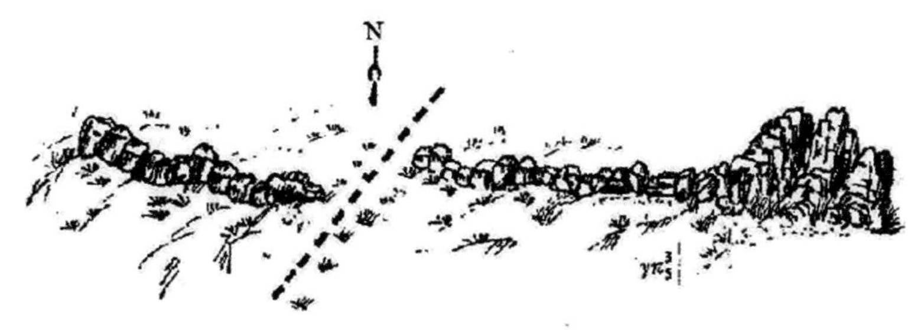

图11-17　沙锅店东山坡花岗斑岩墙野外素描图　(赵永久)

冷凝的过程中，矿物结晶放出热量，残余岩浆活化，沿NWW向追踪张断裂充填，然后被一条NE向断裂左行扭动断裂错断，应属晚EW向构造的配套成分。而NWW向追踪张断裂应是新华夏系的配套成分。

花岗斑岩是一种浅成岩，斑状结构，斑晶含量一般为15%—20%，主要为石英和长石，有时也有黑云母和角闪石。斑晶通常被基质熔蚀，基质呈微花岗结构。而花岗岩是深成岩，等粒结构，两者是有区别的。

观察此处岩溶地貌。如果地下水含CO_2量达到1%，对石灰岩就有很大的潜蚀能力。沿层理渗流的地下水受到岩墙地阻挡形成地下水积水条件。水流，更确切地说是水汽沿石灰岩层理或裂隙进行溶蚀，天长日久就形成溶沟、石芽、天生桥和落水洞等岩溶地貌景观。

观察点2　潮水峪村沿小路走到断崖下

观察潮水峪小断层，这是一条逆冲断层。走向N20° E，倾向SE，倾角80°—85° 。断层面上有擦痕、阶步、镜面、滑抹晶体、断面的形态特征及旁侧拖曳构造，说明该断层为逆冲断层。

断层东盘为凤山组灰白色薄层灰岩，产状252°∠27° 。有三叶虫化石碎片。断层西盘为冶里组青灰色厚层灰岩，产状265°∠30° ，凤山组地层仰冲到冶里组之上，属逆冲断层。

这里再说说镜面、滑抹晶体和挤压透镜体。

①镜面是断层两盘沿断层面滑动时留下的磨光面，由糜棱岩(断层泥)经过热摩擦形成的极薄层，因光滑如镜，故有镜面之称。

②滑抹晶体是断层面上有纤维状矿物晶液，如方解石、石英等矿物晶液沿断层a线理方向结晶生长，被称为滑抹晶体。

③挤压透镜体和断层面的形态特征，挤压透镜体是在两组剪切裂隙基础上发展而来，挤压应力的方向与透镜体长轴方向垂直。压性断裂的断面形态特征是无论在走向上，还是倾向上都是舒缓波状。是在两组剪切裂隙基础上发展而来的。并有线理构造，擦痕向南西侧伏，侧伏角为70° 、50° ，说明该断层至少活动两次。潮水峪断层在微地貌上是一个小型断层崖，是断层两盘差异性风化的结果。

观察点3　闪长玢岩脉 顺路，在观察点2北20米处

在路边见有三条闪长玢岩脉被潮水峪断层错断，断距不大。闪长玢岩脉宽0.5米—1.0米，走向290°—300°，倾向SW，倾角84°，延伸较远。

观察点4　在溪谷中

在梳理柳江盆地构造—岩浆活动期次时，发现此观察点是揭开柳江盆地构造—岩浆活动期次的一个切入点。它的地质意义能否与青龙县西卧龙岗燕山三期岩浆活动三阶段侵入体切穿关系(见图10-3)相比美，现在还无人评说。溪谷中有两条岩脉，反复被N40°E断裂间歇式切断。

①辉绿玢岩脉沿N60°W扭性断裂充填，脉壁平直(见图11-18a)，然后被N40°E左行扭性断裂切断，有明显的拖曳现象见图11-18b)。在亮甲山采石场有沿近NS向追踪张断裂充填的辉绿玢岩墙，在其附近有沿冶里组层理充填的辉绿玢岩床。归纳后认为，辉绿岩浆活动与实习区EW向构造有成因联系。此处NW向右行扭动断裂是迁就、利用先形成的NS向构造的配套成分NW向左行扭动断裂。

②闪长玢岩脉沿N50°W断裂充填(见图11-18c)，岩脉一壁平直，一壁舒缓波状。断裂性质是先扭后压的复合断裂。扭是早EW向构造的配套成分，压是NW向构造主压性断裂。NW向构造是来自NE、SW方向的挤压地应力作用，形成时间是在北票组沉积之后的燕山一期。闪长玢岩脉与实习区NW向构造有成因

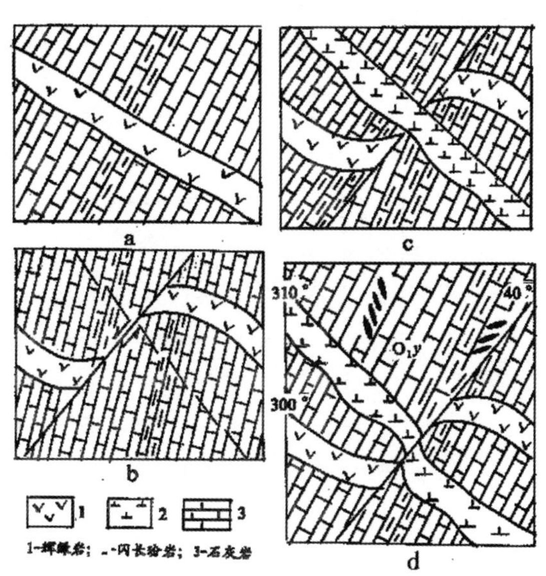

图11-18　潮水峪两期岩脉与断裂活动分解图

联系，然后被N40° E断裂再次活动切断，但这次断裂活动方向与前次活动方向相反，属右行扭动(见图11-18d)，是NS向构造再次活动。

③辉绿岩有拖曳现象，是断裂右行扭动的证据(见图11-18b)。断裂北侧有呈多字形排列的方解石小脉，斜列角为20° 指示本盘运动方向。判断该断层为右行扭动。

以上分析说明实习区至少有三次构造活动。其活动顺序如下：

A.海西期NS向构造(N60° W断裂为左行扭动)；

B.印支期EW向构造(N60° W断裂为右行扭动，有辉绿岩脉充填。EW向构造再次活动，N40° E断裂为左行扭动，切割了辉绿玢岩。

C.燕山一期NW向构造，闪长玢岩脉沿NW向主压性断裂充填。

D.NS向构造再次活动，N40° E断裂为右行扭动。

观察点5　191高地东坡 潮水峪西沟大道旁 本溪组下部粉砂岩

在本溪组下部粉砂岩、黑色页岩中采集陆相植物化石，几种能够采集到的植物化石有科达、轮叶、鳞木和叉叶等。在本溪组靠近上部数米可以采集到海相动物化石如腕足类、珊瑚等。

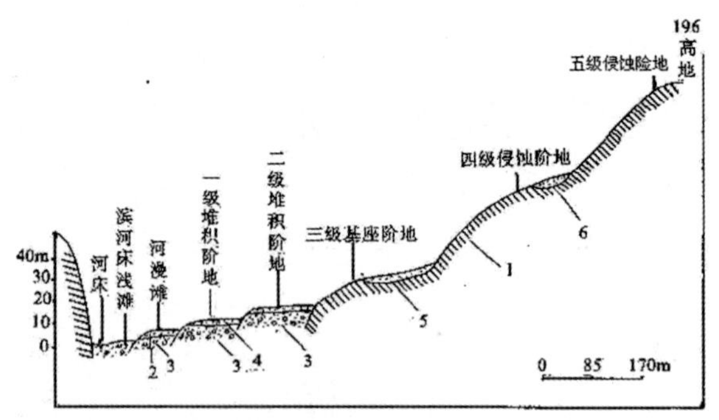

图11-19　上庄坨—126高地大石河河谷地貌剖面图　（杨丙中）

1—基岩；2—河床相河漫沙砾石层；3—河床相沙砾石层；

4—土壤层；5—河床堆积砾石层；6—坡积砾石层

§8. 上庄坨—吴庄垭口—花厂峪构造、岩石、地貌观察路线

路线位置：上庄坨抽水站至花厂峪长城脚下。

观察点1　抽水站 大石河曲流河段地质作用

现在我们来观察大石河曲流河段的地质作用、河谷地形和冲积物特点，以及不对称阶地的形成。

大石河由贺庄进入盆地，经东王庄流入实习区，在杨山北，经徐庄、魏庄、小傍水崖，至西上庄坨，属大石河的曲流河段。因河水是在柳江向斜谷地里流动，坡降小形成曲流河段。曲流河水质点运动是单向环流。水质点运动轨迹是表层河水冲向凹岸，凹岸水位壅高，横断面出现水位差。把凹岸侵蚀下来的碎屑物质带到凸岸堆积，形成凹岸侵蚀，凸岸堆积。由于地壳间歇性抬升，凸岸形成多级堆积阶地(见图11-19)。大石河出西上庄坨，由于坡降大变成直流河段，支流河水质点运动是双向环流。表层水质点由中心线向两侧流动，到岸边由底部回流，把冲刷下来的物质带到中心线堆积，形成河心滩。河漫滩是指在洪水期被淹没，平水期露出水面那部分。洪水期，河水流经河心滩，流速比河床谷内小，搬运能力较弱，所以留下较细的沉积物。而在曲流河段，凸岸则有滨河床浅滩相。滨河床浅滩相和河漫滩相，和滨海相的潮上带有相似之处，潮上带是特大高潮才能到达的地方，鸽子窝后面的大潮坪是特大潮才能淹没的地方。

河流阶地是地壳间歇式抬升的产物。在抬升期河流侵蚀以下蚀作用为主，在间歇期河流侵蚀以侧蚀作用为主，所以河流阶地是河流侵蚀、河流堆积及地壳间歇式抬升的综合表现。阶地的高度一般相当于地壳抬升的高度，实习区三级阶地侵蚀期相当于中更新世湟水侵蚀期，堆积期相当于中更新世周口堆积期，一级阶地形成于第四纪全新世。

观察点2　抽水站 蓝旗组火山岩

沿着河床向前走，在小傍水崖观察火山岩，有以下几种火山岩：

1. 粗安玢岩(次火山岩相)：灰绿色，斑状结构，块状构造，斑晶占岩石总量的10%—15%，主要矿物有粗大的角闪石、斜长石和少许正长石、石英。基质为细粒—隐晶质斜长石、正长石，以及少量辉石、角闪石和黑云母。

2. 粗安质火山凝灰岩：灰绿色-灰白色，由粒度＜2毫米火山碎屑物质和火山灰组成。有时有少量火山角砾。火山碎屑物质占岩石总量的40%—50%，其成分为角闪石、长石和云母、晶屑、玻屑等。火山灰占岩石总量的50%—60%。

3. 粗安质火山角砾岩：灰绿色，火山碎屑物多数为2—64毫米之间的粗安岩碎屑。角砾呈次棱角状，占岩石总量的50%以上，个别也有＞64毫米的集块及火山灰、晶屑等碎屑物质。

4. 粗安质火山集块岩：火山碎屑物质占岩石总量的50%以上，粒度＞64毫米。其岩石特征与粗安质火山碎屑岩相似。

5. 粗安岩：灰绿色，斑状结构，块状构造，斑晶含量占岩石总量的20%左右，由斜长石、正长石以及少量角闪石和辉石组成，基质中斜长石、正长石大致平行排列，微晶的辉石、角闪石、磁铁矿充填粒间，构成交织结构。

观察点3　抽水站去242高地路上

这是由北票组长石粗砂岩组成的一个向NW倾没的小背斜，枢纽线产状为$L_1$318°∠24°，即倾伏向N42° W，倾伏角24° 。北东翼北北票组长石粗砂岩产状3°∠37° ，南西翼为倒转翼，属实习区NW向构造(见图11-20)。形成时间在北票组沉积之后，燕山一期。

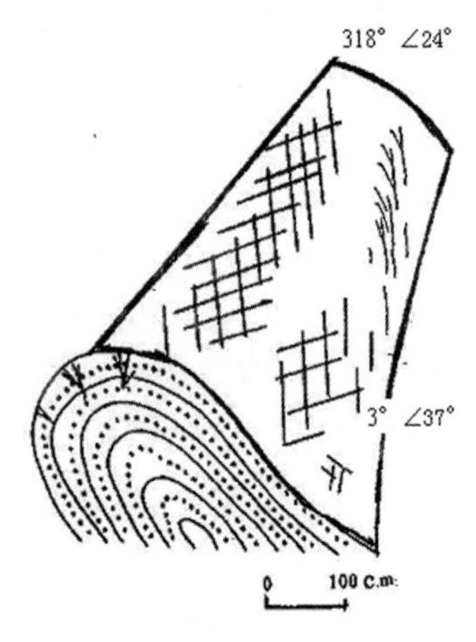

图11-20　抽水站北票组小背斜

观察点4　牌房砬子断层

牌房砬子断层位于吴庄东北500米牌房砬子旧矿坑处，呈NNE向延伸，长达3000米。该断层断于山西组与下石盒子组地层之中，断层面产状110°∠75°，上盘为粉砂岩、黏土岩，产状115°∠65°，下盘为粉砂质页岩，产状270°∠47°，断层面附近见有片理化现象、挤压透镜体，上盘两组剪切节理发育以及旁侧牵引褶皱，压性断裂特征明显，因此，属逆冲断层。

观察点5　吴庄垭口

1. 吴庄背斜核部(垭口东侧)为徐庄组，两翼依次为张夏组、崮山组，在垭口附近有酸性岩脉侵入(见图11-21)。

2. 吴庄垭口小褶皱与断裂的关系曾有几种认识：其一，认为其是逆层的牵引褶皱；其二，认为这些挤压紧密的小褶皱与西部响山花岗岩侵入有关，属岩浆底辟型构造，是受西侧响山岩体侵入影响产生的塑性变形，小褶皱发展到晚期产生断裂。这里强调热变形作用，断裂发生在褶皱(塑性变形)之晚期。

3. 吴庄—车厂断裂(F_{13})：由车厂经吴庄至牌坊砬子北端，长达2000米。断层面产状335°∠45°，张夏组、崮山组推覆在亮甲山组之上；下盘地层直立、倒转，依据主断层旁侧牵引褶皱判断为右行压扭性断裂。

4. 垭口南侧沿背斜轴部张性断裂带内有几条构造角砾岩带。角砾成分为鲕状灰岩、叠层石灰岩。角砾大小不等，大者几十厘米，小者3—5厘米，呈泥质基底式胶结。胶结物已角岩化，属沿张性断裂滑塌堆积的角砾岩带。其依据是：吴庄背斜核部角砾岩带上宽下窄，其底部岩层是

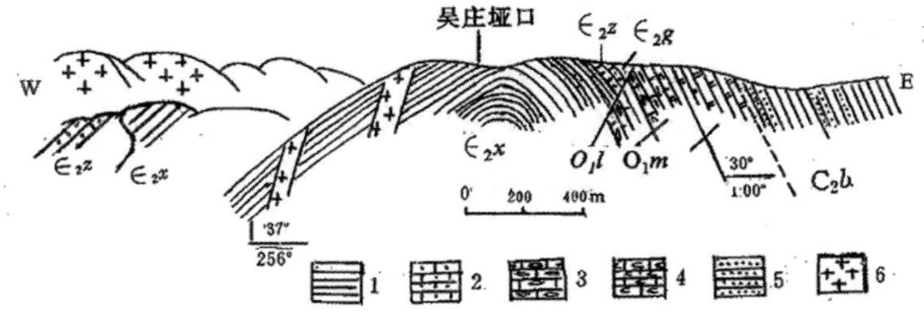

图11-21　吴庄背斜路线剖面图

1—页岩；2—鲕状灰岩；3—砾屑灰岩；

4—豹皮灰岩；5—粉砂岩；6—酸性岩席

连续的。角砾具棱角状，应属重力滑塌的张性角砾，是沿吴庄背斜核部张断裂滑落下来的。并且在响山岩体侵入之前，或者说是在角砾角岩化之前。

观察点6　花厂峪 长城脚下

1. 观察花厂峪一带响山花岗岩体（γ_5^3）边缘相斑状花岗岩，并做岩性描述。

2. 观察响山花岗岩体（γ_5^3）的地貌特征：登上烽火台，向西南眺望，丛山叠翠，嵯峨峻岭，海拔高程近千米，构成响山花岗岩体低山山地地貌。这一壮观山姿是燕山期花岗岩特有的地貌特征。

在长城脚下，沿水渠攀登，长城即沿花岗岩体与围岩接触带上修筑。古人利用地形坡度曲线拐点-接触带设计长城，充分说明了古人的智慧。张夏组砂质灰岩、鲕状灰岩、泥质灰岩因受岩浆作用发生接触变质作用，但变质作用温度低，侧压力小，无交代现象，属低温低压变质作用(钠长石-绿帘石相)。以角岩化、斑点角岩为特征。如黑紫色角岩化泥岩、斑点泥质角岩，钙质硅酸盐角岩。远离接触带的地方张夏组灰岩有大理岩化或形成大理岩。仅局部有交代作用，形成石榴石矽卡岩。

§9. 石门寨东门构造观察路线

路线位置：石门寨东门126高地。

观察点1　石门寨东门126高地北采坑

路线描述。石门寨东门原来有一家电影院，路线从这里顺路往东走，依次出现张夏组和亮甲山组。在灰岩中见到鲕粒结构和叠层石，可以判断这是张夏组。再向东见到了厚层石灰岩，并发现了满洲角石、古杯、蛇卷螺等古生物化石，可以判断这是亮甲山组。断层两侧地层不连续，西侧是张夏组，东侧是亮甲山组。中间断失了崮山组、长山组、凤山组和冶里组。断层在平面上成为锯齿状。断裂带内有硅化角砾岩。角砾成分为石灰岩，呈菱形、长方形，后被硅质胶结，长达1500米。地貌上为凸出之字形，总体走向近NS向，倾向东，倾角60°—80°。断裂带

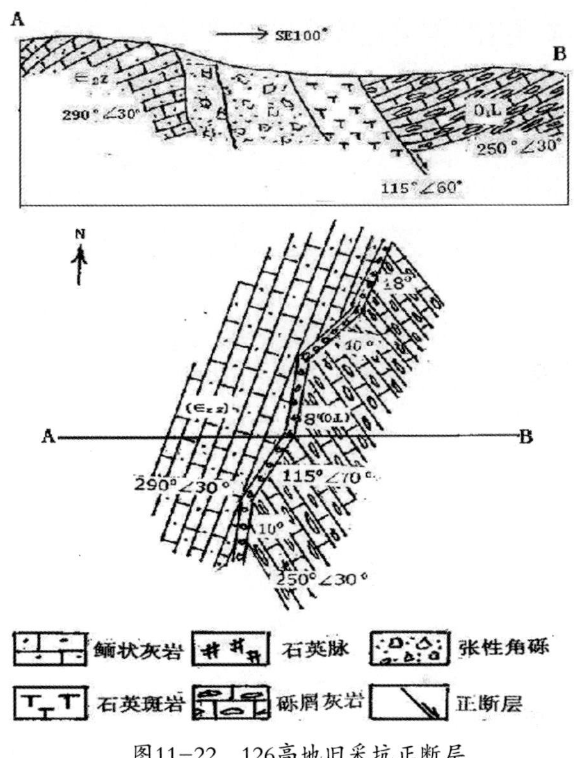

图11-22　126高地旧采坑正断层

是沿两组扭动断裂追踪发展起来的，与亮甲山采石场辉绿玢岩墙充填在近NS向追踪张断裂中很相似。因是先压后张的复合断裂，追踪断裂复合在压性断裂之上，它是NS向北林子—潮水峪断裂（F_2）的一部分。126高地断裂带产状115°∠60°，断裂带有张性角砾，并充填有石英脉、石英斑岩。上盘砾屑灰岩产状250°∠30°，下盘鲕状灰岩产状290°∠30°。这是一组先压后张的复合断裂带。先压是NS向构造的配套成分，后张是EW向构造的配套成分，先压延伸长是其特点，但是其压性断裂特征在断裂带中没有发现，可能被后来的巨大张性断裂带所掩盖。后张特征明显，如平面呈锯齿状，张性角砾，断失寒武纪崮山组、长山组、凤山组及奥陶纪冶里组等。

观察点2　126高地北采石场

1.126高地北采石场东壁。亮甲山组石灰岩仰冲到本溪组地层之上，断层上盘有牵引褶皱，褶皱轴面走向N75° W，倾向NE，倾角65° 。断层走向N50° E，倾向NW，倾角20° 。断层面形态为舒缓波状，断裂带内有挤压透镜体、片理化带、断层泥。亮甲山组岩层产状290°∠17° 。依据牵引褶皱轴、挤压透镜体与断层面所夹锐角指向对盘运动方向。判断为低角度逆断层。上盘向东南方向仰冲(见图11-23)。

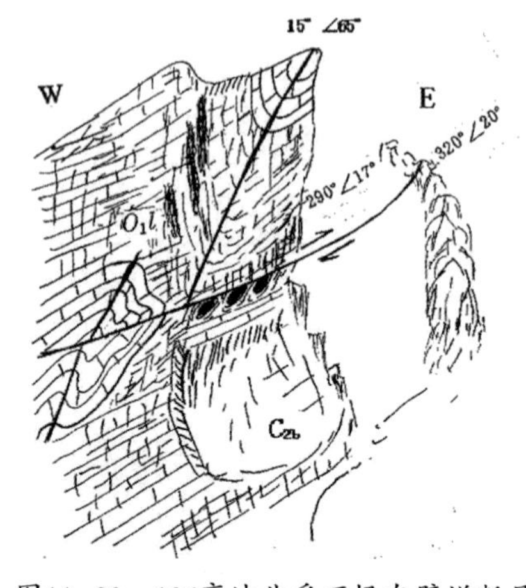

图11-23 126高地北采石场东壁逆断层

2.126高地北采石场西壁。

先看西壁古溶洞嵌入构造现象。本溪组暗灰色粉砂岩与亮甲山组石灰岩产状一致，说明本溪组暗灰色粉砂岩沉积时，亮甲山组、马家沟组都是水平岩层。本溪组是在古溶洞里沉积的，后来岩层倾斜了，向西倾斜。

说明此处是柳江向斜下构造层(Ⅱ)东翼。再后来，马家沟组、本溪组、太原组以及二叠系都被剥蚀掉了。本溪组地层只有在古溶洞中被保留下来。这种嵌入构造现象说明实习区本溪组与奥陶系呈假整合接触(见图11-24)。

再看断层。断层上盘有拖曳现象。断层内有断层泥和角砾，上盘是个张性断裂，断层面产状10°∠68° 。由于受到自北向南的挤压地应力作用，产生小褶皱，在接近背斜核部上盘产生引张断裂，但上盘总体上是以压为主(是局部应力场)，所以是低角度逆断层。断层面产状25°∠30°。上盘往S25° W方向仰冲。这些低角度逆断层，都是东西构造的表现。受到自北向南的地应力作用，产生向北倾斜的逆断层已经屡见不鲜。这是否有普遍规律呢？

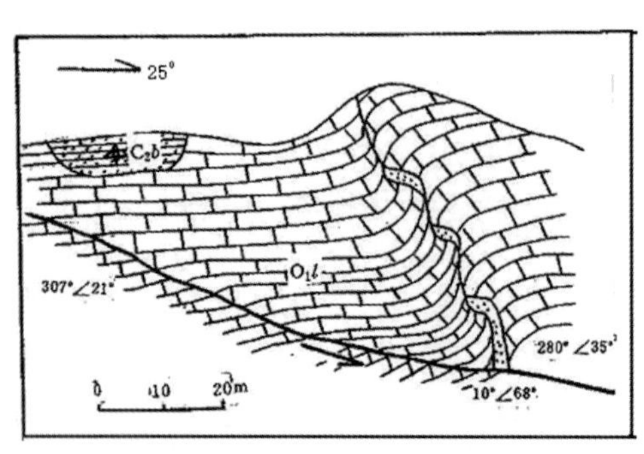

图11-24 126高地采场西壁逆冲断层

§10. 黑山窑后村—上平山—鸡冠山(P_2sh—J_1b)地层、构造、矿产观察路线

路线位置：黑山窑后村、上平山

现在我们来到了黑山窑后村，地球形成的时间隧道，这里是古生代与中生代交汇处。是梳理柳江盆地构造—岩浆旋回期次又一个切入点。

观察点1　黑山窑后村北票组底界

此处是古生界二叠系石千峰组与中生界侏罗系北票组呈角度不整合接触处。机遇千载难逢，提升认识机会来了。角度不整合界面之下是石千峰组紫红色粉砂岩、黄绿色泥岩和页岩。粉砂岩走向近EW向，向北倾斜，产状为356°∠45°；角度不整合界面之上是北票组砂砾岩层，岩层走向NE，向NW倾斜，产状为292°∠19°，两者走向交角为64°，明显成角度不整合接触(见图11-25)。此点既是柳江向斜下构造层(Ⅱ)南部转折端。又是柳江向斜上构造层(Ⅲ)东翼。在石门寨西门—瓦家山地层路线中观察点8，北票组砂砾岩层产状为310°∠24°，石千峰组紫红色粉砂岩产状270°∠30°。两组岩层走向交角只有40°。该点不管是柳江向斜下构造层(Ⅱ)，还是柳江向斜上构造层(Ⅲ)都是落在向斜东翼。但是到了黑山窑处就不同了。观察点1既落在柳江向斜下构造层(Ⅱ)的南部转折端，又落在柳江向斜上构造层(Ⅲ)东翼。还有一个问题值得思考，柳江向斜下构造层(Ⅱ)向斜轴方向是正南正北的，这个正南正北是指坐标北，不是磁北，也不是地理北，而柳江向斜上构造层(Ⅲ)向斜轴方向是N18°E。这又是为什么呢？

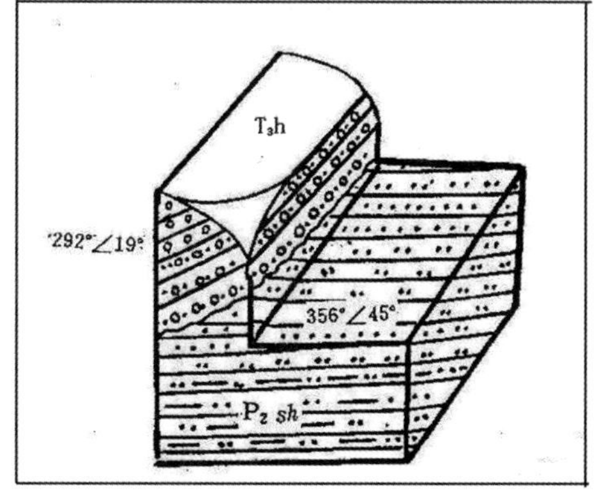

图11-25　黑山窑后村石千峰组与北票组呈角度不整合接触关系素描图

观察点2　北票组下段底界

侏罗纪，北票小站一

北票组下段由四个沉积韵律构成。与石千峰组呈角度不整合接触关系。沉积环境属大陆湖泊相沉积，厚度152米。

北票组下段层序：

1. 黄白色含砾粗粒长石石英净砂岩夹黄绿色石英砂岩、黑色炭质页岩。含植物碎片，底部具角砾状大砾岩。顶部含煤线。　41m
2. 黄灰色粗粒长石杂砂岩夹黑色页岩。含植物化石：拟合囊蕨（Marttiopsis）。顶部黑色炭质页岩、粉砂岩。　36.8m
3. 黄绿色含砾粗粒长石杂砂岩夹炭质页岩，上部为黄绿色细砂岩、粉砂岩与炭质页岩。含带羊齿（Taeniopteris）。　34.9m
4. 黄灰色含砾粗粒长石杂砂岩、黄绿色细粒杂砂岩、粉砂岩、黑色炭质页岩。粉砂岩中夹钙质泥岩透镜体；页岩中夹多层煤，含大量植物化石及少量双壳类化石。植物化石有枝脉蕨（Cladophebis）、锥叶蕨（Coniopteris）苏铁杉（Pcdozamites）、似银杏（Ginkgoites）、拜拉（Baiera）、篦羽叶（Cteni）异羽叶（Anomozamites）、凤尾银杏（Phoenicopsist）等。　39.3m

观察点3　北票组中段底界

侏罗纪，北票小站二。

北票组中段由5—6个沉积韵律构成。其底部灰白色砾岩与北票组下

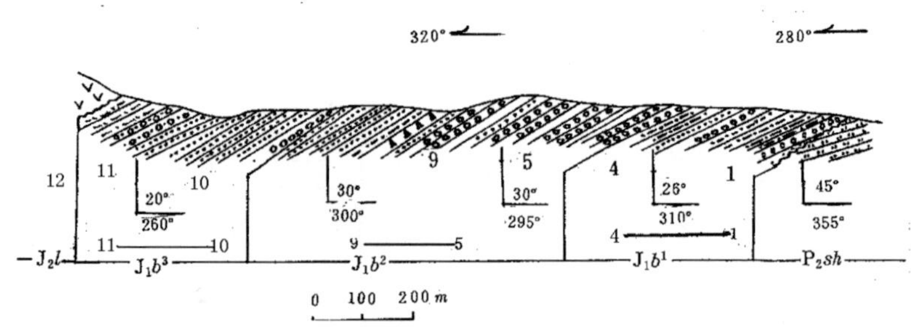

图11-26　黑山窑至大岭北票组地层剖面图（杨丙中）

段泥质岩层分界。属大陆河流、湖泊相沉积，厚度287米。

北票组中段层序：

5. 灰白色砾岩夹含砾粗粒长石石英净砂岩。顶部为黄绿色粉砂岩及灰黑色炭质页岩。产植物化石：锥叶蕨（Coniopteris）、枝脉蕨（Cladophebis）、尼尔桑（Nilssonia）、凤尾银杏（Phoenicopsist）新芦木（Neocalamites）、似银杏（Ginkgoites）等。 27m

6. 土黄色中粒砂岩与含砾粗粒长石杂砂岩互层，顶部为少量黄绿色粉砂岩。 14m

7. 黄色砾岩夹黄色砂岩。产植物化石：松型叶（pityophyllum）、枝脉蕨（cladophebis），尼尔桑（Nilssonia）。 117m

8. 黄绿色中细粒长石杂砂岩、黏土质粉砂岩。顶部少量黑色炭质页岩。 36m

9. 土黄色砾岩夹含砾粗粒长石石英杂砂岩。中部为黄绿色黏土质粉砂岩夹黑色炭质页岩。上部为土黄色铁质中细粒长石杂砂岩、含砾粗粒长石石英杂砂岩。 93米

观察点4　北票组上段底界

侏罗纪，北票小站三。

北票组上段由2个沉积韵律组成。属河流相沉积，厚度215米。

北票组上段层序：

10. 灰黄色大砾岩夹土黄色含砾粗粒长石石英杂砂岩。上部杂色砾岩夹长石杂砂岩及黄褐铁质细粒长石杂砂岩。 133m

11. 黄绿色含砾长石杂砂岩、土黄色砾岩。往上过渡为黄绿色页岩、黑色炭质页岩夹黄色含砾中粒长石杂砂岩、粉砂岩(含煤线)。产植物化石：枝脉蕨（Cladophebis）、苏铁杉（Pcdozamites）、拜拉（Baiera）等。双壳类动物化石：

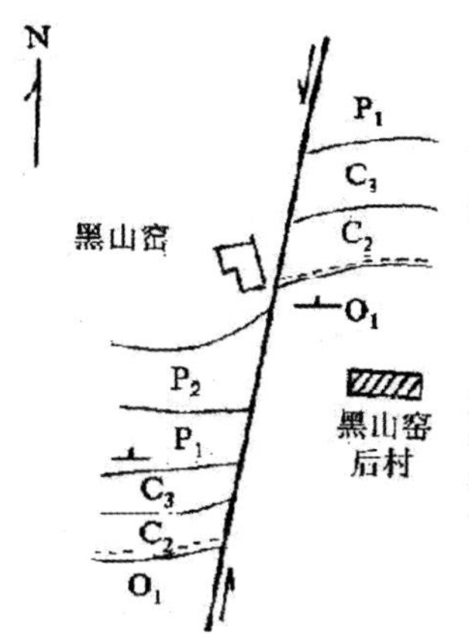

图11-27　黑山窑前村断层平面图

费尔干蚌（Ferganoconcha）、图土蚌（Tutuella）等。 82m

观察点5 黑山窑前村 一株迎宾松前

1.观察二叠系上石盒子组灰白色含砾粗粒长石砂岩沿走向突然中断，与下奥陶统亮甲山组含燧石结核灰岩呈断层接触。东盘石灰岩岩层产状为360°∠70°。

2. 在迎宾松附近，观察断层特征：断层走向N10°—15° E，断层面呈舒缓波状，断裂带内见有构造透镜体，断层面上有水平擦痕及张性角砾、小型岩脉等。

3.初步判断该断层曾经活动三次。一次挤压地应力作用形成的挤压透镜体，断层面呈舒缓波状，是NS向构造；一次张断裂活动形成的断层角砾，是EW向构造的配套构造，NS向断裂中有张性角砾；最后一次是新华夏系影响，形成NS向对扭，即左行扭性断裂活动形成的水平擦痕，是NNE向对扭。

观察点6 鸡冠山地堑

1.鸡冠山地堑。汤河两岸由两组正断层构成一地堑地貌。西侧大平台断层组：F_1走向近南北，向东倾斜，倾角85°—90°。F_2走向N15° E，倾向SE，倾角60°—70°。F_1与F_2之间为平缓小背斜，岩层走向近NS，东翼东倾，倾角6°—8°。西翼西倾，倾角14°—44°。东侧鸡冠山断层组：F_3走向N60° E，倾向NW，倾角72°。

上述两组断裂组合成三级台阶(见图11-28)。台阶陡崖为断层崖或者为次生断层崖。台阶平面为龙山组黄白色含砾粗粒长石石英净砂岩。汤河地堑向北东撒开，向南西收敛成一箕状，在地貌上呈地堑地形。

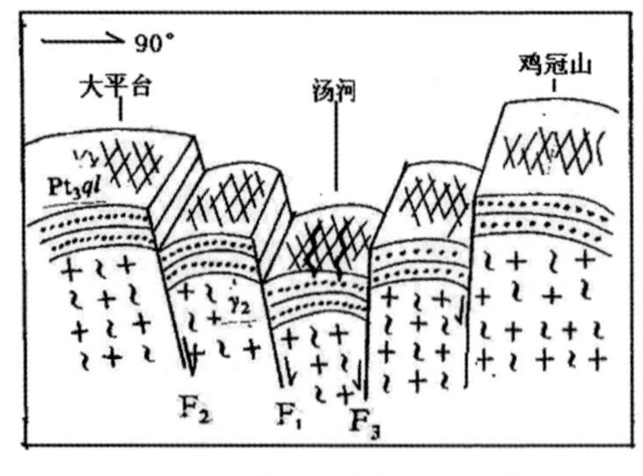

图11-28 鸡冠山地堑立体示意图

2.大平台南沟沟底NS向正断层。断层走向N15° E，上盘旁侧有一个由龙山组组成的小型挤压褶皱，说明张性活动应在挤压活动之后，即先压后张。断裂面产状105°∠60°—70°。此外，在大平台两侧发育有近NS向断续分布的石英脉，脉宽20—30厘米，成群断续分布，也说明该断裂是先压后张的复合断裂(见图11-29)。

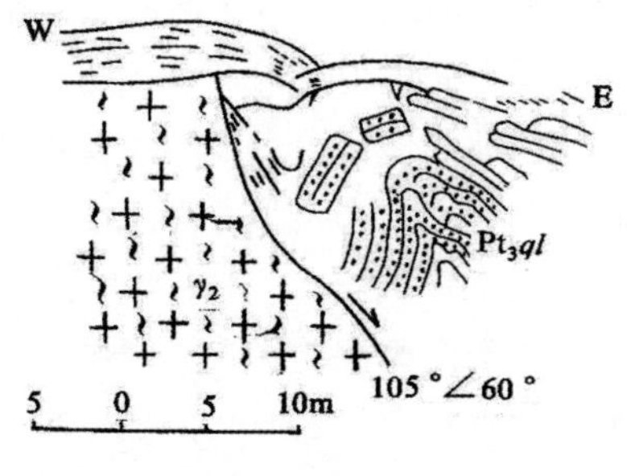

图11-29 大平台南沟沟底正断层

(杨丙中)

观察点7 上平山重晶石萤石铅锌矿小型矿床

该矿床位于上平山背斜核府君山组豹皮石灰岩中的张性断裂或背斜构造的虚脱部位。矿体为透镜状、脉状，与围岩界线不清楚。矿体规模出露宽度为2—3米，水平延伸40—400米，规模属小型。

矿石为角砾状、晶洞状、晶簇状、脉状构造。主要矿物以重晶石($BaSO_4$)为主，伴有萤石、方解石、黄铜矿、黄铁矿、方铅矿。次生矿物有孔雀石、铅钒矿等。围岩蚀变主要为硅化、萤石化。

矿床成因。响山花岗岩体侵入期后低温汽液沿层理及背斜核部纵张断裂上侵与近矿围岩府君山组豹皮灰岩交代，形成硅化、重晶石化、萤石化。局部构成矿床，现由上平山村办企业开采。

§11. 北戴河海滨海洋地质观察路线

路线位置：北戴河海滨鹰角岩、中海滩、联峰山公园。

海洋是生物的故乡，也是人类的故乡，为人类提供自然资源的宝库。因此，开发、利用海洋资源是摆在人类面前的一项极为重要的任务，而研究海洋地质、海洋生物和海水动力学则是开发与利用海洋资源的先行步骤。

众所周知，德国气象学家魏格纳(A.L.Wegener，1880—1930)提出大陆漂移假说是着眼于大西洋两岸轮廓的拼合性、两岸生物的连续性。板块构造学说的创立也是起源于海底地质的研究成果，然后陆续“登上陆地”，为大陆地质学所接受，地质历史时期发生的地质作用都直接或间接地与海水运动发生着联系，也说明海洋地质学是地质学的基础。

现在先说说海水运动，即海水的波浪运动和潮汐运动。站在鸽子窝公园门前的便道上，或者站在中海滩老虎石上，观察海水的波浪运动。向大海远处望去，那是深水波。深水波是波长和波高都比较大的海浪。水深大于1/2波长。其特点是波浪的两峰对称，水质点运动轨迹是一个圆。由于内摩擦的影响，水质点圆周运动半径随着水深的增加而减小，水深达到1/2波长时，水质点在原地做振荡运动，此界面称为浪基面。在浪基面以下，水体平静，沉积作用以化学沉积为主。陆源碎屑物质主要是泥灰质沉积，水平层理发育，特殊情况下由于潮流、海流的作用形成斜层理及流水波痕。

现在把深水波的特征归纳如下：

深水质点动作圆，由表及里缩至零。
零处连成浪基面，两峰对称是特点。
浪基面下沉泥土，化学沉淀更为主。
水平层理常出现，波痕斜层是水流。

往近处看，那是浅水波。深水波与浅水波的分界线是水深等于1/2波长处。由于波长是动态的，深水波与浅水波之间的界线也是动态的。

浅水波的波形特点是前锋面和后锋面不对称，水质点受海底阻力影响作椭圆运动。前锋面变陡，水质点作椭圆运动的半径随着水深的增加而减小，在海底做往复性的直线运动。波浪运动周期加快，波高、波长变小，沉积物较细，常形成不对称的浪成波痕。

在水深相当于2倍波高时，波浪开始破碎。破碎是从前锋面底部出现泡沫带。沉积物为粗粒，以侵蚀作用为主，在中立点附近，属水下高能带，形成新月沙垅，是进浪带与离岸流往复作用的结果。

在水深相当于1倍波高时，海底阻力增加，前锋面继续前倾，变陡、散碎。泡沫带扩展到整个前锋面，波峰与波谷水质点运动方向、速度产生更大的差异。处在波峰位置的水质点向前冲去，致使波浪翻转，形成卷浪带。水质点运动速度的不对称性是变形波浪的主要特征，也是海岸带物质运动的主要动力之一。沉积物以中粒为主，并多以搬运作用为主。

在水深小于1倍波高时，整个波浪由波峰推带前进，形成冲浪带。

如在中海滩，波浪拍打在老虎石上，形成拍岸浪。只有海岬部位才能形成拍岸浪。在海湾部位波能辐散，冲浪带消失在海滩上。站在海岸上看到一排排白色泡沫状浪花朝岸边涌来。

冲浪带、拍岸浪到达海岸后，使水面抬高一般达数米，破坏了水体的平衡状态，多余的水体受重力作用垂直回流，称为离岸流。在浅水区冲浪流和离岸流往复作用下，形成垂直海岸线的剖面：在中立点以上，海浪对颗粒的冲力大于离岸流对颗粒的冲力和颗粒自重的下滑力之和。沙粒被推向岸边，形成海滩堆积。在中立点以下，海浪对颗粒的冲力小于离岸流对颗粒的冲力和颗粒自重的下滑力之和。在中立点以下，形成沙堤、沙坝。

当波浪的传播方向与海岸斜交时，离岸流分解成沿岸流(与海岸平行)和底流(垂直海岸的回流)，沿岸流形成沙嘴堆积。在浅水区还经常出现沙波体。在中立点以上沙波体陡坡的倾向方向指向海岸。

在高潮线以上的后滨带(潮上带)是只有潮波才能到达的区域。以泥质、粉砂质沉积为主。

现在把浅水波的特征归纳如下：

浅水质点似椭圆，由表及里也缩小。
前峰后峰差明显，浪成波痕有指向。
两倍波高波始碎，先从底部泡沫带。
中立点属高能带，侵蚀作用很盛行。
中立点下有沙坝，中立点上有浅滩。
一倍波高波前倾，变形波浪翻转来。
水深不足一倍时，岬角拍岸在等待。
海湾涌起泡沫带，沉积细沙和粉砂。
海水涌高离岸去，水下沙垅看不清。
沿岸流中沙嘴生，海水退出才看清。
波影区内连洲坝，陆连岛是年久生。

海水的潮汐运动。潮波是潮汐作用下形成的海水运动。我国是最早提出潮汐学说的国家之一，东汉王充在《论衡》中，有“潮之兴也，与月盛衰”的记载，指出地球海水的潮汐运动与月球对地球表面水体的吸引有关。潮汐作用使海水全球性升降和周期性水平流动，通常把前者称为潮汐，后者称为潮流。

潮汐实质上是水质点在一个长轴上运动的长波浪。波长达900—1000米，这种长波，即使整个陆棚区也属于浅水区。潮汐在24小时50分钟(一个太阴日)有两次涨潮，两次落潮。时间间隔是6小时12.5分钟。通常白天涨潮为潮，夜间涨潮为汐。每月的初一和十五为大潮，初八和廿三为小潮。每年春分和秋分前后有特大潮。潮汐作用叠加在风波浪上使海水发生整体的水平运动，形成涨潮流和落潮流。1个太阴日有 2 次涨潮和 2 次落潮，叫半日潮。有的地方1个太阴日只有1次涨潮和1次落潮，叫全日潮。秦皇岛地处渤海湾，是有障壁海，潮汐运动是无规律的全日潮，在冬季，受西北风影响，甚至出现昼夜无潮汐的现象。

当涨潮流速大于落潮流速时，发生堆积作用。北戴河鸽子窝后面赤土河河口，涨特大潮时涨潮流速大于落潮流速，堆积泥质、粉砂质，并形成湿地。当涨潮流速小于落潮流速时，发生冲刷作用。这时冲刷作用十分强烈，并在落潮时将涨潮时冲刷下来的碎屑物质全部带走，使涨潮流更有利于冲刷作用的进行。钱塘江入海口就属于这种情形。

那么，文人是怎么观察海浪，描述海浪运动的呢？

从人对海浪运动的感观上，首先是海浪运动的动态美不断地刺激着诗人的感觉器官，不是欣赏它的大气，汹涌澎湃，波浪滔天，就是欣赏它的美白，像雪一样白。美白已经是浅水波了。美白的成因是波浪破碎前锋面出现泡沫带。冲击在孟姜女坟上的海浪，前锋面散碎，整个波浪由波峰推带前进，形成冲浪带，拍打在礁石上，发出响声，形成拍岸浪。这里的海水深度不超过 1 倍波高，与曹操在《观沧海》中描述的海浪是不同的。“洪波涌起”，洪波是潮波叠加在风波上，是波长、波高都比较大的海浪，属于深水波。这种洪波从大海中涌来，像是把海面都抬高了，早晨的太阳是从大海深处升起来的，场面非常壮观。曹操是公元207年9月来碣石临山观海的，很可能赶上中秋那次特大潮。一代伟人毛泽东在《浪淘沙•北戴河》中描述的海浪：“大雨落幽燕，白浪滔天，秦皇岛外打鱼船，一片汪洋都不见，知向谁边。”是大雨中的浅水波，大雨把海天连成一片。白浪，波浪已经破碎，卷起很高，似一片汪洋看不清方向。抚今思昔，“白浪滔天”胜过“洪波涌起”，“一片汪洋”何止“水何澹澹”，展现出一派更为博大的胸怀。毛泽东用极其简单的语言肯定了曹操的功绩，因为这对国家统一和历史进步是有利的，同时对曹操临山观海而留下的不朽诗作流露出深沉的怀念。想当年，曹操是何等雄心不已。毛泽东评价曹操的诗："气魄雄伟，慷慨悲凉，是真男子，大手笔。"展现出诗人的胸怀，像大海吞吐日月，含孕群星那样主宰神州大地，歌以咏志，此言非虚。毛泽东在《沁园春•长沙》中有"问苍茫大地，谁主沉浮？"句，32岁的毛泽东同样选择了这样一个问题作为人生答卷，"粪土当年万户侯"，国家命运的主沉浮者是"到中流击水" 的无产者。红军经过二万五千里长征到达陕北，毛泽东高瞻远瞩，再展宏图，"数风流人物还看今朝"。康有为在《游莲花石公园》中描述的海浪"万里波澜拍岸边"，海浪从万里之外传到这里，拍击岸边。万里海浪是深水波，拍打在海岸岬角部位是浅水波。两者波形不同，浅水波前峰和后峰不对称。郭沫若(1892—1978，四川乐山人)在《游鸽子窝》中描述的海浪，"雪浪千层卷海来"，雪浪，波浪已经破碎，是浅水波，千层卷海来，这种浅水波应在海湾部位。清代陈丹笔下的海浪，"大风吹日云奔合，巨浪排空雪怒浮"。大风天气，使云合为一股，增加了波浪的能量，海浪向前运动受到海底的阻力，前锋面散碎，跃起腾空，破碎的海浪呈雪白色。雪怒浮，前

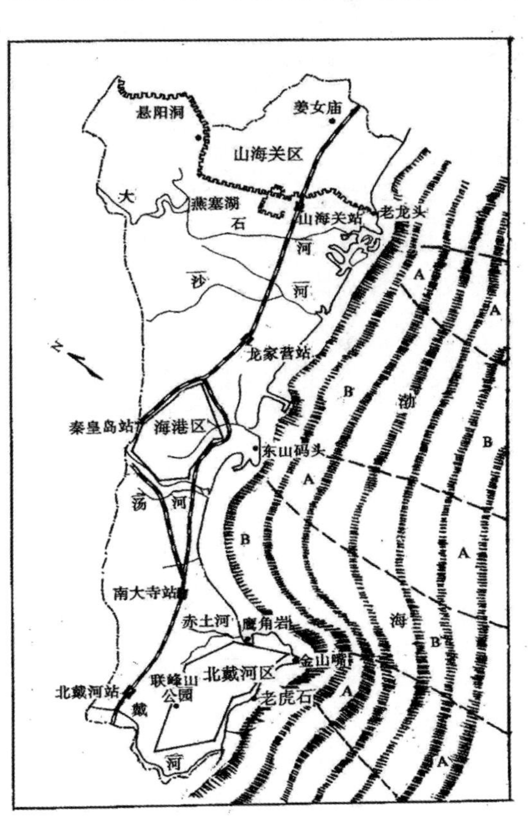

图11-30　秦皇岛地区海岸带分布图

A、B单位长度内波能传播情况，斜线代表脊宽度、所含能量，虚线表示波射线

峰腾空而起，呈泡沫状。拍岸浪属浅水波。

海浪运动产生的地质作用有海蚀作用和海积作用。在岬角部位产生海蚀作用，在海湾部位产生海积作用。秦皇岛海岸线长162.7千米，是由一部分凸向海洋，一部分凹向陆地组成的岬弯式海岸(见图11-30)。山海关老龙头、海港区东山码头、北戴河金山嘴分别位于海岬部位，其间是凹向陆地的海湾部位。海岬地带，岩石裸露，水深坡陡，波能聚合，是海蚀作用盛行的地方。海水的波浪运动强烈地掏蚀、撞击着海岸基岩，长此下去，在海岸带形成各种海蚀地形。在海湾部位，波能辐散，波浪能量消失在海滩沉积物上，海蚀作用比较弱，海积作用盛行，形成各种海积地形。

秦皇岛海岸岬角部位海蚀地貌有海蚀穴、海蚀凹槽、海蚀柱、海蚀地和海蚀阶地。其中，海蚀阶地是地壳间歇式抬波升形成的海蚀台地和海蚀崖的组合形式。秦皇岛海湾部位海积地形有水下沙坝、沙堤、沙嘴、海积阶地等。其中，海积阶地台面是地壳间歇式抬升的古海滩。河口地形是海岸地形的重要组成部分。河口地带在河水、海水联合作用下形成。秦皇岛流入渤海湾的河流有大石河(在老龙头南入海)、汤河(在白塔岭村入海)、赤土河(在鹰角岩后面入海)以及戴河(在中直疗养院西入海)。河口地带有三角洲地形，随着海岸不断抬升，河口不断向海洋延伸，河口三角洲也不断向海洋方向前进，并在三角洲上形成许多汊河。

上述海蚀地形、海积地形和河口地形是海水运动和地壳运动综合作用形成的地貌单元，它们彼此联结起来，构成了沿海岸线方向分布的沿海平原，即辽西走廊的一部分。

全新世，秦皇岛地区海岸线的变化。

站在老虎石上，遥望大海，浮想联翩，卢龙平州过去有个碣石港。是春秋战国时期燕国对外开放的门户。海港区东山过去是个小岛，公元前215年，千古一帝秦始皇拜海求仙，在岛上送方士求仙人不死之药，这些都不能不使人联想到秦皇岛海岸线位置在历史时期有什么变化吗？

前述，岩溶洞穴“四层楼结构”是秦皇岛地区地壳间歇性抬升的记录。进入新生代第四纪全新世(距今1.17万年—现今)秦皇岛地区地壳间歇性抬升了3次。停顿期海岸线相对稳定(与溶洞形成的时间相吻合)，古海岸有“贝壳堤”堆积。抬升期海岸线向海洋方向迁移，叫外移。

大理冰期(距今7万—1.17万年)后，秦皇岛地区最大一次海侵是距今5500年前(进入中全新世早期)，海平面抬升到15米左右，稍后转入海退阶段。地壳抬升有三个停顿期，即距今4270±120年，与天津Ⅲ号贝壳堤(育婴堂—四小屯)相当；距今3400±115年，与天津Ⅱ号贝壳堤(小王庄—巨葛庄—沙井子)相当；再到距今2020±100年，与天津Ⅰ号贝壳堤(白沙岭—板桥—岐口)下限相当，相当于西汉末年，以及距今1080±90年，与天津Ⅰ贝壳号堤(白沙岭—板桥—岐口)上限相当。相当于唐朝末年。最近一次停顿期是从西汉末年至唐朝末年，共850年左右。

观察点1　鹰角岩

走出鸽子窝公园，在门前靠近海边的便道上，向下看有海蚀崖，断崖下有一块伸向海洋的礁石，海拔19.4米，形似雄鹰屹立，气势傲然，所以叫鹰角岩(见图17-6)。再往下看，从远处游客站立的地方，到这陡崖根部是一个微微向海洋方向倾斜的平坦地面，叫波切台地。涨大潮时海水要漫上来，机械地冲蚀崖底，时间长了这些凹槽扩大，就成了海蚀洞。如果地壳抬升波切台地的台面便是海蚀阶地的台面。

观察点2　中海滩

中海滩有一株巨石伸入海中，形如群虎盘踞，老虎石因而得名。老虎石，如镶嵌在渤海之滨的一颗明珠，闪烁着诱人的光辉。秦始皇驱赶群山那神奇而美丽的传说，一直在当地民间流传着。

这里可以观察海水的波浪运动，远处看到的深水波向岸边涌来，前峰、后峰对称，进入浅水区前峰、后峰不对称，前锋面变陡，在水深相当于2倍波长时，波浪开始破碎，破碎是前锋面底部出现泡沫带，注意观察脚下的卷浪和拍岸浪。

再说说鹰角岩和老虎石，它们都是北戴河海滨的近岸礁石，都是从形态上命名的。鹰角岩，形似雄鹰屹立，气势傲然。老虎石，形如群虎盘踞。老虎石过去也是一个孤岛，现在是一个陆连岛，连接物是沙坝(见图17-7)。而鹰角岩与陆地的联结物是充填在绥中花岗岩里的石英伟晶岩脉，石英伟晶岩脉因石英结晶温度低，具有很强的抗风化能力，所以鹰角岩没有形成海蚀柱。海蚀柱是在海蚀崖前波切台地上，海水剥蚀作用残留下来的孤立柱状地质体。秦皇岛沿岸没有发现像澳洲墨尔本那样标准的海蚀柱(见图11-31)。

图11-31　澳洲墨尔本海岸地貌

有些学者认为鹰角岩是《禹贡》碣石，《禹贡》碣石呈圆柱状，着海旁，具有耸峙貌，鹰角岩不具有这些特征，不是《禹贡》碣石。有人从地理角度称鹰角岩为岩垛。岩垛、碣石、海蚀柱称呼似乎都与成因相联系，而鹰角岩、老虎石却是从形态上说的。

观察点3　联峰山公园

现在我们来到了联峰山公园望海亭(155高地)，大家要仔细观察附近的海蚀凹槽，特别是莲花山附近的海蚀凹槽、海蚀沟槽，观察绥中花岗岩中的变质岩残留体，观察绥中花岗岩的风化特征，并与在花厂峪见到的响山花岗岩的风化特征作对比，观察绥中花岗岩风化形成的微地

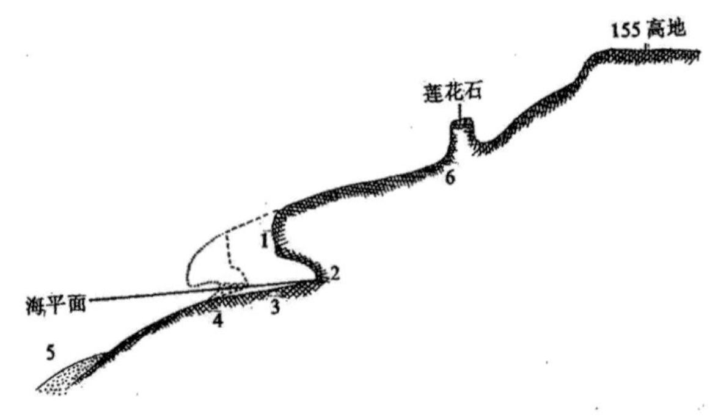

图11-32　海蚀阶地形成过程图

1—海蚀崖；2—海蚀穴；3—波切台地；4—古海蚀穴；5—波筑台；6—抬升后海蚀穴

貌，寻求莲花石的地质成因。在观察海岬部位的海蚀作用同时要注意观察海湾部位的沉积作用。

观察赤土河三角洲及潮上带堆积，观察海滩中海成沙的层理及水下沙波体的面状构造，了解海蚀柱、海蚀崖、海蚀残丘的形成过程。

在现代海岸线以上的山坡上，可见到多层高度大致相当的海蚀洞穴。如在北戴河联峰山公园望海亭的山顶(海拔155米)上、山坡上，海蚀洞穴屡见不鲜，以及莲花石的凹穴都是令人信服的海蚀证据。海蚀作用形成的海蚀地貌呈阶梯状分布，称为海蚀阶地。山海关老龙头有三级海蚀阶地、三级海积阶地，但是北戴河海滨没有发现像澳洲墨尔本那样标准的海蚀地貌，没有发现可作航标的海蚀柱。渤海湾是有障壁海，海蚀作用弱。

海蚀阶地是地壳间歇性抬升的可靠证据。因此，山海关、海港区东山、北戴河海滨是上升海岸。溶洞呈四层楼结构也是地壳间歇式抬升的证据。地壳间歇式抬升是本地区新构造运动的特点。

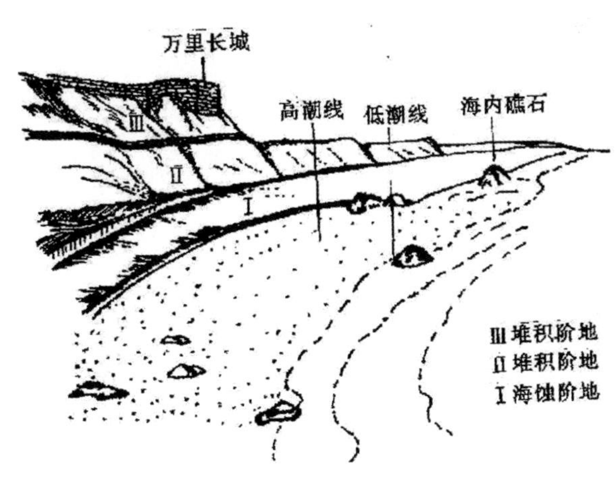

图11−33　老龙头海积阶地和海蚀阶地素描图

(赵永久据1：20万山海关幅区测报告)

第十二章 柳江盆地地质地貌原生景观后回味篇

柳江地质十句游，踏着地质先辈的足迹走过来。仅以此篇献给那些在中国地质学初创时期，为柳江地质作出贡献的地质先辈们。

一二三四五，柳江地质显寒武。

六七八九十，中国地质进行时。

柳江地质景文化和地学人文轶事可用十句话来概括。这十句话：一个盆地、两种含义、三大岩类、四个方位、五代同堂、石炭二叠终分六、七大地质人物、八十年代说清楚、九十年代地质进行时、十条地质观察路线。

一个盆地，就是柳江盆地。

柳江盆地是我国最先开展地质调查工作的地区之一，盆地内地层出露齐全，化石丰富，地层界线清楚，地质构造典型、直观，易于为初学者所接受，以及有现代海洋地质作用作比较等优点，深受中外地学工作者的青睐，成为我国北方较为理想的地学教学实习基地。柳江盆地就其地层剖面结构而言，它是华北地台的一个窗口。窗口之意就是“窥斑见豹”，其特征是缺失上奥陶统(O_3)—下石炭统(C_1)，掌握了柳江盆地地层剖面的结构特征，就掌握了华北地台的地质演化史。因此，柳江盆地又被誉为地质教学的第二课堂，成为哺育新一代地学人才的摇篮。前述，中国北方缺失上奥陶统(O_3)—下石炭统(C_1)，说明中国北方古生代晚奥陶世、志留纪、泥盆纪、早石炭世没有沉积物堆积，而中国南方这一地质时段沉积物堆积却十分发育，这就是中国地史学上所说的“南海北陆”，为什么在距今4.58亿—3.30亿年前这一地质时段，中国北方没有沉积物堆积，海水跑到哪里去了呢？

这个问题引起了年轻地质学家李四光的注意，他浮想联翩，上下求索，为他寻找地应力来源提供了契机。

柳江盆地有两种含义，有两个构造层。

两种含义是指柳江盆地既是地貌上的盆地，又是地质构造上的盆地。地貌上的盆地，西、北、东三面为山地环绕，南端是入口，是一个簸箕状盆地，盆地中心在石门寨镇附近。地质构造上的盆地，叫柳江短轴向斜，是一个铺在绥中花岗岩（γ_2）块体岩石之上的短轴向斜。柳江向斜有两个构造层，下构造层（Ⅱ）由新元古界青白口系龙山组—古生界二叠系石千峰组构成，东翼向西倾斜，倾角10°—25°，平缓而稳定。西翼向东倾斜，倾角40°—50°，个别地段甚至发生倒转。向斜轴线是正南正北向的。上构造层（Ⅲ）由中生界侏罗系北票组、兰旗组构成，也是东翼缓，西翼陡。向斜轴线是北偏东18°，两个构造层之间被角度不整合界面分开。

三大岩类。

柳江盆地出露的岩石，可谓“水、火、变”三大岩类齐全，有广泛分布在柳江向斜两翼的沉积岩，分布在柳江向斜两翼的中酸性侵入岩和柳江向斜核部的中酸性火山岩，有温泉堡花岗岩体与中晚寒武纪地层接触带上的接触变质岩和接触交代变质岩，以及在绥中花岗岩体（γ_2）内以残留体形式出现的区域变质岩。绥中花岗岩（γ_2）是经过区域变质作用后，又叠加有混合岩化作用形成的，不是岩浆作用形成的，因此也归入变质岩类。

主压性结构面有四个方位。

所谓主压性结构面是指方向与挤压地应力垂直，由水平挤压地应力作用形成的褶皱、逆冲断裂和挤压片理化带构成的构造片段。柳江盆地的主压性结构面有4个方位（见图11-8）。

①NS向构造。早NS向构造形成于二叠系石千峰组沉积之后的海西运动，晚NS构造形成于侏罗系北票组沉积之后的燕山二期。

②EW向构造。早EW向构造形成于中生代中三叠世的印支运动，晚EW向构造形成于中生代白垩纪中期。

③NW向构造。NW向构造形成于中生代侏罗纪北票组沉积之后的燕山一期。

④NNE向构造。NNE向构造形成于晚侏罗世孙家梁组沉积之后的燕山三期，形成的构造体系叫新华夏系。

五代同堂。

柳江盆地地层出露老少辈分齐全，新生代的堆积物是小字辈，还未成岩，主要是洞穴堆积物和河流二级阶地堆积物；太古代地层形成年龄在距今25亿年前，作为结晶基底或绥中花岗岩体（γ_2）内的变质岩残留体，是高祖辈分；元古代绥中花岗岩（γ_2）是区域变质岩经过混合岩化作用形成的，年龄距今18亿年前，以及新元古代青白口系地层，属曾祖辈分；古生代沉积岩地层，属祖父辈分；中生代侏罗系北票组河流相沉积，蓝旗组、孙家梁组火山岩沉积，属父辈。这样，柳江盆地就保存了太古代、元古代、古生代、中生代和新生代的地质演化记录，可谓“五代同堂各居位”。

石炭二叠终分六。

中国北方含煤地层的时代归属是一个长期争论的地质问题。1869年，李希霍芬在中国地质考察时，在华北含煤地层采集古生物化石，经德国古生物学家富勒希(Frech)研究，认为华北含煤地层相当于英国石炭系的“煤炭石灰岩”建造，主要含煤地层属上石炭统。20世纪20年代初，农商部地质调查所对华北煤田也进行了系统调查，王竹泉、谭锡畴在各大煤田采集的古生物标本，经葛利普研究，也同意了富勒希的结论。这个“终”字就是经过很长时间的争论，赵亚曾、李四光二位先生分别找到了石炭纪古生物化石证据，才走误区。赵亚曾把采集到的古生物标本，特别是腕足类长身贝和石燕贝进行系统研究，与苏联的石炭纪标准地层剖面对比，发现中国含煤地层的动物群落不属于早石炭世，而和苏联中石炭世莫斯科统和晚石炭世格谢尔统动物群落非常相似。1926年，他在《地质汇报》第8号上发表了《南满石炭纪地层之研究》一文指出：下石燕化石带属中石炭世本溪系，即现在的本溪组。上石燕化石带属晚石炭世太原系，即现在的太原组。同年，赵亚曾在辽宁本溪西6千米新洞沟与蚂蚁沟之间的牛毛岭创建本溪组。

几乎与此同时，1924年，李四光先生把王竹泉采集的纺锤虫(蜓科)

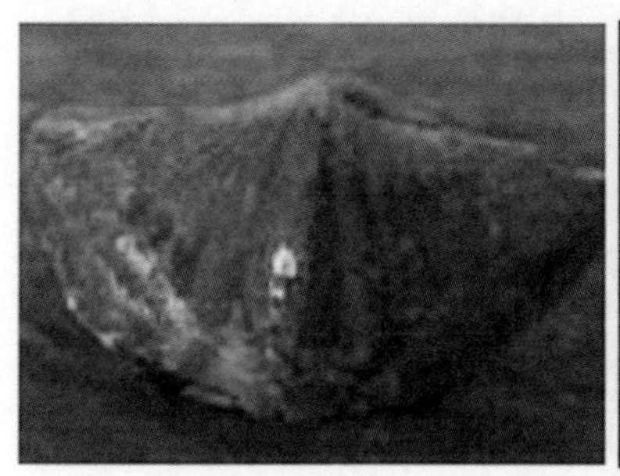

图12-1　石燕贝(左)和长身贝(右)

标本在显微镜下研究，得出结论：下部含蜓地层属中石炭统，上部含蜓地层属上石炭统。赵、李对华北地台主要含煤地层的时代归属问题见解不谋而合，联名撰写地层学论著《华北古生代含煤地层的分类和对比》，发表在1926年《中国地质学会志》第5卷第2期上。至此，中国北方石炭二叠纪含煤地层终于实现了“石炭二叠终分六”，即现在大家都能接受的六个组。由下而上分别为本溪组、太原组、山西组、下石盒子组、上石盒子组、石千峰组。其中“煤炭石灰岩”建造中的石灰岩地层归奥陶纪。

七大地质人物。

七大地质人物是德国地质学家李希霍芬、马底幼，美国地质古生物学家葛利普，中国地质学家叶良辅、刘季辰、孙云铸、赵亚曾。这正是：

李希霍芬和叶刘，德高望重孙云铸。

葛利普又马底幼，英年早逝赵亚曾。

中国地质学是西方地质理论同中国地质实际情况相结合的过程中形成和发展起来的，经历了建立地层层序和认识基本构造单元，这样两个既相互区别又相互联系的认识过程。中国地层资料的系统搜集始于德国地质学家李希霍芬在中国的地质考察(1868—1872)。20世纪20年代后期，中国地质学家开始重视区域地质资料的搜集和研究，标志是1927年翁文灏(1889—1971，浙江宁波鄞州人)在中国东部发现了燕山运动和1929年李四光对东亚构造型式的研究。在这之后，随着区域地质资料的积累，终于导致了1939年李四光的《中国地质学》和1945年黄汲清(1904—1995，四川仁寿人)的《中国地质构造主要单位》这两部重要著作的问世。这两部重要著作的问世是中国地质学走向成熟的标志，那些最先开展地质调查工作的地区，如北京西山、唐山开平和秦皇岛柳江、山东张夏、辽宁本溪和山西太原，与西方地质理论结合得比较早，所以有中国地质学发祥地之称的美誉。

1869年德国地质学家李希霍芬首次来柳江做地质考察。

李希霍芬(1833—1905，德国卡尔斯鲁赫人)，曾就读于布雷斯劳大学、柏林洪堡大学。1856年大学毕业，1861年3月到达中国上海，因清政府阻止，未能在中国做地质考察。1868年11月，李希霍芬再次来到中国，以上海为基地，先后7次外出地质考察，直到1872年5月离开中国。回国后，先后任柏林大学校长、波恩大学地质学教授、莱比锡大学地理学教授，柏林国际地理学会会长，并把他在中国地质考察的资料整理汇编成德文巨著《中国——亲身旅行和据此旅行所做的研究成果》在柏林出版，内中有很多精辟论述，如山西一省的煤炭储量可供全世界几千年消耗。这一结论是从他1870年6月发自北京的一封书信首先传出来的。近代“丝绸之路”(德文：Die-seidenstrasse)一词也是最早出现在他的这本著作中，并为后人广泛接受。李氏还提出“中国黄土风成说”。受其“黄土风成说”影响，刘东生(1917—2008，辽宁沈阳人)平息了170多年来的黄土成因之争，建立了中国黄土风成说理论机制，并获得成功，被誉为中国“黄土之父”。

图12-2　李希霍芬

李希霍芬第三次地质考察曾在直隶临榆石门寨做了煤田地质考察。其具体路线是1869年3月13日从上海出发，乘船到江苏宿迁后，改向山东，于4月28日到达芝罘渡海到辽东半岛营口、大孤山、本溪、沈阳，再循与今日沈京线大致相同的路线到达山海关。在柳江煤田做地质考察的时间应是1869年6月份，目的是了解柳江煤矿的远景储量。当时柳江煤矿还处于“民采”阶段。

李希霍芬在中国的地质、地理考察，走遍了中国18个省，做了大量的地质观察记录，采集了许多标本，还及时地将所见所闻以书信的形式寄给了那个外国人办的商会。后来把这些信息汇集成文，以《李希霍芬中国旅行报告书1868—1872》(Baronrichthofen’etters 1868—1872)为书名，1903年在上海出版。李氏的这些资料对中国地理学、地质学的形成起到了奠基性的作用，因是路线地质调查，实际材料显得不够充分，与今天的认识相去甚远，但总是开了个头。

1919年叶良辅、刘季辰在柳江创建“亮甲山组”地层剖面。

叶良辅(1894—1949，浙江余杭人)，1916年从农商部地质研究所毕业后，在农商部地质调查所任调查员。因其业绩卓著，1920年1月经来华在北大任教的美籍地质古生物学教授葛利普推荐，到美国哥伦比亚大学地质系进修，1922年6月获硕士学位，回国后在浙江大学、中山大学任教。刘季辰(1895—?，安徽淮北人)是叶良辅在农商部地质研究所的同学，毕业后也在地质调查所任调查员，他们是我国自己培养的第一代地质技术人员，被誉为“中国地质科学发展史上的十八罗汉”。叶、刘合作完成的《直隶省临榆县柳江煤田报告》，发表在农商部地质调查所地质汇报第一号上，附地质图一份。其中，“云山砂岩”“南山砂岩”即为叶、刘二氏所创。剖面地点在石门寨西南约2.5—2.7千米的云山和南山，创名时定为石炭纪。1922年，德籍地质学家马底幼在南山煤系中采到石炭二叠纪植物化石，随之把柳江晚古生代煤系中两层坚硬的砂岩定为石炭二叠系。云山砂岩相当于现在的太原组，南山砂岩相当于现在的上石盒子组。叶、刘二氏在亮甲山、石门寨、北林子一带首创“亮甲山石灰岩”[1]一名，并在石门寨古城西北亮甲山(海拔161.1米)创建柳江亮甲山组标准地层剖面，把这套石灰岩归为奥陶纪，其精神十分可嘉。因在此之前，李希霍芬(1869)

图12-3　叶良辅(左)和刘季辰(右)

①亮甲山，传为唐朝明将薛礼在此山歇脚晾晒盔甲，列为石门八景之首。1919年，叶良辅、刘季辰首创“亮甲山石灰岩”一名，1922年，马底幼建亮甲山组。

在山东济南地质考察时，曾把这套石灰岩地层归为下石炭统，而德国古生物学家欣克(A. schenk)把这套石灰岩地层归上石炭统。刘季辰在农商部地质研究所学习期间，用英文撰写的地质报告，题目是《直隶滦县唐山石炭纪石灰岩》，① 这套石灰岩地层与英国早石炭世阿翁统浅海碳酸盐相沉积对比，含煤地层与英国晚石炭世含煤河流—三角洲陆相沉积对比。对比结果和英国石炭系“煤炭石灰岩”建造有几分相似，直到1879年奥陶纪从志留纪分出来。1902年，德国地质学家洛伦兹在济南南部地质考察时，在济南灰岩中发现了奥陶纪古生物化石。1907年，美国地质学家维理士(B. willis，1857—1949)、沃尔斯特考将李希霍芬在中国所建的震旦纪剖面改为寒武—奥陶纪剖面，其中济南灰岩归奥陶纪。随后在麦美德编著的《地质学》和章鸿钊、翁文灏编著的《地质研究所师弟修业纪》都使用了“奥陶纪”一词。在1916—1919年间，叶良辅、刘季辰接受“奥陶纪”一词应该是顺理成章的事。而且，纠正李希霍芬(1869年)的地层认识错误，叶良辅在1920年编写的《北京西山地质志》也有所体现。

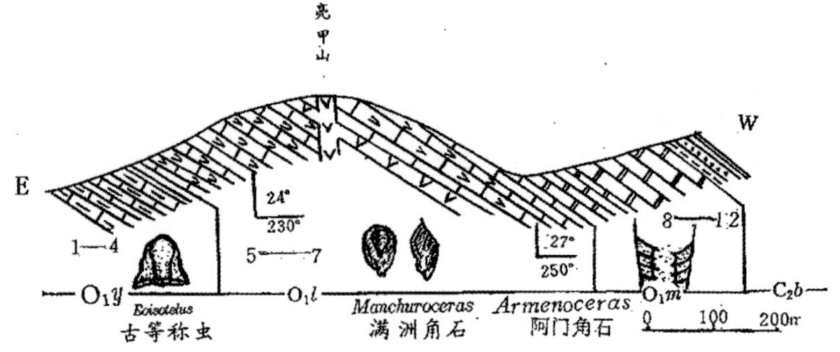

图12-4 石门寨北亮甲山是亮甲山组标准地层剖面的命名地，叶良辅、刘季辰1919年创建

总之，叶良辅、刘季辰能冲出李希霍芬的认识框框，既体现了中国地质学家的理论胆识和中国地质学家敢于实事求是的科研精神。

1924年，葛利普在马底幼工作的基础上，也肯定了这套石灰岩地层归奥陶纪。

①潘江．农商部地质研究所师生传略．中国科技史料，1999，20（2）：5-9.

叶良辅另一项地质研究成果是《北京西山地质志》，即北京西山1∶10万区域地质测量报告，于1919年完成初稿，1920年正式出版，是我国当时最完善的一份区域地质调查报告。这份地质报告对庞培勒(美籍地质学家，1863—1865年在华地质考察)和李希霍芬(1869年)的地层划分、棱尔格(1910—1912时任北大地质学门德籍地质学教授)的构造认识错误予以纠正。叶良辅仅用三年多的时间，做出了两项让后人咀嚼不够的地质成果，实在让人惊喜。

1922年，德国地质学家马底幼在临榆县附近做地质调查。

民国初，德国地质学家马底幼(F. F. Mathieu)曾任开滦矿务局地质师多年，对河北省含煤地层做过调查，其中《直隶省临榆县附近地质》一文发表在农商部地质调查所地质汇报第(4)号上，由北京京印书局1922年承印出版。马底幼在煤系中发现石炭—二叠纪植物化石，随之把叶良辅创建的云山砂岩、南山砂岩定为石炭—二叠纪。在石门寨附近的地层剖面中，把奥陶纪自下而上分为冶里组(O_1^1)、北林子组(O_1^2)、石门寨组(O_1^3)、亮甲山组(O_1^4)和马家沟组(O_2)。

1922年、1924年，美国地质古生物学家葛利普先后到柳江地质调查。

葛利普(A. W. Grabau，德裔美国人，1870—1946)，家境贫寒，经业余自学获得美国麻省理工学院旁听生资格，后正式考入该院地质系，9年寒窗攻下理学博士学位，1905年被聘为哥伦比亚大学教授，当选为纽约科学院院士、副院长。1919年年初，丁文江(1887—1936，江苏泰兴人)随梁启超(1873—1929，广东新会人)、蒋百里(1882—1938，浙江杭州人)、张东荪(1886—1973，浙江杭州人)等人赴欧洲考察“一战”后的国际形势，接着又去了美国，葛利普便是他们这次访美聘请来的著名美籍地质古生物学家。1920年葛氏应邀出任农商部地质调查所顾问、北京大学地质系教授。他于1922年、1924年先后两次到唐山开平盆地和秦皇岛柳江盆地做地质调查，1922年

图12-5　葛利普

葛利普在《中国北方奥陶纪动物化石》一书中引用了马底幼在秦皇岛西北石门寨附近的奥陶系地层剖面。

张文堂在讨论开平盆地和柳江盆地奥陶系时指出，1924年葛利普根据马底幼在剖面上标出的古生物化石，将北林子组(0_1^2)、石门寨组(0_1^3)、亮甲山组(0_1^4)置于下奥陶统。1931年，孙云铸和胡伯素，以及后来的清水三郎、小蟠忠宏等人都曾指出亮甲山组与北林子组大部分相当，北林子组上部有23米厚的鲕状灰岩，应属中寒武统张夏组，因断层关系，马底幼没认出来。石门寨组相当于上寒武统崮山组($\in_3g$)、长山组($\in_3c$)、凤山组($\in_3f$)。而Archaeoscyphiag并非真正的珊瑚，有人将其改称古杯海绵石灰岩。

1959年，第一届全国地层会议重新厘定全国地层名称时，废弃了珊瑚石灰岩一名，确定为亮甲山组。此后中国北方奥陶系则由下而上分别为冶里组、亮甲山组、马家沟组，北林子组和石门寨组多废弃不用。

冶里组创建地点在开平盆地冶里村，1920年孙云铸、葛利普始称其为冶里灰岩。1921年，孙云铸、杨钟健在冶里组之上增设马家沟石灰岩。1940年，小潘忠宏改称冶里层，1954年王玉等人改称冶里统，1962年，张文堂改称冶里组。亮甲山组直到1959年第一届全国地层会议才得到明确。

太原组最初命名地点在山西太原西山的月门沟，由翁文灏、葛利普于1927年创建。这是1926年赵亚曾、李四光厘定后的太原系，即现在的太原组。葛利普当时的研究方向是运用古生物地层学知识，建立中国北方寒武系和奥陶系地层层序。1924年，葛利普初步建立了中国北方奥陶系地层系统。

葛利普是古生物学家、地层学家和古生态学家，为中国培养了几代学子，其中，徐光熙、李悦言、边兆样、侯德封、高振西均为葛氏的高足。1919年葛利普发表一篇论文摘要，提出“地槽迁移”思想。1924年来中国后，他根据亚洲的资料写了一篇42页的论文《地槽迁移》，黄汲清(1904—1995，四川仁寿人)接纳了葛利普“地槽迁移”思想，结合他在中国多年的地质实践，于1945年主编1∶300万中国地质图时，对中国的地槽和地台做了深入研究，出版名著《中国主要地质构造单位》，创建了地槽多旋回学说。[①]

葛利普在中国从事地质科研和地质教学工作长达26年，他在古生物地层学方面有很高的造诣，同时重视古生物的生活方式及其相关环节的研究，是古生态学创建人。1937年七七卢沟桥事变之后，他没有去“西南联大”，他同情并支持中国的抗日战争。

1945年10月，高振西(1907—1991，河南荥阳人)由重庆到南京，再由南京到北平(京)东交民巷看望他的老师葛 利普先生，并将葛利普先生接到丰盛胡同3号西厢房里。葛利普已多年不能行走，但是他仍坚持修改他的《关于对我们生活的这个地球历史的新解释》(The world we live in: A new interpretation of Earth history)。这本遗著后来(1961年)由台湾大学地质系阮维周(1912—1998，安徽滁州人)教授整理出版。1946年3月20日上午，这位忠于中国地质事业，献身于中国地质教育的宗师，在北京西四丰盛胡同3号地质陈列馆院内与世长辞。

1923年，孙云铸带北大地质系学生到柳江地质实习，开柳江地质教学实习之先河。

孙云铸(1895—1979，江苏高邮人)，1914年考入北洋大学(天津大学前身)预科，1916年转入本科，学采矿专业，1917年北大恢复地质学门，即1919年以后的北大地质系，孙云铸转入北大地质系本科，并于1920年以优异成绩毕业并留校任教，是北大地质系首届本科毕业生。1926年出席在西班牙马德里召开的第14届国际地质大会，会后留学德国。1927年在德国哈勒大学获理学博士学位，回国后在北京大学、中山大学、西南联大任教。1952年起任地质部教育司司长。1955年被聘为中国科学院院士、自然资源部地质科学院副院长。1923年，孙云铸带北大地质系毕业班学生杨仲健、张席禔、田奇㻪、赵亚曾、王恭睦5人，到山东炒米店、泰安、大汶口和直隶临榆柳江、唐山开平

图12-6　孙云铸

① 孙荣圭. 地质科学史纲. 北京：北京大学出版社，1984：202.

等地做毕业实习。这是一次带有科研性质的地质实习，要在山东炒米店、泰安、大汶口和直隶临榆柳江、唐山开平系统地采集下古生界古生物化石标本，做地层对比，提出中国北方寒武系系统地层资料。柳江盆地的长山组、凤山组和冶里组、马家沟组的最初命名地点是在河北唐山开平盆地长山沟，这些地层“组”的命名都是在这次野外地质实习基础上，1924年由孙云铸创建，1935年正式命名的。

孙云铸在北大地质系学习期间，师从葛利普、李四光、翁文灏三位地质大师，在去德国留学(1926年)之前，孙云铸的研究方向是三叶虫古生物学、寒武纪地层学、地层学原理和地质学史。1924年出版的他的《中国北方寒武纪动物化石》一书，专门论述了寒武系地层和三叶虫化石，这是中国学者撰写的第一部公开出版的大型古生物学专著，受到国内外学者的普遍关注，对中国古生物学科发展具有划时代意义。孙云铸在三叶虫古生物学和中国寒武系地层学研究领域做出了显著的成绩。因此，他曾享有“孙寒武”的美誉。“柳江地质显寒武”，是说孙云铸在寒武纪地层学研究领域做出了显著成绩。

1923年，孙云铸带北大地质系学生到柳江地质实习，开柳江地质教学实习之先河，随后柳江盆地成了培养中国地质学家的摇篮，在这里做地质毕业实习的杨仲健、张席禔、田奇镌、赵亚曾、王恭睦，先后都成了中国著名的地质学家。

杨钟健(1897—1979，陕西省华县今渭南市华州区人)，毕业后在李四光的帮助下进入德国慕尼黑大学地质系学古脊椎动物学，1927年获哲学博士学位。次年入中央地质调查所，主持周口店发掘与研究工作。1929年组建“新生代研究室”，此后50年他一直担任这个单位的领导职务。1948年当选为中央研究院院士，1955年被聘为中国科学院院士。他

图 12-7　左为杨仲健，中为张席禔，右为田奇镌

一生发表的学术性文章达500多篇，包括20多种专著，是近代我国自然科学领域著述最多的学者之一，终生为中国的古脊椎、古人类学研究呕心沥血，贡献了他的一切。

张席禔(1898—1966，河北定县人)，毕业后一直从事地质教育工作，1928年获维也纳大学博士学位。回国后曾任中山大学地质学教授、系主任，两广地质调查所技正，清华大学地质学教授、系主任，西南联大地质学教授，北京地质勘探学院地质学教授、副院长。在欧洲留学期间，他专门研究古象及其咀嚼器的功能，开中国化石功能形态学研究之先河。

田奇镌(1899—1975，湖南永定人)，毕业后考入农商部地质调查所，从事北方煤田地质研究。后经翁文灏推荐，回湖南地质调查所。1949年应邀参加“开国大典”。1952年地质部成立，田奇镌出任地质部中南地质局副局长兼总工程师。1955年，田奇镌被调往北京，任地质部地质矿产司副司长兼总工程师。

赵亚曾(1899—1929，河北蠡县人)，毕业后留北大地质系地层古生物教研室任助教，兼农商部地质调查所古生物研究室主任。他所撰著的《中国长身贝科化石》一书，居当时地层古生物学界国际领先水平。他与李四光对峡东地层的研究奠定了中国南方地层系统的基础。对中国北方石炭纪煤系地层的研究，即对中石炭统本溪组和上石炭统太原组时代归属研究同样具有国际先进水平。

他与黄汲清合著的《秦岭山与四川地质之研究》是区域地质学之重要经典。1929年，赵亚曾英年早逝，引起整个中国地质学界同人的悼惜。农矿部地质调查所、中国地质学会、北京大学地质系为他联合举办了追悼会，并在北平西城兵马司胡同前中央地质调查所前院为他竖立了一块大理石纪念碑。葛利普的悼文：“今赵君死矣，科学界顿失去一位最诚恳最有希望之同志，中国丧失一位未来之领导者，吾辈其友若师，失去一位益友而少他山之助，而尤以中国损失最大。”[①] 翁文灏悼文：“赵君在所六年，调查则出必争先，研究则昼夜不倦，其进步之快，一日千里，不特师长惊异，同辈叹服，欧美日本专门学者亦莫不刮目相

①葛利普. 赵亚曾君行述. 北京：中国地质学会志第八卷，1929.

待，十分钦佩，见之科学评论及通信推崇者，历历有据”，“青年学者中造就如此之速而大者，即使在世界科学先进国家，亦所罕觏。”① 1928年，赵亚曾获中华教育文化基金董事会一等科研成果奖。

赵亚曾遇难前，在北平(京)一次茶会上，丁文江先生把赵亚曾介绍给胡适(1891—1962，安徽绩溪人)先生，称“赵亚曾是北京大学地质学天才”。赵亚曾遇难，丁文江不但长哭当歌，而且“到处出力为他的家属招募抚恤经费”，甚至还“自己担负亚曾儿子的教育责任”，将其长子赵松岩接到家中歇夏。② 由此可见，当时的知识场中传统古风依存，精英之间惺惺相惜，不仅在纸面上，口头上有“书生人情”，而且还有“铁肩担道义”的风骨铮铮。和赵亚曾一起来柳江毕业实习的杨钟健，对赵君的精神有极高评价，强调乃“殉学而死，殉化石标本而死”，因在调查途中，闻匪来时，他不设法躲避，而是竭力保护地质资料，盗匪闯进小屋，误以为化石标本箱内装有金银财宝，随之发生争夺，化石标本在盗匪心目中恐怕一文不值，可在学者眼里却价值连城。作为学者的赵亚曾，固然是“人中龙凤”；但作为社会人的赵亚曾，则未免过于“书生气”了。多熟悉一些社会规则和人情世故，或许他并不一定执着地与盗匪“锱铢必较”。也或许，中国现代学术大厦的构建需要有这样的“书呆子气”，需要这样纯正的学人为之献身。这是一个时代的学术伦理风貌。③

王恭睦（1899—1960，浙江台州黄岩人），毕业后赴德国留学，获慕尼黑大学生物地质学博士学位。归国后，历任两广地质调查所陈列股股长、中央研究院地质研究所专任研究员、“国立武汉大学”教授、“国立中央大学”兼职教授、教育部编审、教

图12-8　左为赵亚曾，右为王恭睦

①金玉玕，潘玉唐，王化羽. 中国科学技术专家传略：赵亚曾. 北京：科学技术出版社，2005.

②胡适. 丁文江传. 海口：海南出版社，1993.

③地矿部书刊编辑室. 杨钟健回忆录. 北京：地质出版社，1983.

育部地质矿物名词审查委员会主任委员、“国立编译馆”自然组专任编译。

1941年，王恭睦任西北大学地质系教授兼系主任，后在西北农林专科学校(西北农林科技大学前身)任教授兼教务长。1951年开始，历任西北财经委员会勘测处处长、资源勘测局副局长、地质部西北地质局副局长等职。与杨钟健合著《地震浅说》。发表有《陕西郊县永寿油质岩区地质》《地质名词统一之经过》《矿物学名词》《地质学名词》《岩石学名词》《黄土之研究》《周口店之犀牛化石》等。

八十年代说清楚，九十年代“地质进行时”。

“说清楚”是指对柳江的地质认识，从地质资料的积累到地质认识的升华，把柳江的地质问题基本说清楚了。主要标志是1984年由杨丙中(1934—，黑龙江依兰人)主编，吉林大学出版社出版的《石门寨地质及教学实习指导书》。它是一部材料翔实、内容丰富，是20世纪80年代对石门寨地质全面认识和指导实习用书的代表作。其中地层、岩浆岩、构造都有详细的描述和论述。

“地质进行时”是说，柳江盆地作为中国地质学的发祥地之一，是老字辈，现在又有新发现，又有新认识。

1981年，在柳观峪石灰岩洞穴中发现哺乳动物化石。时为北京师范大学地理系硕士研究生的孔繁德(1945—，河北秦皇岛人)到柳江进行毕业实习野外选点，在柳观峪石灰岩洞穴堆积物中发现熊的牙齿化石，在山羊寨石灰岩洞穴堆积物中发现狼、豹等哺乳动物化石。化石经绝对年龄测定为距今20万年，属中更新世晚期周口堆积期，当时是落叶阔叶林植被，气候由温湿已向干凉演化，而洞穴的形成则是中更新世早期湟水侵蚀期，距今约78万年。

1983年10月18日，原长春地质学院地貌及第四纪地质教研室，在黄土营以北程庄下寒武统府君山组石灰岩洞穴中发现完整的熊头骨、肢骨化石。10月19、20日，在李庄天水洞石灰窑内发现鹿、野猪、啮齿类和鸟类化石。

1988年，孙士超在梳理柳江地质构造——岩浆旋回期次时发现有两个切入点。一是潮水峪村溪谷中两期岩脉与断裂间歇式活动顺序的发现和再认识，为揭开柳江构造—岩浆活动顺序提供了依据(见图11-18)。二是对黑山窑后村地质观察点再认识(见图11-25)。

1991年5月1日，秦皇岛柳江盆地被河北省政府批准为“河北省秦皇岛柳江盆地地质遗迹省级自然保护区”。

1992年5月，孙士超等人主编，由地震出版社出版的《石门寨地质概况及地质教学实习指南》，对实习区构造变动期次作了初步划分。

2001年11月20日，秦皇岛柳江盆地被自然资源部批准为“河北省秦皇岛柳江国家地质公园”。

2004年，板厂峪发现中生代火山口。2005年4月，东北大学吉羊教授和东北石油大学姜耀俭教授到板厂峪景区考察旅游资源，沿途发现具有火山喷发的岩石特征和地貌特征，谷的一侧是火山口附近的熔结凝灰岩，这一发现使他们顿觉附近可能存在古火山口。于是在2005年5月18日，邀请曲以秀、马顺义、陈秉林、吴水忠、孙士超等地质专家到板厂峪实地考察，他们认为石简峡一侧呈柱状节理的火山集块岩，是岩浆在喉管内没有喷出地表原地冷凝形成的，是火山喉管相。

2005年7月，秦皇岛柳江盆地被国务院批准为“柳江盆地地质遗迹国家级自然保护区”。

2009年10月，吉羊教授主持筹建柳江盆地地学博览园工作。

2017年7月16日，秦皇岛柳江地质文化研究会成立，吉羊教授为首任柳江地质文化研究会会长。

十条地质观察路线。

1. 张岩子—东部落(Pt_3ql-$\in_2x$)地层观察路线；2. 东部落—潮水峪($\in_{2x}$—$\in_{3f}$)地层观察路线；3. 义院口构造、火山岩观察路线；4. 亮甲山—百印台(O_1)地层、构造、岩石观察路线；5. 石门寨西门—瓦家山(C_{2b}—P_2sh)地层、构造观察路线；6. 沙锅店—潮水峪构造、地貌观察路线；7. 上庄坨—吴庄垭口—花厂峪构造、岩石、地貌观察路线；8. 石门寨东门构造观察路线；9. 黑山窑后村—上平山—鸡冠山(P_2sh-J_1b)地层、构造、矿产观察路线；10. 北戴河海滨海洋地质观察路线。

背景资料。

A.1913年北洋政府农商部创办的地质研究所，实际是一所地质专科学校。由章鸿钊(1877—1951，浙江省湖州市吴兴区人)、丁文江(1887—1936，江苏泰兴人)、翁文灏〔1889—1971，浙江省宁波市鄞州区〕等先生任教员，招收学生30名，未报到或因病因故中途退学者8人。毕业时，有18人成绩合格，发放毕业证书，有3人成绩不合格，发放肄业证书，有1人什么证书都不发。因这18人在中国地质科学发展史上，有过开创性的贡献，使中国地质调查和地质科研得以大规模进行，并取得举世瞩目的成果，故有中国地质科学发展史上的“十八罗汉”之美誉。十八罗汉名单：叶良辅(1894—1949，浙江杭州人)、王竹泉(1891—1975，河北交河人)、谢家荣(1898—1966，上海人)、刘季辰(1895—?，安徽淮北人)、赵志新(1891—1973，江苏松江人)、周赞衡(1893—1967，江苏奉贤人)、徐渊摩(1894—1968，江苏武进人)、徐韦曼(1895—1974，江苏武进人)、谭锡畴(1892—1952，河北吴桥人)、朱庭祜(1895—1984，上海市浦东新区人)、李学清(1892—1977，江苏省苏州市吴中区人)、卢祖荫(1889—1976，江苏常州人)、李捷(1894—1977，河北成安人)、仝步瀛(生卒不祥，河北永宁人)、陈树屏(1886-?，河北井陉人)、杨培纶(1893-?，江苏吴兴人)、祁锡祉(生卒不详，河北永年人)、张慧(生卒不详，河北任丘人)。其中，谢家荣、王竹泉、叶良辅、李捷、谭锡畴、朱庭祜、李学清等先生，是中国地质事业初创时期的领军人物，是“十八罗汉”中的佼佼者。

B.张文堂(1924—2013，河南延津人)，1948年北京大学地质系毕业，新中国成立后，历任中国古生物学会常务理事、全国地层学会奥陶系组长、南京地质古生物研究所研究员。对华北、东北南部、西南地区寒武纪地层及三叶虫化石进行了长期系统研究，著有《华北寒武纪三叶虫》等。

C.中国地质学会会歌歌词：“大哉，我中华！大哉，我中华！东水西山，南石北土，真足夸。泰山五台国基固，震旦水陆已萌芽，古生一代沧桑久，矿岩化石富如沙。降及中生代，构造更增加，生物留迹广，湖泊相屡差，地文远溯第三纪，猿人又放文明花。锤子起处发现到，共同研讨乐无涯，大哉，我中华！”大哉，我中华！本歌词由时任第17届地质学会理事长尹赞勋(1902—1984，河北平乡人)起草，杨仲健定稿，黄汲清请作曲家黎锦晖(1891—1967，湖南湘潭人)谱曲。1940年理事会通过，1941年3月在重庆举行的第17届年会上试唱。

第十三章　地质思维的基本特征与思维方法①

地质学是研究地球历史和发展的科学。学术思想源远流长，可上溯到2000年以前。科学的地质学已有200多年的历史，各种学术思想无不打上科学技术发展状况和地质思维时代局限的“印迹”。

认识地壳的某一方面发展规律通常要几年、几十年乃至几百年的时间。现在为人们接受的理论萌芽，往往在很久前的地质文献中就出现过“闪光”，只是受当时科学技术条件限制，未能阐发和证明。当新的事实被发现，这些课题重新摆在人们面前的时候，领会它的全部含义并导致理论上的建树，在一定程度上取决于对地学史的熟知还是无知；认识上是否有新的突破，在一定程度上取决于在前人地质思维中寻找“蛛丝马迹”，选择适当的突破口，接过前人的接力棒向新的理论高度冲刺，这是一个有成就地质工作者必经的道路。

那么，思考地质问题时应遵循哪些规律，采用哪些思维方法呢？

§1. 地质思维的基本特征

地质学的研究对象是各种地质作用的最终产物，作用本身的实际过程人类自己没有经历过，这就决定了地质思想的基本特征是逆向、定性是推论的关键、思维成果具有相对性。

一、在地质论证过程中思维的逆向性

人类在科学研究活动中，总是在现有的物质基础上或在已知的概念中想象出不能被感知的具体形象，然后经过论证、实施将目的物的具体形象或新概念创造出来，这种思维走向称正向思维。然而，由于地质学的研究对象是各种地质作用的最终产物，作用本身的实际过

①孙士超．地质思维的基本特征与方法．中南冶金地质，1996（2）：112–119.

程不能直接被观察到，往往也无法重演。因此，地质学中的许多概念是依据对地质作用产物的研究反演地质作用的过程和作用前的物质基础，然后经过实践和实验(包括模拟实验)的检验而建立和发展起来，这种思维走向称逆向思维。

例如，在地质史料中人类对岩石的认识。最初由德国人魏尔纳（A.G.Werner，1787年）提出水成说。然后（1895年），经过英国人，郝屯（J.Hutton，1795年）的野外实践检验，发现花岗岩、斑岩、暗色岩以岩墙、岩枝的形式插入围岩，推测这些岩石是岩浆冷凝形成的，提出了火成说。火成说突破了岩石的单一成岩理论，实现了人类认识岩石的一次飞跃，认为岩石既有水成来源，也有火成来源。最后，经过英国人霍尔(J.Hall)的玄武岩熔化-冷却的模拟实验(1798年)和白垩(含生物质灰岩)在封闭系统中加热生成大理岩(1805年)，证实了岩石的岩浆来源和变质来源，确立了地壳上三大岩石类型的成岩理论，实现了人类认识岩石的又一次飞跃。

二、在逆向思维中定性分析是推论的关键

在整个逆向思维论证中，定性起着举足轻重的作用。同社会科学中的侦破工作一样，现场取证(野外观察、初步判断)，推论(分析与综合、归纳与演绎)，再取证(野外取证、实验或模拟实验)，再推论，直到最后定案(定性)。在证据面前排除多种可能性、多种假象、伪证，认定一种可能性，这就是定性分析工作。

前述人类对岩石的认识是经过判断、推理和野外实践或实验(包括模拟实验)的检验。结果表明：沉积岩是沉积作用的产物；岩浆岩是岩浆作用的产物；变质岩是变质作用的产物。

再如大西洋两岸地质、古生物及海岸线的“拼合性”，在固定论与活动论激烈争论的日子里，是大陆漂移的结果呢？还是中间有个陆桥呢？这一定性工作从萌芽迄今已有几百年的历史。1620年，培根(F.Bacon)在新地图出版不久，便在《新工具》杂志上指出：“非洲西海岸与南美东海岸如此吻合，不大可能是偶然的巧合。”1628年，法国人普雷森(P.Francois)在一篇论文中认为新旧大陆是在诺亚洪水来临时分开的。1800年，洪堡德(V.Humboldt)说：“大西洋原来是一条河，诺亚方舟行驶其中。”在美国人丹纳(D.Dana，1873年)提出固

定论10年之后，斯尼德尔(A. Snider)编制了石炭纪古地理图。在说明书中指出：“煤形成时期大西洋两岸的植物化石群落如此雷同，并解释欧美两洲在成煤时期是连续的。”

1910年，德国人魏格纳(A. L. Wegener)从一幅世界地图上偶然发现大西洋两岸轮廓是对应吻合的，头脑中闪过大陆漂移的念头。1915年，出版了他的划时代著作《海陆起源》，正式提出大陆漂移假说。

魏氏的假说，当时并没有引起人们的注意，只是到了1922年《海陆起源》一书第三版再版时，才引起一场大辩论。固定论，特别是地球物理工作者认为硅铝层在硅镁层上漂移是不可能的。美国人杰费里斯(1925)还计算了硅铝层底部的黏度大于10^{20}c. g. s，而流动的临界黏度是10^{16}c. g. s，将漂移动力解释为地球自转离极力，经过计算没有那样大的力量，并认为大西洋两岸陆地生物是借助陆桥进行交流的，现在的大西洋是大陆下沉的残留物。

非洲与南美洲是大陆裂开产生大西洋？还是陆桥说维持的非洲与南美洲的固定论？这一定性工作显然是问题争论的焦点，并且在动摇着传统地质学的某些概念。

定量分析是定性分析的补充，地质学的定性分析与生物学、天文学有类似的情形。既要引用数学、物理学、化学等基础科学的原理，又不限于这些原理；既要有必要的数理推导，又不能单纯地依靠这些推导。只有巧妙地将数理化基础科学理论与实际地质情况结合起来，查明地质概念的质的规定性才能够得到接近真实的认识。

三、思维成果的真理性是相对的

在地质论证过程中，定性工作是通过对地质作用最终产物的研究反演地质作用的过程和作用前的物质基础，并能与现在正在进行的地质作用或能用模拟实验简单证明的地质作用对比，这是一类用理性地质思维能够解决的地质问题。但是地质过程如同一项系统工程，其过程十分复杂，有些课题的研究对象缺少古今对比的条件或缺少模拟实验的可能性，这类地质问题结论的真理性只能具有相对意义，是一类利用现有地质概念或假说难以解决的地质问题。第三类地质问题是现有的地质概念或假说不能解释实践中出现的矛盾，使研究者陷入不能自拔的“逻辑悖论”之中，而解决这一类地质问题唯一的途径是跳出旧学说的束缚，并随着时间的推移，新学说的创立，地质上旧有的矛盾得到解决，开始一轮崭新的论证周期。诺贝尔奖获得者格拉肖曾说过："往往许多物理问题的解答并不在物理范围之内。"这对地质学也是适用的。

例如，从大陆漂移、海底扩张再到板块构造序列假说的出现，"台槽说"长期争论的一些地质问题在板块构造中找到了自己的位置。但是板块构造又向人们提出了新的问题。正如恩格斯在把握地质科学的真理性时指出："地质学按其性质来说是研究那些不但我们没有经历过的过程，而且任何人都没有经历过的过程。所以要挖掘出最后的终极的真理要费很大气力而所得是极少的。"

§2. 地质思维方法

人类的思维活动分理性思维和非理性思维两大部分。理性思维是以概念作为思维起点和思维细胞，通过判断、推理等思维形式来认识世界和表达思想，它的认识特点是以一般概括个别，舍去事物的个别形态，要求精确性、条理性和系统性，遵循一定的思维路线。非理性思维是以表象作为思维起点和思维细胞，通过想象、联想、直觉和灵感等思维形式把头脑中的表象外化为具体形象来表达思想和揭示真理，它的认识特点是以个别表现一般，保留直观性和生动性，没有固定的思维路线。

地质上常用的理性思维有形式逻辑(抽象思维、分析与综合、归纳与演绎)和辩证逻辑；非理性思维最典型的有想象、联想、直觉和类比。

一、理性地质思维

理性地质思维是运用已知的地质概念和原理解决所要解决的地质问题，阐释地质作用的性质、形成过程及作用前的物质基础，是地质工作者优先选用的思维方法。理性地质思维的具体步骤，首先是判断，然后是推理。判断是对所研究的地质问题，由局部到整体进行野外地质调查，由个别到一般地进行典型解剖、综合、归纳出有条理的东西，做出理论上的判断。推理是用已知地质判断推演出带普遍性的结论。推理由一个或多个判断组成，而概念和判断的形成又要借助于一系列正确推理。

地质概念的形成离不开形象思维，而地质概念的确立却是逻辑思维(形式逻辑和辩证逻辑)。因此，地质概念的产生和发展可以概括为以分析为主和以综合为主两个阶段，三种认识状态。如下式：

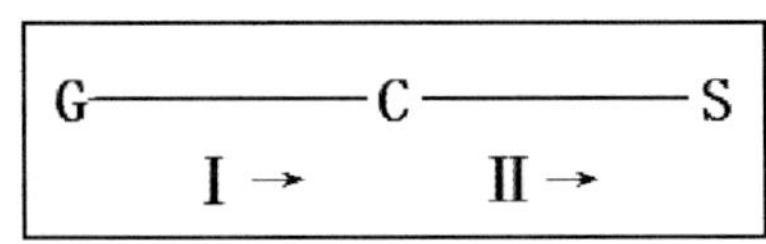

图13-1　三种认识状态

G：代表感性认识的具体材料，是直观的混沌的整体表象，未涉及认识对象的内部要素。

阶段Ⅰ：是从感性的具体材料归纳出抽象的规定，把认识对象分解成部分，然后分析它们的部分特征与属性，揭示其中带有普遍性的质的规定性。

C：代表分解后的抽象要素的总和，是破坏了内部联系、互相分割的部分特征或属性，为抽象思维的成果。

阶段Ⅱ：是从抽象的规定上升到思维中的具体，把认识对象的部分特征或属性整合起来，恢复其内在的联系。

S：代表获得认识对象的完整认识，使思维运动完成了一个运动周期，在某种意义上又返回到了认识的起点。

前述人类对岩石的三种认识状态：魏尔纳所认识的岩石，大致相当于G，未涉及岩石的内部要素；郝屯、霍尔将岩石类概念分解成水、火、变属概念，抽象出岩石的质的规定性，否定了岩石的单一成因理论，保留了沉积成因，肯定了岩石的岩浆来源和变质来源，大致相当于C；水、火、变统一于岩石类概念之下，恢复了岩石的内部联系，实现了对岩石全面、具体的认识，大致相当于S。思维呈现出这种螺旋式的运动形式，源于人们对客观事物辩证发展过程的认识。

地质上用于判断、推理的思维形式分别有假言判断法、非此即彼和亦此亦彼判断法、分析与综合法、归纳与演绎法、剔除法。

1.假言判断法

判断某一类地质事件的性质、过程时需要假定条件。假定条件成立，推断的结论才能成立。例如，假定变质作用是在等化学条件下进行的。离开了等化学条件，变质岩恢复原岩工作便失去了前提和依据；利用硫同位素测定成矿物质来源，则要假定地幔硫和陨石硫都没有分馏；利用同位素测定地质体形成年龄，则假定在预测的时间里，母体里和子体里的硫同位素都没有增加，也没有跑掉。

判断这类地质问题时条件是假设的，实际上开放系统是存在的。一般来说，地壳相对稳定时期可保持相对封闭系统，而地壳剧烈运动时期则为开放系统。这就要求做变质岩恢复原岩工作，利用同位素测定成矿物质来源、成矿年龄时，应坚持严谨的科学态度，实事求是地使预测的地质环境与假定的地质条件相吻合，然后再去应用。

2.非此即彼与亦此亦彼判断法

非此即彼法是一种形式逻辑思维方法。如在平面几何学中，两条直线不是平行，就是相交；亦此亦彼法是一种辩证逻辑思维方法，如在物理学中光有微粒性，亦有波动性。在地质学中沉积岩或沉积矿床、岩浆岩或岩浆矿床、岩浆期后热液矿床的成岩、成矿作用是单一成因的，是一类非此即彼的地质问题，而层控矿床包含了原始沉积作用和后期热液改造作用的双重特点；某些花岗岩包含了混合岩化作用和岩浆作用的双重特点；复性断裂包含了多次构造运动的“纪录”。这类地质作用产物是多成因的，反映了在地质作用产物中改造与反改造对立统一的辩证关系，是一类亦此亦彼的地质问题。

3.分析与综合判断法

分析是选用地质作用产物的部分特征或属性，分析它们与地质作用形成过程的联系来认识地质作用的形成环境，或者分析它们之间的关系。从一部分特征或属性出发，用迂回、侧面的方法来认识另一部分特征或属性。常采用两种方法：

A.因果分析法。主要指用同位素、稀土元素配分、矿物包裹体、矿物标型特征等测试数据来确定岩浆期后热液矿床及其他热液矿床成矿过程中的温、压范围，PH、EH、fo等物理化学环境及物质来源和热液来源。

B.相关分析法。利用元素之间、矿物之间的相互关系，如元素的共生组合、矿物的共生组合是分析它们的成因联系；元素的伴生、矿物的伴生是分析它们之间的空间联系，然后从一部分元素或矿物的地球化学特征出发，去认识另一部分元素或矿物的地球化学特征及形成的地质环境。

C.**综合法**。是将地质作用产物的各个部分特征或属性整合起来和有机地联系起来，研究地质作用的形成原因、形成过程及作用前的物质基础，从整体上把握地质作用的本质和规律，如成矿模式是经过以分析为主和以综合为主两个阶段的认识以后，人们对成矿作用的本质和规律的认识。

4.归纳与演绎法

人们对地质作用的认识从对个别地质现象的观察上升到一般原理性的认识，然后将这些原理性的认识指导地质实践中的具体观察、分析，这就是归纳与演绎的过程。归纳是演绎的基础，所以演绎只能从归纳的结果之处展开。演绎的知识来源于野外地质资料的归纳结果，归纳又以演绎为指导。如进行面积性的地质工作要分类整理沉积物的堆积类型、岩浆活动及岩浆岩的类型、变质作用及变质岩的类型、构造变动及构造体系的类型，以及矿产在平面的展布规律和矿床类型。在此基础上归纳出本地区地质发展史上发生的几次大事件和每次大事件的表现形式，然后将这些大事件统一于地史发展的时间序列之中，进而编写出一部本地区的地质发展演化史。

演绎法的表现形式比较常见的是由大前提、小前提、结论组成“三段论”。大前提是一般原理，小前提是所研究的特殊地质事件，结果是将特殊地质事件归纳到一般原理之下，得出的新认识。现举例如下：

大陆漂移——“假言三段论”

大前提：(假言)地球上存在着大陆漂移力。

①魏格纳提出地球自转离极力；

②李四光提出地球自转速率的变更产生对赤道的挤压力；

③板块构造提出地幔对流。

小前提：漂移的机制。

①魏格纳提出硅铝层在硅镁层上漂移；

②板块构造提出岩石圈在软流圈上漂移。

结论：假如地幔对流成立或地球自转的速率在地质历史时期曾发生过变更成立，岩石圈便可以在软流圈上漂移。

5.剔除思维法

前述社会科学中的侦破工作，在定案时采取的是逐层逐个排除，这种常见的形式逻辑思维方法称为剔除思维法。移植在地质学中主要用来厘定构造运动的期次和每次构造运动的性质。因为新构造运动能够在老地层中留下“记录”；而老的构造运动不能在新地层中留下“记录”，进而造成地层愈老构造形迹愈复杂，地层愈新构造形迹愈简单的事实。因此可以采用由新构造层向老构造层逐层剔除的方法来厘定构造运动的期次及每次构造运动的性质。

二、非理性地质思维

非理性思维占人类思维活动的绝大部分，是尚待开发的一种思维表现形式。有人将人类的思维活动形象地比喻成冰山，露出水面的1/8属于(有)意识，是人类自己可以控制的，水下的7/8属于无意识，是人类自己不能控制的。非理性思维最典型的形式有想象、联想、直觉和类比。

1.想象思维

想象是人脑在改造记忆表象的基础上创造新形象的心理过程。是人根据直接或间接的经验材料针对研究对象的一种形象化的构思或设想。这种形象化的构思或设想是大脑记忆所贮存的和在现场所记录的感觉印象，是经过思维加工而成的。但是它既不是感觉印象的仿造，也不是纯粹的逻辑演绎结果。想象在某种程度上是离开了现实或超越现实，但想象的来源却总是客观现实。人们在想象时常常把构思和设想具体化，在头脑中形成形象或图景。

想象从功能上分为再造想象和创造性想象。再造想象是根据地质语言和文字描述、数据、符号、图表再造相应的地质形象的思维活动；创造性想象则是根据一定的目的、任务按照自己创见，独立地在头脑中创造新的地质形象过程。它是帮助建立地质模型和提出地质假说。

地质模型是人们基于想象和抽象之间对地质作用系统一种简化的印象。是改造大脑表象的规律性认识。如孤立岛状硅酸盐矿物结构模型，地质假说是对地质现象或地质规律的一种不完备，其基本规律尚待验证的学说。由于缺少证明，所以在思维中构造出一种假想过程的形象以及对这个过程的逻辑解释。它的形成是形象思维，但是证明却都是逻辑推理。例如，提出大陆漂移—“异想地开”是想象，地幔对流、海底扩张则是逻辑证明；断裂成矿的真空抽吸作用是想象，构造角砾状铅矿石，含铅的溶液泼洒在构造角砾上是逻辑推理。

2.联想思维

联想思维是研究者集中思考所研究的地质问题与偶然遇到的事物联系起来形成的心理活动，也可以作为想象的一种，是客观事物互相联系在人头脑中的反映。

①在时间、空间上相关联的事物易形成相关联想，想到了事物的联动性。如对大洋中脊条带状磁异常的解释，人们开始习惯过去的思路，认为负异常是二次场磁化的结果，这一认识一直困扰着当时的地球物理界。1963年，剑桥大学凡茵(F. Vinc)和马修斯(D. Matthows)认识到与条带状磁异常空间上相关联的是海底扩张，时间上相关联的是地磁场在地质历史时期曾发生倒转，进而得出结论：条带状磁异常是海底扩张与地磁场在地质历史时期曾发生倒转的综合效应，这是联想的力量。

②有相似特点的事物易形成相似联想。霍尔(J. Hall)在一次参观玻璃工厂后受到启发，成功地做出火山渣熔化-冷凝的模拟实验，有力地支持了火成派。赵演震(1989年)在研究同成矿构造时，地震时断裂的形成与喷沙、冒水现象是连续发生的，即断裂张开之时就是喷沙、冒水之时，以及喷汽成矿作用是沿着新生成的火山通道和新产生的断裂进行，形象地比喻成矿构造的含义。成矿前的断裂如果没有再次活动是不可能成矿的，这种理论也同样适于岩体的侵入与构造的关系。

③有对立关系的事物易形成对比联想。当法拉第听到奥斯特发现电流通过导线使其附近的磁针发生偏转以后，就想到既然电能转换成磁，那么磁也能转换成电，他沿着这个思路上下求索了6年，才从实验中证实了磁可以转换成电。在许多实验中都因线圈在磁场中是静止的，没有实现磁转成换电。后来他偶然想到磁铁在线圈中一进一出，实验成功。接着他在几天时间内就制造出世界第一台发电机。地质学中的岩石类概念的产生和发展是经历了“水”与“火”的考验，在长达70—80年的认识过程中被确立下来。

3.直觉思维

直觉思维是在感性认识的基础上不经过任何逻辑推理而产生的对客观事物的某种认识与理解。知其然，不知其所以然。但它并非凭空而来，是知识长期积累到突然释放的结果。

直觉思维在地质科研中的特点是坚信从复杂的实际材料中洞察出事物的本质和规律性的正确性。把判断与假想巧妙地结合起来。魏格纳偶然间从一幅世界地图上发现大西洋两岸的轮廓是对应、吻合的。便假想是“大陆漂移”的结果，“大陆漂移”是通过直觉思维顿悟出来的新概念。魏氏坚定不移，为之奋斗终生。

4.类比思维

类比思维是在两类地质认识对象中某些性质相同，推知其他性质也可能相同的间接推理方法，是地质学的基本思维方法之一，通常是以现今正在进行的地质作用或模拟实验能够正演地质历史时期的某一地质作用结果，与地质历史时期的地质作用产物对比来推演地质历史时期的地质作用的过程和作用前的物质基础。因此，也称“推今及古”的现实主义原则，即莱伊尔所说的“现在是了解过去的钥匙”。

类比法是一种或然性推理思维方法，其结论仍有待于进一步证明。在性质相同的两个对象间对比，认识对象对比条件不充分，其结论具有很大的推测性。例如，利用月质学中某些研究成果类比地球形成早期(46亿—38亿年)的地质历史，因地球早期的地质作用产物已经消失殆尽，地球不具备对比条件；在性质不同的对象中进行对比，推导出相同的属性，其结果也是真实的。例如，气球、潜水器、高山插入地幔的“山根”是三类性质不同的对象，但它们都受浮力原理支配。通过相似联想思维方法，推测高山插入地幔的“山根”是地壳均衡作用的结果。

5.灵感思维

灵感是人长期顽强地致力于创造性劳动，思索某一具体问题时，大脑建立了许多联系，一旦受到某种刺激，就如同打开电钮一样，立刻把已知的知识和想要的结论联系起来。古希腊学者阿基米德(Archimedes，前287—前212)在思考浮力问题时，一次洗澡受到刺激发现了“阿基米德定理”。

前述，将数学、物理学和化学的基本原理巧妙地与实际地质情况结合起来，辩证地统一起来。查明质变的数量界线，如海底扩张与海底磁条带的巧妙结合，其思维成果是海底扩张说。地质过程千变万化，地质现象错综复杂。面对地质课题去寻找答案，思路徘徊，扑朔迷离，多次往复回转未能如愿，顿生茫茫之感。此为“山重水复疑无路”。如果你锲而不舍，继续前行，忽然间在你往复的思绪中出现一个小亮点，再往前行，豁然开朗，便是“柳暗花明又一村”。问题得到解决，“小亮点”抓住它，这是捕捉灵感的关键一环。

灵感是人在创造性劳动中所出现的一种复杂心理活动。同其他心理活动一样，灵感是客观事物存在于人头脑中的反映，是人脑的机能。那么灵感思维有哪些特点呢？

首先是偶然性和突发性，创造者经过长期致力于某一具体问题研究，在紧张之余轻松一下，如散步、看电影、与人交谈，冥思苦想的问题突然得到解决。其次是在创造性劳动中创造者的智力水平超过了自己平时的智力水平，灵感的降临是创造者智力突发的、飞跃的，“连我自己也说不清楚是什么样的导线把原先的知识和使我成功的东西连接起来”(高斯语)的思维活动。

捕捉灵感是一个极其重要的环节。灵感的降临，机不可失，时不再来。灵感的降临常在长期紧张思索某一个具体问题之后，情绪放松的一瞬间。李四光教授初创地质力学时，立论的主要地质事实是我国南方和北方石炭-二叠纪沉积环境不同，造成“南海北陆”的原因是地球自转速率的变更；赵寅震教授长期致力于地质力学研究，有感于地震和火山喷发的启示，提出同成矿构造理论，认为岩浆或含矿热液侵位的那次断裂活动是同成矿构造。

§3. 创造性地质思维

创造性思维与非创造性思维的根本区别在于：前者具有前所未有的思维成果，发现新问题和提出新概念。在心理功能上是依赖于创造性想象；而后者是依赖于习惯联想，是梳理和解释已形成的地质知识，即从固有的地质概念，经过各种各样形式的思维活动，在更清晰的程度上再现原有的地质概念，它没有产生新概念。但对清理旧知识、提高理解能力和地质概念的外延起着不可忽视的作用。

当前，在思维与智慧的讨论中，形象思维报道得多，这就给人造成一种误解，认为形象思维是创造性思维唯一的表现形式。其实一个完整的创造性思维活动是理性思维和非理性思维彼此交叉，共同参与的过程。创造性思维作为一种功能来讲，是否能够得到充分发挥除了受思维技巧的限制外，还受课题选择的前沿性制约。

创造性思维是在一般思维基础上发展起来的，除了具有一般的思维特点以外，还具有自己的特点。有的学者提出创造性思维有以下五个特点：

①独立性。与人不同，独具卓识。敢于向传统观念和旧知识挑战，提出怀疑并主动地否定自己，打破“自我框框”。

②连动性。具有由此及彼的思维能力。通常有三种形式：纵向连动，发现一个问题，立刻纵深一步，探究其产生的原因；逆向连动，看到一个现象以后能想到与之相反的事物；横向连动，即联动，看到一个现象能够想到与之类似的事物。

③多向性。善于从不同的角度想问题。在一个问题面前尽量提出多种设想方案。思维在一地受阻，马上转到另一个方向。如漂移动力和漂移机制的多方位思考。

④跨越性。从思维的进程上常常省略某些思维步骤，思维呈现跨越式。

⑤综合性。善于选取前人智慧的精华部分加以综合归纳。辩证唯物主义就是在费尔巴哈的唯物论和黑格尔的辩证法基础上，经过马克思综合、归纳，再创造的成果。

创造性地质思维活动是一种复杂的心理活动，对于它的演化过程是通过地质科学史上的重大发现和创造过程的实例来剖析、研究和揭示其规律性，再造创造性地质思维活动的实际演化过程。一般认为一个完整的创造性思维过程可分以下几个阶段：

①孕育阶段。在孕育阶段首先是创造者要萌发创造意识，在地质科研活动中针对选题搜集各方面的资料，对前人的不同观点和认识方法进行系统分析、比较。然后在此基础上，为解决所研究的问题设计和组织实验或模拟实验，找出规律性的认识，历经辐射性思维和辐集

性思维多次反复，选择突破口，企图用理论思维的方法寻找解决问题的方法。思维在逻辑的轨道上奔驰着，进入链状结构作规律性运转，多次寻求突破未能如愿，思想情绪逐渐转为高涨而感到疲惫不堪，问题尚未解决而搁置起来。

②**搁置阶段**。所有储存在左脑的记忆符号全部处于搁置状态；右脑形象思维开始启动，并活跃起来。想象在联想的田野上涉猎思维结点，发起辐集性思维攻势。人一旦受到某种刺激，一颗智慧的火花跃入思维中燃烧，思维运动进入明朗阶段。

③**明朗阶段**。显意识与潜意识沟通，问题顷刻间得到解决。所有无意识思维，如想象、联想、直觉、灵感等各种思维形态差别十分微弱，很难做出具体区分。但从思维实践上来看，直觉—联想和想象—联想—灵感常常分别协调在一起，使思路逐渐清晰，问题的本质逐渐明朗化，引发出恍然大悟。

④**验证阶段**。在地质科研活动中发现的新问题、创立的新学说，都要在实践中得到检验(实验或模拟实验)、修正、完善。如大陆漂移—海底扩张—新全球构造，就是大陆活动论呈阶梯形认识的几个验证阶段。

§4. 结语

地质科研工作是否能够获得到成功，取决于选题、实验和思维技巧三个环节的紧密配合。研究对象和实验是科研活动的实体部分，而思维技巧或学术思想则相当于计算机的软件部分，是科研活动中的灵魂和生命。人类对科学家取得一系列科学研究成果及转化为生产力的经验进行了反复的介绍和评论，但对科学家取得这些成果是怎样提出问题和思考问题的却很少有人问津。出现这种失衡的原因，一是割断了“实体”与科研成果的联系；二是没有充分认识到研究科研成果是怎样从科学家头脑中脱颖而出的，比研究科研成果本身具有更大的价值，获得科研成果的思路本身就是一种价值。因此可以说，科学的地质思维是地质科学向前发展的生长点，掌握地质思维技巧是地质工作者力求尽可能准确地、本质地认识地质规律不可忽视的环节。

观景·溯源

旅游胜地秦皇岛

下　册

孙士超　编著

燕山大学出版社
·秦皇岛·

目　录

第三篇　次生景

第四篇　尾声

第三篇　次生景

次生景是叠加在原生景之上，与人类改造自然环境的社会实践活动相联系，反映某一历史时期的文化现象或文化成就，并对游客有吸引力的那部分人造景。其表现形式有文物古迹、建筑实体以及其相关的故事。次生景描述顺序：①景点自然地理位置或人文地理位置；②景点始建时间、复建时间以及始建和复建的主持人；③景点旅游等级和旅游评价；④景点建筑结构与功能以及景点的观赏性，相联系的历史背景、历史事件和历史人物。

第十四章　中国历史文化名城山海关

明洪武十四年(1381年)，开国元勋、大将军徐达经略北边，修永平、界岭等长城32关时，见此地“枕山依海”，“实蓟辽咽喉，于是修筑长城，建造关隘，设立卫所，关废榆关”，“移关于此，连引长城为城之址”。明嘉靖年间，《山海关志》对此有如下记载：“国朝洪武十四年，创建城池关隘，名山海关。”清康熙帝也曾称赞其为：“两京锁钥无双地，万里长城第一关。”山海关地处辽西走廊山与海之间，西距北京310千米，东距沈阳(奉天)390千米，在此紧扼要口处建造关隘，构建一处以山海关关城为中心的军事防御工程体系。

这匍匐在燕山山脉之上的巍巍长城，随山起伏，雄视四野，南临渤海，烟波浩渺，石城敌台，耸立海疆；东有欢喜岭天然屏障，西有大石河天然壕堑。以山海关长城为主线，有10大关隘、7座卫城、30座敌台、14座烽火台、14座墩拔。在南起老龙头，北至九门口的26千米长城上，由南而北建有南海口关、南水关、山海关、北水关、旱门关、角山关、三道关、寺儿峪关、滥水关、九门口关，这是10大关隘。以关城为中心，西起大石河，东至欢喜岭，南起老龙头，北至旱门关，南北长7

千米，东西宽4千米范围内，东西有罗城，南北有翼城，欢喜岭上有威远城，渤海岸边有宁海城，再加上山海关关城，这是7座城池。这一系列的军事防御工程，辅以星罗棋布的烽火墩台，形成立体两翼、布局合理、易守难攻的军事防御工程体系，堪称万里长城精华荟萃之地。1961年3月4日，山海关景区被国务院公布为全国第一批重点文物保护单位。1987年12月长城被列为世界文化遗产。2001年国务院下文，山海关景区被列为国家历史文化名城，2007年被列为国家首批5A级旅游景区。

山海关景区包括驰名中外第一关——山海关关城、巨龙俯首在海中——老龙头、千古绝唱孟姜女——姜女庙、万里长城第一峰——角山、山水如画燕塞湖、五佛圣景长寿山(已在原生景中叙述)6个旅游景点，全部对中外游客开放。

§1. 驰名中外第一关——山海关古城

山海关，古称榆关、渝关，即天下第一关。南距渤海5千米，北距角山3千米，是现有明长城的东部起点，耸立在山与海之间，有山、有海、有长城。

关城是利用长城做东墙，成一方形城池。东墙长1348.2米，南墙长1232.5米，西墙长1290米，北墙长698米，周长4568.7米。此处城墙底宽17米，顶宽平均12米，高14米，“可十人同行，五马并骑”。复建后的登城马道改为东西向，长52.54米，共142级台阶。从此“登城马道”上来就是靖边楼。

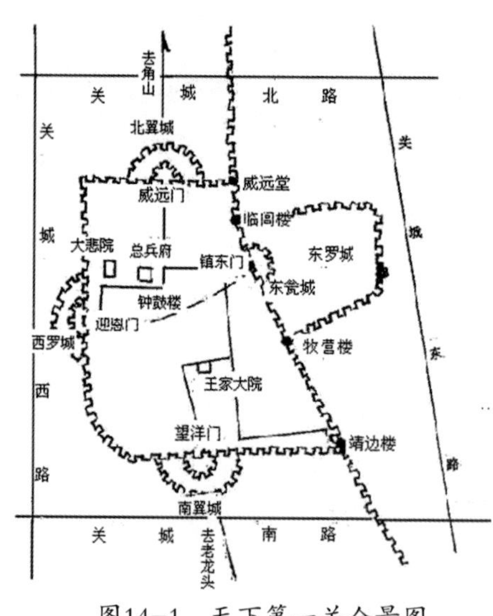

图14-1　天下第一关全景图

明朝后期防御重点在东城墙上，在东城墙上自南而北陆续建有靖边楼、牧营楼、镇东楼、临闾楼、威远堂五座城楼，五座城楼一字排开，像五只猛虎，虎视眈眈，凝视东方，人称“五虎镇东”。

1.靖边楼。靖边楼为明初徐达建关时所建，是关城东南角楼，海拔36.75米。“靖”是安定、平静。“边”是边塞，靖边取边塞安定之意。

图14-2　靖边楼

靖边楼于明成化十五年(1479年)、万历十五年(1587年)、万历三十九年(1611年)分别重修过，清初被毁。清嘉庆十年(1805年)改建为奎光阁，亦奎星楼，改名后供魁星神像，与威远堂一南一北，一文一武，遥相呼应。1933年1月，在“榆关事变”中，奎光阁毁于日本侵略军炮火。1986年6月按原貌复建。

复建后的靖边楼东南台体平面呈不规则的曲尺形。东向马面凸出墙体16米，面阔43米。南向马面凸出墙体7米，面阔56米。楼体为重檐转角歇山黑活瓦顶带抱厦二层砖木结构。楼高13.47米，建筑面积为658.9平方米。城楼东、南两面阔均为(5间)23.4米，西、北两面进深均为(3间)11.84米，楼内上、下两层有木梯相通。楼内侧西、北各置一门。两层楼四面共有56个箭窗。楼内外檐均为明式青绿墨线旋子小点金彩绘。楼上檐西悬一块木匾，上书“靖边楼”三个大字，此匾为民间书法家侯正荣先生于1987年所书，与镇东楼“天下第一关”木匾百米之遥，古韵生辉。室内展品为守关将军传记、作战用的望远镜(一眼镜、三眼镜和六眼镜)和官兵的生活用具等。

2.牧营楼。牧营楼南距靖边楼533米，为东罗城南墙与关城东墙的接合部位，海拔25.43米。始建于明万历十二年(1584年)，与临闾楼规模相同，并同期建成。“牧”是管理，牧羊是管理羊群，故牧营楼是军营。原为士兵瞭望和休息

图14-3　牧营楼

之用，后毁，仅存遗址。1987年5月复建。复建后的牧营楼城台西凸7米，面阔22米，台高11米。楼为二层单檐歇山黑活瓦顶箭楼，通面阔(3间)9.6米，通进深(2间) 5.12米，楼高10.22米，建筑面积119.52平方米。楼北、东、南三面有20个箭窗。西置一门，为明式旋子彩绘。“牧营楼”三个大字为书法家王璞章先生1988年所书。楼内陈列的是明清时的兵器长枪、长刀、火炮、箭等。

3.**镇东楼**。即天下第一关城楼，坐落在关城东城门城台上，距牧营楼385米，海拔47.13米，与关城同时建成。曰镇东，因明朝后期，主要威胁来自东方，后金在关外正虎视眈眈等待时机，入主中原。明朝指望用长城来镇守江山，所以叫镇东楼。镇东楼建筑规模宏伟，气势浩然。据《临榆县志》记载：“东门建楼，高三丈，凡两层，上广五丈，下广五丈，深各半之。”对城楼重修有如下记载：“明初建，嘉靖三十五年(1556年)王邦俊，万历三十八年(1610年)员外郎邵可立，清乾隆三年(1738年)知府梁锡藩，乾隆十八年(1753年)知县钟和梅，乾隆二十九年(1764年)袁鲲化，道光二十二年(1842年)知府彭玉雯、知县陆为棣，光绪五年(1879年)知府游智开、知县赵允枯重修。”1952年、1966年，中央人民政府拨款维修，1985年山海关区政府主持重新彩绘，1994年铺齐了北到镇东楼的全部海墁(在城墙顶部铺砖)，使镇东楼焕然一新。

镇东楼实为箭楼形式，分上下两层。城台为长方形，南北长43.3米，东西宽30.4米，高11.75米。城台建筑敦实雄厚，中央为砖砌拱券门，以通内外。门洞高7.5米，宽5.7米，券门可关可开。城台南侧有4.8米宽的登城马道，可登上城台。北通角山，南通老龙头，南北贯通，便于紧急情况动员和集结兵力。经实测，城楼一层通面阔(3间)18.88米，通进深(2间)9.28米，高6.01米；二层通面阔(3间)17.28米，通进深(2间)7.68米，高7.28米。总体楼高13.29米，建筑面积356.13平方米。建筑样式：上为歇山重檐顶，顶脊

图14-4　天下第一关城楼

双吻对称，下为砖木结构。四角飞檐上饰有形态各异的脊兽，造型美观，妙趣横生。箭楼一层正而为红漆木质大门，二层正面为木质隔扇门窗，楼内南北分别有木制楼梯，可供上下。北、东、南三面有68个箭窗，窗板为红底白环靶心，可开可关，为作战射箭之用。

箭楼功能是注视东门外敌情动态，以射箭来回击。

现在“天下第一关”城楼内两侧陈列有清朝八旗服饰，中间是青龙偃月刀，重83公斤。能不能舞动这把刀？是明清时报考武状元的一项考核项目。还有弓箭、盔甲、铁制竹节炮和铜炮。城楼南侧陈列一尊铁铸火炮，为明崇祯十六年(1643年)铸造。炮身长2.7米，炮口内径10厘米，全重2.5吨，炮身上有铸刻铭文“神威大将军”。这尊大炮是当年镇守山海关的主要防御武器，杀伤力极强，可以想象在刀枪剑戟的冷兵器时代，这尊铁铸火炮有何等威力。

像“天下第一关”这样的匾在城楼内外有三块，城楼外悬挂一块，一楼内迎门挂一块，二楼还有一块。那么，哪块匾是原匾呢？这匾又是哪位书法家所写呢？请大家耐心地在书中去寻找答案。

东侧分别是东瓮城、东罗城、威远城。

4.瓮城。瓮城是关城的卫星城。在四方城门外都建有瓮城。登临其上环视四野，昼夜注视着城外的动静，有警立即传报。敌人靠近可三面出击，即使敌人进了瓮城，还可以把关门作为第二道防线，四面围击，制敌人于瓮城之中，歼灭之，叫“瓮中捉鳖”。因关城东门是重点防御区，所以东瓮城的建筑比较正规，南翁城、西翁城、北翁城的建筑比较简陋。东瓮城是利用长城做西墙，建在关城镇东门外，西墙长86.2米，北墙长85米，东墙长75米，南墙长79米，平面展布为梯形，占地面积7000平方米。墙高12米，墙厚不一，东墙厚14—15米，南、北墙厚11—14米，南墙西端置一门，为

图14-5　东瓮城南城楼

瓮城南门。城台内凸5.5米，面阔21米，台高与墙体同高，门洞长18.85米，宽5.1米，高6.45米，因在天下第一关之外，新中国成立后曾多次维修，现在保存完好(见图14-1)。

南翁城、西翁城、北瓮城为半月状，半月状弧线墙体长197米。城墙顶面宽10—14米，高10—12米，半月状弦线墙体为关城城墙。此三翁城呈半月状，意指箭在弦上，随时应对来犯。三翁城按方位又有南月城、西月城、北月城之称。此三瓮城被毁于20世纪50年代后期。

5.罗城。在东、西翁城之外还建有罗城，罗的意思是天罗地网，不让敌人跑掉。东罗城据清康熙《山海关志》载："东罗城在东关外接连大城，周围五百四十七丈四尺，高二丈三尺，阔一丈四寸。门三，水门二，角楼二，附敌楼七，惟东门通辽道，有瓮城。明万历十二年管关兵部主事王邦俊、永平兵备副使成逊请建。"

今实测东罗城占地0.24平方千米，城墙周长2045米。西城墙与关城东城墙都是用长城做城墙，西城墙长589米，南北两个角楼分别是牧营楼和临闾楼。北墙长622米，偏西有北门1座，门西设敌楼1座，门东先为水门。东北角与东南角之间有敌楼2座。东墙长395米，偏南有东门1座，即关门。门北设敌楼2座，东北角、东南角设角楼各1座，南墙长439米，偏西有南门1座，门东先为水门，再东与东南角之间设角楼2座。三面城墙平均高7米，顶面宽3.2米，外设垛墙，内设女墙，砖铺海墁。东罗城范围不大，步步设防。城墙上砖多有印模阴文显示：上部都冠以"万历十二年"，底部有真定营、德州营、建昌营、台头路、燕河路、石门路、乐亭县、抚宁县、卢龙县、迁安县、滦州营11个营造字样。最长字模印文砖为"明万历拾贰年建昌营造"(此砖于1980年由国家文物局作为长城文化珍品送往美国芝加哥国际博览会展出)。

清康熙四年(1665年)，通判陈天植、都司孙枝茂、守备王御春重修东罗城时，砌塞南北二门，在东罗城东城门上建"服远楼"。城台下开深9.7米、宽4.2米、高4.6米的砖拱券门洞，洞内有对开的两扇木制大门，城门上朝东镶嵌石匾，镌刻"山海关"三个字。服远门实为山海关第一道门，上设有千斤闸可以起落。服远门为唯一通道，城内东西大街，名为罗城大街，长为523米，是关内外通行的必经之路，史称"两京孔道”。在关城东瓮城外、护城河桥东，建有一座“辽海咽喉坊”。城内还建有东岳庙、三官庙、天齐庙和关帝庙。明代中叶，东罗城是山海关的防御堡垒，用于屯兵储存武器、弹药。如今，东罗城关门尚存，并有通南北的南旱门、北旱门，南旱门可通行人，北旱门已被厂房占用。两个水门基本保存完好，均在南、北旱门的东侧。西罗城位于关城西侧，利用关城的西城墙做东墙。据《临榆县志》记载：“西罗城在城西关外，明崇祯十六年，巡抚朱国栋请建，工未完遇改革中止。门在城西，曰‘拱宸’。”西罗城占地0.6平方千米。因是关城后方不是重点防御工程，所以城墙均为土筑，且无敌楼防御设施。城未建时，已有拱宸楼，不知何年所建，因是土筑易圮，明万历二十四年(1596年)，副将杨元将其改建为砖石结构。明崇祯十六年建西罗城时，城西门上有面阔三楹两滴水城门楼一座即“拱宸楼”，新中国成立后因修马路把门拆除。如今，路北还有残墙留存。土城墙早被毁，仅西南角、西北角有一小段夯土遗存。

6.**护城河**。东罗城外面是护城河，护城河也是一道天然屏障。护城河是建城时，环绕城墙外围要挖壕沟，然后注水形成人工河，作为城墙的屏障，外加防御作用。在注水前河床上还安放竹刺，以防入侵者从水上踏过，所以护城河又称“濠”。“濠”字的三点水是指护城河，“豪”字指背部长刺毛的野猪，转义指“刺”，这里指河床上安放的竹刺，“濠”是指河床上安放有竹刺的护城河。据《临榆县志》载：“环城为池，深二丈五尺，广五丈，周千六百二十丈，外为夹池，深各半之，潴水四时不竭，四门各设桥以通往来。”这里的池，即护城河。潴水，即蓄水。四季有水，四座城门前还设有吊桥以通内外。如今在第一关城楼上或关城东墙上还可以看到护城河遗址。

7.**威远城**。威远城在南窑河乡吕家沟村，距孟姜女庙4千米。据清光绪四年版《临榆县志》记载：“威远城俗称‘呜咽城’，在关城东二里欢喜岭上。城高三丈，下甃以石，四隅起台跺。城上女墙高五尺，周方七十步。正南为城门，上镌‘威远’二字。城内北面起平台，延袤三丈，台左右蹬道各一，南面东西隅亦各有蹬道，随其形势，于四面城墙上下正起大小砖洞二十一(大洞广八尺，小洞广五尺，高皆丈)。城门外有小月城，高丈余，面西为门，周城百步为垒三重。”这些砖洞可供藏兵之用。威远城是山海关防御体系中一座前哨城堡，相传为吴三桂所筑。明崇祯十七年(1644年)4月，就在这座古城堡里，曾经上演一幕明辽东总兵吴三桂叛明降清的丑剧。李自成农民起义军推翻了明王朝后，领重兵攻打山海关，与守关的明总兵吴三桂在大石河交战，吴三桂在威远城跪拜清军统帅多尔衮，引清兵入关，导致农民起义军惨败，清军入主中原，吴三桂留下了千古骂名。

图14-6 威远城

那是明崇祯十四年(1641年)秋，明、清两军主力在辽宁松山(锦州南)决战，明军大败，辽东经略洪承畴和宁远总兵祖大寿(吴三桂舅舅)投降清军。吴三桂带兵逃回宁远(兴城)，面对清兵压境，吴三桂于崇祯十七年三月放弃宁远，退守山海关。这时，李自成领导的农民起义军在北京兵临城下，3月18日，李自成派在昌平投降的太监杜勋入城与崇祯秘密谈判。李自成提出的条件：“……议割西北一带分国王并犒赏军百万，退守河南……”闯既受封，愿为朝廷内遏群寇，尤能以劲兵助剿辽藩。但不奉诏与觐(朝见君主)。崇祯拒绝。3月19日，兵部尚书张缙彦主动打开正阳门，迎接刘宗敏起义军进京。崇祯无奈，急命太监送三个儿子至外戚家避藏，令周皇后及袁贵妃自缢，含泪弑15岁长公主；同时，留一封血书致李自成：“朕凉德藐躬，上干天咎，致逆贼直逼京师，皆诸臣误朕。朕死，无面目见祖宗，自去冠冕，以发覆面。任贼分裂，无伤百姓一人。”大意说自己德行不够，以至于上天惩罚，逆贼逼迫京城。所以有今天，都是被臣下所误，现在死了也无脸到地下见列祖列宗，只有取下皇冠，披发遮面，任你们分割尸身，只是不要去伤害百姓。崇祯将血书藏入衣襟，登上煤山(景山)，自缢于寿皇亭。李自成下令予以“礼葬”，在东华门外设厂公祭，后移入佛寺。27日，葬于田贵妃墓中。李自成入住紫禁城，封宫女窦美仪为妃。大顺军进城之初京城秩序尚好。但从27日起，起义军开始拷掠明官，四处抄家，李自成胁迫吴三桂父亲吴襄以书信劝降吴三桂，同时又派唐通带银4万两犒赏吴三桂的“五万铁骑”，吴三桂答应投降李自成。但在赴京途中，也就是农历四月初四，部队走到卢龙县以西的沙河驿，遇到从北京逃出来的家人，吴三桂询问父亲的情况，家人禀告：父亲已经被捕。吴三桂并没有在意，认为这是李自成逼自己投降而采取的措施，又问到他的爱妾陈圆圆，家人只好如实相告：陈圆圆已经被李自成的大将刘宗敏抢走霸占。与此同时，吴三桂派往北京的密探也报告说：吴襄被拷打。父亲受刑，爱妾被抢，奇耻大辱，羞苦难言，怒不可遏。大丈夫不能保护一女子，有何脸面见京城父老。当即率兵返回山海关，集合山海关、宁远两镇将士5万余人，打起“报君父之仇”的旗号，准备与李自成决一死战。同时又派人送一封为报家仇向清军借兵的信，表示愿意投降清军。多尔衮接到吴三桂的信，认为机不可失，时不再来，率军15万，连夜兼程赶回山海关威远城。吴三桂携吕鸣章、朱国梓、佘一元等山海关士绅，在威远城跪拜称臣。李自成得知吴三桂投降清兵的消息，率精兵20万，还带上吴三桂父亲吴襄，于4月19日抵达山海关，驻扎在红瓦店一带，并派唐通率兵2万去一片石，打算从后路围剿山海关。

4月21日，三大军事势力，清军、明军和李自成领导的农民起义军分别来到山海关，一场决定中国命运的恶仗打响了。当时主战场摆在山海关西大石河沿岸，南起石河口，北至角山下，西至红瓦店，东至威远城，南北长8千米，东西宽6千米，摆出决一死战架势。吴三桂投入5万精兵镇守山海关，李自成登临石河西岸一高岗(将军台)上指挥作战，农民起义军多次突破防线，逼到西罗城下，甚至已经登上了北翼城。形势严峻，起义军取胜需要攻城，山海关险要优势不在起义军这一方面，李自成派唐通到一片石从后面包剿吴三桂，多尔衮看到明军与起义军厮杀，对吴三桂“借兵”之举心存疑虑，只派兵夺取九门口，而在正面战场上仍然按兵不动，静观李、吴二虎相争。吴三桂镇守的山海关，几度危机，几度侥幸脱险。这时，李自成明白：他碰到的对手，再也不是过去那种一触即溃的明军，而是一支久经阵地战的边塞劲旅。

经过一天激战，吴三桂也知道了农民起义军的厉害，后金不出兵，单凭自己的力量难以抵挡起义军，为此，他焦急万分，4月22日，他亲自到威远城拜见多尔衮。多尔衮命他剃发盟誓(多尔衮的理由是与起义军在战场上不易区分)，吴三桂慨然应诺，剃发归顺。吴三桂回到山海关心里有了底，率5万军士直奔石河西岸。霎时间，十几万人厮杀在一起，人呐喊，马嘶叫，战鼓擂，炮声隆，刀光剑影，腥风血雨。正当双方鏖战紧，狂风大作惊鬼神，遮天蔽日，飞沙走石。打到中午时分，吴三桂渐渐不支，李自成占了上风，突然间数万铁骑从山海关城里杀将出来，锐不可当，所向披靡。在两军联手攻击下，起义军主将刘宗敏受伤，农民起义军防线顿时崩溃，李自成中箭败走，造成全线大溃退，伤亡惨重。4月23日，李自成在卢龙范家庄处决了吴襄，并将首级悬挂示众后，带领仅剩3万人的残部退回北京城。多尔衮稍事休整，挥师西进。这正是：

李自成兵败如山倒，吴三桂追杀不停留。
多尔衮得意迎顺帝，清王朝建都北京城。

以古为镜，可知兴替。1644年，决定中国命运的山海关战役汇聚了明军、清军和李自成领导的农民起义军三大军事势力，关键的一张牌是吴三桂倒向哪一边，还是保持中立。300年后的1944年，在中国大地上也汇聚了三大军事势力，这就是以蒋介石为首的国民党统治军事势力、日本帝国主义在中国的军事侵略势力和中国共产党领导的抗日民族统一战线军事势力。关键的一张牌是蒋介石倒向哪一边。西安事变发生后，以蒋介石为首的国民党军事势力倒向国共合作，共同抗战，打一场全民族的抗日战争。当时日寇与中华民族之间的矛盾是主要矛盾，中国共产党领导的抗日民族统一战线是矛盾的主要方面，国共合作一致抗日是大势所趋。我们要驴子上山是对的，但是驴子是会踢人的，我们要提防它，这就是又联合又斗争。李自成攻下北京城，不去建立根据地，不在北京整顿军队，虽然也有招降吴三桂的打算，并做了具体安排，但因刘宗敏带头违法乱纪，而使招降策略走向反面，这关键的一张牌没有运作好而失全局，对待吴三桂这样的明军势力，也应该是又联合又斗争。

构建山海关长城防御体系，重点是防御蒙古势力卷土重来，到了明朝中期，后金在东北兴起，辽东局势恶化，明王朝为了维护其封建统治，动员全国“竭尽四海之物力以奉榆关”，几乎将“全国全副精神尽注山海关”。兵部尚书熊廷弼、内阁大学士孙承宗、袁崇焕等名将重臣，都是第二次调任经略或督师山海卫。当时山海关屯兵达13万多人，这种布局，无疑显示了山海关防御功能和军事地位的重要性，反映出当年明王朝“天下安危系于一垣”的严峻形势。明王朝注重防御体系的建设，却忽视了人是战争取胜的决定因素，以至于出现吴三桂叛明降清事件，使“山海关战役”成为中国历史改朝换代的转折点，公元1644年，中国农历甲申年，让研究中国历史的学者陷入了长久的思考。

8.临闾楼。临闾楼在东罗城北墙与关城东墙的接合部位，南距镇东楼357米，海拔40.2米。因建东罗城连接关城，虑有不测，特置楼驻军。清以后逐渐废弃，1986年7月复建。复建后的临闾楼城台东北角向东凸出15米，东南角向东凸出 28米。城台南北长25米，台高10米。城楼通面阔(3间)9.6米，通进深(2间)5.12米，楼高10.22米，建筑面积119.52平方米。为二层单檐歇山黑活瓦顶砖木结构。北、东、南三面上下两层共有20个箭窗。二层西面有券窗3个，一层西面中置一门，楼内一层窗下有宽1米、高0.5米的砖砌箭台，二层设楼板，有楼梯上下。楼外檐为明式旋子彩画。悬挂一块“临闾楼”匾额，为书法家王璞章于1998年所书。“临”是临近，接近，“闾”原指里巷大门，后指人聚居处。古代25家为一闾，过去山海关以外没有人烟，进山海关就到了有人烟的地方，所以叫临闾楼。临闾楼原为士兵休息之地，现在楼内陈列有明清两代的农具、家庭用品、木工工具等。

图14-7　临闾楼

9.威远堂。威远堂在关城东北角，南距临闾楼213米，海拔43.62米。据《山海关志》载："明初徐武宁建关时，欲在此建楼，与东南角靖边楼并峙。"柱石材料已经运到现场，基础工程刚开始，因徐武宁进京未归，工程中途停止。直到明嘉靖四十四年(1565年)，主事孙应元才在角楼旧址上建成威远堂。原为三楹，早毁，址无存。威远堂东北城台地势高峻，地理位置独特。台基外侧是凸凹不平的花岗岩岩基，城台马面层见叠出，极为壮观。历代对其进行了不同规模的修葺。清代以后，由于长城军事战略地位丧失，威远堂也逐渐被废弃，现仅存遗迹。

10.威远楼。威远门是关城的北门，距关城东北角威远堂404米，海拔35.45米，城台东西长37.5米，南北宽26米，高11.3米。门洞南北长27.3米，东西宽5.1米，高7米。明天顺七年(1463年)，在城台上修建通面阔5间，通进深3间，带围廊的二层三点水城门楼一座，称"威远楼"。威远取威镇远方之意，敌人不敢从北门轻举妄动。威远楼因地势高，常遭雷击发生火灾。明万历三十九年(1611年)重修，后又毁于火灾，至今未复建。

11.翼城。翼城在南、北翁城之外，为明崇祯七年(1634年)巡抚杨嗣昌所建。南翼城在南水门南面，北翼城在北水门北面。城墙高二丈有奇，周围长三百七十七丈四尺九寸。

12.迎恩楼。西门城台上的城楼叫迎恩楼，海拔24.81米，与城东门楼遥相呼应。皇恩浩大，来自西方，面向西方迎接皇恩，所以叫迎恩楼；西城(门)楼从明洪武十四年建成到新中国成立的568年间，一直是出入关的必经之路。1955年，因城楼已残破不堪，门洞也难承重负被拆除。现在西城门内南北两侧均有登城马道遗址。2003年，河北省委书记白克明(1943—，陕西靖边人)在山海关检查工作时，提出古城保护开发大计，得到省、市、区的积极回应，西城(门)楼、南城(门)楼、钟鼓楼、兵部分司等古建筑得以原貌复建。

2006年，复建后的西城门楼与镇东楼形式、规模、结构基本相同。

观景·溯源

旅游胜地秦皇岛

下 册

孙士超 编著

燕山大学出版社

·秦皇岛·

目　录

第三篇　次生景

第四篇 尾声

城台南北长38米，东西宽24米，高12米，门洞长27.3米，宽5.3米，高7米。是重檐歇山顶，黑活铜瓦屋面，砖木结构，外以雕梁画栋。大脊双吻对峙，饰五脊六兽。通面阔(5间)28.86米，通进深(2间)16.86米，高19.47米。一层四面带围廊，二层四面带平座、围栏。一层三踩斗拱，二层五踩斗拱是山海关古城保护开发的标志性建筑。据《临榆县志》载："西门楼与东门楼同制，额曰：祥霭榑桑，清乾隆九年御书。"西门匾额"祥霭榑桑"四个楷书大字，蓝底金字，下款有乾隆天子的御印。相传前二字"祥霭"是乾隆所书，后二字"榑桑"是乾隆宠臣刘墉(1719—1804，吏部尚书，安徽砀山人)所书。清高宗弘历(清第六任皇帝，1736—1797年在位)去辽宁拜谒祖陵，夜宿山海关，清晨，来到关城西门，见此处霞光普照，瑞气横生，便与宠臣刘墉合题君臣匾。"祥霭"与"榑桑"相配，珠联璧合。"祥霭"，祥瑞的云气，"榑桑"，即扶桑，是我国古代神话中的一棵树，这棵树非常大，日出的时候，太阳从扶桑树下升起，所以"祥霭扶桑"是指日出之处，到处都是吉祥的瑞气。可惜此匾毁于"文革"期间。

西城门是山海关的重要门户，明清时西城门内外有重兵把守，盘查过往行人。在山海关还流传着康熙过关挨打的传说。康熙微服私访，天色已晚，城门关闭，康熙仗着皇权，硬要闯关，被守城兵丁打了两个耳光，康熙挨打后，想到士兵这种认真负责的态度，不但没有加罪，还表彰了守城士兵，这虽然是个传说，但也说明一个开明君主处事的态度和方式。

城楼一层可进去参观，二层封闭。一层陈列有皇帝恩赐的酒坛、刀剑等，也有历代皇帝莅临的介绍。向城里看，可以看到内城景象，进西城门就是承恩驿，为来京使臣休憩饮马之处。此处还有乾隆皇帝及随从的雕塑，还是古城游览车的候车地点。

13.望洋楼。现在我们又回到关城南城门。南城门与关城同期建成，明嘉靖八年(1529年)增建城门楼一座，名望洋。向南一望一片汪洋大海，叫望洋楼顺理成章。望洋楼海拔21.61米。明万历三十九年(1611年)、清乾隆三年(1738年)、乾隆十八年(1753年)、乾隆二十九年(1764年)、道光二十二年(1842年)、光绪二十年(1894年)，先后进行多次重修，清末以后没有再修。1933年，遭受日本侵略军炮击，楼体破烂不堪，1955年被拆除，仅存柱网基址和东西马道遗址。2004年12月，依原形制复建。复建后的望洋门城楼形制与镇东楼基本相同。位置在关城南城墙中部偏西，门洞长27.3米，宽5.2米，高6.6米。城楼为二层歇山重檐黑活瓦顶，望洋楼所在城台东西长38米，南北宽24米，高11.6米。楼体通面阔(3间)18.8米、通进深(2间)9.22米，高13.29米。城门楼的东、南、西三面共有68个箭窗。南门向东150米处，有一座外凸墙台，高10米，东西长16.1米，南北宽6.75米，墙面保存基本完好。再向东407米处，有一座内凸马面，高10米，东西长13.5米，南北宽4米。马面下面为关城南水门，洞长20米，宽4米，高3米。现依然走水。楼檐南面匾额题字“吉里普照”。望洋楼内一层陈列有榆关抗战史迹，何国柱、安德馨传略，以及抗战士兵的生活用品、俘虏日军的生活用品等，再现那段军民同仇敌忾的悲壮历史，让后人永远铭记那些为捍卫民族尊严，抛头颅，洒热血，英勇牺牲的先烈们。

历史人物简介

A.吴三桂(1612—1678)，字长伯，祖籍江苏高邮，生于辽东绥中中后千户所。武举人出身。明崇祯四年(1631年)八月，吴三桂任辽东总兵，镇守宁远(今兴城)，崇祯十七年(1644年)三月初，李自成兵临北京城，崇祯帝加封他为平西伯，令他弃宁远护京师。北京失陷，崇祯自缢于景山(煤山)，吴三桂退回山海关。4月22日，因陈圆圆被刘宗敏掠去，其父吴襄也被拘押“拷掠甚酷”，吴大怒。吴三桂在威远城降清，与清军联合大败李自成农民起义军于石河，因引清兵入关有功，清廷封他为平西王。吴三桂为清军打先锋，追击李自成余部。清顺治十四年(1657年)，会同清军进攻云贵等地。两年后，清廷命他镇守云南。吴三桂引兵入缅，迫使缅王交出南明永历帝朱由榔，杀永历帝于昆明篦子坡。同年，清廷晋封吴三桂为平西亲王，辖贵州省，永镇云贵。与镇守福建的靖南王耿精忠、镇守广东的平南王尚之信成为拥兵自重的三藩。康熙十二年(1673年)，康熙帝下令撤藩，吴三桂闻讯后叛清，自称周王，发布檄文，联合平南王尚之信、靖南王耿精忠、广西将军孙延龄、陕西提督王辅臣举起“反清复明”旗帜，挥军入桂、川、湘、闽、粤诸省，战乱波及赣、陕、甘诸省，史称“三藩之乱”。清廷调重兵全力镇压叛乱，康熙十七年(1678年)，吴三桂在湖南衡州称帝，国号大周，建元昭武，同年秋在长沙病故。其孙吴世璠继位，退据云南。康熙二十年(1681年)，昆明被围，吴世璠自杀，余众出降。

吴三桂是个历史上有争议的人物，33岁引清兵入关，为人所不齿；到花甲之年又蓄谋反清。30多年的峥嵘岁月，他的心里始终充满着“家仇”与“国耻”的矛盾心理。康熙帝下令撤藩，他这时已是年高体病，匆匆举旗反清。我们评价历史人物应该把他放到具体的历史环境中去评论他的功过与是非，可以说吴三桂两次“反水”都是从他个人的立场(他和他的家族)利益出发，没有从国家和民族的利益出发。与吴三桂同一时代的民族英雄孙承宗，全家族为民族、为国家视死如归，重彩一笔为他的人生画上了完美的句号，实为可歌可泣，两者形成鲜明的对照。然而，从现实的角度来看，满族已经融入中国56个民族大家庭之中，民族团结，团结在以中国共产党为领导的旗帜之下，共同奔小康是当今时代的主题，公元1644年山海关那场战争虽然改变了中国的历史走向，但是也应该看到，满族人执政后长城以北的大片土地并入了中国版图，大清王朝也有过昔日的辉煌，造就了“康雍乾盛世”。

B.陈圆圆(1623—1695)，原姓邢，名沅，字圆圆。父邢三，家住苏州奔牛镇。圆圆幼时丧母，邢三就把她送到姨妈家抚养，姨父姓陈，所以圆圆改姓陈。姨父在一家戏班当库管，经常带圆圆去戏班里，后被当时戏班子名角徐傲霜看中，用20两银子把圆圆买去。圆圆俏丽绝伦，能歌善舞，徐傲霜欲推出新人。18岁的圆圆在苏州登台演艺，曾经扮饰过《长生殿》中的杨贵妃、《霸王别姬》中的虞姬和《西厢记》中的崔莺莺，演得体态轻靡，说白便巧，一下子走红，声名大噪。扬州把总田弘遇不惜重金贿赂官员，把陈圆圆买来，献给皇帝，未果。一天，吴三桂在田家观看歌舞，听罢圆圆唱曲，吴三桂不觉心旷神怡，遂要走了圆圆。起义军占领北京城，刘宗敏霸占了圆圆。后来吴三桂部下在一个小村子里发现了陈圆圆，吴三桂亲自前往迎接。随后，陈圆圆跟吴三桂到了云南。陈圆圆反对吴三桂谋反，并断定吴举事必败，后来出家为尼。作为歌妓，她外柔内刚，料事如神，不愧为一代名妓、国色。

C.爱新觉罗•多尔衮(1612—1650)，努尔哈赤第14子，皇太极同父异母之弟，母为努尔哈赤大妃阿巴亥，阿济格、多铎是多尔衮的同母兄弟。阿巴亥富于心计，善于周旋，在她的影响下，多尔衮也步入了台吉(爵名，汉语是皇太子、皇太弟）行列。努尔哈赤临终时，曾指定他最疼爱和器重的多尔衮做继承人。可那时多尔衮才15岁，八子皇太极依仗自己掌握后金的正黄旗和镶黄旗，实力强大，夺得了继承权。阿巴亥被皇太极所逼，成为努尔哈赤的殉葬品，多尔衮三兄弟的处境最为艰难。面对这样的处境，他一方面紧跟皇太极，博得他的欢心和信任，而绝不显示自己的勃勃野心；另一方面则在战场上显示出超人的勇气和才智，不断建树新的战功。1643年，皇太极“暴逝”，留下皇室空位。有竞争条件的是豪格和多尔衮。豪格以退席相威胁，见此情形，32岁的多尔衮表现出极大的政治远见，主张立皇太极幼子福临为帝，他自己和济尔哈朗为左右辅政，待其年长后归政。这一建议大出众人所料，立皇太极幼子，把两黄旗大臣的嘴堵上了。多尔衮以退为进，当辅政王，掌实权。济尔哈朗沾了光，当然不会反对。形成新的政治格局对此后数年乃至数十年的政局有着巨大影响。

多尔衮在山海关接纳吴三桂合力围剿李自成领导的农民起义军，迎顺治入主中原，是清王朝的缔造者之一。他和郑亲王济尔哈朗共同辅政，并掌实权。多尔衮摄政重用汉族谋臣和将吏。他谋勇兼备，统兵驭将，赏罚分明。善于把握战争全局，尤其能掌握时机，一举率军入关，平定战乱，是清初的实际掌权者和决策者。对后金入主中原，建立清王朝起了决定性作用。顺治称他为“皇父摄政王”。39岁时，多尔衮因狩猎坠马不治身亡。死后，顺治帝追崇多尔衮为清成宗，谥义皇帝，后又迅即剥夺其封号，掘其坟墓，乾隆年间恢复其睿亲王封号。

D.李自成(1606—1645)，本名鸿基，陕西米脂县双泉堡李继迁寨人。《米脂县志》记载，太安里二甲是明代前由甘肃太安里迁来的，是当年党项拓跋平夏部后裔，李自成家族属太安里二甲李。

李自成少时喜欢舞枪弄棒。明天启六年(1626年)，父去世后谋到驿站当驿卒的差事，负责照看马匹。明崇祯三年(1630年)，李自成率众投靠农民起义军首领不沾泥，后又投靠自称闯王的高迎祥。崇祯九年(1636年)，高迎祥被杀害，李自成被推为闯王。领众“以走致敌”，采取声东击西，避实击虚的战法，争得西北一方土地，活动于陕、甘、川一带。明崇祯十一年(1638年)于潼关受挫，与刘宗敏隐于商洛山。崇祯十三年(1640年)，与当地农民军首领一斗谷合兵，众至数十万人，攻克宜阳。进至卢氏，得牛金星、宋献策，用为谋士。采纳李岩“均田免赋”建策，获得广大人民的欢迎，散布“迎闯王，不纳粮”的歌谣。部队发展到百万之众，成为农民战争中的主力军。崇祯十六年，李自成在襄阳称新顺王。次年正月，建立大顺政权，年号永昌。不久攻克北京，推翻明王朝。因起义军将领刘宗敏迫害吴三桂的家属，逼反吴三桂，吴三桂与清军合攻农民起义军。迎战失利，退出北京，率军在河南、陕西抗击。

永昌二年(1645年)，李自成在湖北通山九宫山考察地形时，被明朝地方民兵程九伯杀害。一说隐居于夹山(今湖南石门)为僧。自成死后，李锦推举李自成三弟李自敬为首领。

一代伟人毛泽东很喜欢农民起义领袖李自成的故事。早在1926年广州农民运动讲习所讲授“中国农民问题”时，便明确地指出，“李自成是代表农民利益的”，“我们绝不当李自成”。著名历史学家郭沫若为纪念明末李自成农民起义300周年，1944年3月19日在重庆《新华日报》上撰文《甲申三百年祭》，记述了李自成领导的农民起义军由胜利走向失败的过程和原因。这一天正是300年前李自成攻下北京城的日子。毛泽东对郭沫若的文章大加赞赏，把它列入整风重要文档。1949年3月23日，全国解放已成定局，毛泽东和中共中央机关离开河北西柏坡，搬迁到北平前夕，毛泽东临上车前，用一口浓重的湖南乡音向周恩来、刘少奇、朱德、任弼时等人宣布："我们是进京'赶考'，我们绝不当李自成，李自成进京后就变了，我们一定要考出好成绩。"

E.崇祯(1610—1644)，天启七年(1627年)，朱由检即位，改年号崇祯。崇祯帝执政17年，虽然竭尽全力去寻找力挽狂澜之法和扭转乾坤之机，却无回天之力。崇祯借助文官集团势力，清除了魏忠贤和客氏逆党，代之而来的文官集团势力膨胀，农民起义军兴起，长城外后金崛起，虎视眈眈想入主中原。除掉魏忠贤，崇祯表现得极为机智。但在处理袁崇焕一案，却表现得相当愚蠢，自毁长城，大大伤害了军人的爱国心。崇祯找不到与文官集团抗衡的政治力量。1644年3月18日，李自成派杜勋入城与崇祯密谈。双方谈判破裂。19日晨，兵部尚书张缙彦主动打开正阳门，迎接起义军进城，崇祯帝自缢于煤山，李自成下令予以"礼葬"，崇祯帝至死也不会想到，李自成和自己的属下对他的态度有这样惊人的不同。崇祯帝虽然起用主战派袁崇焕，文官集团在军中只重视出身门第，几次大规模与后金作战均遭惨败，直到最后想动用山海关、宁远前线的关宁铁骑来保卫京城。崇祯让大臣议，未果。崇祯自己又没有破釜沉舟的魄力(帝王有独断之权)，最后一棵救命稻草也没有抓住。他知人善任，但用人不专，如对袁崇焕、杨嗣昌、洪承畴一代文武全才，用时，言听计从，优遇有加，期望值极高，甚至超过了实际可能性。一旦失望，又表现出切齿愤恨，必杀之而后快。内阁重臣频繁更换，言路断绝，直至煤山殉国。他自制极严，不耽犬马，不好女色，生活简朴，对周后相敬如宾，他死时在旁的唯一太监说思宗是一个被普遍同情的皇帝。李自成在《登极诏》中也说，"君非甚暗(崇祯帝不算太糟)，孤立而炀灶恒多(即便他被孤立，却颇能为国家为人民做出许多打击贪官污吏的好事)"。史家评论崇祯帝："不是亡国之君演出的亡国悲剧。"袁崇焕提出5年之内收复辽东，简直就是疯话。崇祯真就信了，也疯了。直到一年后，袁崇焕为自己的疯话付出了沉重的代价。

F.袁崇焕(1584—1630)，生于广西藤县，祖籍广东东莞，明万历四十七年(1619年)，中三甲进士第40名，赐同进士出身，授福建邵武知县。

天启二年(1622年)，袁崇焕遵朝令，到北京朝觐，接受朝廷的政绩考核。其间，他单骑出关巡察辽东，还京后毛遂自荐守辽，为辽事进行准备，任宁前兵备佥事(副职或者助理)，助孙承宗驻宁远，设宁锦防线御敌。孙承宗罢官高第代，放弃关外并欲撤宁远，袁崇焕坚守不撤，五年进按察使。六年守宁远，用红衣大炮击败努尔哈赤，以功授辽东巡抚，后受魏忠贤排挤去职。崇祯元年(1628年)，起为兵部尚书，兼右副都御史，督师蓟辽、登莱、天津军务，镇宁远。崇祯二年(1629年)，错杀悍将毛文龙，不久率军解北京之围，后金施反间计，崇祯信以为真，疑其不忠，崇祯早在袁崇焕错杀毛文龙时就已萌生对崇焕的不忠之火，反间计又一次被点燃，遂下狱，袁崇焕在酷行下没有招供。崇祯三年(1630年)八月十六日(阳历9月22日)，明兵部尚书、蓟辽督师袁崇焕在北京西市(今西四丁字街一带)刑场被凌迟冤杀。直到152年后，清乾隆正式给予平反，由敌朝昭雪，实是尴尬之极。

据明朝的有关规定，像袁崇焕这样的高官本应在午门斩首，没有老百姓围观。但这次崇祯想来点震慑之威，改在西市斩首，老百姓可以围观。处斩那天，在由镇抚司的监狱到西市刑场的路上，刽子手用丝网把袁崇焕赤身裸罩，然后在网眼中一刀一刀地割肉，沿途百姓痛恨清朝鞑子，而更痛恨汉奸，于是有钱的捧钱场，扔钱给刽子手争买崇焕肉生食，没钱的捧人场，争抢崇焕肉生食。行至法场，共割了3543刀，崇焕断气，骨肉无存，只余一头颅。崇祯命其头颅传视九边，以此震慑守边将士。崇祯这一年30岁，他至死也没有想到，是后金施反间计在嘲弄他，守边将士浴血奋战是何等心寒，风雨飘摇的明王朝大厦谁来支撑？杀袁崇焕远并非袁崇焕个人的悲剧，其影响极为深远。凌迟磔刑，情景惨烈。按明朝“八议”规定，凡有议亲、议故、议功、议贤、议能、议勤、议贵、议宾情况之一者，就可以减免刑。袁崇焕有功、有勤、有贤，并且取得了宁远、宁锦、京师三次大捷，有大功于国家、民族和社稷，最后竟然落得个磔刑而死，袁崇焕案蒙冤度极高。

14.烽火台。烽火台，亦名烟墩、烽堠、狼烟台，是传递军事情报的设置。烽火台一般建在高处，台上备有柴草、狼粪、硫黄、硝石等物，一旦发现敌情，昼举烟，夜举火夹以火炮，依次传递，使千里防线迅速传报，形成了一个严密的防御通信系统。山海关附近有三座烽火台，即边墙子烽火台、欢喜岭烽火台、刘道庄烽火台。边墙子烽火台位于山海关城东5千米处，地处高地，视野开阔。高阜之上建有一座高3米、面积为2500平方米的大平台，上设烟墩。现在烽火台砖石虽已全无，但夯土挺立结实。古代对于烽火台的设置、种类、组织、信号、程序都有一套严密的规定。在甘肃出土文物中有一份明代《兵守火炮号》载：“敌兵在十人以下者，白天烧烟柴一堆，放炮一发，夜间举火把一枚，放炮一发；敌兵在二百人以上者烟柴、火把、火炮各二枚；敌兵在一百骑以上者，烧烟、火把、火炮各三枚；若敌人有千骑以上

图14-8　烽火台

者，烧烟、火把、火炮接连不断。”明后期采用悬灯、举旗、放炮相结合的报警方式，取代了烟火和放炮相结合的报警方式。

说到烽火台，一代伟人毛泽东在山海关城楼上游览长城时，还给在场的领导人讲吴三桂引清军入关的历史故事和周幽王烽火戏诸侯的典故。

那是1954年4月21日上午8时左右，毛泽东头戴一顶五星帽，身穿一件浅色大衣，脚穿一双半旧棕色皮鞋，站在城楼南侧的一口大钟前问山海关区区长柴洪山：“这是什么时候的钟？”柴洪山回答：“是明朝的。”毛泽东在这口钟旁站了一会儿，然后顺着瓮城城墙向东走去。随后，毛泽东指近处一个高高的土台子，问这是什么？柴洪山回答：“这是威远城遗址，是明朝将领吴三桂投降清军的地方。”说时，毛泽东沿着长城缓步朝北走，见有个墙垛，就问：“那是烽火台吧？”柴洪山回答：“是的，古时候仗时传递信号用的。”柴洪山的这句话，引起了毛泽东主席对历史的回忆，给大家讲起了吴三桂引清军入关的历史故事和“周幽王烽火戏诸侯”的典故。跟随在主席周围的领导人，听得津津有味，深受教育和鼓舞。

周幽王烽火戏诸侯。褒国封地在今陕西汉中的勉县、留坝县一带，有褒氏因佐理大禹治水有功被封的褒侯。历经夏、商、周三代，褒国的末代侯君褒珦见周幽王(姬姓，名宫涅，前782—前771年在位)昏庸，就直言进谏规劝，引起周幽王大怒，把褒珦关进大牢。其子洪德为救褒珦，献褒国美女褒姒(姒姓褒氏)于周幽王，以赎父罪，褒珦得以复官爵。周幽王宠爱褒姒，打算废黜宜臼太子位，立褒姒所生之子伯服为太子，废黜申后，立褒姒为后。

周幽王宠爱褒姒，封褒姒为后，立伯服为太子，可是褒姒还是皱着眉头从来不笑。对此，周幽王想尽法子引褒姒笑，她却怎么也笑不出来。

一天，虢石父对周幽王说：“从前为了防备西夷犬戎侵犯镐京(西安市长安区西北)，在翻山一带建了20多座烽火台。万一敌人打进来，就一连串地放起烽火来，让邻近的诸侯瞧见，好出兵来救助。现在天下太平，烽火台早就没用了。不如把烽火点着，叫诸侯们上个大当。娘娘见了这些兵马一会儿跑过来，一会儿跑过去，就会笑的。您认为我这个办法怎么样？”周幽王对这个办法非常赞同。为讨好褒姒，他真的点燃了烽火台。火光在夜里是非常显眼的，邻近的诸侯看见了烽火，赶紧带着兵马来到镐京。跑到镐京却听说大王在细山，就又急忙跑到细山。可气人的是，匆匆忙忙跑来援助，却反而受到周幽王的一阵奚落。这里哪有什么打仗的迹象，只听奏乐与唱歌的声音。当周幽王叫人去对他们说："辛苦了，各位，没有敌人，你们回去吧！"时，诸侯们这才知道上了周幽王的当。虽然他们对此十分气愤，但也不能说什么，只好各自带兵离去。褒姒看到这样的情景终于笑了。周幽王很是高兴，赏赐了虢石父。隔了没多久，到了周幽王宫涅十一年(前771年)，申侯对周幽王废除自己女儿申后位和外孙宜臼太子位，立褒姒为后、其子伯服为太子，十分恼怒，就联合缯侯(封地在河南方城北，后被莒国所灭)、西夷犬戎攻周。这次，西夷犬戎真的打进京城了，周幽王把烽火台烽火点起来。因为诸侯上过一次当，以为这次还是开玩笑，所以对此全然不顾。眼见没有救兵来救援，周幽王后悔莫及。他和虢石父被西夷戎人杀死于骊山(陕西临潼东南)之下，褒姒被掳走了。诸侯都到申侯这里来共立周幽王与申后所生之子宜臼为太子，就是后来的周平王。在反叛的诸侯中，唯有秦襄公(嬴姓，秦氏，敬仲，犬丘今天水南部人，前777—前766年在位)率兵救援周室，护送周平王迁都洛阳。为此，周平王封秦襄公为侯，与秦立挚誓，若能赶走戎人，即可拥有岐西这片土地，这就是历史上所谓的"襄公立国"，为秦国的日后发展奠定了基础。

15.古城内兵部分司署。山海关地处碣石古道要冲，在险扼的辽西走廊上，明初建关设卫，形成军事重镇，战略要地。山海关外的后金正虎视眈眈，要入主中原，是明末的边患，明朝统治者已经清醒地认识到了这一事实，故于明宣德九年(1434年)在山海关城镇东门北侧特设兵部分司署，主政关城，这是明朝兵部唯一的派出机构，具有特殊的军事意义和政治意义。但这也使明朝重"形胜"、轻"心胜"的问题凸现出来。明朝中央政府设"六部"，即吏部、户部、礼部、兵部、刑部和工部。兵部的主要职能是掌管军务，负责武将选用，军队训练，掌管兵藉、军械、军令等，大致相当于今日的国防部。

兵部分司署是兵部的派出机构，应属副部级单位，主事相当于今日的大军区司令员。山海关兵部分司署坐北朝南，由正厅、中堂和后堂三部分组成。1987年，山海关古城被联合国教科文组织列为世界文化遗产。2001年，山海关古城被命名为国家历史文化名城。为保护长城，弘扬世界文化遗产，丰富景区文化内涵，兵部分司署被列为重点复建项目，依其原制，就其原址于2005年复建。复建后的兵部分司署占地面积3100平方米，包括仪门、回廊、正堂、穿堂、中堂、寝房、书房。

山海关兵部分司署自明宣德九年(1434年)设立，到崇祯十七年明朝灭亡共有210年，有90位兵部分司署主事于此驻守。在这些主事中，有修建孟姜女庙的张栋、张时显，修建老龙头靖卤台的孙应元，还有担任兵部尚书的孙承宗、熊廷弼，担任蓟辽总督的洪承畴，以及袁崇焕、戚继光等人。兵部分司署是山海关最高级别的官邸，明代历任兵部分司署主事在这里谋划关城军事防务和大小军事活动，官邸房屋创办了一些教育机构，培养了不少人才。明正统元年(1436年)，山海卫建了儒学馆。弘治十二年(1499年)，兵部分司署主事徐朴建了教授平民子弟的社学馆。明代出自古碣石的优秀人才有：成化二年(1466年)中进士的郑已，成化八年(1472年)中二甲进士的萧显，正德三年(1508年)中进士的翟鹏，嘉靖五年(1526年)中进士的詹荣。

图14-9　阎锐敏题写的楷书“兵部分司”

到明朝后期，山海关古城的军事防务色彩越演越浓。隆庆三年(1569年)，抗倭名将戚继光总理蓟镇长城防务，把山海关长城作为独特防区，改变以往“以部吏管关，以守臣司兵，以本卫指挥爵视篆晏如也”的状况，与石门路“割一片石为界”，“自为一路”，使山海关古城变成由参将把守的路城。30年后，万历二十七年(1599年)，朝鲜境内的倭患基本平息。万历四十六年(1618年)，根据后金崛起的辽东局势，决定在山海关设山海镇，紧接着又将蓟辽总督由京师移驻山海关。至此，山海关便成为极有战略地位的镇城。天启年间，为加强山海关一带的防务，明朝政府在山海关城接连设立山海经略、山石道、山海户和海运通判、山海理刑推官，派熊廷弼带兵部尚书衔兼副都御史驻守山海关，经略辽东军务。

崇祯初年，袁崇焕、孙承宗先后坐镇山海关，督师蓟辽防务。崇祯七年(1634年)，巡抚杨嗣昌(湖南常德武陵人，1628—1634年巡抚永平、山海关诸处)在山海关主持修筑两翼城，并在老龙头修建宁海城和龙武营，使山海关长城的整个防御体系愈加完备，山海关的城防固若金汤。可惜，就是这样一座“天下安危系于一坦”的军事重镇，在崇祯十七年夏天，被明末镇守山海关的宁远总兵吴三桂出卖，使之几乎在一夜之间就失去了“雄关划内外，地险扼长安”的军事防卫作用，变成了清王朝入主中原的突破口。

随着历史的发展，我国实现了56个民族大团结，进入以和平发展为主题的新时代，古征战之地山海关，旧貌换新颜，成了举世闻名的旅游胜地。

历史人物简介

A.熊廷弼(1569—1625)，字飞百，江夏(武昌)人，善骑射。万历四十七年(1619年)，杨镐指挥的萨尔浒战役，明军惨败。熊廷弼代杨镐管理辽东。由于他有胆识、懂军事，辽东局势经他支撑，一度转危为安。其战略是以守为主，反对浪战，联合朝鲜牵制后金，使后金不敢轻举妄动。熹宗初立，熊廷弼以不进兵为由求罢，朝廷以袁应泰代。在天启元年(1621年)，不到一年的时间，辽东重镇沈阳、辽阳相继失陷，袁应泰遂佩着尚方宝剑和官印自缢而死，妻弟姚居秀也追随他去。仆人唐世明抱着尸首大哭，纵火焚楼而死，气氛十分悲壮。辽河以东全部沦陷。熊廷弼被召入朝，提出在辽宁北镇集中步骑以牵制后金的作战方案，在天津与登州、蓬莱、掖县（已撤销）设巡抚，用水兵乘机入辽南，与朝鲜联合打击后金，在山海关设经略，节制三方。熊廷弼第二次经略辽东，朝廷又晋升王化贞为巡抚。王化贞主张主动出击，3个月荡平后金。二人一主战，一主守，造成“经抚不合”的局面。然而朝廷支持王化贞主战。王化贞用重兵守广宁(北镇)，而熊廷弼则徒有经略虚名，仅有数千士兵。王化贞不听节制，计划以降敌明将李永芳作为内应，发动进攻。还没来得及实施，努尔哈赤趁辽河结冰，一举攻到辽西，围攻广宁以西的西平堡，歼灭了来救援的3万明军。后金派入广宁的间谍孙得功挑起了兵变，打开城门迎接后金军队。王化贞狼狈逃出广宁，撤回山海关。天启五年(1625年)9月6日，昏愦的明熹宗在言官的蛊惑下，将熊廷弼与王化贞一并处死，头悬九边，年仅56岁。

三年后，崇祯二年(1629年)，崇祯帝诏许其子持头归葬，始得昭雪。

B.徐达(1332—1385)，字天德，汉族，濠州钟离今安徽凤阳人，明朝开国元勋。农家出身，少有大志。元至正十三年(1353年)，参加农民起义军郭子兴部，从朱元璋取滁州(今属安徽)、和州(今和县)等地，智勇兼备，战功卓著，位在诸将之上。一路随朱元璋转战南北。明洪武元年(1368年)3月，进军河南，5月，趁朱元璋抵汴梁督战，奏请乘势直捣元都。7月，移师北上，大败元军于河西务(今河北武清西北)，破通州(今北京通州区)，迫使元顺帝北走。8月2

日，督军克大都(今北京)，推翻元朝。明洪武十三年(1380年)，主持修居庸关长城，次年主持修山海关长城。徐达一生刚毅武勇，持重有谋，纪律严明，功高不矜，被朱元璋誉为“万里长城”。

洪武十八年(1385年)二月，徐达病逝于南京，享年54岁。朱元璋为徐达辍朝以表哀悼，并亲临灵堂祭奠，伤心欲绝。朱元璋下诏追封徐达为中山王，谥号“武宁”，赠其三代皆封王爵，赐葬于钟山之北，徐达的碑文也是朱元璋亲自撰写的，称赞其为“开国功臣第一”。

16.山海关总兵府。总兵府坐落在山海关古城西北，占地面积88.6亩，建筑面积33743.62平方米。以总兵府衙署为核心，左右两侧由八套豪华四合院宾馆相衬托，中间部分为衙署主体，由南而北分别为府前街、牌坊、影壁、大门、仪门、戒石坊、大堂、23任总兵祠堂等。衙署建筑，最北侧为二堂、三堂文物保护遗址，遗址两侧为6座明末著名战役纪念馆。

山海关始建于明洪武十四年(1381年)，宣德九年(1434年)设立山海关兵部分司署，万历四十六年(1618年)又设山海关总兵一职，直至明朝灭亡，总兵官有兵部尚书袁崇焕、熊廷弼、孙承宗、洪承畴、祖大寿、吴三桂等23任，都在这里留下过不可磨灭的足迹，诸多决定历史的重大事件在此处谋划运筹。

总兵府游乐城是一个以山海关总兵府为依托、以长城文化为主题的大型互动体验网络平台。以体验数字影像形式，其中有《万里长城四季图》、“龙城帝国”等展示。

《万里长城四季图》不仅再现各个关隘的原貌，展现万里长城盛况，而且通过科技模拟万里长城一年四季的风貌，游客亲身体验古代守长城和长城战争的艰辛，感受中华民族的智慧。

“龙城帝国”是以明代史实为故事背景，以山海关长城历年发生的重大战役为主线，梳理出一条集历史事件、英雄人物、文学艺术等要素构成的游戏产品。并结合实体总兵府、孔庙、大悲院等设计故事场景，寓教于乐。

孔庙原名“圣庙”，亦称“先师庙”，位于总兵府西侧，正统十四年(1449年)由山海卫守备王整修建。经多次修缮和增建，至1572年，已成为一组布局严谨、殿宇层次分明的建筑群，占地面积约12000平方米。主体建筑是大成殿，是祭祀孔子的主殿堂。所谓“大成”，意为“集大成的思想巨擘”。庙内还建有魁星楼、崇圣祠、文昌宫等，1984年被定为重点文物保护单位。

关帝庙坐落于总兵府西侧、孔庙北侧。由御书楼、崇宁殿、结义坊、君子亭、三义阁等建筑组成。庙内苍松翠柏，郁郁葱葱，配以石华表一对，焚表塔(烧香、烧纸等祭品的用具)两座，铁旗杆一双，月台宽敞，勾栏曲折，使人顿生敬仰之情。关帝庙已成为中华传统文化的一个重要组成部分，一座关帝圣殿，就是一方水土、民俗民风的展示；一尊关公圣像，就是千万民众的道德楷模和精神寄托；一块青石古碑，就是一个感天动地的忠义教案。如今经过复建修葺，整座庙宇更加壮丽辉煌，是古城游览观光的一处新亮点。

大悲院位于孔庙西侧，占地18亩，始建于明朝永乐初年，2006年完成复建。大悲院面南背北，中轴线由南而北依次为牌坊、山门、天王殿、大雄宝殿、大悲阁、放生台，东西配殿依次为观音殿、地藏殿、文殊殿、普贤殿。山海关大悲院因为供奉大悲观音(即千手观音)而得名。千手观音又称千手千眼观世音，是阿弥陀佛的左协助，与阿弥陀佛、大势至菩萨(阿弥陀佛的右协助)合称为“西方三圣”，是佛教六观音之一。山海关大悲院将成为国内外宾客净化心灵、祈望幸福、参观朝拜的理想之处。

十二生肖本命神院是按照明清风格建造12套四合院，分别代表十二生肖，供着60甲子本命神。游客可以参照自己的生肖属相，前往相应的生肖院落，祭拜神，祈福迎祥。传统的生肖文化蕴藏着丰富的人文内涵，是山海关旅游界的创新产品。

总兵府正门东西两侧分别是龙城大酒楼和龙城大戏院，龙城大酒楼服务标准严格按国际五星级标准，是中外贵宾、豪华团队的首选。高端餐饮接待与交互式演艺紧密结合，为整个景区增添了丰富多彩的配套服务项目。

17.山海关长城博物馆。长城博物馆坐落在“天下第一关”城楼南200米处，占地面积1.2公顷，建筑面积为2600平方米，为一处精致的仿古建筑群。馆名由前国家主席李先念题写。1991年7月正式对中外游人开放，六个展厅分别为序厅、长城历史厅、长城建筑厅、长城军事厅、长城文化厅和山海关长城厅。是一处以万里长城，特别是以山海关长城为主要展示内容的专题性博物馆，与北京八达岭长城博物馆、甘肃嘉峪关长城博物馆并称中国三大长城博物馆，也是河北省秦皇岛市山海关区三级爱国主义教育基地。馆内陈列内容集中反映了“上下两千年，纵横十万里”的长城历史渊源、人文风物、军事烽烟，特别是万里长城精华荟萃之地——山海关长城的古代军事防御作用和宏伟壮观的建筑艺术。其大量珍贵的长城文物和精美的模型、雕塑、图片及大型声光电为一体的“山海关文物沙盘”，全面而生动地展示了山海关长城的历史文化风貌和现代风采，在国内外具有一定的影响和知名度。

18.山海关古城内的钟鼓楼。山海关城里的钟鼓楼在关城北大街，是明洪武十四年(1381年)徐达建山海关城时修建的。明万历十四年(1586年)，山海关参将谷成功把钟鼓楼移到关城中心，故又称中心楼。清康熙五年(1666年)管关通判(府之副职，相当于副省级)陈天植，清乾隆八年(1743年)知县张楷，清乾隆十九年(1754年)知县钟和梅等进行重修。此后年久失修，于1952年被拆除。2001年，山海关被批准为国家历史文化名城，中心楼列为复建项目之首，2004年春复建，同年9月落成。复建后的钟鼓楼位于东西与南北两条大街的交汇部位。下为方台，高8.26米，台上建有文昌殿，面阔3间，进深1间。两层高13.3米，一层四面带围廊，二层四面围平座。重檐歇山顶，一层分设四门，二层建钟鼓楼及文昌殿二体合一，独具特色。钟鼓楼是我国古代的报时装置。钟和鼓原本是古代乐器，后来由于报时需要，取其声音浑厚，悠扬传远，就把钟、鼓都做得很大，用钟鼓报时全城都能听到。汉代已有“天明击鼓催人起，入夜鸣钟催人息”的作息制度。很多城市实行宵禁。晨鼓、慕钟是开、关城门的信号，也是居民作息时间的信号。记时用时辰，2小时为1个时辰。19:00—20:59为戌时(定更)，敲钟，提醒人们进入睡眠状态。05:00—06:59为卯时(亮更)，击鼓，提醒人们起床了。

古时钟鼓楼的安置地点有三处：一是在宫廷内，始于隋朝，止于明朝；二是在大城市的中心地带，多半在国都，或国都的过去时，为二层楼建筑；三是在寺庙里，专供佛事之用。

19.大悲院。大悲院原址在山海关古城东北，始建于明洪武十四年，被毁于清代后期，此次重建选址改在古城西北田中玉宾馆后身。南北轴长160米，东西宽60米，占地14.5亩，是秦皇岛一带较大的寺院。复建后的大悲院：前端为山门，而后依次是钟鼓楼、牌楼、前殿、大雄宝殿、东西上配殿、东西下配殿、正殿、后花园等原大悲院的建筑格局。山门面阔三间；钟鼓楼为四方形，十字屋顶；牌楼为四柱三楼；正殿面阔五间，东西上配殿面阔五间，东西下配殿面阔三间，前出廊。大悲阁双层，面阔三间，四面回廊，三世佛、千手千眼观音、地藏、文殊、观音、普贤菩萨等佛像。千手千眼佛是北宋时创造出来的一位新观音。传说庄王有妙因、妙缘、妙善三个女儿。长大后，大女儿、二女儿出嫁了，三女儿妙善死也不肯出嫁，执意要出家。庄王大怒，把妙善赶出王宫。妙善就在深山修行，成为香山仙长。后来庄王得了重病，危在旦夕，需要亲人的一只手、一只眼睛来做药引子。大女儿、二女儿都不肯做出牺牲，只有出家修行的妙善献出了自己的手和眼，救了父亲的命。佛祖被其孝心感动，便赏赐她一千只手，一千只眼，使她成为千手千眼观音。这个故事糅合了儒家的“孝道”和道家的“神仙”思想(妙善修行为“仙长”)，融儒、佛、道三者于一体。寺院东北侧另建有四合院布局的法事房、僧房，占地0.5亩。

图14-10　大悲院

秦皇岛市有一定规模的观音寺院有四座，即北戴河联峰山公园的观音寺、卢龙桃林口村的白衣庵、抚宁板厂峪的观音寺和山海关的大悲院。大悲院是山海关及其周边地区佛教徒进行宗教活动的重要场所。

20.山海关古城内的五座牌坊。牌坊也叫牌楼，最早见于周朝，是古代用于表彰节孝的纪念性建筑。立牌坊是彰德行，沐皇恩，流芳百世之举，是人生的一种追求。让后人学习和效仿的人和事，作为楷模加以标识。牌坊大多立在主街，也有立在园林、寺庙、宫苑、陵墓进门处或院中的。制造牌坊的材料有木料、石料，以及木石混合料、木砖混合料。现代大型庆祝活动也用竹、木等扎彩搭成的临时性牌楼。牌楼是亮丽的一景。山海关古城原有很多座牌楼，据民国十八年(1929年)版《临榆县志》载，山海关古城内有52座牌坊。追寻历史，从古城东西大街复修了五座牌坊，由东而西依次是维藩首善坊、进士坊、独乘骢马坊、尚书坊、节制四镇坊。

A.维藩首善坊。该坊始建年代不祥。“维藩首善”是维护边塞首现和平景象。明隆庆元年(1567年)九月，游击将军张臣在傍水崖击退了土蛮人，十月，朝廷调抗倭英雄戚继光出任蓟镇总兵，总理蓟镇、昌平、保定三镇练兵事务。隆庆三年(1569年)，山海关又升格为参将（相当于军队团级），这一片和平景象，军民安居乐业成为蓟镇诸路的典范，戚继光上奏朝廷，得到明穆宗载垕(明第十三任皇帝，1567—1572年在位)恩准，在山海路署前建坊，以资表彰，鼓舞士气。

维藩首善坊东面有一副楹联：

屹龙头 屏燕尾 得一关雄踞

接辽蓟 卫京畿 系万里江山

这副楹联是三三五断句。楹联的意思是：山海关雄踞在万里长城之首老龙头，屏障在燕山东部，濒海为燕山尾。接通河北与辽宁，捍卫着京城的安全，关系着万里江山的安危。

维藩首善坊西面也有一副楹联：

维藩保家国 兵精械利威燕塞

首善止干戈 城固楼高壮汉关

这副楹联是五七断句，维藩保家卫国，兵精武器锋利，威震燕塞。边塞之所以出现首善止干戈的局面，是因为城固墙高，提高了防卫能力。维藩与首善分别为上、下联之首。上联的燕塞指燕山边塞，下联的汉关指山海关，或泛指长城关隘。

B.进士坊。该坊建于明成化八年(1472年)，系山海关兵部分司主事尚絅为萧显考中进士而建。萧显(1437—1512)，字文明，号海豹，山海关东罗城人，品行端正，读书有志，明天顺三年(1459年)乡试(省一级考试)，中举人第二名。成化八年中二甲进士五十一名。进士又根据成绩分为三甲：一甲进士有三名，依次为状元、榜眼、探花，赐“进士及第”；二甲赐“进士出身”、三甲赐“同进士出身”。二甲、三甲第一名称传胪。成化十年(1474年)，萧显授官职兵科“给事中”(相当于元首的生活或政治秘书)，被派到西北宁夏一带镇江守宁州。成化十七年(1481年)被派任镇宁府(贵州镇宁布依苗族自治县)同知(同知为知府的副职，正五品)，弘治元年(1488年)，萧显移职于衢州(浙江衢州市)同知，弘治四年，擢升为福建按察司佥事(相当于现在的科级、副职或者助理等职)，所到之处为官尽职，政绩斐然。后以贺万寿节来京，刑部尚书(相当于今司法部、公安部、最高法院、最高检察院首脑)白昂(1435—1503，江苏常州人)发现他是个人才，准备推荐他留京任职。他见朝廷污浊，不愿与贪官污吏沆瀣一气，于弘治五年(1492年)上疏朝廷乞归得准，回归故里。在山海关北角山后建“围春山庄”隐居，以赋诗、饮酒自乐。乡居14年，他一直住在山海关，卒于明正德七年(1512年)，死后葬于角山南。人民为了表彰他的刚直不阿精神，明嘉靖十一年(1532年)建“乡贤祠”，以致纪念。他写得一手好字，是明朝32位书法家之一。据《临榆县志》载，相传镇东楼上的“天下第一关”匾额是他题写的。

图14-11　进士坊

进士坊东面有一副楹联：

百尺雄关 淋漓翰墨融天下
半山禅寺 爽朗书声寓古心

这副楹联是四七断句。百尺雄关淋漓翰墨融天下，是说萧显书写“天下第一关”的雄伟场面，挥笔泼墨，天下一大罕事。半山禅寺爽郎书声寓古心。萧显回到故里，在角山建“围春山庄”，爽朗的读书声，与古人对话，饮酒赋诗，返璞归真，远离了充斥污浊的官场。

进士坊西面也有一副楹联：

孜孜者志也　传胪金殿　经纶海钓

郁郁乎文哉　载舞乡关　联袂景从

这副楹联是五四四断句。孜孜者，是勤勉，不懈怠的人。传胪，是古代科举时，经过殿试后，由皇帝亲自宣读录取通知书，宣读的方式是“唱名”，叫传胪。经纶海钧，经纶，经是把丝缕整理，理顺，纶是把理顺的丝缕编成绳。引申的意思是把复杂的国之大事理出头绪，提出大政方略，海钧是萧显的别号。海钧的典故出自《庄子•外物》，指胸怀大志的高级知识分子。连起来是说，萧显是一个少怀大志，勤勉好学的人，经过殿试，由皇帝亲自宣布为二甲进士，是一个能把握国家形势，提出具体大政方略的高级知识分子。嘉靖年版的《山海关志》就是由他主笔纂修的。郁郁乎文哉，原指文化兴盛的样子，这里指萧显得了进士，对山海关文化事业带来重大影响。载舞乡关，是记述乡亲们欢迎萧显归来的场面。联袂景从，联袂指手拉手，袂是衣袖，景从，是形影不离。

C.**独乘骢马坊**。该坊始建于明成化二年(1466年)，是官府为当时任监察史的郑已而建。郑已，明山海关人，明成化二年中进士，授监察御史，后升陕巡按，整饬边备。郑已性格刚直不阿，上疏弹劾奸佞，终受奸臣诬陷，贬至宣府镇，但郑已的这种精神却受到老百姓的敬仰，以至于在他离开京城时，竟有人送他到宣府镇。在宣府镇待一段时间他被送回故里。明孝宗(明第十任皇帝，1488—1505年在位)继位，改年号为弘治。弘治元年(1488年)，为了扭转官场腐败，为郑已平反，恢复原职。但郑已看破红尘，不想做官，一身正气未改。后死在家乡，埋在山海关古城西北山坡上。

独乘骢马坊东面有一副楹联：

丽句惊人　幼攻陋室成奇子

清风警世　独乘骢马下玉关

这副楹联是四七断句，上联说郑已少年时代，家境贫寒，生活简陋，但他用功读书，语句惊人，出口成章，经过殿试考取进士，成为国家栋梁之材。下联说郑已在官职上两袖清风，疾恶如仇，得到了朝廷和百姓的认可。他尽职尽责独乘骢马下玉关，骢，青白色带杂毛的马，即菊花青马。玉关指山海关，也指他一生沿长城走过的关口。

独乘骢马坊西面也有一副楹联：

高风亮节　为官须正已

直道丹心 载誉在修身

这副楹联是四五断句，说郑已高风亮节，做官要端正自己的作风，正已与郑已谐音。克己修身，直道丹心，才能得到好的声誉。

D.尚书坊。该坊始建于明万历三十七年(1609年)，为已故兵部左侍郎追任为工部尚书詹荣而建。詹荣(1500—1554)，别号角山先生，字仁甫，山海关人，明嘉靖五年(1526年)中进士，授户部主事，相当于现在的公安部司局级，负责日常工作。嘉靖二十二年(1543年)，巡抚甘肃，深受当地人民的爱戴，后调大同巡抚，率军筑大同东长城69千米，又在大同南屯垦田地10万顷。蒙古入侵，又与总兵周尚文(1474—1548，陕西西安人)取得弥陀山大捷。以缮边破敌功(保卫，歼敌)，晋升为兵部右侍郎（相当于现在的国防部副部长）。后奉调进京，晋升为兵部左侍郎(第一副部长）。适逢赵廷瑞被罢免，兵部尚书缺职，詹荣代行其职。不久，翁万达(1498—1552，广东汕头人)就任兵部尚书一职，但因母亲去世回家守灵。明世宗(明第十二任皇帝，1522—1566年在位)命他负责兵部事务，詹荣以身体欠佳为由要求辞职，明世宗认为詹荣以有病为借口相要挟，便撤去了詹荣的职务，让他闲住。两年后，詹荣病逝，明万历三十七年 (1609年)，朝廷赐予他工部尚书，以示平反，建尚书坊，光耀乡里。

尚书坊东面有一副楹联：

缮边破敌 殊功惊宇内

纂志陈宗 毕力启渝燕

这副楹联是四五断句。缮边破敌，殊功惊宇内，指守边带兵筑长城、屯垦，以及与总兵周尚文取得弥陀山大捷，建立殊功震惊宇内。纂志陈宗，指嘉靖十三年(1534年)，詹荣编撰的《山海关志》，倾注毕生精力。渝，指大石河。燕指燕山地区，或指山海关地区。

尚书坊西面也有一副楹联：

出为官 文韬武略司兵部

入犹民 鹤志莲情逸角山

这副楹联是三七断句。说詹荣走出家门，当上了官，以他的文韬武略主持兵部军务。解甲归田，作为一个普通关民仍有高风亮节的鹤志，情系角山。角山是詹荣入犹民读书学习的地方。

E.节制四镇坊。始建于明天启二年(1622年)。这一年，辽西失守，山海关吃紧，时任兵部尚书的孙承宗亲自督战，明熹宗朱由校(明第十六任皇帝，1621—1626年在位)赐予他尚方宝剑，授他一方大印，命他“以原官督山海关及蓟辽、天津、登莱诸处军务”。为壮军威，特建此坊。

节制四镇坊东面有一副楹联：

豹帐谈兵 千里金汤横雉堞

虎符传令 八方车骑拥高坛

这副楹联是四七断句。豹帐，相当于独立师的师部，主帅在谈论防务事宜，千里长城不让敌军靠近。城防固若金汤。只要传令下去，八方战车、骑乘就会汇聚在长城脚下。虎符即令箭。

节制四镇坊西面也有一副楹联：

旌旆飏风 向国报恩心胜铁

关山倚剑 辞天作镇气凌云

这副楹联是四七断句。旌，用羽毛装饰的旗子。后来通指军队使用的旗子，称旌旗。旆，是古代旗末端如燕尾的垂旒飘带，也指旌旗。旌旆飏风是旌旗随风飘扬。军旗随风飘扬，铁心向国报恩，有利剑有山海关坐镇，士气凌云。关指山海关，倚剑指利剑。

21.古城内的王家大院。王家大院，又名山海关民俗博物馆，坐落在山海关东三条29—31号，是万里长城东部起点第一大家。王家原是山西一大户盐商，兴起于明代后期，到清光绪年间成为山海关一带的巨贾富商，号称山海关的“南半城”。王家大院是王家京东的产业。大院主体建筑是明清时期具有中国传统建筑特色的四合院，建筑风格粗犷凝重又不失典雅，青砖铺地叠瓦房，花格窗户映回廊，翠竹摇曳青草绿，燕语蝶舞花凝香。大院占地面积10亩，分为 4 个套院6个展区18个展厅59间房，展品中大到床铺家具，小到针头线脑，从金银首饰到衣裳布匹、烛台灯火、床橱柜桌、枕箱被帐、冠巾鞋袜、铜盆器皿、瓷器杯盘、梳洗用具，再到珠玉珍宝、文房四宝等，凡生活所需应有尽有。展区还有身着清代服饰的丫鬟、小姐，佩刀着装的家兵护院出没，真实再现了350年前中国封建社会的大家风采。

展品中有陈圆圆用过的物品，说明陈圆圆曾在此地小住。那是明末吴三桂镇守山海关时，李自成兵临北京城，吴三桂奉命撤回保京师，行至河北丰润时明朝灭亡。李自成招降，吴三桂准备投降李自成。但他在路上听说陈圆圆被李自成的大将刘宗敏抢走霸占，父亲吴襄被掠受刑后，又怒而向清军投降，引清兵入关。于是就有了大丈夫不能保护一女子，有何脸面见京城父老的“英雄本色”。就有了吴梅村(1609—1672，江苏太仓人)在《圆圆曲》中的“恸哭六军俱缟素，冲冠一怒为红颜”的佳句。

§2. 巨龙俯首在海中——老龙头

老龙头是现存明长城东部起点，南距山海关5千米。万里长城像一条巨龙，龙首掀浪入海，舞涛弄浪，老龙头因此而得名。老龙头与山海关关城北角山长城、山海关关城东威远城构成掎角之势，拱卫着山海关的安危。复建后的老龙头是国家5A级旅游景点，由宁海城、澄海楼、南海口关、靖卤一号敌台、入海石城和海神庙6个部分组成。它们在平面上成一汉字“只”字形，宁海城为“只”字头，海神庙与澄海楼、南海口关、靖卤一号敌台、入海石城则为“只”字腿的一撇一捺。清入主中原，长城内外划为一统，老龙头失去了军事防御意义，澄海楼便成为帝王将相、文人墨客的览胜之地。清光绪二十六年(1900年)十月初，八国联军在老龙头登陆，焚毁澄海楼，毁坏了长城防御建筑。1985年，山海关区政府为落实邓小平提出的“爱我中华、修我长城”的号召，修复沿海长城400延米。1987年，修复老龙头大部分建筑。1988年，修复宁海城和西侧海神庙。1992年，又重修了龙武营、把总署、守备署、御碑亭等建筑。老龙头旧貌换新颜，以更加雄伟的身姿屹立在渤海之滨。登上老龙头面对波涛汹涌的大海，可以饱览这独有的海上长城雄姿，纵目澄海楼，又能欣赏“长城万里跨龙头，纵目凭高更上楼……大风吹日云奔合，巨浪排空雪怒浮”的壮丽景观。

一、宁海城

据《临榆县志》载：“宁海城在南海口老龙头北周一里有奇，高二丈奇，门二，居西、北二方，建有一座钜形城池，名‘宁海城’。明巡抚杨嗣昌建，设龙武营于此。”明末，后金崛起，辽东战事节节失利，山海关成为最后一道防线。为加强防御工事，天启二年(1622年)，朝廷派兵部尚书兼东阁大学士孙承宗亲临山海关督师，并在老龙头设龙武营，训练水师三个营(900多人)。加强海陆防范，护卫海上船只安全行驶，军需物资安全进港。因此，在清康熙八年(1669年)版《山海关志》中载：“龙武营明天启二年阁部孙承宗设。”到崇祯六年(1633年)，巡抚杨嗣昌建宁海城再设龙武营。宁海城成为明朝后期东部边陲一个规模很大的兵营。清光绪二十六年(1900)庚子一役后，英国侵略军根据《辛丑条约》建兵营于宁海城内外，直到第二次世界大战才撤走。时光的流逝，战火的摧残，宁海城已经残破不堪。后来在施工中，意外地发现掩埋在沙土下10米处的宁海城遗址走向，及西门内瓮城和部分出土文物。1988年复建宁海城。

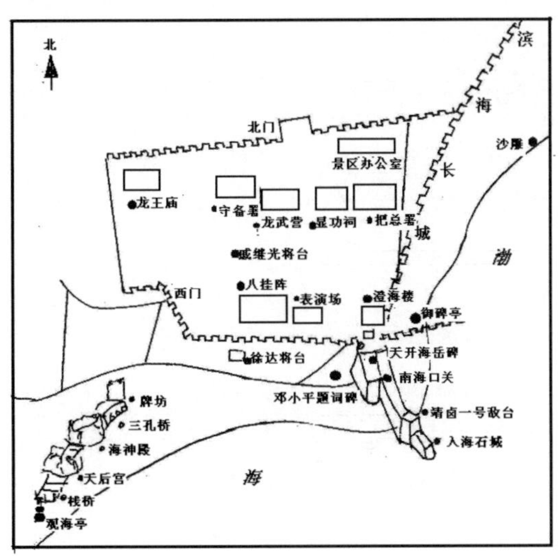

图14-12　老龙头景点微景位置图

复建后的宁海城为“只”字形，范围较县志记载大一倍，占地面积87亩。以滨海长城做宁海城东城墙，南、西、北三面修复城墙728米，墙高8米，顶宽4.5米。城内兵营区有守备署、龙武营、显功祠、把总署，以及依托神灵保佑的龙王庙和关帝庙。前院东侧是把总署和练功房，门前有登城瞭望用的云梯和巢车的复制品。

1.守备署。守备署是明朝在山海卫设立的一个总兵下属(遇有征伐，临时任命代总兵，战事结束，交回所佩将印)，是防守一城一池的长官，地位仅次于游击将军，官职五品。守备署建筑是仿明代大木硬山建筑，是四进封闭式四合院。门前照壁两侧分别有阳文“卫国干城”与“壁垒森严”，其中“干”字指盾牌，是抵御，守卫，为了保卫国家而在这里守城。老龙头军事防御戒备森严，署内由南而北依次是署门、仪门正堂、议事厅和后宅。

2.**龙武营**。守备署东侧是龙武营。内有碾坊、粥屋、马厩、水井、粮仓，以及用来关押俘虏、奸细和战士违反军规接受处理的牢房。

3.**显功祠**。龙武营东侧是显功祠，是祭祀先驱将领的祠庙。明清时山海关是汉满民族冲突的咽喉部位，为表彰戍守山海关有功的重臣名将，修建了这座显功祠，取彰显功德之意。祠内立有徐达、戚继光、熊廷弼、孙承宗、袁崇焕、朱梅、葛守礼七位明代戍将的塑像。

在古人眼里，显功祠不仅是一座建筑物，而且是凝聚在人们心中的一种情感寄托，被释放出来将是一种内在的力量。

4.**把总署**。显功祠东侧是把总署，把总署是龙武营基层机关办公室和宿舍。“把总”一职明代为正七品基层军官，相当于现在的连长，能管100多号士兵。前院西侧是士兵住的营房，士兵睡大铺，居住条件还是比较差的，这也是军人受到老百姓爱戴的一个原因。

5.**老龙头展室**。后院西部是老龙头展室，展出老龙头600多年的历史变迁。东部是戚继光的兵阵展室，陈列了戚继光训练器械(车、骑、步、辎重营阵)的复制品。

6.**关帝庙**。关帝庙在宁海城西北角，是供奉三国时蜀国大将关羽的祠庙。关公是军人学习和敬仰的楷模，在这里是用关公这个形象来约束将士的思想和行动。关羽(160—220，山西运城人)，以“武以德为先”，崇尚儒学提出的“仁、义、礼、智、信”，被誉为与“文圣”孔丘齐名的“武圣”。关羽和刘备(161—223，河北涿州人)、张飞桃园三结义，同赴沙场，为国捐躯，慷慨大义，是血浓于水的战友之情。远敬关公这个楷模，近敬显功祠里的七位明代戍将。

7.**龙王庙**。龙王庙在宁海城西北角，为仿明代大式砖木结构。据《山海关志》记载，龙王庙建于明代，被毁于何年已无从考证。复建后的龙王庙，庙内神龛正中塑有龙王坐像，两侧站立着鱼鳌虾蟹四将。山有仙则名，水有龙则灵。龙王管水，龙王庙在历史上是官府及民众遇旱祈雨的地方，香火十分鼎盛。

8.**校场、将台**。校场、将台在宁海城的中心部位，相当于军校的操场。它的东西各开一个辕门，内有将台、跑马场和射箭场，是明代守卫老龙头将士操练兵马的场所。将台建于明初，戚继光在任蓟镇总兵期间曾在此指挥修筑入海石城和训练水师。他从明隆庆二年(1568年)至万历十二年(1584年)任蓟镇总兵16年，守卫山海关南海口到北京昌平境内的600多千米的长城。他巡视老龙头，在这里宿营驻扎，点将操练兵马。虽然他的总兵府设在迁安三屯营，可他经常挥戈跃马奔驰在长城沿线。他曾写道："南北驱弛报主情，江花边草笑平生。一年三百六十五日，多是横戈马上行。"他的这种为国操劳精神，实在令人敬佩。校场、将台毁于八国联军之手，1989年被修复。台内陈列有七尊塑像，正中的是民族英雄戚继光塑像，造型逼真，比例匀称。四周墙壁上复制明代《山海关古迹一览图》《戚继光练兵图》《明蓟镇长城关隘图》等8幅图。

9.**八卦阵**。八卦阵在后院中心部位，相传为伏羲氏所创。后分伏羲氏八卦和周文王八卦。八卦即乾、坤、巽、震、坎、离、艮、兑，分别代表自然界的8种物质元素，即天、地、风、雷、水、火、山、泽，这8种物质是衍生万物的基础元素，其中以乾坤天地二卦为万物之母。万物生于天地之间，水火为万物之源阴阳之基，风雷为之鼓动，山泽终于形成，有了山泽生物开始滋生，生命开始孕育，人类因此繁衍。此处的八卦阵相传为戚继光坐镇蓟镇长城时所建，1987年复建。

10.**澄海楼**。澄海楼在宁海城东南角，前身是明代修建的望海亭，具体始建时间不详。明万历三十九年(1611年)，山海关兵部分司主事王致中在望海亭旧址上改建二层楼阁式建筑，名"知圣楼"。海拔36.85米，"楼高三丈，广二丈六尺，深丈有八尺"。

图14-13　澄海楼

清康熙九年(1670

年)，通判陈天植重修，清乾隆八年(1743年)，临榆知县张楷又重修。原澄海楼匾额为清高宗于乾隆四十五年(1780年)御书。光绪二十六年(1900年)，八国联军侵占山海关，澄海楼被毁之一炬。1985年，山海关在社会各界的鼎力支持下，修复老龙头，重建澄海楼，1987年，澄海楼以原貌“九脊歇山顶，大木结构”的崭新面容屹立在渤海之滨。“楼台高峙海涯，厥象首。”澄海楼初建时为守城的箭楼，清入主中原后逐渐转为观海胜地。清康熙、雍正、乾隆、嘉庆、道光5位皇帝先后11次到老龙头游兴，留下了大量诗文墨宝。皇帝从左侧的坡道缓步而上，按当时的规矩，中间要铺上红地毡，皇帝从红毡上缓步而行，沿途要接受两旁群臣的顶礼膜拜。这条坡道已经失去了过去“马道”的意义，而成为“御道”了，现在游客走在这条坡道上，即可以体验一下皇帝当年登城的滋味。

澄海楼，因清高宗在乾隆八年十一月十六日，题“元气混茫”匾额及“日曜月华从太始，天容海色本澄清”楹联而得名。“澄海”是使海水澄清。宇宙刚形成时，呈混沌状态，模糊不清，所以称“元气混茫”。元气是宇宙刚形成时的先天之气，到地球演化出现海洋时，才有“天容海色”。

“天容海色本澄清”句出自苏轼的《六月二十日夜渡海》一诗，并非乾隆帝原创，但可以看出乾隆皇帝对汉文化理解之深。苏轼原句是“云散月明谁点缀？天容海色本澄清”。“日曜月华从太始”，是说太阳的光芒、月亮的光华是从太古的时候就有了，太始指地球形成初期——宇宙大爆炸距今46亿年前。日曜是太阳发出的光芒，是真光源，月华是太阳光照到月球上反射回来的光芒，是假光源。日曜月华是一对孪生兄弟。乾隆的“日曜月华从太始”与苏轼的“云散月明谁点缀？”都是反映客观自然现象。“天容海色本澄清”，是说天的容貌、海的颜色，本是澄清的(地球演化出现海洋初期)，但是天上时有乌云滚滚，海里时有浊浪排空，怎么办呢？“金猴奋起千斤棒，玉宇澄清万里埃。”乌云滚滚，浊浪排空，只缘妖雾又重来。这里的澄清者是孙大圣，孙大圣代表人类自己“使旧貌换新颜”。

澄海楼二楼上悬有“雄襟万里”匾额，为明代大学士、兵部尚书兼山海关总兵孙承宗所题。现在大家看到的“雄襟万里”匾额，是现代硬笔书法家侯正荣的楷书作品。雄襟万里是说要有开阔的胸怀、远大的志向。人有这样的感怀，与其所在的地理环境不无关系，站在澄海楼上，面对万里海疆，背靠万里长城，从山海关到嘉峪关，心系全国人民，心胸是如此开阔，目标是如此远大。

11.御碑亭。原澄海楼前的御碑亭，是乾隆十九年(1754年)知县钟和梅主持修建的单檐瓦顶建筑。亭内镶卧碑，镌刻了清代诸帝的部分《澄海楼》诗。1900年，御碑亭、御碑被毁，1992年被复建。复建后的御碑亭在澄海楼东30米城墙上，亭为重檐四角，上饰黄色琉璃瓦，亭内御碑上刻有乾隆八年、十九年所题的三首长诗。这是乾隆回盛京沈阳祭祖，往返山海关驻足所作。澄海楼东侧还建有“一勺多”碑，是海运同知王应豫所立。1987年，此地还挖出“一勺多”残碑，整修重竖。此处还有知圣碑、天开海岳碑，但始建年代，主建人不详。

12.老龙头诗三首。老龙头地势险峻，澄海楼居高临下，登上澄海楼向下望，“入海石城”吞吐海浪，激起飞涛阵阵如雪；极目远眺，海天一色，长风吹来，巨浪奔涌，但见雄关高耸，长城莽莽，云水苍茫。古往今来，多少文人墨客、文学大家慕名而来。清帝康熙、乾隆、雍正、嘉庆、道光先后来此，观海赋诗。乾隆帝在“入榆关登澄海楼望海”的40年中，曾留下御书墨宝。现择几首供大家欣赏。

观海亭

（明·戚继光）

曾经泽国鲸鲵息，更倚边城氛祲消。
春入汉关三月雨，风吹秦岛五更寒。
但从信使传封事，莫向将军问赐貂。
故里苍茫看不极，松楸何处梦魂遥。

这首诗是戚继光为守长城有感而作，大意是：过去曾经为光耀国家而平息倭寇。泽，有润泽光耀之意。雄曰鲸，雌曰鲵，有鲸吞，吞并土地之意，所以这里鲸鲵应指倭寇。今日又来到边城守卫北疆平息妖气。祲，古代迷信称不祥之气，或为妖气，这里指后金势力。春天三月山海关城下着潇潇细雨，五更天，诗人睡不着觉，听到轻风吹拂在秦皇岛的海面上，掀起阵阵潮水的波涛声，似有些寒意。只管信使传递着边塞防务的军情要事，不问我立功请赏的事，赐貂，皇帝恩赐的重赏。貂皮为珍贵之物。隔着大海向南望去，看不清我的故乡，山东登州在哪儿？只有在夜梦里，我的魂魄才能飞到遥远的家乡。松楸指亲人坟墓，我亲人的坟墓在何处？

澄海楼

（清·爱新觉罗·弘历）

我有一勺水，泻为东沧溟。

无今又无古，不减又不盈。

腊雪难为白，秋旻差共青。

百川归茹纳，习坎惟心亭。

却笑祖龙痴，鞭石求蓬瀛。

谁能忘天倪，与汝共濯清。

这首诗的大意是：我有一勺水，泼出去，化为东海。东沧溟指东海，溟指海，沧形容海之大。东海是怎么形成的？按照人类的年龄来看，它无所谓开始，也无所谓结束。海水的量似乎也没有减少，或增多到无法承载的地步。腊月雪，也很难有浪花那么白，虽然和秋天的天空不同，却一样美丽。千条江河归大海，然而，大海是险阻，不可逾越，唯有在心里能沟通往来。讥笑祖龙真是傻得可爱，为求仙，竟然用神鞭把石头赶下海。去寻找蓬莱、瀛洲。谁能忘记与那天地相连的地方。倪，指端倪；天倪，指天边，天地相连的地方。我愿和你一起洗去身上的尘埃，濯清，洗去尘埃清晰可见。

长相思

（清·纳兰性德）

山一程，水一程，身向榆关那畔行，夜深千帐灯。

风一更，雪一更，聒碎乡音梦吧成，故国无此声。

澄海楼

（清·陈丹）

长城万里跨龙头，纵目凭高更上楼。

地近蓬壶仙作主，杯倾海屋酒添筹。

大风吹日云奔合，巨浪排空雪怒浮。

借得雄涛浇磊块，又看新月上银钩。

这首登澄海楼望海诗，写得颇有气势。诗作开篇就指出澄海楼建在万里长城的龙头之上，独占地利，凭高纵目，登上澄海楼更上一层楼，仿佛蓬莱仙岛也近在眼前了。在澄海楼中举杯豪饮，仿佛自己就是仙人。看大风吹云彩，云聚合海浪增加了能量，巨浪排空，卷起的重重浪花，可借此浇熄心中不平之火。不知不觉中，新月已经悄悄地升上了帘钩。最后一句，表达了作者为眼前的景色陶醉而流连忘返的心境。磊块，累积的大石块，即大地。

历史人物简介

①孙承宗(1563—1638)，字稚绳，号恺阳，河北高阳人，明代著名军事首领，相貌奇伟。41岁中一甲进士第二名(榜眼)，58岁起做天启帝朱由校侍读，依借帝师地位，年近花甲走进了明朝后期的权力中心。天启二年(1622年)因广宁(辽宁北镇)失守，辽东经略熊廷弼去职，明熹宗命孙承宗为兵部尚书兼东阁大学士督师蓟辽坐镇山海关，是历史上坐镇山海关级别最高的官员。他创造性地将战车、舰船和火器结合在一起，在南山海关军营，创建了以热兵器为主要杀伤手段的12车营和中国历史上第一支以火器为主要装备的海军，还组建了从海上登陆作战的两栖部队。战略上贯彻主守关外的战略思想。经数年努力，构成一道山海关、兴城、锦州坚固防线，成为后金骑兵不可逾越的障碍。从努尔哈赤到皇太极，始终都没能突破这道防线。在屡次碰壁之后，迫使后金望宁远而却步。这道防线历时20余年，稳定了辽西走廊的军事局势。

孙承宗重用袁崇焕等一大批忠实文武官员，边防大备。不但扭转了那种颓败之势，而且形势越来越好。但也遭到奸臣所害，曾几度卸职回家，又几度蒙诏起用，直到崇祯十一年(1638年)十月，清多尔衮又一次率军踏破长城，侵犯畿南。孙承宗以76岁的高龄，率领全家及高阳民众奋起抵抗，因敌我兵力相差悬殊，高阳城很快就被攻破，孙承宗被清兵抓获。多尔衮听说抓到了孙承宗非常高兴，亲自来劝降，孙承宗严词拒绝。孙承宗坐在一把椅子上，令两个清兵用白绫将自己勒死，从容而又壮烈地结束了自己的生命。在保卫高阳战斗中，孙承宗6个儿子、2个侄子，12个孙子、侄孙殉国，全家40余人遇难，满门忠贞，千古英烈，慷慨悲歌响彻燕赵大地，人格气节辉映着中国历史的天空。

②戚继光(1528—1588)，字符敬，号南塘，晚号孟诸，山东登州人。明代著名抗倭将领、军事家，与俞大猷齐名(俞也是抗倭名将，并称俞龙戚虎)。率军于浙、闽、粤沿海诸地抗击倭寇，历时10余年，大小80余战，终于扫平倭寇之患，被誉为民族英雄，卒谥武毅。世人称其带领的部队为“戚家军”。有多部军事著作及诗作传世，戚继光纪念馆现为福建省爱国主义教

育基地。影视制作有电视连续剧《戚继光》。

明隆庆初年，给事中吴时来以蓟门多警，请召大猷、继光专训边卒。部议独用戚继光，乃召之。隆庆二年(1568年)5月，命为都督总理蓟州、昌平、保定三镇练兵事。戚继光再次来到他年轻时的戍守之地，直到万历十一年(1583年)被调往广东。前后16年，他为明长城防御体系的最终完善以及抵制蒙古兵入侵，作出了不可磨灭的贡献。

戚继光修建的长城由城墙、敌台、墙台、烽火台、关城等几部分组成。对工程质量要求极为严格，他把双侧包砖的城墙定为一等边墙，单侧包砖的城墙定为二等边墙，石头砌的城墙定为三等边墙，要冲地段一律为一等边墙，严禁出现任何偷工减料现象。在城墙垛口下的宇墙上以一定的距离及地势情况设置瞭望孔、射孔，有些地段在外侧城墙筑有雷石凹槽溜道，大大加强了防卫能力。

烽火台与敌台密切配合，形成一定的传烽路线，一遇敌情，举烽鸣烟放炮，迅速地把情况传递到蓟镇防线。一时间，在东起山海关，西到居庸关的1000千米防线上，长城随着地势蜿蜒起伏，加之疏密分布的敌台、烽火台、关城等建筑，高低相间，蔚为壮观。

③纳兰性德(1655—1685)，清代著名词人之一。他的诗词不但在清代词坛享有很高声誉，在整个中国文学史上，“纳兰词”也占有光彩夺目的一席之地。他所生活的时代满汉融合，贵族家庭兴衰关联王朝国事，以及侍从帝王，却向往平民的经历，构成了他诗作的特殊环境与背景。加之他个人的超逸才华，使其诗词创作呈现独特的个性和鲜明的艺术风格。

纳兰性德，年少聪颖，文武双全，康熙十五年(1676年)，殿试中二甲进士第七名，年仅22岁。授三等侍卫，武官正三品。纳兰性德31岁便与世长辞。现存诗词349首。刊印《侧帽集》《饮水集》《渌水亭杂识》等。

④陈丹，字自修，江南山阳(江苏南京一带)人，举人，清康熙七年(1668年)任永平府知府，文武兼长。

二、南海口关

13.南海口关。南海口关是屹立在老龙头海蚀崖上的一座关隘。据明代《山海关志》记载：“南海口关，城南十里，海岸近浅处多巨石块叠，因筑城之。每潮汐至，水浸女埤，城尽处深不可犯。”明初徐达建山海关城时，看这里的地理位置险要，决定在此驻兵把守，修万里长城第一道关口。是时，南海口关有官兵171员，马5匹，军器139件。天启二年(1622年)，兵部尚书孙承宗在此设龙武营驻防。

南海口关建筑规模不大，无突出的台身。台面高5.4米，下有3.2米宽，3.9米高的拱券门洞，券顶高1米，为三网三伏做法。拱脚用条石砌筑，洞内用条石墁地，内有石制门槛及木质大门。城台上建有守关箭楼，后来城楼被毁，城门砌塞。1986年修复老龙头时，清理地基时清理出南海口关墙基，并在此基础上复建了南海口关。

图14-14　南海口关

14.邓小平题词碑。在南海口关西侧有一块石碑，上有1984年9月，一代伟人邓小平“爱我中华，修我长城”的题词。

15.靖卤一号敌台。靖卤台是明长城东部起点第一座海上敌台。海拔15.6米。据《临榆县志》载：“靖虏一号台，在海口尽头，屹立海水中，明嘉靖四十四年(1565年)，主事孙应元建，实为敌台之始。”始建起因是1564年冬，蒙古兵从海面上入侵，踩着海冰，蜂拥而至，南海口官兵仓促应战，天助大明，海冰破裂，敌军纷纷落入海水之中，明军化险为夷，侥幸取胜。次年，孙应元则把长城向海中延伸，并修建了这座敌台，名“靖虏一号敌台”。靖虏指平定敌虏，“虏”即指从海面入侵的蒙古兵。隆庆四年(1570年)，戚继光整修长城时，将其改为“靖卤一号敌台”。“卤”指海水，海水熬盐时剩下的黑色液体，叫卤水，有毒。靖卤是使海水平静，没有水患。“卤”指水患，山海关出现的“维藩首善”，更希望没有水患。

敌台是防御工事，可以用来驻兵、屯武器、观察敌情，还有箭窗，向外射击。原靖卤一号敌台已毁坏，1987年山海关文物部门在原址上复建。复建后的靖卤台为四棱形骑墙空心敌台，南连入海石城，北接南海口关长城。台东凸出城外3.3米，台西凸出城内1.6米，全高15.6米，台体

图 14-15　老龙头景点立体图

分上、中、下三部分：下部为高7.41米的实体建筑；中部为高4.41米的空心台体。内有3个券室，有6个过券洞口连通各室。券室四周开6个券窗，用以瞭望、守战、日照、通风；上部台顶建筑，城台面高11.81米，中部西侧建一座出口铺房，是储存军火器械、弹药的库房。台顶犹如一艘巨型船舰，即使波涛汹涌来袭，士兵们仍可以自由出哨巡视。

16.入海石城。入海石城即长城伸入海中的部分，北接靖卤一号敌台，南浸万顷波涛，构成封锁海面的制高点。海拔25米。

入海石城建于明万历七年(1579年)，为蓟镇总兵戚继光派参将吴惟忠修建，主要是防止女真、蒙古族骑兵沿海岸地带进入关内。

据《临榆县志》载：“万历七年增筑南海口关入海石城七丈。”清康熙三年(1664年)山海关管关通判陈天植在《重修澄海楼记》中有：“仆仆于山榛水湄之间，长城之杪，又甃石为垒，截入海中，高可三丈许，长曰数倍，曰‘老龙头’，此则明将戚继光所筑。”这座海中之城具体坍塌年代不详。1987年以前，只见到几块条石及建筑遗址。经实地考察，堆积的巨型花岗岩石块有300多块，遗址长约30米，宽10米，落潮时可清楚地看到裸露墙基的尽端。入海石城巧妙地利用海岸岬角高地为墙基，以花岗岩石块找平，上面再起城体。石块上可见燕尾形凹槽或圆形透眼，用浇灌白矾、松香、铁末熔液，冷却凝固将相邻的石块咬合在一起。1987年复建的入海石城，伸入海中22.4米，宽8.3米，高9.2米。墙体是用花岗岩巨石垒砌的，共有9层。其中4、5、6层是用古城遗址上残留的花岗岩石块，让人们有机会领略入海石城的原始风貌。

三、海神庙

17.海神庙。海神庙位于老龙头西侧。明洪武十四年(1381年)，开国元勋徐达主持修建长城32关隘时，为了调运军需民用物资，在山海关石河口内修。由于出海人把“海上风平浪静，平安返航”的希望，寄托在海上保护神身上，在老龙头至石河口之间修了海神庙。

最初在石河入海口至老龙头依次修了龙王庙、妈祖庙、北海神庙、海神庙四座庙宇。明清两代香火极盛。明万历十三年(1585年)主事王邦俊，清乾隆四十四年(1779年)、光绪元年(1875年)知府游智开进行重修修海神庙。这些规模宏大、风格迥异的古代建筑大部分都毁于光绪二十六(1900年)八国联军之手，再经过几十年的风化剥蚀和人工损坏，四座庙宇已荡然无存，但遗址尚在。1987年，在清基探查时发现了汉满两种文字对照镌刻的“御批”和祭祠文的巨碑。1988年，山海关区政府为了开发旅游资源，丰富老龙头景点内涵，集资450万元，按原貌复建海神庙。复建后的海神庙，东距老龙头350米，与老龙头东西呼应。它综合了原有龙王庙、妈祖庙、北海神庙、海神庙四座庙宇的优点。主体建筑伸入海中124米，坐南朝北。东西宽22米，三面环水。总面积达1700平方米。按南北中轴对称布局，由北而南依次是牌坊、三孔桥、山门、海神殿、游廊、天后宫、栈桥、观海亭。内部有门神、海神、天后、八仙等塑像26尊。海神殿居于整个庙宇的中间，天后宫居海神庙之南，两殿一南一北构成海神庙的主体建筑。

过牌坊便是一座三孔桥，过桥可见山门，山门上书“海神庙”三个字，古朴庄重。山门左右各有耳房一间，门前各有幡杆旗一帜。海神庙和一般佛教寺院不同，它里面供奉的不是四大天王，而是“天佑”“天应”两位海中神将。“天佑”是老天保佑，“天应”是天应地灵。传说这两位神将原来都是大海里的怪物，后被天后娘娘降伏，成了天后娘娘的得力助手。

18.**海神殿**。海神殿位于整个海神庙的中心位置，殿门上方悬有乾隆御笔书写的匾额“汇溟宁宴”，殿门两旁有一副对联：

翕受 奠坤维 澜安拱极

灵长 资坎德 派演朝宗

这是乾隆四十四年(1779年)，清高宗弘历御书的一副楹联。楹联为二、三、四断句，翕受：吸收；奠：定；坤维：本指大地中央，这里指华北地区；澜安：波涛平静，没有水患；拱极：拱卫北极星，喻拱卫京城。上联的意思是北海(渤海)接纳众水，使华北地区没有水患，众河平静，保卫了京城安全。灵长：指水流广远绵长；资：凭借；坎德：指水往低处流的性质；朝宗：诸侯朝见天子，漂流注入大海。喻比大海是众流的中心，天子是人心所向。下联的意思是众河上游支流多，凭借水往低处流的本性，最后汇聚到主流得以入北海(渤海)。也隐喻天下百姓朝宗。横批：“汇溟宁宴”意思是众河汇入平静的大海。乾隆帝在这里祈求与感谢北海接纳众水，防范河流水患，从而保卫了京城的安全，联想到京城安全，海纳百川，派演朝宗。

海神殿左有钟楼，右有鼓楼。殿前的左右两侧有两个吉祥物，右边的叫“乘黄”，也叫“飞黄”。飞黄是传说中的神马。《管子·小匡》：“地出乘黄。”尹知章注：“乘黄，神马也。”唐朝大文学家韩愈鼓励其子韩符明志：“飞黄腾踏去，不能顾蟾蜍。”后来，人们就用“飞黄腾达”来比喻一个人的官运。“乘黄”也指长寿，在《山海经·海外西经》中：“白民之国有乘黄，其状如狐，背上有角，乘之寿为两千岁。”看来乘黄的功能有两条，一是长寿，二是升官。左边的叫“龙马”。我国古代传说中龙马是龙头，马身，有两个可以张开的翅膀，叫的声音很好听，能“鸣声九音”。《礼记·礼运》载：“河出马图。”孔颖达疏引《尚书中侯·握河纪》：“伏羲氏有天下，龙马负图出于河。”还有的古书上说，这龙马就是乘黄。在海神殿前面设立龙马、乘黄的塑像，取其 “河水之精”的含义。①

海神殿正中端坐着海神，身着黄袍，气宇不凡，两边站着他的助手。渤海湾一带供奉的北海之神，叫禺京。禺京为了能让大海风平浪静，手持弓箭，查看大海，哪儿的海浪过高，就射箭击碎它。同他一起守候大海的还有他的两个助手巡海夜叉。为了能让陆地风调雨顺，禺京选拔了几位得力的干将。

这两位是千里眼和顺风耳，千里眼眼观六路，能看清千里以外的东西，顺风耳能听到随风传送过来的声音。这两位巡海夜叉是道教的保护神，负责搜集陆地旱涝气象信息。“千里眼”名叫高明，“顺风耳”名叫高觉。在《封神演义》中，高明、高觉是商纣王手下的两员大将，后被姜子牙降服，专门为海神收集风雨雷电四妖的信息。雷公是司雷之神，头似猕猴，嘴似鸡形，肩膀上长了一双翅膀。左手拿椎，右手使槌，可兴雷鸣，阳性，故称雷公。电母是司掌闪电之神，可兴闪电，阴性，故称电母，又称闪电娘娘。电母为雷公之妻，夫妻俩吵架就会有雷电交加的天气。左边这两位是风婆和雨师。风婆是掌管风的神，雨师是兴雨的神。

古代的神明，都是凡人想象力和良好愿望的表达。今天，千里眼和

① 吉羊. 神聊秦皇岛. 石家庄：河北人民出版社，2008：147.

顺风耳搜集气象信息的业务已经被人类的气象卫星所代替，四妖的活动情况了如指掌。为防止雨妖作怪也有放炮驱散云雾的办法和措施，人工降雨取代雨师已露端倪。

19.天后宫。天后宫是为纪念消除水患的天后娘娘而建的庙宇，明代叫天妃宫，清代改为天后宫。明祁顺《天妃庙记》：“天地之间海为最巨，海之神天妃为最灵。”海神庙正殿背后有一副楹联，这副楹联表达了水之巨。地球是太阳系唯一有水圈的星球，海洋占地球总面积的71%，陆地上也到处都有水，所以这副楹联是“五湖四海都是我，九江八河一家人”，横额用“风平浪静”来表达出海人的祈盼，盼望有海上保护神——天后娘娘能保护出海人平安返航。

水孕育了生命，养育了生命，生物细胞吸收营养物质是通过水这个唯一媒介来实现的，用纳米技术过滤出来的小分子水，更便于细胞直接吸收营养物质，所以人类赞美水的阴柔之美，不卑不亢的“石穿”精神，崇尚水的智慧：“智者乐水，仁者乐山”，崇尚水的品格：“上善若水，水善利万物而不争。”在天后宫大殿一层楼屋檐上横额用“盛德在水”表达了人类对水的崇尚。水能载舟，也能覆舟，洪水冲坏良田、房屋，海上惊涛骇浪沉没船舶。人类对水的评价是功大于过，对于水之过，人类祈盼有一位海上保护神保佑渔民作业平安无事。为了出海前能进行祈祷，还建了祠庙，人类在广阔的想象空间创造出不少海神来克制水之过，其中男身叫海神，供奉在海神殿；女身叫天后，供奉在天后宫。

传说中的天后娘娘，本名林默，生于宋建隆元年(960年)3月23日，福建莆田市湄洲岛人。出生时就显异象，红光满室，香气四溢，因从来不哭闹而取名林默。林默童年时即有预测天象的特异功能，擅长海上救护，至宋雍熙四年(987年)9月9日于乡间湄洲峰上羽化升天。林默能知人旦夕祸福，深受渔民的爱戴。她死后，当地人在湄州岛上建了一座小庙来纪念她，并尊称她为妈祖。出海人为获得妈祖的庇佑，出海前进行祈祷，一帆风顺，先在沿海建了妈祖庙，后来已不局限于沿海一带，在内陆也建了妈祖庙。随着历代皇帝的褒封，妈祖的称谓也从妈祖婆婆、夫人、妃、天妃、天后，直至晋升到“天上圣母”。同时，皇帝还颁诏天下行“春秋谕祭”。

随着移民东渡，妈祖也去了台湾。“向四海显神通千秋不朽，历数朝受封典万古流芳”，这是天后宫门前的一副楹联，是清光绪二十六年(1900年)9月，孙中山(1866—1925年，广东香山人)先生首次赴台湾策划惠州起义，与梁启超一起到台北妈祖庙朝拜天后娘娘时，梁启超挥笔题对的。上联是赞誉海上保护神妈祖的功劳，下联是妈祖受到历代朝廷的封典，万古流芳。

现在，妈祖已成了联系海峡两岸中国人的和平使者。大陆的妈祖神像多次到台湾，受到极其热烈的欢迎，各界人士顶礼膜拜；台湾的渔民也经常到大陆来参拜妈祖。妈祖是受华夏儿女尊崇的海峡女神。

大殿内塑天后娘娘像一尊。天后娘娘头戴金冠，仪态端庄，面目慈祥，与海神相比，更具人间温情，两旁童男童女侍立。一楼悬挂的匾额“珠宫涌现”，是清乾隆八年(1743年)，清高宗弘历御赐。“珠宫涌现”匾，是乾隆去盛京拜祖还京，途经山海关时，游老龙头，登澄海楼时，“雪霁千峰，波明万顷，天容海色，洵属奇观”，令乾隆帝龙颜大悦，欣然为天后宫御书匾额“珠宫涌现”。大殿二层背面悬挂的匾额“万里波澄”，是清康熙四十二年(1703年)，清圣祖玄烨御题。殿后左右壁上镶嵌有卧碑，上有乾隆、嘉庆的诗题。檐下悬额为“天后宫”。

后宫里有一幅八仙图。二楼还有八仙的塑像。八仙的传说，始于唐代。唐代时，道教受到统治者的青睐，唐高宗李治以老子李聃为李氏祖先，并封老子为太上玄元皇帝，道教得到了很大发展。道教里的八仙传

图14-16　海神庙远景图

说不断演变，到了明代，八位神仙的姓名才最终确定下来，即张果老、汉钟离、曹国舅、蓝采和、李铁拐、韩湘子、何仙姑、吕洞宾。

20.观海亭。漫步穿过天后宫，经栈桥就来到观海亭。观海亭是海神庙伸向大海的尽头，是游人观海、休闲的地方。观海亭重檐六角，端庄古朴，亭亭玉立，八面来风，站在亭上，就像乘坐一艘小船在海上漂流，海天一色，云雾茫茫。雨天，一排排巨浪滚滚而来，狂涛怒浪，一派海上风光。

21.六国兵营。据《帝国主义列强侵华铁路史实》载，1900年9月，英、法、德、意、日、俄、比、奥八国联军统帅瓦德西(1832—1904，德国人，1901年回国)大举侵华，9月7日，清政府与侵略者签订了丧权辱国的《辛丑条约》。其中，第9条以守护关内外铁路的名义，各国有权在山海关、秦皇岛、唐山、天津等12处驻扎军队。10月1日，英军先攻占山海关车站和老龙头炮台。随后，俄军占领了山海关北洋铁路官学堂、山海关铁路工厂。次日，各国联合舰队抵达老龙头海域，登陆烧杀抢掠，百姓惨遭涂炭。不久，关内铁路全被英军侵占，关外铁路(山海关至大虎口及营口)由俄军霸占。此后，山海关车站以南沿海地带建立了6处外国兵营。

日本兵营在关城南4里的“四炮台”，建于1902年，内有军官楼、士兵楼、警卫楼、下女房、水牢等。兵营常驻兵100—200人。1945年，日军投降撤走，现仅存将军楼一座。法国兵营在小湾村北，内建指挥室、士兵房、军械库、禁闭室等，兵营常驻兵500人左右，“二战”期间撤走。英国兵营占地最广，除海边的宁海城外，还有海神庙的印度兵营(印度当时为英国殖民地)，“二战”期间撤走。德国兵营在石河口东，1914年“一战”爆发后撤走。俄国兵营在铁路工厂南侧，因1905年日俄战争中失败撤走。比利时兵营在老龙头东(沈阳铁路局南海疗养院)，1919年后转为意大利兵营，常驻兵200—300人，1942年撤走。另外还有一个“六国饭店”，即新中国成立后的铁路小学。以三条骡牵引的小铁道连接英、法、意三国兵营，专供运输给养和士兵乘坐之用。

1936年出版的《冀东分县地图·临榆县》，曾清楚地标注日、意、法、英四国兵营的地理位置。1945年9月，日本侵略军投降，六国兵营也“寿终正寝”。如今，此遗址是西方列强侵华的历史证据，教育后人毋忘国耻的生动课堂。

背景资料

①山海关北洋铁路官学堂。清光绪三年(1877年)，洋务派官僚李鸿章在唐山创办开平矿务局，是中国最早用机械采煤的大型矿山，为了把煤炭从开平运往天津，开平矿务局于1881年修建了唐胥(唐山开平至胥各庄)铁路，1893年津榆铁路向东延至山海关。1896年，津榆铁路总局(北洋铁路总局)创办了中国第一所铁路学堂，叫山海关北洋铁路官学堂。创始人之一吴调卿，以津榆铁路总局总办的身份兼任铁路官学堂第一任总办。1896年11月20日，北洋铁路总局在上海《申报》上刊登《铁路学堂告白》，公开招生。山海关北洋铁路官学堂校舍坐北朝南。房舍为砖瓦建筑，建造对称整齐。大门门楣悬一横匾，镌刻“北洋山海关”5个小字、“铁路学堂”4个大字。1906年3月27日，停办6年后的“山海关铁路官学堂”在唐山复建开学，称“唐山路矿学堂”，1912年改“学堂”为“学校”，改总办为校长。著名飞机制造专家黄寿恒是1914年从该校毕业后留学美国的，著名桥梁专家茅以升是1916年从该校毕业后留学美国的。1913年9月，该学堂更名为唐山工业专门学校，后多次更名，1952年全国院校调整，学校更名为唐山铁道学院。1972年迁到成都峨眉山脚下，即现在的西南交通大学。

②山海关铁路桥梁厂。1894年，滦河大桥建成，詹天佑在建桥中发挥了聪明才智，为中国人争了气。这一年他被选为英国工程研究会会员。同年，清政府拨白银48万两，组建山海关造桥厂。建厂初期，由英国人担任总管，职工400多人，有桥梁、机器、铁炉等厂房，并且购置了安装桥梁和生产锻件的工具，但生产形式仍以手工和半流动式作业为主。1898年至1900年，先后在英国、日本购置了一批机械设备，山桥厂才初步具备了加工钢梁的生产能力。1948年，山海关解放，山桥厂进入复苏期。1957年、1967年分别建成了武汉长江大桥和南京长江大桥。从20世纪70年代开始，山桥厂的钢梁架结构生产发生了很大的变化，完成了由铆接桥梁向栓焊桥梁的转变，采用喷锌、喷铝等新的生产工艺。如今，山桥厂已过百年，依然有着很强的发展势头。

§3. 千古绝唱孟姜女——姜女庙

姜女庙，原称贞女祠。据《临榆县志》载：“贞女祠在城东十三里望夫石之巅，祀孟姜女。”姜女庙是根据孟姜女哭长城的民间传说而建造的祠庙。初建于宋之前，至明万历二十二年(1594年)山海关兵部分司主事张栋重建时，只有现在的观音殿，殿内正中供奉的是观音菩萨像，左侧是孟姜女像。时隔两年，接任山海关兵部分司主事的张时显来贞女祠上香，一进殿堂，便发现外面明明挂着贞女祠牌子，而主位上供奉的却是观音菩萨，大有喧宾夺主之感。于是他在观音殿前面扩建了孟姜女殿，将孟姜女像请进来，单独供仰。这样，姜女庙也就名副其实了。之后，明崇祯年间，山石道范志完重修时，又增龛。清康熙年间，曹安宁也曾修缮过姜女庙，但无大的改变，基本维持原貌。时至1924年，直奉大战在山海关一带爆发。当时的奉军阵地在威远城到姜女庙一带，司令部就设在姜女庙，张学良将军曾许诺：如果奉军获胜，一定要重修庙宇。双方投入几十万兵力，反复拉锯，大战一个多月，奉军大获全胜。于是1928年，张学良拨款重修姜女庙，重塑孟姜女彩色泥塑像。1956年山海关区政府又组织人力物力修缮姜女庙，重修108级台阶。

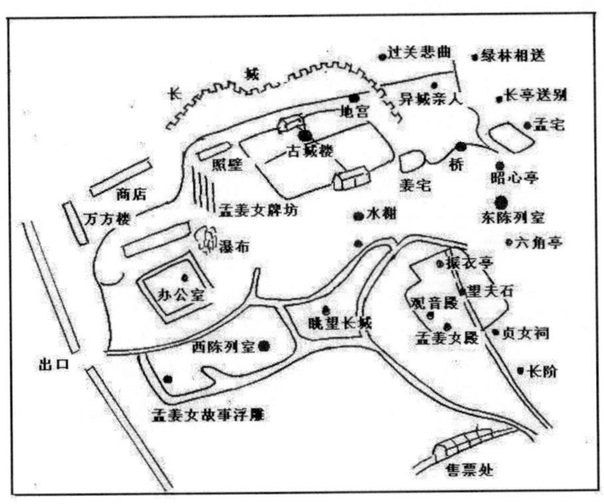

图14-17　孟姜女庙微景位置图

1993年在姜女庙北侧扩建了大型文化园村——孟姜女苑，把孟姜女千里寻夫、哭倒长城的故事情节形象地展现在游客面前，丰富了贞女祠的文化内涵。河北古北口、徐水，陕西铜川等地都建有姜女庙，但唯独山海关的姜女庙，由于它所处的自然地理环境与传说中的孟姜女哭长城最为贴近，被首肯为正宗的姜女庙。现在的姜女庙是按1928年张学良将军重修姜女庙的基本格局复建的，与大海中的姜女坟遥相呼应，俗话说：城中无庙不古，姜女庙正是以其人类永恒的主题——爱情，贯穿始终，使得这里香烟缭绕，钟声回荡。

姜女庙坐北朝南，占地面积为7.2公顷，是一座灰砖青瓦类似于民居的建筑，四周绿茵掩映着红墙黛瓦，格外古朴清幽。1956年，被河北省批准为一批重点文物保护单位，现为国家5A级旅游景点。由108级台阶、山门、钟亭、孟姜女殿、观音殿、孟姜女苑和姜女坟几部分构成。

长阶。长阶是通往贞女祠的漫长之路，共有108级台阶，这108级台阶暗喻着孟姜女千里寻夫的艰难历程。爱情的力量凝聚着两颗心，每一个台阶都会给游人留下长久的记忆，让现代人更加珍惜爱情。沿108级台阶缓步而上，迎面而来的便是屋宇式一字墙硬山顶山门，配上灰色小瓦，小巧玲珑，别具一格。 两侧为红墙，随山起伏环绕姜女庙。山门正中门额上横挂一匾，上书“贞女祠”。那为什么叫山门呢？古时候寺院、庙宇多建在山林之间，远离喧闹的市区，因此才有“山门”之称。后来寺院、庙宇虽然已经移往平地，可这山门的名称却保留下来。寺院、庙宇的建筑方位是正南正北的，即真北方位，这与民用建筑物的方位有所不同。山门是由凡入圣、由迷到悟、由暗到明、由世俗进入佛门的象征。因此，信教徒要将私心杂念留在山门之外。进了山门就能见到孟姜女老奶奶了。

图14-18　长阶

前殿——孟姜女殿。前殿是孟姜女庙的主体建筑，为硬山顶式，三楹四窗，古朴典雅。前殿大门两侧的廊柱上有一副引人注目的抱柱联，叫“海水潮”楹联，传为明代才子徐渭(1521—1593，绍兴府山阴今浙江绍兴人)所作。这副楹联描写了山海关、孟姜女庙一带的自然风光，还表达了一种自然观、宇宙观，揭示了宇宙万物普遍存在的相互消长，常长常消的对立统一规律。落笔成趣，巧妙地运用了“朝”和“长”两汉字一字多义、一字多音的特点，使人思绪万千：一是情景交融，站在孟姜女庙前，仰望蓝天，俯瞰大海，浮云奔飞，海水澎湃，时而激发，时而退落，一部人类文明史何尝不是如此，人生何尝不是如此；二是楹联凸现了诗人的博学，此情此景非这副‘朝长’楹联莫属，让人有无穷的遐思。“海水潮”楹联据说有18种读法，这里给大家介绍最常用的两种读法：

海水朝朝朝朝朝朝朝落，

浮云长长长长长长长消。

三三四断句：

海水潮，朝朝潮，朝潮朝落；浮云涨，常常涨，常涨常消。

三四三断句：

海水潮，朝朝朝潮，朝朝落；浮云涨，常常常涨，常常消。

正中是孟姜女彩色泥塑像，淡装素彩，身披长风而面带愁容，凝视远方端坐于方形的高台之上，千里寻夫来此。孟姜女身旁有一男一女侍童相伴，东侧的男孩，背个雨伞，西侧的女孩在一旁侍立，孟姜女身后有一张彩色壁画，叫“姜女雁阵”。神龛上楣题：“万古流芳”，两旁有一副抱柱联。

秦皇安在哉，万里长城筑怨。

姜女未亡也，千秋片石铭贞。

这副楹联的意思：秦始皇你还在吗？你修的万里长城给老百姓带来的苦难，怨声载道，孟姜女没有死，望夫石上，姜女坟上都铭记着她的名字，她的贞节名垂千古。

孟姜女忠贞于爱情，受到广大劳动人民的爱戴。明、清以来，到这里进香的人络绎不绝，特别是帝王将相，也多有登临。两侧卧碑上就有清康熙、乾隆、嘉庆、道光四位皇帝御题。而且从乾隆帝“应劭又云国君姓，千秋究史轶真传”的感叹到嘉庆帝“齐东野语虽难究，节烈堪褒闺阁贤”的赞美，不难看出孟姜女故事内涵的魅力。同时，许多文人墨客来此游览，也都即兴挥毫，留下诗文。清代著名学者顾炎武到山海关外拜谒孟姜女，浮想联翩，借景抒怀，写下了这首诗，表达了他忠贞不渝的爱国之情。

望夫石

（清·顾炎武）

威远台前春草萋，望夫冈畔夜乌啼。

九枝白日扶桑上，万叠苍山大海西。

国是祇凭三寸舌，老谋终惜一丸泥。

愁心欲共秦贞女，目断天涯路转迷。

清·爱新觉罗·玄烨（康熙）
多少征人埋白骨，独将大节说红颜。
朝朝海上望夫还，留得荒祠半仞山。

清·爱新觉罗·弘历（乾隆）
应劭又云国君姓，千秋究史轶真传。
墨胎可比伯夷贤，戊戌曾经此泐篇。

清·爱新觉罗·颙琰（嘉庆）
免罪吊庐义凛然，翻因善哭迭讹传。
齐东野语虽难究，节烈堪褒闺阁贤。

清·爱新觉罗·旻宁（道光）
当年抗节塞门风，凄惨孤芳付海东。
一点灵犀通冥漠，想他好合两心同。

东侧的墙壁上镶嵌着一块“天下第一关”石匾，笔力雄健，这是1928年张学良将军拨款重修姜女庙时请人拓刻的匾。殿内正中塑观音、文殊、普贤三位菩萨像。观音菩萨面容慈祥，身着长衣，双手合十盘膝落座于莲花宝座之上，童男童女侍立左右；东侧普贤菩萨手持如意，安详自如；西侧文殊菩萨，手持书卷，全神贯注。主位供奉的是观音菩萨，孟姜女在侧位上。

望夫石。后殿之后，有一块花岗岩巨石，上面有几个石窝窝。传说是孟姜女老奶奶寻夫时，眼睛凝视远方而踩出来的脚印，石壁上还刻有“望夫石”三个字，是清顺治八年(1651年)，山石道白辉所书。那么，望夫石是怎样得名的呢？

图14-19　望夫石

相传孟姜女千里寻夫来到长城脚下，天色已晚，城门已关，孟姜女无法过关，只好站在这块石头上，眺望远方，希望能够看到丈夫的影子。可是，夜色茫茫，她什么也看不见，于是她焦急地站在石头上走来走去，没想到一夜之间，她的脚印深深地印在石头上，这些石窝窝就是孟姜女老奶奶当年留下的脚印。为了纪念孟姜女对爱情的忠贞，人们把这块石头叫“望夫石”。现在的“望夫石”已经成为忠贞于爱情的象征。旁边摹刻的是清乾隆八年(1743年)十月，乾隆帝凭吊孟姜女所题的《姜女祠》。

凄风秃树吼斜阳，尚作悲声配国殇。
千古无心夸节义，一身有死为纲常。
由来此日称姜女，尽道当年哭杞梁。
常见秉彝公懿好，讹传是处也无妨。

这首诗的大意：斜阳中凄风吹在秃树上，发出哀吼之声。这一阵阵哀吼之声是在哭吊那些为保卫国家修长城而捐躯的民工。千百年来没有很好地赞扬你的节义，你是为三纲五常而死的。后人称赞你时，都在述说你哭悼杞梁的故事，以至哭倒长城800里。树立这样一个好的典范，对建设好社会道德风尚是有利的，即使孟姜女的故事是以讹传讹也无妨。出于维护封建统治阶级利益的需要，乾隆欣赏的是烈女殉夫，提倡的是“伦理纲常”，丝毫不触及孟姜女反抗暴政的性格特征。

梳妆台。望夫石旁有一个小平台，后人为纪念孟姜女千里寻夫的艰辛，即将要见到自己日夜思念的丈夫，心里十分高兴，走起路来也精神抖擞。走着走着，低头一看，自己的衣服由于长途跋涉已经破烂不堪，鬓发显得很蓬乱，怎么能这样去见自己的丈夫呢？孟姜女就想找个地

图14-20　梳妆台（左）和振衣亭（右）

方梳洗打扮一番，可长城脚下一片荒凉，上哪儿去找呢？磨出一个小圆坑，捧来一把雪，化雪水梳洗打扮。说来也巧，经过雪水洗浴，孟姜女更加清秀美丽。后人为了纪念孟姜女，把这个平台叫梳妆台。这又是一个情真意切、感动上天的情节，精诚所至，金石为孟姜女大开方便之门。

振衣亭。在望夫石之后有个六角攒尖顶式的小凉亭，叫振衣亭。孟姜女忠贞刚烈，受世人敬仰，就连身为天子的皇帝对孟姜女也赞叹有加。

振衣亭即为清康熙帝拜庙宴坐更衣、休息观景而建。振衣亭地势较高，居高临下，南望大海，北眺群山，是一处观长城览海胜的好地方。

钟亭。山门右侧的山顶上有一个小凉亭，亭内挂一口古钟。相传在宋以前建庙时就有这口古钟。原物已失，现物是1924年重铸的。铁钟重500千克，高1.22米，厚0.08米，钟身有八卦图及铸钟捐款人的姓名。敲击古钟，山鸣谷应，洪亮悠扬的钟声回荡于山海之间。

海眼。凤凰山北麓有一天然峭壁，峭壁下有一深洞，常年积水。传说这个洞能通大海，是大海的眼睛，故名“海眼”。大海是人类的故乡，这个洞能通大海，虽然是一种传说，仍然有不少游客来到海眼旁，仔细聆听，希望通过大海的涛声，听到故乡传来的信息。孟姜女仍不见丈夫范杞梁的身影，她绝望至极，在此她纵身跳进大海，殉夫而死。就在她跳入大海的一瞬间，海上卷起波澜，汹涌澎湃，海面上升起两块礁石，这便是“姜女坟”。礁石又成了海鸥、大雁的栖息地，春秋两季在姜女坟上空呈多字形徘徊，来看望孟姜女老奶奶，赞美她对爱情的忠贞。“姜女雁阵”是因海鸥、大雁在姜女坟上空呈多字形徘徊而得名。为古榆关八景之一。明朝王一士老先生，看到这里有感而发，赋诗一首加以赞美。古榆关八景之一。明朝王一士老先生有感而发，赋诗一首：

图14-21　姜女坟（左为墓碑）

坟头秋草带秋霜，雁唳嗷嗷断客肠。

硬骨千年依渤海，哀鸣一片绕寒塘。

风云阵就方成队，鱼鸟门分又作行。

飞来飞去孤冢上，低徊似吊烈芳名。

孟姜女苑。1992年，根据孟姜女哭长城的民间传说，山海关区政府出资在姜女庙北侧修建了大型文化园林——孟姜女苑。占地20433平方米，景观以孟姜女哭长城的故事为核心，辅以桥、亭、廊、榭、湖等仿江南园林建筑，造型别致，秀美多姿。孟姜女苑门两侧有一副楹联：

万里长城屹立，秦皇功过存山证。

千古故事流传，姜女有无问海潮。

此联为原中国曲艺家协会主席陶钝(1901—1996，山东诸城人)所题，意在告诉人们，秦始皇修长城的功与过，应由万里长城所穿越的大山来作证，孟姜女哭长城流传千古，有无孟姜女这个人应由海潮来作答。应正确地评价秦始皇修长城的功过，正确看待孟姜女的有无。秦修长城一方面抵御了北方游牧民族向南侵扰，保护了边塞人民的生命财产安全；另一方面给当时的劳苦大众带来了难以承受的负担，上演了一出又一出的人间惨剧。修长城抵御外患，本身就是一把双刃剑。孟姜女苑作为一种历史文化现象的载体，反映的是那些年代统治者抵御外患的思维方式。到了清朝则采用“罢修长城”，“固国不以山川之险”，强调用民族团结的方式抵御外患，用这种方式抵御外患，孟姜女千里寻夫哭长城的故事可能就不会发生了。

紫燕衔籽。在江苏松江一带有个孟家庄，庄里有一位老员外，他一生积德行善，曾救过一只受伤的燕子，燕子为了答谢孟员外的救命之恩，给孟员外衔来一粒葫芦籽。葫芦籽种下、长势喜人，竟然爬到了邻居姜家院里，转眼到了秋天，葫芦藤上结了一个大大的葫芦。

姜女出世。到了秋收季节，孟姜两家商量要平分这个葫芦。一家一半，一家做一个瓢。正在商量之时，突然听到“啪”的一声，一道强光闪过，葫芦自动裂开，从中跳出了一个又白又胖的女娃。四位老人看到可爱的女娃万分高兴，因为葫芦根在孟家，结果在姜家，所以给这个娃取名叫孟姜女。

闺房才女。孟姜女生下来非常可爱，长大后更是美丽动人，而且琴棋书画样样精通，可以说是才貌兼备。

捉拿杞梁。秦始皇东巡至碣石，求仙寻长生不死之药，卢生从海上带回来的一句谶语："亡秦者胡也"，秦始皇再三斟酌这个"胡"字：亡秦者，北方匈奴也。于是他派大将蒙恬率领30万大军北击胡人。为防患于未然，下令强抓50万民夫修筑秦长城。这时，有人向秦始皇举荐："有一书生名叫范杞梁，此人一人之力能抵万人之力，把他抓来就相当于抓一万个壮丁。"秦始皇听后有点动心，就下令捉拿范杞梁。

莲池相遇。杞梁只是一介书生，哪有抵挡万人的力气，官兵一路追赶，杞梁东躲西藏。一日被逼无奈，跳进孟员外家的后花园。孟姜女与范杞梁初次相遇，一个温文尔雅，一个羞羞答答，两人一见钟情。正是有了这"孟园一日巧相会"，才有了日后"塞外千秋留芳名"。

洞房花烛。杞梁向孟姜女讲述了自己的遭遇，孟姜女同情杞梁，就去说服父亲把杞梁暂时留在家中。时间一长，孟员外见杞梁是个知书达理之人，又见两人情投意合，就有意把女儿许配给他。

夫妻离散。孟家庄有一恶棍名叫孟福，一直垂涎孟姜女的美貌。孟员外考虑到女儿将来的幸福，多次替女儿拒绝了孟福的求婚。孟福见无法得到美人，自然怀恨在心，就在杞梁与孟姜女的新婚之夜，孟福将杞梁的行踪密报了官府，那天夜里，杞梁被官府抓走，夫妻两散。

夜制寒衣。杞梁被抓走后，孟姜女日夜思念，时时牵挂，时间转眼过去了三年，一夜在睡梦中，孟姜女梦到杞梁在冰天雪地里穿着单衣在监工的鞭打下修筑长城。梦醒后，孟姜女再也无法忍受思念丈夫的煎熬，连夜为丈夫赶制寒衣，眼睛熬得红肿却浑然不觉。

长亭送别。寒衣做好，孟姜女就要踏上千里寻夫的征程。在这座小凉亭孟姜女与孟、姜两家老人告别，孟、姜两家老人依依不舍地送女儿上路，他们对孟姜女千叮咛万嘱咐，嘱咐女儿尽快找到范杞梁，早日回来。

江畔遇险。一日，孟姜女走到江边刚要过江，突然蹿出一条鳄鱼，柔弱的孟姜女怎能抵得过凶猛的鳄鱼？就在这危难之际，一位老渔夫拔叉相助，搭救了孟姜女。

异域亲人。孟姜女急着要见丈夫，日夜兼程。一日。孟姜女终因体力不支，昏倒在路边。多亏有一位老奶奶看到了昏迷不醒的孟姜女，将她接到家，熬药喂饭，悉心照料，待孟姜女痊愈后，老奶奶才送孟姜女上路。

绿林相送。孟姜女继续赶路。一日，她走在山坡下被一群强盗给抢走了，山大王相中了孟姜女的美貌，有意收她为压寨夫人。孟姜女誓死不从，并讲述了自己寻夫的历程。山大王被孟姜女忠贞于爱情的精神所感动，不但不再逼婚，还给她一些盘缠钱，送她上路。

过关悲曲。孟姜女上路后又行走数日，来到一座关隘。正要过关，守城的士兵却让她交关税，孟姜女走了这么远的路，手里已经没有盘缠钱了。士兵说："你既然没有钱交过关税，就给我们演唱一曲吧！"孟姜女没有办法，只好含着眼泪为他们演唱了一曲"十二月悲曲"，唱得悲悲切切，把士兵都感动了，于是放孟姜女过关。

望夫凹石，哭倒长城。孟姜女站在望夫石上眺望，次日终于来到了长城脚下，她问修长城的民工："你们知道范杞梁在哪里吗？"打听好几个民工都说不知道。不知道打听了多少人，才打听到她邻村修长城的民工。孟姜女问："你们是和范杞梁一块儿修长城的吗？"

大伙说："是！"

"那范杞梁呢？"大伙你瞅瞅我，我瞅瞅你，含着眼泪谁也不吭声。

我孟姜女一见这情景，嗡的一声，头发根一乍。她瞪大眼睛急追问：

"俺丈夫范杞梁呢？"大伙见瞒不过去了，便吞吞吐吐地说："范杞梁上个月就累饿而死了！"

"那，范杞梁尸首呢？"

大伙说："死的人太多，埋不过来，监工的叫填到长城里了！"大伙的话音未落，孟姜女手拍着长城，失声痛哭起来。她哭哇，哭哇。哭得日月无光，秋风悲号，海不扬波。正哭着，忽听"哗啦啦"一声巨响，长城像天崩地裂似地一下倒塌了一大段，露出了一堆堆尸骨。那么多的白骨，哪一个是自己丈夫的呢？她忽地记起了小时听母亲讲：亲人的骨头能渗进亲人的鲜血。她咬破中指，滴血认尸。她又仔细辨认破烂的衣扣，认出了丈夫的尸骨。孟姜女守着丈夫尸骨，哭得死去活来。

始皇逼婚。正哭着，秦始皇带着大队人马，巡察边墙，从这里路过。秦始皇听说孟姜女哭倒了长墙，立刻火冒三丈，暴跳如雷。就要把孟姜女抓来亲自定罪。秦始皇一见孟姜女惊呆了：世间竟有如此美貌的女子？我有三宫六院七十二嫔妃三千宫娥，谁又比得上孟姜女美呢？秦始皇就对孟姜女说："你哭倒了朕的800里长城，费了朕的黄金万两，民夫上千，论罪当斩。如果你答应我一个条件，我不但免你一死，还包你享受荣华富贵！这条件就是做朕的妃子。"孟姜女听了哪里肯依呢！

秦始皇派了几个老婆婆前去劝说，又派中书令赵高带着凤冠霞帔前去劝说，孟姜女死也不从。最后，秦始皇亲自出面。孟姜女一见秦始皇，恨不得一头撞死在这个无道的暴君面前。但她转念一想，丈夫的怨仇未报，黎民的怨仇未申，怎能白白地送死呢！她强忍着愤怒听秦始皇胡言乱语。

秦始皇见她不吭声，以为她愿意了，就更加眉飞色舞地说上劲了："你开口吧！只要依了朕，你要什么朕给你什么，金山银山都行！"

孟姜女："金山银山我不要，要我依从，只要你答应我三件事！"

秦始皇："莫说三件，就是三十件，朕也依你。你说，这头一件！"

孟姜女："头一件，得给我丈夫立碑、修坟，用檀木棺椁装殓。"

秦始皇一听："好说，好说，朕应你这第一件。快说第二件！"

"这第二件，要你给我丈夫披麻戴孝，打幡抱冠，跟在灵车后面，率领文武百官送葬。"送葬呀！"这件不行，你说第三件吧！"孟姜女说："第二件不行，就没有第三件！"秦始皇一看这架势，不答应吧，眼看着到嘴的肥肉捞不到吃；答应吧，岂不让天下人耻笑。又一想：管他耻笑不耻笑，再说谁敢耻笑朕，就宰了他。想到这儿他说："好！朕答应你第二件。快说第三件吧！"

孟姜女："第三件，我要逛三天大海。"

秦始皇："这个容易！好，这三件朕都依你！"

跳海殉情。秦始皇立刻派人给范杞梁立碑、修坟，采购棺椁，准备孝服和招魄的灵幡。出殡那天，范杞梁的灵车在前，秦始皇紧跟其后，披麻戴孝，真的当了孝子。赶到发丧完了，孟姜女跟秦始皇说："咱们游海去吧，游完好成亲呀！"秦始皇可真乐坏了。真美得不知如何是好，忽听"扑通"一声，孟姜女纵身跳海了！

秦始皇一见急了："快，快，赶快给朕打捞上来。"

打捞的人刚一下海，大海就掀起了滔天巨浪。打捞的人见势不妙，急忙上船。这大浪怎么来得这么巧呢？原来，龙王爷和龙女都很同情孟姜女的遭遇，一见她跳海，就赶紧把她接到龙宫。随后，命令虾兵蟹将，掀起一阵狂风巨浪。秦始皇幸亏逃得快，要不就被卷到大海里去了。如今，在姜女庙南8千米南海中，有两块礁石傲然屹立，高者为碑，低者为坟，这就是人们想象中的姜女碑和姜女坟，这里又成了海鸥、大雁的栖息地，在春秋两季排成"多"字形的雁阵，来看望孟姜女，为她对爱情的忠贞点赞。

§4. 万里长城第一山——角山

角山位于山海关城北3千米处，属燕山余脉，因山形似龙角而得名，是万里长城自老龙头起向北蜿蜒爬山的首段，所以又称“万里长城第一山”。

角山长城是指由山脚下旱门关到山顶上大平顶(海拔51.9米)这段1536延米的长城。这段长城有3座敌台，2座战台，2座城台，1座关隘。墙体大部分是由就地取材的毛石砌筑的，局部为城砖和长条石。城墙高7—10米，宽4—5米，建造时有明显的随山就势的特点。山势陡峭处，有利用悬崖峭壁不砌砖的“山险镇虏墙”，有宽为2.7米甚至还有宽为0.42米的小墙，大部分墙体是内侧低缓，外侧高险。高险难于进攻，低缓易于供应缓冲。角山上的长城现在已经大部分坍毁。1986年，山海关区政府曾组织四次维修，1991年又进行了大规模的旅游资源开发工程，修筑长城778延米，复建栖贤寺，改建景点大门，增添旅游架空索道，将景点面积扩展到3平方千米，充实了景点内涵，再现角山长城全貌。站在角山大平顶上，极目远眺，令人想起当年古战场上鼓角齐鸣、刀光剑影的壮观场面。

角山旅游景点集山、城、寺为一体。包括角山长城、角山大门、旱门关、角山索道、栖贤寺等。

角山长城的小围城。在角山的山腰处，长城的内侧建有一座小围城，叫角山关城，是利用长城做小城的外墙。北墙长30.5米，东墙长42米，两墙夹角120°左右。南墙和西墙为内墙，南墙长35.4米，西墙长30.3米，墙宽只有3.3米或2.5米，是用石块堆砌的不规则四边形。城南开一门，山道上下通行，城内原有面阔5间、进深2间的砖房，为守城士兵放武器、弹药、粮草之用。关

图14-22 角山长城

城现已塌圮，残存部分墙基。

角山大门。角山大门是仿明代古城堡建筑形式，造型像山海关的“山”字，中间门楼高12.2米，两侧门楼高11.2米。迎面上额匾“角山长城”四个大字，为黄华题写，背面上额石匾“碧海雄峰”，为贺敬之题写。角山大门1991年施工，当年7月竣工。

旱门关。角山南麓长城上有一道关口，虽然是一道小关口，其战略地位却十分重要，为山海关十大关隘之一。它紧扼山前要津，常为兵家必争之地。据《山海关志·山海关抵黄花镇图》载：“旱门关，在城北六里，角山山脚。”建关之前，此地荒无人烟，为先人墓地。明初建关置要塞驻守，“明嘉靖十四年(1535年)时置官军22员，有兵器35件”。旱门关分城台、城楼两部分。城台高8.4米，台面长8.3米，宽与城墙顶面宽度相同，中间砖砌拱门，三网三伏。门洞内高5米，宽3.1米，进深10.8米，洞内以1米高的条石砌筑壁体，石上是砖砌体。门洞内有两扇对开的木质大门，铁皮镶包，向里开。平时开着，只通步骑，战事临近关闭关门。城台上建有一座歇山瓦顶二层箭楼，规模不大，外围有垛墙围护，因废弃年代久远，其基址无存。现城门洞上方有一石匾，上书“旱门关”三个大字，这是1986年复建时放置的。

旱门关外侧地势平坦，适宜耕作。按照明代守兵“三分守关，七分耕种”的军垦制度，这里很可能是守关士兵种地打粮的地方。

角山索道。进了角山大门，往北走，就来到索道山下站。山下站房为莲台，面积866.11平方米，系仿古建筑。山上站房建筑形式仿“瑞莲捧日”景观特色。架空游览索道距角山长城西侧200米，两者近于平行，呈北北西向。架空游览索道是1991年山海关区政府主持修建，北京起重机械厂研究所设计，锦西杨仗子矿务局施工安装的，是目前国内比较先进的运载工具，全长833米，高差211米，距地面垂直距离为6米左右，吊椅120个，每秒运行1.25米，往返需要22分钟，每小时运客达600人次。坐游览索道，既安全又省力省时，还能较快地到达栖贤寺，饱览角山风光，俯瞰古城全貌及万顷碧波的大海。

角山佛光。在索道山上站下索道，向东北方向走700米的崎岖林荫小路就来到了栖贤寺，迎面便是栖贤寺山门。栖贤寺曾出现过佛光。第一次见到佛光是1996年8月7日，现在已经6次观察到佛光，更为罕见的是1997年7月2日，一日之内早晨和下午各出现一次佛光。

栖贤寺。原名为栖霞寺，因云雾缭绕而得名。清初改为栖贤寺，取聚贤之意。明清时因栖霞、栖贤而成为名胜之地。栖贤寺始建于明初，占地68亩。原建有山门，进山门左侧是萧显读书处、伽蓝殿、咳嗽神殿、望海观音殿、龙神祠、达摩殿、三贤寺、关帝庙、桓侯祠、魁星阁、甘露亭、孚佑宫、神厨、经舍别墅、望京亭、山海亭等。清乾隆、道光、咸丰年间又重修和改建了关公殿、桓侯祠等殿宇。后因长期风化剥蚀及人为破坏，所有建筑塌毁，仅存残墙、基底、月台等。但其环境风貌仍不失当年。每年夏季仍有四方来客游览参观。1990年冬至1991年春，山海关区政府出资800万元，经过考古清理，按栖贤寺原址原貌复建栖贤寺之索道工程。栖贤寺为硬山顶砖木结构，建筑面积为662平方米。栖贤寺位于山海关长城角山段内侧的青山绿树中。风光绮丽，环境幽静，景色宜人，是明清时文人雅士读书消夏的地方。明尚书詹荣和进士、大书法家萧显幼时都在这里读书，辞官后又在此读书、写作、消夏，故有“山海关文化摇篮”之赞誉。

山门上刻着赵朴初为栖贤寺题写的寺名，字体秀朴、端庄。进山门可见“哼哈”二将塑像，神态威严，守卫在山门两侧。正中有一座香炉，香烟缭绕。山门的东侧矗立着一座巨大的钟架，是清乾隆年间的原物，字迹已经模糊不清，隐约可见捐银者、承办者及主持人的姓名字样。钟架上挂有一座铜钟，正面写有“国泰民安，风调雨顺”，背面写有“万代遐昌，亿兆欢腾”，此钟是1991年复建时的仿制品。

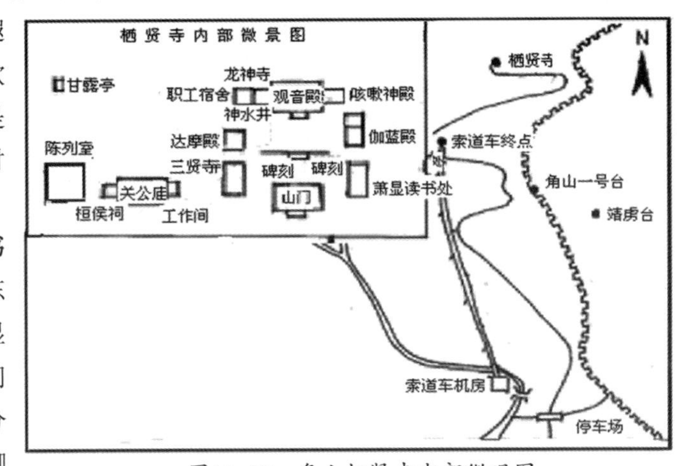

图14-23　角山栖贤寺内部微观图

萧显读书处。钟架东侧是“萧显读书处”，门两侧的对联分别是“适兴聊沽陶令酒，感怀频咏杜陵诗”，横批“渊明遗风”，这是摘自萧显的原诗，因萧显对陶渊明和杜甫很崇拜，故写下此句。据志书记载，萧显少年时在此读书，十年寒窗考中二甲进士，入仕途升至福建按察佥事(按察是省一级司法机构，佥事是辅助或为副职)。1991年重建“萧显读书处”，再现当年栖贤文人雅士聚讲学、读书、写作于一体的情景。室内有仿明代的桌椅、书柜，按书房格局布置。正中塑有萧显读书像，墙壁上悬挂着他与山海关兵部主事陈钦的联句，以及明代文人政客等赞美角山的诗赋。

伽蓝殿。由“萧显读书处”往北走，便是伽蓝殿，是一座佛教庙宇，内供伽蓝佛。伽蓝是僧人伽蓝摩的简称。当年释迦牟尼在世时，舍卫国有位长者名须达多(梵文sudattar的音译，意译为善与、善给、善授)，是古印度拘萨罗国舍卫城的富商，他能将财物施舍给贫苦人，人们称他为给孤独长者。传说他要请佛到舍卫国来说法教化，就同佛的弟子舍利弗商量要选择一个地方供佛和其弟子居住。经过再三考虑，选定了舍卫国太子祇陀的花园。但是太子没有出卖园林的意向，便对给孤独长者说：“你若能在我的花园地上铺满黄金，我便把花园卖给你。”给孤独长者当真这样做了。太子很受感动，便少要了他一部分黄金，二人共同请佛来住，这便是印度有名的祇树给孤独园。后来舍卫国王波斯匿王也归信佛教，为佛陀建立和佛教事业发展作出很大贡献。所以，后代寺庙中伽蓝殿正中供奉波斯匿王像，左为祇陀太子，右为给孤独长者，以示纪念他们护持佛教的功德。但是，在我国佛教寺庙中伽蓝殿有时也供关公像。

魁星阁。出伽蓝殿往东扶栏而上，可见“魁星阁”耸立于山间。魁星阁是建在寺庙群外峭壁上的一座楼阁，地势险要，造型独特，引人注目。阁内有一石碑，碑上有一尊神仙画像，手持神笔，相传是天上文状元魁木狼。上有一副对联：朱衣半身其貌大陋，千古人才尽在一斗。魁星专指魁首天枢星，天枢星是古代神话中的神，主考运。光耀文运昌明，开科取士之吉兆，被人尊称“文曲星”“文昌星”。

咳嗽神殿。伽蓝殿北偏西方向便是咳嗽神殿，是祭拜咳嗽神而建的祠庙。民间为解除咳嗽等常见疾病而对咳嗽神顶礼膜拜。祈祷老天保佑，无病无灾。过去这里香火旺盛，受到当地百姓的奉祀。

望海观音殿。咳嗽殿的西侧是书有“普门示现”“慈航普渡”的望海观音殿。始建于明初，新中国成立前毁于兵火，1991年在原址按原貌复建。建筑为硬山顶砖木结构，面宽12.32米，进深8.96米，建筑面积109.96平方米。内供观音、文殊、普贤三尊菩萨。两山墙壁画是根据传说中的观音菩萨海上救难、大旱降甘霖等故事情节绘制的。

龙神祠。再往西走就是传说中的龙神祠，祠中有神水井，俯视尚有水影波动。传说每当遇到干旱时，人们就来此求助龙王降雨。此井之水吃不尽，而且能治病，所以被人们称为“神水”。

达摩殿。由龙神祠往南走，就到了门额上书“易筋功深”的达摩殿。达摩殿内供奉的是菩提达摩，简称达摩，原名叫菩提多罗，姓刹帝利，为南天竺(今印度)香至国国王第三子。菩提多罗幼年拜释迦牟尼大弟子迦叶后裔般若多罗为师，功成后于南朝梁武帝普通七年(526年)九月二十一日来到中国广州，被好佛的梁武帝(梁第一任皇帝，今江苏丹阳仙镇人，502—549年在位)迎至金陵(南京)，与梁武帝谈佛理不契。在南京雨花台，听神光大师(487—593，俗姓姬，今河南成皋县人)讲法，两人擦肩而过，后“一苇渡江”前往北魏，于魏孝明帝孝昌三年(527年)到嵩山少林寺。菩提多罗面壁9年在此创建中国佛教的禅宗学派，后于西魏文帝大统二年(536年)十月五日圆寂。后人尊达摩为中国佛教禅宗学派始祖，列为500罗汉第307尊。河南嵩山少林神光大师，在雨花台与达摩擦肩而过，知情后追悔莫及，在少林寺先是立雪求法，后又断臂求法，经过6年的修炼便成了达摩的继承人，使嵩山少林寺成为中国佛教禅宗学派佛教徒的朝圣地。他的再传弟子竟然是神光禅师，法号慧可，是学派的第二代传人，得《楞伽经》真传。达摩殿山墙壁画以达摩拜师习教、易筋经、一苇渡江、九年面壁为主题，体现了达摩的高深功业。

三贤祠。达摩殿的南侧是“硕德伟绩载史册，高风亮节勒燕山”的三贤祠。三贤祠是山海关家乡人民为纪念明朝脱颖而出的三位乡贤而修建的庙宇。有明成化二年(1466年)中进士，曾任贵州道监察御史的郑已；有明成化八年(1472年)中二甲进士，曾任兵科“给事中”的萧显；还有明嘉靖五年(1526年)中进士，曾任兵部左侍郎的詹荣。少年时，三人均在栖贤寺读书讲学。重建后的三贤祠，内绘萧显、郑已、詹荣的壁画肖像。所挂的轴画是今人书写的三贤诗赋。

关帝庙。三贤祠西侧，过了洞门就是关帝庙。此处的关帝庙是在明角山精舍旧址上建成的，清道光三十年(1850年)改建正殿三楹，后毁于兵火。现在看到的关帝庙是1991年复建的。关帝庙是纪念关公的祠庙，其实关公并不姓关，一代伟人毛泽东与张治中(1890—1969，安徽合肥人)的一次谈话中就曾经说过曹操不姓曹，关公也不姓关。曹操不姓曹，确是史实，曹操的父亲曹嵩，是东汉末年大宦官曹腾的养子，本姓夏侯，是夏侯惇、夏侯渊的叔父(通过曹姓DNA研究，曹嵩不姓夏侯。三国志记载曹操原本姓氏不详，只记载了曹嵩过继给曹腾做养子而后生曹操，但不清楚曹嵩原本姓氏)。关羽不姓关，虽未见史书，但也是以一定传说为依据，毛泽东很清楚这类传说。1954年，毛泽东来杭州视察，他给当时任浙江省公安厅厅长的王芳(1920—2009，山东新泰人)讲起了关羽不姓关的故事。他说："关公是指关为姓。关公杀了人，打算逃出潼关。岂料出关要报姓名。仓促间关羽指关为姓。"王芳为此查阅了不少文献，终于在《中国古代历史小说考》上找到了关羽不姓关的依据。关羽姓冯，名贤。而冯姓，大概缘于关羽老家是今山西运城常平乡，汉代时是解县宝池里下冯村，关公的冯姓与下冯村有关。

桓侯祠。有关公必有张飞(166—221，字翼德，河北涿州人)，两者在《三国演义》中形影不离，关帝庙西侧便是纪念三国时蜀国名将张飞的桓侯祠。内供蜀将张飞像。曹操入荆州，刘备败于长坂坡(今湖北当阳东北)，曹军紧追不放，张飞仅率十二骑奋勇拒后，曹军不敢贸然追击。刘备定都江南，张飞被任命为宜都太守、征虏将军，封新亭侯。后来随刘备夺取益州，拜右将军。接着又迁任车骑将军，进封西乡侯。在中国传统文化中，张飞以其勇猛、鲁莽、疾恶如仇而著称于世。关羽死，张飞随刘备兴兵伐吴，临行前，因酒后殴打、责罚部将，被部将范强、张达杀害。死后追谥为桓侯，其右侧的站像为张飞参将马奇，手捧书卷。

甘露亭。由桓侯祠往北走，顺台阶而上来到甘露亭。站在亭上，西观燕塞湖碧波如镜，东望万里长城雄伟壮观，北览群山峰峦叠嶂，南看林木郁郁葱葱，使游人顿时为之一振，豁然开朗，大有来此"世外桃源"之仙境，不虚角山一行之感叹。

A. 黄华(1913—2010)，河北磁县人，燕京大学肄业。1936年加入中国共产党。抗战时期，任西北青年救国会组织部部长，全国学联党团书记，延安青年干部学校教育长，朱德的政治秘书，中共中央海外工作委员会秘书长，中央外事组科长。1946年后历任北平军调部中共代表叶剑英的秘书、新闻处处长。新中国成立后，历任天津市军管会外事处处长，中共南京军管会外事处处长，中共上海市委委员、军管处外事处处长，朝鲜停战谈判中方代表，外交部欧非司司长，中国驻加纳、埃及、加拿大大使，常驻联合国代表，外交部部长，国务院副总理、国务委员、全国人大常委会副委员长等职。

B. 贺敬之(1924—)，现代著名诗人、剧作家，山东峄县人。15岁参加抗日救国运动。16岁到延安，入鲁迅艺术学院文学系学习。17岁入党。1945年，他和丁毅执笔集体创作我国第一部新歌剧《白毛女》，获1951年斯大林文学奖。这是我国新歌剧发展史上的一个里程碑，作品生动地表现出“旧社会把人逼成鬼，新社会把鬼变成人”这一深刻主题。历任中国作家协会和戏剧家协会理事、文化部副部长等职。新中国成立后，写了《回延安》《窗口》《中国的十月》等诗篇。

§5. 山水如画——燕塞湖

燕塞湖在山海关西北3.5千米处，1974年，秦皇岛人用3年时间，把往昔横流的石河水锁在山谷之中蓄水成湖，水库水容量6800万立方米，水域面积4.5平方千米。1979年辟为旅游景点，更名为燕塞湖。1984年被河北省批准为旅游定点单位。1985年修建登山索道300米，最大高度60米。1998年建成“鸟语林”，占地1.5万平方米，放养黑天鹅、丹顶鹤、白鹭等珍稀鸟类百余种，3000多只。石河，古名渝水，是山海关一带的母亲河，但是每到汛期，山洪从狭窄弯曲的河道涌出山口，泛滥成灾，冲毁良田，阻断行人。截水成湖后避害扬善，开发成旅游景点。大石河是山海关城的一道天堑。隋唐、辽金时民族冲突多发生在这里；明末，李自成率领20万农民起义军与明蓟辽总兵吴三桂、清将多尔衮大战石河两岸；

图14-24　燕塞湖

北洋时期的两次直奉战争也发生在这里。1933年1月，日本侵略军进攻华北，爱国将领何柱国(1897—1985，广西容县人)奋起抗战也在这里。奇石异景，自然景观妙趣横生。现在我们就来和游客一起品赏一下这些小景。

首山。位于石河出口的右障，山上原建有二郎庙，现建有乐寿、可琴、望岛三亭，错落有致，石河环萦山脚之下。在此南瞻大海浮青色，山巅有一棵古松，昂首挺立，如一武士张开双臂来迎接游客，故名“迎客松”。

五泉山。在湖区西南处，山上多槲树，有五条泉水流入石河。半山间原建有五泉庵，群峰环绕，林木掩映，幽静古雅。“雨过云霞无定景，风回花草散诸香。”每逢深秋，霜打红叶红似火，与苍松翠柏相映，如锦似绣，景色十分瑰丽。

洞山剑峰。山腰有一天然洞，深邃莫测，常有蟒蛇出没，洞窟下绝壁濒临深渊，是石河两支涧水汇于山前形成的深潭；旁有一樵夫小路可通山顶。传说石洞是“吕洞宾斗苍龙”之地，洞为苍龙钻山所撞，剑峰为吕洞宾劈山留下剑形山石。水库建成后淹没，只剩下一片青翠苍碧的湖心岛和“剑峰”供人览胜。

骆驼峰。绕过头道河，西岸山脊突起，湖中峰峦倒影相映形似骆驼，故名“骆驼峰”。骆驼身长500米，驼峰比例匀称，形态逼真，远远望去，如一队驰骋于千里沙漠的骆驼，历尽风尘，静卧湖边，山中月镜，映入湖中形如弯月。岛下平湖如镜，在湖中望岛却呈半圆形，山影倒映，月色幽静，形影合一，著名诗人田间(1916—1985，原名童天鉴，安徽无为开城人)题名为“山中月镜”。

神女浴日。游船穿过三道河，向西眺望，可见一个石人横卧在绿茵山坡上，每日沐浴着阳光。其形态奇特，惟妙惟肖。这神女就是东海龙王的三女儿因抗婚、向往人间生活而死于此地的石化物。

杏岭银屏。石佛山西有数石如林，形如一个个打坐的僧徒，闭目沉思；山脚下峰林石柱，峥嵘突兀；石柱间长满了杏树。每逢4月，杏花怒放，阳光辉映，山岩闪闪发光，整座山峰显得格外俏丽妩媚，人称“杏岭银屏”。

椒山秋色。在大小青龙峪的东麓，花椒树夹石丛生。秋风送爽之际，椒果累累，满湖洋溢着花椒的清香，沁人心脾。

金蟾戏水。在小灵塔崖上有两块青石霍然而出，形如两只金蟾卧在山崖，一只脚向下跷，酷似寻食之状；一只脚仰目向天，似欲登高，其形态逼真，游人观之，无不赞叹。

龟石千秋。在莲浴沟山麓，一块椭圆形巨石临崖而立，俨然千年乌龟，正小心翼翼俯视涧底。崖下潭水淙淙，浪痕斑斑，奇石异趣，耐人寻味。此石是一块象形石，人称“龟石千秋”。

小三峡。乘小舟绕过大横岭，向右进入石河的一条小支流，两岸怪石嶙峋，直冲云天，山崖陡峭难以攀登，人们称之“小三峡”。这些象形奇石配上流传千古的故事传说，更显得惟妙惟肖，惹人神思遐想。冬日，燕塞湖是户外运动的好去处。从这里出发，东可达长寿山，北可达团圆寺、暖泉、白庄子、后寺，西北可达蟠桃峪，西南可达外域。冬日燕塞湖还是垂钓者的乐园，把冰面凿成一个窟窿，放入一根较短的钩线，小鱼就会源源而来，收获多少无关紧要，享受一次寒江独钓的乐趣才是真的。诗人赞叹燕塞湖的山水既有桂林之秀丽，又有长江三峡之险峻，不愧为北方游览胜地。它像一颗明珠镶嵌在巨龙长城一侧，为城隘增添了奇光异彩。

坐吊椅索道游群山风光，现代科技与秀美山色相融，韵味当殊。清风亭、燕春亭、喷泉式园林小品建筑，歇脚观赏，别有情趣。鸟语林、松鼠园，鸟欢鼠俏，祥和怡然，观兽技演艺天工神韵。乘环保游船，行程15千米，碧水萦回，峰林山岩，风光秀丽，让人陶醉！

第十五章　拱卫山海关古城的两道关口

明长城南起老龙头，北至九门口的26千米长城上，由南而北建有十大关隘，九门口关是这十大关隘最北面的一座关口。长城继续北行，至小河口转为向西延伸，董家口是明长城向西延伸的第一道关口。这段长城是河北省与辽宁省分界线，也是当年明清十分关注的军事攻守地段。

§1. 水上长城九门口

九门口长城位于海港区驻操营镇九门口村，全长1796延米。以长城为界，东侧是辽宁省绥中县新台子村，其南端起于危峰绝壁之间，与自山海关方向而来的长城相接。由此长城沿山脊向北一直延伸到九江河南岸，在宽达百米的九江河上，筑起规模宏伟的跨河长城，以此继续向北逶迤于群山之间。“城在水上走，水在城中流”便是对九门口长城的形象描述。

据地方志记载，九门口长城始建于北齐(479—502年)，扩建整修于明初，是明开国元勋徐达修永平、界岭32关之一。明万历七年(1579年)10月，蓟辽总督梁梦龙(1527—1602，河北正定人)遣戚继光移筑一片石，以防土蛮部入侵。清康熙三十年(1691年)修筑人行道石门路，始通行人，并成为军事要塞。清光绪十八年(1892年)，路基及六座水门洞被洪水冲毁，清光绪三十年(1904年)，总兵樊兴又奉命率兵重修石门路，后逐渐成为关内、关外的重要通道。因在跨河长城上修筑了九道泄水门，故把“一片石”改为九门口。那“一片石”是怎么来的呢？

清抚宁知县刘馨在《重修一片石九江水门记》中云：“距骊城(抚宁)百余里而遥，东北一带，地多崇山峻岭，有名一片石者，雉堞鳞次，巍然其上者长城也。城下有堑名九江口，为水门九道，注众山之水于塞外也。”原来在修九门口长城时，为了保护城桥不被洪水冲毁，在九门口每个孔洞的四周及上下游地面上，都用花岗岩条石铺砌，铺砌面积约为7000平方米，用条石1.2万块，这些条石紧紧咬合在一起，远处一看，像是一片巨大的天然石板，所以叫“一片石”。实际上，九门口是指跨九江河的长城有九道券门。现在大家看到的九个桥洞及部分长城主线，是1989年辽宁省绥中县文物局重修的。1999年在东侧主线上新开一拱券城门，以方便村民出入。2002年11月，九门口长城通过联合国教科文组织的验收，成为世界文化遗产。长城从两山之间飞越，9座券门并排耸峙，九江河水从这里滚滚流过，人们称之为“城在水上走，水在城中流”。

图 15-1　九门口长城全景

九门口为山海关的左翼要塞，历史上称为“京东首关”。古往今来，这里发生过许多次酷烈的战斗。明清之际的山海关战役，主战场摆在山海关石河沿岸，但交战双方都想抢占九门口，从后路包剿对方。李自成派前锋唐通率兵2万人出一片石，崇祯十七年(1644年)4月21日，李自成与驻守山海关将领吴三桂交战在石河西岸。战至4月22日，明军渐渐不支。清军也在一片石布阵，吴三桂和清摄政王多尔衮的部队联手击溃李自成农民起义军，主将刘宗敏受伤，急令撤退。26日，李自成逃到京城时，仅剩3万余人。29日，李自成在北京称帝，怒杀吴三桂家大小34口人，次日逃往西安，由山西、河南两路撤退。临行前，火烧紫禁城和北京的部分建筑。7月渡黄河败归西安。不久，弃西安，经蓝田，商州，走武关。由于南明弘光帝(南明第一任皇帝朱由崧，1644—1645年在位)朝廷的建立和大顺军的节节败退，很多投降大顺的原明朝将领复投南明或清军，李自成于是疑心日盛，终于妄杀李岩(1606—1644，河南博爱人，闯王谋士，提出“均田免赋”口号)等人，致使人心离散。顺治元年(1644年)12月，清军出击潼关，大顺军列阵迎战，清军因主力及大炮尚未到达，坚守不战。顺治二年(1645年)，清军以红衣大炮攻破潼关，李自成采取避战的方式流窜，经襄阳入湖北，试图与武昌的明总兵左良玉(1599—1645，山东临清人)联合抗清，左良玉东进南京去南明朝廷“清君侧”征讨马士英(1591—1646，贵州贵阳人)，病死途中。4月，李自成入武昌，被清军击溃。5月在江西再败，于1645年神秘消失。

1922年4月29日，第一次直奉大战敲响，奉军以张作霖(1875—1928，辽宁海城人)和孙烈臣(1872—1924，祖籍河北乐亭，生于辽宁锦州黑山)为正、副司令，分三路向直军发动进攻。直军以吴佩孚(1874—1939，山东蓬莱人)为总司令，分兵抵抗。开始双方各有胜负，后吴佩孚改变战术，以主力迂回奉军背后作战，又分化瓦解奉军内部，迫使奉军第十六师阵前倒戈；同时，吴佩孚首次使用飞机投弹参战，致使奉军全线溃乱。奉系孙烈臣部陆军步兵第二独立团团长赵干臣，领兵占据九门口，抵住直军进攻，稳住了战局，孙烈臣与王承斌分别代表奉、直二系在天津英国军舰上会谈，达成停火协议。

1924年9月，第二次直奉大战，张学良率第三军，会同姜登选(1880—1925，河北南宫陈村人)的第一军，主攻山海关。山海关久攻不下，转战九门口，又突袭石门寨，后夺取山海关。吴佩孚失去山海关后，率部退到秦皇岛，又用舰队运兵3万余人，向山海关增援，企图挽回直军的颓势。1924年10月23日，冯玉祥发动北京政变，从根本上扭转了战局，迫使直军全面溃退。在九门口战役中，战火点燃了张学良与谷瑞玉的爱情之火。那是1922年7月，谷瑞玉(1901—1983，生于哈尔滨，中俄混血儿)出席她二姐夫的家宴时，有幸与张学良结识。初次相遇，张学良为谷瑞玉纯正的英语而惊喜，两人在柔和的灯影下用英语交谈，三言两语便彼此沟通。这次意外的邂逅，使张、谷两人都有相见恨晚之感。谷瑞玉得知山海关战事吃紧，毅然冒着生命危险前往九门口探望张学良。她的出现是张学良万万没有想到的，二人之间的爱情之火终于点燃，张学良抛开一切束缚，他的爱情天平开始向这位爱心似火、勇敢坚强的少女倾斜。谷瑞玉二姐夫暗中相助，张作霖默许了儿子的这门婚事。于同年10月，张学良与谷瑞玉在天津结婚。稍显遗憾的是，迫于于凤至的不接纳压力，张学良未把谷瑞玉带回沈阳大帅府。“书到用时方恨少，缘到尽时悔已迟。”张、谷二人这段爱情，于1930年以离婚的悲剧而告终。谷瑞玉没有再嫁，以孟晓玉的名字，1958年在天津某大学退休(天津某大学物理学副教授)，1983年去世。她教过的学生数以千计，可谁都不知道她原先是张学良的夫人。

1948年8月，东北解放，解放军从东北战场辗转华北，百万雄师取道九门口入关。九门口之所以成为兵家必争之地，除了形势险要，与它奇特的构成方式也有关系。关设九门，每到汛期，九江河水从九个高大的孔门奔涌而过，气势磅礴，景色壮观。是原生景与次生景的完美结合，因而享有“水上长城”的美誉。

§2. 往事溯源董家口

董家口长城是护卫“天下第一关”的北翼要塞，位置在海港区驻操营镇董家口、大毛山、破城子3个自然村。董家口长城是在原北齐长城的基础上重新修筑的，明洪武十四年，明开国元勋徐达主修永平、界岭32关时，董家口关是32关之一。初为二等边墙，明隆庆五年(1571年)戚继光重修后，升为一等边墙。原城为石筑，高1丈6尺，周长109丈6尺，西门上建楼，居民58户。清光绪二年(1876年)，城墙改为砖包，高2丈5尺，周长半里，门改在南端。古城村南有一小河岔，村北为群山陡峰。古城外观保存完好，四周轮廓清晰可辨。东西中轴线长94米，南北中轴线长80米。这一带长城修筑在突兀险要的花岗岩山脊上，最高处海拔556米，总长度8.9千米。现存较完好的有3000余米，破损城墙1800米，其余为高山峻岭，无墙。长城上有3座关隘、36座敌楼(24座保存完好，12座破损)、28座战台、16座烽火台。破城子、大毛山、董家口3座城堡，董家口、大毛山城堡保存较好，有围城和城门。破城子城堡早已被毁坏，现仅存遗址。这一带长城是顺着陡峭的绥中花岗岩山脊修筑的，蜿蜒曲折，气势磅礴，防御设施完备，烽火烟墩遥相呼应，全方位多层次地展现出明长城军事体系的独特风貌。董家口长城历经600多年的风雨沧桑，由于自然坍塌和人为破坏，约有1/3荡然无存，有1/3破损，有1/3保存尚属完好。董家口长城为什么能够保存这样好呢？据调查考证，这段长城建成后，戚继光从浙江金华府调来3000名“火枪手”，为稳定军心，部分官兵允许带家属随军，在此安家守边，保护长城。敌楼修好，分到各家各户守卫。现在这里“守护长城后裔”尚有陈、李、耿、孙、赵、张6姓，共有123户439人。他们把老祖宗留下的长城当作“传家宝”加以爱护，没人敢随意破坏。又因为这一带长城山高路险，荆棘丛生，野兽出没，客观上也减少了人为破坏。那么，当年守护长城的那些士兵，他们的后裔现在生活得怎么样呢？又在干什么呢？这些守长城士兵的后裔，当21世纪来临的时候，他们觉醒了，他们终于明白：长城是先人给他们留下的一笔珍贵财富，于是自己动手补修长城，并建起旅游点。他们的行动感动了天地，感动了社会，四面八方的游客蜂拥而至，生活有着落了，他们又想起代代相传的故事。秦始皇修长城，先使蒙恬北击匈奴，后征调民夫50万，开始大规模修长城，靠的是严刑峻法，强征民夫，造成妻离子散，天各一方的悲惨局面。长城修好了，秦朝也灭亡了。秦朝是第一个中央集权的帝制王朝，还带有奴隶制的烙印。甘肃一带传说“解手”一词便是出于修长城的一个小情节。役夫在途中要“方便”，由于役夫都是用绳子串绑在一起的，只有解开绳索才能“方便”。役夫要先报告，待把绳索解开才能“方便”，这个过程后来概括为“解手”。“解手”这个词极为形象地刻画出当年老百姓被迫参加修长城的悲惨情景。

民间流传着汉时的古歌谣：“生男慎勿举，生女哺用脯，不久长城下，尸骸相支拄。”生动地描述了秦末老百姓受到的苦难，但是修长城又对这里农业经济的安全发展提供了保证。移民充边，开垦北方土地，加速边疆经济建设和发展，就是为了这，长城还要祖祖代代修下去。

图15-2 修在山脊上的董家口长城

到了魏晋南北朝时，修长城的人事管理就有了些改善。可是有一件让人哭笑不得的事，北齐文宣帝高洋先生，突发奇想，用一种奇妙的方式激励修长城的军士。“天保六年(551年)三月，发寡妇以配军士，筑长城。”(《北史·齐本记》)修一次长城，即可由政府配给一名寡妇做临时媳妇，免得你因思念故乡亲人，提不起精神，耽误工期。这可能是历代修长城军士的最高待遇，这种方法收效不错，真的激发了军士们修长城的干劲。第二年，高洋先生又故技重演，不管人家有没有丈夫，先以寡妇名义征去配给军士再说，“是月，发山东寡妇二千六百以配军士，且有夫而滥夺”。中国皇帝不管在宫内如何淫乱，面对老百姓最讲究的是伦理纲常，“发寡妇配军士”之类的事，大概只有像高洋这样受过少数民族习俗感染的皇帝才能做得出来。秦始皇修长城，孟姜女千里寻夫，哭倒了长城，而高洋修长城，偏偏滥夺人妇，配给军士。雄伟庄严的长城竟包含着这么一段苦涩的幽默。不管怎么说，高洋先生修长城有些考虑军士的休养生息了，但修长城的民工累死、冻死仍不在少数。老百姓一次又一次陷入苦难的深渊，所以，开始诅咒长城，希望这给人带来苦难的长城顷刻倒塌，孟姜女哭长城的故事应运而生。这故事一直流传到现在，成为中国四大民间故事之一。到了明朝(1368—1644年)，长城整整修了276年，却没有导致社会动荡，这是因为明朝修长城的人事管理发生了根本性变化。执行军屯制，军队修长城，守长城。军人可以开荒种田，在一定面积的土地上种植。军人可以带家属，让他们在这里安居乐业，安心守边，生活有保障。个别土地还可以买卖。在敌楼上安家，一个敌楼就是一家人，实行以家庭为单位，守边与耕地相结合的责任制度。董家口这地方的居民就是当年戚继光从浙江金华府调来的3000名“火枪手”的后代。明朝修长城的人事管理是一种人性化的管理制度，用军队修长城守长城。朱元璋说：“吾养兵百万，不费百姓一粒米。”

由于长城的存在，极大地减少了互相间的摩擦，使敌对双方不敢轻举妄动，不敢轻易发动战争。所以，我国长城专家董耀会在八达岭接待美国总统克林顿时说：“只有一个实在不想打仗的民族才修长城。”到了清朝，由于疆域扩大，长城不再是“边墙”了，清王朝改变治国方略：“固国不以山川之险”，而是重视民族关系的协调。乾隆皇帝在《望长城作》一诗中提出了关于“形胜”与“心胜”的问题，固国不以山川之险，“万古兴亡取次觇，从来违顺卜黧黔”。忠告后人“要把长城魂铸造在中国人心中”。

第十六章　往日求仙岛，今日更辉煌

据《史记·秦始皇本纪第六》载，秦政三十二年(前215年)，始皇东巡至碣石观海，遣方士卢生，访求羡门子高，就在东山这地方，秦始皇曾两次送方士，携童男、童女入海求仙，寻长生不死药。东山过去是个岛，距山海关西南25里，又入海500米，始皇在此求仙，小岛本应叫“求仙岛”，直呼“秦皇岛”的缘由是后人为了纪念这位开创中国帝制社会的“千古一帝”。

明天顺五年(1461年)，杨琚曾有《秦皇岛诗》。明成化十三年(1477年)，东山又竖起一座石碑，上书“秦皇求仙入海处”。1948年，秦皇岛全境解放，成立秦榆市。秦，是秦皇岛；榆，是榆关，即山海关。清光绪二十四年(1898年)，秦皇岛港建成投产，现已成为世界级进出口大港。为了寻找秦皇岛这座城市的历史渊源，1991年，秦皇岛市政府拨款建“秦皇求仙入海处”4A级人文旅游景点。该景点古树参天，濒临大海，风景秀丽，气候宜人，既有旖旎的自然风光，又有浓郁的文化内涵，再现秦始皇入海求仙、寻长生不死药的历史场面。

§1. 秦皇求仙入海处

秦阙门。秦皇求仙入海处的阙门是仿秦汉阙门形式建造的，外观重檐四阿顶，三座大门四座门楼，门楼为重檐牌楼式，中间正阙两座，左右副阙各一座；另有接连高墙旁侧的角楼两座。正门楼高10.8米，宽3.2米，厚3.2米；副阙门楼高8.46米，宽1.4米，厚1.4米；旁侧角楼高同副阙，宽3米，厚3米。正阙门楼上层梁坊下东南西北四个方位的浮雕分别是青龙、朱雀、白虎、玄武四种灵兽，据此可辨东南西北四个方位。正门横匾“秦皇求仙入海处”七个大字，由赵朴初先生题写，字体雄劲，与景区自然风光融为一体。正门前这对神兽叫“天禄”，传说是一种头上长角、肋生双翅、能走会飞的动物，是吉祥的象征。

图16-1　秦阙门

秦皇碣石行大型群雕。进入阙门，走在青云路上，首先进入眼帘是“秦皇碣石行大型群雕”。秦始皇一生曾五次“亲巡天下，周览远方”，是一位巡游皇帝。每次出巡都有隆重的仪仗队和庞大的车队，场面非常壮观。此群雕长40米，宽5米，高6.6米。由32个人、20匹马、2辆车组成。用生动形象的秦始皇塑像、车马及人物造型，再现秦始皇华夏一统、千古一帝的风采。古时从左为尊，坐在金根车左侧头戴皇冠者为秦始皇，与他同坐的是丞相李斯，由此可见秦始皇礼贤下士，与大臣同坐的襟怀。也说明李斯位居“一人之下，万人之上”。

图16-2　秦始皇遣方士入海求仙的生动场面

十二神兽。青云路的坐标方位是南东125°。走在青云路上，便预示着一路平安，好运连绵。在青云路两旁排列着十二神兽，象征着吉祥如意。左侧一排分别是白虎、玉兔、三头鸟、白鹤、天鹿、枭羊；右侧一排分别是青龙、三足鸟、玄武、朱雀、天马、兕；东侧是孔雀园，有300只孔雀徜徉其中。

中国古代的神话与传说都是古人想象力的结晶，其中又有不少现实的影子。古人崇尚动物，如羊象征着图滕，有吉祥之意，所以屈原家族以“芈”，羊鸣为姓。再神化一下，赋予动物不同的器官和功能，然后把这些想象物定格为图画浮雕在建筑物上。在我国从西周到汉代，一直流传有十二神兽驱鬼辟邪的活动，每逢重大节日都要从皇室里选出十二个贵族子弟带上神兽面具，在城里的大街小巷边走边跳，后边还有120人敲鼓助威，据说这样可以把鬼吓跑，驱除瘟疫。《史记·天宫书》记载，古人为了观测日月和五大行星金、木、水、火、土的运转，把天赤道面和黄道面附近的天象分为东、南、西、北四个方位，每一个方位有7个星宿，用一种神兽来表示，每个星座便是神兽躯体的某个部位，四个方位共28星宿。

宿是中国古代天文学中天体的组合形式，与西方天文学中的星座一样都是把人或动物神化后的思维成果，28星宿在中国古代天文学上占有重要地位。根据阴阳五行学说又给四方神兽配上颜色、季节和五行。此十二神兽的制作材质(含底垫材质)是石灰岩，基座材质是花岗岩。

东方青龙。号为孟章神君，阴性，属木，代表春季。有角、亢、氐、房、心、尾、箕7宿，46个星座，300余颗星，形似苍龙，青色，故称青龙。不少学者认为“见龙在田”“飞龙在天”，是苍龙7宿春天的天象。角宿为龙首，亢宿为龙项，氐宿为龙胸，房宿为龙腹，心宿为大火星，尾宿、箕宿为龙尾。尾宿附近有天江星、鱼星、龟星；箕宿附近有糠星、杵星。龙凤呈祥，龙代

图16-3 四方神兽——青龙、朱雀、白虎、玄武

表吉祥，在中国传统文化中百唱不衰。

南方朱雀。号为陵光神君，阳性，属火，代表夏季，是古籍中一种美丽的神鸟。它以美妙的歌声和艳美的仪表位在百鸟之首，给人间带来祥瑞。和西方的不死鸟一样，故又叫火凤凰。有井、鬼、柳、星、张、翼、轸7宿，42个星座，500多颗星，形似一只展翅飞翔的朱雀。井宿8颗星排列像口水井，位在黄道12宫双子座，这口井正好打在银河边上，水源取之不尽。井宿上下有北河戍、南河戍两个星座，守卫着银河渡口。鬼宿4颗星，一星管积聚马匹，二星管积聚士兵，三星管积聚布帛，四星管积聚金玉，附近还有天狗、天社、外厨等星座。柳宿8颗星，状如垂柳，它是朱雀的嘴。星宿7颗星是朱雀的颈，附近是轩辕17星。张宿6颗星，是朱雀的嗉子，附近有天庙14星。翼宿33颗星，是朱雀的翅膀和尾巴。轸宿4颗星又名天车，居朱雀之尾。4星居中，旁有左辖、右辖，“车之象也”。“轸”有悲痛之意，故轸宿多凶。

西方白虎。号为监兵神君，阳性，属金，代表秋季。虎为百兽之长，威猛，有降服鬼邪的能力，常与青龙一起出动，龙腾虎跃。“云从龙，风从虎”，龙虎是战神，可避邪、禳灾、祈丰，惩恶、扬善，发财致富，喜结良缘。有54个星座，700余颗星，似虎的图案，白色，故称白虎。奎宿16颗星不太明亮，状如鞋底，是白虎尾巴。娄宿3颗星，附近有左更、右更、天仓、天大将军等星座。胃宿3星紧靠在一起，附近有天廪、天船、积尸、积水等星座。昴宿有卷舌、天谗之星，有祸从口出之意。毕宿8颗星，状如叉爪，古代将网小而柄长者为毕，毕星又称雨师(箕星为雨伯)，名屏翳，号屏、玄冥(与室宿相同)。参宿7星，跟单星排成一排，两侧各有两颗星，7颗星均很亮，与大火星相对，兄弟不和参商不相见。

北方玄武。号为执明神君，阴性，属水，代表冬季。由龟和蛇组合的一种神兽。玄武的本意是玄冥，武、冥古音相通。武是黑色，冥是阴性。龟背是黑色的，龟卜就是请龟到冥间去诣问祖先，将答案带回来，以卜兆的形式显示给世人。因此，最早的玄武就是乌龟。后来玄武的含义不断扩大，因龟生活在水里而成了水神。乌龟长寿，玄冥成了长生不老的象征。最初冥间在北方，殷商的甲骨占卜即“其卜必北向”，所以玄武又成了北方水神。玄武有斗、牛、女、虚、危、室、壁7宿，65个星座，800余颗星。斗宿6星状如斗，为元龟之首，与北斗一起掌管着生死大权，又称天庙。牛宿6星状如牛角。女宿4星形似象箕。虚宿主星即尧典4星之一，又名天节，有不祥之意，远古虚星主秋，含有肃杀之象，万物枯落，实可悲泣也。危宿有坟墓、虚粱、盖屋星座，亦不祥，反映了古人在深秋初冬季节的内心不安。室宿告诉人们加固屋室，度过寒冬。壁宿与室宿相类似，含有加固院墙之意。

三足鸟。传说在东海边有一棵扶桑树，栖息着10只三足鸟，它们都是上帝俊的儿子，每日轮流在天上遨游，三足鸟放射出的光芒，就是太阳光。后来，10只鸟都争着在天空遨游，导致地面上炎热，遭受干旱。尧帝向天帝请求援救。天帝就派了后羿射杀三足鸟，一方面惩治妖魔怪兽，同时也教训俊的儿子，9只三足鸟一死，火光自灭，人类顿感清凉爽快，欢呼雀跃。呼喊声传到天上，俊见他的9个儿子已死，大发雷霆，不准后羿再回天宫。留下唯一的三足鸟日日遨游，不得休息。人类敬仰太阳，敬仰三足鸟给人类带来阳光雨露。

图16-4　三足鸟(左)和天马(右)

天马。天马是奔腾的神马，双翼给人一种神圣庄严之感。天马不畏强敌，不怕牺牲，拼搏进取，是军人崇尚的偶像。马神为锋星，是汉武帝刘彻的化身，也是汉民族图腾的标志。因而马的表情神态被塑造得格外生动，多取安平大乐相，呈现出十分快乐的样子，被称为大乐马。中国旅游局把天马作为中国旅游业的图腾标志，是根据1969年甘肃武威出土的一件东汉用青铜雕塑的铜奔马，又称马踏飞燕。后经考证，该马所踏的并非燕子，而是古代传说中的龙雀(即风神)，故正名为天马。头戴璎珞，尾稍打结，具有浓郁的中国特色，天马奔驰，象征着中国旅游业的蓬勃发展。

兕。在舜帝葬地东面，湘水南岸，是古人想象中类似于犀牛的一种神兽。其状如牛，苍黑，一角，与牛并不完全相同。古籍里形容地方险恶，也多言“其上多犀兕虎熊之类”。吴承恩在《西游记》里说的兕：“太上老君所骑的青牛来到凡间成精，使着一个圈儿，套去众神好多兵器，这只青牛就是兕。独角参差，双眸幌亮。”顶上粗皮突，耳根黑肉光。舌长时搅鼻，口阔板牙黄。毛皮青似靛，筋挛硬如钢。比犀难照水，像牯(公牛)不耕荒。全无喘月犁云用，倒有欺天振地强。两只焦筋蓝靛手，雄威直挺点钢枪，细看这等凶模样，不枉名称兕大王！

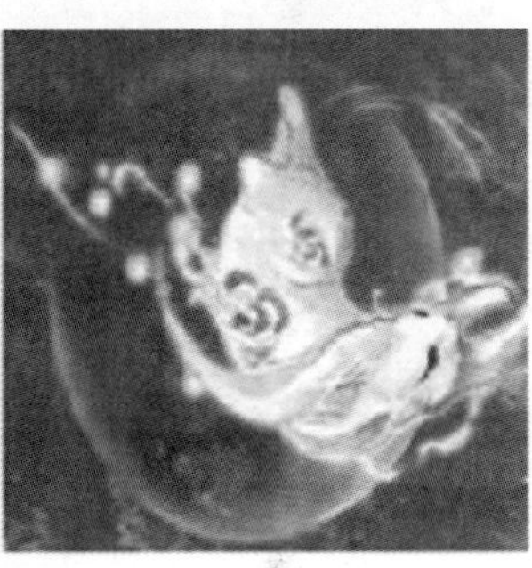

图 16-5　兕(左)和玉兔(右)

玉兔。后羿射死了9只三足鸟，俊失去9个儿子，不准后羿再回天宫。嫦娥是喾帝之女，后羿之妻，夫妻恩爱，开人间一夫一妻制之先河。一天，后羿到昆仑山访友求道，巧遇西王母，西王母给他一颗长生不死之药。说服下此药，能升天回到天宫。然而，后羿舍不得抛下美丽的妻子，小人蓬蒙得知吃不死之药能成仙。趁后羿不在家时，蓬蒙手持宝剑威逼嫦娥交出不死药。嫦娥被逼无奈吞下不死药，嫦娥飘然升空。由于嫦娥牵挂着丈夫，便飞落到离地球最近的月球上成仙。后来有一位神仙，化装成可怜的老人，向狐狸、猴子及兔子乞食。狐狸及猴子都拿出食物接济老人，只有兔子没有食物给老人。但是兔子告诉老人：“你吃我吧！”说罢，就往火中跳，神仙大受感动，于是将兔子送到了广寒宫变成了玉兔，玉兔就是后羿的化身。在广寒宫里和嫦娥相伴，并捣制长生不死之药，但嫦娥始终不知道玉兔就是自己日夜思念的丈夫后羿。

三头鸟。传说中的三头鸟是三头集于一身的神鸟，一头死则其余两头皆亡。它生性警觉，日夜有一头鸟值班。寿有千年，一生只以浆果为食。三头鸟出没在人迹罕至的深山中，每隔百年才会在人间出现一次。据说吃了它的肉可以减少睡眠，可惜很少有人能抓到它。

图16-6　三头鸟(左)和白鹤(右)

白鹤。在中国传统文化中，白鹤象征吉祥长寿，体羽除脚为浅肉红色，其余全为白色，体现纯真之雅。利亚鹤、黑袖鹤身长约130厘米，属鹤科大型涉禽。栖息于芦苇沼泽湿地，以水生植物根、茎为食，还有蚌、鱼、螺等。5—6月份繁殖，孵卵期约为30天，筑巢于沼泽，每窝产卵2枚。雌雄轮流孵卵，幼鹤85天后具有飞翔能力。白鹤在内蒙古、黑龙江繁殖，长江中下游越冬。鄱阳湖自然保护区为世界上最大的白鹤越冬地，近年来已发现2896只白鹤来秦皇岛过冬，占全球白鹤总数的98%以上。在秦皇岛沿海地带，常见到成群的白鹤。

广东珠海三灶村民，每年大年初一至初七有舞狮耍鹤的活动。除夕夜，要为新扎的白鹤披红戴花，由德高望重的长者为白鹤点睛开光，以示其灵性的威力(用新毛笔沾朱砂点眼睛)。模仿白鹤舞蹈：梳理羽毛、寻找食物、喝水、飞翔、休息、蹲在一边听鹤歌等动作表演。鹤歌是鹤舞的重要组成部分，自编自唱，四句一组，长度不限，歌词是歌颂社会发展、好人好事、劝人从善、教人上进，有着寓教于乐的作用。

天鹿。又称天禄、貔貅，是中国古代传说中的神兽。龙头、马身、麟脚，毛色灰白形似狮，像狮虎一样凶猛威武，在天空负责巡视，阻止妖魔鬼怪扰乱天庭。古人常用“貔貅”作为军队番号。它有嘴无肛门，能吞万物而不泄，可谓“招财聚宝，只进不出”。所以，很多中国人佩

图 16-7　天鹿(左)和枭羊(右，崔印福)

戴貔貅的玉制品。貔貅曾是古代氏族的图腾标志，传说它因协助炎、黄二帝作战有功，被赐封为“天禄”，即天赐福禄之意。它为帝王守财，是皇室的象征，称为“帝宝”。又因貔貅专食猛兽邪灵，故又有“辟邪”功能。中国古代风水先生认为貔貅是转祸为福的吉瑞象征。

枭羊。又叫商羊，是传说中的神鸟。一足，能大能小，吸则溟渤可枯，又是知雨之物，飞舞时定有大雨。有诗歌云：“风雨起时石燕飞，天将雨时商羊舞。”石燕，即零陵山之石燕，遇风雨即飞，雨止又变为石头，为重大变故前的预兆。商羊在山东鄄城已流传了一千多年。

《史记》刻石。左侧石碑为“中国望海祈福第一地”。“望海祈福”经过2000多年的演变，已成为秦皇岛人的一种传统民俗，是一种具

图16-8　中国望海祈福第一地(左)和《史记》刻石(右)

有地方民族特色的祈福仪式。所谓“福”，过去指五福。即长寿、高贵、康宁、好德、善终。现代人对“福”的理解就是“幸福”。

右侧是《史记》刻石。“三十二年，始皇之碣石，使燕人卢生求羡门、高誓。刻碣石门。坏城郭，决通堤防……因使韩终、侯公、石生求仙人不死之药。”这段文字源于《史记·秦始皇本纪第六》，概述了秦始皇东巡至碣石遣方士入海求仙，寻长生不死药之事。说明历史上秦始皇曾到此求仙，是兴建“秦皇求仙入海处”的历史依据。刻石上的字体是秦“书同文”后，李斯等人进行文字改革整理出来的小篆体。秦始皇在这里送方士入海求仙寻长生不死药，是中国先人早期对人类健康长寿的一次积极探索。

这里有一幅“秦皇求仙入海处”微景位置图。由此向南，前方是战国七雄的齐国。

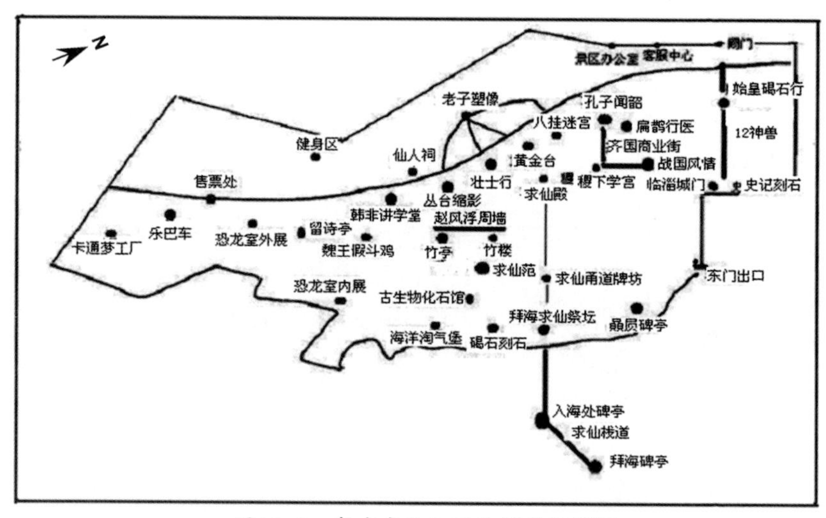

图16-9　秦皇求仙入海处微景位置图

战国风情。从周平王宜臼迁都(前770年)雒邑(今河南洛阳西)始，到周赧王五十九年(前256年)秦灭周，这一历史时段长达514年，史称“东周”。其间，从公元前770年至公元前476年，史称“春秋”。从公元前475年至公元前222年秦始皇统一中国，是中国历史上一个大动荡时期，史称“战国”。最初由周武王册封的诸侯国有71个。到战国初期，周威烈王午二十三年(前403年)，晋国三个大夫赵籍、魏斯、韩虔被册封为侯，周安王骄十一年(前391年)，齐国相田和将齐康公贷放逐海上，田和成为实际上的侯君。周安王骄十五年(前386年)，赵、魏、韩三家废晋静公姬俱酒(晋末任侯，山西曲沃人)为庶民，彻底瓜分晋国，形成齐、楚、秦、秦、燕、赵、魏、韩“七雄争霸”，以及周、宋、卫、中山、鲁、滕、邹、费等十几个小国割据的局面。西汉经学家刘向(前77—前6，沛都今江苏徐州人)在《战国策》中把这种割据局面概括为“万乘之国七，千乘之国五，敌侔(音读móu，义为相等)争权，盖为战国”。这七个诸侯国为了扩张自己的势力，一面在本国实行变法改革图强，一面相互混战，侵伐小国，互相兼并，战争愈演愈烈。造成这种割据局面的根本原因是中央集权的衰弱，周平王是在没有周幽王遗诏，依仗申、晋、郑、秦、虢等少数几个侯拥戴的情况下称王的，东周伊始就不像西周那样名实相符，周天子徒有虚名，大权旁落，只在形式上是各诸侯国共主，在诸侯争霸之间起权衡作用。

战国初期，土地所有权由国家所有逐渐演变为地主阶级所有，新兴地主阶级夺取政权的条件日渐成熟。

“战国七雄”占据的地理位置：东有田代齐国，南有芈姓楚国，西有嬴姓秦国，北有姬姓燕国，中原有嬴姓赵国，姬姓魏国和姬姓韩国。

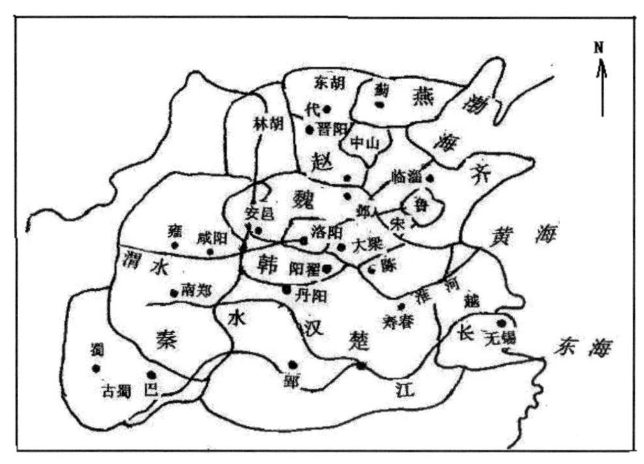

图16-10　公元前260年战国七雄地理位置图

那么，战国七雄争霸谁能取得最后胜利呢？这是一个让各国战略家经常斟酌的外交策略和战争策略问题，即“合纵”与“连横”。“合纵”是联合纵向弱国，共同对付强国，阻止齐、秦两个强国兼并弱国。在“合纵”问题上，赵、魏、韩的合是个带有根源性的合，合则利，分则弊。三家分晋之初衷，是秉承“晋阳之战”之团结精神，结成联盟，共同进退。在魏文侯率领下，形成一股极强的军政势力，破齐、伐秦、败楚、瓜分中原，天下不敌。但是这种“合”没有坚持下来。“连横”是秦或齐拉拢弱国，共同对付另一个强国。“合纵”既可以对付齐，又可以对付秦；“连横”既可以联合秦，也可以联合齐。后来，秦国的势力不断壮大，成为东方六国的共同威胁，于是“合纵”是六国联合抗秦，“连横”是六国分别与秦国联盟，以求苟安。秦国“连横”的目的是破坏六国之间的合纵，利用矛盾各个击破。“战国风情”就是围绕“七争霸”，在政治、军事、农业、商业、文化、民俗等方面的不同特点，取其精华建造的，使游客在观赏中既获得历史知识，又寓知识于娱乐之中，“抚千古于一瞬，揽七雄在眼前”，再现那段硝烟四起、战马嘶鸣的大争之世……牌匾上“战国风情”四个刚劲有力的大字是张爱萍将军所书。

齐国(前1046—前221年)

过了吊桥就到了齐国都城临淄(今山东省淄博市临淄区)，城门顶端有篆刻“临淄”二字。齐国前期称姜姓齐国，后期改称田氏齐国。

姜姓齐国，国君姜姓吕氏。武王伐纣，天下宗周。为酬谢开国功臣和宗室，武王封姜尚为侯，封地今山东省淄博市临淄区东北10千米的营丘。后营丘扩建因城东临“淄水”，改名临淄。姜姓源于炎帝神农氏，炎帝生于陕西岐山西南的姜水河畔，以水命姓为姜。国君齐太公姜尚(前1046—前1015年在位)为姜姓吕氏。

齐太公尚治国有方，使齐国成了经济上的大国。为后来齐桓公小白(姜齐第十六任侯，前685—前643年在位)“九合诸侯，一匡天下成为春秋五霸之首”奠定了基础。周天子授予齐国征伐之权。使齐国成了政治上的大国。齐桓公任用管仲(今安徽颍上人，前685—前645年相职在位)为相，北击山戎，南伐楚国，尊周室，攘夷狄，为终生盟主，至周襄王元年(前651年)，齐会鲁、宋、卫、郑、许、曹于葵丘(今河南省民权县)，姜姓齐国的霸业达到顶峰。管仲死后，齐桓公小白晚年昏庸，信用佞臣卫公子开方、易牙、竖刁等小人，在内乱中饿死，霸业崩溃。

齐桓公十四年(前672年)，陈宣公杵臼(陈国第十六任侯，前692—前648年在位)"废嫡立庶"，杀死了太子御寇，立宠妃之子妫款为太子(陈国第十七任侯，陈穆公妫款，前647—前632年在位)，陈完因是陈厉公妫跃之长公子，又是御寇生前知己好友，怕株连自己，带着家眷逃到齐国。齐桓公收留他为管理百工之工正(留下隐患，齐桓公最大的弱点是识人识面不识心)，并封田地，陈完改为田完。传到五世田桓子陈无宇，侍奉齐庄公，很受宠信。传至六世田武子陈开，侍奉齐景公，成为齐国大夫。陈氏家族开始强盛，兼并齐国的栾、高(齐惠公之后)和国、高(齐文公之后)以及鲍、阚等大族，专齐政于齐平公骜、齐宣公积、齐康公贷。周安王骄十六年(前386年)，田和迁齐康公贷于海上，自立为侯，史称田氏代齐。周安王骄二十三年(前379年)，齐康公贷卒，田和被封侯，史称齐太公田和(田齐第一任侯，妫姓田氏，名和，前404—384年在位)。田齐国君妫姓田氏，妫姓源于舜帝封地，舜为平民，有德有望，部落首领尧把两个女儿娥皇、女英嫁给他，并让他居住于妫水(今山西永济)之边。舜以妫为姓。

田齐立国时，已经进入战国中期。齐桓公午(田齐第三任侯，前374—前357年在位)在都城临淄创稷下学宫，"设大夫之号"，招聚天下贤士。到齐威王因齐、齐宣王辟强时，稷下学宫人才济济，齐威王因齐任用邹忌为相，改革政治，齐国遂强大。周显王扁十五年(前354年)，魏围攻赵国都城邯郸，次年赵向齐求救。齐威王因齐命田忌、孙膑率军援救。孙膑在桂陵(河南长垣西北)设伏击，大败魏军(桂陵之战)。孙膑再次使用围魏救赵的计策，在马陵(山东元城东南)设埋伏，庞涓中计(马陵之战)，这位孙膑的同门兄弟，拔剑自刎，魏军主力就此覆灭。周显王扁三十五年(前334年)，齐威王因齐与魏惠王罃"会徐州相王"，正式称王。齐威王因齐晚年，相邦邹忌与将军田忌争政，燕国发生"子之之乱"。齐宣王辟强命匡章率"五都之兵""北地之众"伐燕，燕国人民痛恨子之，士兵不抵抗，也不关城门，齐军长驱直入，齐军仅用50天就占领了燕国都城蓟。子之失败，被齐军抓到剁成肉酱，燕王哙也被齐军所杀，燕国几乎灭亡。齐国成为战国七雄之一。

秦政二十六年(前221年)，秦军避开齐军主力，王贲率秦军从燕国边界向南直插齐都临淄。齐废王建(田齐第八任侯，前264—前221年在位)不战而降，齐国灭亡。

田齐疆域：山东北部，河北南部、西部和山西东南部，都城临淄。

迎面而来的是“稷下学宫”，左侧墙上是“临淄怀古”浮雕，右侧是齐国商业一条街。

稷下学宫。“稷下”即齐都临淄城稷门附近，“稷下学宫”创办于战国时期齐桓公田午，至其子齐威王、其孙齐宣王达到鼎盛时期。具体做法是“设大夫之号”，招聚天下贤士，任其讲学论道，学宫兴盛时期能容纳诸子百家中的道、儒、法、名、兵、农、阴阳、轻重各个学派。来此讲学的贤士有荀子、孟子、淳于髡、邹衍、田骈、慎到、申不害、接舆、季真、环渊、彭蒙、尹文、田巴、儿说、鲁仲连、邹爽等。讲学不分学术派别、思想观点、政治倾向，以及国别、年龄、资历，可以自由发表自己的学术观点。还可以互相争辩、诘难，真正体现了战国时期“百花齐放，百家争鸣”的气氛。齐国统治者采取礼让、尊贤的态度，封了不少学者为“上大夫”，受上大夫之禄，拥有相应的爵位和俸养。不任职而论国事。稷下学宫既是一家官办的学术机构和政治智囊团，又是私家主持的学堂。

荀子(前313—前238，战国时期赵国人，韩非、李斯的家教老师)曾三任学宫的“祭酒”(学宫之长)。他立足儒家，从人性论、认识论、天人合一等几个方面对学宫的学术思想进行了全面总结，其中对后世影响较大的是“礼法结合”的政治主张。

宫内坐着这位贤士是战国时期法家思想“势”的代表人物慎到(前390—前315，战国时期赵国邯郸人)。齐宣王时曾在学宫讲学而久负盛名，受上大夫之禄。他强调行法治，必重权势，这样才能令行禁止。势是前提，法是手段。慎到明确地说，飞龙乘云，腾蛇游雾，龙飞蛇腾是靠云雾。云雾消散，龙蛇与地上的蚯蚓一样，无所作为，因为它们失去了赖以腾飞的势。同样，没有权势，贤能的尧帝连3个人也管不了，昏聩的桀帝因有了权势能使天下大乱，由此可知，权势可以信赖，贤智不足以羡慕。在社会生活中要重视“势”的作用。

齐国商业街。这条街正对着雨岭山和遥盘山，所以也叫“雨岭遥盘街”，门上还题有“雨岭遥盘”四字匾额，以示纪念。

齐桓公为争夺霸权，任用管仲为相，励精图治，锐意改革。在行政上，实行“参其国而伍其鄙”的政策。在军制上，实行“作内政而寄军令”，把军令寓于内政之中，寓兵于农，兵民合一，平时生产，战时从征。在农业发展上，打破了井田制的限制，采取了“相地而衰征”的措施，按土地好坏分别征税。还规定国家经营盐铁业，设立盐官煮盐，设立铁官掌管制造农具，鼓励鱼盐贸易。经过改革，齐国经济实力迅速增强，齐桓公时“九合诸侯，一匡天下”，成为春秋时第一个霸主。由于农工商全面发展，井市风貌空前繁荣。因此，有一位舌辩之士是这样形容齐国商业街的(看东墙壁浮雕)，曰：“临淄之途，车毂击，人肩摩，联袂成帷，举袂成幕，挥汗如雨。”可见，临淄城街巷的繁荣景象，临淄是当时齐国的商业大城。齐国商业街再现了当年齐国冶铁、盐业、青铜器制作，手工艺品、织布以及茶馆、酒寮的繁荣景象。这位舌辩之士就是《史记》中的晏子，晏子的话从一个侧面反衬出齐国商业街的繁荣景象。

扁鹊行医。扁鹊(姬姓，秦氏，名越人，前407—前310？)，战国初渤海郡鄚(今河北任丘)人，由于他医德高尚，医术高明，人们把他比作黄帝时期的神医扁鹊。年轻时曾做过别人家宾馆的主管，闲谈中受长桑君教化，遂成名医。长桑君临别时传授给他一个秘方，要求用没落地的露水合药服用30天方能洞察事务。扁鹊按方服用，忽然间长桑君不见了。据传他能隔墙见人，以此视病，能见患者的五脏症结。扁鹊运用中医切脉诊断术，开中医诊断学之先河。相传著名的中医典籍《难经》为他所著，他在总结前人经验的基础上，创

图16-11　扁鹊行医

望、闻、问、切四大诊法，尤其擅长望诊和切诊，被我国中医界一直沿用至今。[①]他行医有时在赵国，有时在齐国，在齐国时名叫扁鹊。

“扁鹊投石”典故，便是他给秦武王嬴荡看病的一个小情节。扁鹊给秦武王看病，武王述病，扁鹊看后，请求把它治除。武王左右亲信说：“君王病在耳前，眼睛下面。如果手术不成功，将使耳不聪，眼不明。”扁鹊愤怒地把手里的石针摔在地上，说：“君王与医生说病，这本是情理之中的事，但听信了左右不懂医术的小人之言，这是君王不懂事理。”假如君王用这种方法管理国家，“则君一举而亡国矣”。所以，扁鹊一气之下把石针摔在地上。这个故事出自《战国策·秦策二》，公元前310年，秦武王嬴荡20岁，扁鹊97岁并去世，本故事年代、岁数有些离谱了。只能说明一个道理：诊病同治理国家一样都要懂得事理。

扁鹊回到齐国，齐桓公田午把他当作客人招待。扁鹊到朝廷拜见齐桓公时，说：“你有小病在皮肤和肌肉之间，不治恐怕会深入体内。”

齐桓公说：“我没病。”等扁鹊走之后，齐桓公对手下人说：“医生就知道赚钱，还想给没病的人治病，冒充自己的能耐。”过了五天，扁鹊再见到齐桓公，说：“大王的病已发展到了血脉，不治会加重。”齐桓公仍然说：“我没病。”扁鹊走后，齐桓公很不高兴。又过了五天，扁鹊又去见齐桓公，说：“大王的病已发展到了肠胃，不治会加重。”齐桓公这次没答话。扁鹊走后，齐桓公很不高兴。又过了五天，扁鹊远远地见到齐桓公，就转身走开，齐桓公派人问其缘由。扁鹊道：“病在表皮时好治，服以汤药或拔火罐就行；病在血脉，针灸能治；病在肠胃，药酒能治；可是病到了骨髓，就谁也没有办法了。现在大王的病已入骨髓。”五天后，齐桓公果然出现了生病的症状，就派人去找扁鹊，但扁鹊已经逃走了。齐桓公不久死了(这一年田午44岁，扁鹊51岁)。从这个故事看出扁鹊的为人，他没有一见齐桓公就阿谀奉承，而是实事求是地告诉齐桓公有病；再见时，尽管齐桓公已不高兴，他仍然直言不讳。如此几次，足见其医德，绝非如齐桓公以小人之心所猜测的那样。中国古代中医重医术，更重医德的风范，由此可见一斑。

孔子闻韶处。出商业街，迎面而来的便是“孔子闻韶处”。右侧刻

---

①〔西汉〕司马迁著. 李楠译. 史记. 北京：中国三峡出版社，2006：2097，2103.

文："传说在我国远古舜时期，有一种叫'韶'的乐舞，又称'箫韶'或'韶萧'，因韶有九章，故又名'九韶'，是一种非常高雅的乐舞"(摘自临淄县志)；左侧是"乐舞图"。图中二人席地而坐，一人执管横吹，一人端坐正视，全身心地沉浸在美妙的乐舞情景之中，这个人就是孔子。下刻两美女，长袖飘带，翩翩起舞。

图16-12　孔子闻韶处

齐景公三十一年(前517年)，鲁国发生变乱，孔子为避乱来到齐都临淄。他与齐国太师谈论音乐，听到《韶》乐，孔子陶醉在《韶》乐中，齐人十分称赞孔子。《论语·述而》云："子在齐闻《韶》，三月不知肉味。"韶乐在历史的长河中被湮没了，但孔子闻韶的故事却流传下来。在《史记·夏本纪》中："于是夔(kuí，传说中一条腿的怪物)行乐，祖考至，群后相让，兽翔舞，《箫韶》九成，凤凰来仪，百兽率舞，百官信谐，帝王作歌。"

孔子(子姓孔氏，名丘，前551—前479)，孔母怀孔子时曾去尼丘山祈祷，孔子出生头如丘，四周高，中间低，像尼丘山，故名孔丘。因上有兄长孟皮，所以叫仲尼。身高9尺6寸(秦时，1尺为23.1厘米)，臂力过人，远非四体不勤，五谷不分的文弱书生。汉族，春秋时鲁国人，是我国古代伟大的思想家、教育家和儒家学派创始人。孔子兴办私学，不仅规模之大(弟子三千)，而且教育质量之高，培养出许多德才兼备的学生，贤人七十二(通六艺的博士)。虽然孔子的政治主张遭到冷遇，但孔子在教育实践上却获得了极大的成功，创立了一套熠熠生辉、泽被后世的教育理念，被后世统治者尊为圣人、至圣先师。1984年出版的《世界名人大辞典》，孔子被列为世界十大名人之首。在英国伦敦大不列颠国家图书馆广场，世界十大思想家塑像中有孔子、老子和惠能(638—713，惠能是禅宗六祖，俗姓卢氏，先世河北涿州范阳人)。英国历史学家阿诺尔德·约瑟·汤恩比博士说："要解决21世纪社会问题只有儒家思想和大乘佛法。中华民族的美德就是在屈辱的世纪里，仍能继续发挥作用，特别是移居在世界各地的华侨也体现出这种美德。"汤恩比还说："我亲身体会到中国人对任何职业都能胜任，并能维持高水平的家庭生活。中国人无论在国家衰落时期，还是处于动荡时期，都能保持这种美德。”

我们作为华夏族的后裔，为中国的传统文化走向世界而感到骄傲。早在2007年北京就成立了孔子学院总部，在国内外设立孔子学院，其宗旨是推广用汉语进行国际交流。汉语是联合国的工作语言之一，2020年汉语被联合国列为全球六大通用语言之一。

燕国(前1046—前222年)

燕国，国君姬姓燕氏。姬为周朝国姓，因黄帝长居姬水(今陕西省武功县境内的漆水河)而得姬姓。周武王封他的同父异母之弟姬奭(奭音为shì，盛也)于北燕(封地在燕山之野)，姬奭却没有去就职，仍留在镐京(今西安长安区)任职，名誉上为燕召公(姬姓，名奭，因采邑于召今陕西岐山西南，故称召公)，实际是他的大儿子姬克去就职。燕政权是由周的贵族、当地旧商人和土著族联合建立的侯级政权。约在公元前7世纪，燕灭蓟国，迁都于蓟(今北京房山)。燕昭王时，随着国力的增强，疆域随之拓展到今吉林鸭绿江一带。设郡县，成为战国时期北方大国。燕国与中原各国往来甚少，文化较中原落后，春秋初外族入侵险些亡国，凭借齐国“尊王攘夷”的军事帮助才得以保全，并在日后有所发展。周显王四十六年(前323年)，燕国参与了公孙衍发起的“五国相王”(燕、赵、魏、韩、中山结盟称王，对抗齐、楚、秦三个大国)活动，周慎靓三年(前318年)，燕、赵、魏、韩、楚五国合纵攻秦，得到燕王哙(前320—前312年在位)的积极支持。为了振兴燕国，燕王哙在周慎靓五年(前316年)，仿效上古尧舜的禅让模式，把侯位禅让给燕国相子之。子之做事果断，颇得燕王哙的信任。子之行王事，燕王哙反而称臣，告老不理朝政。但这时尧舜禅让模式早已时过境迁，禹之子启首开中国世袭制之先河。到战国时期，世袭制已经被普遍接受，太子平不服，因此招来“子之乱国”。至周赧王三年(前312年)，子之终于平息内乱。内乱期间，中山国乘机攻燕，攻占方圆数百里的地方和几十座城邑，使燕国遭受很大损失。齐国也乘机攻燕，杀死燕王哙，擒获子之并将其剁成肉酱。燕昭王姬职(燕王哙之子，在韩为质，前310—前279年在位)在位期间，礼贤下士，招揽人才，乐毅、剧辛、苏代等赴燕。乐毅是以魏使出使燕，燕昭王留用，被聘为亚卿主持国政，经过28年励精图治，原本弱小的燕国成为一时之强。周赧王三十一年(前284年)，燕昭王拜乐毅为上将军，率倾国之兵联合赵、魏、韩、楚五国伐齐，攻下齐国70余城，杀死齐愍王(田齐第六任侯，前300－前284年在位)，齐地只剩莒(今山东日照市莒县)和即墨(今山东平度东)二城。燕昭王死，燕惠王乐资(燕第三十二任侯，前278—前275年在位)即位。燕惠王早与乐毅有隔阂，齐国田单利用这一隔阂施“反间计”，说齐国只剩下两城了，乐毅之所以不带兵前去占领，是想联齐，自立为王，齐国最担心的是燕国派别的将领来。燕惠王中“反间计”以骑劫代替乐毅，乐毅投奔赵国。齐田单与骑劫战，田单以燕军虐待战俘，挖掘齐人坟墓作为宣传手段，鼓舞齐军士气，瓦解燕军斗志。周赧王三十六年(前279年)，田单在即墨城施火牛阵大败燕军，骑劫阵亡，齐国趁势复国。秦政二十一年(前226年)，秦军占领燕都蓟，燕王喜和太子丹逃往辽东。秦政二十五年(前222年)，活捉燕王喜，燕国灭亡。

战国时燕国疆域：河北北部、辽宁、吉林一部分，都城设在蓟。

八卦迷宫。八卦是古人用来记事的符号。是中华先祖智慧的结晶。八卦迷宫是根据八卦的八个方位，里面建有32个房间，96扇门，并有入口及“凯旋门”“生门”“退门”三个出口。进入生门，您可以自由往来，进入迷门，您就得费些时间才能走出来。只有开动脑筋，破译八卦玄机，才能找到凯旋门。

黄金台。前面这座楼阁，一层是十二生肖殿，可以买到与十二生肖相关的旅游纪念品，还可以了解十二生肖与姓氏的相关知识。

二层是黄金台。战国时期，齐强燕弱，燕昭王即位，励精图治，志在雪耻，老智囊郭隗讲了一个“千金买马骨”的故事，燕昭王听后深为感触，在燕下都(河北易县)高筑黄金台，置千金于台上在此广招天下英才之士，这就是黄金台得名的由来。果然，乐毅、邹衍、剧辛从魏国、齐国、赵国都来应聘，待遇从优，还给老智囊郭隗建了宫室，并以老师礼节相待。周赧王三十一年(前284年），任命乐毅为上将军，率领赵、魏、韩、楚、燕五国伐齐，齐败雪耻。“燕昭王招贤”成一古文名篇，在中国历史上，大张旗鼓地招贤纳士，莫过于燕昭王的高筑黄金台。一时间，燕国人才荟萃，成为北方最强大的国家。

壮士行群雕。秦灭东方六国的同时，也遭到被征服六国的仇视和反抗，谋杀秦王便是其中的一种报复形式。据《史记》记载有三次谋杀秦王事件。一次是秦政二十年(前227年)，荆轲(？—前227，姜姓，庆氏，战国末卫国人)刺杀秦王。[①] 一次是秦政二十九年(前218年)，秦始皇第三次出巡途经河南原阳时发生的搏浪沙事件，是张良(约前250—前186年，颍川城父人)谋划的。秦灭韩，张良散尽家资，结交刺客，置一柄重120斤的大铁锤，在博浪沙狙击秦王，误中副车，未成。还有一次是高渐离用灌铅之筑(古代的一种击弦乐器，颈细肩圆，中空，十三弦)击秦王，未中。荆轲刺杀秦王失败，秦将王翦率军攻燕，先迫使燕王喜杀死太子丹。5年后燕王喜被俘，燕国灭亡。秦统一天下，肃清与太子丹、荆轲相熟的反秦势力。与荆轲有莫逆之交的高渐离(今河北定兴人，常与狗屠、荆轲聚于燕市)，改名换姓在宋子县当了酒保，但他击筑露艺，被秦皇发现，秦皇爱他击筑之才，赦免了他的死罪，但弄瞎了他的眼睛，以便秦皇能直接听到高渐离的击筑声。一次为秦皇击筑，高渐离把早已准备好的灌铅之筑，投向秦皇，未中。此后，秦皇已经感受到被征服六国的复仇心理，不再接近各诸侯国人。

图16-13　燕太子丹(中)、荆轲(左)、秦武阳饯行(右)

“壮士行群雕”是根据《史记·刺客列传二十六》中荆轲刺杀秦王临行前的史实而建造的。地点在燕国的易水(河北易县)之滨。太子丹和知道这件事的宾客都身穿白衣、头戴白帽前来为两个人饯行，高渐离击筑，荆轲和而歌，为变徵之声(古代五声之一，常作悲壮之声)，士皆垂泪涕泣，苍凉凄清。年仅13岁的秦武阳(燕国名将秦开之孙，前239—前227)向前走去。复为羽声慷慨悲歌：“风萧萧兮易水寒，壮士一去兮不复还”，便义无反顾地踏上征程。荆轲虽事败身亡，但他的这

①〔西汉〕司马迁著. 李楠译. 史记. 北京：中国三峡出版社，2006：138，146.

种大义凛然的精神，至今仍为人们所传颂。易水河畔的两句悲歌也成了千古绝唱。这个情节惨烈的故事发生在秦灭六国期间，秦政十七年(前230年)，秦破赵，韩幰秦请降，两年后灭赵逼近燕。燕太子丹(姬姓，名丹，?—前226年)，策划出刺杀秦王的计谋：荆轲扮成使者去见秦王，带上樊於期人头和燕国首府督亢(今河北涿州东南督亢陂，亢陂，其附近定兴、新城、固安)地图去见秦王，挨近秦王时逼其退还诸侯的土地。秦王如不答应，就刺死他。在谋划中田光和樊於期两位节侠自杀。田光是为避与燕太子丹谈国事有泄密之嫌。秦将樊於期是因得罪了秦王，逃到燕国，为刺杀秦王献出自己的人头。把樊於期的首级放在匣子里，并准备一把用毒药煮过的匕首，派年仅13岁的秦武阳做荆轲的副手。临行前，在易水河畔送别。荆轲到了咸阳。用重礼买通了秦王宠臣蒙嘉，传报后，秦王一听燕国派使者拿着樊於期头颅和督亢地图来朝见，十分高兴，就下令在咸阳宫接见荆轲。荆轲捧着装有樊於期头颅的盒子，秦武阳捧着督亢地图，走在秦国朝殿台阶上。秦武阳一见朝殿那副威严样子，脸色突变十分惶恐，秦王左右的侍卫吆喝道：“使者为啥变了脸色？”荆轲回头一瞧，果然见秦武阳的脸又青又白，就赔笑说：“北方粗鄙之人，不曾见过天子，所以惶恐不安，请大王见谅。”秦王也有点怀疑，对荆轲说：“叫秦武阳把地图给你，你一个人上来吧。”荆轲从秦武阳手里接过地图，捧着木匣上去，献给秦王。秦王打开木匣，见到果然是樊於期头颅。秦王又叫荆轲拿地图来。荆轲把一卷地图慢慢打开，等地图全部打开，荆轲预先卷在地图里的匕首就露出来了。秦王一见，惊叫地跳了起来。荆轲连忙抓起匕首，左手拉住秦王的袖子，右手把匕首刺向秦王。秦王使劲地向后一转身，把那只袖子挣断了。他跳过旁边的屏风，刚要往外跑。荆轲拿着匕首追了上来，秦王一见跑不了，就绕着朝殿里的大铜柱子跑。荆轲紧紧地追赶着，两个人像走马灯似的直转悠。群臣惊慌失措，不知如何是好，因宫廷规定侍君禁带兵器。这时御医夏无且急中生智，拿起手里的药袋对准荆轲扔了过去。荆轲用手一搪，那只药袋就飞到一边去了，秦王慌乱中不知所措，在性命攸关之际，听到一首古曲，这是一位宫女用音乐语言提醒秦王“负剑拔之”，把剑推到背上拔出来。秦王“负剑拔之”，击伤荆轲，砍断了荆轲的左腿。荆轲站不起来，倒在地上。他拿匕首直向秦王扔过去。[1]秦王往右边一闪，匕首从他耳边飞过，“嘣”的一声，打在铜柱子上，直冒火星儿。秦王见荆轲手里没有武器，又上前向荆轲砍了数剑。荆轲知道事败，苦笑着说：“我没有早下手，本来是想先逼你退还燕国的土地。”这时候，侍从武士一起赶上殿来，结果了荆轲的性命。台阶下的秦武阳，也早就被武士杀了。论功行赏时，秦王赏给御医夏无且黄金200镒(秦时，20两为1镒)。刺秦事败，秦王大怒，秦政二十一年(前226年)，派大将王翦攻破燕都蓟，燕王喜、太子丹逃往辽东郡首府襄平(今辽宁辽阳)。此时秦军追击燕王急，赵代王嘉给燕王喜捎信，如能杀掉太子丹，以解秦王之恨，秦王一定让你保住你的国家。其后李信追击太子丹，太子丹躲藏衍水一带。愚蠢的燕王喜信以为真，诱太子回来议国事，杀之。秦照样攻打燕国，于公元前222年灭燕，燕王喜被俘。[2]后人为纪念这位爱国太子改衍水为太子河，太子河也因此成为一条富有历史传奇色彩的河流。

仙人祠。往西走，穿过围墙便是仙人祠。秦政三十二年(215年)，秦始皇遣方士及童男、童女在此入海求仙人不死药，亲人们眺望大海，盼望童男、童女能平安回来，特建此祠。后经多次整修，现为明清式建筑。进门堂廊，东侧供奉青龙，西侧供奉白虎。堂廊北侧有一副抱柱联，“馨鱼香烟唤回世界迷路人，暮鼓晨钟惊醒天下名利人”。东殿为财神殿，供奉武财神、文财神和义财神。西殿为药王殿，供奉华佗、孙思邈、扁鹊几大药王。秦朝崇尚道教，仙人祠正殿供奉的道教尊神，内载有道德经。两侧有耳房，左耳房供福星和禄星塑像，并附有百福图和100个“福”字；右耳房供财神和寿星佬塑像，并附有100个“财”字和100个“寿”字。如果把一枚硬币投进聚宝箱里，就会听到寿星的祝福了。因祠内有仙也有人，合称“仙人祠”。

---

①汪瑶．音乐救了秦始皇．北京青年报，2013-8-16。在《燕丹子》一书中记载了一首古曲：“罗縠单衣，可掣而绝。八尺屏风，可超而越。鹿卢之剑，可负而拔。”嬴政是赵姬的儿子，极有音乐感知天赋，他听懂了这首古曲，而“荆轲却不解其音。”不知女“艺人”在瞎弹什么。

②〔西汉〕司马迁著．李楠译．史记．北京：中国三峡出版社，2006：138-139.

赵国(前403—前228年)

周成王诵年幼继位，周公旦摄政，唐国(今山西翼城西)有乱，周公旦平灭之。随后，周成王诵把唐地封给他的弟弟叔虞，史称唐叔虞侯。唐叔虞侯死，其子燮(一作燮父)继位。燮迁居晋水(山西绛县)之旁，改国号为晋，晋侯燮为晋国第二任侯。世袭到晋烈公止十三年(前403年)，晋国的三个大夫赵籍、魏斯、韩虔被周威烈王午封为侯，形势所逼晋烈公止(前415—前389年在位)还表示祝贺。晋孝公颀十三年(前376年)，联军包围了晋孝公颀(前388—前357年在位)的王宫，分割了晋仅有的土地，晋孝公颀被赶出绛城，继而废晋静公姬俱酒(前356—前349年在位)为庶民，赵、魏、韩三家彻底瓜分晋国。

赵国，国君嬴姓赵氏，伯益之后造父，善驯马，助周穆王满平定徐偃王(徐国第32代国君，前992年生，前926年卒)反周势力有功，封于赵城(今山西洪洞)，后并入晋国成为晋国大夫。赵衰事晋献公诡诸(前651—前626年在位)之子重耳，随重耳逃亡19年(前656—前637年)，重耳返国为晋文公重耳(姬姓晋氏，名重耳，前636—前628年在位)。赵衰任国政，世袭至晋平公彪十二年(前546年)，赵武为晋国正卿。至赵、魏、韩三家分晋，周威烈王午封原晋国大夫赵籍(嬴姓赵氏，名籍，前408—前400年在位)为侯。传至赵武灵王(嬴姓赵氏，名雍，前325—前299年在位)始称王。至秦政十八年(前229年)，秦将王剪领兵攻赵，次年攻入赵国都城邯郸，赵幽缪王迁(前235—前228)献出地图投降，兄公子嘉在代郡(今河北蔚县一带)地称王，建立代国。秦政二十四年(前222年)秦将王贲进军代城，代王嘉(前227—前222年在位)降秦，赵国彻底灭亡。

战国时赵国疆域在今山西北部、中部，河北中部、西南部，以及内蒙古一部分。都城原在晋阳(今山西太原西南)，周安王十六年(前386年)，赵敬侯章(赵第三任侯，前386—前375年在位)即位，把都城迁到河北邯郸。

实施变法，使赵国实力得到较大提升，为日后赵国角逐中原奠定了基础。由赵肃侯语(赵第五任侯，前349—前326年在位)、赵武灵王雍(赵第六任侯，前325—前299年在位)到赵惠文王何(赵第七任侯，前298—前266年在位)，是赵国由兴盛向衰亡的演变过程。赵国之所以走向强盛，是因为赵武灵王在军事上进行了改革，向全国发布“胡服骑射”的法令，文有蔺相如(前329—前259，山西柳林孟门人)，武有大将廉颇(前337—前248，山西太原人)一批名士，使赵国成为强国，威震四方，秦国很长时间不敢侵犯。赵国强盛后向中山国压迫，赵国很快成为战国七雄之一。赵武灵王在信都(邢台)大会天下诸侯，诸侯莫敢不从，是赵国进入强盛的标志，也是赵武灵王人生辉煌的顶峰。赵国之所以走向衰落，是因为赵武灵王在政权交接上犯了大错，感情用事，上演了一出他一生不可挽回的悲剧。赵武灵王有两位夫人，原配是赵、韩两国敲定的联姻，于周显王四十七年(前322年)与韩宣王(第七任侯，前332—前312年在位)区鼠相会，娶韩宣王之女为妻，生子章(前321—前295)。后又娶孟姚为妻，生子何(前308—前266)。灵王非常宠爱孟姚，孟姚死，灵王十分伤心，孟姚死前曾请求灵王立公子何为太子。于是灵王废太子章，立子何为太子。三年后，灵王传位于公子何，即为赵惠文王(前298—前266年在位)，任肥义（?—前295，邯郸肥乡人）为相国兼主傅，灵王自号主父。这一年赵武灵王43岁，灵王原本是希望儿子负责国内的政治和军事，自己不再使用国王的称号，而是使用“主父”这个称号。灵王让公子何提前即位的另一层考虑是自己经常亲自带兵打仗，一旦遭遇不测，赵国必定大乱。想在自己有生之年把政权平稳地交给自己的接班人，而且还要送上一程。但是灵王的这番设想却严重违背了政权构建的基本规律，最终酿成了赵国的内乱。这一年赵惠文王何才11岁，大权旁落在肥义手里。灵王自号主父，率将士在西北开拓疆土，三年后，他灭了中山国，封长子章为代地安阳君并派田不礼辅佐他。子何即位后，国内的政治中心就逐渐地转向赵惠文王，大臣聚拢在赵惠文王身边。

沙丘平台在今河北广宗县大平台村南，是赵国的离宫。周赧王十年(前295年)，赵武灵王以在沙丘选墓地为名，让公子章与赵惠文王随行，主父有欲分割赵国的想法，他的这一想法曾与肥义商议过，肥义以怕造成赵国大乱为由加以婉拒。主父与惠文王巡游沙丘，住在不同的行宫，公子章趁机率领他的党徒和田不礼兴兵作乱，假传主父召见赵惠文王，肥义先进去，被杀害了，高信、赵惠文王与公子章决战，公子成和李兑也从都城赶来镇压叛乱，公子章兵败，逃到灵王所住的沙丘宫。公子成和李兑率兵包围沙丘宫，杀死公子章，公子成和李兑商议说："我们因公子章包围了主父行宫，即使现在撤兵，我们这些人也要被灭族。"随后包围了主父行宫，饿死灵王，史称"沙丘之变"，成为赵国由盛转衰的历史性转折点。

丛台缩影。传说赵武灵王喜欢看歌舞和军事演习，就修建了这座丛台，台上有天桥、雪洞、花苑、楼阁，设计奇特，做工精良。台顶的楼阁叫"据胜亭"。登在亭上可纵览邯郸全景。左手边是"赵风综合体"，用大型浮雕形式再现胡服骑射、完璧归赵、负荆请罪、窃符救赵、纸上谈兵、邯郸学步、黄粱梦等一系列流传千古的成语典故和史实。

胡服骑射(骑马者为赵武灵王)。灵王在与林胡、楼烦、东胡等北方游牧民族征战和对峙中，看到胡人的军事服饰有一些特长：穿窄袖短袄，具有更大的灵活性。于是，赵武灵王取胡人军事行动、狩猎骑马、射箭灵活性强的优点。弃胡人纪律性差的缺点，力排众议，下令全国人民抛弃长袍宽袖，带头穿胡服，习骑马，练射箭，亲自训练士兵，淘汰战车，改为骑马射箭，通过"胡服骑射"这项军事改革，赵国军事实力得到进一步加强。使赵国成为"战国七雄"之一。

右侧是几匹人造的"胡服骑射"战马。

完璧归赵。讲的是把一种珍贵的、圆形的、中间有孔的玉器完整地归还给赵国的故事。《史记·廉颇蔺相如列传第二十一》载：赵惠文王何得了楚国的和氏璧，秦昭王得知后，表示愿意以15座城池去换和氏璧，当时秦国强大赵国弱小，赵王不敢拒绝，又怕上当，赵国的大臣蔺相如自荐奉璧出使秦国，说："城入赵，而璧留秦，城不入赵，臣请完璧归赵。"蔺相如到了秦国，秦王在王宫里接见了他。蔺相如双手把"和氏璧"献给秦王，秦王接过"和氏璧"左看右看，非常喜爱。他看完了，又传给大臣和后宫妃子看。蔺相如一个人站在旁边，等了很久，也不见秦王提割让15座城池的事，知道秦王根本没有用15座城池换宝玉的诚意。可是宝玉已经到了秦王手里，怎么才能拿回来呢？他想出了一个计策。只见蔺相如走上前去，对秦王说："这块'和氏璧'虽然看着挺好，可是有一点小瑕疵，让我指给大王看。"秦王一听"和氏璧"有瑕疵，赶紧叫人把宝玉从后宫拿来交给蔺相如，让他指出来。蔺相如拿着"和氏璧"往后退了几步，身体靠在柱子上，理直气壮地对秦王说："当初大王差人送信给赵王，说情愿拿15座城池来换赵国的'和氏璧'。赵国大臣都说，千万别相信秦王骗人的话，我可不这么想，我说老百姓还讲信义呢，何况秦国大王呢！赵王听了我的劝告，这才派我把'和氏璧'送来。没想到方才大王把宝玉接过去，随便交给下面的人传看，却不提换15座城池。如果大王硬要逼我，我情愿把自己的脑袋和这块宝玉一块儿撞碎在这根柱子上！"说着，蔺相如举起"和氏璧"，面对柱子，就要摔过去。秦王本来想叫武士去抢，可是又怕蔺相如真的把宝玉撞碎，赶忙向蔺相如赔不是，说："大夫不要着急，我说的话怎么能不算数呢！"说着叫人把地图拿来，假惺惺地指着地图说："从这儿到那儿，一共15座城池都划给赵国。"蔺相如心想，秦王常常会要鬼把戏，可别再上他的当！就跟秦王说："这块'和氏璧'是天下有名的宝贝。赵王送它到秦国来的时候，斋戒了5天，还在朝廷上举行了隆重的赠送宝玉的仪式。要是大王接受这块宝玉，也应该斋戒5天，在朝廷上举行接宝玉仪式，这样我这才能把宝玉献上。"秦王本不想这样做，但见蔺相如态度坚决，只得说："好！就这么办吧！"说完，他就派人送蔺相如到公馆去休息。蔺相如拿着那块宝玉到了公馆里，叫手下人打扮成一个商人模样儿，把那块宝玉包好藏在身上，偷偷地从小道跑回赵国。至于秦王会把他怎么样，他一点也没有考虑。这件事情在历史上叫"完璧归赵"，后用"完璧归赵"泛指把原物完好无损地交还原主。结合前文，这位赵惠文王就是赵武灵王的二公子何，赵国一场内乱，国力大衰，再不是赵武灵王在世那样国力强盛了。而且，秦昭襄王是宣太后的大公子稷，是由灵王钦定的秦国接班人，如果灵王还在，是不会出现这种难看局面的。

负荆请罪。蔺相如官位在廉颇大将之上，廉颇心中很不服气，扬言要当面羞辱蔺相如，让他下不了台。蔺相如知道后，不愿意和廉颇争名位，处处留意，避让廉颇。有一次，蔺相如乘车外出，远远望见廉颇骑着高头大马迎面而来，急忙叫手下人把车赶到小巷里避开。蔺相如的门客韩勃便以为蔺相如怕廉颇，非常气愤。蔺相如对他解释说："依你们看来，是廉将军厉害呢，还是秦王厉害呢？"门客说："当然是秦王厉害了。"蔺相如说："对了，秦王这样威焰万丈，我却在朝堂上斥责他，侮辱他的臣子们，我连秦王都不怕，难道我会怕廉将军吗？不过我想，强暴的秦国之所以不敢对赵国用兵，正是因为赵国文有蔺相如，武有廉颇呀。如果我们两个相斗，那发展下去，赵国的实力就会被削弱，这时一旦秦国来攻打赵国，赵国就会灭亡。我对廉将军一再退让，正是以国家利益为重，把私人的恩怨抛在脑后啊！”蔺相如这番话，使他手下的人极为感动。此话传到廉颇耳中，他看到蔺相如如此宽大胸怀，相比之下更觉得自己十分惭愧。于是他脱掉上衣，在背上绑了一根荆条，请人领到蔺相如家请罪，并沉痛地说；“我是个粗陋浅薄之人，真想不到上卿对我如此宽容。”蔺相如见廉颇态度真诚，便亲自解下他背上的荆条，请他坐下，两人坦诚畅叙，从此誓同生死，成为刎颈之交，同心协力保卫赵国。

窃符救赵。魏安厘王二十年(前257年)，秦国在长平大败赵国，又派兵围攻赵国都城邯郸。赵国向魏国求助，魏国派将军晋鄙率10万大军前去救赵。秦国听说魏国派兵救赵一事，派使者威胁魏王，魏王屈服于秦国的压力，下令前去救赵的魏兵按兵不动，赵王向魏国公子信陵君(本名魏无忌，姊为赵惠文王弟平原君的夫人)写信求救，信陵君曾帮助魏王的宠妃如姬报了杀父之仇，信陵君请求如姬从魏王那里偷出虎符，拿着虎符假传魏王的命令，要晋鄙交出军队，晋鄙不从，被朱亥用40斤重的大铁锥打死。信陵君整饬军队，挑选8万精兵，击退秦军，解了邯郸之围，救了赵国。1953年，曾经把这个历史故事搬上银幕拍成电影，影片名叫《绝代佳人》，由香港著名演员夏梦(1932—2016，江苏苏州人)饰演如姬，夏梦那甜美的表演在当时电影界引起了不小的轰动。

“纸上谈兵”。这则典故发生在长平(今山西晋城高平)之战。是说空谈兵法，执行不切合实际情况的作战方案。战国名将赵奢的儿子赵括饮读兵书，空谈用兵之道，连父亲赵奢也难不倒他，自认为天下无敌。赵奢说他是纸上谈兵，不会灵活地运用战略战术。那时赵惠文王何已去世，太子赵孝成王丹(赵第八任侯，前266—前245年在位)即位。孝成王七年(前259年)，秦军与赵军在长平对阵，赵国名将赵奢已死，蔺相如也病危，赵国派著名大将廉颇率大军镇守长平，与秦军相持三年之久，不分胜负。秦国丞相范雎则派人到赵国施“反间计”，散布廉颇的坏话。说：“秦军所厌恶忌讳的，就是怕赵奢之子赵括做将军。廉颇不中用，眼看就快投降啦！”赵孝成王信以为真，就命赵括为将军，取代了廉颇。蔺相如说："大王只凭名声来任用赵括，就好像用胶把调弦的柱粘死再去弹瑟那样不知变通。赵括只会读他父亲留下的兵书，不懂得灵活应变。"赵王不听，还是命赵括为将。赵括母亲听说让赵括当将军也向赵王上了一道奏章，请求赵王别派他儿子去。赵母说："他父亲临终时再三嘱咐我：赵括这孩子把用兵打仗看作儿戏，谈起兵法来，说得条条是道，目中无人。将来大王不用他还好，如果用他为大将，只怕赵军要断送在他的手里。所以我请求大王别让他当大将。"赵王说："吾意已决，你就别管了。"

那边范雎得到赵括替换廉颇的消息，知道自己的"反间计"奏效了，就秘密派白起为上将军指挥秦军。白起一到长平，布置好埋伏，故意打了几个败仗。赵括不知是计，拼命追赶。白起把赵军引到预先设计好的埋伏圈，派出精兵25000人，切断赵军的后路；另派5000骑兵，直冲赵军大营，把40万赵军切成两段。赵括这才知道秦军的厉害，只好筑起营垒坚守，等待救兵。秦国又派兵把赵国救兵和运粮的道路切断了。赵军内无粮草，外无救兵，被困46天，断食以内杀为食，后率部突围，赵括遭到秦军射杀，余部40万赵军被白起坑杀。"长平之战"，赵军惨败。看来，战争要想取胜，仅掌握军事知识是远远不够的，还要灵活地运用军事知识，以及战时的勇敢和果断。在战役这一实践活动中，排在第一位是勇敢和果断，灵活地运用战略战术排在第二位，掌握军事知识排在第三位，装备和兵力寡众排在第四位。

邯郸学步。战国时期，燕国寿陵(今河南洛宁)有个少年，听说赵国邯郸人走路的姿势很好看，便来到邯郸学邯郸人的走路姿势。结果，他不但没有学到邯郸人的走路姿势，还把自己原来的走路姿势给忘了，最后只好爬着回去。所以李白诗曰："寿陵失本步，笑煞邯郸人。"但有学者认为，邯郸学步不是学邯郸人的走路姿势，而是学邯郸当时流行的一种舞蹈，叫"跕屣"，类似于西方的现代芭蕾舞，跕脚跳舞，非常优美。少年学成回到燕国，当了燕王的舞师。据说，荆轲刺秦王告别易水，太子丹给他送行，高渐离击筑，宋玉唱歌，这位少年舞师激动得一步跨到酒桌上，跳了一曲激昂慷慨的"跕屣"舞。只见他金鸡独立一只脚尖在酒桌上飞速旋转，看得壮士荆轲都目瞪口呆，拼命鼓掌。

黄粱梦。此典故来自唐代小说家沈既济(750—800，浙江吴兴人)所作《枕中记》传奇。说唐开元七年(719年)，有一位卢生骑着青驹，穿短布衣进京赶考，在邯郸客栈遇道士吕翁，自叹贫困，苦不得志，但他仍不甘心，想建功立业，升官发财，享荣华富贵。吕翁授他青瓷枕，说用此枕可以得其志。时值客栈在煮黄粱(小米)粥，卢生一枕而睡，便入梦乡。梦中回到山东老家，娶妻崔氏，容貌美丽，后举进士，宦海浮沉，几经波折，因功进为中书会，封为燕国公。五子也均为高官，联姻均为名门望族。在朝五十余载，享尽荣华富贵。年逾八十，病终榻上。至此，卢生翻身醒来，竟是一场梦，吕翁在旁微笑，店主的黄粱尚未煮熟，卢生顿悟，随道士仙去。后人根据这个故事还建了祠庙，以此告诫人生哲理："人生的荣华富贵，荣辱得失不过是一场梦，何必那样想不开呢!"

韩国(前376—前230年)

韩国，国君姬姓韩氏。武王封其庶子(媵、妾、情妇所生之子)为韩侯，封地在韩原(今陕西韩城)，以韩封地为氏。被晋灭后成为晋国大夫，赵、魏、韩三家分晋，晋国的大夫韩虔被周威烈王午封为侯，建立韩国。韩景侯虔(姬姓韩氏，名虔，雍丘，今河南杞县人，前408—前400年在位)为韩国的开国侯。韩国进入战国七雄有三个条件：一是赵、魏、韩三国结盟，共同进退。在魏文侯(魏第一任侯，前445—前396年在位，安邑，今山西夏县人)的率领下，形成一股极强的军政势力，瓜分中原，韩国获利颇多；二是韩厘侯昭(韩第六任侯，前362—前333年在位)任申不害为丞相，实施改革，内政修明，国成小康之治，国势增强；三是"兵器——弩"，为各国所畏惧。所谓"天下之强弓劲弩皆从韩出"，韩国的弩能射800米之外，"远者括蔽洞胸，近者镝弇心"(胸前虽有遮蔽，远者扎胸成洞，近者箭头直扎心脏)。除此以外，韩国的剑也异常锋利，皆"陆断牛马，水截鹄雁""当敌则斩坚甲铁幕"(宝剑锋利，能杀牛马、天鹅大雁和敌人)。韩国于韩威侯康十年(前323年)，与燕国相继称王。都城初在阳翟(今河南许昌禹州)，灭郑国后迁新郑(今河南郑州)。

战国时韩国疆域：河南中部、西部和山西东南部。都城设在新郑。

韩国虽然四面受敌，没有发展空间，但是地理位置极为重要，它扼制函谷关秦国东进之路，秦要灭六国，必先灭韩，韩是秦灭六国的第一块肥肉。韩非作为韩国的公子，则主张存韩灭赵，与李斯政见相左，引来杀身之祸。经过秦国多次打击，韩国的土地日渐缩小，到韩桓惠王(韩第十任侯，前272—前239年在位)时，韩国已经臣服于秦国。秦政十七年(前230年)，秦派内史腾率兵再度攻韩，韩无力抵抗，内史腾指挥秦军攻克韩都城新郑，俘虏韩废王安(韩第十一任侯，前239—前230年在位)，韩国灭亡。秦在韩地设置颍川郡，建郡治于阳翟。

前期法家代表申不害。申不害(前385－前337，战国时期原郑国京邑今河南郑州人)。法家思想“术”的代表人物。韩哀侯二年(前375年)郑国被韩所灭，申不害被韩厘侯(前362—前333年在位)委任为丞相，他在韩国主持改革19年，“内修政教，外应诸侯”，帮助韩厘侯推行法治，使韩国君主专制得以巩固，国内政局稳定，贵族特权受到限制，百姓生活渐趋富裕。不但没有遭受周边国家的侵扰，韩国在扩张领土上取得不小的成绩。申不害的“术”尽管被韩非指出有许多不足之处，但他在韩国主持变法，收到了富国强兵的效果。后来申不害老死在韩国，其著作《申子》，现已失传。

申不害随着年龄的增长，逐渐认识到管子、李悝、慎到的学术理论中都含有“术”的成分。认为“术”有道家思想的痕迹，是由道入法。申不害的“术”，是指在法治的基础上，国君任用、监督和考核臣下的方法。国君委任官吏，要考查他们是否胜任，言行是否一致，对君主是否忠诚，并根据考察结果进行赏罚，提拔重用忠诚可靠之臣，贬除狡诈奸猾之人。要施“暗中术”，表面上不露声色，装作不听、不看、不知，使臣下捉摸不透国君的真实意图，暗中可以听到一切、看到一切、知道一切，这样就可以做到“独视”“独听”，进而“独断”。根据情况还可以上演一幕“大权旁落”的假剧，但又能随时收回大权，保持君主大权在握。申不害在韩国实施的改革，在实施法制中强调“术”的作用，属法家思想的前期实践，效果远不如魏、秦等国的变法。

法家思想集大成者韩非。韩非(约前281—前233，今河南郑州人)，韩国贵族韩王歇之子，据《史记》记载，韩非精于“刑名法术之学”，与秦相李斯都是荀子的学生。韩非文章出众，连李斯也自叹不如。他继承、发展了老子天道自然无为的唯物主义无神论思想，认为“道”是天地万物运行的总根源。韩非目睹战国后期的韩国积贫积弱，希望改变当时韩国治国不务法制、养非所用、用非所养的情况，多次上书韩王，其主张始终得不到采纳。韩非的法家思想被古人认为是阴谋，韩非的著作一大部分也是关于阴谋，或者说是阳谋的。韩非留世著作有《孤愤》《五蠹》《内外储》《说林》《说难》等。

韩非根据新兴地主阶级的要求，总结了前期法家的统治经验，首次阐明法、术、势三者的辩证统一关系，为地主阶级建立中央集权的帝制社会提供理论依据，这一治国方略传到秦国，秦王嬴政非常赞赏，拍案叫绝。韩非被韩王派遣出使秦国，被秦王嬴政赏识重用。廷尉李斯提出统一六国的通天大计，首要目标是韩国，认为韩国距秦国最近，是嘴边上的一块肥肉。韩非作为韩国的公子，则主张存韩灭赵，与李斯政见相左，惹下杀身大祸，被李斯投入监狱，最后逼其自杀。韩非虽死，但是他的法家思想却在秦始皇、李斯手上付诸实践。韩非的著述吸收了儒、墨、道诸家的一些观点，总结了前期法家思想的经验，形成了以法为核心，法、术、势相结合的政治思想体系，被称为法家思想之集大成。他阐述的帝王术，是把商鞅的法治、申不害的权术、慎到的权势辩证地统一起来，并在秦统一六国、建立的中央集权制在实践中得到成功运用。

商鞅、申不害、慎到三人分别提倡重法、重术、重势，各有各的优点。到韩非手里，将三者辩证统一起来。法是健全法制，以法律为准绳。权是权术，君主要独揽军政大权，用权术是驾驭群臣、掌握政权，是推行法令的策略和手段。势是君主的权势、权威。主要是察觉、防止犯上作乱，维护君主地位。国家大权要集中在君主一人手里，君主必须有权有势，才能治理天下，“万乘之主，千乘之君，所以制天下而征诸侯者，以其威势也”（《韩非子·人主》）。为此，君主应该使用各种手段清除世袭的奴隶主贵族，“散其党”“夺其辅”（《韩非子·主道》）；同时，选拔一批经过实践锻炼的封建官吏来取代他们，“宰相必起于州部，猛将必发于卒伍”（《韩非子·显学》）。韩非还主张改革和实行法治，要求“废先王之教”（《韩非子·问田》），“以法为教”（《韩非子·五蠹》）。制定出的“法”，要严格执行，任何人也不能例外，做到“法不阿贵”，“刑过不避大臣，赏善不遗匹夫”（《韩非子·有度》）。他还认为只有实行严刑重罚，人民才会顺从，社会才能安定，封建统治才能巩固。韩非的这些主张反映了新兴地主阶级的利益和要求，秦始皇统一中国后采取的许多政治措施，就是韩非理论的实践和发展。

再说刘成君，进入魏国左手边就是刘成君办公室，刘成君被网友誉为中国兵马俑行为艺术第一人。今年50多岁，他自幼喜爱文艺，2012年起一直在求仙殿前做义务表演，免费与游客合影留念，据不完全统计已达100万人次。他的公益事迹曾被多家地方媒体报道，主演微电影《穿越》、马年新作圆梦福鼓《出航》在网上点击率颇高。2014年陆续在中央电视台《出彩中国人》《幸福账单》《向幸福出发》和《黄金100秒》等栏目中出现，深受观众好评。

魏国(前376—前225年)

魏国，国君姬姓魏氏。魏氏源于周成王诵封姬姓侯于魏，封地在今山西芮城县北。魏后被晋灭，封毕万(华公高的裔孙)为大夫，因以封地为氏，尊毕万为魏氏之始祖，赵、魏、韩三家分晋，晋国的六卿大夫魏斯(魏第一任侯，安邑今山西运城盐湖人，前403年—前387年在位)被册封为侯，建立魏国。魏国始都在安邑（山西夏县），魏惠王六年(前364年)，魏惠王(魏第三任侯，前369—前319年在位)迁都大梁(今河南开封)。

魏国疆域占今山西南部，河南北部、中部和东部，陕西和河北部分。因地处四战之地，使具有忧患意识和雄心勃勃的魏文侯斯帅先推行变法图强，提高内涵。他启用翟璜为相，改革弊政。翟璜官至上卿，在相位30余年，为魏文侯推荐了大量栋梁之材。启用李悝(前455—前395年，河南濮阳人)变法，依法治国。通过法律的形式肯定和保护变法成果，固定封建法权；启用吴起改革军事，建立一支精锐部队。

在战国254年的历史中，魏国是最先强盛称王的国家，魏惠王二十五年(前334年)，魏惠王和齐威王在徐州会盟，互相称王，史称“徐州相王”。但在以后的战争中，魏国“东败于齐，西丧秦地七百余里，南辱于楚”，开始衰落。秦政二十二年(前225年)，秦军攻破燕国都城蓟后，把打击的矛头指向魏国。秦王派王翦儿子王贲率10万大军去攻打魏国。王贲看到大梁城地势低下，又离黄河、鸿沟不远，遂令秦军开渠，将黄河、鸿沟之水引至大梁城下。三个月后，城垣崩塌，秦攻入大梁。魏王假投降，不久被杀，魏国灭亡。魏地设为郡县。

进入魏国后，右侧是“寿字碑”。寿字碑蕴含“千年长寿”四个大字，寿中篆刻千种福字，所以又叫千福千寿碑。碑体下方基座为赑屃，即霸下。赑屃是中国古代传说中龙之九子老六。样子似龟，喜欢负重，很多人都十分好奇，作为龙之子，赑屃为何总是背石碑呢？在中国古代传说中赑屃样子似龟，但细看是有区别的，赑屃有一排牙齿，龟却没有牙齿。背上甲片的数目形状也有差异。霸下喜欢负重，做碑的基座稳妥，是长寿和吉祥的象征。它总是昂首奋力向前，四只脚顽强地撑着，总不停步。有一句俗话一直流传至今：“摸摸赑屃头，一年不发愁。摸摸赑屃腚，一年不生病。”

从右侧门出去，看一眼信陵君、魏文侯二君，有个印象稍后再说。踏上步仙桥便来到留诗亭。游客周游列国，走过沧桑的历史，孰能无感，情发于诗。“留诗亭”是专为游客留下珍贵墨迹而建的，以兹纪念。前行下步仙桥，前面有两间小屋便是韩非教学堂。

魏王假看斗鸡。向东走，是魏王假(魏第八任侯，前227—前225年在位)看斗鸡，魏国最后一位侯君假昏庸无道，整日以斗鸡取乐，沉湎于声色犬马之中，导致国家一步步走向灭亡。魏王假三年(前225年)秦国将军王贲引黄河、鸿水灌入大梁城，水淹三月，城内死伤无数，魏王假投降，魏国灭亡，设郡县。魏国早期魏文侯斯(西侧依次是信陵君、魏文侯塑像)任贤能之士立法富国。信陵君(即魏无忌，前276年被封于信陵今河南宁陵，而称为信陵君。魏安厘王同父异母之弟，与春申君黄歇、孟尝君田文、平原君赵胜并称“战国四公子”)在魏国走向衰落之时，他效仿孟尝君田文、平原君赵胜的辅政方法，延揽食客，养士数千人，自成势力。曾在军事上两度击败秦军，挽救了赵国和魏国危局。

楚国(前1042—前223年)

楚国，国君芈姓熊氏。芈姓是以图腾崇拜羊鸣为姓，始于陆终六子季连。熊氏相传黄帝生在寿丘，长于姬水，居轩辕之丘，建都于有熊(河南新郑)，又称有熊氏。黄帝的后代有人以新郑为姓，称熊氏。周成王诵元年(前1042年)，熊绎被封于丹阳(湖北秭归)，建立楚国。据罗运环(1951—，湖北洪湖人)对清华简中《楚居》的诠释：楚先君穴熊(季连的孙子)的妻子妣厉，生子丽季时难产，剖腹后死去，婴丽季存活，巫师称妣厉的尸体要用楚条包裹后埋葬。楚条，即荆条。后人为了纪念这位国母，把国名改为“楚国”。楚人是华夏族由新郑向南迁移的一支，是战国时期南方的大国，楚武王熊通(楚第三任侯，前740—前690年在位)在周桓王林十六年(前704年)自立为武王，楚庄王熊侣(楚第八任侯，前613—前591年在位)时国势最为强盛，成为春秋五霸之一。

楚国疆域：四川东部、湖北全部、湖南东北部、江西北部、安徽北部、陕西东南角、河南南部、江苏淮北中部和浙江部分地区。楚灭南越、蔡、杞后成为战国时期最大的诸侯国。战国初都城在鄢(今湖北宜城)，楚顷襄王熊横(楚第六任侯，前298—前263年在位)迁都于陈(今河南淮阳)。秦楚交战楚败，楚考烈王熊完十年(前253年)迁都于巨阳(今安徽阜阳市北)，楚考烈王二十二年(前241年)，迁都于寿春(今安徽寿县)。秦政二十二年(前225年)，秦大举伐楚，秦王派李信率军攻楚。李信轻敌冒进，先胜后败。次年，秦王亲请老将王翦，令军60万伐楚。大破楚军于蕲南，杀楚将项燕，占领楚国大片领土。

秦政二十四年(前223年)，王翦与蒙武合攻楚都寿春，俘获楚王熊负刍(前227—前223年在位)，楚国宣告灭亡。

在浩瀚的历史长河中，楚国先人用自己的勤劳与智慧创造出无数令世人瞩目的楚文化。在楚国灭亡后的几百年间，楚国这个称谓断断续续被多个政权与藩王沿袭保存下来。五代十国时的楚国史称南楚或马楚。楚文化与各少数民族文化相互交流，与华夏文化相融，构成了中华民族的传统文化。

东方第一哲人老子。围墙外西部区有一尊老子(前571—前471年)塑像，老子李姓，名耳，谥号聃，汉族，楚国苦县历乡曲仁里（今河南鹿邑太清宫镇）人，曾做过周朝守藏室之吏。他看到周朝日趋衰落，便离开了都城洛邑，经过函谷关(河南灵宝北15千米王垛村)时，守关的官员尹喜(甘肃天水人)正在城门楼上瞭望，见一位风骨非凡的人，骑着“青牛”向关口徐徐行来，尹喜是个修养与学识极高的官员，对老聃早有耳闻，知道他遇到了点麻烦，要去过隐居生活，虽内心仰慕，表面又使官腔：“先生，想从此关过，留下你的‘道’。”

老聃允诺以王朝兴衰成败、百姓安危祸福为鉴，溯其源，著上、下两篇，共5000言。上篇起首为“道可道，非常道；名可名，非常名。无名天地之始；有名万物之母。”故人称《道经》，下篇起首为“上德不德，是以有德；下德不失德，是以无德”，故人称《德经》，合称《道德经》。

《道经》言宇宙之本根，含天地变化之机，蕴阴阳变幻之妙，即天道，自然界发展变化的规律。

《德经》言处世之方，含人事进退之术，蕴长生久视之道，即人道，人类社会发展的规律。

老聃“无为”的思想已经被现代“宇宙大爆炸说”所印证。《老子》第一章就开门正宗地说：“无，名天地之始，有，名万物之母。”在第四十章中又说：“天地万物生于有，有生于无。”这和2500年后史蒂芬•威廉•霍金(1942—2018，英国牛津人)所曾宣称的“时间是从大爆炸开始的”[①]，爱因斯坦广义相对论本身所预言的“时空在大爆炸奇点开始，并会在大挤压奇点结束”遥相呼应。大爆炸前一无所有，时间、空间都处在零起点上。因为我们都是在绝对时空宇宙观中长大的，三度空间是无边无际的，一度时间是无头无尾的，而霍金描述的宇宙形成的初始状态，则时间和空间都是处在零起点上。处在零起点，这是一种非凡的解释，是绝对光速宇宙观。这个道理，是可以用语言说明和论述的(道，可道)，因为是一种非凡的解释(非常道)，宇宙初始，无生有，有生万物，新生成的物质，根据人类的认识，可以命名，这些名字又是过去没有的(名，可名，非常名)。大爆炸后，无生有，有生万物(无，名万物之始，有，名万物之母)。这就是对《老子》第一章“道可道，非常道。名可名，非常名。无名天地之始。有名万物之母”的一种解读和印证。老聃的“道”是宇宙的本根，是“无”生万物，“道”是生的总原理，所以才有“道生一，一生二，二生三，三生万万千”。“道”由混沌状态化成一气，一气演化成阴阳二气，阴阳二气交和成和气，并逐渐形成万物，这就是宇宙万物生成的过程。阴阳二气交和成和气，揭示了事物对立统一的辩证规律和事物性质的矛盾转化。所以老子的“道”

---

①〔英〕史蒂芬·霍金著. 许明贤，吴忠超译. 时间简史——从大爆炸到黑洞. 长沙：湖南科技出版社，2002：47，107.

是把宇宙看成一个整体进行思考的。“道”是宇宙变化的本根，事物不能离开“道”去自由演变，所以，万物必须法道、从道。

《老子》一书，在国外享有盛誉。1910年，德国学者尤利斯·噶尔在《老子的书——来自最高生命的至善教诲》中云：“也许老子的那个时代没有人真正理解老子，或许真正认识老子的时代至今还没有到来，老子已不再是一个人，不再是一个名字了。老子，他是推动未来的能动力量，他比任何现代的都更加具有现代意义，他比任何生命都更加具有生命的活力。”德国科学家、微积分的奠基人弗里德·威廉·莱布尼茨(1646－1716)，曾和在中国传教的耶稣教会传教士鲍威特(Fr. Joachim Bouvet)有过书信往来。清康熙四十年(1701年)十一月，莱布尼茨接到鲍威特寄给他的两张易经图，一张是伏羲氏的“六十四卦卦序图”，一张是伏羲氏的“六十四卦方位图”。这位56岁的数学王子，研究“二进制”的首席科学家看到后，大吃一惊。原来他用大半生研究的“二进制”，中国的伏羲氏早在6000多年前就已经解决了。莱布尼茨以连画为一、断画为零判断，不但发现了数字和符号的含义，而且由八卦的8个符号写法中悟出了0、1、2、3、4、5、6、7的数值含义与数序的关系，从而发现了“二进制”。至1938年，“二进制”被美国冼能(Glande E. Shannon)硕士接受，并在电路中应用，打开了伏羲氏八卦“二进制”实用尘封的闸门。阳连画为一，阴断画为零，逢二进一，终于使“手摇计算机”发展成了“电动计算机”，乃至电子计算机，也就是当今风靡全球的电脑。2003年，胡锦涛(1942—，安徽绩溪人)在访法期间，曾提道：“500年前，法国文学巨匠弗朗索瓦·拉伯雷(1495—1553，法国文艺复兴时期的个人主义作家)在其传世之作《巨人传》中曾喻示‘智能神瓶’在中国。”这“智能神瓶”就是中国的传统道德文化，是以老子为代表的“易道”“法道”“德道”思想，在天人合一修身实践中而诞生的经典——真正的“智能神瓶”。

老子道德文化的张扬，唯独在占世界人口五分之一的中国，现在还没有普及学习、诵读老子的《道德经》，在西方却有那么多的人喜爱老子的《道德经》。中国人应清醒地认识到这一点，学习老子的道德文化，改变从这里开始。

据传，当年函谷关总兵尹喜见老子骑“青牛”而至，便拜老聃为师，辞官随老聃沿秦岭终南山神仙路西行，昼行夜宿，不几日来到将军山下，只见此处祥云缭绕，四季如春，溪流纵横，泉水叮咚，鱼翔浅底，百鸟争鸣，真乃世外桃源，老聃抬头望去，灵感所至，不尽叹道："道可道，非常道，宇宙造物，天地之始，万物之母，欲观其妙，常有也……"洋洋五千言，由尹喜记录，世称《道德经》。

后来老子与尹喜在终南山隐居起来，享终南山之寿。实现了老子的最高理想境界："邻国相望，鸡犬相闻，老死不相往来。"

孔子曾问礼于老聃。鲁昭公十九年(前523年)的一天，孔子由弟子南宫敬叔陪同驾车前往周都洛邑，老聃见孔丘千里迢迢而来，非常高兴，彻夜长谈后，带孔丘访大夫苌弘(周大臣刘文公手下的大夫)。苌弘善乐，授孔丘乐律、乐理。引孔丘观看祭神之典，考察周国的教育基地和祭祀礼仪，使孔丘感叹不已，获益匪浅。辞行时，老子临别赠言："我没有财力送你，愿以良言相送。当今世道，聪明而深察者，其所以遇难，是因为好讥人之非；善辩而通达者，其所以招祸，是因为好扬人之恶。为人之子，勿以己为高；为人之臣，勿以己为上，望你切记。"孔丘顿首道："弟子一定谨记在心！"

回到鲁国，众弟子问："先生拜访老聃，可得见乎？"孔子道："见之！"弟子问："老子何样？"孔子道："鸟儿，我知它能飞；鱼儿，我知它能游；兽类，我知它能跑。会跑的可用网缚之，会游的可用钩钓之，会飞的可用箭射之，至于龙，我不知其何以？龙能浮云而上九重天！我所见的老子，其犹龙乎？学识渊深而莫测，志趣高邈而难知；如蛇之随时屈伸，如龙之随机应答。老聃，真是我的老师！"

孔子问礼于老聃，两位大师的会晤，是中国思想史乃至世界思想史上的一大盛事。1918年8月20日，鲁迅(1881—1936，浙江绍兴人)先生在致友人许寿裳(1883—1948，鲁迅终身挚友)的信中指出："中国的根蒂全在道教，此说近颇广行，以此读史，有许多问题可以迎刃而解。"

屈原·《天问》。同是楚国人，说完老子再说说屈原。屈原(芈姓屈氏，名平，字原，湖北秭归人，前340—前278)，出身于楚国侯族家庭。初涉世，受楚怀王(楚第五任侯，前328—前299年在位)信用，26岁担任楚国左徒，成为楚国内政外交的核心人物。主张修明法度，举贤任能，联齐抗秦。上官大夫靳尚和楚怀王的宠妃郑袖，受了秦国使者张仪(前378—前309，魏国安邑人，曾两次为秦相)的贿赂，在楚怀王面前进谗言，楚怀王“怒而疏屈平”，转任三闾大夫，后被流放。秦昭王与楚国通婚，楚怀王被秦国诱去武关，屈原极力劝阻不听，楚怀王少子子兰劝楚怀王去，结果楚怀王客死秦国。楚怀王长子顷襄王(楚第六任侯，前298—263年在位)即位，子兰做了令尹。顷襄王因子兰劝楚怀王去秦国没有活着回来这件事怨恨子兰，子兰便让上官大夫在顷襄王面前造谣，诋毁屈原，致使屈原第二次流放到沅、相一带。屈原虽忠事楚王，但却屡遭排挤，在流放中将心中的积愤、苦闷寄寓在诗中，著有《离骚》《天问》，创立了“楚辞”这种文体。流放中他仍然忧国忧民，当他得知楚国都城“郢”被秦国大将吴起带兵攻破后，屈原的政治理想破灭，深感无力救国，只得以死明志，恰逢那年5月5日投汨罗江自尽殉国。人民同情这位伟大的爱国诗人，就用苇叶包裹糯米，即现在所说的粽子投入江中，以示祭奠。从此，端午节包粽子、赛龙舟就成了全国性的风俗，一直延续至今。秦皇岛每年一届的望海大会也在端午节举行。秦始皇派方士入海求仙带去500童男、500童女，他们的亲人盼望他们早日归来，到海边翘首凝望，进行祭祀。久而久之当地居民就形成了望海习俗，也叫“逛码头”。

图16-14　屈原

屈原创造的“楚辞”在中国文学史上独树一帜，与《诗经》并称“风骚”二体，对后世诗歌创作产生了深远的影响。

求仙苑。由屈原塑像往前走，过栈桥见徐福塑像，这便是求仙苑。右侧是秦皇井，过栈桥有一船形建筑，是徐福当年乘坐的求仙大船。船上的穿廊是摆放明成化十三年(1477年)所立“秦皇求仙入海处”石碑残片的展室。

民间传说，始皇一行东巡至此，众渴缺水而无策，方士徐福以如意击地，即有清泉冒出，后人于此挖井，发现有八条泉脉。旁有一石，石上有八卦一符及可转阴阳符，盘中有条形孔，有人投币，孔内只见八泉脉无序涌水，经众学者反复研究，此泉石理通易经八卦，能生六十四种暗示，因该泉井由始皇东巡显现，即起名秦皇井。按现代科学解释：此泉属充填在绥中花岗岩中的裂隙水。

这尊塑像是徐福像。徐福，嬴姓，徐氏，即徐市，字君房，秦朝齐地(江苏连云港赣榆)人。博学多才，通晓医学、天文、航海，是鬼谷子(谋略家、道家代表人物、兵法集大成者、纵横家的鼻祖)先生的关门弟子。他同情百姓，乐于助人，在沿海一带民众心中名望颇高。他曾担任过秦始皇的御医。秦政二十八年(前219年)，秦始皇第二次出巡，在泰山封禅立碑刻辞结束。他正式上书，说："渤海中有三座神山，名叫蓬莱、方丈、瀛洲。这里人吃了仙药，个个长生不老。"他愿意率领童男、童女入海求仙，寻长生不死之药。随后，秦始皇命他率领500童男、500童女入海求仙。徐福的船队在日本熊野川畔的蓬莱山登陆(今新宫市东南)，后与一名叫阿辰的日本姑娘相亲相爱。徐福死后，阿辰也含悲离世，人们按照她的遗言雕刻一尊"阿辰观音像"，至今尚存。徐福初来此地，人们曾把酒杯浮在水面上，以祝贺他航海成功，因此这地方冠名为"浮杯"，至今这儿还立着一块写有"徐福上陆地"的标志；人们还把徐福之灵尊为"金立神社"的祭神之一，称他是"金立大权观"，天旱无雨便乞求他保佑……

这艏石船象征当年徐福驾驶的船只，穿廊左侧陈列的是"秦皇求仙入海处"石碑残片，共八块。"文革"时，红卫兵破四旧，把这块碑推到海里，1989年年初，在海水中发现了残碑碎块，并打捞上来，整合可见此碑高约3米，碑阳有"秦皇求仙入海处"七个大字，落款为"明成化十三年立"字样，和这块龟趺鳌座一起放在玻璃罩里，作为秦皇岛地名取名地的历史证据展现在游客面前，供游客观赏。穿廊右侧是一件陪葬品。此石屋是1997年4月在河北滦县马庄户村出土的。据考证陪葬品在秦汉时期，富贵人家以石器雕刻居多，石屋出土量极少。

秦国(前770—前222年)

秦国，国君嬴姓，秦氏。传说伯益(伯翳)因佐理大禹治水有功，舜帝赐嬴姓。后世嬴非子“好马好畜，善养息之”，被周孝王辟方(西周第八任君主，前960—前896年在位)封地秦邑(今甘肃清水东北之秦水)，始建秦国。史记周幽王姬宫涅(西周第十二任君主，前781—前771年在位)戏诸侯，诸侯反叛，西戎中的犬戎和申侯伐周，杀周幽王于骊山之下。秦襄公敬仲(秦第一任侯，前777—前766年在位)讨西戎，护送周平王迁都洛邑(河南洛阳)有功，封为侯，赐地建诸侯国秦国(在今陕西陇县)。战国初，魏国连年进攻秦国，夺取了河西之地，秦国被迫退守洛水以西(河西之战)，直到商鞅变法才复兴崛起。秦惠文王嬴驷(秦第二十六任侯，前337—前311年在位)即位，果断地以宗室多怨诛杀商鞅，但不废除商鞅之法，任命张仪为国相，再一次君臣携手，纵横捭阖，一次次突破外交困局和险局，奠定了秦国强盛的基础，于周显王扁四十四年(前325年)称王。周慎靓王定五年(前316年)秦灭蜀巴(蜀在成都平原，北临秦，东临巴，是岷江上游古羌族，归秦后成为秦国的粮仓，为秦统一六国奠定了物质基础。巴在川东和重庆，北临秦，东临楚)，从此秦国成为“战国七雄”中的强国。秦政元年(前246年)，嬴政继承侯位。

秦国疆域：占今甘肃东南部，四川大部分，陕西关中、汉中，有一部分到达黄河沿岸，一小部分伸入到河南灵宝。秦国从封侯到秦统一东方六国共持续有550年，共有31任侯。都城原在雍(陕西凤翔东)，秦灵公迁都泾阳(今陕西泾阳西北)，秦献公迁都栎阳(陕西富平东南)，商鞅第二次变法时，迁到咸阳(今陕西咸阳东北一带)。

秦王嬴政作为强国之君，开始征服六国，实施统一中国的宏伟工程。完成这一宏伟大业，第一要有雄厚的人力、物力作为战争消耗的基础。秦国进入“战国七强”，国力富强，有足够的人力、物力供应战争消耗。第二要有敢于胜利的思想，敢于承担起统一六国，建立大秦王朝的历史使命。战略上取进攻态势。战术上，破坏六国之间的合纵，利用矛盾各个击破，和六国之中的一国实行短暂的联合，以利于进攻主要目标。多次运用反间计获得成功。首先灭掉了毗邻的弱国韩、赵，然后中央突破，攻燕灭魏(本应攻赵灭魏，因荆轲刺杀秦王事发灭燕提前了)，解除了北方的后顾之忧。最后消灭两个强敌齐、楚，这种战术的运用是符合当时的实际情况的。灭楚是在检讨了攻楚失策之后，重新启用王翦，答应发兵60万，多赐田宅，集中优势兵力攻楚。攻打齐国是避实就虚，出奇制胜。六国方面势力弱小，在战略上又不能联合，各自为战，根本不能阻挡秦国的进攻，战争中只能消极防御，被动挨打，以至一个个被秦国吃掉。

嬴政是秦国第三十一任侯，秦统一六国后，又是秦朝的始皇帝。秦二世元年(前209年)，陈胜、吴广起义，以及六国后人相继起义，秦二世三年(前207年)，楚将项羽(前232－前202，秦末下相人，今江苏宿迁人)大破秦军，巨鹿一战，秦军被歼灭殆尽。汉高祖元年(前206年)，楚将刘邦(西汉第一任皇帝，沛县今江苏徐州下辖县人，前206—前195年在位)入关，子婴出降，楚军入主咸阳城，秦朝灭亡。

秦朝(前221—前207年)

走出秦国，战国旅游就结束了，下一站来到秦朝。让我们再回顾一下战国时期发展的三个阶段。由公元前475年到公元前222年，史称“战国”。战国前期是各国储蓄力量，发展内涵，招贤纳士，励精图治，形成“战国七雄”格局。战国中期是各国为保持生存和扩张势力，造成“国无宁日，邦无定交”的大混战局面。谁都想称王，独霸一方。对内加强中央集权，改革图强，加强军备，对外施展争取别国的“合纵”“连横”。战国后期，秦昭襄王嬴稷(前306—前251年在位)启用范雎为相，采用了“远交近攻”之策略，破坏了各国的“合纵”，加强了秦国的实力，成了战国时期的第一强国，削弱了各国的力量。最终秦国统一了中国，建立秦朝。

变法先驱商鞅。商鞅(前395－前338)，战国时期政治家，卫国侯君后裔，姬姓，公孙氏，故也称卫鞅、公孙鞅，后封于商邑(陕西商洛丹凤县古城村)，才称商鞅。商鞅是前期法家思想“法”的代表人物。中国历史上第一个主张平民与贵族平等对待刑法的思想家。商鞅在秦国执政20年，秦国大治，史称“商鞅变法”。

商鞅早年学习法家、兵家、杂家思想，后侍奉魏国相公叔痤为中庶子(战国时期侍从之臣)。秦孝公渠梁(秦第二十五任侯，前361—前338年在位)想通过变法实现秦国的强国梦，于是下诏发布求贤令，商鞅应聘实施变法。商鞅在政治上，改革秦国的户籍、法律、军功爵位、土地制度、行政区划、税收、度量衡以及民风民俗；在经济上主张重农抑商、奖励耕织；在军事上，商鞅统帅军队收复了河西地区(今山西、陕西两省黄河南段以西地区)部分失地。但商鞅在变法过程中制定了严酷的刑法打击旧贵族，招致了贵族的普遍怨恨，商鞅本人也遭到旧贵族势力的报复，最终身亡。

“法”是法家思想的基础，是维护统治阶级掌管国家机器的根本保障，不可动摇，制定政策要因地制宜，采用相适宜的组织形式，来实现对国家的统治。商鞅掌握国家权力后通过变法革新达到富国强兵就是基于这个道理，使秦国领先于东方六国。主张“在法律面前，人人平等”。商鞅执法不避权贵、刑上大夫表明了他坚决贯彻了法家的这一主张。最后，法家还有一个共性就是“明法”，商鞅抱着这种态度和精神来推行他的政治改革，让百姓知晓法律。韩非也说：“商鞅燔(焚)诗书而明法令。”可见，商鞅不但在言论上明法，在行动上也以此为目标。

法家思想实践集大成者李斯。李斯(约前280－前208)，楚上蔡（今河南驻马店上蔡县）人，中国历史上著名的政治家、文学家和书法家，千古一相。李斯协助秦始皇统一天下之后，又参与制定秦朝的法律和完善秦朝的制度，力排众议主张废除分封制，实行郡县制，提出并主持了书同文、车同轨、行同伦，统一货币，统一度量衡等一系列改革措施。李斯的政治主张得以实施对中国乃至世界都产生了深远的影响，奠定了中国2000多年兴帝制的基本格局。李斯贡献巨大，但是他害死了淳于越、扶苏、韩非，并受赵高所逼把胡亥推上了皇位，后被赵高所害。

李斯早年做过小吏，后跟荀子学“帝王术”，学成后忖时度势，观鼠而叹，楚考烈王(战国楚第七任侯，前262—前238年在位)不足事，六国(齐、楚、燕、赵、魏、韩)皆很弱，要想做仓中鼠，必先游说于秦王。于是李斯向荀卿辞行：“现在秦王欲吞天下，正是游说之士大显身手的时候，机会来了不能放过，人处在卑贱地位而不设法改变现状，处在穷困的环境而厌恶名利，将自身寄托在无为自守的人生路上，这不是士人应有的情怀，所以我要西行游说秦王。”到了秦国，正赶上秦庄襄王子楚去世，李斯求职于国相文信侯吕不韦门下当舍人(古代豪门贵族家里的门客)，吕不韦赏识他，保举他进宫为郎。进宫后劝说秦王嬴政灭诸侯、成帝业，被封为长史侯。他分析了周室衰微，诸侯割据相互兼并的形势，认为凭借秦国的强大，大王的贤明，足以能灭六国，成就帝业，实现天下统一，这是千载难逢的机会。秦王嬴政采纳了他的计谋，遣谋士带重金游说东方六国，离间六国的君臣关系，如果能收买者就馈赠厚礼结交于他，不接受厚礼者就用利剑暗杀他。预谋一旦奏效，就派军队攻杀。秦王又任命李斯为客卿（泛指在国内任官职的外国人）。秦政十年(前237年)，韩国人郑国以修水渠灌溉的名誉，进行间谍活动入秦，不久被发现，秦王下令驱逐六国客卿。李斯上《谏逐客书》阻止，被秦王所采纳，不久官为廷尉(天下公正执法的带头人)。李斯在秦王嬴政灭六国的事业中起了较大作用。秦统一天下后，与王绾、冯劫议定尊称秦王嬴政为皇帝，并制定有关的礼仪制度，被封为丞相(中国古代最高行政长官，相当今日之国务院总理)。他建议拆除郡县城墙，销毁民间的兵器；反对分封制，坚持郡县制；又主张焚烧民间收藏的《诗》《书》等百家语，禁止私学，以加强中央集权的统治。但他与赵高合谋，伪造遗诏，迫令始皇长子扶苏(前241—前210)自杀，立少子胡亥为二世皇帝。后为赵高所忌，于秦二世二年(前208年)被腰斩于咸阳闹市，并夷三族。

司马迁在评论李斯时说，李斯一介平民选择入秦，辅佐秦始皇成就帝王大业，李斯身为三公，可以说是受到重用了。李斯通“六艺”却不用来修明政治弥补君主之缺陷，身居高位阿谀奉承苟且迎合，实行严刑酷法，听从赵高的邪说奸计，废除嫡子扶苏，拥立庶子胡亥。常人以为李斯竭尽忠诚却遭到五刑，事实情况却与世俗的议论大相径庭。李斯的侍君心态与淳于髡的侍君心态形成明显的反差。①

求仙殿。顺台阶而上，就是秦皇求仙入海处的主体建筑求仙殿。共三层，高36米，颇有气势。这里展现的是秦皇送方士韩终入海求仙的壮观场面，秦始皇送韩终、侯公、石生三位方士以及500童男、500童女入海求仙。岸上是秦始皇以及送行人群举目相望，虔诚期待的场面，远处山峦迭起，波浪起伏，近处旌旗招展，众人为求仙船送行。韩终懂医学，通八卦，善航海，原为楚国方士，在秦灭楚后，韩终带着罗氏、卢

①〔西汉〕司马迁著. 李楠译. 史记. 北京：中国三峡出版社，2006：1928.

氏等来到了秦国，为秦国有名的方士。韩终这只求仙船一去却没有再回来，它究竟到哪里去了呢？有学者研究认为韩终这只船渡海到了朝鲜半岛，在那里重建了家园。

求仙殿一层是环幕4D影院，能容纳200名观众，是国内最大的环幕4D影院。观众欣赏扣人心弦的故事情节，享受无与伦比的超动感之旅。景区特约制作了影片《秦皇求仙》，由影视著名演员唐国强饰演千古一帝秦始皇，讲述秦始皇统一六国后，东巡时听方士讲入海中求仙寻长生不老之药之事。观看此片让人宛如穿越时空隧道，置身于2200多年前秦始皇遣方士入海求仙，寻长生不老仙药的恢宏壮丽的场景。

在求仙殿前有12座塑像，是当年秦始皇收缴民间兵器炼制而成的。左侧有一处舞台，是“泡泡大叔”刘成君在这里表演兵马俑行为艺术的场所，他身穿皮质兵马俑服装，蹬着黑色军靴，脸上涂满灰色油彩表演街舞。约半个小时的表演过后，汗如雨下的“泡泡大叔”会冲到电扇前吹风，一口气喝下两瓶藿香正气水，再跑回舞台继续表演。刘成君是兵马俑行为艺术第一人，与他全景留念的游客已逾100万人次，他的公益事迹先后被各大媒体报道过。

求仙牌坊。求仙牌坊楹联由彭冲(1915—2010，福建漳州人)题写。上联为“碣石文章千年事”，下联为“幽燕风歌万世情”，横批为“弘扬中华文化”。过求仙牌坊进入求仙甬道，高6米，石柱顶端有6个道教用来盛仙药的葫芦(秦朝崇尚“六”这个数字)。甬道两侧是威风凛凛的兵马俑，参加仪式的还有童男童女，他们的服饰、发式、年龄和面部表情各不相同。甬道中还摆设着象征帝王权力的9只巨鼎，帝王之言“一言九鼎”。圆鼎代表天，方鼎代表地，圆鼎表示天意，秦始皇用圆鼎。经过六个平台七十二级台阶，我们就来到了祭坛，即秦始皇举行求仙仪式的地方。求仙路两侧要筑高墙，因为凡人是不能与仙人相见的，所以秦始皇求仙也不能让黎民百姓看见，要用高墙挡住凡人的视线。

眼前这尊巨大的秦始皇花岗岩雕像，高6米，重80吨，头戴皇冠，表情虔诚，双手高举酒爵，望眼欲穿，企盼着出海的使者能带回长生不老之仙药，以图永远统治中国。秦王朝开创了中国历史上第一个中央集权的帝制社会。千古一帝秦始皇的碣石之行，不是简单的求仙寻药，求仙活动所牵发的历史事件，既有军事防御，稳定政权的作用，也有促进中国早期航海事业的发展，打通我国与东南亚国家的海上交通，是大河文明向大海文明的早期切入和跨越，以及为寻求人类健康长寿所作的早期探索，使健康长寿这一主题逐渐移入人类的永恒追求中。

赑屃碑亭。明成化十三年(1477年)，曾在此立“秦皇求仙入海处”石碑一座，石材为石灰岩，现八块残碑碎片放在求仙苑里，这里是复制后的“秦皇求仙入海处”石碑。正面“秦皇求仙入海处”七个行楷大字由赵朴初先生题写。背面碑文由张万春先生(1964—，秦皇岛人)题写。碑文：“秦嬴政一统华夏，为祈求长生不老之药于公元前215年，始皇32年[①]，遣韩终、侯公、卢生等携童男童女入海乃莅经东瀛求灵丹妙药数载，只留下‘秦皇求仙入海处’，明成化年间之古碑及举国唯一以帝王命名之邑秦皇岛，今人为亙(亘)古始皇驻跸之所，修亭建碑既悼古人，亦娱今人之游幸，故镂铭复碑。癸未年(2003年)夏，张万春书。”这是仿明朝赑屃碑而建的碑亭。底座成赑屃样，赑屃是传说中动物，象龟，有平稳，承重之义。此碑亭由海港区政协首倡重建，并得到市、区政府的大力支持，秦皇岛籍台胞瑞明先生为重建此碑慷慨捐赠人民币110万元。

拜海碑亭。过了求仙栈桥就到了求仙岛，一侧还有一艘秦皇号海上观光船。秦始皇东巡至碣石并在此拜海，先后遣卢生、侯公、韩终等两批方士携500童男和500童女乘舟入海求仙。入海求仙那天适逢天降大雨，海面波涛汹涌，白浪滔天，皆呼不能渡。始皇乃摘良辰吉日斋戒沐浴，驾临海边设香案把酒祭拜，海面顿时天开云散，风平浪静，遂扬帆入海，求仙船得以顺利启航。后人为纪念秦始皇曾在此拜海求仙，特立这座“拜海碑亭”。当年的求仙岛—海港区东山，已经和大陆连接在一起形成陆连岛。现在看到的拜海碑亭是1995年复建的。355米长的求仙栈桥是2002年3月复建的。如今2000多年过去了，这里已成为四方来客到海上休闲观光的理想之地。

人物简介

A.赵朴初(1907—2000)，安徽太湖人，早年就读于苏州东吴大学。书法家，中国佛教协会会长，中国红十字会名誉会长，中国人民争取和平与裁军协

---

①始皇32年表示有误，应为秦政三十二年，或始皇七年。

会副会长。赵朴初还是中国民主促进会中央常委、副主席、名誉主席，全国政协副主席。因受母亲陈慧影响，跟随他的表舅关絅之走上佛教道路。在新中国成立后的50多年里，中国佛教走过了辉煌而又艰难曲折的历程。在这个过程中，赵朴初对佛教始终怀着炽热的感情，他以与佛教事业共命运的无私无畏的护法精神，正确理解党和国家的各项宗教政策和法律，为保障佛教和相关事业的正常发展，作出了不懈的努力和贡献。

B.吴起(约前440—前381年)，战国初期军事家、政治改革家，兵家代表人物，卫国左氏(今山东定陶)人。后世把他和孙武连称“孙吴”，著有《吴子》，与《孙子》又合称《孙吴兵法》，在中国古代军事典籍中占有重要地位。

吴起喜好用兵，一心想成就大名。《史记·孙子吴起列传》与《儒林列传》记载吴起在鲁“曾学于曾子”，至魏又拜孔子的学生子夏为师。后离魏相楚，在孔门再传弟子中，出现这样一位与“武圣”孙子齐名的大军事家。周威烈王十四年(前412年)，齐人攻鲁，鲁国君想启用吴起为将，但因其妻为齐国之女，故一直犹豫不决。吴起此时急欲成就功名，遂杀其妻，史称“杀妻求将”。鲁君终于任命他为将军，率军与齐国作战。吴起治军严于己而宽于人，善用情商，与士卒同甘共苦，因而军士皆能效死从命，有“吴起吮疽”的传说，吴起率鲁军到前线，先向对方“示之以弱”，给对方造成一种“弱”“怯”的假象，用以麻痹齐军将士，骄其志，懈其备，然后出其不意地以精壮之军突然向齐军发起猛攻。齐军仓促应战，一触即溃，伤亡过半，鲁军大获全胜。后吴起投奔魏文侯被重用为主将，但不被信任，离魏投奔楚，一到便任他为相。

今陕西延安市吴起镇，镇名源由吴起在此屯兵驻防。1935年10月19日，工农红军越过草地，在此与陕西红军会师。

§2. 百年大港——秦皇岛港

在北戴河海滨与山海关之间的凹岸部位，新开河河口两侧矗立着一座百年大港，这就是秦皇岛港。据史料记载，早在2000多年前，燕昭王就在渤海西北岸兴建舟师，建碣石港，派人下海求仙。那时候港口的位置在今卢龙县城西门外的平州，迄今保存尚好。燕国的碣石港，齐国的芝罘港、琅玡港，越国的宁波港、会稽港，并称为战国时期的五大港口。

近代兴建的秦皇岛港是清光绪二十四年(1898年)三月二十六日，光绪帝钦定修建的中国自开口岸。秦皇岛港海上北距锦州港103海里，营口港135海里，东距大连港168海里，南距唐山京唐港64海里，距天津港

127海里。陆上有京山、沈山、京秦、大秦(大同至秦皇岛)铁路秦皇岛港相连，有京沈高速公路、102国道、205国道与秦皇岛港相接。有大庆至秦皇岛输油管直达码头前沿，形成铁路、公路、管道、空运、船载的运输网络。

说到秦皇岛港的自然地理位置，它是在一个有障壁的海湾里。第一道障壁是琉球群岛，过了第一道障壁就是朝鲜半岛与长江入海口构成的第一道入口，然后是山东半岛与辽东半岛构成的第二道入口，又有黑潮暖流遨游渤海湾。黑潮暖流在台湾岛东侧叫台湾黑潮，在琉球群岛西侧叫东海黑潮，在朝鲜半岛西侧叫黄海黑潮。到渤海湾转了圈又回来了，把温暖留给了这片海，冬不冷，夏不热。港阔水深，常年不冻。黑潮夏季表层水温27—30℃，冬季也不低于20℃。风速低是风成浪小的主要原因，受障壁阻挡是风成浪小的客观原因。涨潮流速大于落潮流速，是海底不淤的主要原因。实测年平均风速3.9米/秒，最大风速23.9米/秒。波高在0.8米以下的风浪(含以风浪为主的混合浪)占87%左右，无浪日和大浪日少。水深泥沙少，万吨货轮可自由出入。表层海水最高含盐度出现在冬季，不利于结冰。对船舶航行和港口装卸无影响，所以秦皇岛港既不配破冰船，也不配挖泥船。海上能见度小于1000米，影响港口作业的云雾天气年均仅为9.2天。

清光绪二十四年三月，清政府宣布河北秦皇岛、湖南岳州、福建三都澳为“自开口岸”。 这一消息在国内外引起了很大反响，许多家报刊争相报道，当时临榆县的一位贡生程敏侯还喜作《贺秦皇岛开埠》诗一首：

于铄哉！秦岛东南黄海黄，秦岛西北长城长。
　　　　斯岛若终守顽固，大名安能五洲扬。
猗休哉！秦皇求仙虽荧蛊，秦皇拓边实英武。
　　　　荒岛继踵学开通，改良辟作春申浦。

这首诗表达了社会各界对秦皇岛港开埠的由衷庆贺。秦皇岛，一个鲜为人知的荒芜小岛就这样在世界上出了名，但是在秦皇岛港的成长中，也有不为人知的辛酸。它原是一个渔港，清光绪二十五年(1899年)，英商开滦煤矿公司开始建造木制码头。英商开滦煤矿公司是这场“辛酸”的制造者，目标是总管直隶和热河矿务局的督办张翼。张翼在天津寓所里被英国兵抓走，污说他家养的鸽子是义和团的信鸽，有间谍嫌疑。张翼的德国顾问德璀琳出策：英国以加入开平矿业股份有限公司的名义掌管开滦矿业股份有限公司，实际是张翼出卖开平矿务局的全部产权，其中也包括秦皇岛港。从此，秦皇岛港管理权掌握在英国人手里。而开平矿业有限公司的首任总办是胡华，即后来的美国第31届总统胡佛。1914年，开滦矿业公司建成木栈桥式的1—7号泊位，主要承担开滦煤炭的出口运输任务。1931—1940年，港口改建成钢筋混凝土框架结构。新中国成立后，秦皇岛港焕发了青春。1960年8月，秦皇岛港又建了8、9号煤炭泊位，其中8号泊位后来又实现了煤炭装船机械化。1973年，周恩来总理提出沿海港口“要在三年内改变港口面貌”的指示。10月，秦皇岛港建成我国第一座油港泊位，大庆原油通过管道在秦皇岛港装船外运，年通过能力1500万吨。1983年7月1日，秦皇岛港煤码头一期工程竣工，建成5万吨级和2万吨级泊位各1个；1985年1月，煤码头二期工程竣工，建造5万吨级泊位2个，至此，年出口煤炭能力为3000万吨；1990年7月1日，煤码头三期工程竣工，沙河口建成4个泊位，年出口煤炭通过能力为3000万吨，能接卸大(同)秦(皇岛) 铁路快速运煤重载列车。这些大型机械化码头的兴建提高了港口的通过能力，形成一条山西煤北煤南运的海上通道，秦皇岛港成为这条通道上一个重要的枢纽。2014年年吞吐量为3.82亿吨。

秦皇岛港成为北煤南运(主要是大同煤)、大庆油田原油出口的枢纽，使孙中山先生多年遗愿得以实现。1912年9月24日，孙中山辞去大总统职务，以铁路督办的身份偕夫人宋庆龄考察秦皇岛港。他在稍后的《建国方略》中曾指出以此大港为起点，建设西北铁路系统的方略，并认为“此种铁路，实居支配世界的重要地位。盖将为欧亚铁路系统之主干，而中、欧两陆人口之中心，因以联结”。如今，秦皇岛港是扼东北、华北、西北之咽喉，“北煤南运”“北油南运”已经实现，“丝绸之路”也已起步。2013年9月，国家主席习近平访问中、亚四国期间，首次提出“丝绸之路”是世界经济共同建设、共同繁荣的经济纽带。

王子号观光船。观光船依靠在东山码头，可容纳500人，穿梭于秦皇岛港大码头与抛锚地之间。远远望去，百年大港吊臂林立，一艘艘万吨巨轮在歇待命，一派繁荣景象，彰显现代化气息。

第十七章　北戴河海滨绥中花岗岩地貌原生景及叠加其上的次生景

绥中花岗岩是秦皇岛地区混合岩化形成的老字号花岗岩，地貌特征是早期构造运动隆起形成的断块山地，经过长期风化剥蚀转为剥蚀残丘。“山体”高度矮小，起伏和缓，长期在两组剪切地应力作用下，球状风化形成各种轮廓浑圆的微地貌，造型奇特的象形奇石遍布在花岗岩残丘上，这些奇特的石块有老虎石、对语石、骆驼石、莲花石、夹扁石、避雨石等。在海岸岬角部位还有各种海蚀地貌，如海蚀崖、波切台地以及在绥中花岗岩地貌原生景基础上叠加的人文景(次生景)。北戴河海滨旅游业的开发，是从洋人在这里建别墅度假休闲开始的。1893年，英国传教士史德华在龙山首建一幢德国“海德堡式”别墅；1896年，英国传教士甘林在鸡冠山又建一幢砦岩式别墅。清政府顺势于光绪二十四年批准北戴河海滨为中国第一个向国内外游人开放的度假休闲地。1919年，朱启钤先生成立北戴河海滨公益会，兴建莲花石公园，规划北戴河海滨街道。北戴河海滨成了中国现代旅游业的发祥地。

§1. 漫步追思北戴河海滨的街道

北戴河海滨是1898年清政府批准的第一个向国内外游人开放的避暑休闲地。1919年，朱启钤先生成立北戴河海滨公益会，代行地方行政权力，兴建莲花石公园，规划北戴河海滨街道。1953年秋，中共中央决定夏季在北戴河海滨办公，北戴河海滨成了人们心目中的“夏都”。1979年，中共中央、国务院决定把北戴河海滨疗养区拨给旅游部门接待外宾使用，北戴河海滨进入了旅游业发展的新时期。同年10月，全国第一次旅游工作会议在北戴河海滨召开。1984年夏，中共中央、国务院决定恢复夏季在北戴河海滨办公、休息制度，北戴河海滨“夏都”的地位又一

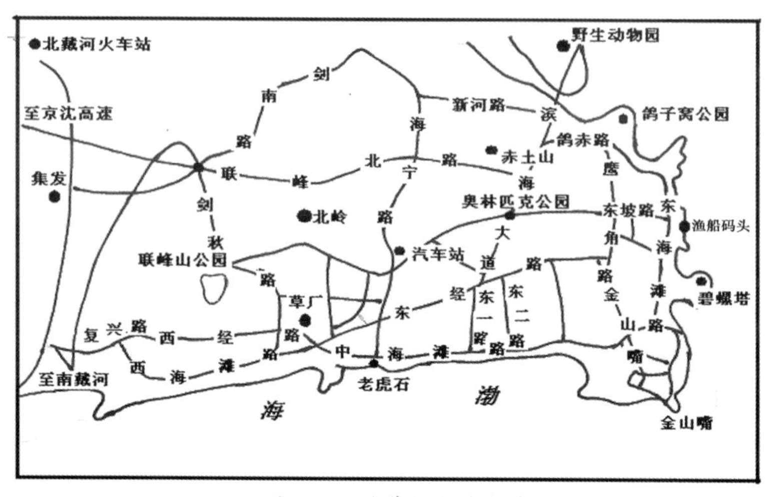

图17-1　北戴河主要街道

次得到确认。党和国家领导人多次在北戴河海滨商讨国内外大事，接见外国元首、政府首脑、外交使团，并对北戴河的地方工作作出重要指示，为北戴河海滨旅游业的发展指明了方向。因此在人们心目中，秦皇岛市北戴河海滨是一个很有政治意义的地方。2003年7月中共中央一纸命令：中共中央、国务院、全国人大、全国政协、中央军委五大领导班子夏季不在北戴河海滨办公，给秦皇岛旅游业的全面发展提供了新的机遇，秦皇岛成了中国旅游的著名品牌。如果你漫步在北戴河海滨的街道路段，一个路段一个故事，记录着那段历史。

剑秋路。原路是1923年由雍剑秋捐助2271块大洋修筑的。北起鸡冠山，南至西经路。1979年重修时，向南穿过西经路，与西海滩路相接，全长1200米，是北戴河区南北向干线之一。

雍剑秋，名涛，江苏高邮人，1875年生，新加坡大学毕业，1916年来到北戴河海滨，为北戴河海滨公益会发起人之一，对海滨公益事业多有捐助，1948年去世，埋骨于联峰山麓。

张学良与赵四小姐的塑像安放在剑秋路南口处。

海宁路。原名叫北宁路，是一条纵贯南北的主要干线。北戴河海滨公共汽车站就设在这条路上。北与剑南路相接，南到中海滩老虎石止，全长2028米。这条路当年在京、津二地颇有名气，是1934年由北戴河海滨公益会出资修筑的，是西起第二条南北向路段，所以也叫保二路。这条路是北戴河海滨最繁华的地段，洋行、店铺密布，新华书店北侧是当年北宁旅游铁路支线北戴河海滨火车站旧址。北宁铁路支线，1917年修筑通车，1943年被日寇强行拆除。

滨海大道。北起205国道，南到黑石路，全长9.7千米，双向六车道，中间有近10米宽的绿化隔离带，是介于海宁路和鹰角路中间的一条南北向路段。这条路是北戴河海滨的迎宾大道，也是象征北戴河海滨走向现代化，走向辉煌未来的光明之路。漫步在滨海大道，自然而然会默诵起徐志摩(1897—1931，浙江海宁人)《北戴河海滨的幻想》中的段子："在这艳丽的日辉中，只见愉悦与欢舞与生趣，希望，闪烁的希望，在荡漾，在无穷的碧空中，在绿叶的光泽里，在虫鸟的歌吟中，在青草的摇曳中，夏之荣华，春之成功。春光与希望，是长驻的；自然与人生，是调谐的。""镶嵌在道路两旁绿树丛中的红瓦石墙，形形色色的风物雕塑，沿途的风景凝固在我的眸子里，定格在卡片机中……"人们为了纪念这位已故的诗人，把徐志摩塑像安放在碣石园里。

鹰角路。1920年修筑，北起鸽子窝公园，南至东经路，全长1550米，是一条南北向路段。路名因鸽子窝公园有鹰角岩，所以叫鹰角路。鹰角亭是1937年由"公益会"筹资承建的一座观海亭。这条路的两侧是北戴河的主要疗养区，有河北省北戴河管理处、国家测绘局疗养院、环保技术培训中心等。在河北省北戴河管理处院内，还留有当年东领会教堂的房产。

西经路。也叫西干路，是1919年由"公益会"出资修筑的东西向路段，东与东经路相接，西至河东寨，路长3455米。东段有邮政部疗养院，曾是当年(1922年)建设的北戴河海滨邮政局。北戴河海滨邮政局冬夏业务忙闲相差悬殊，夏季升为二等甲级邮政局，由直隶(河北)省邮政管理局直接派懂英语的业务人员来北戴河海滨工作，并雇用临时投递员以确保邮路畅通。冬季因业务量减少，降为三等乙级。1924年，因业务量增多，改为常年二等邮政局。

东经路。是1920年至1921年由"北戴河海滨公益会"出资两次修筑的一条东西向路段。西侧过海宁路与西经路相接，东侧过东二路与鹰角路相接，全长3274米。东经路南北两侧分别是国务院和各部委、北京、天津、河北和黑龙江等省市疗养院与休养所，也是北戴河疗养院的主要分布区。

中海滩路。这是一条东西向的傍海大道，西到老虎石，东接金山嘴路。由北戴河公署于1932—1835年分两次修筑的。这条路南临渤海，北与东西向鸽赤路搭接，碧海金沙，景色秀丽。漫步在中海滩路上，让你沉浸在旖旎风光之中。

§2. 中国第一条旅游铁路支线和旅游航线

清光绪五年(1879年)，洋务派代表李鸿章(1823—1901，安徽合肥人)为解决唐山开平至胥各庄的煤炭运输问题，奏请清政府修筑唐山至北塘铁路，以便用铁路将煤炭运至北塘后，再经水路外运。他的这个奏折遭到清政府顽固派的反对。开平矿务局在不得已的情况下，于1880年开凿了一条从芦台到胥各庄长达35千米的“煤河”来解决煤炭外运问题。当“煤河”开凿到胥各庄时，因地形条件限制，工程无法进行。李鸿章再次上奏，仅修唐山至胥各庄一段铁路，与“煤河”相接。并在奏折中声明只修以骡马为牵引动力的“马车铁路”。几经周折，清政府才勉强同意修筑唐胥铁路。唐胥铁路于清光绪七年(1881年)5月13日动工，6月9日铺轨，11月8日竣工通车，这是我国自建并使用至今最早的矿山铁路，全长9.7千米。采用英国工程师金达的建议，使用1435毫米国际标准轨距。唐胥铁路建成之初，唯恐惊动沉睡在东陵的先皇，便使用骡马做牵引动力，实乃铁路建设史上的一大笑谈。但是，实业家、开平矿务局总办唐廷枢和金达等人坚信这种做法不会长久，唐廷枢还预言“时机成熟之时会采用机车牵引”。因此，他们一面修铁路，一面秘密地在胥各庄机修厂制造火车头，根据金达设计的几张图纸，工匠们细心研制出我国第一台蒸汽机车头，即“龙号”机车，又名“中国火箭号”。“龙号”机车头能牵引两辆12吨的煤车，造价仅为520块银圆，1882年开始运行。1887年，根据国防需要，李鸿章向清政府建议将唐胥铁路向东西向延伸。1893年，唐胥铁路向西修到天津，向东修至山海关，称津榆铁路。北戴河火车站也于同年建成。现在北戴河火车站是对原2000年7月建成的北戴河火车站进行整修的一处现代化火车站。2011年7月1日恢复客运，候车大厅面积达6800多平方米，分上下两层，不

图17-2 2011年北戴河火车站实现华丽转身

仅外观靓丽，站内设计更是处处彰显人性化。清光绪二十四年，清政府把北戴河海滨辟为允许中外人士杂居的避暑、休闲地，京津两地的达官贵人、富豪商贾、外国使节、外国公职人员和外国传教士，一到暑期就往返于居住地与北戴河海滨之间。为方便从京、津来北戴河海滨避暑的游客，1917年经北洋政府交通总长许世英同意，拨款修筑的由北戴河火车站经小薄荷寨至北戴河海滨的旅游铁路支线，叫北宁支线。火车站设在海宁路今新华书店以北，这是我国第一条旅游铁路支线。

从1917年至1934年这条旅游铁路支线，每年5月1日开始运行，10月30日停止运行，每天往返4趟。旅游专车还有北京到北戴河海滨的直通夜车，在北京晚8点10分开，到天津东站是夜间11点55分，到北戴河海滨火车站是次日早上6点46分。当时在京、津工作的外国人，往往在入夏时先把家眷安顿在北戴河海滨，自己则在星期五、星期日坐夜车往返。1934年以后，由于到北戴河建别墅的中外官僚士绅不断增多，常年居住在北戴河海滨的人也日益增多，津奉铁路总局把北宁支线改为常年营运。每日仍往返4趟，与干线津榆铁路列车上下衔接。这样，外国人在圣诞节、元旦、春节及复活节节假日期间来北戴河海滨度假与平时来海滨的人多了起来，常年居住北戴河海滨的人也感到方便多了。

1944年，北宁支线被日本军队强行拆除，海滨火车站被撤销。路基改为北戴河火车站至北戴河海滨的公路，即现在的海宁路。

当年，火车在中国还属稀罕之物，人们到北京永定门火车站看火车是一件趣事。北戴河海滨的女士们和附近的农夫、农妇及儿童日中无事，也常成帮结伙来到海宁路火车站，软磨硬泡，经乘警同意，爬上列车逐个车厢节节不漏，来看这个“洋玩意儿”。这样，海滨火车站则成了除海滨浴场之外，游客聚集最多的地方，参观火车成为一景，连年不辍。

1921年，北洋政府航空署创办了北戴河海滨的航空运输，航线为北京至北戴河海滨，主要为方便官僚士绅和外国驻华使节来北戴河观光度假而开设的。海滨飞机场设在赤土山南，1921年8月12日首航，由站长赵孟萍、技师韩渠侯驾驶“飞鹄者”号飞艇，暑期开办北京到北戴河海滨的旅游专线，是我国第一条旅游专线。

航班每周五下午3点由北京南苑机场起飞，2小时后在北戴河赤土山机场降落，每周一上午8点由赤土山机场起飞回北京。飞机是英国维克斯公司研制的维梅民用飞机，可容乘客10人，每人准许带行李30磅。1924年9月第二次直奉战争时，赤土山机场是直系军阀的第三飞机场。10月，奉军占领了该机场，11月撤走，随后航班停航，1937年6月复航，因日本侵华战争全面爆发，于同年7月23日停航。

1924年夏天，张学良将军花重金从法国购进一架水上飞机，飞机由轮船运抵秦皇岛港后再运往北戴河赤土山机场，张学良在赤土山机场试飞。当时国内航空界知名人士及当地群众上千人一饱张学良将军那英姿勃发的风采。张学良一行来到秦皇岛，首先拜访了时任北戴河海滨公益会会长的朱启钤，朱启钤也是张作霖的世交。张学良热情邀请朱启钤全家到海滨观看飞行表演，朱启钤一家欣然前往。

蓝天碧海，张学良来了兴致。他将朱启钤一家人领到了自己的飞机旁，邀请他们上机作空中游览。朱启钤的四女儿朱津筠接受了邀请并登上了飞机，朱启钤的小儿子朱海北也不示弱，刚要登机，却被其母于宝珊拉住。朱老太怕儿子出事，不让他冒这个险。在隆隆声中，飞机驶出跑道，如燕子一样穿云入天，引得围观的观众一片掌声。从飞机上下来，张学良兴致未尽，由朱海北陪同，游览了海滨各处名胜，又在莲花石公园摆开了网球场。张学良兴高采烈，打得热汗淋漓。

北戴河海滨旅游景点由东向西依次是：野生动物园、鸽子窝公园、碧螺览胜区、碧螺塔、金山嘴、奥林匹克大道公园、怪楼奇园、中海滩老虎石公园、联峰山公园、集发农业梦想王国、北戴河海滨名人老别墅。

§3. 秦皇岛野生动物园[①]

秦皇岛野生动物园在北戴河区戴河镇，滨海大道西侧。野生动物园始建于1995年，是继深圳野生动物园之后我国第二个大型野生动物园，隶属秦皇岛市林业局，坐落在绿树、金沙环碧海的海滨国家森林公园内，占地5000余亩，是集动物观赏、休闲娱乐、科普宣传、动物科研、动物保护于一体的大型综合性野生动物园。

动物园内放养着来自国内外150多种7000余头（只）动物，很多都是世界珍禽、名兽和国家一、二级保护动物。野生动物园分为笼养动物展区、猛兽动物展区、非洲动物展区、草食动物展区、涉禽园、雉鸡园、孔雀园、游禽湖等8个动物展区，被评为“河北省旅游行业十佳旅游景区”，2002年取得首批“国家4A级景区”称号。胡锦涛、吴邦国、温家宝、贾庆林、李鹏、朱镕基等党和国家领导人多次来园视察并给予了充分肯定和高度评价。

在野生动物园里游客不能和动物直接接触，即使是步行游览路线，部分路段也是乘坐游览火车观看。所以，游览路线分步行游览路线和车行游览路线。

步行游览路线。从步行入口沿步行通道进入景区，在林荫栈道步行10-15分钟就来到第一站——笼养动物展区。笼养动物展区有象苑、狐猴岛、鳄鱼馆、猩猩馆几处展地，观看大象、犀牛、鳄鱼、狐猴、黑猩猩等动物。接下来从笼养区步行至象苑火车站，乘坐游览火车前往第二站——猛兽动物展区。游览火车依次进入狮园、虎园、白虎园、熊园、狼园、白狮园。在猛兽动物展区内游览火车不停留，一直到第三站——非洲动物展区火车才停车。在此下车，蓝天白云，绿草如茵。长颈鹿翘首眺望，漂亮的斑马，老成的牛羚、剑羚、高角羚和大弯角羚悠然地散步，活泼可爱的跳羚自由奔跑，看到如此的画面，游客会感觉已经到了非洲的动物家园，不出国门却能感受到非洲动物带来的乐趣。观看长颈鹿、骆驼、羊驼、角马等草食动物后，此站还有黑人跳非洲舞表演。长颈鹿强大的心脏功能让人惊喜：心脏重10多千克，血压高达350毫米汞高，将血液输送到距心脏3米多远的头部，是天生的高血压。长颈鹿脖子长和腿长，有人考证是为了

①秦皇岛野生动物园资料由吴昊提供，并参与组稿。

适应食树叶的需要长期演化形成的。

游客等下一班游览火车前往第四站——中心广场区。在中心广场区观看动物表演并去萌宠乐园看一看。动物表演始于1997年，现已形成狗熊骑车、猴子走钢丝、猴子球技、羊蹬花瓶、猴子两脚倒立、三羊开泰、驼羊跳障碍、金钱豹滚筒、狗熊画板、猴子骑车、老虎跳火棒、老虎推车、狮子滚球、雄师敬礼等动物表演节目。萌宠乐园里的小兔、小羊、小矮马、小羊驼、松鼠等萌宠正等待着大人带着他们的幼童去喂养和戏耍。游览火车到第五站——草食动物展区，在游览火车上观看梅花鹿、盘羊、大弯角羚、马鹿、牦牛等。游览火车前往第六站——小动物乐园，观看袋鼠、浣熊、火烈鸟、朱鹮、蓑羽鹤等小动物。袋鼠是跳得最高最远的哺乳动物。游览火车前往第七站——小草食动物展区，在此站下车步行前往雉鸡园，观看白孔雀、珍珠鸡、贵妃鸡等飞禽动物。走出雉鸡园到达鸵鸟园，观看鸵鸟、鸸鹋等。途经百花园前往鹤园，在此观看丹顶鹤、灰鹤、冠鹤等。前方到孔雀园，最后步行到第八站——水禽湖，观看大天鹅、黑天鹅、大雁等，游览到此结束。

车行游览路线。在车行游览路线入口进入景区，行驶一段路程到达第一站——笼养动物展区，在象苑停车场停车，下车到象苑、狐猴岛、鳄鱼馆、猩猩馆去看大象、犀牛、鳄鱼、狐猴、黑猩猩等大型动物。上车前往第二站——猛兽运动展区，依次进入狮园、虎园、白虎园、熊园、狼园、白狮园（此地不可停车、下车），去看狮、虎、狼、白狮。穿过猛兽展区前往第三站——非洲动物展区，在此处停车，去观看长颈鹿、骆驼、羊驼、角马等草食动物，此站还有黑人跳非洲舞表演。游览车继续前行到第四站——中心广场区，在此区观看动物表演和萌宠乐园（园内有小兔、小羊、小矮马、小羊驼、松鼠等）。接下来是第五站——草食动物展区，在此观看梅花鹿、盘羊、大弯角羚、马鹿、牦牛等（此地不可停车、下车）。经过草食动物展区到第六站——小动物乐园，观看袋鼠、浣熊、火烈鸟、朱鹮、蓑羽鹤等小动物。前往第七站——小草食动物展区，在此停车，鸵鸟园里观看鸵鸟、鸸鹋等，观看完毕步行前往百花园、雉鸡园（观看白孔雀、珍珠鸡、贵妃鸡等飞禽动物）。驾车到孔雀园，在此停车，游览孔雀园、鹤园，观看丹顶鹤、灰鹤、冠鹤等。最后驾车前往第八站——水禽湖，观看大天鹅、黑天鹅、大雁等。游览到此结束，沿园区出口指示牌标识驱车出园。

§4. 鸽子窝公园

鸽子窝公园位于北戴河海滨东北部，占地300亩，属4A级景点。1916年，北戴河海滨公益会创始人朱启钤先生继建莲花石公园之后，准备修建鸽子窝公园。当时只建了这座“鹰角亭”，便发生了1937年“七七”卢沟桥日军侵华事件，朱老这一愿望未能实现。1986年，秦皇岛市政府出资300多万元对鸽子窝公园进行了修缮，1991年，日本株式会社和中国浅野水泥厂在《中日友好条约》签订30周年来临之际，为鸽子窝公园送来600株樱花。樱花是日本的国花，移植在这里绽放是中日友好的象征，也使朱老未竟心愿在新形势下得以实现。2001年春，又投资68万元对公园内的基本设施进行了改造，樱花石碑上镌刻着周恩来(1898—1976，浙江绍兴人，新中国首任国务院总理，1949－1976年在任)的《春日偶成》诗：

图17-3　樱花碑上的春日偶成

樱花红陌上，柳叶绿池边。
燕子声声里，相思又一年。

这首诗经查询中央党史和文献研究院编纂的周恩来年谱，是1914年10月15日，周恩来在南开中学读书时写的。头三句写景，因袭宋代大儒、封“先贤”程颢(1032—1085，湖北黄陂人)的《偶成》诗，春日郊游，即景生情。樱红、柳绿、燕子飞，相思恋人又一年。相思的对象隐含为政治理想，春天一年一年地过去了，而我的政治理想春天什么时候到来呢？我盼望着，等待着，思念着。

此处是以樱花来纪念中日友好。鸽子窝公园园名匾额为张爱萍将军书写。

一代伟人毛泽东塑像和《浪淘沙·北戴河》诗碑。1954年7月下旬，一代伟人毛泽东来到北戴河海滨。这年8月，秦皇岛一带普降大雨，海天一色，迷迷茫茫，毛泽东在大海中畅游，观海赋诗，写下了这首《浪淘沙·北戴河》诗篇。

毛泽东塑像和《浪淘沙·北戴河》诗碑是1993年北戴河区委、区政府为纪念毛泽东主席100周年诞辰敬塑的。塑像高3.2米，仿花岗岩材质，基座高2.7米，基座东部镶嵌一块镌刻有毛泽东《浪淘沙·北戴河》诗词的大理石碑：

大雨落幽燕，白浪滔天，秦皇岛外打鱼船。
一片汪洋都不见，知向谁边？
往事越千年，魏武挥鞭，东临碣石有遗篇。
萧瑟秋风今又是，换了人间。

从此以后，来自全国各地的游客，就能在这里缅怀一代伟人毛泽东的丰功伟绩和感受这首诗作的风采，领略“东方红，太阳升，中国出了个毛泽东，他是人民大救星……”恩重如山的情谊。

图17-4　毛泽东塑像及诗词摹刻

鹰角亭与望海长廊。鹰角亭始建于1937年，原是北戴河海滨公益会在海边石崖顶端修建的一座凉亭，取名鹰角亭。现在的鹰角亭和望海长廊是20世纪80年代重建的。鹰角亭为单檐歇山顶，石柱琉璃瓦，古朴、刚劲，具有浓郁的中国民族风格。登临鹰角亭，天高海阔，是游人观海、观鸟、观日出的休闲场所。望海长廊北接鹰角亭，沿峭壁向南延伸182米，建筑风格典雅，吸收了北京颐和园和承德避暑山庄长廊的建筑风格，远可望大海碧波，近可赏大海潮起潮落，诱人心旷神怡。望海长廊匾额为方毅书写。

“亭”和“廊”是园林设计中的小品建筑，旨在画龙点睛。亭是有柱有顶无墙的建筑物，廊是有柱有顶无墙的避阳通道。亭，在我国有悠久的建筑史和使用史，原义为古代设在路旁，供行人休息的建筑物。园林中的亭、廊布置合理，全园俱活。亭，又是园林艺术挽联题对点景之地。亭、诗画、书法，堪称名亭三绝，具有浓厚的文化内涵，构成园林景观的艺术效果，如安徽滁州琅琊山的醉翁亭，取自北宋诗人欧阳修(1007—1073，吉安永丰人)的《醉翁亭记》：“醉翁之意不在酒，在乎山水之间也。山水之乐，得之心而寓之酒也。”湖南长沙岳麓书院后的爱晚亭，取自杜牧(803—852，陕西西安人)的《山行》：“远上寒山石径斜，白云生处有人家。停车坐爱枫林晚，霜叶红于二月花。”亭额上“爱晚亭”三个字是1952年湖南大学重修“爱晚亭”时，一代伟人毛泽东接受湖南大学校长李达(1890—1966，湖南永州人)之请，亲笔题写的。亭内有一横匾，上刻毛泽东手迹《沁园春•长沙》词。此处鹰角亭的亭名取自旁侧的鹰角岩。鹰角亭匾额为全国人大原副委员长胡厥文先生书写。

浴日亭。走出望海长廊，就来到浴日亭，这是观“浴日奇观”的最佳选地。浴日亭造型奇特，小巧玲珑，金碧辉煌。匾额为严济慈先生所题。在浴日亭，早晨可以观看到鲜红的太阳从大海中沐浴而出，新鲜、湿润、艳丽，一会儿，又感受到泽被万物，连这座亭子，都沐浴在辉煌灿烂的阳光里，纯净，安宁，这太美了，给人以心灵上的震撼。太阳冉冉升起，我们沐浴在那浩然正气之中，终于明白了什么是耸立在天地之间的阳刚之气，认识到一个伟大的真理：心中有颗太阳，无论前方遇到什么艰难险阻，前途总是光明的，对未来充满希望。“文革”期间有一首大家都会唱的歌，歌名叫《大海航行靠舵手》(1964年，李郁文作词，王双印作曲)，歌词中有“大海航行靠舵手，万物生长靠太阳，雨露滋润禾苗壮”句，阳光和水孕育了生命，养育了生命。

水能滋润万物，是细胞吸收营养物质的唯一媒介，古人崇尚水的品格，上善若水，水善利万物而不争。

书阁。书阁坐落在鸽子窝公园南侧，占地约63平方米，建筑风格古朴庄重。“书阁”匾额为周谷城先生题写，1985年书阁正式营业，主要经营文房四宝、名人字画。

“智者乐水，仁者乐山”石刻。海洋生物馆是依托在公园内绥中花岗岩中的水帘洞来展示五彩斑斓的海洋生物活体珊瑚。珊瑚是以分泌石灰质为代谢物质，是活着的生命。被水帘掩饰的生物馆洞口左侧是入口，石壁上见有“智者乐水，仁者乐山”石刻。原句是“智者乐水，仁者乐山。智者动，仁者静。智者乐，仁者寿”，出自孔子的《论语•雍也》篇。孔子认为人和自然应该是和谐一体的，在人的素质中有两种截然不同的要素，这就是山和水。智者喜欢水，仁者喜欢山。智者好动，和水一样随机应变，明察事理。仁者喜欢静，和山一样稳固，可以信赖，它始终矗立不变，包容万物，是最可靠的支持：智者快乐，仁者长寿。喻指，人生的目标(信仰)要像大山一样稳固，不可动摇。达到目标的手段和智慧是随机多变的。朱熹(1130—1200，江西婺源人，南宋著名理学家，是继孟子后弘扬儒学的大师) 在《论语集注》中对“智者乐水，仁者乐山”曾有这样的评述：“没有对‘仁’和‘智’的极其深刻体悟，绝对不可能作出这样的形容。”圣人智仁双全，所以有“智者乐水，仁者乐山”的表述。

智、仁、勇是儒家人格的最高理想。勇是“智”和“仁”的结果。像山一样坚忍不拔，像水一样勇往直前，这就是一个崇高的人，一个有价值的人，一个快乐的人，一个长寿的人。

图17-5 “仁者乐山，智者乐水”石刻

一代伟人毛泽东对自己的性格曾有这样的自喻：“在我身上，有些虎气，是为主。有些猴气，是为次。”毛泽东的“虎气”是敢于“问苍茫大地谁主沉浮？”气壮山河，吞吐天地之豪气，是不怕鬼、不信邪、敢作敢为之勇气，是倔强刚毅、百折不挠之犟气，是“指点江山，激扬文字，粪土当年万户侯”之志气；毛泽东的“猴气”是机警过人、见微知著之洞察力，是能屈能伸、进退自如之灵活性，是洒脱机趣、诙谐乐观之幽默感。“虎气”与“猴气”之完美结合，造就了一代伟人毛泽东把原则的坚定性(乐山)与策略的灵活性(乐水)之完美结合，开创一代伟业。毛泽东在《纪念白求恩》一文中提出的理想人格，不是高不可攀的，是普通人能够做到的。他说：“一个人的能力有大小，只要有这点精神就是一个高尚的人，一个纯粹的人，一个有道德的人，一个脱离了低级趣味的人，一个有益于人民的人。”

鹰角岩。走出鸽子窝公园，在门前靠近海边的便道上。向下看，断崖下有一块伸向海里的礁石，海拔19.4米，形似雄鹰屹立，气势傲然，所以叫鹰角岩。过去还有些海鸟栖息在它上面的窝窝里，海鸟以海鸥为最多，当地人常把海鸥叫“海鸽子”，所以这地方又叫鸽子窝。再往下看，从远处游客站立的地方到这陡崖根部是一个平坦地面，微微向海洋方向倾斜，叫波切台地。涨大潮时海水要漫上来，是高潮线与低潮线所夹的地域，叫潮间带。涨潮时海水要机械地冲蚀崖底，时间长了就形成了一些凹槽。这些凹槽扩大，就成了海蚀洞。在秦皇岛地区海岸分带图(见图11—30)上，可以看到海港区东山、北戴河区金山嘴都是处在岬角部位。当年，秦始皇东巡至碣石，这两个地方他都去过，在金山嘴行宫里还召见了卢生问其求仙事，然后又在东山送方士入海求仙。从图17—7可以看出：老虎石过去也是一个孤岛，现在是一个陆连岛，连接物是沙坝，而鹰角岩与陆地的连接物是充填在绥中花岗岩里的石英伟晶岩脉，石英伟晶岩脉比花岗岩还抗风化，这也是这个岩垛没有形成海蚀柱的根本原因。

图17-6　鹰角岩

鸽子窝大潮坪。鸽子窝北侧的一片滩涂之地，不仅是世界各地候鸟迁徙的“驿站”，而且是观鸟人的朝圣地，那么，这里为什么能够吸引那么多的候鸟？那么多的观鸟人呢？

这要从这块大潮坪能给鸟类提供食物和歇脚的条件说起。“坪”多是山区或黄土高原上出现的一块平地，叫坪，南方这类地名较多。潮坪是与潮汐作用有成因联系的一块平地。高度与海平面相差不多，微微向海洋方向倾斜，每年只有特大潮才会被海水淹没，属潮上带(后滨区)。形成湿地并向沼泽化方向演变，为鸟类提供了歇脚条件。这里涨潮流速大于落潮流速，涨潮时携带大量浮游生物和悬浮物质，退潮时沉降下来，为鸟类提供了食物。鸽子窝不仅给候鸟迁徙提供了歇脚条件，而且还是世界鸟类学者和“鸟迷”的朝圣地，或者叫观鸟者的“麦加”。“麦加”是伊斯兰教宗教古城先知穆罕默德的出生地，是穆斯林教徒向往和朝圣的地方，把北戴河海滨候鸟迁徙栖息地和留鸟常驻地比喻成鸟类学者和“鸟迷”的“麦加”，这实在是太让人痴迷了。

赤土河从这里入海，形成三角洲地形。在这里观大潮又和钱塘江观大潮有完全不同的情形，钱塘江大潮排山倒海、汹涌澎湃、雷鸣轰响、气势磅礴。涨潮流速小于落潮流速，落潮时将带来的粉沙质、泥质碎屑物质全部带走。而赤土河三角洲，潮水不能分散，就被缓缓地推向陆地，展现了一种从容不迫、志在必得的大家风范。鸽子窝大潮坪又是观察现代沉积作用的教学课堂。可以见到波痕、雨痕、龟裂、沙波体、生物洞穴等展示沉积环境的沉积构造，与柳江盆地古老沉积地层进行对比，将今论古，破译古地理、古气候、古环境的密码。

据中外鸟类学家和鸟迷的观察记录，在北戴河发现的鸟类有412

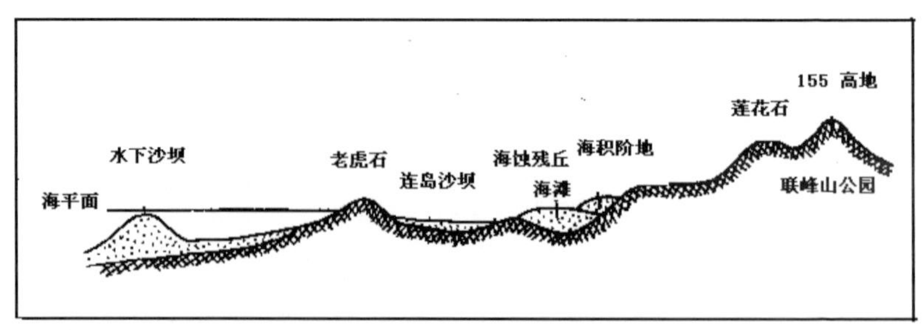

图 17-7　北戴河海岸海积地形剖面图

种，我国现有鸟类1186种，占全国鸟类种数的1/3。世界许多珍贵的鸟类，如白鹤仅1985年春天就发现652只，占世界已知白鹤总数的40%。白鹳在世界鸟类报告上有3000只，北戴河见到2729只，创造了世界纪录。遗鸥在世界鸟类报告上只有7只，北戴河上空见到了7只。丹顶鹤更是成群结队，浩浩荡荡，每年春秋迁徙都要经过北戴河。有一种美丽的水鸟，叫红胸滨鹬，每年春天从澳大利亚飞来，去西伯利亚繁衍后代。中秋后，又从西伯利亚飞往澳大利亚过冬。许维枢先生还观察到，北戴河有留鸟11种，和我们共同生活在这座美丽的城市。早在1910年，丹麦的鸟类爱好者郎陶切(LaTouche)便来到北戴河海滨从事鸟类观察活动，调查鸟类的迁徙情况。1936年，我国著名的生物学家寿振黄在秦皇岛沿海地带进行鸟类观察活动，收集了大量第一手资料，并出版了中国第一部鸟类志《河北鸟类志》。1942—1945年，丹麦鸟类学者赫明森(Hemmingsen)和根尔德(Guilder)在北戴河东部沿海一带进行了较长时间的鸟类观察，并出版专著传世。美国人怀尔德(Wilder)和哈伯德(Hubbard)也在此断续研究过鸟类。新中国成立后，1953年，郑作新(1906—1998，福建福州人)等在昌黎果树区调查过食虫鸟。1981年3月，中日两国在北京签订《保护候鸟及栖息环境协定》，北戴河是协定中的重要地区。1985年，英、美、日、丹麦、比利时、澳大利亚等国众多的鸟类工作者接踵而来，对这里丰富的鸟类资源感到十分惊讶。国际鸟类学权威迈克称北戴河为候鸟中心。1987年，秦皇岛市北戴河区成立了“国际观鸟会”，正式组织接待和筹办北戴河的各类观鸟活动。英国剑桥大学著名鸟类专家马丁·威廉姆斯先生来北戴河开展观鸟活动。回国后，撰写并发表了大量介绍北戴河自然资源以及北戴河观鸟的文章，在英、美等国引起了不少反响。当年秋季，马丁先生组织了欧美观鸟团不远万里来到北戴河进行观鸟活动，开创了面向国际的秦皇岛观鸟活动，使越来越多的国际爱鸟者认识了秦皇岛。1996年，世界湿地涉禽会议在秦皇岛召开，通过了保护湿地的“北戴河宣言”。1999年5月8日—15日，举办了首届北戴河“海天杯”国际观鸟大赛，来自英国、美国、法国、日本、芬兰、丹麦、瑞典、瑞士、罗马尼亚、澳大利亚、中国的国家代表队200多人云集北戴河，切磋观鸟技艺，成为“鸟迷”和鸟类学家历史上的一次盛会。2005年5月1日—15日，由北京观鸟学会发起，中国野生动物保护协会、河北省野生动物保护协会、秦皇岛市林业局等单位共同主办了第二届北戴河国际观鸟大赛，把北戴河的观鸟活动推向了高潮。与此同时，关心湿地的保护也被提上日程。

我国野生动物学家许维枢先生写道："世界上大部分鸟类都有随气候迁徙的习性，而鸟类的迁徙又大多遵循固定的路线，风光旖旎的北戴河恰恰处在这条路上，每年春秋都有大量的鸟类从北戴河飞过，有些还作短暂的停留，因此这里是理想的观察鸟和研究鸟的基地。"海滨林场、鸽子窝湿地、莲蓬山公园、北戴河沿海都是鸟类的栖息地，而以鸽子窝这块大潮坪最为显著。

秦皇岛鸟类博物馆。鸽赤路北侧，2009年5月1日正式向游人免费开放的秦皇岛鸟类博物馆，占地面积50亩，场馆建筑总面积1947.39平方米，展览陈列面积为1650平方米。收藏鸟类标本有100多种，恐龙骨架化石1座，恐龙蛋化石3组，除收藏鸟类标本外，还用多媒体展示鸟类的起源、进化、发展，集知识性、趣味性于一体。

游客可以在鸟类博物馆里了解到有关鸟的知识，如鸟的飞翔，鸟的生活，神奇的鸟类，鸟与人类、湿地与水鸟等知识。

北戴河观鸟日历。1、2月，当地留鸟，时有蒙古百灵鸟、毛脚沙鸡过境；秃鼻乌鸦、寒鸦结群停留或迁徙。也有豆雁浩浩荡荡南下，头雁全速前进排成"人"字形，当头雁需要休息时则排成"一"字形，边飞边鸣，发出"咿啊——咿啊"的叫声。

3月，在这里过冬的候鸟开始离开，中旬，雁类、鹤类、鸦类迁徙途经此地。

4、5月，陆续迁来的鸣禽，鸭群经此地向北飞去。到4月底5月初，是候鸟春季迁徙的高峰。有游禽、涉禽、攀禽和大量鸣禽。如黑枕黄鹂、柳莺、山雀、金腰燕等。

6月，有些候鸟来秦皇岛"坐月子"繁殖后代，如池鹭、黄斑苇鸻、戴胜、金腰燕、黑尾蜡嘴雀、黑枕黄鹂等。月末，白翅鸥远道而来。

7、8月，大批鸻类、鹬类的小型涉禽陆续迁来，天下蒙蒙细雨时，白腰雨燕便显得更为活跃。

9、10月，秋高气爽，大量鹊鹞迁徙而过。鹊鹞是一种猛禽，国家二级保护动物。

11月，上旬是鹤类出现的高峰期，除丹顶鹤、白鹤、灰鹤、白头鹤外，还有东方白鹳、黑鹳和大鸨等大型鸟类出现。

12月，候鸟不在这里过冬，只有当地的留鸟在此过冬。[①]

鸽子窝北侧观海上日出。鸽子窝北侧的大潮坪是驰名中外的观海上日出首选地，是古代帝王、仁人志士、文人墨客观海抒怀的佳境，也是领略大自然瞬息万变、气象万千的理想场所。每当凌晨时分，这里聚集了成千上万的游人，来欣赏壮丽的海上日出：清晨，曦光初露，天地间的铅色云气封闭着大海的面孔，当蓝天与大海交接的海平线出现时，刹那间，大海上就展现出一面巨大的光扇，光扇由弱渐强，由鱼肚白到橘红色再到鲜红色，映得漫天彩霞，绚丽夺目。空际间铅色的云块，都镶嵌上耀眼的金边，自身则似乎沐浴在红色的海洋之中。这时，海平线那柄巨大光扇的中轴线处，一轮红日冉冉浴水而出，好像龙女在海底用手缓缓托起，漫天的云彩，也随之瞬息变幻。当红日升出海面时，似乎下面还粘连着一轮红日，两个红日一样大，一样红，分不出哪个是真哪个是假。瞬息间，上面的红日倏地向上一跃，粘连在下面的红日顿时潜入海底，人们盛赞这种奇观叫“浴日”。如逢晴朗天气，在“浴日”的刹那间，海面上呈现一道金光，直铺到你的脚下，似乎是一条金光大道，请你到日出的深海处做客，去探索它的奥秘，这样的美景你不向往吗？如果到北戴河海滨，不到鸽子窝观海上日出，岂不是终生遗憾！

图17-8　鸽子窝后大潮坪观日出

1980年4月，我国著名作家峻青第一次来到北戴河海滨，那篇著名的散文《沧海日出》就是他早晨来到鸽子窝观看日出后写的。日出与日

①孙志升. 浪漫之旅秦皇岛. 北京：北京燕山出版社，2003：16.

落的壮丽景观，不是产生于太阳本身的视形状和东升西降的视运动，而是由于大气折射作用产生的蒙气差变化，所造成硕大、椭圆的光盘景象和跃然而出的动态。这种景观只有在天地交界的地平线上才能看到。因此，最佳观察点多在海滨和山巅。我国著名的日出观察点有泰山的天日观峰、黄山东海的翠屏楼、华山的东峰、庐山的汉阳峰、衡山的祝融峰、峨眉山的金顶、钱塘江的初阳台和北戴河海滨的鹰角亭。日落以庐山的天池亭景致最佳。

现代人物简介

A.张爱萍(1910—2003)，四川达州人。1925年参加学生运动和农民运动，1928年加入中国共产党。长征中曾率部夺取娄山关，攻克遵义城，坚守老鸦山战斗。抗战后，任华中军区副司令员，1946年重伤后赴苏联休养。新中国成立后任华东军区海军司令员兼政委，中国人民解放军副总参谋长，上将军衔，国防科委副主任，组织了第一颗原子弹试验。“文革”受迫害，仍坚持斗争，1977年任副总参谋长兼国防科委主任，国务院副总理，1982年9月11日任国务委员兼国防部长。

B.胡厥文(1895—1989)，又名胡保祥，江苏嘉定(今属上海市)人。他有一段从爱国实业家到国家领导人的人生经历。早年认为只有办实业，发展工业，生产日用品，制造飞机大炮武装军队，才能国富兵强，把帝国主义赶出去。抗日战争爆发，日本侵占东北，惊醒了胡厥文的“实业救国”梦，他开始投身到民族解放运动中来，追求真理，走民主建国之路，制造一批批手榴弹、地雷、穿甲弹送往前线，支持上海十九路军的抗日行动。1945年，他和黄炎培发起组建民主建国会。党的十一届三中全会以后，国家工作的重点转到社会主义现代化建设上来，他与胡子昂、荣毅仁、古耕虞、周叔弢一起被邀到邓小平家中做客，听了邓小平关于对外开放、发挥原工商业者作用的讲话，受到很大鼓舞，积极在工商界作宣传，提出“坚定不移跟党走，尽心竭力为四化”的行动纲领。1986年，根据“一国两制”方针，他与胡子昂联合提出《关于中国共产党对统一战线的领导意见》，强调坚持和发展共产党领导的多党合作和政治协商制度，巩固和扩大爱国统一战线。胡厥文曾任全国人大常委会副委员长、中国民主建国会主席。

C.方毅(1916—1997)，又名方清吉，福建厦门人。1949年，任福建省副主席，省委第二副书记，1952年，任上海市副市长、党组副书记、书记，1961年，任国家计委副主任兼对外经济联络总局局长、党组书记。粉碎“四人帮”后，任中国科学院副院长、院长、党组书记，国家科委主任、党组书记，国务院副总理；第十一届中央政治局委员、中央书记处书记，第十二届中央政治局委员。粉碎“四人帮”后方毅的主要业绩：1977年8月，协助邓小平筹备、主持全国科学与教育工作座谈会。邓小志在这次会议上强调“四个现代化的关键是科学技术现代化，科学技术是第一生产力，广大知识分子是工人阶级的一部分”。会议开得振奋人心，迎来了我国科学的春天。党的十一届三中全会以后，方毅同志怀着满腔热情，坚持解放思想，实事求是，大力推动科学技术和教育管理体制的改革。在他的领导下，恢复和重组国家科委，强调科学技术要与经济发展相结合，提出科学成果向生产力转移、军用成果向民用转移、先进地区成果向后进地区转移、国外成果向国内转移，组织和发动一大批著名科学家制订新时期的科学技术发展规划，部署一批大的科研工程和一大批重点科技攻关项目。中国科学院及其所属科研所在全国率先实行所长负责制，积极推动学位制和学术职称制的复建，并担任中国第一任国务院学位委员会主任，主张尽早恢复科学技术奖励制度，重视基础教育，提出对优秀的中小学教师授予特级教师称号，加快发展高等教育和高校科研工作，鼓励多种形式办学。

D.严济慈(1901—1996)，字慕光，号岸佛，浙江东阳人。物理学家、教育家，中国现代物理研究奠基者之一。曾任中国科技大学校长、名誉校长、研究生院院长。中国科学院院士。人们尊他为“教育宗师，科学泰斗”。

1923年夏，以第一名的成绩毕业于南京高师数理化部，获东南大学物理学学士，同年赴法留学，仅用一年时间就考取巴黎大学三门主科(普通物理学、微积分学和理论力学)证书，获数理科学硕士，导师法布里在他首次出席的法国科学院例会上，宣读的论文不是自己的研究成果，而是他的学生严济慈的博士论文《石英在电场下的形变和光学特性变化的实验研究》，这是法国科学院第一次宣读中国人的论文。严济慈成为世界上第一个精确测定石英压电定律“反现象”的科学家，也是中国人获得法国科学博士学位第一人。

1930年底回国，1932年参与创建中国物理学会。1935年与法国科学家约里奥·居里(Joliot Curie)、苏联科学家卡皮察（П. Л. Капица）同时当选为法国物理学会理事。抗战期间，开展抗日救国的社会活动，并在无线电发报机、五角测距镜和望远镜的生产方面作出了重要贡献，1946年获国民政府胜利勋章。1948年当选为国民党政府“中央研究院”院士、中国物理学会理事长。1949年参与筹建中国科学院工作，先后任中国科学院应用物理研究所所长、中国科学院副院长、中国科学院主席团执行主席、全国人大常委会副委员长、九三学社中央名誉主席，1958年参与筹建中国科学技术大学并兼副校长，1978年出任中国科学技术大学校长。1991年被法国政府授予“荣军官”勋章。

严济慈一生对中国教育、科技事业有重要的贡献，为中国培养了几代科技人才。他是中国光学研究和光学仪器研制的奠基人，在压电晶体学、光谱学、大气物理学及光学仪器研制等方面取得卓著成就。

E. 周谷城(1898—1996)，湖南益阳人，历史学家。1921年在湖南长沙省立第一师范任教，受毛泽东影响，1927年投入农民革命运动，任农民协会宣传干事。1932年在上海暨南大学任史地系主任、教授，1942年在上海复旦大学任教。曾出席1949年在北平举行的全国第一届政治协商会议，先后担任中国农工党副主席、主席。全国人大常委会副委员长、全国史学学会会长。著有《中国通史》和《世界通史》。

F. 许维枢(1930—2008)，天津蓟县（今蓟州区）人，1952年北京大学毕业，北京自然博物馆动物学研究室、生态学研究室主任、研究员，中国著名鸟类学专家，国际鸟类大会名誉副主席。

G. 寿振黄(1899—1964)，浙江诸暨人，1920年南京高等师范学校毕业。1926年在美国霍普金斯海滨生物研究所从事甲壳类生物生活史研究，获硕士学位。回国后在北京高校和科研单位工作，是我国早期动物学家(鱼类、鸟类、兽类)，中国脊椎动物学研究的开拓者之一。1927年，与人合作发表了中国鱼类和中国鸟类的第一篇论文。1936年发表的《河北省鸟类志》专著，是中国第一部鸟类志和地区鸟类志。毕生为中国脊椎动物学的创建、发展和人才培养作出了重要贡献。

H. 峻青(1922—1991)，原名孙俊卿，山东海阳人，当代作家、画家，中共党员。历任胶东《大众报》记者，新华社前线分社随军记者，《中原日报》编辑组长，中国作家协会上海分会副主席、代理党组书记，《文学报》主编。上海市炎黄文化研究会副会长，炎黄书画院院长，中国作家协会第二、三、四届理事。40年代开始发表作品，1955年加入中国作家协会。著有《黎明的河边》《海啸》《血衣》等小说。

§5. 碧螺览胜区

碧螺览胜区位于北戴河海滨东部，由鸽子窝向南沿海滨依次是碧螺塔、秦皇宫、秦始皇行宫遗址、金山嘴、中国珍稀水族馆。

碧螺塔。碧螺塔在北戴河海滨东海滩路东侧，与海港区东山遥相呼应，故又有小东山之称，当地人俗称蟹岛。北临长城号游船码头、鸽子窝公园，南临军事禁地金山嘴楼，地理位置优越，交通十分方便。

主建筑碧螺观光塔是仿海螺形状建造的，造型新颖别致，塔高21米，共有7层，建筑面积800平方米。塔内有大型木雕“碧螺仙子”和“柳毅传书”，刀功精细，造型古朴，人物栩栩如生。沿旋转楼梯，由下而上陈列有海洋生物、陆地动物、鸟类标本或图画。登上塔顶，可观

图 17-9 碧螺塔远景图

金沙碧海，点点帆影，礁石各异，高低起伏，绿树成荫，环境优美，是北戴河唯一集沙滩、礁石、绿树于一体的观海休闲地。碧螺塔复建于1988年，起因源于当地的一个民间传说。相传秦灭六国之后，百业昌盛，在大海深处有个小国，叫苑渠国。曾派使者驾碧螺舟来秦国造访，秦始皇在金山嘴碣石宫接见他们，使者向秦始皇介绍了扶桑岛长寿的秘诀。说东海有个抚桑岛，岛上生长着扶桑树，高有上千丈，粗有两千围，桑椹红色，九千年才结一次果，人吃扶桑果可长生不死。这时，秦始皇东巡至碣石正要入海求仙寻长生不死之药，就信以为真了，让苑渠国的使者当向导，派方士侯公、韩终、石生率庞大船队，载3000童男童女东渡扶桑岛求长生不死之药。一年又一年过去了，秦始皇求长生不死之药又一次大失所望，韩终的大船到了韩国归入韩姓，据《三国志·魏书》和《后汉书·东夷列传》记载，当时朝鲜半岛东南部韩姓有三大部落，即马韩、辰韩、弁韩。其中提到辰韩时，说“辰韩耆老自言秦之亡人，避苦役，适韩国”。秦始皇的求仙梦落空，只剩下苑渠国来使乘坐的碧螺舟留在这片海滩上，为了纪念这次出征就把碧螺舟立在海边，作为渔民出海时的航标。再后来，为了纪念这次遥远的出海活动，建了这座碧螺塔。

观海上日出。这里是北戴河海滨的最东侧，可在第一时间看到日出。登上碧螺塔，站在伸入海中的大平台，坐在礁石上，观海与天的变幻。绯红的太阳冉冉从海面上升起，这种美景让你永生难忘，使你身心放松，体验人与自然的完美结合。

海上垂钓和海滩拾贝。碧螺塔酒吧周围礁石林立，有不少浮游生物，鱼、蟹、海参、贝类等海洋生物。一代伟人邓小平曾多次到这里钓鱼，园内树有“邓小平钓鱼处”纪念碑。被北戴河旅游局指定为海上垂钓基地。每年9—10月份举办“海上垂钓节”，庆祝活动和钓鱼比赛。

这里又是比较理想的潜水之地。2005年成立了美人鱼潜水俱乐部。海中潜水，探寻奇妙的海底世界，感受既惊心动魄，又浪漫刺激的潜水体验。

这里是海岸的岬角部位，海浪急速地拍打在海边的礁石上，产生大量的负氧离子。据有关部门测定，北戴河空气中的负氧离子密度每立方厘米为8000个，碧螺塔酒吧公园空气中的负氧离子含量会更高，是天然的氧吧。

秦行宫遗址。在金山嘴路东横山上，有规模宏大的秦始皇行宫遗址，揭露面积9000平方米，东侧是一组大型四合院式建筑群，共两座10间房屋。东配房面宽六间，长30.5米，宽8.2米，墙厚1.0米。室内地面夯实，地面明础柱石排列有序，柱石面宽中心距5米，对距5米。建筑规模南北长100米，东西100余米。坐北朝南，是一座气势宏大的宫殿建筑群遗址。东西长50多米，南北宽13米，外有回廊，围墙宽2.3米，中间隔墙宽1米，有两个大厅，每个大厅东西两侧排列三行明础柱石，柱石直径1.3米，宫殿外清理出两块直径40厘米的双云纹加贝大圆瓦当。

在横山南约200米的高地上，发现另一组大型建筑群遗址，被认定为秦始皇行宫的主体建筑，它和横山行宫建筑都在同一条中轴线上。秦皇行宫遗址出土文物有大型雕刻夔纹半瓦当、饕餮纹半瓦当、双云纹半瓦当、麻面大板瓦、菱格纹空心砖、陶井、陶盆、水管、炊灶、陶文和鎏等。据著名考古学家苏秉琦先生鉴定，这里就是秦始皇东巡碣石的行宫遗址，和山海关外辽宁省绥中县万家镇墙子李村发现的秦始皇行宫遗址是一个整体，是秦始皇建于东海国门两侧的纪念性建筑。对研究秦汉时期中国文化的迅速发展和系统化的原因提供了重要线索。1986年9月

25日，《人民日报》头版发布了这条消息，题为“北戴河发掘出秦始皇父子行宫遗址”，引题为“秦皇岛得名有了确凿依据”。

金山嘴。金山嘴因其处于岬角部位，海蚀作用微地貌形似鸟嘴，当旭日东升时呈金黄色而得名。据民国出版的《北戴河海滨志略》记载：“一峰压水，三面晴波。”曾有人考证说，这里就是秦始皇、汉武帝、曹操等到过的碣石。西汉楼船将军杨仆(河南洛阳人)曾在此屯粮，筑古城。明代在此设金山卫，派水师驻守。近年来，这里陆续建了疗养院和休养所。

南天门。在金山嘴南端开阔的沙滩上，有一巨石长约10米，高8米，中间被海蚀作用掏空，形成宽4米，高3米的海蚀洞。此微地貌自然天成，称“南天门”。穿过南天门，万顷碧波，浪花飞溅，十分壮观。

秦皇宫。秦政三十二年(前215年)，秦始皇东巡至碣石，在北戴河海滨修建行宫，但现在只见秦始皇行宫遗址，实为一大憾事，为再现秦始皇当年东巡至碣石，修建行宫之辉煌，1991年北戴河旅游局与单庄村合资，投资600万元，兴建秦皇宫。

秦皇宫位于海滨黑石路东端，其主体建筑由陕西省古建筑协会设计所设计，该宫殿建筑群是除西安外全国仅有的仿秦建筑，占地面积9718平方米，建筑面积3735平方米，具有古朴、典雅、雄伟、壮观的建筑风格。大殿正门匾额“秦皇宫”由谷牧副总理题写。

秦皇宫有12个展厅，24个场景，通过赵姬献舞、市门悬书、荆轲刺秦、车裂嫪毐、征服六国、开国盛宴、统一文字、孟姜女哭长城、入海求仙、焚书坑儒、秦兵马俑等典型史实和传说形象地再现秦始皇的一生和秦王朝的兴衰史。置身于这有声有色、刀光剑影、惊险奇幻的场景之中，宛如身临其境于2000多年前的历史氛围之中。

中国珍稀水族馆。水族馆位于金山嘴北戴河中心实验站院内，由农业农村部渔政港监督管理局和中国水产科学研究院联合主办，是一处集知识性、趣味性于一体的大型水产野生动物展览馆。其宗旨是宣传《中华人民共和国野生动物保护法》，普及野生动物保护知识，同时使观赏者得到身心的娱乐。

水族馆分室内、室外两个部分，共计13个展室，1000余件展品。游客可以目睹许多人一生都难得一见的珍奇水生动物和野生动物，展厅内有重5吨、体长6.5米的鲸鱼标本，堪称重量、体长世界之最；有体长只有几厘米的奇特玻璃猫鱼，能看清内脏和刺骨；有年龄为500多岁、体重120千克的大海龟；有比熊猫还珍贵的白鳍豚；有与恐龙同一时代，白垩纪残留下来的孑遗种属——中华鲟；有被认为“世界潜水冠军”的斑海豹；有海中智叟——中华白海豚；还有美洲海狮、越南海胆、日本海马，以及海鳗、娃娃鱼、鹦鹉螺、绿毛龟、大砗磲、锦绣龙虾、鲨鱼等珍稀动物。展厅内千姿百态的名贵金鱼和艳丽多彩的热带鱼更是婀娜多姿，赏心悦目。还有从世界30多个国家搜集来的300多枚水生动物邮票，集邮爱好者观之流连忘返。

§6. 奥林匹克大道公园

奥林匹克大道公园位于北戴河区滨海大道东侧，建筑面积17.316万平方米。修建这座公园的动因是2001年北京赢得了第29届奥运会的举办权。2002年4月，国家体育总局和北京奥组委确定上海、青岛、天津、沈阳和秦皇岛为2008年北京奥运会的协办城市。秦皇岛为足球赛分赛场，北戴河区政府为迎接这一盛事，承建了一条全长2.6千米的双向六车道的滨海大道，直通2008年奥运会足球赛秦皇岛分赛场(赛场设在秦皇岛奥体中心体育场、东北大学秦皇岛分校体育场)，并把滨海大道冠名为 “奥林匹克大道”。随即，2004年3月，北戴河区委、北戴河区政府为弘扬奥运精神，传播奥运文化，修建了这座以“奥运”为主题的奥林匹克大道公园。公园分科技奥运、人文奥运和绿色奥运三个部分。主要建设项目有主体雕塑、人工湖、音乐喷泉、奥林匹克浮雕墙、57件单项体育雕塑、各种运动场(标准体育运动场、轮滑场、网球场、篮球场、门球场)、老年活动中心、儿童活动中心、奥运冠军手足印、纪念柱等。设计理念是以奥运为主题，以奥林匹克浮雕墙为灵魂(穿越奥运起源、发展以及中国奥运的时间隧道)，以25米高海鸥造型的大型雕塑和大型音乐喷泉为背景，以奥运冠军手足印纪念柱为点缀，同时配以品种、彩色各异的花草树木，形成了极具中国特色的奥运文化园、奥运健身园、奥运植物园。

2005年5月1日，公园免费向社会开放。开园至今，已经成功举办了

6届国际轮滑节(每年6月6日为国际轮滑节)轮滑比赛，公园成为市民和游客健身休闲的好去处。

游览路线：北门→奥林匹克浮雕墙→北戴河之梦→奥运冠军手足印纪念柱→单体体育雕塑作品→主广场。

奥林匹克浮雕墙。浮雕墙是N20°E—S20°W方向，并呈向东南微凸的弧形。长388.44米，均高3.0米，由296块辽宁绥中产的芝麻白花岗岩块组成。雕刻设计单位为秦皇岛航海者艺术有限公司，采用圆雕、高浮雕、中浮雕、低浮雕及线雕五种雕刻手法，监制人为中央美术学院董祖怡教授。浮雕墙分千年圣火、生命的旋律、奥运中国三部分，涉及古奥运史、现代奥运史，以及中国古代运动项目、中国奥运史、中国奥运冠军金牌榜等内容，无论从展示形式、展示规模、展示内容都为世界所独有，该浮雕墙申报了吉尼斯世界纪录。

第一部分　千年圣火——源自古希腊的美丽传说

这部分内容集中展现古奥运起源、古奥运的曲折发展历程以及现代国际奥运的崛起和蓬勃发展。

第1块浮雕•佩洛普斯娶基波达弥亚公主为妻的场景。佩洛普斯是宙斯的孙子，海神波塞冬的儿子，他一直仰慕伊利斯国王俄诺毛斯的女儿基波达弥亚公主。他是基波达弥亚的第14位追求者。因国王误信女巫谗言：“如果公主出嫁，国王将会死去。”之前的13位求婚者都死在国王俄诺毛斯的长矛之下。佩洛普斯为娶基波达弥亚公主为妻，他祈求父亲海神波塞冬的保佑，并得到国王车夫捷斯的暗中相助，偷偷卸去国王战车轮子上的销钉，从而在比赛中获胜，与美丽的公主结婚，成了伊利斯国王。佩洛普斯为了庆祝胜利，在奥林匹亚小镇举行由两个城邦参加，为期1天的竞技会。竞技会上午举办祭祀宙斯的庆典，下午进行竞技比赛和文娱活动。据说这次盛会便是古奥运的开端。竞技项目有古代摔跤、武装赛跑、古代赛马、古代拳击(第2、3、4、5块浮雕)，还有短跑和双轮车比赛。

古奥运每4年举办一届，从公元前776年到公元394年，共举办293届，历时1170年。延续时间之长，影响之深，在人类史上是一大奇迹。

公元前146年，罗马人征服了希腊。公元394年，古罗马皇帝狄奥多(生于基督教徒之家，公元378—395年在位)一世立基督教为国教，废除奥林匹克运动会。

第6块浮雕•古奥运第一位女子冠军基尼斯卡。古希腊严禁女子参加奥运竞技比赛，可基尼斯卡是斯巴达国王阿格西劳斯二世(前399—前360年在位)的妹妹，她于公元前396年参加第96届古奥运双轮战车比赛，并取得了优胜，开女子参加奥运会竞技比赛之先河。

第7块浮雕•希腊人摩刻在峭壁上的体育运动格言。希腊人说："如果你想聪明，跑步吧！如果你想健美，跑步吧！如果你想强壮，跑步吧！"这是希腊人为体育运动点赞的格言，像这样一个热爱体育运动的民族能够创造出全人类最伟大的财富——奥林匹克运动，似乎是在情理之中。

第8块浮雕•古代短跑比赛。短跑比赛是古奥运的主要竞技项目。跑距为一个斯泰德(192.25米)。跑赛的姿势是赤脚、裸身、抬左腿同时伸左臂的顺拐姿势。本届奥运会多利亚人克洛斯获短跑冠军。到第15届古奥运增加了长跑项目，跑距为7—34斯泰德(1345.75—6536.5米)。

图17-10　第6—8块浮雕

第9块浮雕•奥林匹克五环旗。1914年为庆祝国奥会成立20周年时，顾拜旦构思设计并制作了五环旗，而且在巴黎召开的奥林匹克代表大会上升起了这面旗帜。顾拜旦诠释了他的设计理念：蓝黄绿红黑五环象征着世界五大洲团结，蓝色代表欧洲，黄色代表亚洲，绿色代表大洋洲，红色代表美洲，黑色代表非洲，白色是底色，代表来自五大洲相互帮助，相互依存的人民。五环旗的交接仪式：由上一届奥运会主办城市代表将五环旗交给国奥委主席，再由国奥委主席递交给本届奥运会主办城市市长，最后由主办城市市长将这面旗帜放在举办城市的市政府大楼里。

第10块浮雕•传递奥运圣火。传递圣火源于古希腊的一个神话(与中国的后羿射太阳有着相反的思维去向)。传说万神之王宙斯为了永远统治大地，故意不给人间降临火种，使人类永远生活在寒冷的黑夜。勇敢善良的普罗米修斯决定违背宙斯的意志，当太阳神从天上驰过时，用树枝从那里盗得了火种，从此人间有了火，驱散了黑暗和寒冷。普罗米修斯却因此受到宙斯的惩罚，人们为了纪念这位英雄，就制成火炬来传递火种，并将它视为光明和勇敢的象征。后来，古奥运沿袭了这种风俗。1912年，顾拜旦提议在奥运会上点燃圣火，并在1928年第九届奥运会上开始试行。1934年国奥会决定，正式实行这项方案。传递奥运圣火通常在奥运会开幕前几个月，在古奥运发祥地——希腊奥林匹亚小镇的赫拉神庙前点燃圣火。圣火的采集方式是遵循古希腊传统，由首席女祭司在赫拉神庙前朗诵致太阳神的颂词，然后通过凹面镜将太阳光聚集在凹面镜中央，产生高温引燃圣火，整个过程庄严肃穆，没有人群围观。

圣火点燃后，火种置于一个古老的火盆中由首席女祭司带到奥运会场祭坛，向在那里等候的人们展示圣火，点燃第一位火炬手的火炬，随后传递圣火，前往奥运会的举办城市。

图17-11　第9—12块浮雕

2008年北京第29届奥运会奥运圣火的传递情况。**取火种**。现在奥林匹亚小镇还有宙斯神殿和赫拉神殿遗址，现代建筑有奥林匹亚考古博物馆。赫拉神庙规模不大，里面供奉着女神赫拉像。赫拉神殿前广场上有纳姆翁神坛，是1936年以来奥运圣火点燃仪式的举行地。

2008年3月24日，在这里举行北京第29届奥运会的点火仪式。24—29日奥运圣火在希腊境内传递，3月30日在雅典体育场举行奥运圣火交接仪式。

传递圣火。3月31日进入国际传递，5月2日进入中国大陆传递，7月30日传递进入秦皇岛，时任河北省省委副书记车俊(1955—，安徽巢湖人)将石家庄传递过来的火炬棒交给秦皇岛第一棒火炬手——乒坛名宿郗恩庭(1946—，河北三河人)。奥运圣火传递仪式于7月30日上午8：00在山海关老龙头景点举行起跑仪式。8点12分“祥云”火炬途经龙海大道、港城大街、黄河大道、滨海大道等地。次日上午10点37分，到达终点北戴河奥林匹克大道公园。全程208棒35千米，火炬传递最后一棒是秦皇岛市委书记王三堂（1954—，河北平山人)。他在奥林匹克大道公园结束仪式现场，点燃圣火盆，结束秦皇岛市的传递。8月8日圣火抵达北京，在北京鸟巢国家体育场点燃主火炬绕场一周，奥运圣火传递结束。

奥运圣火火炬棒长72厘米，重985克，燃烧时间15分钟。

北京奥运会火炬创意灵感来自“渊源共生，和谐共融”的祥云图案。祥云文化在中国有上千年的历史，是具有代表性的中国文化符号。

第11块浮雕·奥林匹克宪章。现代国际奥林匹克委员会(简称国奥会)为使奥林匹克运动健康发展特制定了奥林匹克运动总章程，由顾拜旦倡议并制定，1894年6月在巴黎国奥会上通过。1978年，国奥委统一命名为《奥林匹克宪章》。1989年，中译本在中国出版。现行的《奥林匹克宪章》是2013年9月在阿根廷首都布宜诺斯艾利斯召开的第125次国奥会上批准生效的。由基本原则、奥林匹克运动、国际奥林匹克委员会、国际单项体育联合会、国家奥林匹克委员会和奥林匹克运动会6个部分74条款组成，对奥林匹克运动的思想、组织、活动等方面作出了具体规定。

第12块浮雕·现代奥运之父。顾拜旦(1863—1937，法国巴黎人)，现代奥运创始人，法国社会活动家、教育家。1894年6月16日，世界各国著名体育领导人云集在法国巴黎索邦举行会议，通过了顾拜旦提出复兴古奥运的倡议，每隔4年举办一次。1896年在希腊雅典大理石体育场举行首届现代奥运会，维凯拉斯担任国奥会主席，顾拜旦担任国奥会秘书长。1912年，他在瑞典首都斯德哥尔摩国奥会上，发表了著名的诗作《体育颂》。《体育颂》以散文诗的形式抒发了作者对体育的真挚情感，把体育看成是美丽、正义、勇敢、荣誉、健康、进步与和平的化身。[①]顾拜旦担任国奥会秘书长，并担任国奥会第二任主席(1896—1925年)。他年轻时爱好拳击、赛艇、击剑和骑马等体育活动。一战期间，顾拜旦的家族产业被战争毁掉，他卖掉了他在巴黎的私宅，筹集资金维持国奥会的正常运转。1937年9月2日，顾拜旦病逝于瑞士日内瓦，人们尊重他的临终遗嘱，将他的遗体安葬在国奥会总部所在地瑞士沃州首府洛桑，心脏则埋在古奥运发祥地奥林匹亚。他为奥运事业献出了自己的全部。我们要永远记住他。

第二部分　生命的旋律——生命健康的驱动力

这部分内容按奥运发展的时间顺序来展示每一届奥运会的举办时间、举办地点，运动员夺冠的精彩瞬间以及名人趣事。之所以称为生命的旋律，就是试图揭示奥林匹克运动对人类生命发展的意义，因为它是回归自然，超越国界、超越政治、超越种族和超越地域的一种体育运动，是人类生命健康发展的一种不可或缺的驱动力，其中蕴含着勇敢、踏实的体育精神和生命价值。

第13块浮雕·第1届奥运会。经过1500多年的休眠期，第一届现代奥林匹克运动会(以下简称奥运会)于1896年4月6日—15日在希腊雅典大理石体育场举行。有13个国家参加，参赛运动员311人，不允许女子参加比赛。设田径、游泳、举重、射击、自行车、古典式摔跤、体操、击剑和网球9个比赛项目。4月6日下午3时，维凯拉斯、顾拜旦等国奥会官员出席开幕式。希腊国王乔治一世(1845—1913，生于丹麦哥本哈根，1863—1913年在位)宣布大会开幕，随后演奏了一曲庄严的古典管弦乐，全场唱起了《撒马拉斯颂歌》。

这首如宗教赞美诗般的管弦乐，热情地讴歌了奥林匹克运动。1958

---

①《体育颂》的中译本刊登在1982年《新体育》杂志上，由詹汝琮(1927—，浙江平阳人)翻译，原文是顾拜旦于1912年在斯德哥尔摩第5届奥运会上，用一个法国人名字(霍罗德)和一个德国人名字(艾歇巴赫)发表的，这两个笔名暗示即使像法国和德国这样两个有着世仇的国家，也能在奥林匹克旗帜下增进相互了解，友好相处。

年，经国奥会讨论通过，把它正式定为奥运会会歌。

帕尔特农神庙，是雅典卫城的主要建筑，也是世界艺术宝库的一员。

第14块浮雕。这是当年17名长跑运动员在马拉松长跑路上的瞬间掠影。马拉松长跑运动源于远古时希腊与波斯的马拉松战役。希腊人为把胜利的喜讯传递给后方雅典人，派快跑能手斐力庇第斯回去报信。当筋疲力尽的斐力庇第斯出现在雅典人面前时，他激动地高喊一声：“欢乐吧！我们胜利了！”便倒地牺牲了，希腊人为了纪念他的这种忘我牺牲精神，决定将马拉松长跑运动设为奥运会比赛项目，并把42.195千米，即从马拉松战场到雅典体育场的距离定为马拉松长跑比赛距离。

谁说女子不如儿男？一名希腊女子用实际行动回答了这个问题。这位女子叫斯坦玛塔·拉维瑟(Stamata Revithi)，她在本届男子马拉松比赛结束后的第二天沿相同路线跑完了全程，用时接近5小时30分。1984年，奥运会增设女子马拉松项目，美国人琼·贝诺瓦（Joan·Benoit）以2小时24分52秒夺冠。

图17-12　第13—16块浮雕

第15块浮雕。史比利廷·路易斯(叉腰站立者。1873—1940，希腊雅典马鲁西镇人)，4月10日马拉松长跑拉开帷幕，24岁的路易斯以2小时58分50秒的成绩，获马拉松长跑金牌，为东道主国家希腊赢得了荣誉。他的成绩比第2名(同为希腊人)快7分13秒，是迄今为止马拉松长跑运动冠、亚军时间差最大的一组。希腊国王乔治一世亲自在雅典大理石体育场迎接他，路易斯被称为奥林匹克之魂，根据他的要求奖给他一辆驴拉的马车(赛前他是一名送水工)。

第16块浮雕•推铅球运动。罗伯特•加勒特是美国普林斯顿大学的学生，在赛场上观看铁饼比赛时，当场报名参加铁饼比赛。这位从未见过标准铁饼是什么样的美国大学生，开始时是模仿希腊人的投掷动作，投了两次找到了感觉。第3次试投掷时，他右臂向后伸，然后用力一挥，铁饼飞到了29.15米处，比希腊选手最佳成绩多了15厘米，获男子铁饼金牌，场上观众、裁判对他的惊人之举目瞪口呆。后来他还获得了铅球金牌。

接下来是标枪、游泳(下为跳高)、短跑(第17、18、19块)浮雕。

第20块浮雕•蹲踞式起跑姿势。上图为5名短跑运动员站在百米起跑线上，由右而左，第一道是美国选手雷恩，半蹲双手交叉(浮雕墙上缺失)；第二道是匈牙利选手谢克利，侧身半蹲，双手摊开；第三道是德国选手弗•霍夫曼，两手持木棍触地半蹲；第四道是美国选手托马斯・伯克，蹲在起跑线后，脚一前一后双手紧紧反撑地上，臀部翘起，最接近现代短跑起跑姿势；第五道是希腊选手高个子卡库康尼迪里斯，几乎直立。

托马斯・伯克身穿裤衩背心出现在赛场上，观赛台上议论纷纷，托马斯・伯克却处之泰然。他像箭一样向前冲去，并一路领先。最后，以12秒的成绩获100米短跑冠军，比第三跑道上的德国选手弗•霍夫曼快0.2秒。又以54.2秒的成绩获400米短跑冠军。从此，“蹲踞式”起跑姿势在世界推广。

据说，这种“蹲踞式”起跑姿势是1887年一位美国人在澳大利亚旅游时，观看袋鼠起跑姿势后受到启发而创造出来的。袋鼠在奔跑之前就是这样后腿弯曲，把身体俯得很低，向前跃动时冲力很大，获得很大的

图17-13　第20—24块浮雕

初速度。所以，美国选手托马斯·伯克运用这种起跑姿势以12秒成绩夺得100米短跑冠军。

下图为古代摔跤。德国小个子选手卡尔•舒曼(Carl Schumann)奋力拼搏，他身体灵巧，体重轻，除摔跤外，他还参加了田径、体操比赛项目。在体操比赛中获跳马、双杠和单杠团体赛金牌，是本届奥运会得金牌最多的选手。

第21块浮雕·射击。射击起源于军事和狩猎活动。1972年起允许女子与男子同场竞技，1996年起男女比赛分开。

第22块浮雕。詹姆斯•康诺利(手扶旗站立者。1869—1957，美国哈佛大学古代语言学专业学生)，他以13.71米的成绩获三级跳远金牌。最后一天颁奖时，希腊国王乔治一世亲自授予康诺利橄榄枝桂冠、银质奖章、证书。他的成绩还被写在一块木板上，在雅典体育场的正门入口处升起了美国国旗，奏响美国国歌。从此，升国旗、奏国歌就成了奥运会颁奖仪式中的一道程序。詹姆斯因参加这次奥运会违反校规被学校开除学籍。当他年近80岁回到哈佛大学时，被授予哈佛大学名誉博士学位头衔，且终生从事作家记者工作。在哈佛大学历史上留下重重的一笔。

第23块浮雕•100千米自行车比赛。当时还没有专用的赛车，再加之道路崎岖，比赛难度很大，9名选手只有2人骑完全程。法国选手莱•弗拉芒一路领先，当他发现希腊选手科列蒂斯因车子坏了而停下来时，他也随即下车，协助科列蒂斯把车子修好，才继续前进，而且最终获得金牌。他的这种高尚风格被观众传为佳话。

第24块浮雕•击剑。首届奥运会击剑设花剑和佩剑两个剑种，比赛又分业余组和职业组。法国选手和希腊选手分别获得业余组花剑和佩剑冠军，职业赛只设花剑一项，雅典击剑学校老板皮戈斯获冠军。

大家往右侧看，这是首任国奥委主席维凯拉斯(1835－1908），他和顾拜旦克服了种种困难，胜利地举办了第一届奥运会。奥运会闭幕后(1896年)，他辞去了国奥委主席职务，继续从事他的文学研究和著述工作。

第25块浮雕。第2届奥运会于1900年5月20日—10月28日在法国巴黎举行，有21个国家参加，参赛运动员1330人，其中女子11人，开创女子步入现代奥运的新时代。一名在英国就读的印度大学生，名叫诺•普理查德，同英国代表团一起来到巴黎参加这次盛会，并在田径比赛中获两枚银牌。他是第一个参加奥运会并获得奖牌的亚洲人。本届奥运会取消了举重、摔跤比赛项目，新增水球、马术、跳高、足球、划船、帆船六个项目。奥运会结束时发给每一位参赛选手一枚长方形的纪念章，这是奥运史上仅有的一次。比赛场地分散，日程安排松散，持续达五个多月，是奥运史上的一次“马拉松”长跑。

第28块浮雕。雷·尤里(1873—1937，美国印第安纳拉斐特人)，幼时患小儿麻痹症，后在医生指导下参加体育锻炼并恢复了健康。他曾获立定跳高(1.655米)、立定跳远(3.21米)和立定三级跳远(10.58米)三项金牌，被誉为立定跳之王，而他的职业却是一名水利工程师。

第29块浮雕。足球运动源远流长，起源于中国古代的“蹴鞠”，现代足球运动起源于英国。第2届奥运会首次出现足球比赛项目。

第30、31块浮雕。划船、帆船比赛。

图17-14　第28—31块浮雕

第32块浮雕。第3届奥运会于1904年7月1日—11月23日在美国圣路易斯举行，有12个国家参加，参赛运动员689人，其中女子8人，女子仅设射箭一项。篮球作为表演赛进入奥运赛场。这项运动是美国篮田大学美式橄榄球教练詹姆士•奈史密斯(1861—1939，生于加拿大安大略省阿尔蒙特，1925年加入美国籍)发明的。篮球1896年传入中国，1936年被列为奥运会比赛项目。马术、帆船、自行车、射击未列入本届奥运会比赛项目，恢复摔跤、举重两项比赛，新增拳击、曲棍球两项比赛。本届奥运会承袭了上一届奥运会赛区分散、时间冗长的“马拉松”特点。奥运会奖励首次按类别分为金牌、银牌和铜牌。

第33块浮雕。女子跳水。

第34块浮雕。上图为美国选手阿奇·哈恩(1880—1955，美国道奇威尔人)，他包揽了60米(7秒)、100米(11秒)、200米(21.6秒)三项短跑冠军，其中200米纪录保持了28年，被誉为“密尔沃基流星”。下图为拳击运动，拳击运动为本届奥运会新增项目。

图17-15　第32—34块浮雕

第35块浮雕。第4届奥运会于1908年4月27—10月31日在英国伦敦举行，有22个国家参加，参赛运动员2034人，其中女性36人。由于土耳其的加入，实现了世界五大洲聚会。英国为了炫耀本国的奥运成绩开设奥运金牌榜。

第36块浮雕。浮雕上部为曲棍球比赛瞬间，是本届奥运会新增项目。浮雕下部中间那位矮个无冕之王叫多兰多·皮特里(1885—，意大利曼德里奥人)。他原是一名厨师，马拉松长跑比赛中几次摔倒，是在工作人员的搀扶下才跑到比赛终点的。他被奥委会取消了领奖资格。英国王后亚历山大为了安慰他，在闭幕式上，亲手赠予他一枚奖杯！

宾夕法尼亚大主教彼得盛赞多兰多·皮特里“重在参与”，他在讲话时使用了一句：“在奥运会上，参与比取胜更重要。”这使在座的顾拜旦非常感动，并把这句话改成：“在奥运会上重要的是参与，而不是取胜，正如人生重要的不是成功，而是进取，不是征服而是奋斗。”

图17-16　第35—37块浮雕

第37块浮雕。在射击

赛场上爆出了一组有趣的镜头：瑞典选手奥斯卡•斯旺父子一起参加射击比赛。老斯旺60岁，小斯旺28岁。父子二人积极参赛，最终老斯旺在奥运会首次设立的100米“跑鹿”（射击移动靶靶标图案）射击赛中获金牌。第二天，斯旺父子又参加瑞典队“跑鹿”射击团体赛并获金牌。

第38块浮雕。第5届奥运会于1912年5月5日—7月22日在瑞典斯德哥尔摩举行，有28个国家参加，参赛运动员2054人，其中女子57人。日本成为亚洲最早参加奥运会的国家。

第39块浮雕。马术、击剑、射击、游泳和越野跑被称为现代五项，是现代奥运创始人顾拜旦根据法国军官历尽磨难的传说创立的比赛项目，在本届奥运会设为比赛项目。美国四星级上将乔治•巴顿(1885—1945，美国加利福尼亚人)参加了现代五项比赛，虽然得了第五名，可是他却说：“参加奥运会是我一生的荣耀。游完300米我休克了。醒来我拼4000米越野赛。你能体会到一个人休克后醒来再跑4000米的滋味吗，我体会到了。这是我一生的荣耀。”

第40块浮雕。第6届奥运会原定于1916年在德国柏林举行，因一战爆发停办。

第41块浮雕。第7届奥运会于1920年4月20日—9月12日在比利时安特卫普举行，有29个国家参加，参赛运动员2591人，其中女子77人。大会第一次升起了由顾拜旦1913年设计的奥林匹克五环旗。

第42块浮雕。男子摔跤比赛的瞬间。

第43块浮雕。第8届奥运会于1924年5月3日—9月21日在法国巴黎举行，有44个国家参加，参赛运动员3092人。其中女子136人，3名中国运动员参加了网球比赛，是中国人首次出现在奥运赛场上。期间举行了第23届国奥会年会，正式通过了允许妇女参加奥运会的决议。

第44块浮雕。网球第一次出现在奥运会赛场上。

第45块浮雕。第9届奥运会于1928年5月17日—8月12日在荷兰阿姆斯特丹举行，有46个国家参加，参赛运动员2971人，其中女子290人。从本届奥运会开始，运动员入场式由东道主希腊队率先，其余国家队按其国名希腊文第一个字母(希腊文字母顺序)入场。

第46块浮雕。第10届奥运会于1932年7月30日—8月14日在美国洛杉矶举行。有37个国家参加，参赛运动员1331人，其中女子12人。本届奥运会在洛杉矶市修建了奥运村，后来《奥林匹克宪章》明确规定主办城市必须修建一座奥运村。中国派短跑运动员刘长春和教练员宋君复(1897—1977，浙江绍兴人，曾任沈阳东北大学体育系主任)兼翻译参加本届奥运会。

第47块浮雕。第11届奥运会于1936年8月1日—8月16日在德国柏林举行，有49个国家参加，参赛运动员3963人，其中女子331人。国奥会规定从本届开始，传递奥运圣火是奥运会开幕式不可或缺的仪式。篮球只允许业余队参加比赛。杰西•欧文斯(1913—1980，美国亚拉巴马州人)获100米(10秒3)、200米(20秒7)、跳远(8.06米)、4×100米接力(39秒8)4项金牌，被称为“黑色闪电”，并设欧文斯奖。首次用电视转播奥运比赛盛况。第48、49、50、51块浮雕分别是篮球、皮划艇、手球、短跑欧文斯图像。

图17-17　第47—52块浮雕

第52块浮雕。中国派出由69人组成的一个武术表演队和一个考察团参加本届奥运会。在赛场上中国武术表演受到了热烈的欢迎。

第53、54块浮雕。第12（1940年）、13（1944年）届奥运会因“二战”停办。

第55块浮雕。第14届奥运会于1948年7月29日－8月14日在英国伦敦举行，有59个国家参加，参赛运动员4062人，其中女子385人。中国派出33名男运动员参加篮球、足球、田径、游泳和自行车等五项比赛，没有取得名次。

第56块浮雕。上图为罗利•塔卡奇(1910—，匈牙利布达佩斯人)，第14、15届奥运会分别以580环(世界纪录)、579环成绩获左手手枪射击金牌，是射击运动史上用左手射击并连续夺冠的第一人。

下图为布兰•科尔斯(1918—2004，荷兰阿姆斯特丹人)，获100米、

200米和80米栏、4×100米接力4块金牌。并获女欧文斯奖，飞行家主妇的美名。让人更为震惊的是，时年30岁的她已经是两个孩子的母亲。

图17-18　第56—61块浮雕

第57块浮雕。第15届奥运会于1952年7月19日—8月3日在芬兰赫尔辛基举行。有69个国家参加，参赛运动员4955人，其中女子519人。苏联首次派代表团参加比赛，在奥运会上一鸣惊人。下为长跑宣传画。

第58块浮雕。艾米尔•扎托佩科(1922—2000，捷克科普日夫尼采人)，获5000米、10000米、马拉松三块金牌，他的妻子达娜•因格洛娃(1922—2004)也参加了本届奥运会，获女子标枪冠军。夫妻同获奥运冠军在奥运史上属首次。萨马兰奇感言："他们同年同月同日生，又同年同月同日夺金，单凭这两点发生在艾米尔•扎托佩科和达娜•因格洛娃身上的巧合就足以令人津津乐道。这是上天注定的缘分。"

第59块浮雕。第十六届奥运会于1956年11月22日—12月8日在澳大利亚墨尔本举行，有72个国家和地区参加，参赛运动员3314人，其中女子376人。这是奥运史上第一次离开欧、美两大洲举行的奥运会。

第60块浮雕。第17届奥运会于1960年8月—9月11日在意大利首都罗马举行。有83个国家参加，参赛运动员5338人，其中女子611人。

第61块浮雕。上图为穆罕默德•阿里(1942—2016，美国路易斯维尔人)，22次获拳王称号。下图为苏联体操运动员鲍里斯•沙赫林(1932—2002，乌克兰人)，获本届、18届奥运会体操比赛两连冠。

第62块浮雕。第18届奥运会于1964年10月10日—24在日本东京举行，有93个国家和地区参加。参赛运动员5151人，其中女子678人。这是亚洲第一次获得奥运会的举办权。

第63、64块浮雕。女子排球和女子摔跤。

第65块浮雕。第19届奥运会于1968年10月12—27日在墨西哥城举行，有11个国家参加，参赛运动员5516人，其中女子781人。首次用彩色电视向全世界 转播奥运赛场盛况；首次进行女子性别检查，对所有参赛运动员进行兴奋剂检查。1968年10月12日奥运会开幕那一天，正是克里斯托弗•哥伦布(1451—1506，生于意大利热那亚)发现新大陆第476周年纪念日，作为著名航海家的后裔，墨西哥20岁的女田径选手诺玛・恩里克塔・巴西利奥・德索克罗高举火炬绕场一周。当她登上90级台阶点燃火把时，全场8万多名观众响起了热烈的掌声和欢呼声。巴西利奥成为奥运史上首个点燃圣火的女性。本届奥运会东德、西德再次联合组队。

图17-19　第65、66块浮雕

第66块浮雕。上图为美国游泳运动员马克•施皮茨(1950—，美国莫德斯度人)，先后35次打破自由泳和蝶泳世界纪录，人称“飞鱼”。他获7项奥运金牌，均破奥运纪录，是奥运史上一大奇迹。2008年，北京奥运会他的纪录被美国选手菲尔普斯(1985—，美国马里兰州巴尔的摩市人)打破。菲尔普通斯一举斩获8块奥运金牌，创造了新的纪录。

下图为美国铁饼运动员阿尔弗雷德•厄特(1936—，美国俄勒冈州人)，他在第16、17、18、19届奥运会上铁饼成绩分别为56.36米、59.18米、62.94米、64.78米。成为现代奥运史上第一位四连冠田径选手，被誉为“铁饼之神”和美国铁饼“常青树”。

第67块浮雕。第20届奥运会于1972年8月26日—9月11日在德国慕尼黑举行，有121个国家参加，参赛运动员7123人，其中女子1058人。奥运史留下“慕尼黑大血案”恐怖的一页。美国哈特、罗伯逊是两名百米成绩9秒9的保持者，他们在百米预赛后，便和队友泰勒回奥运村休息，错过了比赛时间，留下了永久的遗憾，只有泰勒赶上了小组复赛获得银牌。金牌被苏联选手鲍尔佐夫夺走，成绩为10秒14。美国选手哈特、罗伯逊成绩9秒9甚是遗憾。

向右看。胡安·安东尼奥·萨马兰奇·托列略(1920—2010)，西班牙体育官员，从1980年至2001年担任第7任国奥会主席，他曾宣布北京获得了奥运主办权。萨马兰奇出生于巴塞罗那，第83届国奥会上，被选为国奥会主席。在任期内，以几家大电视台合约和赞助使奥运会财政支出变得健康起来。1991年，被西班牙国王胡安·卡洛斯一世授予萨马兰奇侯爵头衔。2010年4月21日病逝。

萨马兰奇的中国情缘。1978年，萨马兰奇首次访问中国，他认识到中国在国际事务中的潜力和重要性，因此他在1979年中国恢复国奥会的合法席位后，就大力支持中国在国奥会中的作用，他退休前的最大心愿就是希望奥运会能在中国举行。2001年7月，北京成功取得2008年夏季奥运会的主办权，为他完成了这一心愿。萨马兰奇说："我在全世界得过许多荣誉和荣誉称号，但最珍惜的称号是'中国人民的好朋友'。"2013年4月21日，在奥运会纪念终身名誉主席萨马兰奇逝世3周年之际，萨马兰奇纪念馆在天津正式开放。

第68块浮雕。第21届奥运会于1976年7月17日—8月11日在加拿大蒙特利尔举行，有88个国家参加，参赛运动员6189人，其中女子1274人。

第69块浮雕。罗马尼亚体操运动员娜迪亚•科马内奇(1961—，罗马尼亚奥尼斯迪人，现居美国)，获全能、高低杠和平衡木3块金牌，7次得100分，创奥运史上得满分第一名，成为世界体坛瞩目的新星。

第70块浮雕。乌克兰田径运动员谢尔盖·纳札罗维奇·布勃卡(1963—，乌克兰人)，他于1984年5月26日创下5.85米的撑竿跳世界纪

图17-20 第68—71块浮雕

录，1984年7月13日再度以5.90米成绩打破他自己保持的世界纪录。1985年6月13日，他在法国巴黎跳过6.00米，这个纪录长时间被认为是无法达到的。目前，布勃卡保持的世界纪录是1994年7月31日所创造的6.14米。称霸世界撑竿跳15年。

第71块浮雕。第22届奥运会于1980年7月19日—8月3日在苏联莫斯科举行，有80个国家参加，参赛运动员5179人，其中女子1124人。1979年圣诞节前夕出兵阿富汗，与奥运会和平竞争的精神相左，对这次奥运会产生负面影响，中国也拒绝参加这次奥运会。

第72、73块浮雕。前者为女子柔道，后者为女子曲棍球。

第74浮雕。第23届奥运会于1984年7月28日至8月12日在美国洛杉矶举行，有140个国家参加，参赛运动员7616人，其中女子1719人。中国参赛运动员225人。许海峰(1957—，福建漳州人)在这次奥运会上获男子手枪60发慢射金牌，实现了中国奥运奖牌“零的突破”；体操王子李宁夺3金2银1铜。

第75、76块浮雕。女子花样游泳、女子艺术体操。

第77块浮雕。第24届奥运会于1988年9月17日—10月2日在韩国汉城（今首尔）举行，有159个国参加，参赛运动员8465人，中国参赛运动员301人，规模之大胜过往届。

第78块浮雕。浮雕上部为乒乓球运动员的发球动作。欧洲人至今把乒乓球称为“桌子上的网球”。由此可知，乒乓球是由网球演变来的。

浮雕下部为美国游泳运动员马修(马特)•尼古拉斯•比昂迪(1965—，美国加利福尼亚州静冈人)。他在本届奥运会获4×100米(3分19秒03)自由泳接力赛金牌，并打破了世界纪录。在本届奥运会夺得7块奖牌(其中5枚金牌)，追平了另一位美国游泳运动员马克•施皮茨创下的奥运纪录，这个纪录直到2004年雅典奥运会才被迈克尔•弗雷德 • 菲尔普斯打破。

第79块浮雕。土耳其举重运动员奈伊姆•苏莱曼诺尔古，在本届奥运会上6次试举，6次打破世界纪录，终于以342.5(152.5+190)公斤的总成绩获60公斤级举重金牌，又蝉联第25、26届64公斤级举重冠军。这一切简直令人不可思议，土耳其沸腾了，人们纷纷涌上街头，高呼“欢迎奈伊姆!”口号，总理厄扎尔夫妇亲自到机场迎接，把一颗古式金质奖品授予他。他被《世界举重》杂志称为“矮个子的伟大人物”。他的经历几乎是传奇式的，1967年，他生于保加利亚一户土耳其族家庭，在那里受到良好的举重训练，保加利亚创造了举重“一日两次训练法”，为他成为一名世界举重冠军埋下了种子。恰在这时，即1986年月12月，土耳其政府花100万美元使他成为一名合法的土耳其公民，他反过来为土耳其拿到3届奥运举重金牌。2017年11月11日，苏莱马诺尔古因脑出血抢救无效去世。

第80块浮雕。美国短跑运动员格里莱斯·乔伊娜(1959—1998，美国洛杉矶人，运动员上衣编号569)，她在第24届汉城奥运会上获女子100米(10.49秒)、200米(21.34)、4×100米接力3块金牌和4×100米接力一块银牌，并以21.34的成绩刷新了女子200米世界纪录，这个纪录一直保持到现在无人打破。1989年获美国欧文斯奖。

她那健美的体魄、披肩的长发、漂亮的容貌，比赛时身着单秀筒高领长袖紧身衣，以及涂成彩虹色的长指甲，给女子田径运动增添了空前的魅力，又获“世界上跑得最美的女人”的赞誉。1998年9月21日，乔伊娜在睡梦中猝死，年仅40岁，在悲痛中，她的女儿玛丽•乔伊娜接过母亲的短跑接力棒。

图17-21　第77—82块浮雕

第81块浮雕。美国短跑运动员卡尔·刘易斯(1961—，美国亚拉巴马州伯明翰人)，获100米(9.85秒)、200米(19.8秒)、跳远(8.54米)和4×100米接力赛4块金牌。

第82块浮雕•跆拳道。跆拳道是由韩国花郎道、中国武术、日本空手道融合而成的一项体育运动项目，按体重分为八九个级别。

第83块浮雕。第25届奥运会于1992年7月25日—8月9日在西班牙巴

图17-22　第83—88块浮雕

塞罗那举行，有169个国家参加，参赛运动员9367人，其中女子2708人。中国选派运动员251人(女子133人)参加比赛。本届奥运会男篮比赛首次向职业队敞开了大门，美国职业队轻松获得了冠军。

第84块浮雕。上图为维塔利·谢尔博(1972—，白俄罗斯明斯文克人)，是20世纪90年代最成功的体操运动员，本届奥运会获6块男子体操金牌。下图为棒球运动，棒球起源于美国，被誉为“竞技与智慧的结合”，1992年列为奥运会男子比赛项目。

第85块浮雕。NBA著名篮球运动员迈克尔•乔丹(1963—，美国纽约布鲁克林人)。被评为国际体育“奥斯卡金像奖”11名体育巨星获得者之一。

第86块浮雕。网球孕育在法国，诞生在英国，普及在美国，盛行于全世界。

第87块浮雕。第26届奥运会于1996年7月19日—至8月4日在美国亚特兰大举行，有197个国家参加，参赛运动员10788人，其中女子3779人。中国运动员打破24项世界纪录。著名田径运动员王军霞奋力冲杀，跑出了中国人的勇气、志气和骨气。女子足球、女子排球和女子垒球运动员表现得尤为精彩。

第88、89、90块浮雕。女子沙滩排球、女子足球、女子棒球。

第91块浮雕。第27奥运会于2000年9月15日—10月1日在澳大利亚悉尼举行，有199个国家参加，参赛运动员10651人，中国参赛运动员311人。奥运圣火传递与往届不同，尤其是水下传递更是独树一帜。吉祥物为澳大利亚三个本土动物：笑翠鸟“奥利”、鸭嘴兽“悉德”和针鼹“米利”，它们分别代表土地、空气和水。

第92块浮雕。铁人三项(环岛骑自行车180千米、大海游泳3.8千米、马拉松长跑42.195千米)。

第93块浮雕。斯维特拉娜·霍尔金娜(1979—，俄罗斯联邦别尔哥罗德人)，本届奥运会获高低杠冠军，共得57块金牌，是女子体操史上最成功的运动员之一。高低杠、跳马、平衡木、自由体操均有独创动作，是独创动作最多的选手，当之无愧的体操女皇。

第94块浮雕。第28届奥运会于2004年8月13日—30日在希腊雅典举行，有202个国家参加，参赛运动员10684人，其中女子4524人，形成美、中、俄三强鼎立的新格局。本届奥运会最后一项是男子马拉松长跑比赛颁奖仪式。在雅典国奥会主席扎斯卡拉基和国际奥委会主席雅克·罗格致辞后，时任北京市市长王岐山接过奥运会五环旗，正式接受承办2008年北京第29届奥运会的任务。

第95块浮雕。刘翔(1983—，中国上海普陀人)，以12秒91的成绩获110米栏金牌，是中国奥运史上浓重一笔，打破了数百年来黄种人在直线短跑项目无冠的局面。

第96块浮雕。上图为冼东妹(1975—，中国广东四会人)，获本届奥运会女子52公斤级柔道金牌。下图为朱木炎(1982—，中国台湾桃园人)，获本届奥运会58公斤级跆拳道金牌，被封为“台湾战神”。

第97块浮雕。阿列克谢•涅莫夫(1976—，俄罗斯人)，在27届奥运会荣获男子体操个人全能、单杠冠军，被誉为“无冕之王”“体操沙皇”，因裁判对涅莫夫的不公平评判，引起观众不满，画面为涅莫夫向观众做手势恳求观众保持安静。

第98块浮雕。第29届奥运会于2008年8月8日—24日在中国首都北京举行，有204个国家参加，参赛运动员11438人。中国歌手刘欢和英国著名歌手莎拉·布莱曼演唱奥运会主题曲《我和你》。吉祥物“福娃”，是五个拟人化的娃娃。五个娃娃代表着一个美好的祝愿：贝贝象征繁荣、晶晶象征欢乐、欢欢象征激情、迎迎象征健康、妮妮象征好运。贝贝、晶晶、欢欢、迎迎、妮妮，取其谐音为“北京欢迎你”。

第99块浮雕。正面：左为游泳神童菲尔普斯(1985—，美国马里兰州人)，北京奥运会狂揽8金；右为5000米中长跑金牌获得者凯内尼萨·贝克勒(1982—，埃塞俄比亚人)。南面为女子网球双打金牌获得者，美国网球传奇人物威廉姆斯姐妹(姐姐1980年生，妹妹1981年生)。背面：左上为3位波兰队医把开幕式演出时晕倒的演员及时送到医院救治，这一画面十分感人；左下为美国运动员入场时打出“谢谢你，中国！”的条幅；右上为通过电视看奥运；右下为左手握拍女乒乓球运动员。

图17-23　第92—99块浮雕

前面是用4个浮雕柱来展示北京奥运会的精彩片段，采用多方位、多个侧面来展现北京奥运会的盛况。第二柱和第三柱之间称为“北京门”。

第一柱。正面是撑竿跳女选手伊莲娜·伊辛巴耶娃(1982—，俄罗斯人)。

北面是以3分32秒94获1500米金牌的巴林选手拉希德·拉姆齐(1980—，摩洛哥人)，后因兴奋剂检查超标，于2009年11月取消冠军资格。背面是中国香港运动员的入场式。南面是女篮。

图17-24　第1—4柱

第二柱·和谐碑。最壮观的一块浮雕是和谐碑，高5米，重40吨。正面是中国篮球明星姚明(1980—，中国上海人)和中国四川地震小英雄林浩(1999—，中国四川汶川人)领队入场。这是在奥运史上首次由两个人领队入场，这一场面感动了中国，感动了世界。北面是男子吊环金牌获得者陈一冰(1984—，中国天津人)，鞍马王子肖钦(1985—，中国南京人)。背面是万国旗飘扬庆奥运。南面是蹦床冠军何雯娜(1989—，中国福建龙岩人)。

第三柱。正面是中国女子花样游泳，尽管得的是季军，但对中国人来说仍然是中国游泳史上的突破。北面为摔跤。背面为庆祝奥运会申请成功的场面。南面为跳高。

第四柱。正面为当代100米(9秒69)、200米(19秒19)短跑世界纪录的保持者尤塞恩•博尔特(1986—，牙买加特里洛尼人)，被称为“闪电侠”。北面是女足。背面上为世界足球王贝利(1940—，巴西特雷斯科拉索斯人)和中国四川地震灾区来的孩子共同分享奥运喜悦。下为栾菊杰代表加拿大队参赛，打出“祖国好”的横幅，热情激昂。南为跆拳道。

第100块浮雕。正面：左为羽毛球比赛，右为新兴奥运项目小轮车比赛。背面是跳水项目展示。左为郎平(1960—，中国天津人)与陈忠和(1957—，中国福建龙岩人)亲切握手，他们在说些什么呢？他们担任着不同国家的女排教练。陈忠和率领中国女排2004雅典一战获金牌，2008北京一战获铜牌。郎平率领美国女排2008北京一战获银牌。右为德国105公斤以上级举重冠军马蒂亚斯•施泰纳(1982—，出生于奥地利维也纳)把亡妻苏珊的照片和奥运金牌高高举起。刚强与柔情是奥运大爱的真实写照。下为双人皮划艇。

第三部分　奥运中国

中国古代体育运动源远流长，追忆中国人参奥、申奥的曲折历程以及申奥成功的喜悦，突出表现中国奥运健儿在奥运会上取得的巨大成就，以此让全世界人民看到中华民族是一个蓬勃向上、不断进取的民族。

先看导引图。中国上古时期先民们在长期生活、生产实践中创造出一套活动身体的健身医疗操，其特点是模仿各种动物活泼而有趣的动作，以此让操练者进入健身养生的自然环境。再看打马球，这是盛唐时带有军事训练性质的体育运动。马球是训练骑术和砍杀技术的最好运动形式，同时，也是唐朝上层社会人物最喜欢的健身娱乐活动，后在民间广为流传。三看蹴鞠，蹴鞠即踢球，被认为是世界上最早的足球运动。中国古代的足球运动是以练武、娱乐、健身为目的，战国时已流行于齐、楚一带，汉朝盛行于贵族及军中，民间也相当普及，唐宋时仍很盛行并有所发展，至清朝时渐衰。四看捶丸，这是明朝侍女所玩的一种游戏。游戏时在地上挖成一系列球穴，比赛双方用球棒向球穴中击球，以用棒球击球，进穴多的一方为获胜。这种游戏和现代高尔夫球很相似，所以，有人称它为中国式的高尔夫球。最后是太极拳和赛龙舟。

第101块浮雕·中国与奥林匹克运动。

1928年，第9届奥运会在荷兰阿姆斯特丹举行，中国派观察员宋如海(1890—1958，安徽怀宁人)参加。

1932年，第10届奥运会在美国洛杉矶举行，中国派短跑运动员刘长春和教练员宋君复兼翻译参加。

1936年，第11届奥运会在德国柏林举行，中国派69名运动员参加。

1948年，第14届奥运会在英国伦敦举行，中国派33名运动员参加。

1952年，第15届奥运会在芬兰赫尔辛基举行，中国大陆派40人参加，因有人蓄意制造“两个中国”，比赛已近尾声，仅参加了男子仰泳比寒和闭幕式。

1956年，第16届奥运会在澳大利亚墨尔本举行，中国大陆未派运动员参加。

1960年，第17届奥运会在意大利罗马举行，中国台北体操运动员杨传广在本届奥运会上获10项全能银牌，成为中国最早获奥运奖牌的运动员。

1964年至1972年，第18、19、20届奥运会，中国台湾先后派186名运动员参加。

1976年、1980年，第21、22届奥运会中国未派运动员参加。

1984年，第23届奥运会在美国洛杉矶举行，中国大陆派353人参加，中国实现了金牌“零的突破”，获15枚金牌，名列第四。

1988年，第24届奥运会在韩国首尔举行，中国获5枚金牌，名列第十一。

1992年，第25届奥运会在西班牙巴塞罗那举行，中国获16枚金牌，名列第四。

1996年，第26届奥运会在美国亚特兰大举行，中国获16枚金牌，名列第四。

2000年，第27届奥运会在澳大利亚悉尼举行，中国获28枚金牌，名列第三。

2004年，第28届奥运会在希腊雅典举行，中国获32枚金牌，名列第二。

2008年，第29届奥运会在中国北京举行，中国获51枚金牌，名列第一。

2012年，第30届奥运会在英国伦敦举行，中国获金牌38枚，名列第二。

2016年，第31届奥运会在巴西里约热内卢举行，中国获金牌26枚，名列第三。

第102块浮雕•前期中国参奥运动员。左为中国短跑运动员刘长春(1909—1983，辽宁大连人，1927—1932年在东北大学体育系就读)。他在1932年第10届奥运会上100米成绩是11.1秒，名列小组第5名，未能进入复赛；200米成绩是22.1秒，名列小组第4名，跑至170米时是小组第2名，后因体力不支，被后面选手追上来，超过去。又因体力不支未参加400米短跑比赛。他心里明白，若是在洛杉矶有一周的训练时间，也不至于名落孙山。1929年在沈阳举行的中国第14届华北运动会，他一举打破100米(10秒8)、200米(22.4秒)、400米(52.4秒)三项全国纪录。1933年，中国第5届全国运动会再次打破他自己创造的100米(10.7秒)、200米(22.0秒)全国纪录。他的100米(10秒7)记录在国内保持了25年，直到1958年才被梁建勋打破(10.6秒)。本届奥运会获百米赛金牌的选手是美国选手埃•托兰，成绩是10秒3。刘长春的短跑成绩非常接近当时的奥运会水平。刘长春毕竟是走出国门参奥的第一人，为了纪念中国参奥这个“起始”，2008年6月14日，由沈阳市政投资1亿元兴建的刘长春体育馆在东北大学东部落成。

右上为中国台湾田径运动员杨传广(1933—2007，高山族，中国台湾台东马兰人)，在1960年第17届奥运会上，他以8334分总成绩获田径10项全能银牌。右下为中国台湾短跑运动员纪政(1944—，中国台湾新竹人)。1970年6月13日，她在美国波特兰以10秒和22秒7的成绩，创100码(91.44米)和220码(182.88米)短跑世界纪录。1970年，世界女子田径共创7项世界纪录，纪政独占5项。由于她的成绩突出，获“东方羚羊”“世界女飞人”“短跑女王”等美誉，国际体育新闻界把1970年称为“纪政年”。

第103块浮雕•1984年美国洛杉矶第23届奥运会中国金牌榜。中国体操运动员李宁(1963—，广西来滨人)。在本届奥运会获男子自由体操、鞍马和吊环三块金牌，一举夺得三金两银一铜，成为本届奥运会得奖牌最多的运动员。自由体操令人赞不绝口，4个裁判一齐举出10分；鞍马决赛，他以独特的带跳跃性的各种托马斯全旋转体移位，高质量、高规格完成了全套动作，全场观众为之倾倒，又得10分；吊环是李宁的强项，他以强大的臂力，完成了包括“李宁正吊”在内的高难动作，再得10分。

赛后李宁双手伏面，语重心长地说：“我终于能对10亿中国人有所交代，这是我有生以来最难忘的荣誉。”团体赛冠军美国队体操运动员也心悦诚服地说：“今天是中国人的天下，是李宁的天下，李宁是有史以来最伟大的体操选手。”李宁说：“中华民族过去也曾无比优秀地立于世界民族之林，今天又怎么能接受那些如刀似剑的冷眼呢？”

第104块浮雕。上图为中国射击运动员许海峰(1957—，福建漳州人)。以569环获男子手枪60米慢射金牌。下图为中国体操运动员楼云(1964—，浙江杭州人)，分别以19.95分、19.87分获本届、第24届奥运会跳马金牌。

第105块浮雕。上方5人由左往右分别是：①栾菊杰(1958—，江苏南京人，已入加拿大籍)，获女子个人花剑金牌，2008年北京奥运会获花剑32强。②吴小璇(1958—，浙江杭州人，1991年留学美国，定居洛杉矶)，以581环获女子小口径标准步枪3×10项目金牌。③周继红(1965—，湖北武汉人)，她原本是体操运动员，后改为跳水，1981年获全国跳水冠军，因本届奥运会原定女子跳水运动员吕伟受伤，周继红幸运地获得了女子跳台跳水比赛的参赛权，她以435.51分的成绩获得金牌。同年，被《游泳世界》杂志评为女子跳台跳水年度最佳运动员。周继红是一个个性鲜明的女子，她说，跳台上没有绝对的冠军，运动员的责任就是为国家争取荣誉。④陈伟强（1958—，广东东莞人)，以282.5公斤的总成绩获男子60公斤级举重金牌。⑤曾国强（1965—，广东东莞

图17-25　第102—106块浮雕

人），以235公斤的总成绩获男子52公斤级举重金牌，是中国第一位奥运举重淘金者。

下方为获本届女排金牌的中国12名参赛运动员：郎平、张蓉芳（队长）、朱玲、杨锡兰、周晓兰、梁艳、姜英、侯玉珠、苏惠娟、李延军、杨晓君、郑美珠。

第106块浮雕。上图为射击运动员李玉伟（1965—，辽宁沈阳人），他以587环的成绩获男子50米移动靶标准速射击金牌。下图为体操运动员马燕红（1963—，北京人），以19.95分获女子高低杠金牌。

第107块浮雕。上图为举重运动员吴数德（1959—，贵州兴义人），以267.5公斤的总成绩获56公斤级男子举重金牌。下图为举重运动员姚景远（1958—，辽宁盘锦人），他以320公斤的总成绩获男子67.5公斤级举重金牌。

第108块浮雕·1988年韩国汉城第24届奥运会中国金牌榜。下图为中国金牌榜跳水运动员高敏（1970—，四川自贡人），获女子3米跳板跳水金牌。

第109块浮雕。上图左为乒乓球运动员陈静（1968—，湖北武汉人），获女子乒乓球单打冠军。上图右为跳水运动员许艳梅（1971—，江西南昌人），以445.20分的成绩获女子10米跳台跳水金牌。下图为乒乓球运动员陈龙灿（1965—，四川成都人）、韦晴光（1962—，广西南宁人），二人获乒乓球男子双打金牌。

第110块浮雕·1992年西班牙巴塞罗那第25届奥运会中国金牌榜。下图为游泳运动员庄泳（1972—，上海人），以54秒64的成绩获本届奥运会女子100米自由泳、蝶泳金牌。她被称为20世纪90年代中国泳坛“五朵金花”之一。上一届奥运会获女子100米自由泳银牌，实现了中国游泳项目奖牌“零的突破”。

第111块浮雕。上图为射击运动员王义夫(1960—，辽宁辽阳人)，以684.8环的成绩获本届奥运会男子10米气手枪金牌。第26届美国亚特兰大奥运会上王义夫出发前病魔缠身，坐着轮椅被抬上飞机。比赛前一天，他曾两次昏厥，当领队问他能否参加7月20日的比赛时，他坚定地说：“我死也要死在靶台上！”

7月20日，他不仅参加了比赛，而且在开最后一枪前还一直领先第二名6.5环。就在这时突然停电了，射击馆内一片漆黑。比赛重新开始时，本来视力就不好的他又加上病魔的困扰，眼前一片漆黑，他已无法看清靶位。为了最后的胜利，他以顽强的毅力，凭借自己的直觉，打出了最后一枪，“6.5环”。随后，他便晕倒在靶场上。最终以0.1环微弱劣势与蝉联奥运金牌擦肩而过。但是王义夫这种不屈不挠的精神，立即在国内引起了强烈反响。就连侥幸取胜的意大利运动员也拉着王义夫的手，流着泪说：“你才是真正的冠军！”

下图为乒乓球运动员吕林(1969—，浙江台州人)、王涛(1967—，北京人)，获本届乒乓球男子双打金牌。

第112块浮雕。上图左为庄晓岩(1969－，辽宁沈阳人)，在女子72公斤以上级柔道比赛中连闯五关，最后获本届女子柔道金牌。上图右为伏明霞(1978—，湖北武汉人)，以总成绩461.43分获本届女子10米跳台跳水金牌，成为奥运史上最年轻的冠军。1996年在亚特兰大第26届奥运会上，同时以521.58分和547.68分的成绩分别获女子10米跳台跳水、3米板跳水冠军，她成为中国奥运跳水史上的第一个板台双冠王。2000年在悉尼第27届运会上，伏明霞卫冕了奥运会女子单人3米板跳水金牌。悉尼奥运会结束，伏明霞正式退役。

下图为李小双(1973—，湖北仙桃人)，他以9.925分的总成绩获本届男子自由体操金牌。

第113块浮雕。上图左为游泳运动员杨文意(1972—，上海人)，获本届女子50米自由泳金牌；上图右为射击运动员张山(1968—，四川南充人)，以223把的成绩获三届女子双向飞碟金牌。传说中的“百发百中”在她这里变成了现实。以200发子弹无一脱靶的出色表现把“百发

图17-26　第107—116块浮雕

百中”变成了事实，把奥运会这项运动推到了不可能再突破的顶点。下图为体操运动员陆莉(1976—，湖南长沙人)，以6个满分获本届女子高低杠金牌。1994年退役，现在美国旧金山经营ACC体操俱乐部。

第114块浮雕。田径运动员陈跃玲(1968—，辽宁铁岭人)，以44分11秒的成绩获本届女子10千米竞走金牌。

第115块浮雕。上图左为游泳运动员林莉(1970—，江苏南通人)，以2分11秒65的成绩获本届女子200米个人混合泳金牌；上图右为游泳运动员钱红(1971—，河北保定人)，获本届女子100米蝶泳金牌。下图为游泳运动员孙淑伟(1976—，广东揭阳人)，获本届男子跳台跳水金牌。

第116块浮雕·1996年美国亚特兰大第26届奥运金牌榜。下图为举重运动员占旭刚(1974—，浙江衢州人)，连破三项男子世界举重纪录，70公斤级总成绩357.5公斤，显示了中国人“力拔山兮气盖世”的精神风貌。

第117块浮雕。长跑运动员王军霞(1973—，吉林蛟河人)，以14分59秒88的成绩获本届女子5000米冠军。在外国选手的围追堵截中奋力冲杀，甩下亚军20多米夺冠，跑出了中国人的骨气、志气和勇气。

第118块浮雕。上图为射击运动员杨凌(1972—，北京人)，以685.8环的成绩获本届男子10米移动靶射击金牌。第27届再次蝉联男子10米移动把射击金牌。下图前为羽毛球运动员葛菲(1974—，江苏南通人)，下图后为羽毛球运动员顾俊(1975—，江苏无锡人)，在本届、第27届奥运会获女子羽毛球双打冠军。

第119块浮雕。上前为邓亚萍(1973—，河南郑州人)，上图后为乔红(1968—，湖北武汉人)，邓亚萍获本届女子乒乓球单打金牌，与乔红合作获女子双打金牌。下图为柔道运动员孙福明(1974—，辽宁铁岭人)，获女子柔道72公斤以上级金牌。

第120块浮雕。上图为游泳运动员乐靖宜(1975—，上海人)，以54秒5的成绩获女子100米自由泳金牌。下图为举重运动员唐灵生(1971—，广西桂林人)，以总成绩307.5公斤获男子59公斤级举重金牌。

第121块浮雕。上图为射击运动员李对红(1970—，黑龙江大庆人)，以687.9环获女子25米手枪射击金牌，并创奥运世界纪录。下图为乒乓球运动员孔令辉(1975—，哈尔滨人)、刘国梁(1976—，河南新乡人)，获男子乒乓球双打金牌。刘国梁在本届奥运会上获男子单打金牌。孔令辉在第27届奥运会上获男子单打金牌。

第122块浮雕·2000年澳大利亚悉尼第27届奥运会中国金牌榜。柔道运动员袁华(1974—辽宁辽阳人)，获本届女子78公斤以上级柔道金牌。

图17-27　第117—124块浮雕

第123块浮雕。上图左为举重运动员陈晓敏(1977—，广东鹤山人)，获本届女子63公斤级举重金牌。上图右为柔道运动员唐琳(1975—，四川内江威远人)，获本届女子78公斤级柔道金牌。下图左为体操运动员刘璇(1979—，湖南长沙人)，获本届女子平衡木金牌。下图右为羽毛球运动员吉新鹏(1977—，湖北荆州人)，获本届男子羽毛球单打金牌。

第124块浮雕。上图左为举重运动员林伟宁(1979—，山东昌邑县人)，获本届女子69公斤级举重金牌。上图右为举重运动员丁美媛(1979—，辽宁大连人)，获本届女子75公斤级举重金牌。下图为滑冰运动员杨扬(1975—，黑龙江汤源人)，2002年美国盐城举行第19届冬奥会获女子短道速滑500米(44秒187)、1000米(1分36秒391)金牌。

第125块浮雕。上图位5人由左往右分别是：①陶璐娜(1974—，上

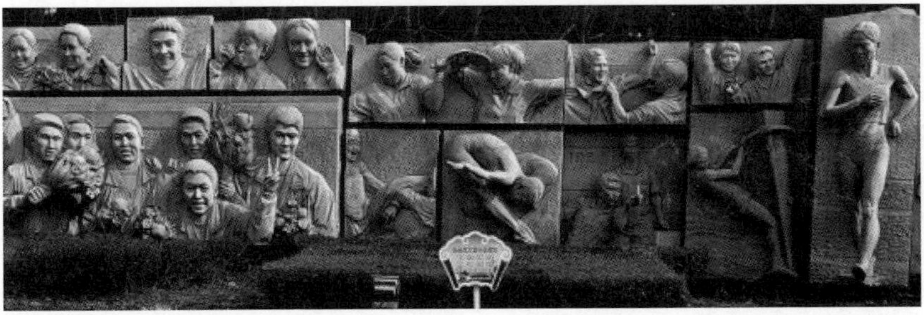

图17-28 第125—129块浮雕

海人），获本届女子10米气步枪金牌；②杨霞（1977—，湖南保靖县人），获本届女子53公斤级举重金牌；③田亮（1979—，重庆人），获本届男子10米跳台跳水金牌；④龚智超（1977—，湖南安化人），获本届女子羽毛球单打金牌；⑤蔡亚林（1977—，河北承德人），获本届男子10米气步枪金牌。下图位6人为参加本届奥运会中国男子体操队队员，获本届男子团体赛金牌，队员分别是李小鹏、郑李辉、黄旭、杨威、邢傲伟、肖俊峰。

第126块浮雕。上图左为乒乓球运动员王楠（1978—，辽宁抚顺人），获本届女子乒乓球单打、双打金牌；上右为乒乓球运动员李菊（1976—，江苏南通人），获本届女子乒乓球单打银牌，与王楠合作获女子乒乓球双打金牌。下图左跆拳道运动员陈中（1982—，河南焦作人），获本届女子67公斤级跆拳道金牌；下右为跳水运动员李娜（1984—，安徽合肥人）、桑雪（1984—，天津人），获本届女子跳台双人跳金牌。

第127块浮雕。上图为羽毛球运动员张军（1977—，江苏苏州人）、高凌（1980—，湖北武汉人），获本届羽毛球男女混合双打金牌。下图为乒乓球运动员王励勤（1978—，上海人）、阎森（1975—，江苏徐州人），获本届男子乒乓球双打金牌。

第128块浮雕。上图为跳水运动员熊倪（1974—，湖南长沙人），获本届男子3米跳板跳水金牌，与肖海亮（1977—，湖北武汉人）合作，获本届男子双人跳板跳水金牌。下图为帆板运动员李丽珊（1970—，香港人），获第26届奥运会帆板冠军。

第129块浮雕。田径运动员王丽萍（1976—，辽宁凤城人），获本届女子20千米竞走金牌。

第130块浮雕·申奥标志：人文奥运，科技奥运，绿色奥运。1999年4月7日，时任北京市市长刘淇(1942—，江苏武进人)和中国奥委会前主席伍绍祖(1939—2012，湖南耒阳人)在瑞士洛桑，向国奥委主席萨马兰奇正式递交了北京市承办2008年第29届奥运会的申请书。萨马兰奇于2001年7月13日22点08分在莫斯科宣布北京承办2008年奥运会。

第131块浮雕·欢庆北京申奥成功。北京申奥成功，这一特大喜讯传遍全球，中国人民举国上下、全世界华人、华侨及世界各地的中国朋友都热血沸腾，激动不已，狂欢不止，采用不同形式、不同姿态来庆祝这一盛事。

第132块浮雕。这是申奥成功的欢呼场面。

第133块浮雕·2004年希腊雅典第28届奥运会中国奥运金牌榜。下为短跑运动员刘翔以12秒91的成绩获110米栏金牌。

第134块浮雕。上图左为举重运动员张国政(1974—，福建顺昌人)，以347.5公斤的总成绩获男子69级举重金牌；上图右为举重运动员唐功红(1979—，山东烟台人)，以305公斤的总成绩获女子75公斤以上级举重金牌。下左为乒乓球运动员马琳(1980—，辽宁沈阳人)，与下右陈玘(1984—，江苏南通人)合作获男子乒乓球双打金牌。

第135块浮雕。上图为跳水运动员彭勃(1981—，江西南昌人)，获男子3米板跳水金牌。下图为柔道运动员冼东妹（1975—，广东四会人），获女子52公斤级柔道金牌。

第136块浮雕。上图为网球运动员孙甜甜(1981—，河南郑州人)与李婷(1980—，湖北人)合作获女子网球双打金牌。下图为跳水运动员郭晶晶(1981—，河北保定人)、吴敏霞(1985—，上海人)合作获女子双人

图17-29　第133—139块浮雕

3米板跳水金牌。

第137块浮雕。上图为羽毛球运动员杨维(1979—，湖北武汉人)、张洁雯(1981—，广东广州人)，获女子羽毛球双打金牌。下图为跆拳道运动员罗微(1983—，北京人)，获女子67公斤级跆拳道金牌。

第138块浮雕。射击运动员杜丽(1982—，山东淄博人)，获女子10米气步枪金牌。

第139块浮雕。获本届奥运会女排金牌的12名中国参赛队员：赖亚文、马坤、杨昊、刘亚男、李珊、周苏红、赵蕊蕊、张越红、陈静、宋妮娜、王丽娜、张娜。

第140块浮雕。上图为射击运动员朱启南(1984—，浙江温州人)，他以702环的成绩获本届男子10米气步枪金牌。下图为举重运动员刘春红(1985—，山东烟台人)，她以275公斤的总成绩获本届女子69公斤级举重金牌。

第141块浮雕。上图由左而右：①举重运动员石智勇(1993—，广西桂林人)，获第31届里约奥运会男子举重69公斤级决赛冠军。②游泳运动员罗雪娟(1984—，浙江杭州人)，以1分6秒64的成绩获本届女子100米蛙泳金牌。③羽毛球运动员张宁(1975—，辽宁锦州人)，获本届、29届女子羽毛球单打金牌。下图左为体操运动员滕海滨(1985—，北京人)，获本届男子鞍马金牌；下图右为跳水运动员胡佳(1983—，湖北武汉人)，获本届男子单人10米跳台跳水金牌。

第142块浮雕。跳水运动员，左为劳丽诗(1987—，广东湛江人)，右为李婷，二人合作获本届女子双人10米跳台跳水金牌。

第143块浮雕。上图为举重运动员陈艳青(1987—，广东湛江人)，获本届女子58公斤级举重金牌。下图为摔跤运动员王旭(1985—，北京

图17-30　第140—146块浮雕

人)，获本届女子72公斤级摔跤金牌。

第144块浮雕。上图为乒乓球运动员张怡宁(1981—，北京人)，获本届女子乒乓球单打金牌。下图为射击运动员贾占波(1974—，河南信阳人)，以1264.5环的成绩获本届奥运会男子50米步枪赢家。

第145块浮雕。上图为跳水运动员，左为杨景辉(1981—，北京人)，右为田亮(1979—，重庆人)，以383.38分的总成绩获本届男子双人10米跳台跳水金牌。下为划船运动员，左为杨文军(1981—，北京人)，右为孟关良(1977—，浙江绍兴人)，以1分40秒278的成绩获本届500米男子双人划艇金牌。他们以微弱的优势领先乌克兰艇，到达终点时，兴奋地从船上翻落水中，用这种方式来庆贺他们的胜利。

第146浮雕。长跑运动员邢慧娜(1984—，山东潍坊人)，以30分24秒36的成绩获本届女子10000米长跑金牌，并获得“新东方神鹿”的美誉。后因腿部伤痛无缘参加2008年在北京举办的第29届奥运会。

北戴河之梦。园区里有用56根方柱堆砌的图案，它是汉字的“梦”字。实现中华民族伟大复兴中国梦，就是要实现国家富强，民族振兴，人民生活进入小康，拔地而起的56根方柱，象征着中华56个民族的大融合，家国天下共同铸就美丽的中国梦。北戴河之梦是中国梦的一个组成部分，早在公元前215年秦始皇东巡至碣石曾驻跸于此，在这里修筑“碣石宫”，追梦健康，巩固北方边境。1898年，北戴河海滨被清政府辟为中国第一个向国内外游人开放的避暑休闲地，1948年北戴河海滨解放，1954年夏，一代伟人毛泽东抒怀《浪淘沙•北戴河》，中国大地换了人间。1984年，秦皇岛被国务院批准为首批开放的14个沿海城市之一。2008年，秦皇岛成为北京第29届奥运会的协办城市。

单体体育雕塑作品。萨马兰奇与小女孩是57件单体雕塑作品之一。中国美协、中国雕塑艺术委员会和北戴河区政府联合举办雕塑大赛，全国八大美院及国内雕塑人士300余人参加此次大赛，共征集作品860件，经评委、群众投票选出57件单体雕塑作品。其作品名称：奥运促和平、更强更高、冲浪、梦想成真、拳击、举重、掰手腕、田径、健身操、柔道、铁人三项、跆拳道、手球、排球、摔跤、蹴鞠、气韵、马球、跳绳、艺术体操、对弈、跳马妞妞、银绳、沙滩排球、棒球、滑雪、冰舞、曲棍球、冰上溜石、羽毛球、射击、追梦、乒乓球、世纪接力、足球、银色疾风、蹦床、花样游泳、丑小鸭、跳水、赛艇、前滚后翻、萨马兰奇与小女孩、古典摔跤、戈射、游泳、五环天使。

再往前走，左侧是书卷碑，因它外形似一卷书而得名。上面记录着参加本届奥运会传递奥运圣火的火炬手名单，在秦皇岛站名单里有王建(084号)和吉羊(091号)两位老师的名字，他们是东北大学的两位体育爱好者。

奥运冠军手足印纪念柱。园区里有一条路叫作成功之路，在其两侧摆放有奥运冠军手足印，公园已经采集到43位奥运冠军手足印，现在这里有王义夫、王军霞等30位奥运冠军的手足印。

主雕塑。奥林匹克大道公园主雕塑为海鸥造型大型雕塑，它为抽象的海鸥造型，高25米，材质为不锈钢。设计精巧，让你产生不同的联想：它像一只帆船，又像一只海鸥，还像一只火炬，向世人讲述着奥运的故事，海鸥造型周围是大型音乐喷泉，当夜幕降临，用美妙的音乐伴随游客愉快地度过每一个夜晚。

图17-31　奥林匹克大道公园主雕

公园绿化。公园有草坪90473平方米。乔木、灌木花卉总量为341446株，212个品种，绿树20296株(含常绿乔木1909株)，乔木株(含落叶乔木)4131株，花灌木142003株，草木花卉193403株。名贵树种有活化石银杏，名贵药材杜仲，稀有树种有华山松、金枝国槐、西府海棠，新型名贵品种有钙果、金丝桃、决明、矮花康乃馨。

§7. 怪楼奇园

原怪楼是1936年华北卫理公会拨款为美国辛柏森博士在北戴河海滨东山园艺场建造的一幢别墅。这幢楼舍以怪、奇立意，由辛柏森博士亲自设计。说它“怪”是指楼内暗道重门，倒行逆设，扑朔迷离，目不暇接，主体建筑面积为999平方米，所以叫怪楼。原怪楼在“文革”中被毁掉。现在的怪楼是1991年北戴河区政府拨款按原怪楼的建筑风格异地重建的。地址在联峰山路北侧，37路公交车怪楼车站。复建怪楼工程于1992年完成第一期工程，并在当年5月正式向游人开放。1994年，以怪楼为核心扩建成现在的奇园。奇园占地面积99亩，小景有99处，设计仍以怪、奇立意。广征而博取，优选众长，依山就势，相映成趣，柳暗花明，曲径通幽，高峡悬流，湖水拍岸，芳草萋萋，七彩梦境，枫叶流丹，彩灯夜照，晶红亮绿，五色交辉……

图17-32　怪楼

怪楼奇园，以其标新立异之风格，笑迎八方来客。园名“怪楼奇园”四个大字由华君武先生题写。

怪楼的主人叫辛伯森，是美国耶鲁大学园艺专业的林学博士，1928年受美国基督新教卫斯理宗美以美教会派遣来到中国，创办北戴河海滨东山园艺试验场。他为了培养园林技术人才还成立了“义工研究会”，在科学实践的基础上撰写了许多科学论文和推广园林技术的书籍，为北戴河海滨园林艺术的发展作出了贡献。

1936年，华北卫理公会拨款在东山园艺场为辛柏森博士建造的这幢别墅，由辛普森博士自己设计并由当地很有名气的建筑师苏全仁主持施工建筑。原怪楼地点在鹰角亭南，东山果园后院。辛柏森博士患三叉神经痛，久治不愈，医生建议他进行日光疗法。为此，辛柏森博士发挥他的聪明才智，从光的折射原理上找设计思路，吸收了欧洲中世纪建筑风格，整体属于欧洲哥特式建筑，三层五顶，七角八面，楼顶每一角都用花岗岩做成尖形墙垛，直插云霄，非常好看。全楼有44扇门、46扇窗户，却没有一间方方正正的房间，太阳一上来，每个房间都能从不同角度靠墙上的大镜子采光，这些假光源对辛柏森博士患的三叉神经痛起到了治疗作用。别墅屋套屋，间套间，大大小小，相通相连，不知道内部结构的人进去三拐两拐就很难找到是从哪扇门进来的。走进大厅，四周都是玻璃镜子，往中间一站到处都是人影，转上一圈就找不到从哪扇门出去。地下室正中有一口水井，是这幢别墅的调温调湿设施，夏季能降温，冬季能升温。围绕井口修了一道盘旋的楼梯，贯通上下，楼梯是用藤条和果树干枝做成的，人走上去，晃晃悠悠，颤颤巍巍，真是妙趣横生。设计者用心良苦，一心要做到奇中有妙，妙中有怪，怪中有乐，乐在怪楼，乐在奇园。这幢离奇古怪的别墅建好不久就赢得了“怪楼”称呼。1940年，太平洋战争爆发前夕，辛柏森博士回到美国，他设计的怪楼就更加名声显赫了，成了北戴河海滨一道瑰丽而神秘的风景线，吸引许多游客观光考察。据说郭沫若和徐特立等老一辈领导人为原怪楼留下过赞美的诗篇。1996年张爱萍将军游览怪楼奇园时，即兴写下了：“怪楼却也怪，千姿又百态，飞流下龙宫，夜来放光彩。”华君武先生留下的对联：“说奇就奇奇也不奇，说怪就怪怪也不怪。”

怪楼里，您可以走钢丝、踏花桩，其乐无穷；步一百单八磴，随仙人过海，步嫦娥奔月，扶金龙盘玉柱，直上“刺云天”，秀丽风光尽收眼底。奇园内，您可以走发音路，听奇桶声；在芳沁架下，乘凉品磨；与仙人会棋，共研残局。夏日夜晚，您可以观赏火树银花的夜景，欣赏彩色喷泉、发光巨石，一切令您目不暇接。或静观如潮人流，辉煌灯光，自会兴奋不已。您还可以随着优美的音乐翩翩起舞，一天的疲劳与暑热顿消。在这个迷幻多彩的世界里，亦真亦幻的感觉时刻伴随着您，仿佛置身在多姿多彩的童话世界里，您会童趣大发，乐不思归。

人物简介

A.辛柏森(W.J.Simpson)，1898年生，美国加利福尼亚州人，耶鲁大学林学博士，专攻园艺。1928年，他受美国基督新教卫斯理宗美以美会派遣，在北戴河海滨创办华北卫理公会东山园艺场，在北戴河海滨工作、生活了12年。这期间，辛柏森博士辛勤工作，培植园艺，推广园艺技术。他从美国运来了法国李子、那翁樱桃、西红柿、苹果、美国薄皮核桃、冰糖葡萄等20多种优良果树种苗，还运来了荷兰黑白花奶牛、波支猪、约克夏猪、莱航鸡等优良畜禽品种。1932年回国，运来了美国皇冠苹果、红星苹果成苗和接穗。“红星”苹果俗称“红香蕉”，自辛柏森博士引进以来成为北戴河的特产，长兴不衰。他认真科研，撰写了很多科研论文和推广农业技术的书。还成立了“义工研究会”，培养了许多技术人员，直到新中国成立以后，京东地区和北戴河一带的园林技术骨干分子都是辛柏森博士当年的学生。他性格爽朗，语言幽默，知识渊博。他的实干精神，使他与当地的农民和知识分子结下了深厚的友谊。他是北戴河现代园艺事业的奠基人。1940年太平洋战争爆发前夕撤离回国。

B.华君武(1915—2010，浙江杭州人)，原籍江苏无锡荡口。早年就读于上海大同大学高中部，并开始发表漫画作品。抗日战争爆发从事抗敌宣传，后到延安陕北公学，1938年到鲁迅艺术学院任研究员。华君武的漫画，早期长于政治时事漫画，富有战斗性，在革命战争中发挥了很大的宣传鼓动作用；后期以讽刺画为主，辛辣地讽刺社会上种种丑陋、落后现象，构思巧妙，入木三分，富有幽默感。1940年加入中国共产党，1946年1月任《东北日报》文字记者，后在文艺部专司时事漫画。1949年12月调北京工作，历任《人民日报》美术组组长、文艺部主任。1979年当选为中国美术家协会副主席，主持日常工作。

中国神话乐园。在黑石路东端便是北戴河区刘庄村投资1700万元兴建的大型宫殿式建筑——中国神话乐园。乐园占地面积102亩，总建筑面积20000平方米，1992年6月20日建成并接待游客。

乐园由荟萃宫、封神演义宫和激光枪战城三部分组成，集中国古典艺术、民间传统艺术于一体，充分利用影视的置景技术，结合现代高科技声光技术，使游客置身于神奇、虚幻的氛围之中，弘扬抑恶扬善的主题。

荟萃宫设22个场景，以“桃园三结义”为开场白，依次展现三国演义、西游记、白蛇传、济公传等古典小说名著和古代传说故事的场景、人物造型，形象逼真。

封神演义宫则是根据中国古典神话小说《封神演义》中的故事情节经过艺术加工创作出来的。设有太公殿、女娲宫、万仙阵、黄河阵、王虚宫、西岐盛世等17个场景，描写仁慈爱民的周武王和宰相姜子牙与暴虐无道的商纣王的斗争场面。

激光枪战城设营救人质的太空大战等26个场景。游客头戴头盔，身着迷彩服入场，手持激光冲锋枪，依次与26个场景杀手、怪兽、太空人厮杀，保护自己，消灭敌人。战果由计算机自动记录，优胜者得相应奖品。①

§8. 中海滩老虎石公园

沿海宁路往南走，迎面而来的便是中海滩老虎石公园。园名由全

①孙立民，张力嵘，史红. 秦皇岛揽胜(区). 北京：地质出版社，1994：23.

国人大常委会副委员长程思远先生题写。公园占地面积3.3万平方米，包括老虎石、中海滩浴场、小码头和望龟亭等几个微景。

老虎石。有巨石伸入海中，形如群虎盘踞，老虎石因而得名。秦始皇驱赶群山那神奇而美丽的传说，一直在当地民间流传着。

图17-33　中海滩的老虎石

当年秦始皇东巡至碣石，途中遇有高山挡路，始皇动怒，挥动赶山神鞭，“啪，啪，啪”连抽三鞭，顿时地动山移，忙给始皇让路。巨石飞滚，奔向东方，到了渤海之滨，始皇带着随从穷追不舍，一直追到此地，只见群虎在海水中戏水、玩耍，始皇赶紧离鞍下马，刚要走近群虎，忽然一阵潮水无情涌来，挡住了始皇视线。待到潮水退出时，只见几块礁石卧居海旁，形似群虎酣睡，水动石动，栩栩如生，如今这几块礁石已成为游客流连忘返、追昔抚今之地。站在礁石上，可观赏近海风帆，回首北望，山峰林立，绿荫中楼宇五彩缤纷，山海相映，倍增佳丽。碧海、金沙、礁石吸引着国内外游客到此消夏观光。人们在大自然的怀抱里，在欢笑与波涛的交响乐章中尽情欢乐、玩耍。老虎石如镶嵌在渤海之滨的一颗明珠，闪烁着诱人的光辉。

1979年8月2日，吉羊教授来此观之，即有“卧虎石”之感：

有石名卧虎，不在山林中。
足陷无垠沙，昼夜闻涛声。
头颈任人踩，尾凭激浪冲。
唯见身腰挺，依稀辨威风。

观景溯源：地质学家认为这一带海岸出露的绥中花岗岩在两组剪切地应力持续作用下，形成两组剪切裂隙，经过后天物理风化，白天太阳照射热量通过热传导带进去，晚上热量又放出来，久而久之，岩石内部就出现很多等温线，或等温面，那些带棱角的部分就沿着等温面脱落下来，形成浑圆状的长形个体或群体，远看似群虎酣睡。地质学家把这种风化现象叫球状风化。球状风化形成各种轮廓浑圆、造型奇特的象形石，遍布在绥中花岗岩剥蚀残丘上，这些造型奇特的石块有对语石、骆驼石、莲花石、夹扁石、避雨石等。

中海滩浴场。老虎石两侧是中海滩浴场，是有着100多年历史久负盛名的海水浴场。这里滩宽海阔，沙软潮平，每到旅游旺季，从四面八方来的游客云集此地，或浏览妩媚迷人的风光，或置身于波涛汹涌、一望着无际的大海，畅游嬉耍，或登上老虎石，观海上潮起潮落，海浪卷起千堆雪的壮丽景观，或仰卧于海岸的沙滩之上，享受着阳光、沙滩给予人们带来的温暖和无穷的快乐。

还有海上飞伞、帆板、冲浪板、儿童乐园等娱乐项目，是目前国内较大的海上综合性公园。

小码头和望龟亭。在老虎石西面，有1957年经朱德(1886—1976，四川仪陇人)特批兴建的小码头，全长200米，其中引堤长150米，宽4米，可停泊小型游艇、游船，是观景、垂钓的理想之选。小码头西面有望龟亭。望龟亭所看到的龟，原来是有一块礁石在潮水中涌动，落潮时出露水面，状似乌龟。

老电影《青春之歌》有一组镜头是在这里拍摄的。影片中林道静站在人生的十字路口，她走投无路，在风雨飘摇中徘徊，转念跳进大海，后来被一名叫余永泽的北京大学学生救了上来。林道静站在这块礁石上，一会儿海水漫过了她的脚面，一会儿一个拍岸浪打过来海水浸透了她的衣裳。几经生活所迫，林道静，她选择了一条革命道路。林道静的扮演者谢芳(1935—，湖北武汉人)，她那甜美的表演给那一代的青年学生留下了希望，成了那个年代青年学生追求进步的偶像。如今60年过去了，余永泽的生活原型，北京大学国学大师张中行(1909—2006，河北香河人)、余永泽的扮演者于是之(1927—2013，河北唐山人)，卢嘉川的生活原型路扬(1917—2001，河北临城人)、卢嘉川的扮演者康泰(1927—1985，北京人)，江华的生活原型马健民(1911—1985，河北深泽人)，江华的扮演者于洋(1930—，山东黄县人)，林红的扮演者秦怡(1922—，上海人)、王晓燕的扮演者秦文(1928—2008，上海人)，王夫人的扮演者王人美(1914—1987，湖南浏阳人)、伍仁贵的扮演者赵子岳(1909—1997，山西古县人)、李芝庭的扮演者葛存壮(1929—

2016，河北衡水人）、戴渝的扮演者赵联（1931—1990，河北宁晋人）、导演陈怀皑（1920—1994，福建福州人）、崔嵬（1912—1979，山东诸城人），以及因这部小说成名的作家杨沫（1914—1995，湖南湘阴人），多数都已离开了人世，可这老虎石依然屹立在海边，见证着人世间的沧桑变化。

程思远生平简介

程思远（1908—2005），广西宾阳大桥镇程村人，政治活动家，在罗马大学获政治学博士学位。青年时代投笔从戎，逐步成为桂系的核心人物。他纵横捭阖于蒋介石、李宗仁之间，参与筹划了反蒋、助李宗仁竞选“副总统”、逼蒋下野、与共产党和谈等重大历史事件。在1956年4月到1965年6月的10年间，李宗仁先后五次派程思远到北京，晋谒周恩来总理。程思远两次赴欧洲牵线搭桥，为李宗仁回归大陆作了充分的准备。于1965年随李宗仁回北京定居。后任中华老人文化交流促进会名誉会长，中国国际文化交流中心副理事长兼秘书长、总顾问，第五、六届全国政协副秘书长，第七届全国政协副主席，全国人大常委会副委员长等职。著有《蒋李关系与中国》《李宗仁先生晚年》《政坛回忆》《政海秘辛》《白崇禧传》《我的回忆》。

§9. 联峰山公园

联峰山位于北戴河海滨西部，傍海东西向横列5000多米，恰似大海边的一道屏风。最高峰东联峰山，海拔152.1米。这里山峦俊秀，林深谷幽，奇石怪洞，楼房别墅掩映在松涛之中，另有一番情趣。1919年，朱启钤先生主持“北戴河海滨公益会”，在此修建莲花石公园，筑路、建桥、置景。民国年间号称“北戴河海滨二十四景”中有二十景就出现在这里。联峰山公园是在莲花石公园的基础上，1979年以后陆续扩建、完善造就的一座以登山览胜，林中探幽，寻史幽思，氧吧洗肺[①]

①北戴河海滨素有“天然氧吧”之称，空气中负氧离子浓度达7000—10000个/cm³。城市公园和清净街道，浓度在1000—2000个/cm³，是维持人体健康的基本需要。在郊外、田野，浓度达5000—10000个/cm³，能增强人体免疫力、抗衰老。人体每天需要130亿个负氧离子，而居室、办公室、娱乐场所仅能提供2亿—20亿个负氧离子，往往容易导致肺炎、气管炎等呼吸道疾病。

为特征的现代森林公园。占地面积6000余亩。联峰山公园从景观特征来看，它是一座以原生景为主，次生景为辅的现代森林公园。

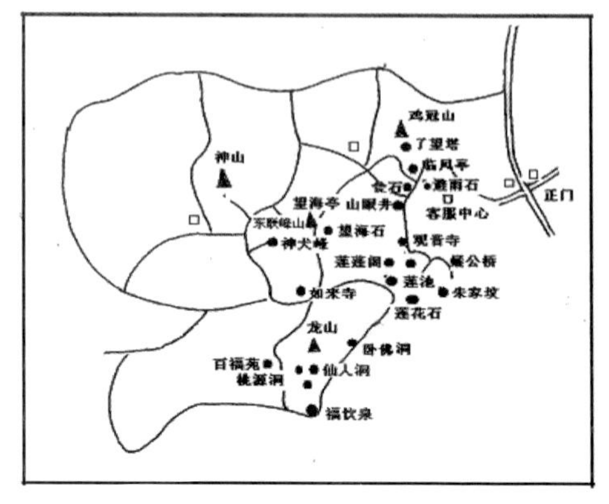

图17-34　联峰山公园微景位置图

原生景有山、石、洞、井、泉。这里的“山”，海拔只有100多米，“山体”高度矮小，起伏和缓，东西向横列，傍海延伸5000多米，但它既不是地理意义的低山(低山海拔500—1000米，相对高度在200—500米)，也不是地理意义的丘陵(丘陵海拔200—500米，相对高度不超过200米)，而是山海关古陆在准平原化进程中的一个构造幕—绥中花岗岩“大岩基”风化剥蚀形成的剥蚀残丘；这里的“石”，特指绥中花岗岩球状风化形成的各种轮廓浑圆、造型奇特的象形奇石；这里的“洞”，一种是绥中花岗岩体经海蚀作用形成的洞穴，一种是绥中花岗岩体内变质岩残留体被风化掉了而留下来的空洞；这里的“井”是经过人工挖掘揭露出来的地下水露头，“泉”是点状地下水的天然露头。

次生景有塔、亭、寺、楼、坟、摩崖石刻(碑)。塔、亭是园林中的景点建筑。塔可登高望远，亭是游人歇脚的地方。佛祖释迦牟尼降生有莲花相伴，山中有多处佛教寺院和石刻佛像与莲花石相伴。楼是楼阁，名人别墅遗址。坟是坟墓。摩崖石刻是指人在天然的石壁上摩刻的文字、造像、岩画。摩崖石刻起源于远古时代的一种记事方式，盛行于北朝，唐宋元延续至今。

1.剥蚀残丘

联峰山东西向横列，主峰东联峰山，海拔152.1米，是北戴河海滨的制高点。以东联峰山为中心，距主峰东北550米有鸡冠山，海拔130米，因其山形远望像一只大公鸡鸡冠而得名。山上有瓮石、避雨石、奋臂松、山眼井、瞭望塔和临风亭等微景；南有龙山，海拔130米，远望如苍龙入海，山体秀媚，松林如海。山上有月亮石、说话石、试剑石、狮子石、桃源洞、仙人洞、卧佛洞、福饮泉、百福苑等奇石怪洞；西有神山，海拔82米，原名叫半壁山，又叫神度峰，气势雄浑。有一株花岗岩体风化形成的峰柱，远望好像一只藏獒，故名神犬峰。藏獒是一种异常凶猛的护卫犬，但对自己的主人极为忠诚。体大如驴，奔驰如虎，吼声如狮，仪表堂堂，是像狮子一样的狗，传说藏獒是青藏高原古犬种与狮、虎交配生出的后代，称为神犬。神犬峰所在的山体称为神山。山上有老僧朝日、瞭望塔等微景；东莲蓬山海拔152.1米，位于景区中心，山上有望海亭、望海石、蓬莱阁、如来寺、莲花石、观音寺、蝬公桥、朱家坟等微景；东莲蓬山之西，与之并列的一座山，叫西莲蓬山，山上有莲实、对语石、骆驼石、韦陀菩萨像、海眼等微景。

2.象形奇石

瓮石。在鸡冠山南坡松林里，有一块高数米的巨石，顶端平坦，中间有一洞，状若橄榄，腹部增大，洞底略小，手伸进去轻轻拍击穴壁，发出“嗡、嗡”响声，颇似击瓮。发出嗡声的原因是空气在洞中回荡，底部也可能有一些水。洞的形成可能是绥中花岗岩中变质岩残留体被风化剥蚀带走，留下空洞。传说，当年秦始皇东巡至碣石，曾驻跸于莲蓬山行宫里，一位山神跑来献殷勤，送来一罐清甜可口的山泉水，始皇喝了一口，顿觉神清气爽，精神倍增，非常高兴。从此山神就在瓮罐里贮存山泉水，天长日久，瓮罐就变成了瓮石。

避雨石。在瓮石东侧，有两块巨石，相向伸展，高约数米，如檐如伞，挺拔而立，下部凹进，可容数人避雨，故称避雨石。传说，这里好人避雨安然无恙，凡做了坏事的人到这儿避雨，照样会被淋成落汤鸡。

莲花石。在东莲蓬山东侧山腰密林中，奇石罗列，如莲花盛开，中间有一块形体浑圆状如莲花的巨石，称“莲花石”，莲花的子房叫莲蓬，莲蓬山因其山体微地貌似莲蓬而得名。清代诗人赵景来，在《莲蓬山观海》中有：“滨海有岭号莲蓬，悬崖削就金芙蓉，海光山势相争雄，怒涛隐隐凌太空。”这里的“芙蓉”就是莲花，“削就”说出了莲花石的地质成因，地质学中叫物理风化剥蚀作用。

传说在很久以前，有一位姑娘，从恶鹰手中救活一只喜鹊，得到一朵美丽的莲花。一天，这里突然发生海啸，危急中姑娘用这朵莲花将汹涌的海水挡在山下，救了全村人的性命。后来，这位姑娘成了莲花仙子，莲花仙子便将那朵莲花留在这里变成这株莲花石，守候在这里。为了纪念这位莲花仙子，朱启钤先生最初把这座森林公园命名为莲花石公园(当时占地面积为133亩)。

莲花石南面有当年“北戴河海滨公益会”为建莲花石公园所立的纪念碑。巨碑面海，材质为大理岩。碑阳为“中华民国”北洋政府第四任大总统徐世昌撰写的《题莲花石公园》七律诗：

海上涛头几万重，白云晴日见高松。
莲花世界神仙窟，孤鹤一声过碧峰。
汉武秦皇一刹过，海山无恙世云何。
中原自有长城在，云壑枫林独寤歌。

这首诗的大意是：

万里海疆波涛汹涌，几万重，视海疆雄伟貌。

蓝天白云艳阳高照，高雅的青松雄伟、挺拔。

莲花世界似仙居，孤鹤一声长鸣，掠过碧绿的高山。

秦皇、汉武曾来此求仙，他们只不过是历史长河中的匆匆过客，大海高山却是万世依存，人类，你将向它们说些什么呢？

中原只要有长城来拱卫，我以白云、青山、海风、松林为伴，大梦初醒，低吟高歌。

“水竹邨人”即大总统徐世昌。

碑阴为朱启钤撰写的《莲花石公园记》，记述了开发北戴河海滨与修造莲花石公园的经过，以及创建北戴河海滨公益会与洋人抗衡的历史，并对莲花石大加赞许。他写道：“联峰多奇石，倚筇四望，直万顷芙蕖，几忘其为石也，是名为莲花石。”“筇”是用竹子做的手杖，“芙蕖”就是莲花。全句的意思是：联峰山多奇石，我倚着用这竹子做的手杖，举目四望，看到的简直就是一座万顷的莲花池塘，几乎忘记了它们是一朵朵石质做成的莲花。这长得像莲花一样的微地貌，就叫“莲花石”。

著名清末戊戌变法领袖人物康有为曾来此巡游，并留下《游莲花石公园》这首七律诗：

万里波澜拍岸边，五云楼阁倚山巅。
天开画图成乐土，人住蓬莱似列仙。

暮卷涛声看海浴，朝飞霞翠挹山妍。

东山月出西山雨，士女嬉游化乐天。

康有为的这首诗生动地描写了莲蓬山的秀丽风光。诗人云：天开画图成乐土，面向万里波涛的大海，看到远处的深水波到近处拍岸而来的浅水波。回头一看是五颜六色的楼阁依山而立，莲花石公园所以成为一片乐土，似人居住的蓬莱仙境，一是大自然之美，一是人工建园之美，“天开”是开天辟地的原生景，画图是朱启钤先生督建的莲花石公园人文景。夜幕裹住涛声来看海浴，清晨飞舞的云霞像翡翠一样。东山月亮刚在海面上升起，西山却下起了毛毛细雨。男士和女郎在这里游玩戏耍，无忧无虑，忘记了这是天上，还是人间。

月亮石。在桃源洞上方山顶上，从桃源洞两侧可盘桓而上，这里山石嵯峨，千姿百态，有的直立如柱与劲松并肩，有的好似猛虎卧于山间。月亮石雄踞群石之巅，下半部分被茂密的松树掩盖，远远望去，犹如半轮明月悬挂在蓝天上。当年张学良将军和赵四小姐便是在这月亮石下订下百年之好，相约白头偕老。

说话石。在月亮石北约100多米的羊肠小道上，有两块奇石并立，恰似久别重逢的契友，又如邂逅的知音，在林中窃语。

老僧朝日。在望海亭西侧密林中的盘桓路上，有一块高约数米的怪石，从松林间拔地而起，形似一位老僧，面海朝日，在祭拜太阳，为民祈福。

试剑石。在龙山南侧有一块巨石，中间齐刷刷有10厘米间隙似用利剑劈开一样。传说，当年(207年)曹操北征乌桓曾驻跸于此，并留下千古名篇《观沧海》。一日，曹操夜间巡营，忽见一道白光，恍如从天外扑来，瞬息如地，查无踪迹，于是曹操命士兵挖地三尺，得一带锈宝剑，剑上镌刻“戊已”二字。谋士说：“乌桓在北，为水，今有‘戊已’出土，主吉。五行中土克水，此战必胜。”曹操说：“剑锈到这种程度还锋利吗？”于是举剑劈向巨石，巨石在电光石火戛然分开。将士们惊叹不已，曹操视之亦为瑰宝。后来果然出师大捷。当地人称此石为“试剑石”。当然这只是一个传说，大家都知道这样笔直的裂缝是天然形成的，不是人劈的。那天然是怎样形成的呢？如果从地应力角度去分析，绥中花岗岩原本是一种各向同性的力学材料，但是长期在自北向南的地应力作用下，产生两组剪切裂隙。裂隙壁平直，往往是一组裂隙比另一组裂隙发育，原生裂隙壁上能看到水平擦痕，如果裂隙中渗入水，就会产生冰劈作用，原生裂隙遭到破坏，裂隙扩大，就形成了笔直的大裂缝，延伸很长。这种自然现象是很常见的，峨眉山的一线天也是这样形成的，只不过那个大裂缝发生在石灰岩中，天然降水在次生裂缝壁上留下很多小溶洞，这是溶蚀作用。

狮子石。在如来寺到百福苑的途中，有一巨石，状若雄狮卧于草丛中，极其神似。

莲实。在西联峰山南麓，有一高3米的象形奇石，酷似莲蓬子儿，俗称莲实。旧方志记载："一人推之，微微摇动，两人推之，纹丝不动。"

对语石。在莲实东侧，有两块略扁的怪石，高约3米，相对斜身而立。巨石形体犹如二人面对面窃窃私语。

韦陀菩萨像。在对语石西面的一巨石上，有一高2米单线阴刻的韦陀菩萨像，传为唐代旧迹。韦陀菩萨是佛的护法神。在佛祖释迦牟尼入涅时，邪魔把佛的遗骨抢走了，韦陀菩萨及时追赶，奋力夺回。因此佛教便把韦陀菩萨当作驱除邪魔、保护佛法的天神。

骆驼石。在西联峰山后的果园中，有一高5米，长6米，石背突出的形似骆驼的象形石。卧向西南，引颈望海。传说这只骆驼自西方而来，到这里被山挡住了去路，因留恋此处美景，不思远行，天长日久，就化成这座骆驼石。

现代人物简介

A.徐世昌(1855—1939)，字卜五，号菊人、水竹邨人。汉族，清末、北洋政府官僚、总统。生于河南卫辉城关，祖籍浙江鄞州区。1879年与袁世凯结义兄弟，历任兵部侍郎，巡警部尚书、东三省总督、邮传部尚书等职。1911年任皇族内阁。1912年3月，袁世凯继任中华民国临时大总统，徐力辞太保，与袁保持距离，观望时局变化。1915年，袁公开推行帝制，1916年3月袁被迫取消帝制，恢复民国年号，徐为国务卿。徐在公私两方面为袁尽力。因要求讨袁护国军停战议和遭到拒绝，徐力荐段祺瑞继任总统。1918年10月，徐世昌经皖系军阀操纵的安福国会选举为总统，这一年他65岁。1919年，五四运动爆发，徐被迫免去曹汝霖、章宗祥及陆宗舆职务，以缓和全国舆论压力。1922年第一次直奉战争后，直系获胜，控制了北京政府，曹锟、吴佩孚指出徐世昌总统为非法，追其去职，自此徐世昌退出政界，留天津租界。徐世昌拒绝参加日军组建的华北傀儡政府，保持了民族气节。

B.许世英(1873—1964)，字静仁，安徽至德人，早年在清廷任职，曾任山西布政使。民国任直隶都督秘书长、大理院院长、政治会议委员及福建民政厅厅长，后任内务总长、交通总长、安徽省省长、司法部部长。1925年任北京政府国务总理兼财政总长、经济委员会主席。1937年任驻日大使。1947年任蒙藏委员会委员，1949年移居香港，1950年赴台，1964年在台北去世。许世英是北戴河海滨公益会发起人之一。1919年朱启钤主持兴建莲花石公园时，为朱启钤撰写的《莲花石公园记》作书，然后镌刻在莲花石公园诗碑的背面。碑文书体为楷书，清秀端庄，不失为书法精品。许世英先后还写了《戊午游移北戴河海滨》《莲花石公园兴工呈蠖公》《甲子季秋雨后登联峰山晓望》等诗篇来赞叹北戴河的旖旎风光和朱启钤先生开发北戴河海滨的丰功伟绩。

C.朱启钤(1871—1964)，祖籍贵州紫江(今贵州开阳)，生于河南信阳。字桂辛，号蠖园。一生经历了晚清、北洋政府、日伪、国民党统治以及新中国成立初期多个历史时期，曾担任过北洋政府交通总长，内务总长，代国务总理等职，还拥戴过袁世凯复辟帝制，可谓经历复杂，有功有过。袁世凯称帝失败，朱启钤下野赋闲，1916年来到北戴河海滨，他在莲蓬山南建“蠡天小筑”别墅，表明了他当时脱离官场隐于商贾的心迹。他刚到北戴河时，见外国人在此建教会组织，转租土地，侵犯中国主权，行政管理混乱，就联合当地一些上层有识之士，于1919年建立了北戴河海滨自治公益会，目的是“攘外人，争主权”。为北戴河海滨的长远发展着想，从基础做起，聚义募捐、修路建桥、设立医院、兴办教育、开辟公园、大搞绿化、保护古迹、实行管理。海滨公益会仅用6年时间，使北戴河海滨发生了巨大变化。当时的中外报纸盛赞北戴河海滨为“东亚避暑地之冠”。后人称道：“为时只有6年，繁盛增前10倍。”朱启钤先生此举不仅造福北戴河海滨，也给他自己的人生留下了辉煌的一笔。为纪念朱启钤先生早期开发北戴河海滨的功绩，在平水桥西侧竖有朱启钤先生塑像。

1951年，80岁高龄的朱启钤又一次来北戴河海滨，并亲切地称北戴河海滨是他的第二故乡。把北戴河海滨的发展方向定位于“生态型、园林式、国际性旅游休闲度假区”，这是朱老的未竟事业在新形势下的表述。

3.怪洞

桃源洞。在龙山的西南侧，距仙人洞西约100米，有一天然石洞。洞口上方刻有“桃源洞”三个大字。洞口两侧有古人石刻：“紫馆金台肩共拍，奚须世外又桃源”诗句。“紫馆”借指历代国家元首居住、办公的楼堂馆所；“金台”泛指高贵、豪华的亭台楼阁；“肩共拍”，一个挨着一个，形容很多。全句意思：“刚才还是一个挨一个的亭台楼阁，转眼间却来到了这真山真水的世外桃源。”洞口上方，奇石高踞，便是“月亮石”，洞口周围环以松林，幽深静雅，正如诗中所说乃“世外桃源”。

仙人洞。在桃源洞东面约100米，洞口遮掩于松林之中，深4米，宽5米。站在洞口，可观海天云帆，听松涛海涛和弦。传说，昔日有仙人踏露采药，常栖身于此，故而得名。

卧佛洞。在仙人洞东北有一天然洞穴，因洞内有一尊如来佛祖卧姿石像而得名。站在洞口可观海天云帆孤影，听松涛海浪齐鸣。抬头看石壁上有一段文字：“传说古时候有一位渔夫晚上打鱼回来，看见山上有火光，就跑到山上想去救火。可是当他跑到山上时，又惊又喜，原来是佛祖身上散发出的金光。因为他和佛祖有缘，之后他每天出海打鱼不费力气就能满载而归。”洞穴四周有用青砖砌成的围墙，洞口朝南，宽约3米，高约3米，深约5米。这里香火不断，祈福弥患多灵。

海眼。在联峰山西峰上有一天然洞穴，洞口宽约1米，洞深莫测。进洞需匍匐前行，犹如老虎进洞时，防止背后袭击的样子。进深10米许，可站立，进深15米处，只能爬行；再进，深不见底。侧耳细听似有海潮声。传说，这个洞能通大海，过去渔民出海前，要专门派人到这里听一听海涛的声音，以此决定是否出海。又说这个洞过去住过一只老虎，每当夜深人静的时候，常传出老虎引颈长啸的吼声，声振林岳，所以这个洞又叫老虎洞。观景溯源：西联峰山面临大海，阵阵海风吹进洞穴和裂隙，就会发出轰鸣之音，人们就会附合成龙吟虎啸，老虎洞也因此而得名。

4.井、泉

福饮泉。龙山南麓一块石壁上镌刻“福饮泉”三个大字，下为泉址，此泉水清冽可口，冬暖夏凉，用之不竭，又不溢出口外，饮之神清气爽，有强身健体的功效。现在此泉被沙石堵塞，只存遗址。

山眼井。在鸡冠山阳坡上、翁石南面的沟壑里，有三口深邃的井，不论年景旱涝，井里很少积水，即使山洪暴发，沟壑泄水，这三孔深井里还是干涸的。为什么会这样呢？传说在很久以前，山上住着一个老和尚，带着几个小和尚平静地生活着，可是有一阵子，风不调雨不顺，庄稼也长不好。一天晚上，老和尚做了一个梦，梦见一位仙人对他说："我是这山中的仙人，住在山中的洞府里，可这阵子不知咋着就堵住了，憋得很难受，闹了病，天气才变坏的！"老和尚说："我能帮你什么忙吗？"仙人说："只要在山上打一个山眼井，使洞府中空气畅通，就行了。"说完还画了一张井位图。第二天，老和尚醒来，果然见桌子上有一张井位图，那山眼井位置画在鸡冠山南坡半山腰的沟壑里。于是老和尚带着小和尚开始打井，整整打了九九八十一天，井打了三丈多深，才觉得井底冷气上升，往里一瞧，井底出了个碗口大的眼儿，此后，果然这里的气候变得风调雨顺了，而且，这口井不知经过有多少次山洪暴发，也没有淤积。这不是一口水井，而是山中仙人洞府向外伸出的透气孔，叫"山鼻孔"。

5.怪树、鸟林

奋臂松。在瓮石附近的岩石缝隙中，长着一株苍劲挺拔的松树，两条枝干平伸，好像壮士两只铁臂奋力张开，显示"人定胜天"的神力，故取名叫奋臂松。

鸟语林。1998年，园内增添"鸟语林"项目，各种珍稀鸟类200多种，2000余只。到莲蓬山鸟语林，会使你有一番心旷神怡、回归自然的感觉。莲蓬山风景优美，临海而立，是古今中外名人进山赏美景，登山观沧海的胜地。山海相映，花木繁茂，幽雅恬静，如诗如画，古今游人多有吟咏，令人流连忘返。

6.塔、亭

鸡冠山瞭望塔。1989年，山海关桥梁厂在"甘林"别墅遗址上建起一座高35米的瞭望塔。山上有临风亭，站在临风亭上，清风袭人，多么惬意！"临风亭"三个大字是我国著名佛学家、史学家、书法家苏渊雷先生题写。苏渊雷(1908—1995)，字仲翔，浙江平阳今苍南钱库人。去世前为上海华东师范大学历史系教授、中国佛教协会常务理事。专治文史哲研究，对佛学研究独到，尤洞悉禅宗。主要著作有《名理新论》《玄奘》《佛教与中国传统文化》等。苏先生毕生从事文化教育事业。他眼明手快，挥笔成文，出口成章。余事书画，被誉为"文史哲兼擅，诗书画三绝"。一般人如能精通这些学问的一种就足以自豪了，而他却兼而有之，臻于自然浑成的化境。

神山瞭望塔。神山有高12米、宽8米的“神”字摩崖石刻，豁然入目，神威凛凛。山顶上有一座高16.8米的圆柱形建筑物，上书四个篆书大字“镇山宝杵”。其实这“镇山宝杵”是一座瞭望塔。莲蓬山是一座森林公园，瞭望塔专为防火救火而建。“镇山宝杵”是佛教中护法神韦陀菩萨手中的兵器，也叫“金刚宝杵”。之上刻有东青龙，南朱雀，西白虎，北玄武四种古代神兽。

望海亭。东莲蓬山上有一座明代改建的四角歇山顶凉亭，叫望海亭。站在望海亭上，北戴河海滨全景尽收眼底，如遇云雾天气，漫山的茂密松林，随着翻滚的云雾，时隐时现，大有登临瑶池仙境的妙感。神山上有30余处名人名言石刻。顺软梯攀缘而上，登上两峰间飞架的“神桥”。在桥上环顾四周，静听松涛，如临仙境。

1926年8月，著名女作家陈衡哲写了《游北戴河》《再游北戴河》等散文。她评价北戴河：“其一洋化，其二时髦。”她描写了在北戴河大海里游泳时的轻松和惬意：“当我跃身入水的时候，真是渴者得饮，有说不出的愉快……，但觉身如羽毛，随波上下，心神飘逸，四大皆空。”她把莲蓬山比作仙山，把望海亭比作天上宫阙，她用“沧波万里，银光如泻，潇洒轻盈，天空净碧”等词语讴歌了北戴河的清丽与旖旎。

陈衡哲(1890—1976)，原名燕，号沙菲，江苏武进人，北京大学教授，1932年发起出版《独立评论》杂志，著有《西洋史》《小雨点》等。

钟亭。在朱家坟西侧丛林中，有一钟亭，攒尖顶，橘黄色琉璃瓦盖顶，内饰彩绘，亭内悬一口古钟，为明嘉靖五年(1526年)铸造，民国初年由北京迁来的。轻击此钟，山谷共鸣。

蠖公亭。蠖园是朱启钤的号，朱启钤先生被人尊称为蠖公。此亭是1999年6月为纪念已故的爱国主义实业家朱启钤而建的，所以叫蠖公亭。亭内有朱启钤先生的汉白玉雕塑像，用以缅怀他的爱国主义精神，朱启钤先生与北戴河海滨永存，借以教育后人。根据1994年全国政协副主席万国权(1919—2017，吉林农安人)、经叔平(1918—2009，浙江上虞驿亭人)和十几个政协委员联名提案，1998年4月18日中共中央、国务院办公厅批准，朱启钤的四孙子朱文榘先生征集海内外亲属集资捐献，得到河北省委、省政府，秦皇岛市委、市政府，北戴河区委、区政府，全国政协办公厅、中共中央统战部、宣传部、中直机关管理局鼎力支持，在中央领导同志的亲切关怀下承建。

7.幽寺

观音寺。在莲花石东北面的山腰间，有一座古刹，叫观音寺。因是仿北京广华寺拟建，故又名广华寺。始建于明末清初，根据寺前双槐树合抱可以断定为300多年前所建。民国十四年(1925年)版《北戴河海滨志略》记载，寺内有块石碑：清乾隆六十年(1795)十三牌重修此寺。另据《北戴河海滨近代别墅建筑大事记(1893－1949)》，1919年北戴河海滨公益会成员张叔诚(1908—1995，北京通州人，张冀之子)捐款6000余元重修正殿和东西厢房。公益会“于寺西筑轩舍三楹通以回廊”。现在看到的古刹观音寺是1979年重建的。观音寺三面环山，东南面向大海。寺庙建筑布局为小巧玲珑的四合院，砖木结构，古朴典雅。由山门、正殿、东西配殿组成。

山门为单檐歇山顶，面宽、进深各1间。门呈拱形，门内有观音菩萨坐姿塑像。宋朝诗人史弥远曾留五言诗称赞观音菩萨像：

南海观音寺，庄严手挥尘。
悠忽妙色相，救苦度众生。

东西两侧墙壁上有壁画，说的是“观音菩萨收金鳌”的故事。传说海里有一种怪物，似龙非龙，似龟非龟，头像龙，身像龟，尾像鱼，生有四脚，样子非常吓人，这怪物叫金鳌，水陆两栖，专吃人和猪马牛羊，危害百姓。

观音菩萨得悉后，大发慈悲为民除害，找来十万八千根蚕丝结成一个索，再取土捏成人形，又取九根杨柳枝藏在泥人腹中，坐在海边等金鳌来吃。金鳌随涌浪而来，见到观音菩萨就吸足一口水，昂头伸脖嘴一张，一条水龙喷向观音菩萨，老百姓都为观音菩萨捏把汗，观音菩萨兀立不动，喝道：“孽畜，休得无礼！”说罢将手中泥人迎头掷出。那金鳌张开血盆大口，囫囵吞下，泥人入腹便化开，九根杨柳枝挂住金鳌的心上，无从摆脱。观音道：“孽畜不知害死了多少生灵，理当天诛，我本慈悲之旨让你去修行，悔过自新，你愿不愿意？”金鳌伏在沙滩上，眼望观音菩萨点点头。观音跳上金鳌背，一路向南海奔去。

正殿三间，内供木雕观音菩萨立像，观音菩萨右手拿杨柳枝，左手托净水瓶，足踏洁莲，面形娴静。两尊木雕童男童女侍立两旁，该雕像是朱启钤先生请人仿照北京广华寺雕像雕刻而成。后墙是二十四路天神彩绘，东西两壁是“渔篮观音”和“童子拜观音”的连环壁画。西厢配殿为展室，西北角回廊可通禅房数间。“观音菩萨”的全称是“观世音菩萨”，汉语的意思是“观察世间民众的声音”，是梵文Avalokitesvara的意译，是鸠摩罗什(344—413，西域龟兹国人，祖籍天竺望族，圆寂于长安，佛经汉译家)的旧译。唐朝时，为避讳唐太宗李世民之名，而省去了“世”字，称观音菩萨。观音菩萨是佛祖释迦牟尼派到人间救度众生的使者，是一位救苦救难、大慈大悲的菩萨。世间受苦受难的众生，只要以虔诚的心去念观音菩萨的名字，观音菩萨就立刻闻其音而至，众生的困厄和苦难顿时得到解脱。

观音菩萨像从印度佛教传入中国时是男像，嘴唇还留有两撇小胡子。据《华严经》称善财童子到普陀山参拜观音菩萨时，“见岩谷林中金刚石上，有勇猛丈夫”，可见观音菩萨是男像。到南北朝后期，观音菩萨则变成女像，唐后民间流传的33个观音像，基本都是女身。一些学者，则直称观音为东方女神。女性的慈忍温柔，表现在日常生活中即为爱，比如母亲对儿女的爱是深重和无微不至的，然而佛教认为这种母爱只是慈悲的一种局限性表示；而慈悲所表达的是大爱。大爱普度众生脱离苦海，宣扬平等慈悲。所以现代一些有观音菩萨角色的电视剧，不管是扮相还是配音都用女性。自从隋唐以来，祭拜观音菩萨已成风气，并形成敬奉观音的三个农历宗教节日：2月19日为观音菩萨诞辰日，6月19日为观音菩萨成道日，9月19日为观音菩萨出家日，民间将这三个日子并称为观音菩萨圣诞。大家聚在一起吃顿斋饭，如果在寺院，还要举行庆典仪式：唱《观音大士赞》《观音菩萨偈》，诵菩萨名《大悲咒》，念观音圣号，拜愿，三皈依毕。广大佛教徒庆祝观音圣诞的香会，叫观音会。

东、西配殿为单檐硬山直柱前廊式，面宽3间，进深2间。以小青砖铺地，白灰勾缝，清石台基石走边。寺院东南角有一口古钟，系明嘉靖四十年(1561年)铸造。寺内种植白果、罗汉松、虎皮松、龙爪槐等树木，掩映着红窗绿瓦，古朴幽静，肃穆典雅。

如来寺。在东联峰山南侧山腰处，有座明代始建的古刹，叫如来寺原址在西莲蓬山，日军占领北戴河海滨时，为修建陆军医院(原北京军区281医院)，将如来寺强行拆除。1940年，当地乡绅、民众自愿捐资在此重建如来寺。现在的如来寺是1991年北戴河区政府拨款复建的。从此，如来寺又成了佛教徒和游客的游览之处，每逢佛诞日(佛祖释迦牟尼诞生日，农历四月初八)、涅槃日(佛祖释迦牟尼圆寂日，农历二月十五日)，各地佛教信徒虔诚朝拜，香烟缭绕。

如来寺建筑为单檐硬山直柱前廊式，砖木结构，面宽3间，进深3间，建筑高度为6米，建筑面积为100多平方米。小砖铺地，墙为砖石垒砌，白灰勾缝。山门里供奉的是一尊憨态可掬、敞怀大笑、逍遥自在的大肚和尚，他就是我们常说的大肚弥勒佛。弥勒佛又称“未来佛”。唐僧玄奘(602—664，俗名陈祎，洛州缑氏县即今河南偃师市缑氏镇陈河村人，法相宗创始人，佛经汉译家)在印度求学时见到梵文Maitreya，音译为梅咀利耶，汉意为慈氏；在唐僧以前，后汉及三国时期的早期译经家，据吐火罗文Metrak音译为弥勒。常被称为阿逸多(汉意是无能胜)菩萨。为南天竺波罗门家族人，是佛祖释迦牟尼的继任者，但他比释迦牟尼入灭还早。降生、出家、成道、说法的经历与释迦牟尼相似，释迦牟尼是在斯里兰卡阿努拉德普勒菩提树(菩提树被称为觉悟树、智慧树，被虔诚的佛教徒视为圣树)下开悟成佛的，弥勒佛是在华林园中龙华树下开悟成佛的。弥勒是佛教唯识学派的鼻祖，其庞大的思想体系由无著、世亲菩萨阐释弘扬，深受中国佛教大师道安、玄奘的推崇。在中国老百姓的心中，弥勒佛“生平等心，呈喜悦相”，是一位胸怀坦荡、乐观豁达的老者，很受老百姓的喜欢。于是人们给他写了这样一副对联：

大肚能容，容天下难容之事。

开口便笑，笑世上可笑之人。

弥勒佛在中国的形象，代表一种慈悲、宽容、乐观向上的精神，古往今来，许多文人墨客针对弥勒佛肚大过人、笑容满面这两个特点写出不少语言诙谐、饱含哲理的对联，点拨人生，给人们留下了有益的启迪。然而，弥勒佛传入中国时的造像是头带宝冠，颈配瓔珞，面容姣好，身材修长，两脚交叉而坐的菩萨状。如今在莫高窟第275窟还能见到这种弥勒佛造像，藏传佛教寺院内供奉的弥勒佛至今仍是这种造像。到了唐末这个真正的弥勒佛形象却被遗忘了，代之而来的是唐末明州(朱元璋改明州为宁波)岳林寺的高僧契此(?—约916，明州奉化人)的形象。契此是个畸人，他的扮相皱鼻梁，大肚子，身体矮胖，袒胸露腹、嘻嘻哈哈，经常用一根棍子挑着一个布袋，把化缘要来的东西装在布袋里，所以人们叫他为布袋和尚。史书《宋高僧传》就有其记载，布袋和尚很神，总是来无影去无踪，经常跟小孩嬉笑玩耍，随地而卧，卧在雪地里，周围雪都融化了，可他身上却是干的。他能预测天气：旱时穿高齿木屐，涝时则穿湿草鞋。弥勒佛的这种造像最早见于宋崇宁三年(1104年)。明州岳林寺，将大肚弥勒佛造像置于天王殿中央，笑迎四面八方信徒。杭州灵隐寺飞来峰的布袋弥勒佛雕像，约创作于元代，高约2米。弥勒佛造像的这种戏剧性变化是弥勒佛中国化的体现，得到中国佛教徒、中国民众的呼应。五代后梁贞明二年(916年)，契此端坐在岳林寺的一块磐石上，口念一首偈子："弥勒真弥勒，分身千百亿。时时示世人，世人皆不识。"说完微微一笑，泊然而逝。契此圆寂后轰动了整个佛教界，人们才恍然大悟，契此就是弥勒佛的化身，不过是"世人皆不识"罢了。于是，许多寺院的弥勒佛造像便按契此的形象塑造。

图17-35　莫高窟第275窟弥勒造像（左），杭州灵隐寺弥勒造像（右）

如来寺有正殿三间，供奉佛教创始人释迦牟尼像，释迦牟尼还有一个称呼，叫"如来"佛祖。"如"是如实之道，"来"是来到这个世上说法、讲道。说如来佛是掌握真理的圣者来到世上说法、讲道，普度众生，引渡所有生命脱离苦海，登上彼岸。在释迦牟尼像左侧供奉的是文殊菩萨，他协助佛祖讲道说法，教化众生。山西五台山设有文殊菩萨道场。其造像多骑雄狮，以示智慧勇猛，人称“大智菩萨”。在释迦牟尼像右侧供奉的是普贤菩萨。他专司理德，四川峨眉山有普贤菩萨道场。其造像一般是手持如意，坐骑白象，人称“大行菩萨”。在佛祖前还有两位侍者，一位叫“阿难”，一位叫“迦叶”。佛祖释迦牟尼涅槃后，阿难和迦叶集结和整理佛陀平时所说的教法、教规，集成佛教第一部经典著作，即“经、律、论”三藏，使佛教得以发扬光大，世代相传。小说《西游记》中唐僧取经，要找的经就是这“三藏”。所以唐僧也叫唐三藏。寺里原有一口铁钟，是明代重建如来寺时铸造的，说明400多年前如来寺就已经建成。

佛教人物简介

释迦牟尼(约前565—前486)，佛教创始人，梵文Sākyamuni，是他成佛的名字。原名叫乔达摩·悉达多，梵文为Siddhārtha Gautama，古印度释迦族人(生于今尼泊尔南部)，被尊称为佛陀，即大彻大悟之人，佛教信徒称其为佛祖，如来佛祖。他原是尼泊尔与印度北部毗邻一个小国(今在尼泊尔境内)的王子。传说他是四月初八从摩耶夫人右肋降生，出生后即会走路，东南西北各走7步，步步生莲花，他一手指天，一手指地，说“天上地上，唯我独尊”。长大成人后，他看到社会生活中的残酷无情和种种苦难，离家出走，遍访名师，历经磨难，但是他没有找到解脱之道，经过6年苦行，一天他来到佛陀迦耶菩提树下，终于豁然开朗，顿悟成道，悟出宇宙、人生的本质，获得解脱。这一年他35岁，旋即在鹿野苑开始传教，传苦、集、灭、道“四谛”以及正见“八正道”，佛经称为“初转法轮”。足迹遍布恒河流域，传教长达45年，从而使佛教成为世界性教会组织，信徒广众，尊他为佛陀，陀是觉悟者。80岁在拘尸那城附近的娑罗双树下入灭。死后由他的弟子将其一生所说的教法整理成经、律、论“三藏”，传于后世。

8.桥、楼阁

蠖公桥。1919年，北戴河海滨公益会在观音寺门前的沟谷之上兴建一座木桥，因朱老号“蠖园”，被人尊称为蠖公桥。该桥原为一座木桥，中间隆起，涂以朱红色，又称飞虹桥，现改建为混凝土桥。站在蠖公桥上，观四周山峦起伏，听桥下溪水潺潺，南有钟亭楼阁，北有古刹观音寺，有人曾在此赋诗：

莲蓬气氲清且纯，古诗桥头听梵音。

婉转鸟鸣声声脆，飞出蓊郁万亩林。

甘林别墅遗址。1893年，英国传教士史德华在龙山建起一幢德国“海德堡式”别墅，后来转让给德国人毕而夫，是北戴河最早的洋人别墅，现在仍能见到这幢别墅遗址。1896年英国传教士甘林(1853—1924，原名坎德林•乔治•托马斯)在鸡冠山又建起一幢砦岩式别墅。清光绪四年(1878年)，26岁的甘林来到中国，先后在天津、唐山等地传教，1893年来到北戴河海滨，他发现这里风景秀丽，气候宜人，莲蓬山更是松青柏翠。他便从北戴河海滨当时的地方组织十三牌买下鸡冠山400亩地，于清光绪十二年(1896年)，建起一幢砦岩式别墅。别墅系二层楼房，登楼顶北戴河海滨风光一览无余，周围有石砌短墙，取名甘林别墅。甘林在这里进行传教活动，并在此研究植物学以实验之所。他被中国传统文化所吸引，不但会说汉语(犹能用汉语讲伯夷叔齐之故事)，而且会写汉字。他爱这里的一草一木，直到临终(1924年，72岁因病去世)，还留下遗愿把他的遗体葬于北戴河海滨西人墓地。

甘林别墅建成时，很多朋友前来祝贺，其中有一位英国仕女是从北戴河火车站骑毛驴来的。她头戴白帽，左手控缰，右手擎伞，在别墅旁绿荫下休息时也没下来，样子很是迷人。同行的一位来宾用油彩画的形式画下了这位仕女的侧身写生画。这幅画后来被津榆铁路局英国总工程师金达获得，将其印制成津榆铁路局英文张贴广告，每年夏季在各火车站和外国人居住地张贴，用来招揽中外人士到北戴河海滨旅游。仕女骑驴图—中国第一张旅游张贴画便由此诞生。因此可以说，北戴河海滨旅游业的兴起是从外国人在这里建别墅开始的。后来，甘林索性把鸡冠山改成了甘林山。1949年以后，又恢复了鸡冠山的名字。还有一件让人值得回味的事，那是1913年暑期，在天津北洋女子师范学校担任英文教师甘德玲女儿甘林，和天津女子师范学校创办人吕碧城一起来北戴河海滨消夏，就住在这幢别墅里，吕碧城美而能文，在这里写了一篇优美的散文《北戴河海滨游记》。她对北戴河海滨的评价颇有见地，开篇就把北戴河海滨比喻成一个“西洋美人”。她对当时外国人纷纷来北戴河海滨避暑度假，修建别墅，国人却不知开发而忧心神神，她写道：“吾国人当炎夏之际汗喘于市井之间，国有胜境不知辟而游之，乃为他人捷足先登，反宾为主，彼今日之蜃楼海市，即吾昨日之断井颓垣也，嗟夫！又岂一北戴河海滨为然哉！”

1918年，朱启钤先生在莲蓬山南麓建“蠡天小筑”别墅。“蠡天小筑”，取春秋时范蠡脱离官场隐于商贾之意。朱启钤先生曾被作为帝制祸首通缉，脱离官场，隐于商贾，实与范蠡命运相同。现在别墅遗址仍存。1920年，朱海北在莲花石正北60米处建“霞飞馆的大草房”。

现代人物简介

A.金达(1852—1936)，英国人，随父在日本学习铁路工程技术，并在日本铁路部门任职，娶日本女子为妻。1877年6月来到中国，经天津税务司英籍德国人德璀琳介绍到开平矿务局担任工程师。1880—1881年在河北唐山开平矿务局设计建筑中国第一条矿区铁路—唐胥铁路(唐山至胥各庄)，1887—1894年受聘于津榆铁路局任总工程师。

他设计和制造了中国第一台蒸汽机车头，修筑北戴河火车站到北戴河海滨火车站，中国第一条旅游铁路支线，并积极开发北戴河海滨旅游资源。1925年版《北戴河海滨志略·西人卜居之始》中有这样的记载：“海滨倚山面海，平畴深谷，隔绝尘境。昔交通往返不便，文人学士罕至此地，是以不甚著闻于世。清光绪十九年(1893年)，修津榆铁路总工程师金达勘测路线至金山嘴，称其沙软潮平，为海水浴最佳之选，致使英美传教士相继其地。”他曾两次上书清政府建议建立中国铁路学堂，第一次上书直隶总督北洋大臣李鸿章，第二次上书津卢铁路督办胡燏棻，并提出了具体办法，拟定了《在华学成之铁路工程实施章程》16条附呈。上书说：“目下中国所急需者，首在多储人才……”“今朝廷核计目下缺乏人才，仅靠外国雇员办理诚非得计，成路迅速实难专靠洋工程师数人。”由于他的积极建议，终于催生了中国第一所铁路学堂，山海关北洋铁路官学堂。金达1909年回到英国，在中国任职33年，对中国的采矿、铁路建设与教育、旅游事业作出了重要贡献。1936年在英国切特镇去世，享年85岁。为纪念他对北戴河旅游事业的贡献，在中海滩路树有金达塑像。

B.康有为(1858—1927)，广东南海人，原名祖诒，字广夏，号长素，清光绪二十一年(1895年)进士，维新派领袖。1888年10月，第一次上书光绪皇帝，指出日本“伺吉林于东，英启藏卫而窥川滇于西，俄筑铁路于北而迫盛京，法煽乱民于南以取滇粤”，提出变法“成通下情、慎左右三事”。1894年，中日甲午战争爆发，次年签订《马关条约》，与日本议和，割让奉天、延边及台湾地区。康有为为之震惊而愤慨，于5月2日联合在京的会试举人1300余人，发动“公车上书”，极陈时局忧危，请求拒和，迁都、练兵、变法并提出具体改革措施。会试榜发，康有为中进士，授工部主事。5月29日，第三次上书，提出富国、养民、练兵的自强雪耻之策。接着又第四次上书，提出“设议院以通下情”的主张。8月17日，创《万国公报》，宣传“新法之益”。康有为，被称为广东南海圣人。曾多次来到北戴河海滨巡游，留有《游莲花石公园》诗，赞美北戴河旖旎风光。

9.坟、碑、摩崖石刻

王子达子坟。在东联峰山山顶上有两个封土堆，人称“王子达子坟”，为北戴河二十四景之一。民间传说，王子是朱元璋第十五子辽王朱植的小儿子，达子是忠义双全的蒙古族将军。

朱元璋生前曾立下的规矩：皇位只传长子。生前先立长子朱标为太子，可是天不遂人愿，朱标早在洪武二十五年(1392年)病故，然后朱元璋又立长孙朱允炆为太子。朱元璋死后，朱允炆即位，即建文帝。朱元璋第四子燕王朱棣要抢夺皇位，就从北京发兵，向南京进发。建文帝朱允炆慌了手脚，召叔父辽王朱植商量对策，还令江阴侯吴高率辽东军队从后面包围永平府(卢龙)。辽王朱植的儿子小王子和蒙古将军达子也带兵征讨叛军，燕王听到消息后亲自率主力部队回师援助永平。永平山下，辽军被打得大败，吴高带着少数残兵退回山海关。小王子和蒙古族将军达子遭到阻堵，慌忙向东南逃窜，退到抚宁洋河口，企图从海上乘船返回关外，可是又遭到燕王军队包抄，小王子军队死伤惨重，小王子又受了重伤，在洋河口一个大土岗上，蒙古族将军达子抱着小王子杀出重围。天快黑时，达子和几个士兵抬着小王子越过戴河来到莲蓬山，小王子自感到体力不支，让士兵把他抬到山顶上，向东望望家乡，脸朝东死了，但是他没有合上眼。蒙古族将军达子指挥士兵把小王子埋在山顶上，在小王子坟前拜了又拜，接着向南磕头，向远在南京的辽王朱植深表歉意，说自己没有把小王子保护好，他又转身向东北磕头，告别家乡，然后抽剑自杀身亡，士兵们把蒙古族将军达子也埋在山顶上。

靖难之役，建文帝不知所终，朱棣当上了皇帝，即明成祖(明第三任皇帝，1403—1424年在位)。这次战役战死的小王子和忠义两全蒙古族将军达子埋在东莲蓬山上，就是现在大家看到的王子达子坟。[①]

朱家坟。在莲花石东250米处，是开发北戴河旅游事业先驱朱启钤先生的家族墓地。始建于1924年，占地2780平方米。由朱启钤先

①吉羊．神聊秦皇岛．石家庄，河北人民出版社，2008：232.

生本人亲自设计，为纪念原配夫人陈光玑(葬于长沙西塘冲)，墓地设计融西洋墓与湖南长沙墓风格于一体，别致自然，为海滨增添一景。墓群坐北朝南，共有八座，主墓呈马蹄形，比较宽大，墓门朝东开，四周有两道护栏。墓碑上写有“朱母于夫人之墓”，一室二穴，原本是朱启钤与于宝珊夫妻合葬墓。朱启钤1872年生，1964年在北京逝世，葬于北京八宝山革命公墓。这里以衣冠冢与于宝珊合葬。朱先生先后有三位夫人，都是故后续娶的。原配陈光玑1871年生，1897年病逝于泸州，葬于长沙西塘冲，生有长子朱沛、长女朱湘筠。二夫人于宝珊1877年生，1927年病故于天津“蠖园”，翌年在这里下葬，生有4子9女，前3子幼殇，只有朱渤(朱海北，1909—1996，生于辽宁铁岭)一子长成。9女依次为淇筠、淞筠、津筠、湄筠、洛筠、浦筠、沚筠、洪筠、浣筠。朱家10女，名尾都是“筠”字(读：yún，竹皮之美质也)，七女浦筠、八女沚筠早夭。三夫人许曼颐，朱先生病逝后，由政府每月补助60元生活费，直到1970年病逝，葬地不详。在于夫人墓东南侧，分两行整齐排列着另外7个墓位。这些茔墓呈长方形，都是用深青色条石砌成的，条石等距离地竖起一些方石柱。最外边是长子朱沛和他的夫人孟广慧合葬墓。墓碑刻文为“朱沛先生、夫人之墓”。朱沛(泽农)是朱老与原配陈光玑所生的长子，夫人孟广慧在天津病逝，先行下葬于此，后朱沛在天津病逝，遗体火化后由其子朱文极、朱文楷运往此处与孟广慧合葬。朱沛在民国初年曾任津浦铁路账房总管、总务总长等职。西侧墓地东北角单独安葬的是七女儿浦筠，墓碑刻文“朱浦筠女士之墓”。1929年，17岁的朱浦筠在天津南开中学读书时，患脑膜炎去世。往南是次子朱海北与夫人徐恭如衣冠冢，长孙朱文极、次孙朱文楷等人的墓地。“文革”时墓地遭到破坏，1983年经全国人大常委会副委员长邓颖超指示，地方拨款恢复重建。

朱海北墓位原本设计在此，1996朱海北在北京病逝，葬于北京八宝山革命公墓。2001年朱海北的次子朱文椠将其母亲徐恭如的骨灰和朱海北的衣冠移葬于此。

那什么是“衣冠冢”呢？所谓“冢”(zhǒng)，高坟也。衣冠冢是坟墓里没有尸骨，只有死者生前用过的衣服和帽子。衣冠冢还有段历史来路。“马嵬兵变”杨贵妃被处死，唐玄宗逃往四川。唐肃宗至德二年(757年)，唐朝官军收复了京城，玄宗从成都回到长安。他密令宦监将杨贵妃墓迁葬，但是杨贵妃墓到底在什么地方已无法查找。那位奉命迁葬的宦监到了马嵬坡后，没有找到杨贵妃的墓坑。据说当时很多人在道路旁边随便挖了个坑，就将杨贵妃的尸体埋了，所以宦监怎么找也没有找到，刚好这时马嵬坡流传一件奇事，说杨贵妃在佛殿梨树上自缢时，遗下了一只靴子和袜子，这些东西被马嵬驿站的一个驿卒捡到了。驿卒将此物交给了他的母亲。他母亲是个卖大碗茶的，说来也怪，这靴子和袜子异香扑鼻，几里外都能闻着，周围十里八村的人成群结队地跑来观看。这位老太太倒也精明，她规定来看的人每人须交铜钱两枚。虽然这样，来看的人还是络绎不绝。杨贵妃穿过的靴子和袜子居然成了一景，老太太竟也发了一笔小财，卖大碗茶的营生自然不做了。宦监听到这个消息后，他找到这位老太太，出高价买下了靴子和袜子，然后郑重其事地埋在杨贵妃的墓里，回京向唐玄宗复命交差。

10.摩崖石刻(碑)

考古界有一种说法，认为汉元封元年(前110年)四月，汉武帝刘彻在泰山举行封禅大典后，由山东芝罘(今烟台)沿海岸线并行，到达北戴河海滨，在龙山顶筑“汉武台”。魏武帝曹操于建安十二年，北征乌桓凯旋，沿海滨大道登临碣石山，依景而赋，歌以咏志，写了这首大气磅礴的诗篇《观沧海》。唐贞观十九年(645年)四月，唐太宗御驾亲征，得胜还朝时，与前来接驾的太子李治会师，来到莲蓬山“次武台刻石记功”，留下脍炙人口的诗篇《春日望海》。

《碣石篇·观沧海》摩崖石刻。在龙山月亮石旁边有曹操《碣石篇·观沧海》摩崖石刻。一代伟人毛泽东在《浪淘沙·北戴河》中，有“往事越千年，魏武挥鞭，东临碣石有遗篇”句，“遗篇”指的就是曹操这篇《观沧海》，诗中的“碣石”有不少情节与今日的碣石山相吻合。建安五年(200年)，曹操在“官渡之战”打败了袁绍。袁绍的两个儿子袁谭、袁尚逃到乌桓(今辽西朝阳)，企图东山再起。建安十二年，曹操东征乌桓，斩获袁谭、袁尚，消除了后顾之忧。平定了北方，下一步，就要挥师南下。曹操此行北征乌桓凯旋，正值北方秋高气爽的9

月，沿海滨大道登临碣石山，依景而赋，歌以咏志，写下了这首大气磅礴的诗篇：

东临碣石，以观沧海。
水何澹澹，山岛竦峙。
树木丛生，百草丰茂。
秋风萧瑟，洪波涌起。
日月之行，若出其中。
星汉灿烂，若出其里。
幸甚至哉，歌以咏志。

这首诗的大意是：

向东走，登上碣石山，来感悟大海。

站在碣石山上看到远处汪洋一片，竟是海不扬波，多么安静慈祥。(深水波，水何澹澹貌)

陆上的大山和海中的小岛恭恭敬敬地对峙着。

树木丛生，百草丰茂，大地披上了绿装。

近海处听到的是秋风呼啸，振振作响，耳边回荡着美妙的音符。

近海处观海却是波涛汹涌，涛声依旧，眼前是一片欢乐的海洋。

太阳和月亮在天上运行，好像都是从大海深处出发，灿烂的夜空星辰，也是从大海深处出发，仿佛大海就是日月星辰的故乡。

多么幸运啊，我来到这个地方，为了抒发情志，写了这首诗，放声歌唱。诗中的“洪波涌起、水何澹澹、山岛竦峙”句。曹操是9月份来到秦皇岛的，很可能赶上秋天那次特大潮汐，所以有“洪波涌起”句。洪波是潮波叠加在风波之上的综合效应，这种洪波从大海中涌来像是把海面都抬高了，早晨的太阳从大海深处升起，场面非常壮观。这种洪波，只有站得高，站得远才有“水何澹澹”貌。

“澹澹”，是形容水波动貌，或水静止貌，此处是形容海水微微波动，似平静的样子。远处见到的是深水波。“山岛竦峙”句，“山”是指碣石山，“岛”是指秦皇岛附近海域中与碣石山对峙的海岛。海港区东山当年是孤岛，依据(见图17—7)判断，北戴河区金山嘴、老虎石头当年也是孤岛。碣石山东南部仍被海水围绕。

《观沧海》是曹操《步出夏门行》的首章。汉代乐府诗无标题，

图17-36　曹操《观沧海》摩崖石刻

《观沧海》这个题目是后人加的。乐府诗原来是可以歌唱的。诗的最后两句“幸甚至哉，歌以咏志”是合乐时加的，是诗歌的附文。

建安十二年(207年)八月，曹操借许攸之计，挥鞭北指，以少胜多，大破盘踞在东北的乌桓族(当时辽东半岛上的一个少数民族)及袁绍的残余势力，统一了北方。是年九月，曹操在归途中登上碣石山(今昌黎碣石山)，观沧海。此时，曹操踌躇满志，意气昂扬，挥笔即书，便有了《观沧海》一诗。

《春日望海》摩崖石刻。唐太宗李世民御驾亲征，大败高句丽国军数十万，凯旋，于贞观十九年(645年)四月丁巳(20日)达卢龙，途经秦皇岛驻跸观海，留下《春日望海》这首诗。他以一个晚辈帝王的身份，对秦皇、汉武的求仙活动作出了新的评说：求仙活动非本意，拱手祈求为的是江山永固，国富民强。李世民28岁登基，这一年他46岁，已经做了18年皇帝。他思路清晰，带有几分哲理。现在让我们共同欣赏这首《春日望海》五言诗：

披襟眺沧海，凭轼玩春芳。积流横地轴，疏派引天潢。
仙气凝三岭，和风扇八荒。拂潮云布色，穿浪日舒光。
照岸花分彩，迷云雁断行。怀卑运深广，持满守灵长。
有形非易测，无源讵可量。洪涛经变野，翠岛屡出桑。
之罘思汉帝，碣石想秦皇。霓裳非本意，端拱且图王。

这首诗的大意是：

披着衣裳，眺望大海。手扶车厢上的横木，在春光沐浴中思绪万千。众水积聚横无边际，好像一条大河，引来天上之水。缥缈的仙气凝结成海中三神山(蓬莱、方丈、瀛洲)。春风向四面八方吹扬，拂动海水成波浪，把五彩云霞染上天际。太阳光穿过波浪，衍射成一片灿烂辉煌。太阳光照到地上，花儿更加鲜艳多彩。白云中偶尔见到一队队大雁飞翔(遐想由海上到陆上，再由地上转到天上)，这是一幅多么美好的画卷！大海的心是如此谦卑，显得它的心胸多么深广。大海能容纳万物，所以它的生命才如此绵长。大海有形却难以丈量。大海无源怎么会知道它的水量有多少？波涛万顷的大海却是由陆地演化而来，翠绿的海岛也会变成桑田。在山东芝罘想雄才大略的汉武帝，至碣石想千古一帝的秦始皇，他们羡慕天上的神仙，求长生不老之药，这并非他们的本意，虔诚拱手祈祷，为的是江山永固，国富民强。

唐太宗是春天来到北戴河的，诗中没有对海浪运动作出具体描述，是眺沧海，说明海水退离了碣石山。皇帝是人，不是神，对于太平盛世的皇帝，想健康长寿，这本是情理之中的事，老百姓也为此高兴，高兴摊上一位好皇帝。但是唐太宗李世民这样说了却没有这样做，为求长生，他没有去求仙，而是去求人，吃了古印度方士那罗迩婆婆寐为他配制的金石秘剂，4年后，唐太宗李世民的生命走到了尽头，这一年他刚刚51岁。

百福苑石刻。在龙山山顶上刻石有历代书法家所写的风格各异的"福"字，一石一福，其福满百，故名百福苑。百福苑的说明牌上有这样一段话，是给那些寻求幸福之人写的："幸福乃人生追求之至美，恰如在月求其始圆，在日求其初升，在花求其怒放，在海求其大潮汐，在人生，谁不求其多福，然而，求福之道以勤、俭、仁为正途，即勤于治，俭于用，仁爱之心及于人，三者是造福、积福、保福之根本。根本既固，幸福当如上天之梯，步步登高。"说具体一点，有人说幸福是一个目标，有精神上的目标，物质生活上的目标，还有求学方面的目标，经过努力达到了目标就获得了幸福；有人说幸福是一个过程，幸福存在于到达目标的过程之中；还有人说幸福是一种心态，一个人活在世上，很大程度上活的就是一种心境，"知足常乐，能忍自安"，在名利上，要有知足感，在科学追求上要有不知足感。所以南宋慧开禅师作"春歌"："春有百花秋有月，夏有凉风冬有雪，若无闲事挂心头，便是人间好时节。"对待人生自始至终都要有一种好的心态。中央电视三台的"向幸福出发"栏目引起了社会的广泛关注，不少登台的人物讲述了属于他们自己的故事，讲述了他们走出苦难向幸福出发的历程。在风雨坎坷的人生路上，去寻找那份属于他们自己的幸福。但是有些人一辈子追求幸福，却没有找到幸福，因为他们根本就不懂得什么是真正的幸福。更多的人是无法认识自己拥有的幸福，身在福中不知福，幸福来敲门却没把握好，和幸福擦肩而过。

人们对幸福的理解，各不相同，各不相同的理解，激荡在每一个人的心中。长乐，乃幸福之泉也。

历史名人简介

A. 曹操(155—220)，字孟德，小字阿瞒，谯(安徽亳县)人，祖父曹腾在汉恒帝时担任官职，后封为费亭侯。父曹嵩继承了曹腾的侯爵。曹操20岁举孝廉为郎，历任洛阳北部尉、顿丘(今河南濮阳)令，颇有政绩。后随皇甫嵩镇压黄巾军有功，任济南国相，参与天下诸侯讨伐董卓的战斗，建立了自己私人武装。董卓死后，纵横乱世，南征北战，先后战胜了吕布、袁术，并接受了张绣的投降。东汉汉献帝初平三年(192年)，曹操的谋士毛玠向曹操提出“奉天子以令不臣，修耕植以畜军资”的战略性建议，曹操深以为是。于建安元年(196年)，曹操亲至洛阳朝见汉献帝。随即挟持汉献帝迁都许县(今河南许昌东)。从此，曹操“挟天子以令诸侯”，被封为大将军、武平侯。建安十七年(212年)攻占阳平关，击败、降服了汉中张鲁，三国鼎立之形势基本成型。建安十八年(213年)，汉献帝派御史大夫郗虑册封曹操为魏王。以冀州、并州等10郡为魏国封地。于邺城建立魏王宫铜雀台，享有天子之制，获得“参拜不名、剑履上殿”的至高权力。建安二十五年(220年)三月十五日，曹操于洛阳去世，享年66岁，谥号“武王”，死后葬于高陵。

曹操为三国时期魏国的奠基人和缔造者，东汉末年著名的军事家、政治家和诗人，其子曹丕称帝后，追尊曹操为魏武帝。以曹操、曹丕、曹植为代表的建安文学，史称“建安风骨”，在文学史上留下了光辉的一笔。

B. 唐太宗李世民(599—649)，生于陕西武功别馆，陇西成纪人，祖籍赵郡隆庆，是唐高祖李渊与窦皇后的次子。大业三年(617年)秋，劝其父李渊反隋，任尚书令。唐武德元年(618年)，李渊登基，先后统兵镇压窦建德、辅公祏、刘黑闼等义军，削平薛仁杲、王世充、梁师都等割据势力。在建唐过程中立功最多，但不为李渊喜爱，更为其兄李建成、四弟李元吉所忌。武德九年(626年)六月，在尉迟恭等人的支持下，先发制人，发动“玄武门之变”，设伏兵袭杀建成和元吉，取太子位。次年高祖传位为帝，改元为贞观。李世民用他卓越的军事才能，为唐朝的建立和发展作出了巨大贡献。治天下，知人善任，虚心纳谏，用房玄龄、杜如晦为相。加强对官吏的考核，发展科举制选拔人才，继续完善和推行均田制、租庸调法、府兵制，保证税收和兵役的来源。大力兴修水利，迅速恢复和发展农业生产。开创了大唐国泰民安的全盛局面。为后来的开元盛世奠定了基础，将中国农业社会推向鼎盛时期。由于他在位时年号为贞观，所以人们把他统治的时期称为“贞观之治”。“贞观之治”是我国历史上最为璀璨夺目的时期。对外扩展，西到“丝绸之路”，促进对外经济文化交流。东到朝鲜，多次征战。唐太宗吸取隋朝灭亡的教训，强调以民为本。他常说：“民，水也；君，舟也。水能载舟，亦能覆舟。”在唐太宗的带领下，君臣和谐，全国上下一条心，到了贞观八九年，牛马遍野，百姓丰衣足食，夜不闭户，道不拾遗，出现了一片欣欣向荣的升平景象。唐太宗李世民是既能打天下，又能治天下的有道明君。

§10. 集发生态农业梦想王国①

集发生态农业观光园在北戴河区海北路中段，北戴河海滨5路公交车集发观光园站下车便是。

观光园是一家现代生态农业园区，它还有一个更富于幻想的名称叫“集发生态农业梦想王国”。实体经营是一家省级农业产业化的龙头企业。观光园占地面积800余亩，具有农业种植生态观光、亲子休闲娱乐、产地研学教育三大功能特色。

一、集发农业种植生态观光区

农业种植生态观光区始建于2000年，是国内最早的生态农业休闲观光景区，2002年获综合性旅游4A级称号。景区内建有暖棚25座，连栋温室10座，设施种植面积4万余平方米，供游客观光采摘。农产品有3个采摘观赏区，共种植150多种来自不同地区、不同国家的珍贵植物。

①四季花园，一年四季都可以看到百花争艳的景观，潺潺的流水声，让你置身于花的海洋。

②四季果园汇集了从热带到温带的各种果树500多株，近50个品种，热带果树有百香果、龙眼、荔枝、莲雾果、枇杷、香蕉、波罗蜜、蒲桃、芭乐、阳桃等20几个优良品种，形成北半球百果汇聚的奇观。通过先进的嫁接培育技术，可观赏到“一树多果”的盛象，最多可以长出6种不同的水果，游览之余还可亲手采摘时令水果，让你享受自由采摘的乐趣。13号温室里面种植了许多掌类植物，如仙人掌科的火龙果，它是集花卉、蔬菜、水果于一体的一种植物。在超市上买到的火龙果瓤是灰白色的，叫玉龙果。这里种的火龙果瓤是红色的，汁水丰厚，内含花

---

①集发生态农业梦想王国资料由张茗提供。

青素，能松弛血管，预防高血压，延缓衰老，皮肤健美，是红龙果中的特优品种。还有一种黄龙果瓤是黄色的，叫仙密果。

③四季瓜园采用先进的箱式、槽式等基质无土栽培技术，水上种植技术，种植有数十种世界著名瓜果，如培育的大南瓜最重达300多斤，堪称南瓜之王；树上结地瓜也是四季瓜园一大特色，打破了传统的地瓜只能在土里的生长方式，五彩斑斓的奇瓜长廊，让你置身于奇瓜荟萃的视觉中。热带植物园里有两栋全国面积最大的日光温室，通过自动喷淋保湿降温，地热管经地表加温等高新科技，使百余种南方植物在这里开花结果。你可以看到开花的槟榔树，硕果累累的椰子树，奇特的炮弹树和造型别致的人心果树。漫步在树丛间的小路上，猝不及防的“人工降雨”，让你和家人在刹那间感受热带雨林带给你的浪漫情怀。

④丝瓜长廊是世界上最长最大的丝瓜长廊，高4.5米，长150米，丝瓜长达到4.55米，创吉尼斯世界纪录。漫步在丝瓜长廊，一根根2米以上的丝瓜宛如一道道瀑布飞落而下，体验“万条垂下绿丝绦”的独特感受。

二、亲子休闲娱乐

适合有2—14岁孩子的亲子家庭，园内设置了入口服务区、亲子游乐区、自然休闲区、农科体验区、主题乐园区、绿色餐饮区6大区域，这里将成为集农业科技展示、农业科普教育、娱乐体验互动等功能于一体的亲子特色旅游景区。

亲子游乐区有戏水乐园、探险部落、萌宠乐园、动感乐园、滑草滑雪、亲子游船，不同季节不同享受，满足全年溜娃(网络用语，带孩子出去玩并着意培养孩子的各种素质和能力)的需求。

三、打造环渤海最好的研学营地

2017年4月，中秦兴龙与集发强强联手，注资3亿元升级改造。目前，景区面向2—14岁亲子家庭，突出沉浸式农业主题，为游客提供观光、游乐、游憩等各类旅游产品。景区内建有各种动力、无动力设施以及萌宠乐园、戏水、滑雪等游乐项目。萌宠乐园是今年新开发的旅游项目(是小孩进圈去喂小兔子和小猪崽)。

依托农业高科技、水乐园、无动力乐园、萌宠乐园、非遗百工坊等载体，以“探索、创新、感恩、责任”为理念，建立探索、科技、户外、文化、艺术、社会六大课程体系，通过体验式学习、项目式学习，让青少年在接触、感悟自然的过程中，养成独立思考和独立生存的能力，培养高眼界、高能力、高责任感，与时代发展并驾前行的青年。孩子们在这里从参与萌宠乐园开始，接受农业科普教育，回归自然教育，培养、激发青少年探索自然的兴趣。农业是人类生存的本源，一切高深的学问都应该从这里起步。

四、农业展区发展未来

首先，继续打造现代农业精品。集发公司大力发展生态农业、设施农业、物联网智慧农业，组建农业联合体，发展绿色生态种植基地。园区与河北科技师范学院、河北农业大学等科研机构广泛合作，落地多项农业科研开发项目。首期3年期的河北农业大学、河北省农业农村厅与集发合作的创新驿站正在运行。2019年，秦皇岛市科技馆农业馆落地集发。秸秆反应堆项目、酵素农耕项目、去农药、减化肥项目、生态种植项目等正在园区内推广。此外，各类“农业+”项目也先后在集发落地，如农业与旅游、农业与文化、农业与健康养生、农业与科研、农业与劳动教育等基地建设。

其次，大力推进农业产业化。集发公司现有近20个绿色蔬菜品牌，自种及合作种植面积近3000亩。今年暑期圆满完成了北戴河暑期蔬菜供应站及多家疗养院配送蔬菜工作。66天，12家食堂，5300个批次检测，农产品残留农药全部合格。以园区为中心，集发创建了市级农业产业化联合体，签约多家特色种植基地，并向周边区域的果蔬、水稻、红薯、花生等产业辐射。

再次，努力实现一二三产的有机融合。集发生态农业观光有限公司作为带有园区属性的农业企业，致力探索现代农业服务业相关业务。除了原有的休闲农业、农业培训、农业技术服务三个领域，积极探索工厂化育苗、品牌果蔬开发、特色西红柿精细种植、全营养水溶肥单品研发、高标准农田工程、水肥设备服务等业务向深度发展，力求在现代农业服务业八大领域有所突破。

§11. 北戴河海滨名人老别墅

北戴河海滨作为世界著名的避暑旅游胜地。它曾是中外达官贵人风云际会的地方，吸引了近代中国几乎所有的风云人物。因此，在北戴河海滨，留下了风格各异的别墅建筑。1893年，受聘于津榆铁路总局的英国总工程师金达，见这里风光旖旎，气候宜人，在津京地区向中外名流、富商大贾、外国传教士大力宣传北戴河旅游度假的优势。也就是在这一年，英国人史德华首开先例在北戴河购地建屋，兴建别墅。1898年，清政府把北戴河海滨正式辟为“允许中外人士杂居的避暑区”，在北戴河海滨购地建屋，兴建别墅就多了起来。到1948年北戴河海滨解放，在这块神奇而美丽的土地上，共建有别墅719座。这些别墅代表着不同国家、不同民族的建筑风格，又留下了那段历史的印迹。国家文物部门已经把北戴河这些20世纪名人别墅列为国家重点文物保护对象，并开通了旅游路线，即北戴河海滨名人别墅旅游专线，主要有李四光别墅、周学熙家族别墅、顾维钧别墅、傅作义别墅、何香凝别墅、马海德别墅、东岭会教堂、张学良别墅等。北戴河海滨也因此成为与江西庐山、浙江莫于山、河南鸡公山齐名的中国四大别墅区之一。

1.李四光别墅。一提起地质学家李四光，国人便会想到他所创建的“地质力学”和应用“陆相成油理论”指导的中国石油地质大会战。那是1959年，新中国成立的第10个年头，中国发现了大庆油田，摘掉了贫油帽子。喜讯传来，会战整整坚持了5年，可是他领导的地质部油田地质队一直没有突破。他要修改设计重选靶区，他把这个想法向周恩来总理作了汇报。周恩来总理立刻以一个政治家的稳见，要李四光再等一等，可就在这时，参加会战的石油系统油田地质队找到了现在的大庆油田。预测在东北平原、华北平原、江汉平原，即新华夏系第二沉降带有石油远景储量，这是李四光、黄汲清、谢家荣等几个战略地质学家共同得出的结论。可是具体的战术问题，东北平原那么大上哪去找呢？这是石油大会战的具体战术问题，打战术战的理论依据是什么呢？

这是潘钟祥(1906—1983，河南卫辉人，1931年北大地质系毕业)、黄汲清(1904—1995，四川仁寿人，1928年北大地质系毕业)提出的“陆相生油和多期多层生储油理论”在实践中得到应用并取得了成果。

李四光是大师级的地质学家，他从1952年8月起，到他1971年逝世，主持中国战略地质工作20年，并取得了油田地质大会战发现大油田，预测地震提出“地震安全岛”理论等重大科研成果。章鸿钊、丁文江、翁文灏、李四光是中国地质学四大创始人，被誉为中国地质科学发展史上的四大开山鼻祖。李四光运用西方的地质理论与中国具体地质实践相结合，创建了地质力学，以及运用地质力学理论编著的中国地质学(1939年)，是中国地质学走向成熟的标志之一。章鸿钊、翁文灏和丁文江，他们从国外回来想做的第一件事就是兴办地质教育，培养地质人才。他们办了中国第一个地质研究所，实际是一所地质专科学校，培养了18名地质人才，被誉为中国地质科学发展史上的“十八罗汉”，在新中国的地质事业发展中多有建树，成为那个年代的领军人物。

1953年6月18日，原地质部党组给周恩来总理报告称：“李四光部长因患动脉硬化症，曾在北京协和医院休息过一个星期，准备天热时去青岛或北戴河休养。”周恩来总理批示：“到北戴河休养。”这年夏天，李四光来到了地质部北戴河疗养院，他住过的这幢别墅被后人称为李四光别墅。这幢别墅坐落在丛林之中，背靠青山，面向大海，环境幽雅。别墅建筑风格中西合璧，有廊坊的阳台、裸露的岩石、绿树成荫的庭院，阳光充溢，和谐宁静。这幢别墅又名晚晴轩，原为大军火商、洋买办雍剑秋所建。后来徐世昌的弟弟徐世章花重金买下这幢别墅，送给哥哥徐世昌，故这幢别墅又称“徐世昌别墅”。1922年徐世昌下台，徐世章随之去职，隐居天津，任铁路学院名誉董事、天津耀华中学董事、工商学院董事长等闲职。中华人民共和国成立后，这幢别墅收归国有，划归地质部做疗养院，现名为自然资源部疗养院。李四光先后两次来北戴河疗养就住在这栋别墅里。李四光来后，北戴河海滨美丽地风光，让他心旷神怡，病情很快得到了好转，在读书学习之余，他对北戴河的山体构造进行了观察，拍摄了很多照片。1954年的夏天，李四光又来到了北戴河海滨，这一年他66岁，仍住在这幢别墅里。当时，他刚完成《旋卷构造及其有关中国西北大地构造体系复合问题》的学术论文，为给这篇学术论文提供相应的图件，把全部精力都用在编制《燕山运动以来中国西北部大地构造相发展综合简图》上，当年，这篇论文及附图发表，在国内外引起了不小的反响，成为他一生中学术研究的又一名篇。①

现代人物简介

A. 李四光(1889—1971)，蒙古族，原名李仲揆，湖北黄冈人，地质学家、地质教育家和社会活动家，我国现代地质科学和地质工作奠基人和主要领导人之一。

李四光14岁那年，因报考武昌高级小学堂填写报名表出错，误将姓名栏当成年龄栏，写了“十四”二字，随即将“十”改成“李”，名尾加个“光”字，从此以“李四光”传名于世。李四光1905年到日本留学是学造船，1912年到英国伯明翰大学才学地质，1919年，获硕士学位回国。1920年起，先后担任北京大学地质系教授、系主任，以及南京地质研究所所长。他带领学生和研究人员常年奔波在野外，跋山涉水，足迹遍布祖国的大江南北。数次赴欧美讲学，参加学术会议和地质考察。1927年在英国伯明翰大学获博士学位。1928年7月，国民政府筹建武汉大学，教育部部长蔡元培(1868—1940，浙江绍兴人)任命李四光为武汉大学筹备委员会委员长，并选定武汉大学新校址，现在武汉大学校园里还有李四光选址的雕像。1949年秋，李四光在国外被邀请为全国政协委员。夫妇二人取道意大利到香港，于1949年12月秘密回国。

回国后，李四光先后担任了原地质部部长、中国科学院副院长、全国科联主席、全国政协副主席等职。他虽然年事已高，仍奋战斗在科研和国家建设第一线，为我国的地质、石油勘探作出了贡献。1958年，70岁的李四光，经何长工(1900—1987，湖南华容人)、张劲夫(1914—2015年，安徽肥东人)介绍加入中国共产党，1971年4月29日，李四光因病在北京逝世，享年83岁。

李四光创立了地质力学并运用地质力学观点研究地壳运动规律，探索地壳运动与矿产形成的关系。1956年他主持石油大会战，在很短时间里，先后发现了大庆、胜利、大港、华北、江汉等油田，为中国石油工业建立了功勋。20世纪60年代，转入地震预测和地热开发研究。

B. 徐世章(1889—1954)，徐世昌的堂弟，天津著名的文物鉴赏家。早年留学比利时列日大学商学院，获经济管理学学士学位。1911年赴意大利担任万国博览会审查委员。继赴英、法、德等国考察商业及铁路行政。1912年学成回国后，任交通运输部路政司属官和京汉铁路局副局长、津浦铁路局局

① 吉羊．神聊秦皇岛．石家庄：河北人民出版社，2008：262.

长。1920年起任交通运输部次长、全国铁路督办和交通银行副总裁、中国国际运输局局长、币制局局长等职。1922年徐世章离任回天津，任铁路学院、工商学院、天和医院董事长和天津耀华中学董事等闲职。徐世章一生热心于文物和玉器的收藏，是津门房地产开发的先驱，因其精通建筑学，具有经济头脑，又极富远见，故房地产业做得红火，为家族产业奠定了雄厚的基础。他购置房产，兴办教育、医务、实业，乐善好施，热心公益事业，所以在当时天津的开明绅士中有较高威望。新中国成立后，徐世章投身新中国建设事业。1952年徐世章卖房捐献15000元购买飞机大炮支援抗美援朝；认购10年期公债25000元支援国家经济建设，是当时私人认购公债数额最高者之一。晚年，他又将自己耗尽一生心血购置的近3000件文物全部无偿捐给国家。徐世章过世后，这些文物收藏于天津市艺术博物馆。

2.周学熙家族别墅。在北京市工人疗养院内，有错落别致的五幢别墅叫“五凤楼”，它是清末民初我国著名实业家周学熙先生的次子周明焯在天津经营美商平安公司期间，为他的五个女儿修建的五幢别墅。别墅为欧式建筑，堂前有廊，离海百米，近可赏松柏苍翠，远可听海涛阵阵，别有一番情趣。这五幢别墅在布局上呈错落之势，颇有凤凰展翅飞翔之意境。周明焯子辈取名为三个字，男名末字为良，女名末字为华，五凤五华，当含“风华正茂”之意。三女儿最受父亲宠爱，所以她的别墅比其他四幢别墅要大些，建筑上也略有不同。五幢别墅一字排开，颇有气势。

周学熙曾任北洋政府财政总长，同时也是当时杰出的实业家。1928年，周明焯与美国律师爱温斯在天津合办美商平安公司，以经营天津和北戴河海滨房地产出租业务为主，兼营美商美亚保险公司在华业务。公司在美国注册，周明焯任董事长。1937年，爱温斯病故，其股份由公司买进。平安公司在北戴河海滨经营房地产业务长达20多年，1948年秦皇岛、天津相继解放，平安公司美方代表东伯利于1949年11月，匆匆离华回国，委托周新如为他的中方代理人。1952年5月，周新如登报声明放弃平安公司在北戴河海滨14幢别墅的所有权，1953年7月经中央人民政府外交部、财经委员会批准，将这些房产移交天津市管理。1953年8月11日，中央人民政府秘书厅批准将原平安公司在草厂西路15、16、17、18、19号，五幢别墅拨给北京市总工会，作劳模休养之用，成立北京市工人疗养院，这五幢别墅就是当年的“五凤楼”。

周氏人物简介

A.周学熙(1866—1947)，字缉之，安徽东至人，曾任北洋政府财政总长，是我国清末民初杰出的民族实业家。清末，他在光绪、宣统年间任唐山开滦矿务局总办，又是启新洋灰公司、华新纺织公司、耀华玻璃公司的创办人。最初在浙江为官，1898年被派为开平矿务局会办，次年升总办。1900年为山东候补道员，入袁世凯幕下，主持北洋实业。1901年任山东大学总办，次年7月经直隶总督袁世凯委派总办银圆局，并创办河北工业大学兼任校长。1905年，出任天津道，办商品陈列所、植物园、天津铁工厂、滦州煤矿公司、天津造币厂、唐山启新洋灰公司、天津高等工业学堂等。其中1906年创办的启新洋灰公司、滦州煤矿公司获利颇丰。因振兴工艺有功，1907年任长芦盐运使，又官至按察使。1908年创办京师自来水公司。1915年为徐世昌内阁财政部部长，参加签订善后借款合同。1916年4月脱离政界，任华新纺织公司总理，先后创办华新所属的天津、青岛、唐山、卫辉四家纱厂。1922年，他从比利时引进先进的玻璃制造技术，创办了秦皇岛耀华玻璃公司。周学熙以兴办实业成绩卓著，与南方实业家张謇齐名，有“南张北周”之说。1927年周学熙以年高引退，晚年以读经、赋诗和念佛自遣。1947年9月26日卒于北平寓所。

B.周志俊(1898—1990)，名明焯，号艮轩主人、市隐，周学熙次子。幼年随祖父和父亲寄居青岛，倍受先辈思想熏陶。1915年，随父来京，父为他请了一位英语家教，开始掌握英语，涉猎多种书籍，并在美国亚历山大汉弥乐顿商学校函授学习资本主义经济学，侧重于钻研现代企业管理知识。与父亲共同经营青岛华新纱厂。1933年西行考察了美、德、法、英、荷、比、丹、奥、瑞士、意大利等国家。回国后，1919年—1937年，先后担任青岛华新纱厂总经理。抗战前夕，华新纱厂成为纺织印染全能厂。抗战爆发后，周志俊先后在上海创办了三信和三新工厂，为我国民族工商业的发展作出了一定贡献。给大后方运送物资，支援抗战。抗战胜利后，他除经营青岛纱厂，还在上海开设机电、制酸、电器等多处工厂。他的前半生是走实业救国之路，后半生继承了先辈的爱国思想，他在信和纱厂董事长颜惠庆的电召下，毅然返回上海，迎接解放，参加新中国的建设事业。1950年，为抗美援朝捐献飞机一架，受到了党和社会的尊敬和赞赏。周志俊在新中国成立后加入中国民主建国会。他关心祖国的统一大业，并寄语海外亲友，为早日实现和平统一而共同努力。

3.马海德别墅。在北戴河区秦皇岛市政招待所院内有一幢典型四面廊别墅，建筑面积为484平方米。原房主是奥地利人，叫白兰士。马海德晚年身患癌症，在这幢别墅里疗养，所以人们又把这幢别墅称为马海德别墅。廊是北戴河海滨别墅建筑的一大特点，也是欧式居民建筑的一大特点，通常是一面廊，两面廊，像这样四面围廊的别墅在北戴河海滨现存别墅中已不多见。这幢别墅还有一个方形的二层塔楼与其他部分相接，中西合璧，更显得与众不同。马海德是美国人，原名乔治·海德姆，他是一位杰出的国际主义白衣战士、著名的医学专家，他不仅是美国人民的优秀儿子，也是中国人民的优秀儿子。马海德将自己全部智慧和精力奉献给了中国人民的解放事业，赢得了中国人民的深深爱戴。北戴河海滨不少居民和他交上了朋友，他为老百姓看病热情幽默，有很多感人的事迹在这里传颂，使人难以忘怀。

马海德逝世后，由他的妻子周苏菲任中国麻风病协会副理事长，中国麻风病基金会、马海德基金会理事长。周苏菲，1920年生于浙江舟山，1939年8月到延安，进鲁迅艺术学院学习文学和戏剧。1940年除夕，延安鲁艺举行春节联欢晚会，马海德邀请周苏菲跳舞，边跳边谈，十分投机。回到窑洞，马海德向周苏菲倾诉了爱慕之情，第一次向她求婚。这桩不寻常的婚姻，根据当时的世俗还要有媒人介绍组织批准等手续。媒人是李德(1900—1974，奥地利人，共产国际派驻中国的军事顾问)的第二任妻子李丽莲(1914—1965，上海人，1937年与江青由上海来延安)，由中央组织部批准，于1940年3月1日在边区政府办事处正式登记。从此，结成一对情深意笃的革命伴侣。

马海德生平简介

马海德(1910—1988)，原名乔治•海德姆，美国人。他从小立志长大后要当一名医生，给穷人治病。1933年获瑞士医学博士学位。为了考察在东方流行的热带病，便和两个同学一起来到中国上海。原计划只停留一年，然后回美国，但他看到帝国主义侵略中国和中国政府的腐败，中国人民处在水深火热之中，他通过考察热带病，了解到中国工人的生活状况，认识到中国工人不仅需要药物，更需要吃的、穿的，这是他作为一个医生无法解决的。只有从根本上改造中国的社会结构，才能彻底改变中国劳动人民的悲惨命运。这时，他结识了宋庆龄和在上海的外国进步人士史沫特莱、艾黎、格兰尼奇、希伯等人。在他们的影响下，马海德开始阅读马克思主义著作和研究中国问题。并知道还有一个中国共产党所领导的革命根据地。他投身于中国革命活动，他开的诊所成了中共地下联络站。1936年春末，中共中央想邀请一名医生去陕北，由宋庆龄转达延安中共对他的邀请。在延安受到毛泽东的亲切接见，周恩来还亲自为他安排了参观苏区的旅程，马海德随军转战南北，以满腔的热情投入诊疗工作，并提出改进苏区医疗工作的建议。

1937年2月，马海德加入中国共产党。他说："从此，我能够以主人翁的身份，而不是作为一个客人置身于这场伟大的解放运动之中，我感到极大的愉快。"为了更好地接触人民群众，他不仅学会了中国普通话和陕北地方话，而且把自己的名字改成了马海德。新中国成立后，他加入了中国国籍，以极大热情从事性病和麻风病的防治工作，取得了在全国范围内消灭性病的成就。

4.何香凝别墅。何香凝别墅在黑龙江干部休养所黑龙江大学北戴河分校院内(北戴河区东经路6号)，是典型的仿唐中式砖木结构建筑，坐北朝南，红色的廊柱和中式落地窗映衬着周围的绿树，大红大绿显得新奇秀丽，在北戴河的诸多别墅中独树一帜。更为特别的是，整幢别墅完全用木楔楔成，没用一根钉子，匠心之独特令人惊叹。这幢别墅建于1942年，建筑面积440.93平方米。原房主为北戴河风景管理局林伯涛，后迫于邻居挤兑，不得已转让给日本人东金草燕，1952年收归国有，全国人大常委会副委员长何香凝女士多次来北戴河在此居住。

何香凝生平简介

何香凝(1878—1972)，原名谏，号双清楼主，广东南海人，生于香港一家富商家庭。她是国民党元老廖仲恺(1877—1925)的革命伴侣，廖承志(1909—1983)的母亲，中国民主革命的先驱，著名的国民党左派，民革主要创始人之一，妇女运动的领袖，杰出的美术家。她早年追随孙中山，成为第一位同盟会女会员；她坚持孙中山的联俄、联共、扶助农工的三大政策，真诚地同中国共产党合作；她发动妇女参加革命，为国内革命战争、抗日战争作出了卓越贡献；她把艺术创作与革命活动紧密结合起来，她的作品中充满斗争激情、正气浩然。

从美术家这一侧面来揭示了何香凝的革命生涯。她与丈夫廖仲恺一起留学日本，1911年毕业于日本女子美术大学。在女子美术大学习日本画，后追随孙中山参加辛亥革命。根据革命工作需要绘制和刺绣军旗、符号、告示和军用票图案等。辛亥革命后在广州受岭南派影响，作水墨山水画。1925年以后，为革命奔波一段时间无法作画而转办画展，1929年去法国巴黎。

九一八事变和一·二八事变以后立即回国，投身抗日救亡运动，与柳亚子、经颐渊、陈树人等组成“寒之友社”，举办义卖展览，慰问前线抗日将士。1938年后，迁居香港，支持宋庆龄建立的中国保卫大同盟，向海外华侨宣传抗战，并为八路军、新四军募捐筹款。这时期作画多为松梅菊，偶作山水，大都赠送或出售给华侨。香港沦陷后回到桂林，以卖画为生。光复后重回香港。1949年以后历任中央人民政府委员、华侨事务委员会主任、中国美术家协会主席等职务。作为中国革命的元老级人物，何香凝一直没有放下画笔，早期作品有浓厚的日本画风格，她以梅花和老虎为题材的绘画作品享誉海内外。她擅作花鸟，偶作山水，笔致圆浑，色彩古艳雅逸，意态生动。国画作品有梅花、高松图等。

5.顾维钧别墅。顾维钧别墅位于北戴河中海滩宾馆院内，是一幢英国田园式别墅，分上下两层，底层为地下室，别墅建筑面积472.78平方米，上有平房5间，四面围廊，红瓦白墙与庭院绿树草地融为一体，看上去古朴淡雅，俨然一处“世外桃源”。

顾维钧先生在北洋政府外交部任职期间(1912—1931年)，每逢夏季经常在星期五晚上到北戴河度周末。他喜欢游泳和钓鱼，但更多的是从事一些政治活动。其间，1930年夏，汪精卫、冯玉祥、阎锡山准备成立秘密政府，邀请顾维钧先生出任外交部部长，共同反蒋。当时顾维钧正在北戴河度假，为此事，陈公博(1892—1946，广东南海人)和郭泰祺(1888—1952，湖北广济人)还专程来北戴河看望顾维钧，顾维钧当即表示拒绝。由于顾的态度，在北平等待接见顾维钧的阎锡山(1883—1960，山西五台人)不辞而别回山西去了，他们成立秘密政府的计划也就泡汤了。1931年夏，顾维钧对在北戴河海滨避暑的王树翰(1882—1955，奉天人)、臧式毅(1885—1956，奉天人)说：“关东军可能会采取激烈行动，可能要成为严重事件。”“日本人这次也许会用武力夺取沈阳。”两天后，张学良派专机接顾维钧到北平详谈，然而张学良没有认识到时局的严重性，也没有采取防范措施，顾维钧感到很遗憾，并留下一封便信。信中说：“我怕发生的事，但愿它不会发生。”当天他又返回北戴河海滨，不出顾维钧先生所料，不久便发生了日本关东军攻占沈阳北大营的九一八事变。当夜11点半，东北军参谋长荣臻(1889—1960，河北枣强新屯乡人)发来急电，王树翰同顾维钧到张学良住处共商对策。张学良感到事变突然，大军在外，己方与日方军力相差悬殊，抗之难取胜，恐伤东北军元气，乃令撤退。翌日国内各大报纸纷纷发表评论，谴责、抗议张学良之不抵抗之举。这时张学良始感到顾维钧之先见之明，但为时已晚。

顾维钧退休后定居美国，“文革”后期，毛泽东主席为促进国共和谈与祖国和平统一大业。1972年10月，派人去美国纽约看望顾维钧先生，并邀请他来大陆看看，还带话说：“中国统一是海峡两岸爱国人士的共同愿望。”1975年春节前后，蒋介石通过国民党元老陈立夫，用秘密通道向中共发出邀请，请毛泽东主席到台湾访问。陈立夫发文《假设我是毛泽东》的文章，欢迎毛泽东和周恩来到台湾访问，与蒋介石重开和谈之路，以造福国家和人民。陈立夫特别呼吁毛泽东“以大事小”，不计前嫌，开创国共两党再次合作的新局面。1975年4月5日，蒋介石去世，毛泽东闻之并没有高兴，却一脸凝重。没有人能理解毛泽东此时内心的复杂情感：蒋介石去世，对于中国统一大业无疑是一个损失。君且去，休回顾。①

顾维钧生平简介

顾维钧(1888—1985)，字少川，上海嘉定人。1899年考入上海英华书院，1901年考入圣约翰书院。1904年考入美国哥伦比亚大学，专攻国际法及外交，获博士学位。1912年回国后，任总统秘书、内阁秘书、外务部顾问和宪法起草委员会委员等职。1915年起历任北洋政府驻墨西哥、美国、古巴、英国公使。1919、1921年作为中国代表团成员出席巴黎和会和华盛顿会议。在巴黎和会上，就山东的主权问题据理力争，以出色的辩论才能阐述中国对山东有不容争辩的主权，为维护中华民族的权益作出了贡献。1922—1926年，先后任北洋政府的外交总长、财政总长、代理国务总理等职，其间，1924年5月曾代表中国政府与苏联签订《中俄解决悬案大纲协定》。1931年九一八事变后，以中国代表身份参加了国际联盟李顿调查团，调查日本帝国主义在中国东北的侵略罪行。1932年，起先后任驻法、英、美大使和驻国际联盟代表等职。1945年6月，出席旧金山会议，参加《联合国宪章》起草工作并代表中国在《联合国宪章》上签字。其后任国民党政府驻联合国代表。

---

①宋朝张元幹的《贺新郎》词中有“目尽青天怀古今，肯儿曹，恩怨相尔汝？举大白听金楼”句，毛泽东闻蒋介石去世，以赏诗词倾诉心声，改“举大白，听金楼”为“君且去，休回顾”。

1956—1967年，历任海牙国际法庭法官、国际法院副院长、台湾国民党总统府资政等职。退休后定居美国，用17年时间完成了他的口述回忆录，英文原稿10000余页，汉译本13巨册，记述了他50多年从事外交工作的经历。1985年11月在美国纽约去世，享年，97岁。他逝世时，中国常驻联合国代表李鹿野前往吊唁，转达了时任全国政协副主席邓颖超对顾维钧的深切哀悼，说顾维钧是中国外交的老前辈，是一位经历丰富的国际知名外交家。他对工作的献身精神赢得了世界各国人民的尊敬。毛泽东主席也十分佩服他的外交才华和为人。

被人称为民国四大美男子之一的顾维钧博士，先后有4次婚姻，第一任夫人张润娥，生于1890年，是张衡山膝下的娇女，曾资助顾维准留学美国，1908年在嘉定举行婚礼，后共同返美，1911年协议离婚；第二任夫人唐宝玥，是“中华民国”首任总理唐绍仪之女，1913年结婚，1918年唐宝玥在美国病逝，生子德昌、女菊珍；第三任夫人黄惠兰(1893—1993)，是东南亚糖王黄仲涵的娇女，夫妻共同生活了36年(1920—1956年)，生子裕昌、福昌，1956年协议离婚；第四任夫人严幼韵，是民国时外交官杨光泩的遗孀，1959年与顾维钧结婚，婚姻维持到1985年顾维钧无疾而终，严幼韵1905年生，2016年迎来了她112周岁的生日。2017年5月24日去世，享年113岁。

6.**傅作义别墅**。傅作义别墅在北戴河鹰角路一号，北戴河友谊宾馆院内，是比较典型的维多利亚式建筑，据考证已有118年的历史(建于1900年)，原房主为比利时人布吉瑞别墅。1954年被政务院(即后来的国务院)的外国专家局买下，供中外专家暑期休养用。傅作义先生曾在此居住过，所以也称“傅作义别墅”。在中国的建筑业把北戴河海滨的别墅建筑风格归纳为“蓝天绿树、红顶素墙、大回廊”三大要素。蓝天绿树是说上有蓝天，别墅的小环境是绿树环绕，环境幽雅。红顶素墙是说以欧式建筑的坡屋顶为主，包括单坡顶和双坡顶，屋顶上用的是红漆铁皮瓦，这是沿袭维多利亚式的建筑风格，典雅大方，展现了浪漫主义的建筑风格。如果我们在海里游泳回首一看，红色的屋顶苞于绿茵之中，色调对比是何等鲜明。大回廊是说有屋必有廊，有一面廊、二面廊、三面廊和四面廊之分。比较讲究是大回廊，有的廊比室内房间面积还大。现在北戴河的别墅建筑也多采用这种建筑风格，这种风格已经成了北戴河海滨的一道独特风景线。夏日的傍晚坐在回廊中，可以尽情享受习习海风。

1923年8月11日，我国著名的新日派诗人徐志摩(1897—1931，浙江海宁人）由北京来北戴河避暑，在这幢别墅里住了8天，写下了一篇优美的散文《北戴河海滨的幻想》。文中他为美丽的北戴河海滨赞叹不已：“流水之光，星之光，露珠之光，电之光，在青年妙目中闪耀，我们不能不惊讶造化者艺术之神奇。”

傅作义生平简介

傅作义（1895—1974），字宜生，山西临猗人，军事家，国民革命军将领，热播电视剧《战北平》中李昌毅的原型。1911年，傅作义响应辛亥革命，在太原参加反清起义，任起义学生军排长。1915年入保定军官学校第五期步兵科学习。1927年跟随阎锡山参加北伐。1930年在中原大战中参加对蒋作战，惨败。1931年开始担任绥远省政府主席。1946年国共内战开始，傅作义任华北剿匪总司令。1949年1月底在平津战役，中国人民解放军占领天津后，傅作义接受中共和平解放北平的条件，1月22日率25万北平守军接受和平改编，为和平解放北京作出了历史性的选择，保护了北京这座古城。1949年9月，出席中国人民政治协商会议第一次全体会议，傅作义当选为一届全国政协委员、中央人民政府委员。新中国成立后，任全国政协副主席、国防委员会副主席、水利部部长等职务。

7.东岭会教堂。在河北省管理处院内有一幢纯美式建筑，是1898年由美国传教士出资兴建的东岭会教堂，建筑面积250.49平方米。分上下两层，有100多个座位。建筑特点是色彩淡雅、工艺别致、布局合理，取材为莲蓬山绥中花岗岩，墙以粗毛石砌就，朴素坚固，屋顶石瓦是由天然色彩的石片铺成并排列出花纹。西方人涉足北戴河，传教团体先行，他们在来北戴河度假的人群中进行传教活动，这种传教活动还隐藏着给某些政治团体搜集经济情报的任务。到1898年，北戴河海滨已经有美国的美以美、公理会、基督新教，俄国的东正教，英国的中华圣公会、伦敦教会等十几个教派。他们利用不平等条约中“教会在华有永租土地权”条款，一方面以监理会名义大肆收购土地，转赁于会友，发地产财。另一方面又享有管理公共事项权利，插手地方行政事务。朱启钤先生认为他们“几有喧宾夺主之势”，并带领国内上层人士成立北戴河海滨公益会与之斗争，取得了胜利，扬我中华民族之气节。但是也不可否认，当时教会在北戴河海滨修道路、设发电厂、装路灯、设救生艇、管理街道卫生，运送垃圾、传递报刊、发展公益事业，客观上对北戴河海滨的城建工作起到了一定的推动作用。

8.**张学良别墅**。张学良别墅是一处最富有传奇色彩的老别墅，始建于1919年，原是天津富商章瑞庭(1878—1944，天津人，实业家)的产业，当地人称“章家楼”。别墅在北戴河海滨西二路4号(中直疗养院内一高阜上)，坐北朝南，造型别致，选料考究，是一幢十分精致的西式楼房。大部分墙体是用绥中花岗岩蘑菇石垒砌的，廊柱是用花岗岩雕琢的，楼顶还有个小阳台，可以眺望大海；楼西南30米处建一攒尖顶单檐方亭，四周设有隔扇门；楼前院墙有一西式弧形墨绿色雕花大铁门，新奇俏丽，在北戴河海滨诸多别墅建筑中独具一格。整个庭院花木扶疏，绿草如茵，环境优美。章瑞庭的实业天津恒源纺织股份有限公司，专门为奉军提供军衣被褥。有奉系军阀张作霖作靠山，不愁军货无销路，不愁受国内其他军需商排挤，可谓财源茂盛。他与张作霖交往甚密，张作霖暑期经常出没在这幢别墅里，后来章瑞庭索性把这幢别墅送给了张作霖。1928年，张作霖在沈阳皇姑屯遇难，此楼就成了张学良将军在北戴河的住处，即称“张学良别墅”。张学良曾三次来到北戴河下榻在这幢别墅里，为他传奇的人生增添了几段佳话。

1924年夏天，张学良第一次来到北戴河海滨。24岁的张学良风华正茂，他在赤土山机场亲自试飞由法国购进的水上飞机。晚上由朱启钤先生为他在霞飞馆设宴洗尘。张学良在第二次直奉大战中崭露头角，率奉系第三军与直系部队在山海关发生激战后转到九门口从后面包剿直系军队，大获全胜，在战火中与谷瑞玉以自由恋爱的形式正式结合。1929年7月初，张学良第二次到北戴河海滨。蒋介石、阎锡山、张学良在北京西山举行秘密会谈，商议反冯玉祥的部署，即所谓“三巨头会议”。会后张学良正准备启程返回沈阳，突然接到夫人于凤志(1897—1990，吉林公主岭南崴子大泉人)的急电，告之他们夫妇最宠爱的幼子急病夭亡。张学良闻悉极为悲伤，不能释怀。随从副官朱海北等一致劝张学良将军此时不宜回家，以免触景伤情，应先到北戴河疗养一段时间。张学良来到北戴河，就借住在这幢别墅里，后来又派人将于凤至夫人接来。就在这次，赵四小姐(1912—2000，原名赵一荻，浙江兰溪人，生于香港，北洋政府交通次长赵庆华之女。她与张学良相濡以沫，经历了36个春秋的恋爱长跑，终于取得于凤至夫人的谅解，主动与张学良解除婚约。1964年7月4日，53岁的赵四小姐与64岁的张学良这对“牢狱鸳鸯”，在基督十字架下结为正式夫妻）也从天津来到了北戴河海滨，下榻在毕琪饭店。经常到这幢别墅北面的一幢小巧玲珑的别墅与张学良幽会，成就百年之好。1930年7月，张学良第三次来到北戴河。

当时中原大战已经拉开了帷幕，一方是蒋介石的中央军，一方是阎锡山的晋军和冯玉祥的西北军。张学良的东北军周旋于各派势力之间。双方都清醒地认识到争取东北军是赢得这场战争的一枚重要筹码。张学良为摆脱双方代表的纠缠，他派一个警卫连护送于凤至先到北戴河，自己和赵四小姐随后到北戴河。各派代表赶往沈阳游说张学良，而张学良却没有轻易表态，听说张学良来到北戴河，各派代表又尾随而来。蒋介石派来的代表与张学良同时到达北戴河。他们一看游说无效，就想收买张学良的部下。他们以300万现洋收买了东北军陆军步兵二十三旅旅长马廷福，张学良虽然逮捕了马廷福。但他很忧虑，他知道蒋介石这个人做事不择手段。他看到上海《申报》的一幅政治漫画：画上阎锡山一手拿着算盘，一手拿着烟枪。冯玉祥一手拿着窝窝头，一手拿着大刀。蒋介石一手拿着一大沓崭新的钞票，一手拿着一支勃朗宁手枪。最后，张学良从东北军集团利益出发，站在蒋介石一边。东北军主力入关，冯玉祥经营20多年的西北军全部瓦解，失去了与蒋介石抗衡的实力。阎锡山与蒋介石达成妥协，出任太原绥晋公署主任。1931年九一八事变，日本侵略军占领了东三省，张学良率军撤到关内。1936年西安事变因张学良逼蒋抗日，被长期监禁，他就再也没有机会回到这幢别墅。1937年，七七卢沟桥事变后，日本侵略军占领了这幢别墅，作为日军高级军官的疗养院。1945年日本无条件投降时，这幢别墅已经残破不堪。抗战胜利后，这幢别墅被国民党政府没收。新中国成立后为中央人民政府接收，1949年划归为中直疗养院。1953—1954年，中央拨款在原貌的基础上进行了大修；1954年4月，毛泽东主席第一次来北戴河就下榻在这幢别墅里，并从这里登上鸡冠山看日出，7月份在此写下了脍炙人口的《浪淘沙·北戴河》。

张学良别墅同张学良将军跌宕起伏的人生命运一样，与中国现代史那段动荡的大争之世紧密相连，他以世纪老人的“长记忆”见证了从“军阀重开战，洒向人间都是怨”到“萧瑟秋风今又是，换了人间”的历史全过程。1929年东北军易帜和1936年震惊中外的西安事变使张学良将军在中国历史舞台上留下了不可磨灭的印迹。这位传奇人物曾三次来到北戴河海滨，下榻在这幢别墅里。在这里度过了他一生中几乎最难忘的岁月，从军事、政治到情史，这段岁月事关他一生的命运，留下永难磨灭的光芒。

张学良简介

张学良(1901—2001)，字汉卿，号毅庵，乳名双喜，汉族，祖籍辽宁海城。陆军一级上将，中国现代史上极富传奇色彩的风云人物。人称“少帅”，奉系军阀首领张作霖的长子，民国四大美男子之一。他曾三次来到北戴河海滨旅游度假，留下了一个个美丽动人的故事。1924年夏，张学良在赤土山机场亲自试驾由法国购进的水上飞机。当时国内航空界知名人士及当地群众上千人一饱张学良将军那英姿勃发的风采。1929年，张学良与赵四小姐在北戴河海滨度过了一个浪漫而甜蜜的夏天，他们下海游泳、沙滩嬉戏，鸳鸯楼幽会，定下了白首之约。1930年，中原大战正酣。张学良在北戴河静观事态，巧妙地与蒋介石、冯玉祥、阎锡山各派系的说客周旋。

1935年，张学良受中共的感召，爱国之心油然生起，慷慨激昂，游华山后，赋诗《游华山感怀》：

极目长城东眺望，河山依旧主人非！
深仇积愤当须雪，披甲还乡奏凯归。

20世纪初北戴河海滨三个特殊的别墅。20世纪初，北戴河流传着一句民谚：“吴家楼，段家墙，霞飞馆的大草房。”这说的就是20世纪初北戴河海滨的三幢特殊别墅。

吴家楼。吴家楼坐落在东联峰山南坡上，是一座背山面海的纯西式二层小楼，下有地下室。整个建筑以绥中花岗岩为墙体，结构严密，造型华美，是当时北戴河海滨最豪华的别墅之一。主人吴鼎昌(1884—1950)，浙江吴兴人，清末进士，北洋政府时任中国银行总裁、财政部次长，后任南京国民政府实业部部长、贵州省政府主席。1948年任蒋介石总统府秘书长，1949年到香港，1950年病逝。吴鼎昌挥金如土，经常和北洋权贵在海滨聚赌，据传这幢别墅是1916年吴鼎昌用四圈麻将的赢金（大约3万元大洋）建造的。全权委托德国工程师卫梯西设计，北戴河草厂村建筑承包商阚向午施工。

此楼建成之后，便成了北戴河上层人物聚会的场所。《大公报》编辑胡霖(1989—1949，成都人，大公报创始人)先生在《北戴河一瞥》中说：“吴鼎昌君别墅面海背山，建筑结实精美，足为全地之冠。”1932年，“国联调查团”赴东北调查1931年日军侵华九一八事变真相，以及调查结束后入关起草调查报告，张学良将军安排调查团在这幢别墅里住宿、开会。新中国成立后，此楼由人民政府接收，1949年10月，全国人大常委会委员长朱德(1886—1976，四川仪陇人)总司令在北戴河疗养期间曾住此楼。朱总司令是来北戴河休养的中央领导人第一人。

段家墙。段家墙是段芝贵别墅的围墙，原址在原公园路2号，朱启钤的“蠡天小筑”西面，现今是中央直属疗养院58号楼。1971年发生震惊中外的“九一三”事件，此楼当时是8341警卫部队的驻地。林彪的警卫秘书李文甫就是在这幢楼前跳车遭枪击的。段芝贵(1869—1925)，安徽合肥人，曾任北洋政府东三省巡按使，北京京畿警备总司令，定国军前敌总指挥，是一个实力派人物。此楼始建于1920年，由朱启钤督建，当地祁姓建筑承包商施工承建。由于段芝贵妻妾成群，随从较多，别墅建成后段嫌窄小，将其楼转售给朱启钤，后在原西经路68号，又建一座一大一小主配楼式的专用别墅。段家墙绵延300米，由绥中花岗岩毛石堆砌而成，上嵌水泥条形空格，墙头覆盖深红色缸瓦，衬托主楼更加富丽堂皇，故当地人称这段家墙为第二绝。1925年段芝贵病死，遗嘱将这座别墅赠给他的日本友人玉井利三郎。后来玉井利三郎又转赠给天津日本留民团。日本投降后，国民政府接收，新中国成立后由人民政府接管。

霞飞馆。霞飞馆位于东联峰山莲花石公园的西北角，莲花石正北60米处，因屋顶为稻草，苞于松涛之中，所以又叫“松涛草堂”。霞飞馆又是咖啡馆的谐音。大草房于1920年建成，是朱海北的产业，为木架结构，稻草盖顶，造型古朴典雅，堂内可同时摆放60—70张桌席，备有中西餐和冷饮，是游人娱乐休闲的场所。1924年，张学良首次来北戴河，朱海北为其导游，朱启钤先生就在这幢别墅里为张将军接风洗尘。朱、张两家是世交，朱启钤育有10女2男，二女儿朱淇筠，夫章以吴(1897—1977，浙江三门海游人)是周恩来在南开中学读书时的同窗，公公章正耀为前清翰林，与朱启钤曾同时在京师大学堂译书馆共事。章以吴与朱淇筠是从小订的娃娃亲。其子章文晋(1914—1991)，曾任新中国外交部副部长。四女儿朱津筠，夫吴敬安是张学良手下得力战将。五女儿朱湄筠，夫朱光沐(1887—，浙江绍兴人)是张学良的少校秘书。六女儿朱洛筠，夫张学铭(1908—1983)是张学良同父异母的胞弟。朱洛筠与赵四小姐在天津华西女中是同窗学友，婚后两人变成了妯娌。九女儿朱洪筠，夫吴泰勋(1912—1949，辽宁昌图人)是张学良的拜把兄弟。十女儿朱浣筠，夫卢致德(1901—1979，海南珠海人)曾任蒋介石的保健医官，1949年去台湾。朱海北入幕东北军担任张学良高级副官，因与张学良身材酷似，成了张学良定做服装的替身，张学良定做的服装由朱海北去量尺寸、试穿。当年，每至夕阳西下，中外女士纷纷来此宴饮跳舞，故时人又把这里称为“仙人宫”，时任北洋政府总统的徐世昌，称此地为“莲花世界神仙窟”。1930年，张学良将军在此宴请英国驻华大使和英国远东舰司令。1966年，林彪在霞飞馆旧址建起一幢灰色的别墅，为中直疗养院96号楼，俗称“林彪楼”(毛泽东居住的别墅是95号楼)。按照林彪的怪癖，离闹市区远点，离其他首长居住地远点，离海远点的要求，调用北京工程兵动工修建。林彪楼为青灰色工字形二层小楼，外观极为普通，但内部设施颇具匠心。“文革”后曾向游人开放，一楼有林彪和叶群的卧室、盥洗室和办公室，林彪卧室可以放映电影。在一楼转角处有一室内游泳池，二楼除林立果用房外，还有一间日光浴室供林彪使用。1971年9月13日，林彪在这里仓皇出逃，发生了震惊中外的“九一三”事件。林彪楼蒙上了一层神秘的面纱，此楼现为8341警卫部队驻地。

第四篇　尾声

第十八章　名人、名匾、名塔、传说与典故

§1. 名人、名匾与秦皇岛

一、祖龙入海求仙为哪般

游览过“秦皇求仙入海处”的游客，您一定会联想到秦始皇的拜海求仙，他想找的仙境是什么样？他想找的仙人长得什么样？他想找的长生不死药又是什么药？他的求仙活动将意味着什么呢？

秦始皇是开创中国帝制社会的第一位君主。但是，遣人入海求仙的第一位君主却不是秦始皇，而是战国时期傍海的齐、燕两诸侯国侯君。秦始皇统治在位的十二年，为求“后嗣循业”，他一面大造宫殿，为自己大修陵墓；一面又不惜任何代价多次派人入海求仙，希望长生不死。

中国的神仙文化起源于西部，叫昆仑神话。昆仑神话传到东方，在齐、燕两诸侯国沿海地区演变成蓬莱神话。受海市奇观影响，在古黄县(山东龙口)沿海一带出现了渤海蓬莱、方丈、瀛洲三神山的传说。神话中的仙境是古人想象中的一种平和安详、逍遥自在、隐蔽在大山深处或大海深处的乐园。

昆仑神话中的仙境是隐蔽在昆仑山深处，神话中的神是黄帝、西王母、禹、羿、帝江等，神之所以能长久视，是因含主膏，饮神泉，还有不死树，不死药。蓬莱神话中的仙境是隐蔽在大海深处的三神山(蓬莱、方丈、瀛洲)，神话中的仙是宋毋忌、正伯侨、羡门子高。仙之所以能永生，是因餐六气(春时朝霞日出之黄气，秋时晚霞日没之赤黄气，冬时北方夜间之水气，夏时南方日中之阳气，并天玄、地黄为六气)、饮沆瀣(夜间之水气)，漱正阳，含朝露。在《山海经·海内东经》中载：“蓬莱山在海中。”郭璞(276—324，山西闻喜人，东晋

注释家）曾注曰："上有仙人宫室，皆以金玉为之，鸟兽尽白，望之如云。隐蔽在大海深处的三神山，有奇景、异物，与凡人世界隔绝。人老不死，逍遥自在，修炼成仙。"《释名·释长幼》云："老而不死曰仙。仙，迁也，人迁入大山深处之也。"故制其字，人在山旁也。昆仑神话认为仙境在深山。①

《史记·封禅书》对"海中三神山"有这样的描述："自威、宣、燕昭使人入海求蓬莱、方丈、瀛洲三神山者，其传在渤海中，去人不远，患且至，则船风引而去。盖尝有至者，诸仙人及不死之药皆在焉。其物禽兽尽白，而黄金白银为宫阙。未至，望之如云；及到，三神山反居水下。临之，风辄引去，终莫能至云……"意思是说，战国时期，齐国的威王、宣王和燕国的昭王都曾先后派人入海求仙寻长生不死药。传说在渤海中有蓬莱、方丈、瀛洲三座神山（岛），岛上的宫阙是用黄金、白银建造的。宫中住着许多仙人，还珍藏一种人吃了可以长生不死的仙药。海中三神山，远望如云中的美妙景色，可是到了跟前，神山就沉到海底去了。人总是上不去，可望而不可即。从司马迁的这段描述来看，所谓"三神山"的仙境，就是海面上时而出现的海市蜃楼。这种大自然形成的幻景，古人信以为真，于是就出现了三神山的传说，引起许多人的向往和追求。研究神仙文化的方士也应运而生，宣扬海中有神山，山上有仙人和仙药。可是长期以来，没有人能对这种海市进行科学的解释，直到元代，于钦（1283—1333，山东威海文登人，元代方志编纂学家）在他的《齐乘》中将"三神山"与"海市奇观"合二而一，"仙境"就是"海市蜃楼"，可望不可攀，是人们向往的神山。

秦始皇循齐、燕两诸侯国侯君入海求仙事，一次是秦政二十八年（前219年），秦始皇第三次出巡，在泰山封禅，琅琊刻石之后，遇到齐人徐福上书"言海中有三神山"，然后遣徐福"入海求仙"。另一次，也是最隆重的一次，是秦政三十二年（前215年），秦始皇第四次出巡，到了秦皇岛。据《史记·秦始皇本纪第六》载："三十二年，始皇之碣石，使燕人卢生求羡门、高誓。刻碣石门。坏城郭，决通堤防。因使韩终、侯公、石生求仙人寻不死药。始皇巡北边，从上郡入。燕人卢生使

①苟华，李明贤. 关于仙境的神话与中国古代的访仙浪潮. 康定民族师范高等学校学报，2005，14（6）：84-89.

入海还，以鬼神事，因奏录图书，曰：‘亡秦者胡也。’始皇乃使将军蒙恬发兵三十万人北击胡，略取河南地。”秦始皇的这次碣石之行，要访求的仙人是羡门子高。羡门子高是原燕国有名的方士，人称“圣贤”，也是卢生的忘年之交。后来，卢生隐居山中，苦心修行，羡门子高却不知所终。“圣贤”之名被误传为“神仙”，说他得到了长生不死之药，隐居在深山。这些传说传到了李斯耳朵里，并向秦始皇禀奏，秦始皇闻喜令李斯起驾至碣石，找羡门子高，以求长生不死之药。秦始皇一行至今秦皇岛，问及羡门子高，有人说，他在大海深处的蓬莱仙岛，可谁也没去过。有人说卢生认识这位“神仙”。秦始皇在行宫还召见了卢生，要他带人去找这位“神仙”。卢生心里明白，这位前贤，并非神仙，早已过世，上哪去找？可始皇旨意难违，他说，蓬莱仙岛藏在大海深处，需大船，并要带500童男、500童女。秦始皇则下令造大船，选童男童女。卢生作为原燕国的方士，用这种缓兵之计来拖延时间，伺机脱身，并大搞“求仙”的虚假活动，摆仪式，搞典祭。

最后，卢生无奈，还是硬着头皮带着童男、童女下海求仙寻长生不死药去了。卢生带着童男、童女欲找一处世外桃源，在海上漂泊很长时间，连个“蓬莱仙岛”的影子也没见到。在一处岛上落脚，又开始装神弄鬼，把祭奠仪式搞得神乎其神，末了他谎称寻到了“仙人”送给他的录图书，上面写有一句谶句(预言)语：“亡秦者胡也。”此语正切中秦始皇的心病，秦始皇得此录图书，察觉到问题的严重性，忙转到北部边境视察军事防务，顾不上再追究求仙寻药之事。秦始皇先使大将蒙恬率30万大军进攻匈奴，将匈奴驱逐到战国时的赵国长城之外，然后征调民夫50万，修筑长城，以抵御匈奴对北部边境的侵扰。

卢生用这种“转移视线”的办法让秦始皇急转北部边境。但他许诺的求仙寻药之事毫无效验，这事他一直挂在心头未曾松绑。于是卢生，还有侯公不得不密谋逃跑，在逃跑之前，还说秦始皇“刚戾自用”“专任狱吏”“贪于权势”，未可为之求仙药。秦始皇闻后大怒：“卢生等吾尊赐之甚厚，今乃诽谤我，是重吾不德也。”（卢生，我对你不薄呀！你仍诽谤我，非我不仁，是你不义）欲寻卢生、侯公，在咸阳城里审问诸方士、儒生，问及是不是卢生的同党，后以妖言以乱黔首(古代指老百姓)的罪名在秦政三十五年(前212年)，制造了震惊中国历史的“坑儒”事件。秦始皇钦定的460位方士、儒生被巨石掩埋，不知卢生、侯公能否躲过这一劫吧？[①] 搞封禅大典，遣人入海求仙寻药以求长生不死，江山传代，是历代帝王为了维护其统治地位都惯用的法则，在那个科学不发达的年代，这种“造神运动”更是做得神乎其神。秦始皇这次“之碣石”要找的仙人竟然是被误传为神仙的羡门子高，想象中的羡门子高修炼成仙，健康长寿，超脱尘世隐逸于蓬莱仙岛。岛上有长生不死药，那蓬莱仙岛又在哪儿呢？

渤海三神山的传说并不是齐、燕两国方士凭空臆造出来的，而是来自海市奇观幻影。历史文献认为，蓬莱、方丈、瀛洲一般是指日本列岛，国内外的学者也赞同海中三神山即日本列岛的说法。近几年来，韩国学者又提出三神山在韩国的说法。但是，上述两种说法都是从徐福东渡先行到达朝鲜济州岛，而后到达日本列岛的历史足迹推演得出的。如五代《义楚六帖》中说：“日本亦名倭国，在东海中。秦时徐福将五百童男、五百童女带至此国，今人物一如长安。又东北千里有山，名富士山(日本富士山，原为活火山)，亦名蓬莱。其山峻三面临海，一朵上耸顶有火烧……常闻音乐。徐福止此谓蓬莱，至今子孙皆曰秦民。”日本学者井仁好古在《秦徐福墓碑文》中说，现东海中之蓬莱，瀛洲等，除我帝国外，别不可求。富士山可能有不少神秘的传说，但是未见有关于“未至，望之如云；及到，三神山反居水下，临之，风辄引去，终莫能至云”的记载。根据《史记》中“其传在渤海中，去人不远”的记载，蓬莱仙岛很可能与今山东蓬莱地名有某种关联，距今蓬莱不远的海面上出现的海市奇观能否会被当地的先民们称作蓬莱仙岛呢？远处海面上出现海市奇观被称为蓬莱仙岛，这里的“远处”是人肉眼可及的远处，实际并不太远。据于钦的《齐乘》载：“蓬莱县，倚郭(倚，靠；郭，指城郭)。本黄县地，汉武帝于此望海中蓬莱山，因筑城以为名。唐贞观八年(634年)，于此置蓬莱镇；神龙三年(705年)，析黄县置蓬莱县。宋金因之。”[②]汉武帝先看到海市奇观，后筑城以为名。

韩国民俗学者朴正锡在《以瀛洲神山汉拿为中心》一文中提出，三神山全部位于韩国境内的说法。把韩国的金刚山称为蓬莱，智异山称

---

①〔西汉〕司马迁著．李楠译．史记．北京：中国三峡出版社，2006：151.

②〔元〕于钦著．江玉坤点校．齐乘．青州古籍文献，2008.

为方丈、汉拿山称为瀛洲。这种说法，同样脱离了海市奇观，说的是陆中山，不是海中山，更没有和海市奇观联系起来。无论是日本说，还是韩国说都说在瀛洲找到了灵芝草，日本说叫神芝仙草，韩国说叫“岩高兰”。徐福一行在瀛洲(汉拿山)找到的灵芝草，在日本列岛找到了蓬莱仙岛，在当地会产生很大反响，受到当地居民的欢迎，但他却不敢向秦始皇禀报，而是留在日本未归。徐福一行为了在那里生存下来，有谎报找到了仙药，找到仙岛之嫌。据日本植物学家牧野富太郎(1862—1957)研究：当年秦始皇求仙要找的长生不死药叫“千岁”，学名：Actinidia chinensis pianch，产地在濑户内海的祝岛。“千岁”的中国名叫野生猕猴桃，具有调中理气、生津润燥、解热除烦、活血消肿之功效。果肉绿色，果皮软而带毛，现今人工栽培的品种，果实增大几倍，常吃可以强身健体，延年益寿。

据文献记载，秦皇岛北戴河的海面上确实出现过“海市蜃楼”气象景观，山东蓬莱的海面上也出现过“海市蜃楼”气象景观。灵芝草，或称野生猕猴桃虽属中药材，但都不属于奇缺植物药，秦始皇见过“海市蜃楼”这一气象景观吗？

若能从神话中解脱出来，传说中的长生不死药竟然是“野生猕猴桃”，秦始皇还能大搞遣人入海的求仙活动吗？

秦始皇的碣石之行，卢生从海上带回来的一句谶语：“亡秦者胡也”，牵发的历史事件有三件：第一件是派大将军蒙恬发兵30万北击胡人；第二件是为防患于未然，修筑秦长城；第三件是卢生、侯公私下讥讽秦始皇并逃跑，导致了震惊中国历史的“坑儒事件”。秦始皇的求仙活动对秦王朝的统治产生了巨大影响，强化了秦朝的封建统治。徐福率领他的船队经朝鲜半岛到达日本列岛，开创了中、韩、日三国友好往来和文化交流的历史篇章。留日后，徐福成为日本古代文明的开拓者。徐福东渡不但具有深远的历史意义，还是中国航海史上的伟大壮举。近年考古发现，在山海关外墙子李村黑山头和北戴河海滨的金山嘴都发现了秦代行宫遗址，从建筑规模和出土瓦当来看，证实了秦始皇的碣石之行。

二、五峰山韩文公祠与李大钊山居地

五峰山韩文公祠。韩文公祠，坐落在五峰山北峰——平斗峰前半山腰一块平台上，海拔507米，圆通寺旁。这座祠堂是明崇祯十四年(1641年)，驻守山海关山石关内道(管理山海关、石门寨两路兵马粮钱的官员，由正四品的按察司副使出任道员)范志完(?—1643，河南虞城人)由卢龙拜谒孤竹城古迹归来，游览昌黎城北神奇而古峭的碣石山时，在惊险中偶遇韩愈第28代孙韩法祖，范志完是范仲淹后裔，两人都是名人之后，又遇到有惊无险，自然话题挺多，谈得十分投机。随后，范志完发现主峰仙台顶“天生文笔峰”，便在五峰山半山腰圆通寺旧址上修建了这座韩文公祠，在山崖峭壁上还题写了“泰山北斗，五峰环翠”八个大字。昌黎县城东北隅的韩文公祠始建于明洪武四年(1371年)。后来，这两座韩文公祠相继被毁弃。现在见到的五峰山韩文公祠是1987年重建的。正殿建在比较宽敞的坝台上，供台上塑有韩愈全身彩色泥像，上悬有当代著名文学家叶圣陶(1894—1988，江苏苏州人)先生手书“百代文宗”。东壁挂有传为韩愈手书的“鸢飞鱼跃”拓片。东有三间客厅，墙壁上镶嵌镌刻《昌黎山景图》和范志完的《游水岩歌》、清初著名诗人宋琬(1614—1672，山东莱阳人)的《宿五峰山》等诗文碑刻，供游人观赏、品味。客厅后面的峭壁根部原有“三眼泉井”，泉井常年玉液满盈。井上方镌有“玉液泉”三个字，至今字迹清晰。现在这三眼泉井虽被土掩埋，但仍有尺深泉水漾出。西面有两间耳房，依山就坡筑有石墙、山门。

韩愈(768—824)，河南河阳人，祖籍河北昌黎，后人尊他为“唐宋八大家”之首，可是他的科举之路却充满了荆棘，仕途坎坷。唐贞元二年(786年)，19岁的韩愈怀着经世之志进京赶考殿试(考取者为进士)，三试不第，直到贞元八年(792年)第四次殿试才考取进士。按照唐律，考取进士后还须参加由吏部出题的博学宏辞科考试，考取者才能入仕(分配工作，当个小官)。韩愈又三次参加吏选，都失败了。贞元十六年(800年)冬，33岁的韩愈第四次参加吏选，曾给赵憬、贾眈、卢迈三位宰相上书，附自己的文章，陈述自己的才学和政治抱负，然而却石沉大海。三次到当权者家登门拜访，又被拒之门外。韩愈这位老复读生，经过六年四次殿试，八年四次吏选，吏选没有被选中，一直在家待业。

韩愈29岁那年7月，经董晋(723—799，山西永济人)推荐，出任宣武军节度使观察推官。任职期间，边指导李翱、张籍等青年学文，边利用一切机会，极力宣传自己对散文革新的主张。董晋去世后，韩愈旋即应徐州张建封(735—800，河南邓州人)邀请聘为幕僚。韩愈说话直爽，从不畏惧或回避什么，操行坚定纯正，却不善于处理一般事务。34岁才通过任职审查，35岁被任命为国子监四门博士，负责官宦子弟的教育工作，步入京师政府任职。他在《师说》中论述“学者必有师”，提出能者为师，教师的职责是“传道、受业、解惑”，这是他论述教育工作的一篇不可多得的论说文。韩愈在政治上反对藩镇割据，思想上尊儒排佛，文学上反对六朝以来的浮华奢靡的骈偶之风，提倡“文从字顺”的散体，与柳宗元同为古文运动的倡导者。其散文气势磅礴，感情充沛，文字精练，列“唐宋八大家”之首。他主张“文以载道”，强调形式要为内容服务，以此作为复兴儒道的工具。他反对因袭，力求做到“唯陈言之务去”，著有《韩昌黎集》40卷、《外集》10卷等。

关于韩愈的祖籍史书有多种说法，其中一种说法是：根据《旧唐书》记载韩愈祖籍是昌黎；明代有两个版本《昌黎县志》，均视韩愈为“乡贤”，并有韩文公本传。2006年，在昌黎县荒佃庄镇韩营村发现的两部《韩氏家谱》，为韩愈祖籍在昌黎提供了依据。然而韩愈生在河南河阳，宋元丰七年(1084年)封韩愈为昌黎伯，韩姓在河北昌黎属望族。

李大钊山居地。为纪念革命先驱李大钊，在五峰山上雕塑一尊李大钊站立石像。李大钊曾多次到五峰山游览，山居，从事革命活动，并借以躲避反动军阀的缉捕。

李大钊(1889—1927)，河北唐山乐亭人。在他的家乡大黑坨村，立足北望，可眺望千古神岳碣石山群峰。李大钊幼时，就对“童年昕夕遥见之碣石，尤为神往”。

1907年夏，他到天津北洋法政专门学校考学归来，与两三个永平府永城中学同学在昌黎下火车冒雨到碣石山游览，闯入五峰山的“人间奇境”，从此他与五峰山结下不解之缘。

1913年9月下旬，他从北洋法政专门学校毕业，准备去日本留学，特意与学友结伴返乡到五峰山韩文公祠山居数日，借以同祖国山河作别，写出《游碣石山杂记》，详细记载了此次在碣石山山居，游览五峰山、水岩寺和桃源山时的所见所闻，并盟誓与当时制造“昌黎火车站惨案”，枪杀我5名铁路警察的日本侵略者不共戴天。

1917年5月6日，李大钊借回家看望生病的妻子赵纫兰(1884—1933，河北乐亭大黑坨村人)之机，春游碣石山，专程到五峰山韩文公祠旧地重游，登山望海，并写下《旅行日记》。

1918年，李大钊被聘为北京大学经济学教授兼图书馆馆长之后，将五峰山韩文公祠择为自己的避暑之地，接连两个夏天到五峰山韩文公祠度假，从事革命活动。这年夏天，李大钊在五峰山破译俄国十月革命之真谛，在中国进行马克思主义传播拓荒工作，并尝试白话诗创作，吟出了《山中即景》及《悲犬》等诗作。

1919年夏天，李大钊带着长子李葆华(1909—2005)和日文、英文马克思主义著作、资料，在五峰山住了一个多月。他在这里寄出了与胡适论战的公开信《再论问题与主义》，写出了他评价马克思学说的长篇论著《我的马克思主义观》，表明了他对马克思主义的态度，比较系统地介绍了马克思主义唯物史观、政治经济学和科学社会主义，成为他在中国传播马克思主义的开山之作。他高高地举起马克思主义的大旗，为创建中国共产党奠定了理论基础；同时，他还忙中抽闲，写出了《五峰游记》和《岭上的羊》等新诗作。此期间，李大钊寄友人诗中借用了唐诗“落叶满空山，何处寻行迹”之句。“落叶空山”，是李大钊眷恋五峰山的景色，并启用了他很喜爱的笔名“孤松”。五四时期盛传一首歌谣：“北大红楼两巨人，纷传北李与南陈；孤松独秀如椽笔，日月双悬照古今。”其中“孤松”“北李”，指李大钊。独秀、南陈，指陈独秀。

1920年春，李大钊和陈独秀(1879—1942，安徽怀宁人)开始酝酿筹建中国共产党。春节前夕，他化装护送陈独秀由北京转道天津返回上海并“相约建党”，在由天津返乡途中特意取道昌黎，观赏了五峰山的冬景。

1922年暑假，李大钊携妻子赵纫兰、儿子李葆华、女儿李星华(1911—1979) 一同到五峰山踏游和看望守祠人刘克顺夫妇。妻子赵纫兰爬山久了走不动，他就搀扶着，有时背着妻子登山。

1927年，李大钊在北京英勇就义后，五峰山韩文公祠因与李大钊烈士的英名紧紧相连而闻名遐迩。在奇峰险岭中，山雄水美，风光旖旎，好景名“西嶂排青”。

重建韩文公祠恢复了历史的旧貌。五峰山因有韩愈公祠和李大钊革命活动遗址，被确定为河北省爱国主义教育基地，2001年3月5日，又被列为河北省级文物保护单位。

三、老龙头城墙上的“天开海岳”碑

在万里长城东部起点老龙头城墙上有一块非常醒目的石碑，上书“天开海岳”四个大字，字体浑厚古朴，遒劲苍郁。天开有广阔之意，在广阔的空间里有山与海相伴，海阔天空，山岩耸峙，这美景是天造地设的，是大自然赐予的。然而这块碑上，除了这四个大字之外，没有留下树碑年代和树碑人姓名。山海关当地人都管这块碑叫“薛礼”碑。传说是大唐名将白袍将军薛礼(614—683，字仁贵，山西河津修村人)东征高句丽时所立。

唐贞观十九年(645年)，唐太宗李世民亲自督师，大败高句丽军19万。薛礼在这次战争中显露身手不凡。据说柳江盆地亮甲山得名(薛礼曾在此山晾过盔甲)也与薛仁贵这次征战活动有关，他身穿白袍所向披靡，战绩赫赫，显露出他的军事才能。唐太宗大获全胜，班师回朝，皇太子、晋王李治(唐第三任皇帝，649—683年在位)闻讯从长安赶来迎接。

李世民带领飞骑3000人先行到达山海关、老龙龙头附近(那时还没有山海关、老龙头)，薛礼年轻气盛，意气风发，刚刚打了胜仗，受到唐太宗的赏识，看到这里景色壮美，就立了这块“天开海岳”碑。另据有关专家对这块碑的形制、字体和质地等方面综合考证得出结论：“天开海岳”碑年代比较久远，早在明代修建老龙头长城之前就有了，极有可能是块唐碑。这样，考证结果与传说不谋而合，因此基本确定“天开海岳”碑是唐代名将薛礼所立。然而这块碑历经风雨沧桑，在战争年代也惨遭劫难。

图18-1 天开海岳碑

清光绪二十六年(1900年)，八国联军进攻山海关，英国舰队率先到达老龙头，并驻扎在这里。他们为了建炸药库，烧毁了澄海楼，推倒了这块石碑。1927年，张学良将军到老龙头浴场游泳，发现了“天开海岳”碑倒在乱石中，立即命人将石碑树立起来。如今“天开海岳”碑依然屹立在老龙头，它不仅是对老龙头自然美景的高度概括，也代表了中华民族顶天立地的威武志气。

四、“天下第一关”匾额到底何人所书？

山海关东门城楼上有一块用优质木料制作的巨匾，匾长5.9米，高1.55米，上有“天下第一关”五个楷书大字，白底黑字，分外醒目。其中，“一”字横长1.09米，繁体的“關”字竖高1.45米，“一”字不显单薄，“關”字不显臃肿。“天下第一关”五个大字依次由南到北略显增大，这种独具匠心的布局章法，是因为镇东楼是建在山海关东城墙上，墙体随山就势北高南低，但是城门楼必须是水平的，两者产生视觉差，好像上面的城楼也向南倾斜了，字体南小北大可以弥补这种由墙体北高南低产生的视觉差，又带来几分平稳，与这座建筑物浑然一体，增添了山海关的壮观与威严，凸显出山海关的战略地位(字体南小北大，是站在城里向东看)。

在“天下第一关”城楼内外有三块这样的匾。城楼外悬挂的这块匾，并不是原匾，是“民国”九年(1920年)临榆县附生杨宝清摹刻的；二楼内的一块匾是清光绪五年(1879年)附生王治摹刻的；一楼内迎门挂着的那块匾才是原匾。此匾不写年月，不留姓名，所以此匾为何人所书，众说纷纭。要判断此匾为何人所书，最直接的证据应是书写者的落款，或者当年留下官方的文字记载，如在地方志中的文字记载，再加以字迹比对。从时间上来看，题写此匾的

图18-2　天下第一关匾额

时间应是明洪武十四年，大将军徐达在此建关设卫之后，时间上限不超过明末。这样的话，在传说中就有两位书法家曾经题写过“天下第一关”匾额。一位是明代礼部尚书、大学士、内阁首辅严嵩(1480—1567年，江西分宜人)，一位是明二甲进士萧显。但是在明清两代地方志谈到“天下第一关”匾额时，对严嵩却只字未提。而在1933年出版的《榆关抗战史》一书(原件保存在抚宁区档案馆)中却多次提到“天下第一关”匾额为明代严嵩所题，字大1.7米，笔力异常遒劲。严嵩虽为明代大奸臣，却有书法之才。他是明嘉靖二十一年(1542年)八月来山海关题写“天下第一关”这块匾额的。但是这块匾没有挂在山海关东城门楼上，而是存放在靖边楼里，其原因不仅是因为严嵩是一奸相，名声不好，山海关人不喜欢他，主要原因是严嵩题写的这块匾，每个字都一样大，挂在城门楼上显得与城楼不协调，弥补不了前述的“视觉差”，只好把它放在靖边楼里藏起来。直到抗战时期，日军占领山海关，把这块匾作为战利品掠走，放在东京胜利品陈列所供人观赏。前些年，有位日本友人从东京寄来一张“天下第一关”匾额的照片，说是当年日军从山海关劫走的那块匾，不过照片中的“第”字是竹字头，而现在城门楼上木匾的“第”字是草字头。严嵩写的“天下第一关”匾额有落款，而且在北京“六必居”以及什刹海、景山公园、北海、故宫等地都能找到严嵩的书法墨迹与之比对。通过落款、比对，证实被日本侵略者劫走的那块“第字匾”是严嵩题写的，与现在山海关城楼一楼内迎门挂着这块“苐字匾”不是同一块匾。那么，山海关城楼那块“苐字匾”到底是何人所书呢？

严嵩被排除之后，明成化八年(1472年)二甲进士萧显就成了重点猜测对象。清光绪四年(1878年)版《临榆县志•建置编•城池卷》中有“天下第一关”题额者的记载：“东门有额曰‘天下第一关’相传明萧佥事显书。相传山海卫进士、福建按察使司佥事萧显所书，没有给出证据。”萧显书法师从岭南著名书法家白沙先生陈献章(1428—1500，广东新会人)，得其真传。其书法尤为沉着顿锉，自成一家，卷轴遍天下，传至外国，后来者殆鲜及云。陈献章称赞萧显的草书境界很高，得张弼(1425—1487，上海人)草书真谛。几经锤炼，萧显的书法达到了炉火纯青的地步，被誉为明朝三十二位书法家之一。

明弘治五年(1492年)，萧显上疏朝廷乞归得准，回到山海关在城北角山后结庐隐居，号为“围春山庄”，并建墨香、荫秀二亭，终日以诗、书、酒、乐自娱，长达20年之久。若“天下第一关”匾额为萧显所书，尚有几个谜团有待破解，方能自圆其说。善写狂草的萧显为何要改写楷书？因为楷书更庄重，更得体，让普通老百姓能看懂。为何要把“第”字写成“苐”字呢？出于视觉美观考虑，在笔画少的“下”和“一”字之间有个过渡。从而更加突出“關”字的重要地位。该匾何时所书？萧显还乡时已经55岁，与性格耿直、不畏权贵的山海关分司主事陈钦(浙江会稽人，1495—1498年在任)过重甚密，明弘治八年(1495年)秋七月，萧显、郑己陪同陈钦游览角山。陈钦在《山海亭记》云：“岁乙卯春，予以使命来镇山海……。秋七月三日，及海豹萧公、侍御郑公始克游。”明嘉靖十四年(1535年)的《山海关志》中有萧显与陈钦联句赋诗《角山》《围春山》《镇东楼》等[①]。

明为彰显国威，如果朝廷下旨要在山海关东城门上悬挂“天下第一关”巨匾，山海关主事陈钦想请人写匾那是非萧显君莫属。写匾的时间大约在弘治八年至弘治十年(1495—1497年)，陈钦任主事期间，萧显58—60岁，还能身体力行挥笔而就。陈钦于弘治十一年(1498年)改刑部四川司主事，陈钦调走了。写匾为何不写年月，不留姓名？萧显致仕归里，隐居于围春山庄，优游林下，诗书自娱，不问世事，过起了“晌午炊农饭，晨兴课子书”的田园式生活。不愿出头露面，书匾没有落款，不留年月，以示谦虚。到了“民国”十八年(1929年)编纂的《临榆县志》，则直书成“东门建楼，有额曰‘天下第一关’(额为明萧佥事显书)。清光绪五年（1879年），因字迹模糊，附生王治摹刻，原额藏楼内保存。“民国”九年(1920年)，知事周嘉琛(1880—1944，浙江绍兴人，周恩来的堂叔)，因此额年久破裂，无复旧观，附生杨宝清钩摹另刻，原额存大成殿保存，并勒石以记其事。”并载有邑令周嘉琛的《重修第一关旧额记》：“有额曰‘天下第一关’笔力沉雄，与形势相称。”可惜当年萧显的书法墨迹遗失殆尽，无法进行字迹比对，又无

①在《山海关志》中载：角山亭建成时，二人的联句成诗。陈：亭子新成占海山，萧：我来登眺一怡颜。轻云送雨过林麓，陈：爽气迎秋遍宇寰。使者有时临戍堞，萧：野僧无事掩柴关。下看城市如棋局，陈：车马纷纷未肯闲。

官方文字记载，虽然大家都倾向于是萧显所书，但仍然使览者心存狐疑，不尽有低回之感，独怪此额不留姓名，不书年月，留下许多关于萧显写匾的传说，使这块匾更加充满神秘色彩。

§2. 秦皇岛塔文化

塔这种建筑形式，是西汉末东汉初随佛教传入中国的，在佛教汉化的进程中，佛塔由覆钵式塔汉化为楼阁式塔、亭阁式塔，又由楼阁式塔衍生出密檐式塔，并逐渐融入中国的历史文化之中，形成丰富多彩的塔文化。对古印度佛教梵文“stupa”的理解，先是音译为“塔婆”“窣堵坡”。后经过长期的语言实践，到隋唐时翻译家才造出汉字的“塔”，作为统一译名。因这种建筑物是专为供佛用的，故也称佛塔、宝塔。

佛塔始建的动因是佛祖释迦牟尼圆寂后，将火化的舍利和舍利子①安放在佛塔里，此时的佛塔相当于坟冢，并在佛祖的出生地、成道地、转法轮地、涅槃地，依次建造聚莲塔、菩提塔、吉祥塔和涅槃塔。因在佛塔中有佛祖的舍利和舍利子而成为佛祖的象征，受到佛教徒的顶礼膜拜。

后来印度又把装有舍利和舍利子的佛塔称为“窣堵坡”，即印度塔；把没有装舍利的佛塔称为支提(caitya)，即指圣者逝世或火葬地建的庙宇、祭坛、祠堂、佛殿等建筑。印度塔也供奉佛像或经卷，或寺院的一些高僧的舍利和舍利子。佛塔逐渐成了一种宣扬佛教的象征性建筑，被认为是佛的化身，受到佛教徒的朝拜。最初佛塔是在寺院的中心位置，再后来，佛像取代了佛骨，佛塔逐渐被移出寺院。但是较大的寺院附近都有一个“塔院”，即高僧的集体墓地。这是我们游览名山大川时，经常看到的一种塔文化符号。

一、佛塔的结构

佛塔一般由地宫、基座、塔身、塔刹四部分组成。

①僧人死后的头发、骨骼、骨灰等称为舍利。火化后的结晶体，称为舍利子。

1. 地宫。位于塔基之下的地下部分，是埋藏佛骨、佛经的封闭空间。与中国传统的墓葬制度有共同之处。显示宗教的神秘、庄严。

2. 塔基。塔的基础部分，原先结构简单，通常不占显著位置，唐以后，才日益高大起来。有的塔基为须弥座，雕饰精细，富丽堂皇。佛教认为须弥山是世界的中心，[①] 因此安置佛像或佛教建筑都是以须弥座为基座，象征地位稳固。

3. 塔身。佛塔建筑的主干部分，有空心和实心两种，空心式塔可以登高望远。塔身在平面上多为方形、六角形、八角形和圆形。塔身节数为奇数，1、3、5、7、9、11、13、15层，以七层为最多，所以俗话说："救人一命，胜造七级浮屠。"唐之前印度梵语"buddfastupa"音译为"浮屠"，原意指佛陀，印度塔。"佛"和"塔"二字都是印度梵文音译后，在汉语的语言实践中造出来的汉字。

4. 塔刹。覆钵式塔汉化后，在塔的顶端建成浓缩的"窣堵坡"。塔刹是全塔的精神，也是塔建筑艺术的顶峰。完整的塔刹由刹座、刹身、刹顶三部分组成，但在实际运用中也有较多变化，不拘一格。刹顶主要有宝珠和葫芦两种形式。

二、佛塔的类型

佛塔的演化轨迹是由覆钵式塔汉化为楼阁式塔、亭阁式塔，又由楼阁式塔衍生出密檐式塔。

1. 覆钵式塔，又称喇嘛塔、藏式塔，由藏传佛教传播而来。由塔基、覆钵、相轮(塔脖部分)、塔刹四部分组成。覆钵就是"倒过来的钵"，造型如倒扣的碗，文化寓意是"天圆地方"。塔身半球形，寓意"天圆"。塔基代表"地"，是方的。塔刹部分，是浓缩的"窣堵坡"，由伞盖、宝珠等组成。主要流传于西藏、

图18-3　妙应寺白塔

①须弥指须弥山，在古印度传说中，须弥山是世界的中心，以须弥山作为台座表示地位稳固，显示佛的神圣和伟大。汉语是"稳如泰山"，印度语是"稳如须弥山"。在台座中间有束腰的柱子。须弥座是宫殿、寺庙等尊贵建筑物的基座。

青海、甘肃、内蒙古等地。建于元初至元八年(1271年)的北京妙应寺白塔是我国最早最大的藏式佛塔。妙应寺白塔由塔基、塔身和塔刹三部分组成（见图17-37）。

2. 楼阁式塔。是佛教塔与中国传统楼阁式建筑相结合的建筑。塔内有楼梯，可以登高远眺，其平面可以是正方形、六边形、八边形、十二边形。材料是木制、石砌、砖砌、琉璃、金属。

3. 亭阁式塔，塔身单层，单檐，四边或多边形，顶上有塔刹。塔刹是印度“窣堵坡”的浓缩，是印度佛塔与中国亭阁建筑形式初步结合的建筑。因形制简单，多为平民或僧侣墓塔。

4. 过街塔。城门楼造型为塔形，塔下为过街门洞，是佛塔走向世俗，走入百姓生活的标志，如昭关石塔。

5. 密檐式佛塔。由楼阁式佛塔发展演变而来，也是从木结构向砖石结构转化的过渡形式。其特点是塔基和第一层塔身较明显突出，装饰也较复杂，一层塔身以上多重塔檐重叠，层间距变小，故称密檐塔。

三、秦皇岛境内的三座佛塔

1. 卢龙陀罗尼经幢

陀罗尼经幢在卢龙县城关南街南门里十字路口处，据考证，这座经幢始建于唐朝仪凤年间(676—689年)，原经幢建成后于“金正隆四年(1159年)五月廿日遭风雷暴至于仆之地”。后于金大定九年(1169年)五月重建，明万历二十八年(1600年)修缮，以后又多次维修。1956年9月7日，经河北省人民政府批准为河北省第一批文物保护单位。1976年唐山大地震波及卢龙县，石幢顶部震落于地，幢身向东南倾斜，1980年，河北省文物局拨款修葺。1984年加修铁栏杆保护。

图18-4　陀罗尼经幢

说到经幢在中国的创建，还有个颇具神话色彩的故事。唐朝仪凤年间，西方僧人佛陀来到中国，他四处游荡。一天，他在路上遇到一位从中原来的老者，老者问他：“你游名山大川，拜谒佛教圣地，一定是为了弘扬佛法，广度众生，不知道你把《陀罗尼经》带来没有？”佛陀说：“没有。”老者说：“你没有带佛经空手闲游又有什么意义呢？如果你把佛经拿来，并能让它为天下的黎民百姓造福，使百姓脱离苦难，那可是一件大好的喜事。”佛陀听了以后，似乎有所醒悟，便和老者告辞，回西天佛国去了。没过几年就携带着《陀罗尼经》来了，碰巧又遇到了那位老者，两人互慰，又谈论起来。佛陀说：我到皇宫向玉皇大帝述说佛法有多么好，能消灾解难，逢凶化吉，并把梵文的陀罗尼经文译成了中文，请皇帝下圣旨，允许在京城、州、县等地修建经幢，将佛经刻在石柱上，希望能使佛的法力无处不在，保佑所有人永远平安万福，并使其永远流传，潜滋万古，普度众生。于是，便有了全国各地州县修建经幢，广传佛法的佛教热。

唐代中期，佛教密宗学派传入中国，为宣传佛教密宗学派的思想，将佛教的经文和佛像雕刻在石柱上，顶端镶有如来宝珠，因刻的主要是陀罗尼经，所以称“陀罗尼经幢”。幢，古代原指支撑帐幕、陀罗尼经幢伞盖、旌旗的木杆，后借指帐幕、伞盖、旌旗。陀罗尼，梵语意指“总持、能持、能遮”，即指能令善法不散失，恶法不起作用，总持善法。“持力无比，功德无尽，高大一切”，陀罗尼经是佛教密宗学派的重要经文。经幢随着时代的演变渗入了更多的中国佛教文化，样式也讲究起来，经幢多呈六角形或八角形，安放的地点一般是在通衢大道、寺院等地，也有安放在墓道、墓中、墓旁的。

那么，卢龙陀罗尼经幢为什么安放在卢龙城关的南门呢？关于陀罗尼经幢的安放，也有一段美丽的传说。因卢龙地处青龙河流入滦河的汇合处，古时候两河经常泛滥，淹没庄稼，冲毁房屋。传说是两条龙在作怪，而南门，正是龙眼所在。如果将龙眼压住，龙就无法兴风作浪了。古人认为，佛塔能“避邪镇妖”，现代京剧“智取威虎山”杨子荣智斗坐山雕唱段中有一句唱词，叫“宝塔镇山妖，磨哈，磨哈”，避邪镇妖，这是陀罗尼经幢初建的起因。陀罗尼经幢高大挺拔，秀美壮观。幢高10.35米，分上中下三部分，下为底座，须弥座，中为幢身，顶为仰莲托宝珠式。耸立在正方形的石砌台基中央，台基四周以石雕栏柱围绕，栏柱12根，其中8根为红色岩石柱，顶端各有一石狮卧于莲花座上，造型美观，古朴天成。4根石灰岩石柱，顶端刻有花纹图案。经幢为八棱多层式建筑，幢身分为六节(《永平志》及《卢龙县志》记为七节)，各节间设置华盖、幢檐及迎莲等石雕装饰构件，占地面积25平方米。该经幢造型别致，内容丰富，雕刻精细华美，形象生动活泼，集佛教与建筑、雕刻艺术于一体，是我国石雕艺术的宝贵遗产。也是研究中国古代雕刻艺术的珍贵资料。此经幢为实心楼阁式。

2.昌黎源影寺塔

源影寺塔位于昌黎县城西北的源影寺内，始建时间在地方史志中没有记载。后来根据塔的建筑特点确认为辽金时期所建，始建年代约为辽统和年间(983—1011年)。因辽金战乱，原名失传，明朝时称为古塔，所在的寺庙称为古塔寺。明嘉靖二十年(1541年)至嘉靖二十九年(1550年)，对该塔进行了重修，到了明万历四十八年(1620年)，昌黎知县杨于陛令杨慧进与李通学等人主持重修古塔寺时，以塔旁有一口泉井，深约18米，泉水盈盈，甘甜可口，泉井四周砌有石栏。如果俯身向井中望去，古塔竟然会倒映在井内的水面上。这就是“水自有源，塔自有影，各不相假”之说，寺庙重新定名为源影寺，塔名随之称为源影寺塔。1976年唐山地震时，塔身严重倾斜，顶部坍塌，经河北省人民政府批准，1983年至1987年对源影寺塔进行了修复。如今源影寺塔已是昌黎县博物馆所在地。2001年6月5日公布此塔为国务院第五批全国重点文物保护单位。源影寺塔为八角十三级实心砖木结构密檐式，由塔基、塔身、塔刹三部分组成。平面呈八角形，塔底边长4.2米，塔高36米。整个建筑结构精细，造型优美，古朴壮观，富有浓郁的北方文化色彩，特别是晚霞辉映时，更显得瑰丽多姿。再加上昌黎城北的碣石山多奇峰，望之如画，其塔立于山前，青山石塔两相衬托，是“昌黎十景”之一。《昌黎县志》记其景云：“每当暮霭，残霞朱晖赤驳，遥望塔尖俨如倒参彤管，咄咄书空。因此，称其景观为‘霞晖窣堵’”。

图18-5　昌黎源影寺

3.板厂峪古塔

板厂峪村明长城南1300米东西向的山谷中，有一砖砌六面七级密檐式实心砖塔，这便是板厂峪古塔。山谷西侧入口处有一棵古松，苍劲挺拔，高有30多米，围长3.18米，树冠如盖，气势宏伟。山谷东侧出口处原来也有一棵古松，1959年后被砍伐。古塔南侧有一条季节性河流，由北向南流转向东流去。

板厂峪古塔始建于明弘治十三年(1500年)，为砖砌六面七级密檐式实心砖塔。塔高15米，塔基为石砌六面台基，每面宽4米，高1.5米，上建有须弥座。须弥座每边长2.5米，高1.04米，有砖雕纹饰。塔身第一级每边长2.32米，高4米，每面有神龛供佛像一尊(观音菩萨佛)，塔上左右两侧有浮雕飞天。檐下有砖雕斗拱，每面两朵，每转角一朵。檐部有砖雕飞檐。古塔从第二层至第七层为迭涩檐，塔刹四角为铁制宝珠响玲；塔顶杆原有铜制盖顶，塔身以淡橙粉饰，置于葱绿林木之中，甚为醒目。此塔依其所在地名命名。

图18-6　板厂峪古塔

古塔东北30米处有一天然洞，洞口上方镶嵌“天然洞”石匾一块，落款为明万历四十三年(1615年)。据旧《临榆县志》记载，明万历年间，道人翟尚儒曾在此修炼，广为民众医病解难，深受当地百姓爱戴。翟尚儒死后，村民们为纪念这位道人而修筑此塔。1982年，被国家确立为河北省重点文物保护单位。

§3. 传说与典故

传说是最早的口头文学。在文字出现以前，人类对历史作记录只能口说耳听互相传递，这就是传说的由来。由神话演变而来的传说，往往具有一定的历史背景，并把它理想化。传说因是讲述文字出现以前很遥远的故事，所以通常是不可考的。随着时代辗转述说，常常有一个演变过程，具有不确定性。如关于孟姜女的传说流传了2000多年，故事细节有了很大的变化。传说从内容上分为历史传说、人物传说、地方传说、风俗传说。典故是指历史人物、典章制度等遗闻轶事。典是典制，故是故事，用精练的语言概括整个故事的梗概，用固定的词或短语约定成俗即成为成语，譬如刻舟求剑、掩耳盗铃、守株待兔、邯郸学步等，令人一目了然，一读题目就知道是什么意思，讲了怎样的故事。所以，典故往往与成语联系在一起。

一、东有枣红马，西有汗血马

长城东部起点是山海关，辽西走廊穿过关。长城西部起点是嘉峪关，河西走廊穿过关。两个走廊展布成汉字“反八字”，一个走向北东，一个走向北西。两个走廊中间有一个南北向的脊柱，叫祁吕贺兰山字型构造贺兰山脊柱。山海关坐落在东翼反射弧的弧顶，嘉峪关坐落在西翼反射弧的弧顶，大石河是山海关地区的母亲河，讨赖河是嘉峪关地区的母亲河，山海关这头有个枣红马，嘉峪关那头有个汗血马。东西两侧的这种比较是“立体旅游”，东西两侧还真有不少对称要素。

先说枣红马。它是抗倭名将戚继光生前骑乘的一匹战马。戚继光在东南沿海抗倭有功，受到当地人的爱戴，听说戚继光调任蓟镇总兵，老百姓送给他一匹名叫“千里驹”的枣红马。这匹枣红马，日行千里，夜行八百，翻山越岭如履平地，是戚继光沿长城巡视军情所骑的战马。一日行至今抚宁区北10千米处的马头崖附近，这匹枣红马终因积劳成疾，一病不起。临死前，枣红马向北方怒吼一声，然后面向戚继光前腿屈膝跪地，忠告主人北方之敌要严加防范，最大的遗

图 18-7　白马与千里驹枣红马

憾是不能再为主人孝力了，不时它闭上了双眼。戚继光念它屡经征战，就把它葬在半山腰的一处平台上。从此这地方常在夜里出现一道红光，腾空而起。几年后，蒙古贵族又来侵犯边塞，经董家口一战，戚家军一举歼灭入侵之敌，敌首领秃被活捉，但他骑乘的战马被惊，长嘶一声，腾空而起，这匹战马跑到了“马头崖”小山村(现名战马王)，被一大户人家牵回家中，主人看这匹马是全白色，蹄如弯月，目若流星，跑起来蹄不着地，十分喜爱。但令主人纳闷的是，它每天晚上溜缰而出，早上归来毛皮破损，疲惫不堪。一日晚上，主人跟踪而至，到了马头崖半山腰“神泉”附近。这是戚继光饮马的地方，忽见一匹枣红马腾空而出，两马相见，各保其主，分外眼红，不宣而战，撕咬不休，经过几个回合，白马战败，狼狈逃回。后来，白马不服再战，被枣红马咬死。这时，枣红马胜利大捷，心满意足，飞到半山腰，只听“轰隆”一声响，山开壁裂，枣红马钻了进去，接着又一声巨响，石缝合笼，长长的马尾夹在峭壁上，从而人们就把这里叫“马头崖”。后来，戚继光来马头崖养病，常常思念他的枣红马，一天忽听一声长嘶，十分耳熟，酷似他的“千里驹”枣红马，左看右看，环视良久，未见马的踪影。正在纳闷，猛一抬头，见一天然洞穴，状如马厩，内有一匹枣红马，头朝东，尾朝西，转眼马又不见了。戚继光在返回的路上，心潮起伏，思绪万千，联想到“千里驹”的赫赫战功，东南沿海父老乡亲的鱼水之情，根据当地村民的传说，让下人拿笔来，在石门的右侧写下了“天马山”三个刚劲有力的大字。从此后，人们就把“马头崖”改称“天马山”了。天马山海拔296米，山势形如天马行空。根据《抚宁县志》记载：“天马山高耸秀拔，如控马首之际，旧名‘马头崖’。”又载：“明隆庆年初，蒙古之土蛮入侵，邑人多避兵于此，万历年间，改为今名。”天马山巍峨雄美，登临绝顶，北可望燕山群峰叠翠，万里长城雄踞其上，南可望苍茫大海，海天一色，景色壮观。

再说这汗血马。在《史记•大宛国列传第六十三》中有汗血马的记载，大宛国在匈奴西南，汉王朝正西，有万里之遥，产稻米、麦子、葡萄酒，人善骑马，汗血马为天马之子。1969年在甘肃省武威雷台东汉墓中出土的“马踏飞燕”就可能是当年的“汗血马”。汉元鼎四年(前113年)秋，有个名叫“暴利长”的敦煌囚徒，在当地捕得一匹汗血马，献给汉武帝。汉武帝得此马后欣喜若狂，称其为“天马”。又想到只有一匹千里马不能改变国内马种的状况，为获取大量的“汗血马”，西汉王朝与当时西域的大宛国发生过两次血腥的战争。

最初，汉武帝派有百余人的使团，带着一具用纯金制作的马前去大宛国，希望以重礼换取大宛国的种马。来到大宛国首府贰师城(土库曼斯坦阿斯哈巴特城)后，大宛国国王也许是爱马心切，也许是从军事方面考虑，因为西域用兵以骑兵为主，而良马是骑兵战斗力的重要组成部分，不肯用大宛国的汗血马换汉朝的金马。汉使归国途中金马在大宛国境内被劫，汉使被杀害。汉武帝闻后怒不可遏遂作出用武力夺取汗血马的决定。

西汉太初元年(前104年)，汉武帝命李广利(？—前88，河北定州人)为贰师将军，率领6000余骑，数万人，行军4000余千米，到达大宛国边境城市郁城，但初战不利，未能攻下大宛国，只好退回敦煌，回来时人气大伤。三年后，汉武帝再次命李广利率军远征，带兵6万人，马3万匹，牛10万头，还带了两名相马师前去大宛国。此次，汉军所到之处，小国无不迎接，供给粮食。汉军平安到达大宛国，一举击溃了前来迎战的大宛军，围困大宛都城，俘虏了大将煎靡。大宛人十分恐惧，就杀死了国王毋寡，献出大宛所有的汗血马供汉军挑选求降，李广利权衡利弊接受大宛国的请降要求，立亲汉派的昧蔡为大宛国王，并订立盟约，带汗血马10匹以及一般牝牡马3000多匹班师回朝。

图18-8　汉血马

汉武帝伐宛，表面上是到贰师城找汗血马，实质上是与匈奴争夺西域特别是葱岭以西的优势地位。汉朝如果不能控制西域，就无法保证西部边疆的安全，也保证不了丝绸之路的畅通。西域各国大多是亲匈奴而疏汉的，大宛国是一个很有影响力的国家，如果大宛臣服大汉，汉朝就控制了西域。再说，汗血马体形好，善解人意，日行千里，耐力好，适于长途行军，适合用作军马。引进了“汗血马”，增加了汉朝骑兵部队的战斗力。甚至还发生了这样的戏剧性情节：汉军与外军作战，一只部队全部由汗血马上阵，久经驯养的汗血马，认为这是表演的舞台，作起舞步表演。对方用的矮小蒙古马，见汗血马高大、清细、勃发，以为是一种奇特的动物，不战自退。汗血马累了肩膀上出现带有血迹的汉水，这是汗血马名字的来历。为什么会出现这种奇特现象，一直是千古之谜。近年来有这样一种解释：这马的肩部有一种寄生虫，当地人叫蜱(壁虱、草爬子)，吸附在汗血马肩部，在马做激烈运动时，汉水淋漓血液循环加快，寄生虫咬伤肩部的汗水和血交织在一起，肩部出现汗血迹。

《汉书》载，大宛国贰师城附近有一座高山，山上有野马，奔跃如飞，无法捕捉。大宛国人春天晚上把五色母马放在山下，野马与母马交配了，生下来就是汗血马，肩上出汗时殷红如血，胁如插翅，日行千里。这就是活在史书上的汗血马。

二、伯夷、叔齐：史记列传第一人

3000多年前，濡水(滦河)以东，卢龙、抚宁和秦皇岛市区一带，有一个商朝分封的诸侯国，叫孤竹国。伯夷、叔齐是孤竹国第八任诸侯亚微(墨胎初)的长子和少子。伯夷，名允，字公信；叔齐，名致，字公文。伯夷、叔齐是二人的谥号。孤竹国君明臣烈，妻贤子孝，品行高尚，文明礼让，在中国历史上享有盛誉，尤其是伯夷、叔齐让贤故事流传至今。

孤竹侯亚微病危，聚家人、群臣于后宫，言明百岁之后，立季子叔齐为侯之遗嘱。墨胎初死后，叔齐找到伯夷：“自古以来，有父从父，无父从兄，小弟焉能继位。”一定要让侯位于伯夷。伯夷以逆父命为由，不肯接受侯位，两人推让。后来伯夷想：有我在此，弟岂能继位？就趁弟不备出走。叔齐得知哥哥是因自己出走的，就更不肯为君了。于是他也离开了孤竹，去找伯夷去了。伯、叔让贤之事，感动了全朝文武大臣，为了维护孤竹大业，就立了墨胎初的次子墨胎凭继承了侯位。

伯、叔听说周文王西伯昌(姬姓，名昌，陕西宝鸡岐山人)善待老人，口碑不错，就归顺了周文王，打算在那里度过余生。来时正赶上周文王死，西伯昌的仲子周武王(？—前1043年，姬姓，名发)用车拉着父亲的灵牌，一路讨伐商纣王，二人见周武王叩马而谏，说：“父死不葬，爰及干戈，可谓孝乎？以臣弑君，可谓仁乎？”周武王哪里能听进去这样的忠告，非常生气，手下欲动武把他俩杀掉。后被军师姜子牙劝阻：“此乃义人也。”伯、叔二人被放了。后来纣王(子姓，本名受德，前1105—前1046，朝歌，今河南淇县人)发兵70万，抵挡周武王进攻。人虽不少，但皆无战心，纷纷败退，纣王在朝歌鹿台自焚而死。天下宗周，尊武王为天子，于公元前1046年建立周朝。伯、叔二人随后隐居首阳山，耻食周粟，采薇(野豌豆)食之。一天一老妇见之，问其为何采薇而食，伯、叔答道：“武王为臣，纣王为君，臣伐君乃不义之举，故耻周粟。”老妇答道：“普天之下，莫非王土，薇不也是周王的吗？”伯夷、叔齐觉得此话有理，于是就连薇也不采了，饿死在首阳山。临死前悲愤地唱道：“登彼西山兮，采其薇矣。以暴易暴兮，不知其非矣。神农、虞、夏忽焉没兮，我安适归矣？于嗟徂乎，命之衰矣！”[①] 如今首阳山依在，又名阳山。位于卢龙县城东南15华里的昌卢公路西侧，峰峦叠翠，幽谷清溪，是游人怀古幽思的地方。这个古老的故事被司马迁写入《史记》，成为70篇列传之首。本传不足千字，记载伯、叔的事迹仅一段，不到300字。其余皆为议论，是说上古君王禅让之事。尧先后让天下于巢父、许由，巢、许不受，巢父隐居，许由不但隐居，还去颖水洗耳；汤先后让天下于卞随、务光，卞、务感到受辱，卞随自投椆水而杀，务光抱石自沉卢水而死，伯益是禹的内定继承人。禹死后，伯益服丧三年，伯益效仿舜和禹的先例，把帝位让给禹的儿子，然而伯益却失去了重返帝位的机会，而遭杀身之祸。天道能酬善吗？理是这么个理，可谁去落实政策呢？是人，人道酬善。伯、叔的贤明，只有得到后人孔子的赞扬，名声才更加响亮。百家讲坛王立群(1945—，山东新泰人)总结人生有“四行”[②]，伯、叔谦让王位，是仁，是善，这是第一行。得有人说他这种文明礼让精神是仁，是善，孔子赞扬了，这是第二行。孔子是名垂千古的扬善者，孔子的赞扬至关重要，说你行的人一定得行，这是第三行。伯、叔饿死在首阳山，不爱惜

①〔西汉〕司马迁著. 李楠译. 史记. 北京：中国三峡出版社，2006：1514.

②王立群总结的人生“四行”：“第一行，你自己要行；第二行，有人说你行第三行，说你行的人要行；第四行，身体要行！”

生命，身体不行了，这第四行没有了。但是，他们的文明礼让精神被儒家推崇，2000多年来，这个故事被流传下来了，成为历史长河中的一个小亮点。明万历年间蒋一葵在《长安客话》中记述：“永平古营州地，商朝时为孤竹君封国。府城西北双子山有孤竹长君墓，即伯夷墓。马边山有孤竹少君墓，即叔齐墓。团子山有孤竹次君墓。”，孤竹次君墓即墨胎凭墓。传曰：“国人立其中子，盖次君也。距山海关180里。[①]现代人对伯、叔二人谦让王位，让国出逃；武王伐纣，叩马而谏；天下宗周耻食周粟，采薇而食，作歌明志，饿死在首阳山的愚忠愚孝之举，并非倾慕钟情。”“以暴易暴，不知其非”，商末，纣王统治濒于崩溃，武王伐纣是“顺乎天而应乎人”的，是不可逆转的，而伯、叔的谏阻和耻食周粟是背转历史大潮的。一代伟人毛泽东年轻时曾熟读过《韩昌黎诗文全集》，认为《伯夷颂》“那是颂错了”。他在《别了，司徒雷登》一文中曾写道：“唐朝的韩愈写过《伯夷颂》，颂的是一个对自己国家和人民不负责任，开小差逃跑，又反对武王领导的当时的人民解放战争，颇有些‘民主个人主义’思想的伯夷，那是颂错了。”[②]但是对他们的贤让精神后人给予了高度评价，并修了夷齐庙。明洪武九年(1376年），将此庙移建于孤竹古城永平府(卢龙)城关东北隅。清代建牌坊，上书“夷齐故里”四个大字。在卢龙县，至今仍流传这样一首歌谣：漆水之北夷齐里。滦水之东孤竹地。贤哉二弟兄，古称圣之情，千秋仰令名。无独有偶，战国时的燕王哙，听信了尧舜让位的传说，把王位让给了相国子之，造成燕国大乱。赵武灵王废掉太子章，改立太子何，设主父，自己饿死在沙丘。

三、“老马识途”典故

在成语小词典上有“老马识途”条目。故事发生在春秋时期的孤竹国，今秦皇岛市卢龙县。当时的齐国因任用管仲(前723或前716—前645年，安徽颍上人)为相，在政治、经济、军事各个方面采取了一系列改革措施，齐国很快富强起来，成为中原各诸侯国的盟主。盟约规定，一旦盟国受到侵扰，盟主有义务组织力量共同防卫。在今河北迁安一带

---

①蒋一葵. 长安客话. 北京：北京古籍出版社，1982.

②毛泽东. 毛泽东选集第四卷. 北京：人民出版社，1991.

有个小国叫令支，山戎侵犯燕国，燕国向齐国求援。齐桓公(姜姓，吕氏，名小白，前685—前643年在位)按盟约自带兵去援救燕国，一举打败了山戎。山戎被打败后，令支王逃到邻近的孤竹国，齐桓公和管仲率兵东渡濡水(滦河)攻打孤竹国。孤竹侯闻讯弃城逃跑，躲进深山峡谷。齐桓公攻进孤竹城后，只夺得了一些马匹，不见孤竹侯和将士踪影，便下令追赶。孤竹侯答里呵见齐桓公亲自率大军来追，便叫手下的黄花元帅向齐军假投降。然后以带路追赶答里呵为名，把齐军引入迷谷。结果齐桓公真的上当了，只见这里一片沙漠，荒无人烟，寒气逼人，黑夜沉沉。齐桓公见状，急忙叫人去找黄花元帅，黄花元帅早已不知去向。这时，齐桓公想进不能，想退不忍，万般无奈，齐军顿时人心惶惶，队伍大乱。齐桓公赶紧找管仲想办法。管仲沉思片刻，便对齐桓公说："老马能记住它所走过的路，我们可以利用马的这种智慧渡过难关。"于是齐桓公便叫人挑选几匹从孤竹俘获的老马，解开缰绳，让它们随意行走，齐军的大队人马跟在后面，终于走出了迷谷，找到了归途，安全地回到了营寨。在山中行军，没有水喝，隰朋(?—前644，齐庄公曾孙，春秋时齐国大夫，与管仲、鲍叔牙共同辅佐齐桓公)说："蚂蚁冬天住在山的阳坡，夏天住在山的阴坡，在有蚂蚁的土壤里一寸深一仞之处就有水。"挖蚁穴找到了水源。最后，凭借管仲和隰朋的圣明，齐桓公击溃孤竹国的军队，又渡过了难关。"老马识途"这一真实而又充满神奇色彩的故事，当时被人传为佳话，后来成了典故。于是代代相传，并用它来比喻经验丰富的人遇事能够应对自如。这则成语典故出自《韩非子·说林上》。"老马识途"，"老马"是比喻有经验的人，"识途"就是"认道"，是能辨别事物真伪和找出解决问题的办法。

管仲被称为"春秋第一相"，辅佐齐桓公成为春秋第一霸主。晚年管仲年迈病重，齐桓公问及荐相事，这时大夫宁戚、宾须无已先后去世，齐桓公问及鲍叔牙(? —前644，安徽颍上人)，管仲答："鲍子是个正人君子，善恶过于分明，如果仅仅是好善尚可，他记人一恶，终身不忘，不能容人过错。"齐桓公问及隰朋？管仲答："隰朋不耻下问，过家门而不忘国事，是很好人选。只可惜我一死，他也活不了多久。"齐桓公问及易牙(江苏徐州人，春秋时著名厨师)？管仲答："易牙为迎合君味，不惜杀子，做成美食给你尝鲜。人情莫过爱子，他对儿子如此，何况于君呢？”齐桓公问及竖貂(寺人，齐桓公身边的间谍)？管仲答：“竖貂不惜自阉，来尽心伺候君王。人情莫重于身，他对自己的身体如此，何况于君呢”；齐桓公问及开方(卫国公子)？管仲答：“开方舍弃卫国的侯爵，前来投奔齐国15年，其父母去世，也不回去奔丧。人情莫亲于父母，他舍弃千乘之国，其势必有超越千乘之国的贪婪。平日里，他们之所以不会张狂，是因为我等老臣在，而我等老臣一旦去了，他们就会专权的。”管仲去世，齐桓公拜隰朋为相，果然，不到一年，隰朋也去了。齐桓公任用鲍叔牙为相，可是，齐桓公离开了易牙等三人，竟然饭不香、睡不安，不久，就又重用易牙三人。鲍叔牙愤愤不平，从政不到二年，就忧愤而死。由此，易牙三人专权，各树其党，不把齐桓公放在眼里，以致阻塞宫室，齐桓公孤零零地死在深宫，其死尸在床上67天无人搭理，齐国也因此陷入动荡、战乱之中。

孤竹国简介

孤竹国原是一个原始部族，殷汤三月丙寅日，商封墨胎氏为孤竹君，建孤竹国，是冀东地区出现最早的国家。兴于殷商，衰于西周，亡于春秋。从立国到灭亡存续时间940年(前1600—前660年)。前554年是商朝北方重要的诸侯国；后386年是周朝的异姓诸侯国。周衰后被山戎族统治，春秋处于燕国的控制之下，政治地位下降。是冀东地区与令支国(今河北迁安、迁西、青龙、宽城大部，辽西辽河流域)并列的一个地方政权，是滦河之滨最早的奴隶制诸侯国。根据《春秋》和《国语·齐语》所记，春秋时北方山戎（即后世鲜卑）侵燕，燕告急于中原霸主的齐桓公，齐桓公救燕，“北伐山戎，斩孤竹而南归”。齐桓公、管仲打垮了山戎，使其北退；同时击溃了令支，斩孤竹君侯，时为齐桓公二十二年(前664年）。专家依据出土文物认定河北省卢龙县蔡家坟村的北岭是孤竹国都所在地。

“孤竹”义为竹子稀少之地，亦写作“觚竹”，“觚”是用青铜制作的酒器，“竹”是竹简，二者都是文字的载体，据颜师古(581—645，山东琅琊人)所注史游的《急就篇》：“觚者，学书之牍，或以记事，削木为之。”认为“觚”和“竹”同为书写用物。殷墟甲骨文中的“竹侯”，可能是“诸侯”的谐音。

四、精诚所至，金石为开

西汉李广射石虎的故事出自《史记•李将军列传第四十九》：“广出猎，见草中石，以为虎而射之。中石没镞，视之石也。因复更射之，终不能复入石矣。”①

译成现代汉语：李广出去打猎，看见草丛中一块大石头，误为老虎，就向它射一箭，结果整个箭杆都射进去了，走近一看原是一块大石头，接着再射，却再没能射进去。这则典故是说：人心诚，能感动天地，使金石为之开裂。比喻只要专心致志去做一件事情，会激发潜能，创造奇迹。这时，只有这时他的智力水平和能力水平超过了他平时的智力水平和能力水平，一旦解除了这种专心致志的状态，他的智力水平和能力水平又恢复如常，我们应该适当地利用这种潜能。从生理角度来解释：肾上腺素在人紧张时会加速分泌激素，处理应急状态，急中生智，创造奇迹。李广射虎的故事引申出来的成语是“精诚所至，金石为开”。李广的形象还进入了后世的文学作品。

出塞　　唐•王昌龄

秦时明月汉时关，万里长征人未还。
但使龙城飞将在，不叫胡马度阴山

这是盛唐诗人王昌龄(690—756，山西太原人)的《出塞》诗，诗中说的龙城便是今日之卢龙，飞将即指西汉名将李广。李广是唐诗中吟咏最多的卢龙名人。李白曾把李广视为自己的远祖，其《赠张相镐二首》之一：“本家陇西人，先为汉边将。功略盖天地，名飞青云上。苦战竟不侯，当年颇惆怅。世传崆峒勇，气激金风壮。”

塞下曲　唐•卢纶

林暗草惊风，将军夜引弓。
平明寻白羽，没在石棱中。

这是唐代诗人卢纶(737—799，山西永济人)的《塞下曲》。他晚出猎，林暗草惊风，引弓没在石棱中，第二天才发现黑石饮羽。

当年李广射虎的地点在虎头石村旁。从上述描述分析，李广见到在草丛中有一黑影，这只石虎应是花岗岩球状风化形成的微地貌，似虎状。

历史人物简介

李广(？—前119)，甘肃天水秦安人，西汉名将，李广出身将门世家，世代娴习弓法，属陇西望族。李广死后发生纠葛开始衰败、灭族。

---

①〔西汉〕司马迁著. 李楠译. 史记. 北京：中国三峡出版社，2006：2165.

李广一生与匈奴交战40余年，大小战役70余次，匈奴人畏其英勇，称其为“飞将军”。据《史记·李将军列传第四十九》记载：“李广身高过人，猿臂善射，爱惜士卒，深得士兵的爱戴。李广为人廉洁，得赏赐辄分其麾下，饮食与士共之。40余年家无余财。”李广关外狩猎射石虎的故事家喻户晓，但李广一生没有封侯。汉文帝十四年(前166年)，匈奴大举入侵萧关(秦长城的一道关口，汉代萧关在宁夏固原东南，秦长城的一道关口)，李广以良家子弟身份从军与匈奴作战，因骑射功夫好，杀敌多，封为中郎，后与堂弟李蔡(？一前118年，侍奉文帝、景帝、武帝，跟大将军卫青攻打匈奴有功，封为乐安侯。元狩二年封为丞相，后因私占景帝陵园前路旁一块空地而被问罪，李蔡不愿受审对质，选择自杀结束自己生命)皆擢任武骑常侍，随汉文帝刘恒(西汉第四任皇帝，前179—前157年在位)出巡，一次与野兽格斗表现得异常勇猛，汉文帝说：“惜乎，子不遇时！如令子当高帝时，万户侯岂足道哉！”意思说，可惜呀，你生不逢时，你胆略才能出众，如在汉高祖时，封个万户侯又算得了什么呢？到景帝三年(前154年)，李广27岁，在平定吴、楚“七国之乱”[①]中任骁骑都尉，随从太尉周亚夫(前199—前143，江苏丰县人)平乱中斩将搴旗立了显赫战功，本应受封，但因李广接受了汉景帝刘启弟弟梁孝王刘武(?—前144，刘启同母兄弟，母为窦皇后)私自授他的将军印，犯了大忌，他作为中央政府的将军怎么能接受地方诸侯的将军印呢？惹怒了汉景帝刘启(西汉第五任皇帝，前157—前141年在位)，班师后李广并没有得到朝廷的封赏，致使李广陷入汉景帝刘启与梁孝王刘武的矛盾纠葛之中。调李广为上谷太守，每天都要和匈奴作战。如此，种下了李广难封侯的潜在思维定式。按照王立群总结的人生“四行”，李广在这次战役中夺得敌方军旗，第一行有了；梁孝王刘武私下授李广将军印，第二行也有了；但是说你行的人不够行，说你行的人得行，这人应该是汉景帝刘启，而不是梁孝王刘武，汉景帝没有说你行，这第三行李广没有得到。对此李广十分困惑，他上下求索，他要抗争。去问占卜星相家王朔，说“而广不为后人，然无尺寸之功以得封邑者，何也？”我不比别人落后，可我却没有得到封邑的尺寸之功，这是为什么呀？王朔让他回忆过去是否有值得懊悔的事。李广回忆，他当陇西太守时，羌人反叛，李广诱其投降，竟然在同一天将800多名投降者杀害。杀俘虏是军人大忌，李广用此自责为不封侯的原因。他似乎还没有看透这层人事关系，而选择了抗争。机会来了，汉元狩四年(前119年)，

①景帝三年(前154年)，汉景帝采纳晁错的削藩政策，欲削吴王刘濞侯位。刘濞乘机串通楚王刘戊、胶西王刘昂、赵王刘遂、济南王刘辟光、菑川王刘贤、胶东王刘雄渠六国侯，发动了联合叛乱，以“清君侧，诛晁错”的名义，举兵西进。汉景帝在其弟梁孝王刘武的援助下平定了“七国之乱”，在平乱中，刘武是站在兄长汉景帝刘启一边，但私自授予李广将军印有越权之嫌。

汉武帝刘彻举全国之力，发动“漠北决战”。李广多次请求出征，汉武帝以他年老为由不准，过了好久，才答应他从卫青(?—前106，山西临汾人，其母为平阳公主夫家的女仆，卫媪随夫姓，夫死后与同在平阳侯家中做事的县吏郑季私通，生了卫青)出征任前将军。越过边界，卫青从捕获的俘虏口中得知单于(匈奴人对部落联盟首领的专称，意为广大之貌。后代以单于为姓)的驻地，便率精兵和公孙敖(？—前91，甘肃宁县人)一道直奔单于营地，调李广部队与右将军赵食其部队合并，自东道出击。东道迂回遥远，缺水草，不适合大部队宿营和行军。李广说：“我本前将军，现让我东道出击，我多少年和匈奴作战，没有遇上和单于对阵的机会，今天有这个机会，愿做前锋，不擒获单于，愿先效死。”卫青曾私下受汉武帝告诫：“李广年事已高，一生命数不吉，不能让他与单于单独对阵。”恐怕李广得不到他所期望的，便下令，调李广部队到右路军，与赵食其配合。卫青与公孙敖正面对抗单于，这头功要让公孙敖得。李广当时有所察觉，曾阐述过自己的意见，未果。李广非常懊恼，不向卫青辞谢就走上征程。在行军途中，向导逃走，在沙漠中迷路，延误了和卫青会合的时间。卫青与单于交战时，单于逃跑了，未能擒获单于而班师，归途中才和李广、赵食其部队会合，卫青在漠北之战中，没有擒获单于却封为大司马，又责令李广幕府的人前去受审，李广说：“各校尉无罪，是我迷失了路。”李广不能再受刀笔吏的侮辱，受军法审判，愤而自杀，年60余岁。李广自杀身亡，这第四行也没有了。这是李广对自己和对李氏家族一种极不负责的做法。

熟读李广生平的人都感到李广人生结局悲壮而惨烈，司马迁比李广小30多岁，在《史记·李将军列传第四十九》中对李广有同情之感又不能直言。曾用“桃李不言，下自成蹊”来赞美李广。意思说桃树、李树不会说话，但有芬芳的花朵、甜美的果实，吸引许多人到树下赏花尝果，以至于树下走出一条小路来。喻指真诚待人，定能感召人心。司马迁这样评价李广：“《论语》里说：‘在上位的人自身行为端正，不下命令事情也能实行；自身行为不正，发下命令也没人听从。’”这说的就是李将军吧！我所看到的李将军，老实厚道像个乡下人，开口不善讲话。可在他死的那天，天下人不论认识他的还是不认识他的，都为他尽情哀痛。他那忠实的品格确实得到了将士们的信赖呀！李广不封侯已成思维定式，该说你行的人不说你行，抗争是徒劳的，自杀就失去了说清楚的基本物质条件。

细心的读者，阅读至此，就要审视一下李广、李蔡和司马迁三位古人对待人生的态度，李广、李蔡是宁为玉碎，不为瓦全，司马迁则是忍辱写史书光照千古。